FIFTH EDITION

财政：理论与实践

PUBLIC FINANCE IN THEORY AND PRACTICE

RICHARD A. MUSGRAVE　PEGGY B. MUSGRAVE

【美】理查德·A. 马斯格雷夫　佩吉·B. 马斯格雷夫 著

苟燕楠 译

中国财经出版传媒集团

中国财政经济出版社

第五版前言

自本书第一版面世以来，财政理论与实践都经历了深刻变化。例如，在决定个人所得税税基时，同时考虑消费与收入；税收理论更多关注超额负担以及对经济增长的影响，相反，对税收负担的分配则较少关注；财政联邦主义新观点的出现，要求重新评估联邦政府的作用，以及联邦财政与州和地方财政的关系；公共选择理论能够解释财政决策的政治过程；宏观理论的重大变化要求重新审视财政在经济稳定中的作用，并且更多从国际视角关注财政问题。

与此同时，财政体制也经历了变化。随着国防支出增加、民用项目支出规模受限，公共部门的发展速度在20世纪80年代放缓；80年代早期，税收下降造成联邦政府出现巨额预算赤字，这不仅影响贸易收支，而且也使联邦政府债务急剧增长；1986年通过的法案在一定程度上实现了税制改革者提出的扩大所得税税基的目标，但仍有很多目标未实现。与之相应的，降低累进税高档次税率水平，减少累进税使用范围，更多推行单一税率。公司税改革也降低税率、扩大税基。总体上，随着法律限制联邦与地方层面的预算增长，对公共部门的批评观点更多了。

以上变化以及其他方面的进展，也是本书第五版重点关注的问题。很多章节进行了重新修订、甚至完全重写。与此同时，我们研究方法的基本特点仍得以保留。我们一贯认为有价值的财政学研究需要做到财政体制与财政理论紧密结合，而不应顾此失彼。我们继续坚持讨论大范围的财政问题，因此，本书根据特定目的或特别课程的需要引用了一些相关材料。

最后，也是最重要的，是本书一贯坚持的观点，即：公共部门应发挥重要的、建设性的作用，而不是越来越多观点认为的那样，公共部门干预是市场的不幸。尽管作为社会组织的重要工具，市场的力量是强大的，但它无法全面实现民主社会所要求的经济社会职能。为完成这一任务，公共部门的配合必不可少，因此，公共部门的高效运转至关重要。在本书第五版中，我们也希望为实现这一目标做出贡献。

我们要感谢在本书修订过程中审阅并提出有价值评论与建议的同事们，特别是：科罗拉多大学的 James Alm，乔治·华盛顿大学的 Joseph J. Cordes，森林湖学院的 Richard F. Dye，旧金山州立大学的 Ruth Shen，以及哈佛大学的 Jeffrey Wolcowitz。

我们还要感谢 Carol Marks、Brian Tyler 进行校对工作，感谢 Ann Bennett 再次打印手稿。我们还要特别感谢本书责任编辑 Kate Scheinman，感谢她在本书编辑出版过程中提供的耐心和有益指导。

理查德·A. 马斯格雷夫
佩吉·B. 马斯格雷夫

第一版前言节要

给一本书命名就像给一个产品取名字一样。既要准确描述它的基本属性，也要能够体现其品牌特性。“财政”是本书讨论的基本内容，而“理论与实践”则是本书的特色。

一方面，本书有大量关于财政体制的介绍，如税收系统、支出规划、预算程序、稳定工具、债务发行、各级政府、国会、联邦政府部门、市政厅和选民。另一方面，本书也包含大量与这些体制运行相关的问题。例如，公共部门支出应该占国民生产总值（GNP）多大比重，公共支出决定的选择如何做出，应选择哪种税，以及应由谁承担这种税负，在各级政府中财政职能如何划分，高就业率与物价稳定之间的矛盾如何协调等。对这些问题的探索，要求我们对财政体制进行全方位的经济学分析。因此，在我们的研究之中，既要对财政体制有透彻理解，又要对预算政策的经济学原理进行详细分析，二者要紧密结合。

作为公共政策研究，本书讨论了我们这个时代核心的经济与社会问题。这些问题需要公共政策来解决，因为不论是否喜欢，这些问题仅通过分散的市场无法得到完全解决。外部性的存在，人们对收入与财富分配的关注，以及保持高就业与物价稳定，这些问题都需要通过政治程序来解决。公共部门的职能是使社会运转有效，问题是，在个人自由与公正的框架下，如何实现这一职能。

考虑到政治程序在财政决策中的核心作用，对财政的研究不能就经济谈经济，还要考虑政治学与哲学的相关问题。因为这些问题的重要性，我们没有回避，而是试图解决这些突出问题。因为归根结底，使财政体系有效运转是行使民主职能的重要内容。

理查德·A. 马斯格雷夫
佩吉·B. 马斯格雷夫

《财政：理论与实践》各章摘要

（译者序）

《财政：理论与实践》面世已经五十年，这个第五版距今也有三十多年。通过这本集大成之作，现代财政学之父理查德·马斯格雷夫与夫人佩吉凝练出配置、分配、稳定三个财政基本职能，探讨在收入、支出、体制、政策等领域如何理解变化，优化结构，平衡收支，实现发展。

邓子基、邓力平二先生分别于1987年、2003年组织翻译了本书第四版、第五版，影响深远。二十年后重译经典，一则追本溯源、述而不作；二则温故知新、登高望远。

本书分为八个部分，共计三十四章。各章简要内容如下：

第一章《财政职能总览》，讨论了研究主题、分析范式、公共部门的必要性等问题，并重点分析了预算政策的职能。现代经济三分之一或以上的经济活动发生在公共部门。预算政策具有三大职能：（1）配置职能，即某些产品和服务（称为“公共产品”）的公共提供；（2）分配职能，即调整收入和财富的分配状况，税收和转移支付政策提供了实施调整的有效手段；（3）稳定职能，即处理失业、通胀和经济增长不足的措施。实施财政政策的困难在于如何同时满足“配置、分配和稳定”在内的主要目标，因此制定政策时应对预算的各个职能进行协作配合、力求目标之间的冲突最小化。

第二章《国民经济中的公共部门》，国民经济中的公共部门可以从经济循环、国民收入账户两方面分析。经济循环方面包括：收入和支出流动中的公共部门、要素和产品流动中的公共部门。国民收入账户方面包括：国民生产总值中的公共部门、国民收入中的公共部门、个人收入中的公共部门、可支配收入中的公共部门。

第三章《财政制度》，首先，从支出、收入、政府间补贴三个方面对美国财政结构进行了考察。其次，从联邦的财政权力与限制、联邦宪法规定的州课税权限、州宪法和地方课税权限三个层面分析了财政制度框架。第三，分析了支出政策的实施，包括行政预算、国会预算程序、预算计划的执行、审计等流程。第四，分析了税收政策的实施，包括税收立法、税收管理。最后，分析了稳定政策、信托基金、债务管理等政策实施的其他方面。

第四章《公共产品的公共供应》，考察了公共产品的特征及其必须通过预算过程进行供应的原因。首先，分析了公共产品与市场失灵问题。其次，分析了公共产品的供应。第三，分析了混合产品。第四，分析了作为公共产品的赠与。最后，分析了有益产品。为了寻求公共产品的高效供应，必须有一个用于确定预算的政治过程。此外，在纯公共产品和纯私人产品两个极端之间，还存在混合产品的情况。

第五章《对公共产品的进一步考察》，从效率、私人产品的高效供应、公共产品的高效供应、预算中的公共产品配置、配置与分配等五方面对公共产品的理论架构进行了进一步考察。当不可能做出使一个人获益而不损害其他任何人的改变时，就达到了资源的高效利用状态（帕累托最优）。针对配置问题有很多高效的解决方案，每一个都反映了消费者之间不同的分配状态。一个无所不知的计划者可以得出向私人和公共产品生产配置资源，以及将私人产品在各消费者之间分配的最优方案。然而，这一解决方案必须有一个高效的政治过程或投票解决方案，而且这一方案只有在其背后的货币收入分配方案同样正确的前提下才是最优的。作为一个务实的解决方案，有必要将配置与分配的职能分开考虑。

第六章《分配中的公平》，公平分配、效率是实现资源最优利用的两个重要问题。由市场决定的收入分配，取决于要素禀赋的分配，以及这些要素将会获得的价格。因为由要素收入确定的分配不一定符合社会的期待，因而需要利用财政和其他政策措施进行调整。促进分配公正的各种办法关注点不同。其中：基于禀赋的观点支持由要素所有权和回报所决定的收入分配；效用主义观点要求福利分配方案可以使总满足感最大化；平等主义观点认为分配收入应使所有个体的福利水平均等化，或者使最低福利水平最大化；此外，对公平的考虑可以运用于世代之间和个人之间。再分配政策受制于某些限制，因此，在设计政策时必须考虑再分配的可行范围、效率成本等因素。

第七章《公共选择与财政政治学》，预算决定与其说是一个市场过程，不如说是一个政治过程。本章从财政政治学的角度讨论了预算决定这一公共选择行为。首先，讨论了直接民主问题。其次，分析了代议制民主。第三，讨论了利维坦假说。最后，探讨了阶级与利益团体问题。由于人们对公共产品的偏好难以揭示，基于投票过程的预算决策很有必要。阶级和利益团体以及单个选民都会影响财政决策。按照马克思的观点，财政议题上的斗争反映了资本家和劳动者之间的斗争。

第八章《公共支出：结构与增长》，聚焦公共部门的规模及其增长情况，介绍了按当期价格和不变价格测度的公共支出增长、各级政府支出和各类政府支出占 GNP 比率的相对增长、公共支出占 GDP 比重和对 GDP 的支出弹性的国际比较，并且分析了公共支出增长的潜在原因。自 19 世纪末以来，公共支出占 GNP 比重或多或少呈现稳步上升趋势；20 世纪 60 年代和 70 年代，民用支出扩张一直是公共支出份额增长的推动力，国防支出在 80 年代承担了这一角色。人口和技术变迁一直是公共支出比重变化的重要因素。变化的态度、社会结构和政治力量可能是转移支付和再分配导向的支出份额上升的背后原因。战时财政的出现提高了被认为是可接受的税收水平和随后的民用支出门槛。

第九章《支出评价：原理》，基于成本收益分析法考察了支出项目评价的一般原理，包括项目选择的决策准则和权重分配、评价的基本原则、各类收益和成本的识别和测度、项目净收益评估的贴现率选择以及可能涉及的效率与公平、风险与经济动态变迁等问题。在项目可分情况下，通过使每个项目上最后一美元支出所获得的边际收益相等可以获得最优解决方案；在项目不可细分时，若面临固定预算约束，应选择使净收益最大的项目组合，若预算规模可变，则只要项目总效益超过其成本，就应该批准实施该项目。在测度公共项目的收益和成本时，只应包括实际成本和收益，但要同时包含直接的和间接的成本与收益。当各备选项目会产生不同的分配效应时，可以通过引入分配性权重来考虑这种差异。如果一个公共项目的收益流会在未来几年内持续产生和累积，则必须通过贴现来确定其现值。在选择贴现率时，政府可以采用私人部门所使用的贴现率，也可以采用社会贴现率。

第十章《支出政策案例研究Ⅰ：公共服务》，结合案例考察了将成本收益分析法应用于各类政府购买性支出项目的评价中会带来的问题。就国防而言，提供哪些武器装备将取决于对外政策及其国家目标的实施情况；给定具体性能要求，可以比较各类武器设计的成本和效益，从而可以选择一个有效的组合，同时必须考虑武器开发与技术进步之间的相互作用，以及对私营企业的有利或不利影响。就高速公路而言，可以根据边际成本和边际收益相等原则来确定最优道路设施水平，这要求估测使用者的成本与收益及各层级高速公路养护的收益。应用于户外娱乐项目时，可以基于使用费直接估算使用者收益，但在没有拥挤时会产生排他成本，因此还需要制定以私人设施的价格等间接方式估算收益的各种方法。关于教育，私人教育机构是否可以享受公共财政支持是引起广泛关注但仍未达成一致的政策问题，成本收益分析法也可应用于测算教育投资成本、收益及其预期回报率。

第十一章《支出政策案例研究Ⅱ：低收入援助与社会保险》，考察政府转移支付项目，包括医疗补助、社保补助金、食品券、低成本住房和福利计划等低收入保障方案和退休与残障保险、医疗保险、失业保险等社会保障方案，并且探讨低保方案对工作激励的影响，以及与社会保险制度相关的一些问题。低保方案中医疗补助占比最大；低保方案因对工作收入施加较高边际税率，对工作激励产生了较大的抑制作用，负所得税为解决这一问题提供了一个一般化的方法。社保方案的资金来源正逐渐从一般预算收入转向直接缴费，主要是工薪税。社保方案中最为重要的是OASDI，根据1983年改革的有关规定，OASDI制度有望在未来20年内积累大量的实质性盈余，此后将出现赤字，并且积累的基金将于2050年前被耗尽。社保制度可能会对资本形成和劳动力供给产生一定影响。

第十二章《课税导论》，简要概述了政府收入的类型，特别是税收的分类，以及对“良好”税收结构的要求。政府收入可能采取税收、规费或举债等形式。税收可以针对要素市场或产品市场进行课征，也可以针对市场上的买方或卖方课征。根据税收在收入和支出循环流中的影响，以及其他一些重要特征，税收可划分为对人税和对物税、直接税和间接税、正税收和负税收等。一个良好税收结构的设置应满足以下要求：税负分配的公平性、资源利用中的有效性、有利于政府宏观经济政策目标的实现以及管理的简便性。

第十三章《税收公平的策略》，公平目标考察了税收原则，包括受益原则和纳税能力原则。受益原则的优点是将预算政策的支出和收入联系起来，但没有考虑再分配问题；根据受益原则，税收结构可设计为一般受益税、特定受益税和代替规费的税收。纳税能力原则要求根据纳税人的经济能力来分配税负。它的优点是将再分配问题考虑在内，缺点是孤立地处理税收问题，未考虑公共产品的提供。纳税能力原则要求按照横向公平和纵向公平分配税负。为了实现横向公平，具有同等纳税能力的纳税人应平等地缴纳税款。为了保证纵向公平，能力不平等的纳税人应相应地缴纳不同的税额。收入和消费是衡量纳税能力的两个重要指标。遗赠和赠与应纳入消费税的基数，对持有财富应征收补充税。在不同人群之间合理恰当地分配税负涉及对纵向公平的复杂考虑。

第十四章《税收和支出的归宿：概述》，集中探讨课税的经济效应，即税收和支出的归宿问题，包括税负的本质、归宿的概念及其测度，并以美国为例，分析了财政结构中主要税种的转嫁和归宿。税负的归宿可分为法定归宿（税负课征对象）和经济归宿（税负最终承担者）。归宿问题研究的是财政活动对家庭间真实收入分配的影响，因此，归宿涉及对家庭账户来源和使用两端的征税效应，对归宿的全面测度可以通过考察不平等系数的变化来获得。在美国财政结构中，所得税是累进的，而薪给税和销售税是累退的；联邦税负的分配是累进的，而州与地方税负的分配趋向于比例税制；在整个税收体系中，负担分配在低收入家庭组别中是累进的，在中等及较高收入组别中接近比例分配；由于转移支付的存在，特别是在联邦层面层面，收益的分配对低收入人群非常有利。

第十五章《税收归宿原则》，税收由市场经济的反应决定，分析税收最终归宿最好在一般均衡框架下进行。在完全市场情况下，首先从局部均衡角度来对产品税和要素税的税负分配进行分析。然后考虑特定市场中卖方和买方对征税的反应，从一般均衡角度分析税收的最终归宿。本章还讨论了不完全市场下的税收归宿情况。最后，讨论税收在就业、通胀、增长等方面的宏观效应。

第十六章《超额负担和有效的税收设计》，征税过程会带来一定的征税成本，包括税收管理成本、合规成本，以及因资源有效利用条件被干扰而产生的超额负担。在局部均衡和一般均衡框架中讨论税收扭曲问题。有效的税收政策要使征收成本最小化，因而，之后对超额负担的量化问题进行讨论。最后，介绍了市场不完善、社会福利、支出等因素对超额负担的影响。

第十七章《税收对产出能力的影响：一个供给端的视角》，税收会从供给端和需求端两方面对经济体产生影响。尽管短期来看税收对供给方面的影响相对次要，但在较长期内这可能是影响经济增长的重要因素。为此，重点从供给端分析税收对产出能力的影响，即税收对工作投入、私人部门储蓄、私人投资的影响。

第十八章《美国税制结构的发展与构成》，分别从联邦政府层面、州政府层面、地方政府层面和各级政府层面简要概述了自 20 世纪初以来美国税制结构的发展历程。并且将美国税制与其他主要国家的进行比较，可以看出美国的税制结构与其他发达工业国家的税制结构基本一致。

第十九章《个人所得税：应税所得的确定》，个人所得税是最重要的一个税种，也是联邦乃至整个美国税收结构的核心。首先，从确定应纳税所得额、运用分级税率表来计算税额以及纳税程序问题考察了所得税的主要条款。其次，对税基的规模、构成和分布进行考察。再次，详细介绍了确定所得的原则。最后，考虑到税法在一定程度上偏离上述原则，因而从确定所得的实务中对不予计列、扣除、抵免三种情况分别进行说明。

第二十章《个人所得税：进一步的问题》，对个人所得税的前述问题进一步说明，主要侧重于个人所得税的结构和实务操作。具体来看，说明了税基与 GNP 和个人所得的关系，分析了税收优惠，分别考察了高收入问题和低收入者的待遇问题，介绍了所得税累进的含义、模式变化以及累进程度，从豁免额、区间限额及资本所得讲解了通货膨胀的效应，分别讲述了以家庭为纳税单位的方法和以工作收入者为纳税单位的方法，最后，介绍了州所得税与地方所得税。

第二十一章《公司所得税：结构与归并》，旨在评价联邦公司税的作用，主要涉及是否应当有一个“独立的”公司税，或者公司税是否应当与个人所得税归并。如果是，应如何实现这种归并？由此，从应税所得的确定、税基的取得和税基的结构介绍了联邦公司所得税的结构；随后，分别从归并课税、独立课税和公司税的其他原因来解答是否应该有公司所得税；与此同时，从完全归并和部分归并两方面对归并做了进一步的分析；从债权融资与股权融资、存货核算、费用账户、避税与最低税负四方面分析了确定税基的其他问题。

第二十二章《公司所得税：进一步的议题》，在计算公司的应税所得时折旧规则非常重要。回收期（折旧年限）越短、折旧速度越快，企业的税负越低。根据经济寿命，资产被分为 8 个群组，回收期范围为 7 年至 31 年。投资抵免也可以降低企业税负，但这种做法已废止。公司所得税的负担主要落在资本上。小企业可以享受税收优惠。公司所得税在联邦层面最重要，对于州和地方税收收入比较次要。与联邦税率相比，州公司税税率低，并且各州之间巨大的税率差别可能会造成资本从高税率州流向低税率州。

第二十三章《消费税》，消费类税包括一般性消费税（被称为销售税）和选择性消费税。销售税在联邦层面的重要性有限，在地方层面更为重要，在州层面则是收入的主要来源。选择性消费税旨在抑制有害产品的消费，或仅用来对易于管理的交易进行征税。销售税适合采用单阶段征缴方式。实施得当的增值税等价于一种单阶段税赋。消费型增值税可以视作是一般性消费税。销售税是累退的，因而与累进所得税形成了对比。通过对食品的免税可以减少销售税的累退性。

第二十四章《财产和财富税》，财富的分配比收入分配更不公平。对财富征税可以采用“对物税”形式，如财产税；也可以采用“对人税”形式，如净值税。用支付能力原则衡量，后者更优。财产税主要是对不动产征税，约有一半的财产税收入从住宅类房产上获得。财产税的主要形式是地方财产税。财产税覆盖了大部分不动产。但是，财产税税基或评估价值通常不到市场价值的一半。同一个州内不同辖区的实际税率差别很大，部分原因是各辖区评估比率差异很大。一个州内公平地评估各地财产价值对于分配州援助非常重要。“断路器”被用于减轻低收入且年长的财产所有者的税负。

第二十五章《遗产税》，税收系统中遗产税的结构包括联邦层面的遗产税和州层面的继承税。这两种税都不是税收的主要来源。灵活的免税和扣除使联邦遗产税的税基降到了潜在税基的一小部分；各种避税手段（主要采用信托协议的形式）进一步加剧了税收收入的损失。但是，尽管遗产税在收入上的重要性有限，却仍是一个重要的社会政策工具。既然通过遗产传递财富是财富持有集中化的主要因素之一，那么遗产税就是改变财富分配的合适工具。而且它们还是表达社会对于死亡时财产权转让态度的有效工具。不同类型的遗产税服务于不同的目标，在它们之间的选择涉及重要的政策问题。

第二十六章《工薪税》，工薪税为社会保障系统提供了资金来源。在几十年中，工薪税收入在联邦税系统中的占比急剧上升，从 1950 年的 9% 增加到了 1970 年的 22%，再到 1986 年的 40%。该税只适用于个人工作劳动收入，不适用于资本所得。由于资本所得的份额比重随所得规模的上升而上升，所以工薪税会带来大幅累退的负担分配。在竞争模型下，税赋对劳动市场的哪一端课征并不紧要。当被视为税收结构的一部分（而非社会保障系统的组成部分）时，工薪税就公平而言排名靠后。

第二十七章《多单位财政原理》，预算政策的配置、分配和稳定功能需要在各政府单位之间划分。公共产品的受益归宿受空间限制，应在受益区域范围内决定并支付费用。这一受益区域原则导致了最优社区规模的概念。在纯公共产品的情况下，居民人数越多越好，因为这样可以降低人均成本。然而，拥挤成本会限制最优社区规模的扩大。拥堵和规模经济影响了最优社区规模的确定。各个受益区域应该按照其居民的偏好来提供公共服务并承担相应的成本。国家层面则需要制定政策来应对分配问题和经济稳定问题。

第二十八章《联邦财政的原则》，联邦制模式的范围，可以从各独立州之间的松散联盟，到行动自由严格受限的单一制国家内各部分的绝对统一。凝聚程度将影响各级政府财政能力的分配。相应地，受益范围覆盖全国的公共服务应由中央政府提供，区域性有限受益的公共服务则应由较低层级的政府提供。旨在实现个人之间公平分配的政策修正应主要由中央政府进行。联邦内公平分配的问题与各成员辖区的相对地位有关。中央政府影响各下级财政绩效的主要工具是补助金制度，补助金可以采取配套或非配套的形式。补助金可以是一般用途的补助金，或是专项用途的补助金。补助金适当形式的选择取决于中央政府政策的目标。

第二十九章《美国财政联邦体制的结构》聚焦美国财政联邦体制结构，详细介绍其起源、制度演进以及主要层级格局和构成，并对其体制中的问题展开分析。总体上，美国财政结构包括联邦、州和地方三个层次，其中联邦和州支出占比不断提升，而地方支出占比下降，这意味着财政支出集权程度的下降。各州、地方财政地位有所差异，这取决于其不同的财政能力和财政需求。补贴制度塑造了联邦与州和地方的主要财政联系，联邦补贴不断增加、州对地方的补贴也显著增加，联邦补贴主要覆盖公共服务，而州补贴的主要用途是教育。近年来的新联邦主义强调分权，导致联邦财政所占份额的下降。

第三十章《稳定化政策的原则》，考察财政政策所发挥的经济稳定职能，有助于我们深入理解财政政策的稳定器作用。财政预算通过调节总需求水平，通过就业和物价水平等途径影响总供给和总需求的平衡，进而发挥经济稳定的职能。通过将政府引入经济总需求，可以看到财政支出带来的经济波动是扩张性的，而税收则起到了限制性作用，特别是累进税制，将削弱增加支出的乘数效应和扩张效应。在投资方面，利率上升可能导致挤出私人投资，但通过增加货币供应这一货币政策对财政政策的配合，可以防止财政政策可能导致的挤出效应。在物价方面，过度扩张性的预算政策可能导致需求拉动型通货膨胀。

第三十一章《财政政策的进一步议题》，本章在经济动态变化中考察财政政策效应。首先，讨论财政系统内在弹性或内在灵活性的作用，短期内在弹性将减缓经济波动，长期则可能导致财政负担或财政红利。其次，讨论一般政策效应的时间路径问题。最后，考察了公共部门在资本形成中的作用问题，包括经常性预算和资本性预算的作用问题。

第三十二章《公共债务经济学》，公共债务关乎代际公平并影响经济长期发展，本章讨论了美国公共债务问题。首先，美国公债以联邦债务为主，商业银行、保险公司和储蓄机构是联邦债务的最大持有者。其次，深入探讨了美国联邦债务在国民总产值中的占比，联邦债务的来源，债务期限与利息水平，债务管理与债务负担问题。

第三十三章《财政的国际协调》，探讨了国际财政关系的形成原因与国际财政概念存在的客观问题，首先，具体包括税收和财政支出的国际间协调，并将分析的重点放在税收的国际间协调问题上，而这一协调又是同各主权国家、各国际组织及跨国公司的活动密切相关。这些协调最终将影响个体间、国家间的公平和效率问题。其次，在财政支出的国际协调上，共同提供公共服务面临成本分摊问题。最后，讨论了开放经济中财政发挥的稳定政策作用及其贸易效应和对资本流动的影响。

第三十四章《发展财政》，考察发展中国家的财政体制及其对经济发展的影响。尽管本书之前章节中讨论的财政问题主要针对发达国家，它们大部分也适用于发展中国家。然而，发展中国家的财政体制及其影响也存在特殊性，具体体现在税制设计、税收激励、财政经济发展职能等方面。首先，发展中国家的财政政策存在特殊性，这主要是因为这些国家的资本积累和形成存在一定的困难。其次，发展中国家的技术发展程度、行政能力、贸易竞争力均会对财政政策的有效性产生影响。最后，对财政支出而言，公共投资和公共借贷对于发展中国家的经济增长具有战略意义。

本书翻译分工如下：第 1—7 章，尹应凯；第 8—14 章，刘康兵；第 15—21 章，刘亚洲；第 22—28 章，李武；第 29—34 章，谭静。

全书由我统稿、译校，并全面负责。水平所限，难免疏漏，望方家批评指正。

一本好书，可为知者言，不足为外人道。正如歌德在《浮士德》中所言：

难道说，羊皮古书
是喝了一口便永远止渴的圣泉？
醍醐若不从你自己的心中涌现，
你便不会自得悠然。

苟燕楠
2022 年 10 月 6 日

目　录

第一部分　公共部门

第二部分　配置、分配和公共选择

第五部分 税制结构

第六部分　联邦财政体制

第七部分 财政政策与稳定

第八部分 国际问题

第一部分　公共部门

第一章
财政职能总览

本章旨在给出财政问题的一般设定，并由此概述后面章节将要详细讨论的各问题。本章结束时读者可能仍会存有许多困惑，但不必忧虑，这些疑问将会在各位后续章节的阅读中逐一得到解释说明。

▶ 本章内容提示

一、导言

如今，放眼美国经济，我们可以发现其GNP中有超过20%源于政府购买，政府支出（含转移支付）约占GNP的35%，而政府税收收入则超过了GNP的30%。尽管其财政规模庞大，但相较而言，美国政府参与国民经济的程度仍弱于其他发达经济体，尤其是西欧国家（其政府行为在经济活动中的占比常年超过50%）。除了发挥预算职能外，发达国家的公共政策一般还会通过出台货币政策、法律法规以及利用其他性质的政策工具影响经济活动。公共企业在绝大多数欧洲国家举足轻重，但是其重要性在美国十分有限。因此，现代“资本主义”经济完全是一个公私混合的系统，其中公共部门和私人部门相辅相成、相互影响。事实上，该经济系统中就是既有公共部门也有私人部门，是两个部门的混合。

研究主题

本书研究的是在混合经济体制中运行的公共部门的经济学，不仅包括财政资金筹集活动，还对资源利用水平、资源配置、收入分配以及经济活动水平有着广泛影响。尽管传统上我们的研究主题是财政，但本书不仅讨论财政问题，还涉及对实际经济问题的研究。此外，我们不能只讨论“公共”经济学。既然公共部门和私人部门在相互作用下运行，二者就都应纳入我们的分析。不仅支出和税收政策的效应取决于私人部门的反应，财政措施的必要性也取决于私人部门在缺少财政措施环境下的行为表现。

尽管经济政策有着非常广泛的含义，但我们不会对其进行全面研究，本书的讨论范围将限于其通过公共预算收入和支出措施而发挥作用的部分。其他方面（如通过法院调节竞争、经营公共企事业单位以及实施货币政策）只是次要的财政预算领域，当然它们作为经济政策工具非常重要，但是我们仅在其与预算政策经济学联系在一起时才会进行讨论。因此，本书中使用的术语“公共部门”特指公共政策的预算部门。

分析范式

在分析公共部门时，人们可能主要会提出以下三个问题：

1. 判断各类预算政策优劣的标准有哪些？

2. 私人部门对不同财政措施（如税收和支出的变动）是如何反应的？

3. 塑造现行财政体制并决定当代财政政策的社会、政治和历史因素有哪些？

对于问题1的回答要求我们首先采取“规范性”视角，即去思考“应当”如何这一问题，然后讨论财政体制和政策效果可以如何评价、其绩效可以如何改进。对该问题的回答要求我们设定所谓“良好”绩效的标准。与私人部门中家庭和企业效率行为分析相对应，定义这一绩效标准需要一个名为“福利经济学”的经济学学科。然而，将其应用于公共部门较为困难，这是因为财政政策的目标并非既定，必须通过政治过程来确定。此外，资源使用效率目标的设定还必须考虑平等和分配公平，因此需要扩大规范分析的范围。

问题2在考察各种政策的结果时必然被提出。如果要评价公司利润税或销售税的优点，就必须知道谁将最终承受这些负担，该答案又取决于私人部门对征收这些税收如何反应。或者，如果要增加总需求，就必须知道减少税收或增加公共支出的效应将有哪些，而这些效应又取决于私人部门中消费者和企业反应的大小和速度。因此，分析财政措施的效应会涉及“实证”经济学——即在经验分析的基础上，预测企业和消费者面对经济变化时如何反应，并对这种预测进行实证检验的一类经济分析。

问题3同样涉及“实证”研究，探寻政府财政行为现状产生的原因。这不仅是一个经济学问题，还涉及广泛的历史、政治和社会因素。各个利益集团会如何努力影响该财政过程？立法者会如何应对利益集团施加的压力？选民的收入、社会和人口学特点如何影响其财政偏好？政治过程又如何反映了选民偏好？

公共部门的必要性

从规范的观点来看，到底为什么需要一个公共部门？如果从以下两个在我们社会中普遍被接受的前提出发：第一，产出的构成应符合个体消费者的偏好；第二，存在去中心化决策制定的偏好，那么为什么不能把整个经济体都交由私人部门呢？换言之，为什么在一个名义上的私人企业经济体中，会有相当一部分经济活动受制于这样或那样的政府指令，而不是由市场“看不见的手”指挥控制？

部分原因是，由于社会中政府的普遍存在，可能会将其所代表的政治和社会意识形态反映出来，而这些意识形态背离了上述消费者选择和去中心化决策的前提。但这只是一个次要原因。更重要的原因是，市场机制本身不能胜任所有经济职能。在某些方面需要公共政策去指导、纠正和补充。认清这一事实是至关重要的，因为这表明保有恰当规模的公共部门在很大程度上是一个技术问题而非意识形态问题。针对这一情况的解释，主要包括以下几点：

1. 市场机制促使资源高效利用（即以最便宜的方式生产消费者最想要的东西）的说法，是以要素自由流动和市场完全竞争为前提的。因此，必须确保市场的自由进入没有障碍，并且消费者和生产者必须对市场具有完全信息。要保证这些条件，就需要政府管制或采取其他措施。

2. 在成本降低导致竞争不充分的情况下，可能也需要政府干预。

3. 更一般地，市场运行所需要的契约安排和交易，无法在脱离由政府提供的法律体系的保护和强制执行的情况下存在。

4. 即便已经有了必需的法律结构，且竞争障碍已消除，某些产品的生产和消费特点也会导致其无法通过市场机制实现供给。如“外部性”问题的出现会导致“市场失灵”，而这就需要公共部门通过预算提供、补贴或者通过征税加以纠正。

5. 收入和财富分配（由市场机制和产权继承所导致的部分）需要根据社会价值进行调整。

6. 市场机制（尤其在金融高度发达的经济体中）未必能带来高就业、物价水平稳定和社会大众所期待的经济增长率。上述这些目标的实现需要实施公共政策。从 20 世纪 80 年代的情况看，在一个开放经济体中尤其如此。

7. 公共部门和私人部门用于评价未来（相对于现在）消费的折现率也不同。

我们稍后会看到，上述第 4 至第 6 条在评价预算政策时尤为重要。

诚然，因市场机制的上述不足而产生的纠正性或补救性公共政策措施的需要，并不能证明现已采取的任何政策措施对提升经济系统的绩效有实际作用。与私人政策一样，公共政策也可能犯错误且低效，而我们研究公共财政的根本目的，正是探索如何才能提高政策制定和实施的有效性。

主要职能

虽然特定的税收或支出措施会以多种方式影响经济，且可能旨在达成多种目的，但仍可以归纳出若干基本明确的政策目标。它们包括：

1. 提供公共产品（或者说资源利用在私人产品和公共产品间划分的过程、选择公共产品组合的过程）。这种提供作用可以称为预算政策的“配置职能”。这里不包括规制政策（也可认为是配置职能的一部分），因为其重点不是预算政策问题。

2. 调整收入和财富分配，以确保分配符合社会所认可的“公平”或“公正”的状态，此处称之为“分配职能”。

3. 将预算政策作为维持高就业率、物价水平合理稳定、适当经济增长率的手段（同时考虑其对贸易和对国际收支平衡的效应）。我们把所有这些目标统称为“稳定职能”。

这些政策目标各异，且任一税收或支出措施都可能影响超过一个目标。因此，现在我们可以指出，真正的问题在于如何设计预算政策，从而在追求一个目标的同时不影响另一个目标的实现。

二、配置职能

本节讨论财政的配置职能。某些特定产品——区别于私人产品，这里称之为公共（或社会）产品——不能通过市场系统（即通过个人消费者和生产者之间的交易）来提供。在有些情况下，市场会完全失灵，而在其他情况下仅能以低效方式运行。为什么会这样呢？

公共产品和市场失灵

公共产品提供时市场失灵的根本原因并不在于对公共产品的需求来自集体、对私人产品的需求来自个人。尽管人们的偏好会受社会环境影响，但需求和偏好最终还是由个人而非整个社会来决定。此外，公共产品和私人产品都在人们的偏好集合中。正如我可以将我对住房和后院设施的偏好进行排序，我同样可以将我对我的私人庭院和公园的偏好进行排序。更确切地说，这两种产品的真正差异在于，私人产品产生的效益仅限于购买该产品的特定消费者，而公共产品产生的效益所有人都可获得。

如果我购买了一块汉堡或一双鞋，其他个人就无法再享有这两件产品。我的消费和他们的消费之间是竞争关系。但是，现在让我们考虑一下减少空气污染的措施。如果空气质量得到了一定程度的改善，最终所有需要呼吸的人都将获益。换言之，每个人对这种产品的消费是“非竞争”的，因为一个人获得效益不会减少其他人获得的效益。这对研究消费者行为，以及这两类产品应该如何有效提供有重要启示。

市场机制非常适合私人产品的提供。它以交换作为运行基础，而只有具有排他性的可交换的财产权利的存在，才能进行交换。事实上，市场机制可以看作是一场巨大的拍卖会，其中消费者为产品竞价，而生产者则将产品出售给报价最高的人。由此，市场提供了一套信息系统，在该系统下生产者受消费者需求的引导。对于诸如汉堡或鞋子之类的产品，这是一个有效的机制。消费者除非花钱购买，否则无法受益，这种情况自然是最好的。排他原则的应用往往是一个高效的解决方案。

但就公共产品而言，情况就不是这样了。在公共产品领域，试图将任一消费者排除在受益人之外的行为将会是低效的，因为增加一个人的受益不会减少原有其他人的消费。因此，排他性的应用并不合意，即便操作起来非常容易。在这种情况下，由于来自公共产品的利益不是属于任何特定个人的财产权利，市场在此是失效的。在收益被所有人共同享有的情况下，消费者将不会自愿向这种产品的供给者支付对价。现在的情况是，我将从公共产品中获得和其他人一样多的利益，且在有千百万其他消费者的情况下，我的支付只是总额中无足轻重的一部分。因此，人们不会自发支付，尤其是在涉及的产品消费者众多的情况下。生产者和消费者之间的联系被破坏了，因此，政府必须介入来维持此类产品的提供。

即便是在消费行为具有竞争性从而享有收益的排他性的情况下，仍可能出现对公共提供的需要。产生这种情况的原因或许是排他原则不可行或实施成本过高。正因如此，尽管拥挤的城市道路上的空间具有稀缺性，对每辆经过的汽车收费的机制也不可行。政府在市场无法解决该情形时必须又一次地介入。

公共产品的公共提供

接下来的问题，就是政府应该如何确定公共产品的提供数量。根本的困难并不在于消费者拒绝自愿支付。假如仅仅是向那些从公共产品中获益的消费者征税，问题早就解决了。但问题并非如此简单。难点在于，首先要决定公共产品供给的类型和质量，其次要决定某一个特定消费者应该支付的金额。或许合理的方法是，视同该受益人取得的是私人产品而向其收取对价，但这并不能解决问题。真正的难点在于如何确定受益人从收益中获得的效用。

正如个人消费者没有理由向私人生产者自发付款一样，他们也没有理由向政府透露他们对公共服务的评价如何。如果我只是一个消费者大群体中的一员，那么我所得到的总供给不会因为我自身贡献的多寡而受到显著影响。消费者没有理由站出来申报该服务对其个人的实际价值，除非他们确信其他人也会这么做。因此，基于自愿的税收将无济于事。人们将乐于搭便车来享受由其他人提供的好处。我们需要一种不同的技术来确定公共产品的供给及其成本的分摊。

这时就必须引入政治过程代替市场机制，必须以选票表决代替按金额报价表决。由于选民知道他们将受制于投票结果（无论是遵循简单多数规则还是其他投票规则），他们将发现进行投票是符合其利益的，认真投票会使结果更接近于其自身的偏好。于是，按投票来决策会成为通过市场显示偏好的替代。此时，公共产品的相关成本必须通过税收支付。如后文所示，征税会产生在私人产品市场中不会出现的效率成本或无谓损失。此外，投票结果不会让每个人都满意，但这是一个相对有效的解决方法。决策结果大致上是完美的，具体情况则取决于投票过程的效率和有关投票事项的社会偏好的同质性。

全国和地方公共产品

虽然人们可以平等地获取公共产品，但个人受益与否可能会受到空间上的限制。正因如此，国防事业惠及全国，而路灯仅惠及地方居民。这说明，公共产品的性质与财政联邦主义的某些问题（中心化或去中心化）存在着有趣的联系。如我们后面将看到的，全国性公共服务由中央政府提供、地方性公共服务由地方政府提供可能是个好方法。

公共提供与公共生产

在考虑要如何安排这种公共提供之前，我们必须明确区分公共产品的公共提供（如上文所述的含义）和公共生产两个概念。这是两个截然不同、实际上毫不相关的概念，不可混淆。

私人产品可能是由私人公司（正常的情况下）生产并出售给私人买方，也可能由公共单位（如公共电力和交通当局或国有的英国煤炭行业）生产并销售。类似地，公共产品（如宇宙飞船或军事设施）也可能由私人企业生产并出售给政府，或直接在公共管理下生产（如公务员或市政单位提供的服务）。一般情况下我们说公共产品由公共提供，指的是它们靠预算融资并在提供服务时免于向人们直接收费，而它们的实际生产过程其实并不重要。我们在国家账户中观察公共部门时可以发现，这种提供的成本被大致均等地划分为两块：支付给公共部门雇员的薪酬（其产出可以视为公共生产）和从私人企业购买产品的支出。对市场销售的私人产品的公共生产在美国经济中并不多见。

三、分配职能

配置职能（关注于公共产品提供）会不可避免地偏离市场过程，尽管如此，它却提出了经济分析普遍关注的一类问题，即在给定当前收入分配和消费偏好模式的前提下资源如何高效利用。比较而言，分配上的问题更难处理。在与预算相关的讨论中，分配问题是一个主要的（往往是唯一主要的）争论点。尤其是它们在确定税收和转移支付政策中起到了关键的作用。

分配的决定因素

在没有政策调整的情况下，收入和财富的分配首先取决于要素禀赋的分配。人们工作的创收能力不同，累积和继承的财富也不同。在此要素禀赋分配的基础上，收入分配进一步由要素定价过程决定，该过程在竞争市场中会使要素回报等于边际产品价格。因此，收入在个人之间的分配取决于其要素禀赋及该禀赋在市场中的价格。

收入分配既可能符合也可能不符合社会所认可的公正或正义标准。我们必须区分以下两个概念：（1）要素的高效利用要求要素投入必须以竞争性要素定价为基础；（2）收入在家庭之间的分配应由市场过程来安排。前者是一个想要做到资源高效利用（无论在市场经济还是计划经济中）就必须遵循的经济法则，而后者则不同。一方面，市场中的要素价格可能不符合竞争性原则。而且即便所有要素价格（包括工资和其他对个人服务的回报）都通过竞争决定，最终的分配模式可能依然不尽如人意。最终分配有时会有相当程度的不平等性，尤其是在资本收入分配方面。尽管人们对于分配公平的理解各不相同，但大多数人都认为分配模式需要调整（即便只是提供一个分配的最低限额也好）。然而，这种调整可能会产生效率成本，而此成本在设计分配政策时必须予以考虑。

收入应如何分配

基于给定的分配模式和有效需求，经济学有助于确定资源高效利用的构成要素。但进一步的问题是：如何才能建构一个公正或公平的分配状态。现代经济学分析有意回避这个问题。现代福利经济学研究的是经济效率的定义，而有意回避分配问题。当且仅当某个人的处境（如 A）在其他人的处境（包括 B 和 C）不恶化的情况下得以改进，经济条件的变化才可以说是有效的（即福利得到提高）。这一标准尽管可以通过各种方式加以限定和修正，但并不适用于以牺牲 B 和 C 来改进 A 处境的再分配措施。尽管“有人获益、无人受损”的规则在评估市场和公共政策某些方面的效率中发挥了良好作用，但它对解决公正分配这一基本社会问题贡献甚微。

公正分配问题的答案涉及对社会哲学和价值判断的考虑。哲学家们提供了各种各样的答案，包括下述三个观点：人们对自身特定禀赋产生的收益具有权利；分配应合理安排，以最大化整体幸福感或满意度；分配应符合某些公平标准，在极端情况下可能表现为平均主义。在这些公正分配的标准之间选择并不简单，而将任一标准转换成相应的"正确"分配模式也非易事。在讨论应该按照人们"支付能力"或"纳税能力"征税这一广为接受的原则时，我们将遇到上述难题。

将公正规则转化成实际的收入分配状态会涉及两个主要问题。第一个问题是，比较个人从其收入中获得的效用水平是困难甚至是不可能的。效用无法简单叠加，因而基于效用比较的标准不可行。这一限制已经导致人们从社会评价而非主观效用衡量的角度来进行思考。另一个问题是，可供分配的总额大小与分配方式并非不相关。如前所述，再分配政策可能产生效率成本，人们在决定应该从多大程度上追求公平这一目标时，应予以考虑。

然而，尽管有这些难点，对分配的考虑仍是一个重要的公共政策议题。人们的关注点似乎正在从传统的相对收入水平、整体平等状况和高收入人群的超额收入方面，转向考虑低收入人群收入是否足够。因此，当前的讨论更强调对陷入贫困的预防，即强调对最低收入设定一个容忍底线，而非对高收入设置最高限额（这曾是一个主要议题）。如我们将看到的，这种关注点的转变对税制结构设计有重要影响。

分配政策的财政工具

在各财政工具中，实施再分配最直接的方式是：（1）税收转移方案（包括对高收入家庭征收累进税①和对低收入家庭进行补贴）；（2）征收累进税用于提供公共服务（尤其是提供诸如公共住房这类令低收入家庭受益更多的公共服务）；（3）对主要由高收入消费者所购买的产品征税以及对主要由低收入消费者使用的产品补贴。

在选择政策工具时，必须考虑最终的无谓损失或效率成本，即因消费者或生产者的选择受到干扰而产生的成本。通过所得税转移机制实现的再

---

① 累进税指税率随收入增加而增加的税。

分配具有不会干扰特定的消费或生产选择的优点。然而，即便是这一机制也不是没有“效率成本”的，因为人们在工作创收和赋闲之间的选择将被扭曲。如我们之后将看到的，一个最优解决方案可能是一个税收和补贴的复杂组合。不过，我们暂时不考虑这个问题，并认为分配职能可以通过实施直接的所得税和转移支付来实现。

虽然再分配不可避免地涉及效率成本，但这并不构成反对这种政策的理由。它仅仅告诉我们这两个矛盾的目标：（1）任一给定分配变化都应以最低的效率成本来实现；（2）需要权衡公平和效率。一个最优可行的政策必须同时顾及这两个方面。

四、稳定职能

就配置和分配两方面讨论了预算政策的作用后，我们现在必须指出其对宏观经济绩效的影响，即对诸如高就业、适度稳定的物价水平、对外收支的平衡以及合意的经济增长率等目标的影响。

稳定政策的必要性

上述目标不会自动达成，需要政策指导。若缺少政策引导，经济往往会面临大幅波动，且可能遭受持续的失业或通胀。更糟糕的是，失业和通胀可能会同时存在，如我们在20世纪70年代所经历的。随着国家间互相依赖的加强，不稳定因素可能从一个国家转到另一个国家，这就使问题更加复杂了。

经济中就业和物价的整体水平取决于总需求（这与按即期价格计算的潜在产出或产能有关）。需求水平是上百万消费者、企业管理者、金融投资者和非公司经营者支出决策的函数。这些决策又取决于许多因素，如过去和现在的收入、财富水平、信贷可获得性以及预期。在任一时期，支出水平都可能不足以确保劳动和其他资源的充分使用。由于各种原因（包括工资和物价往往难以下降），没有现成的机制使资源自动恢复到充分利用的水平。因而我们需要扩张性措施来提高总需求。而在另一些时候，支出会超过充分就业水平下的总产出，从而导致通货膨胀。在这种情形中，需要紧缩性措施来降低需求。另外，正如需求不足可能导致需求进一步下降，物价上升也可能引起物价进一步上升的特性，从而引起新一轮的通货膨胀。不论是哪种情况下，都不存在确保经济体迅速回到高就业和稳定状态的自动调整过程。变化的预期为经济带来了动态冲击，它可能是增长的源泉，也可能导致系统不稳定和衰退。

稳定政策的工具

解决上述问题的政策工具既有货币工具，也有财政工具，二者配合尤为重要。

货币工具 虽然可以依赖市场机制（如果其能良好地发挥职能）来确定私人产品之间的资源配置，但它自身无法控制货币的适当供给。正如沃尔特·白芝浩（Walter Bagehot）在两个世纪前指出的，“货币不会控制它自己”。如果任由货币自我管理，银行系统将不会准确地提供与经济稳定状态相适应的货币供给，反而会在其对市场信贷需求的反馈中加剧现有波动态势。因此，货币供应必须由中央银行系统控制，并根据经济短期稳定和长期增长的需求进行调节。货币政策——包括准备金要求、贴现率和公开市场操作——也因此是稳定性政策不可或缺的组成部分。扩大货币供应往往增加流动性、降低利率，从而提高需求水平（货币紧缩则产生相反作用）。

财政工具 财政政策也对需求水平有直接影响。增加公共支出是扩张性政策，因为这样会增加需求（首先作用于公共部门，而后传递到私人市场）。类似的，减税政策也可能是扩张性的，因为纳税人手中将留有更多可支配收入，从而预期将增加支出。因此，赤字水平的变动有重要作用。同时，如何满足赤字需求也很重要。如果赤字伴随宽松的货币政策，那么赤字财政的扩张效应将更大，因为该赤字可以通过增加信贷来满足。如果与赤字匹配的是紧缩的货币政策，政府债务的增加将导致利率上升，从而对市场交易产生紧缩效应。此外，财政政策对国际资本流动的影响（如美国经济在 20 世纪 80 年代经历过的）也很重要。

五、预算职能的协同配合

如前所述，预算政策涉及许多不同的目标，但这些目标在实践中会有冲突，从而使有效的政策设计（即公正对待其各种目标）更加复杂困难。

首先，我们假设公众希望增加公共服务的供给。这就需要增加税收来为这些工具买单，而这又会引出税收负担应如何分配的问题。根据所使用税种的不同，税收很可能会改变收入分配。因此，有些选民赞成（拒绝）所提议的公共服务变动，可能是因为他们喜欢（不喜欢）相关的分配变化，而并非因为他们喜欢（不喜欢）该公共服务。理想状况下，两个议题可以分开：社会将提供一个被认为公正的分配状态，然后根据纳税人由此获得的收益来调整公共服务的资金供给。由于这个两步走的程序难以实现，所以关于公共服务供给的决策往往会和人们关于分配的考虑混在一起，并被其扭曲。减税和减少公共服务的供给，虽然方向与增加税负和公共服务相反，但道理却是一样的。

接下来，我们假设社会希望向更加（更不）平等的方向来调整分配。这种调整可以通过使用累进（累退）税制以向较低（较高）收入人群进行转移支付而实现。也可以通过增加（减少）对低（高）收入群体提供特定价值的公共服务实现。但这会影响消费者在既定收入分配时所希望获得的公共服务模式。重申一下，一个政策目标的贯彻落实可能会干扰到另一个。

最后，我们思考在实现稳定职能中财政政策的作用。假设我们需要一个更大（更小）的扩张政策。这可以通过提高（减少）公共服务的开支，或通过降低（提高）税收水平来实现。前者会干扰财政政策的配置目标，而后者不会。然而，后一种方法又带来了进一步的问题：征税水平的变动应当如何落实。为使稳定性措施在配置目标和分配目标二者之间保持中立，成比例地改变税率水平可能是适当的解决办法。

如我们将看到的，上述简单规则会有很多例外。尽管如此，千万记住，财政有许多不同的政策目标，而制定政策时应力求将目标之间的冲突最小化。

六、本章小结

本章是以纲要形式写作，可能难以再作进一步总结了。不过，其所呈现的主要观点至少包括：

1. 现代所谓的资本主义经济实际上是混合经济，其三分之一或以上的经济活动发生在公共部门。

2. 就本书而言，公共部门是指政府经济政策中与预算措施（支出和收入）相关的那一部分。

3. 预算政策具有三大职能：（1）配置职能，即某些产品和服务（称为“公共产品”）的公共提供；（2）分配职能，即调整收入和财富的分配状况；（3）稳定职能，即处理失业、通胀和经济增长不足的措施。

4. 在讨论公共产品的提供（配置职能）时，公共产品指的是必须通过预算资金来支付的产品和服务。至于这些产品是否由公共部门生产，以及这些产品和服务是否从私人企业购买，并不影响判断。

5. 公共产品提供会产生的问题与私人产品有所不同。由于对公共产品的消费是非竞争性的，消费者偏好不会通过市场中的消费者报价显示。因此，公共产品提供需要政治过程和预算资金的支持。

6. 根据要素禀赋及其在市场中的售价确定的分配模式，不一定能满足社会对公平正义的要求，因此可能需要进行分配调整。而税收和转移支付政策提供了实施调整的一种有效手段（从而有了对预算政策中分配职能的要求）。

7. 税收和支出政策会影响总需求和经济活动水平。它们的执行对保持经济稳定（包括高就业和控制通胀）有重要影响。因此，稳定职能成为预算政策的第三个重要职能。

8. 实施财政政策的困难在于如何同时满足包括配置、分配和稳定在内的主要目标。

推荐读物

Colm, G.: *Essays in Public Finance and Fiscal Policy*, New York: Oxford, 1955, chap. 1.

Mills, G. B. and J. Palmer (eds.): *Federal Budget Policy in the* 1980*s*, Washington, D. C.: Urban Institute, 1984.

Musgrave, R. A.: *The Theory of Public Finance*, New York: McGraw – Hill, 1959, chaps. 1, 2.

Phelps, E. (ed.): *Private Wants and Public Needs*, rev. ed., New York: Norton, 1965.

Pigou, A. C.: *A Study in Public Finance*, London: Macmillan, 1928, part I.

Stigler, G. F.: *The Citizen and the State*, Chicago: University of Chicago Press, 1975, chaps. 1, 2, 5.

第二章
国民经济中的公共部门

更详细的讨论，参见“美国国民收入和产值账户”，《当代商业纵览》，1987年7月，第67卷，第7期，以及其后各期。

► 本章内容提示

一、经济循环中的公共部门

收入流和支出流

要素流和产品流

二、国民收入账户中的公共部门

国民生产总值中的公共部门

国民收入中的公共部门

个人收入中的公共部门

可支配收入中的公共部门

如第一章所述，公共部门的功能明显不同于私人家庭或企业。同时，公私两个部门在整个经济过程中又是相互作用、相互联系的。本章会首先考察经济循环中公私两个部门收入流和支出流中的相互依赖关系，然后将说明公共部门在国民收入和生产账户中的重要地位。

一、经济循环中的公共部门

公共部门和私人部门收入流和支出流的相互依赖关系如图 2－1 所示，该图用高度简化的方式呈现了经济中收入流和支出流的循环过程。我们忽略企业储蓄和外国部门的影响，并假定所有税收都来源于所得税。对税收流动更详细的说明将在后续章节给出①。

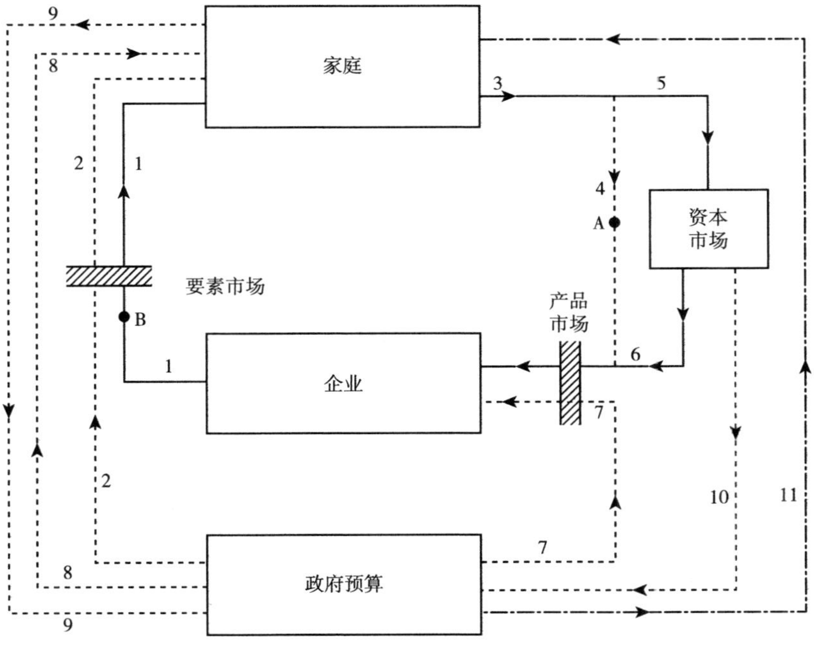

图 2－1　经济体中的公共部门

① 参见第十二章第一节。

收入流和支出流

图 2－1 中实线表示私人部门的收入流和支出流，虚线表示公共部门的收入流和支出流。我们先假设公共部门不存在。沿实线顺时针移动，我们注意到家庭通过在要素市场中出售要素来获取收入（线 1），然后进行支出（线 4）或储蓄（线 5）。储蓄又会用于投资支出（线 6）①。线 4 和线 6 可以理解为消费者在产品市场购买企业产品，由此构成了企业收入，这些收入又会被企业用于购买要素服务。

在引入政府后，我们注意到，要素既被私人部门购买，也被公共部门（线 2）购买，私人企业的产出同样既被政府购买（线 7），也被私人部门购买。除了购买要素和产品，政府还要进行转移支付（线 8）。政府收入来自税收（线 9）和举债（线 10）。

如此图所示，私人部门流和公共部门流紧密联系。特别要注意，公共部门作为买方既参与要素市场，也参与产品市场。因此，它的运行是定价系统不可或缺的一部分。这就是为何在设计财政政策时必须考虑到私人部门对政策的反应。对该系统中任何一个环节征税（如环节 A 或环节 B），都有可能导致税负向其他环节转移。此外，政府不只会将私人收入转用于公共支出，还会通过对要素和产品的购买产生通向家庭的收入流。因此，公共部门“凌驾”于私人部门这个看法，其实是一种误解。相反，它们实际上是一个混合经济系统中既不可或缺，又相互作用的两个部分。

不难看出，图 2－1 给出了一个高度简化的公共与私人部门互动过程。在给定收入水平下展示流动时，我们忽略了财政政策对就业水平以及生产率增长的效应。所有上述内容将在本书第七部分详细讨论。

要素流和产品流

不同于从收入流和支出流的角度看待图 2－1，我们还可以认为其显示了要素投入和产品产出的实际流动。现在反转箭头并按逆时针转动，我

---

① 较早的经济学观点认为，该循环（类似于任意过去年度的 GNP 账户）建立了储蓄和投资之间的恒等关系。当经济中有些部门所期望的投资高于或低于其他部门计划进行的储蓄时会发生什么呢？相关讨论参见第三十章第一节。

们发现，线 1 和 2 表示了向私人部门和公共部门的要素投入流动，而线 4、线 6 和线 7 分别表示企业向私人和政府购买方的产出流动①。现在我们必须加上点状线 11 来表示向消费者提供的免于直接收费的公共产品和服务流。绕过产品市场，这一流动不是通过销售回款，而是通过征税或举债来提供资金。还须注意到，政府提供的产品和服务（线 11）只有部分由政府生产（基于线 2 的要素投入），其余部分由私人生产并出售给政府（如线 7 所示）。

二、国民收入账户中的公共部门

鉴于国民收入账户提供了考察经济最全面的框架，了解政府项目在这些账户中的作用是很有帮助的。表 2－1 是 1986 年美国国民收入组成与使用的示意图。为便于分析问题，我们将联邦、州和地方政府看作一个公共部门。

表 2－1　　1986 年美国 GNP 的组成和使用　　单位：十亿美元

主要项目			
1	个人消费支出		2 768
2	国内私人投资总额		684
3	净出口		－105
4	政府购买		864
5	工资支付	396	
6	向企业购买	468	
7	GNP		4 206
8	－资本性消耗折扣		455
9	国民净产出		3 751
10	－企业间接税		349
11	＋政府对企业净补贴		11
12	－其他		29

① 由于公共部门销售（公共单位的工作）在美国经济中体量很小，所以图 2－1 中省略了这一项。我们可以认为政府单位包含在私人企业之中。

续表

主要项目			
13	国民收入		3 385
14	－公司利润税		83
15	－社会保险缴纳		376
16	＋政府对个人的转移支付		491
17	＋其他		69
18	个人收入		3 486
19	－个人所得税		514
20	个人可支配收入		2 972
21	－个人支出		2 858
22	个人储蓄		114

注：政府条目以加粗显示。第 18 行包括政府向个人支付的利息。

资料来源：美国商务部，《当代商业纵览》，1987 年 2 月。

国民生产总值中的公共部门

国民生产总值可以看作用于购买当期全部产出的支出总额。政府通过其对产品和服务的购买增加了这种支出。

总份额　如表 2－1 中第 4 项所示，政府购买是 GNP 的主要组成部分，占总产值的 20%。从另一方面看，这 20% 的产品和服务在用户收到时并未收取对价，而是在提供时免于直接收费，并间接通过政府预算来结算。虽然这些产品并不都是严格意义上的公共产品（该术语含义与其在第一章中的相同），但我们可以明确这样一个事实：四分之一以上的总产出是由预算支付的。

为考察这种预算支出的经济构成，我们要探究政府购买如何被划分为以下三方面：（1）要素购买和产品购买；（2）消费支出和投资支出；（3）消费者支出和企业支出。

要素购买与产品购买　这二者的区别没有直接体现在国民收入账户中，而是在表 2－1 中利用公共部门工资支付与政府要素购买呈线性相关这一规律来进行近似估算。这种对政府部门和学校雇员的支付，大约占政府购买总额的一半，其余部分则用于从私人企业购买产品。因此，政府通过预算提供了约一半的商品和服务，承担了生产者的角色。

消费支出与投资支出　这二者的区别表现在消费和资本形成之间。虽然 GNP 的私人部分分为消费和总资本形成（表 2－1 的第 1、2 项），但政府购买不做这种区分。然而，政府资本形成（包括公路、构筑物、国防设施）是投资过程的一个重要部分。因此，项目 2 低估了经济中的总资本形成。

消费者支出和企业支出　统计上并不需要将公共提供的产品和服务区分为向消费者提供的最终产品和给企业提供的“中间产品”这两类。有相当部分的公路支出、市政服务支出和开发支出都属于中间产品类，即它们是用以降低私人企业生产成本的补贴，而非直接流向私人消费者。至少部分教育支出是属于这一类别。有些中间产品属于当期服务类型（如对工厂企业的安保服务），而其他则是投资类型（道路）。剔除国防支出后，很可能有三分之一或以上的政府购买属于中间产品类。

国民收入中的公共部门

在由 GNP 向国民生产净值的计算过程中（表 2－1 中第 9 项），我们发现折旧或者说资本性消耗折扣被扣除了①。为了得到国民收入，我们进一步扣除了企业间接税（第 10 项）②。扣除企业间接税（如销售税）是因为其减少了可用于支付给各要素的金额，而国民收入被定义为要素收入总和。同理，应当加上对企业的补贴，其影响相当于负向征税（第 11 项）。

如第 13 项所示，国民收入反映了私人要素收入的总和。国民收入可以分解为来自（或“源于”）政府和私人部门的收入。源于政府的收入主要表现为政府支付的工资和薪金。如表中第 5 项所示，在 1987 年此项支出占国民收入的 12%。

---

①　要得到恰当的净产出数额，政府以及私人持有的资产的折旧都应予扣除，但事实上国民收入账户不具备进行此操作的基础。

②　这一处理存在两个难点：

a. 根据商务部数据，在美国国民收入账户中，企业间接税（包括财产税的收缴在内）有约一半来源于业主自住住宅，这些税赋不应纳入该账户的这一分项。准确地讲，这些税赋应在由个人收入向可支配收入的计算过程中同收入税一起扣除。

b. 在美国账户中，虽然人们习惯上将要素份额视为国民收入中的份额，但最好还是将注意力聚焦在国民生产净值上，从而把间接税纳入要素收入总额，并成为其一部分。

个人收入中的公共部门

在由国民收入计算个人收入过程中，我们也会遇到许多政府项目。其中某些项目需要从个人层面的收入中减去，其他的项目则需要加上。

首先扣除公司利润税（第 14 项），随后扣除社会保险缴纳（第 15 项）(包含雇主和雇员两方的缴款)。接着加上政府转移支付（第 16 项），主要是社会保险支付。而退伍军人津贴和公共救助款是接下来最重要的项目。最后，支付给个人的政府利息支出需纳入个人收入（从而被视为一项转移，而非国民收入的一个组分)①。

个人收入又可以分解为从政府支付中获得的部分和从私人部门支付中获得的部分。对于 1986 年，个人收入中的政府份额（等于政府工资加上支付给个人的利息和转移减去社会保险缴款）是 17%。这反映了转移支付的重要性，相对于源自公共部门的国民收入，它占有相当大的份额。

可支配收入中的公共部门

在计算得到可支配收入的过程中，我们必须扣除个人缴纳的税款（第 19 项)。这部分占个人收入的 15%，且大部分是联邦个人所得税。在得到可支配收入（第 20 项）的过程中，不再有其他的公共部门项目，因为所有税收已经提前扣除，且公营企业向消费者的销售（与私人企业的销售一起）已被纳入消费。然而，由这些账户定义的可支配收入其实低于个人实际收入。除了反映在个人可支配收入中的现金收入外，实际收入还包括政府免费提供的公共服务。假如将这部分收入纳入核算范围，那么公共服务将会成为预算收入的一个重要使用去向。

---

① 虽然这样做可能被认为是合适的，但对公共资本产品（如道路）的估算利息是应该纳入 GNP 和国民收入的，而事实上并没有这样做。

第三章
财政制度

本章，我们在前文考察财政问题和公共部门在经济中的地位之后，将就财政体制给出一个广泛的概述——分为联邦、州和地方。这些导读性章节将为后续分析提供背景。

► 本章内容提示

一、对美国财政结构的考察
- 支出
- 收入
- 政府间补贴

二、制度框架
- 联邦的财政权限
- 联邦宪法规定的州课税权力
- 州宪法、税收限制和地方权力

三、支出政策的实施
- 行政预算
- 国会预算程序
- 预算计划的执行
- 审计

四、税收政策的实施
- 税收立法
- 税收管理

五、政策实施的其他方面
- 稳定政策
- 信托基金
- 债务管理

六、本章小结

财政政策的经济原理是一回事，实际情况往往是另一回事。这些制度同政治和社会组织的其他方面一样，是众多历史因素的产物，未必能很好地适用于履行第一章中所阐述的规范性任务。然而，我们必须利用这些制度完成任务，并根据任务的变化对其进行调整。

一、对美国财政结构的考察

美国的财政结构如表 3 – 1 到表 3 – 3 所示。

支出

表 3 – 1 第 I 部分显示了各级政府支出如何按主要职能进行分配。该表适用于 1983 年（拥有完整模式的最后一年）。联邦层面的主要支出项目包括社会保险（占 32%）、国防（占 29%），以及利息（占 14%），总计占联邦总支出的 75%。州层面最主要的支出项目是教育、福利、社会保障和交通。截至目前，地方层面财政的主要职能是教育。第 Ⅱ 部分显示了各级政府支出总额以及各项目所占比重。首先分析总支出，其中联邦政府支出占 60%，接着是地方支出占 22%、州支出占 18%。国防支出完全属于联邦政府，社会保障支出大部分属于联邦政府。福利和交通支出大部分由州政府支付，而教育和警察支出大部分由地方支付。

表 3 – 1　　1983 财年各级政府的公共支出　　单位：十亿美元

	功能	I 各项支出占各级政府总支出的比例				Ⅱ 各级政府某项支出占该项支出总额的比例			
		联邦	州	地方	合计	联邦	州	地方	合计
1	国防	29.1	—	—	17.6	100.0	—	—	100
2	利息	13.7	4.9	4.5	10.2	81.9	8.3	9.8	100
3	人力资源	39.9	68.5	59.4	49.3	49.1	24.3	26.6	100
4	教育	1.7	19.9	41.6	13.6	7.3	25.5	67.2	100
5	福利	3.2	19.9	4.9	6.5	29.8	53.5	16.7	100
6	健康	1.5	8.8	8.4	4.3	21.4	35.7	42.9	100
7	住房	1.3	—	2.8	1.4	55.6	—	44.4	100
8	社会保险	32.2	19.9	1.7	23.3	83.5	14.8	1.7	100

续表

功能		I 各项支出占各级政府总支出的比例				II 各级政府某项支出占该项支出总额的比例			
		联邦	州	地方	合计	联邦	州	地方	合计
9	交通	0.5	9.3	6.9	3.5	8.9	46.7	44.4	100
10	自然资源	6.1	2.7	0.3	4.2	87.3	10.9	1.8	100
11	警察	0.3	1.3	5.0	1.5	10.0	15.0	75.0	100
12	其他	10.3	13.2	23.7	13.9	45.5	16.8	37.7	100
13	总计	100.0	100.0	100.0	100.0	60.5	17.4	22.1	100

注：表中数字表示面向社会公众的支出，故政府间补助在接受补助的那一级政府层面核算。

资料来源：税收基金会，《政府财政的事实与数据》，第 23 版，1986 年，华盛顿特区，第 a8 页。

最后来看政府支出占 GNP 的比重。我们发现，政府总支出占比为36%，而联邦政府支出占比为23%、州政府加上地方支出占比为13%。截至 1987 年，这些比率基本保持不变。虽然财政支出水平（主要是国防支出方面）不断提高，但 GNP 也同步提高了。

收入

表 3－2 给出了税收收入方面的总体情况。先看该表第 I 部分，我们注意到联邦政府主要依赖于直接税（其中个人所得税和工薪税是政府财政收入的主要来源，而企业所得税和货物税的比重较小）。州政府的税收收入严重依赖于销售税和货物税（包括一般销售税和燃油税，以及其他产品税）。地方财政收入主要依赖于财产税。再看第 II 部分，我们注意到全部税收收入中的 60% 流向联邦政府、25% 流向州政府、13% 流向地方政府。此外，我们发现，所得税和工薪税收入大部分归属联邦政府，销售税收入大部分归属州政府，财产税收入大部分归属地方政府。

政府间补贴

考察了公众支出及收入的模式后，我们现在应关注政府间转移支付的流动（我们的财政结构中余下的第三个成分）。这种补贴的结构如表 3－3 所示。注意，地方政府是主要的补贴接收方，这种补贴大约占其自身收入的三分之二。州层面相应的权重是三分之一。还要注意，州是主要的补贴提供者（其补贴流向地方政府），之后是联邦政府（其补贴的主要方向是各州）。稍后考察财政联邦制时，我们将进一步讨论这一模式①。

表 3－2　　1983 财年各级政府的税收收入　　单位：十亿美元

来源		I 各项税收占各级政府总收入的比例				Ⅱ 各级政府某种税收占该税种收入总额的比例			
		联邦	州	地方	合计	联邦	州	地方	合计
1	财产税	—	1.1	46.0	7.8	—	3.4	96.6	100
2	个人所得税	42.7	17.9	2.7	30.1	84.0	14.5	1.5	100
3	企业税	5.5	4.7	0.5	4.5	72.5	25.5	2.0	100
4	遗产和赠与税	9.0	1.1	—	0.8	66.7	33.3	—	100
5	销售和货物税	6.5	32.3	9.1	13.3	29.6	59.2	11.2	100
6	工薪税	29.0	27.7	3.7	23.2	74.0	23.4	2.6	100
7	其他	15.4	20.7	38.0	20.3	39.2	24.4	16.4	100
8	总计	100.0	100.0	100.0	100.0	62.0	25.0	13.0	100

注：本表所列数字为各级政府取自社会公众的收入，不含政府间的补助。

资料来源：税收基金会，《政府财政的事实与数据》，第 23 版，1986 年，华盛顿特区，第 a13 页。

表 3－3　　1984 财年政府间补贴支出和收入　　单位：十亿美元

	联邦	州	地方
补贴收入			
来自联邦政府	—	76.1	20.9
来自州政府	—	—	105.8
来自地方政府	—	5.3	—
补贴收入占自身收入的百分比	—	32.6%	64.5%
补贴支出			
给予联邦政府	—	—	—
给予州政府	76.1	—	5.3
给予地方政府	20.9	105.8	—

资料来源：《财政联邦主义的重要特征》，政府间关系咨询委员会，华盛顿特区，1986 年。

① 参见第二十八章第三节。

二、制度框架

美国的财政框架根植于其宪法的联邦主义精神。虽然单一制政府不必在宪法中明确其课税和支出权力，但联邦制政府必须对这些权力进行明确规定。事实上，财政安排——对课税和支出权力的安排——是联邦内部各成员（美国和澳大利亚的州、加拿大的省或德国的行政州）之间契约的核心内容。尽管中央政府必须拥有财政权力，但各组成单位仍保留着财政自主权。

美国宪法财政条款的撰写正是依据这种精神。在宪法实施之前，大陆会议没有课税权力；独立战争是通过对各殖民州课税以及举债来提供资金的。1787 年制宪会议有不少议程用于安排战后的财政格局。战争债务利息必须支付，并且未来联邦政府需要经济资源来保持运行。因此，财政安排是会议面临的主要问题。

联邦的财政权限

联邦政府的财政权力在一系列具体的宪法规定中给出，这些规定再进一步由某些并非专用于财政事务的司法解释定义。专门涉及财政的主要规定列举如下：

1. 课税权的授予
2. 统一课征规则
3. 按比例分配规则
4. 出口税禁令

这些规定有哪些重要意义，自其实施以来发生了哪些改动？

课税权和支出功能　联邦课税权力的一般性赋能法令在宪法第一条第八节中，规定“国会应当有权力征收和筹集税收、关税、进口税和消费税，以支付债务并提供美国的国防和公共福利”。通过将“公共福利”作为联邦财政的一个法定目标，宪法避免了对联邦政府支出功能设置特定限制。对术语“公共福利”的解释工作留给了国会和法院，且最终在非常广泛的意义上进行解释。“公共福利”被理解为不仅覆盖一般性目标（如国防或司法管理），还覆盖针对特定区域或人群的具有高度选择性项目（如给阿巴拉契亚的援助、援助补贴和转移支付）。因此，几乎为所有类型的支出计划进行课税都在联邦政府的权力范围之内。

在理解“公共福利”时，是否应该认为与为了财政支出课税一样，为了监管目的课税也是正当的？法院有时不允许税收权力在这个方向上使用，但后来的趋势一直朝着允许以监管目标课税的方向发展。总之，宪法第一条第八节所赋予的课税和支出权是广泛且全面的（仅受制于某些具体限制和司法约束）。

统一课征规则 第一个由宪法施加的具体限制是在第一条第八节中所给出的统一课征规则。该规则要求“所有关税、进口税和消费税应当在美国全境保持统一”。因此，每个州对烟草或汽车产品征收的消费税税率必须相同；如果满足这一条件，该税收将得到许可，即使取决于特定产业的选址，收入效应在各州之间将大有不同①。换言之，统一性是指法令的统一应用，而非从每个州筹集等额的收入。

因此，从全国范围看，统一课征规则对联邦税收结构的发展没有明显的限制。相反，通过要求同等对待处境相同的纳税人（不受其居住地点影响），这一规则促成了体系的公平发展。类似地，它也符合下述效率规则：应该避免武断地干预产业选址——如来自区域差别税收产生的干预。统一课征规则也不会干预税收作为一般化稳定政策工具的使用，因为税率可以根据需要在全国范围基础上提高或降低。

统一课征规则可能干预财政政策自由的唯一方面，在于使用课税权力来处理经济发展的区域性问题。因此，即便西维吉尼亚州或密西西比州对汽车生产税采取较低税率，可能有助于促进这些州的汽车生产，并有助于这些区域的发展，但在统一课征规则下，这一点是做不到的。

尽管宪法把统一课征规则与“关税、进口税和消费税”联系在一起，看似是将“直接税”排除在外，但该规定并不意味着可在地区差别的基础上使用直接税②。实际上，宪法的构建者并未预想到直接税（当时主要认为

---

① 注意，我们这里说的是筹集税款的地点，而非纳税义务发生的地点。例如，烟草货物税在弗吉尼亚筹集，汽车货物税在密西根筹集，两个税收都不在内达华筹集。但两个税收的负担将在所有三个州之间分摊（取决于其在香烟和汽车消费中的份额）。

② 对于直接税和间接税在经济学上区别的讨论，参见第十二章第一节。

是财产税）会在联邦范围实施。而根据第十六修正案，法院也不太可能允许所得税存在区域间差异。

按比例分配规则和第十六修正案　尽管统一课征规则在制定合理的全国性税收结构的过程中被证明是一个还算合理的限定条件，但是按比例分配规则却施加了一个后来被证明是不可接受的障碍。通过要求“除依本宪法前文，对人口普查或统计结果规定的比例征税外，不得征收人头税或其他直接税”，第一条第九节实际上要求了所有此类税收都是人头税。因此，各州之间税率将会随其人均税基成比例反向变动。例如，假如 A 州的人均财产税基是 B 州的一半，那么 A 州的财产税率将会必须是 B 州的两倍。最初，作为交易，按比例分配规则给较富裕的州提供了税收保障以换取其接受在国会中只拥有较少数量的代表席位，但一个世纪以来都没有真正出现过对这种保障的需要（在此期间，联邦财政收入需要由间接税来满足，尤其是关税）。

按比例分配规则直到很久以后才产生影响，当时联邦政府开始面临对所得课税的需要。如果当时法院坚持将按比例分配规则适用于这种税收，则联邦所得税就不可能获得发展。因为在没有按比例分配规则的情况下，税率明细表（即使在州内是按比例的）在各州之间必然有所不同（人均所得较低的州税率较高），这将会与在全国范围内同等对待具有同等纳税能力纳税人这一原则相抵触，且会在各州之间产生累退的税率模式。在这些条件下，不可能发展出现代所得税体系。即使该条款原本的意图是相对于穷州而言，保护富州，其在现代背景下的用途将是阻碍联邦层面的累进（或甚至比例）课税，从而相对于贫穷纳税人而言，保护富裕纳税人。

因此，问题在于，所得税应被当作是统一课征规则下的一种“关税、进口税或消费税”，还是被当作按比例分配规则下的一种“人头税或其他直接税”。在 1880 年联邦所得税首次生效时，法院选择将其解释为消费税，但在 1895 年采用了相反的观点，在对所得课税的第二次司法解释中认为将其作为未分摊直接税是违宪的。虽然看起来（从经济术语角度）所得税显然是直接税，但从宪法角度看，哪个解释正确却不是很清楚。无论有何争论，在 1895 年的决定生效后一切尘埃落定。在联邦政府的收入需要不断增长的情况下（尤其是源于对战争财政的潜在需要），该问题在 1913 年通过第十六修正案得到解决。它写明“国会有权不在各州间分摊、且不参考人口普查或统计结果的情况下，对所得征税和筹集税收（无论其来源）”，从而为统一的全国性所得税开辟了道路。该税种在1913年引入，注定成为联邦收入结构的重要支柱（如前所述）。

尽管联邦所得税已完全摆脱了按比例分配规则的束缚，但在未来如要考虑征收其他税种（如联邦财富净值税或财产税），该规则仍可能有一定的影响。这些税种被认为具有所得税的性质，从而在第十六修正案下生效；但除非该问题得到明确，否则按比例分配规则仍将持续困扰税务律师。

出口税 宪法第一条第九节也禁止征收出口税。这一限制反映了南方各州希望保护其棉花出口的利益，在后来几年里被证明不是个重要因素。然而有趣的是，我们应当注意到，由于税收政策对国际收支平衡具有潜在影响，没有相应的出口补贴禁令。

法律约束 此外，某些其他法律规定也已被证明与联邦课税权有关。

1. 最高法院已经在解释联邦系统（在联邦和州政府“双主权”的情况下）时暗示，联邦政府禁止向州和地方政府的各机构课税。因此，由州和地方政府发行的债券利息免征联邦所得税，且对州和地方政府的销售也不征收联邦消费税。虽然最初基于类似原理，州和地方政府雇员的薪金也是免税的，但现在大都要对其征收联邦所得税。虽然所得税法令继续豁免州和自治市债券利息纳税义务，但第十六修正案所赋予的权力近来被法院重新解释，并在解释中否决了适用于所得税的免税条款。

2. 在正当程序条款下（宪法第五修正案和《权利法案》组成部分中有提及），联邦政府被约束不能“在缺少正当法律程序的情况下”剥夺人民的“生命、自由或财产”。对于税收而言，这就意味着税收绝不能武断随意。征税时允许进行分类和差别化处理，但操作必须是“合理的”①。然而，正当程序条款没有被解释为需要为税率设置一个可允许的上限。同时，通过给予纳税人司法上诉权对其进行保护。

结论 上述简要分析表明，联邦税收结构的发展并未受法律规定的极大阻碍。统一课征规则是一个有益的约束，而按比例分配规则实际上已被第十六修正案否定；此外，已经愈发明显的是，课税可以用于监管用途。然而，

---

① 参见本章第一节。

一个为限制联邦课税水平和要求预算平衡的新宪法修正案正在审议中①。

联邦宪法规定的州课税权力

虽然联邦政府必须由宪法授予其基本的课税权，但各州不需要这一授权。各州的课税权力属于其作为邦联组成成员的主权权利，并在剩余权申明下得以保留。然而，宪法对各州的课税权施加了某些约束，部分约束通过具体法规而施加，还有部分通过宪法中其他条款对税务的司法应用而施加。

一般限制 在各种一般限制中，以下四项很重要：

1. 宪法第一条第十节中，不仅特别禁止各州对出口征税（该禁令也适用于联邦政府），还特别禁止对进口征税。当然，其目的是把对国际商务的管制变为联邦政府的特权。

2. 豁免原则（禁止联邦对州和地方机构课税）也逆向适用。各州不能对联邦政府的各机构课税。因此，联邦债券利息免于州所得税。州消费税不能对向联邦政府的销售征收，而联邦所有财产也不受州财产税影响。然而，由联邦政府支付的薪金受州所得税影响。由于宪法对联邦制中所指的州与地方事项的内容没有明确，这样司法解释仍在变化。

3. 第十四修正案（将第五修正案的正当程序条款扩展到了州法律中）认为，一个州禁止“拒绝向其辖区内的任意个人提供法律上的平等保护”。这一条款已被解释并归类为对“武断行为”的禁止，并就各州可以对不同类别纳税人区别对待的程度设定了一些限额（尽管限制较为宽松）。

4. 第十四修正案也被解释为赋予了纳税人针对州或地方税收管理部门武断行为的上诉权利（类似于其在联邦层面的应用）。

州际贸易 对经济学家来说，最重要也最有趣的是关于州际贸易和关于非歧视性处理其他州居民的规定。这些规定（在几乎200年前）处理的问题本质上与当前在共同市场国家财政一体化有关争论中所遇到的一样。在与此相关的各规定中，应该注意以下内容：

1. 正当程序条款可解读为将州的课税权力限制在其司法管辖范围内。

2. 平等保护条款被解读为禁止歧视州外公民。必须平等对待居民和非居民。然而，这一非歧视规则不适用于不受该州内部保护的州外公司。

---

① 参见第七章第三节。

3. 宪法第六条第八节委托联邦政府行使“管制与外国以及若干州之间商务”的权力。这一条款被解读为禁止各州以其课税权干预外国和州际商贸的流动。从其他州的进口或向其他州的出口，不得受歧视性税收的影响。由此保证了美国作为一个大型经济体，没有内部贸易壁垒、有共同外部关税的特点。与此同时，这不保证州课税对产业选址的影响是中性的，因为选址决定可能受各州不同的消费税税率或利润税税率的影响①。

4. 同一条款也应用于规范对从事州际商务的企业课税。由于业务涉及区域广泛，可能同时有多个州对企业营业收入或利润征税，但总税基必须在各州之间“合理”分配。关于怎样才算“合理”分配，一直以来都存在大量争议②。

受教育权利和教育财政 虽然各州一般而言在设计财政措施中有广泛的自由，但20世纪70年代的一系列事件冲击了公立学校的财政供给体系。公立小学和中学教育的大量资金来自地方财产税。由于各学区的财产税基不同，低税基学区中的孩子可能会处于劣势。从1971年加利福尼亚最高法院对塞拉诺对普里斯特案的判决开始③，许多州法院和下级联邦法院已经发现，现有公共学校的资金供给方案违宪。在塞拉诺对普里斯特案中，加利福尼亚最高法院认为，“接受公立学校教育的受教育权是一项不能以财富为条件的基础利益”。在这些案件中的司法意见既参考了美国宪法的平等保护条款，也参考了相关州宪法有关规定。但在绝大多数的这些早期案件中，人们主要强调的还是联邦宪法的规定，而不是州宪法。

那些寄希望于对教育财政的判决将会给地方政府财政系统带来直接变化的人，会对美国最高法院1972年对圣安东尼奥独立学区对罗德里格斯案的判决感到失望④。在5票对4票的裁决结果中，最高法院认为德克萨斯公共学校的资金供给系统，不违反对美国宪法第四修正案中的平等保护条款。该法院意见的基础看上去足够广泛，从而保证大多数（如果不是所有）州现行的财政系统有效。

对罗德里格斯案的判决没有终结下述争论：特定州的教育财政系统违

① 参见第二十八章第四节。

② 参见本章第一节。

③ 参见《加州法院公报》加利福尼亚第三庭第5卷第584页（1971）。

④ 参见美国法院411判例（1972）。

反了该州宪法的规定。自罗德里格斯案之后，新泽西州最高法院已经认为，新泽西州的公共学校财政方案在新泽西宪法下违宪①，许多州也相继效仿，同时诉讼仍在其他州继续。

尽管美国最高法院已经拒绝制定严格的规则，但各州宪法越来越倾向于要求教育机会平等，并要求教育类公共支出从地方财产税税基中独立出来。这些判决正在非常缓慢地推进实施，但假以时日它们也许会引起州地方财政和财产税功能的实质性重构。

一个更广泛的问题是：这些关于教育的判决是否可以扩展到地方政府的其他支出。如果情况果真如此，由教育财政案件所提出的思路，可能开始对现有其他服务的财政安排也有实质性的影响。然而，绝大多数法律专家认为近期不会有这种变化。

协调　撇开这一新观点，我们可以得出这样的结论：宪制框架（由第十六修正案所扩展）已经给了财政结构发展以近乎完全的自由。对各层级没有安排特别的支出功能，也没有规定各层级政府应课征哪些税种（除了对外国的进口关税和出口税）。

虽然几乎或根本没有对各层级政府财政系统间协调的规定，但宪法已经成功禁止了州税收对美国经济在一个大型自由贸易区域上发展和发挥功能的直接干预。在联邦层面，统一课征规则禁止在征收消费税时发生地区歧视。在州层面，禁止通过关税或出口税干预州际贸易。

简言之，宪制框架确保在内部进口关税以及统一外部关税的意义上没有贸易壁垒，但它没有试图去均等化各州的财政结构，或阻止所有运用税收的手段对内部商品或资本流动进行干预。由于州和地方税率一直相对较低，税收差异对经济效率的损害并不严重，所受关注也一直少于在欧洲共同市场中相同问题所受的关注。在欧洲共同市场，由于各国间税收结构差别要大得多，所以冲突也更加严重。但基本问题是一样的。虽然我们可能发现财政分权主义有其吸引力，但它也有相应的效率成本。

州宪法、税收限制和地方权力

除了这些联邦约束外，州课税的运行还受到州宪法约束。这些约束在

---

①　参见美国新泽西州法院判例第 62 卷第 473 页（1973）。

性质和细致程度上有所不同。有些州中，对税收结构进行了详细定义，而在其他州，宪制规定只针对某些具体问题（如债务限制或禁止累进税制）。近年来，许多州都采用了宪法修正来把税收的增长上限同州个人所得或其他因素的增长联系起来。目前，将近20个州要么基于宪法规定、要么基于法律规定实行了整体财政限额①。因此，立法机关通过简单多数规则增加税收的权力受限，各州从内部（特别是通胀引起的）收入利得中获益的能力也同样受限。

地方政府的财政权力由各州授予，因为地方政府没有自己的主权权力。同理，联邦对各州课税权力的限制也适用于各地方政府从州课税权中派生出的权力。此外，从加利福尼亚第13号修正案的通过开始，对州权力的限制已涉及地方财产税收入的增加，并且现在应用已超过30个州。虽然这些限制从官方角度来说是州政府创造的，但很难说地方政府政治力量没有参与其中。它们的财政权力可能只有在宪法意义上才是“派生”的，现实中远非如此，地方政府（特别是较大城市的地方政府）已经成为财政领域完全成熟的一方。因此，美国的政府间问题在很大程度上是一个涉及联邦、州、地方的三方事务。

三、支出政策的实施

我们现在将讨论用以规划、制定和执行财政计划的政府系统。重点将放在联邦的运行上，因为它规模最大，而州与地方政府或多或少都遵循与其类似的程序。参与到联邦财政过程的三个群体是：（1）选民；（2）总统和行政机关；（3）国会。此处我们只关注后两者（选民留待第七章更详细地考虑）。

支出政策运用的核心工具是预算。单个预算周期涉及四个步骤：（1）由行政机关编制总统预算；（2）由国会审议总统预算和预算立法；（3）由行政机关执行预算法案；（4）由审计总署（简称GAO）审计。在这一章中，

---

① 参见“美国联邦国内收入报告”，《财政联邦主义的重要特征》，1985—1986年版，华盛顿特区，1986年，第145页。

我们简要地将这四个功能视为决策和行政管理过程的各部分。

行政预算

总统在管理和预算局（简称 OMB）的帮助下编制预算，并于每年 1 月将其递交给国会。这一预算会覆盖即将到来的财政年度（从 10 月 1 日到次年 9 月 30 日）。预算编制的漫长过程从行政机关设置指导方针开始。行政机关在与其他部门（如财政部和经济顾问委员会）协商时，会考虑税收政策的影响和预算在经济稳定中的作用。然后，最终方案成为各个政府部委预算申请的基础。然后，这些申请会由 OMB 在一系列预算听证会上进行仔细审查，并使之符合总统意愿。在此基础上，使预算尽可能符合行政当局所宣布的政策，并尽可能成为政治体制中的经济计划。

国会预算程序

预算必须在每年 1 月 3 日前提交国会，由国会预算委员会接收。根据 1974 年预算改革法案规定，该委员会（又分为参、众两院各自的委员会）负责推动国会预算过程。参、众两院的相关委员会遵循相同的流程安排（从准备对该预算的"共同决议"开始）。每个委员会必须在 4 月 15 日前向其议院报告决议。该决议要设定即将到来的财政年度的总体支出水平，并且提供总支出在各主要职能类别之间的分解明细，并确定其必要的收入水平。5 月 15 日之前，必须完成关于该决议的立法过程，包括用于调节两院决议之间差异的会议。然后，国会将力图在该预算决议所设定的限额内，审议通过（或应该开始审议）各拨款法案，该工作于劳工节后不久完成。在 10 月 1 日新的财政年度开始前的剩余时间里，国会会通过关于该预算的第二个共同决议，并在其中重申先前的决定或对其进行修订。如果是后一种情况，则必须在新财政年度开始前通过一个调节法案，落实该决议的各指令（包括对已颁布的拨款法案的削减）。

为协助国会执行上述紧张且严格的预算时间表，人们建立了国会预算局向国会提供技术和人员支持，从而大大加强了国会分析行政管理团队议案并设计自身预算的能力。与议会制不同（立法机关理应接受政府预算，否则政府就得关门），总统预算不过是给国会的一个建议。国会可根据其意愿立法，各政治力量都将全力施加影响。预算结果很大程度上取决于总统能够在国会集结多少力量，以及总统通过威胁否决拨款法案所能施加的压力大小。

1974 年通过的《国会预算和控制法案》是一次预算改革的勇敢尝试，但仍有许多任务有待完成。到目前为止，国会还没能跟上该法案所规定的严格时间表，在新财年开始后，仍有一大部分的拨款法案留待通过。此外，调节过程承担了比预计大得多的作用①。

为了处理 1981 年减税后出现的赤字问题，国会通过了 1986 年《平衡预算与紧急控制法案》（格兰姆—罗德曼—赫林斯法案），旨在于 1991 年前实现预算平衡（该问题将在稍后讨论财政政策时作进一步考察）②。

预算计划的执行

预算通过且相关部门收到拨款和支出授权后，就可以开始执行预算了。但预算计划的执行仍会由 OMB 监督。虽然支出必须符合国会立法，但行政机关在执行时间上仍具有灵活性。不过 1974 年的立法明确，各预算计划通过国会立法后，行政决定无权终止。

审计

预算周期中的最后一环是会计和审计功能。这一功能由审计总署履行，这是一个处于行政部门外部的独立部门，并直接向国会负责。这样国会就可以确保预算资金已经按照国会意图使用，并确保没有违规行为发生。

四、税收政策的实施

我们需要对税收政策的两个方面进行考虑。一个是税收立法，另一个是重中之重的税收管理。

---

① 对于该预算过程的描述，参见《美国预算》，1988 财政年度，第 6b－1 页。另见艾伦·希克，《预算过程的危机》，美国企业研究院，华盛顿特区，1986 年。

② 参见第七章第四节。

税收立法

尽管每年都必须通过支出法案来提供拨款（无论是新项目，还是现有项目），但税收政策却不必如此。现行税收结构在没有进一步立法的情况下，提供了一个连续的收入流（虽然有波动）。然而，人们也可以采取行动，根据变化的支出要求和经济条件对整体收入进行调整。为处理税收对私人部门的影响和调整税负分配，可能还需要进行税收结构上的改革。

税收改革者的主要关切，一直是对提高税收结构公平性的需要，以使其更贴合税负分配应公平的普遍观点，并和税收对经济机能的影响相一致。因此，税收改革总是一个公众乐意讨论的话题，但行动上却是时断时续。每隔十年，在政治和其他方面的“改革”环境都成熟时，会发生一次或两次主要的结构性变动。这种变动发生在 1954 年、1962—1964 年、1969—1970 年，特别是 1986 年。通常改革的年份都是行政管理发生重大变化后的几年。

税收政策议案既可能来自行政部门，也可能源于国会。行政方面涉及许多部门（取决于该议案的性质）。编制税收结构改革的行政管理议案是财政部、其税收分析办公室和税收立法顾问的主要职责。该工作依靠大量的税收专家、经济学家和律师，并且是一个持续过程。许多税收经济学家（政府内部及外部的）担任咨询对象，并参与这项工作。最终，通常在一年或更长时间的准备之后，改革计划诞生并提交给总统考虑。因此，在 1985 年 5 月总统改革议案公开展示之前的准备过程中有过复杂人员构成的团队研究，团队内包括大批财政经济学家[①]。在总统做出决定后，最终改革计划编制完成，并以税收咨文的形式呈交给国会。

在国会方面，税收联合委员会的成员发挥了关键作用（与国会领导层密切合作）。总统的税收咨文首先提交给众议院税收委员会（而非参议院）。这样做是因为根据宪法第一条第七节，“所有税收法案都应当源自众议院”。在收到行政管理团队的建议后或其他必要的时间，税收委员会将举行听证会。听证会通常始于财政部部长的展示，接着是外部团体呈上证词（如行

---

① 参见《总统给国会的为实现公平、增长和简便的税收议案》，1985 年 5 月，以及《为公平、简便和经济发展的税收改革》，给总统的财政部报告，1984 年 11 月。

业代表、工会和其他组织)。除了财政部外(代表国家利益)，大量的证词由利益团体给出(仅偶尔会有代表总体公共利益的专家或个人陈述)。在听证会结束后，改革法案在行政会议中成形(这些会议现在向公众开放)。通常，委员会给出的法案与最初行政部门的计划相去甚远。然后，法案对外公告，并在有限讨论后(通常只针对由税收委员会批准的修正)，由众议院通过。

然后该议案被送到参议院财政委员会，并重复同样的程序，包括由财政部对众议院法案进行回应和广泛的听证会。尽管参议院立法是基于众议院法案，但财政委员会有自由做出修改或用自己的议案直接替换的权利。该议案随后在参议院全体会议上审议，其间会有广泛的讨论且不限制修正。在经参议院投票后，该法案被送到两会联席委员会。在此期间，会对众议院版和参议院版法案之间的差异予以协调。然后，该法案再送回参众两院，通过后送交总统签署。

尽管众议院拥有提议税收立法的宪制特权，但参议院财政委员会却可以在税收政策中发挥主要作用。如前所述，众议院税收委员会和参议院财政委员会均在其复杂的任务中接受财政部人员的协助。许多委员会成员任职时间很长，并因此获得了相当的专业技术能力。然而，他们受制于大量的政治压力，且既得利益团体的形成使改革行动难以推进。

与支出政策一样，总统可以提议，但采取行动的权力在国会手中。事实上，税收政策权力的天平在很大程度上倾向国会一边。国会可以无视行政管理团队的意愿，代之以自己的议案。此外，各委员会可以在没有行政管理提案的情况下独立行动。国会和财政部(独立于党派界限)之间的潜在冲突背后，是国会认为收入立法是宪法授予国会的一项特权，不在行政部门权限之内。

税收管理

税法(由过去各收入法案所定义)被集成在《国内收入法典》中。这一法典［由国内收入署(IRS)的法律人员编制］对收入法案在众多复杂背景下的具体应用进行了说明。为指导纳税人和法律行政管理部门中的税收官员，各种法规被不断地颁布和编入法典。从事这项任务的IRS人员包括约60 000个税务员(遍及全国60个地区税务机关)。1988年IRS的预算(用于税收筹措)为50亿美元(这是一大笔钱，但不到其所筹集税收收入的1%)。

尽管在美国税收缴纳是基于纳税人自己的申报而非官方评估，但仍须对申报表（总计约1.2亿张）进行检查和审计。检查和审计纳税申报表涉及程序目前正因计算机的使用而发生变革，但仍需要大量经过高度培训的人员来评估额外的信息。近年来，有越来越多的人开始关注逃税行为和税法的复杂性（这增加了行政执法的复杂程度）。

课税过程的最后一个功能由税收法庭履行（纳税人如需投诉，可求助于该法庭）。而国税局的检察人员可以通过联邦法院常规系统中的刑事诉讼来对税法强制执行。

五、政策实施的其他方面

除了支出和税收政策外，在稳定政策、信托基金和债务管理方面也有诸多政策实施方面的问题。

稳定政策

在讨论预算政策的各个功能时，我们已经指出财政政策在经济稳定中的重要作用。事实上在1946年《就业法案》下，行政机关被授予了实施稳定政策的职责。该法案要求总统促进最大就业、生产和购买力。1953年修正案又增加了促进“美元价值稳定”、制定达成这些目标所需要的政策，以及据此每年在总统经济报告中向国会报告的要求。就此而言，该法案建立了隶属行政机关的经济顾问委员会和隶属国会的联合经济委员会。

经济顾问委员会（包括一名主席、两名顾问和大量工作人员）协助总统准备经济报告。在编制针对稳定化政策的更加广泛的经济指导方针中发挥关键作用，并处理政府经济计划中其他方面的事务，该委员会的实际作用和造成的影响因行政管理部门而异——每个行政管理部门（最终）都有自己的稳定化政策编制风格。

在国会层面，与经济顾问委员会相对应的是联合经济委员会。在总统提交国情咨文和预算咨文后，该委员会将于1月底收到总统的经济报告。过去几年，联合经济委员会的存在及其工作在推进财政和其他领域内经济政策制定的智能化解决方案中，以及在提高国会经济政策讨论水平中有巨大价值。然而近些年来，随着国会预算局及其国会预算局中的专家作用的加强，该委员会的重要性有所下降。

信托基金

虽然收入和支出立法通常分开（税收收入纳入政府一般基金），但对于信托基金而言，两者是相联系的，因此，信托基金在财政体系中具有特殊地位。1988 财年信托基金收入总额约为 2 570 亿美元，约为预算收入总额的一半。此外，还有预算外信托基金（社会保险基金）收入 2 420 亿美元。

这些信托基金的作用及其将具体的收支联系起来的优点将在后面进行讨论。我们只需要了解，信托基金的支出不受年度拨款的限制，由国会制定的每个信托基金的运作规则决定。

债务管理

最后，应讨论债务管理的作用。美国财政部肩负的债务管理职能是双重的。一项职能是进行因经常性预算的赤字或盈余而必须进行的债务交易，涉及债务总额的增加或减少。尽管整个财政年度的预算可能是平衡的，但以月度为基础，税收收入和支出的流动并非是同步的，因此，需要进行一些过渡性的债务融资。另一项在体量上显得更重要的职能是大量发行新债券来偿还旧债券，即以各种不同期限和特点的新债券替换到期债券。这项工作由财政部债务管理司负责，由纽约联邦储备银行予以协助。

债务管理职能本质上是行政职能，国会并不直接参与。不过，美国国会已经立法确立了一些债务管理人员必须遵守的规定，包括利息上限、不得折价发行债券等。此外，国会设定了财政部可以承担的债务总额上限。这一上限被国会用作控制支出水平的又一手段，尽管此前国会已经通过立法批准了支出计划。

虽然狭义上来说，债务管理是一项行政职责，但发行何种债券很大程度上取决于联邦储备体制所制定的货币政策。因此，在管理公共债务上，联邦储备委员会就成了财政部重要且平等的伙伴①。

---

① 参见第三十二章第五节。

六、本章小结

本章关于联邦财政体制的介绍虽是概略，但足以显示财政机制是高度复杂且行动缓慢的。许多职能重复地出现在行政、众议院和参议院三方面，协调它们是烦琐的，且这种情形看来是难以改变的。然而，许多复杂机制其实是政府行政系统和国会两院组织结构的反映。支出和课税过程（是政府运行的核心）不可能免于这一系统所施加的约束。同时，在不破坏我们宪制系统所提供的基本平衡的情况下，有可能达成更好的协调以及取得更高程度的灵活性。

关于美国财政系统的联邦主义本质，要记住的主要因素如下：

1. 美国财政结构是去中心化的，有60%面向公众的支出在联邦层面支付，18%在州层面，22%在地方层面。来自公众的收入更为中心化，对应上述三个层级的份额分别为59%、24%和16%。收支结构的不对称反映了上级政府对下级政府财政补助的重要性。

2. 各级政府的支出结构各不相同，国防和人力资源支出是联邦政府的重要支出，公路支出是州政府的重要支出，而教育支出是地方政府的重要支出。

3. 在收入结构方面各级政府也存在巨大差异，联邦政府收入以所得税为主，州政府依靠销售税，地方政府依靠财产税。

4. 从联邦政府到州政府、从州政府到地方政府的转移支付，在财政系统中发挥了重要作用。

财政事务在美国宪法所规定的框架内进行。主要的宪法条款有：

5. 宪法要求联邦税收在所有州都是统一的，且原先要求直接税以财富为基础在各州之间按比例分配课征。统一课征规则仍然有效，就国内税收而言没有产生问题；但按比例分配规则已在很大程度上被第十六修正案（或所得税修正案）替代了。

6. 宪法没有就联邦支出政策制订明确的规则，而是授权政府为美国的共同国防和整体利益进行支出。

7. 宪法禁止各州征收进出口关税，并要求州课税遵守其正当程序条款和平等保护条款。

8. 近来已有观点认为，平等保护条款要求各州向所有公民提供平等的教育服务。这一要求（将会削弱地方差异）仍在司法审判过程之中。

9. 地方隶属于州，它们的财政权力来自州宪法。

我们考察了联邦层面的支出政策实施。行政和立法机关二者都须发挥重要作用：

10. 预算编制的主要职责在于行政机关。预算（财政）年度从10月1日持续到9月30日。预算于1月呈交国会，由其制订的立法要于10月1日前完成。

11. 国会可能采用或如其意愿变更总统预算，预算立法将作为一个高度政治化的过程出现。

12. 1974年的国会立法规定了一个流程化且经协调的国会预算过程，旨在加强国会在预算过程中的作用。

税收政策的实施遵循类似的模式：

13. 税收立法议案由财政部做出并提交众议院税收委员会，所有税收立法必须源自其中。在众议院投票后，它们被传递到参议院财政委员会。在参议院全体会议投票后，这两个法案将在两会委员会中进行差异调节。

14. 税收行政管理由国内收入署负责（按照《国内税收法典》的详细规定）。

15. 债务管理由财政部负责。

财政数据来源

财政数据的主要来源如下：

最近一年的《美国政府预算》。预算给出了关于联邦支出的详细信息（过去和经过提议的）。

商务部，《当前商业调查》，月度。每年的7月刊给出了关于政府财政的详细数据（以国民收入账户为基础）。

最近一年的《总统经济报告》。该报告给出了关于支出与收入的简要概览数据（以国民收入账户为基础）。

《财政联邦主义的重要特征》，政府间关系咨询委员会，华盛顿特区，1986年。

税收基金会，《政府财政的事实与数据》，第23版，1986年。这一年度卷给出了关于州和地方财政的详细数据。

美国财政部，《公告》，月度。这一出版物给出了关于当期税收收入的详细数据。

第二部分　配置、分配和公共选择

第四章
公共产品的公共供应

本章探讨了公共产品的本质以及通过预算进行资源配置带来的问题。本章是全书最重要的部分之一，更多技术层面的问题留待第五章解决。

▶ 本章内容提示

公共（社会）产品理论为预算政策的配置功能提供了理论基础。虽然该理论本身还存在困难，但正如消费者家庭理论与厂商理论是私人部门经济学的核心一样，其对于公共部门经济学至关重要。

因此，本章的主要任务是把资源高效利用的经济原理扩展至公共部门领域。有些人认为这是不可能的任务，并且认为预算政策的制定单纯是一个政治问题，非经济分析所能处理。这种观点显然过分悲观了。预算政策面临着棘手的任务，并且难以完美解决。但是，并非所有可行的政策都一样好。资源利用的效率（在这里或在私人部门都一样）讲究一个度，而经济分析可以有助于寻找最佳的答案。我们的任务在于设计一个在民主环境下运行的、尽可能高效的公共产品供应机制。财政政策的政治因素及可能因此产生的低效将在第七章中讨论。

一、公共产品和市场失灵

在具备一定条件的情况下，市场经济可以确保私人产品供应中的资源高效利用。消费者必须为他们希望购买的东西出价，这样就必定会向生产者显示其偏好。生产者为实现利润最大化，将生产且以最低的成本生产消费者想购买的产品。竞争将保证所生产的产品符合消费者的偏好。当然，这是市场机制高度理想化的情形。现实中，将出现各种困难。市场可能是不完全竞争的，生产可能受成本下降的影响，消费者可能缺乏足够的信息或为广告所误导，如此等等。由于这些原因，市场机制作为私人产品的提供工具，并不像应有的那样理想。但即使如此，它仍然表现出色，并且有要比没有来得更好。

同时，市场不能解决整个经济问题。首先，如果有“外部性”存在，市场就不能有效发挥作用。这是指下述情形：消费利益会被分享而不能限于特定消费者，或者经济活动导致的社会成本不是由造成该成本的生产者或消费者支付。这在目前是最为重要的。其次，市场只能对由现行收入分配状态所决定的消费者有效需求做出反应，但社会还需判断此分配状态是否是其所需要的。另外，存在着失业、通货膨胀和经济增长等无法自行解决的问题。正如第一章所指出的，这些是预算政策发挥作用的三个主要领域。本章将探讨上述问题的第一个方面，即配置问题。

私人产品市场

市场只能在“排他原则”适用的情况下发挥功能，亦即 A 的消费源于 A 支付了对价，而未支付的 B 则被排除在消费外。没有产权存在，就无从发生交换，而产权则要求排他。如有此类排他性存在，市场就能发挥一个拍卖系统的作用。消费者必须对产品出价，从而向生产者显示偏好，而生产者由于竞争的压力，受此偏好信息引导，会生产消费者所需的产品。至少，这是一个功能良好市场的运行结果。

这一过程可以在私人产品市场中——对食品、衣服、房屋、汽车，以及成百万的其他可出售的私人产品——发挥功能，因为由此得到的收益会流向为其支付对价的特定消费者。如此一来，收益就被内部化了，且消费具备了竞争性。一个汉堡被 A 吃了，B 就吃不到。同时，私人产品的性质使排他性方便可行。产品在货款支付时易手，而非之前。然而，如果消费是非竞争性的，且排他性不适宜或不适用，就会出现市场失灵，就需要预算供应。

由非竞争性消费引起的市场失灵

由于公共产品的消费是非竞争性的，所以排他性在此不适宜。也就是说，公共产品是能使 A 享受消费效益而又不减少除 A 外所有其他人获得效益的产品。人人都可获得相同的效益，而互不干扰。所以，即使可以利用排他性，亦会是低效的。由于 A 享受消费效益并不损害 B 的利益，所以排斥 A 将会是低效的。资源的高效利用要求价格等于边际成本，但在此情况下，边际成本（增加一位额外使用者产生的成本）等于零，因此价格也应该是零。

举个例子，我们考虑一下由国防或防止空气污染措施带来的利益。排他将会是不可能的，也是无效的，因为 A 获益不会损害到 B。或者以一座不拥挤的桥梁为例，A 过桥不会妨碍 B 过桥。征收过桥费非常可行，但只要桥梁没有过度拥挤，收费就将是低效的，因为这会限制对桥的利用，而多一辆车过桥的边际成本等于零。再或者以广播为例，如进行人为干扰，则能做到只让那些租用了排除干扰设备的听众能够收听广播。而干扰行为亦属低效，因为A收听并不妨碍B收听。排他性可以但不应该如此利用，因为这些消费是非竞争性的。既然对现存消费者来说，新增一个消费者的边际成本等于零，则不应对其收取入场费。

但是，虽然接纳新增使用者的边际成本等于零，提供设施的成本却不然。这一成本必须以某种方式得以补偿，同时必须确定应提供多大规模的设施。在排他性不适宜的情况下（即便可行），该问题就无法由一般针对个人消费者的市场销售模式决定。通过市场进行供应无法成功时，通过政治过程进行预算决策就成了必需（该过程可以使消费者通过政治过程表达他们的偏好，并强制他们为此付费）。

由非排他性引起的市场失灵

在消费是竞争性的，但排他性尽管适宜却不可行的情况下，会出现市场失灵的第二个情形。虽然大多数在消费上竞争性的产品也适合于排他性，但有些竞争性产品并不是如此。例如，试想上下班高峰时刻，在拥挤的跨越曼哈顿的大街上驱车行进。对可用空间的使用显然是竞争性的，而排他（可用空间的拍卖或出售）将会是高效的，并应予利用。原因是，拥挤的空间将会由对其估值最高而又愿出最高价格的人使用。然而，这种排他不可能，或者说实行所需的代价过于高昂①。这就是本应该却又不能应用排他性的一种情况。由此看出，应用排他性所面临的困难也即为市场失灵的原因。在发现可以应用排他性的技术之前，我们需要公共供应。

再思索一下，缺乏排他性致使市场失灵的原因何在？如果不必付款即可享受消费，人们也就不必对公共产品出价而显示其偏好。至少，如果参与分享的人数多，就会出现这种情况。由于供应的总水平将不受任何单个人的显著影响，个人消费者将会发现，就如“搭便车”一样，可在其他人的供应中分一杯羹。所有的消费者都照此行动的话，对产品的有效需求就不存在了。市场的竞价系统就会瓦解，这就再次要求我们使用一种不同的供应方法。

---

① 哥伦比亚大学的威廉·维克瑞（William Vickrey）教授认为，可以设计这样的电子设备，它能记录通过每个路口的车辆，并根据高峰期和非高峰期的不同时段进行相应的收费。这种收费可通过计算机向车主寄发账单，这样就可以使城市街道拥挤的成本内部化。

市场失灵的综合原因

虽然非竞争消费与非排他性的特征不一定会同时出现，但它们确实经常如此。在这些情况中（例如空气净化、国防、路灯），不能也不应该应用排他性。由于这些情况下市场失灵的两个原因重叠在了一起，因此无法确认究竟哪个是根本原因。然而，也可以将消费的非竞争性视为主要原因，因为即使排他在技术上是可行的，非竞争性也会使排他变得不可取（低效）。

结论

上述区别可概述如下，产品按其消费与可排他的特征分为四种情况：

消费	排他	
	可行	不可行
竞争	1	2
非竞争	3	4

情况 1 的特征描绘了完全的私人产品情形，竞争消费与可排他结合在一起。此即为通过市场供应既可行又高效的情况。在其他情况下，市场失灵会发生。情况 2 反映的情景是，市场失灵是由于非排他性或排他成本高昂导致的，而情况 3 的情景则是源于非竞争性的消费。在第 4 种情况中，这两个阻碍同时出现。如在市场失灵的所有情况都使用“公共产品”这一术语，则情况 2、3 和 4 全会包括在适用范围内。然而，习惯上此术语专指情况 3 和 4，即非竞争性消费的情况。由于供应是在非排他性下进行的，这两种情况的确与情况 2 类似。因此，市场会失灵，且需要预算供应。但非竞争性消费的存在，改变了适用于竞争性消费的资源高效利用的条件，这使情况 3、4 又有别于情况 2。

二、公共产品的供应

公共产品消费的非竞争性对以下两个问题有重要影响：（1）什么构成

了资源的高效配置（即以最低成本生产消费者最需要东西的资源配置）；（2）要达成这一配置需要进行的程序①。现在让我们对这两点作进一步的考察。

与私人产品的比较

为了进一步探索问题1，可以在一个假设的市场环境下，将常见的私人产品供需示意图与相应的公共产品供求图进行比较。首先我们必须明确，后者只是一个“假设”；但在说明这两种情况之间的本质区别时，仍是有意义的。图4-1中的左图展现了常见的私人产品市场。D_A 与 D_B 为A和B的需求曲线（基于给定的所得分配和其他产品的价格）。市场总需求曲线 D_{A+B} 由 D_A 与 D_B 横向相加得到，即将A和B在任何给定价格上购买的数量相加。SS 是供给曲线，均衡点在E，即市场需求与供给的交点。价格等于 OC，产出等于 OH，OF 为A的购买量，OG 为B的购买量，这里，$OF + OG = OH$。

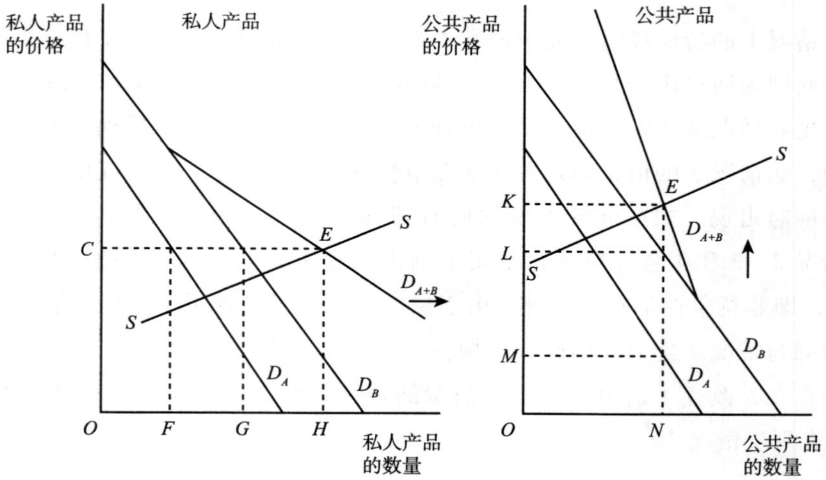

图4-1 对私人产品与公共产品的需求

① 就像前面提到的，“供应”一词用在这里指的是选择和支付过程，而不是产品或服务由政府（如公务员的服务）还是私人公司（如承包修建公路的私人建筑公司）来生产。请参见第一章第三节。

图 4-1 的右图表示公共产品的相应模式。我们为此假定，消费者在已知天气报告将免费提供的情况下，愿意表明其对公共产品（如天气预报装置）的边际评价。与左图一样，D_A 与 D_B 分别为 A 和 B 的需求曲线（同样以既定收入、其他产品价格等相同条件为依据）。鉴于认为消费者会自愿显示其偏好并不现实，所以这种曲线被称为“伪需求曲线”。但为了说明问题，我们假设消费者偏好得以显示。其与私人产品市场需求线的主要区别就在于，该市场需求曲线 D_{A+B} 是以 D_A 与 D_B 的纵向相加求得（D_{A+B} 表示 A 与 B 就任一给定数量的公共产品所愿意支付的价格之和）①。之所以如此，是因为 A、B 两者消费公共产品数量相同，并且我们假定他们各自的出价等于其对边际单位产品的真正评估。可用来补偿该服务成本的价格，等于各消费者支付的价格之和。*SS* 同样是供给曲线，显示了公共产品在各产出水平下的边际成本（应由 A 和 B 共同付费）。此时，对应于私人产品市场中的均衡产出 *OH*，公共产品市场的均衡产出等于 *ON*，此水平即为 A 和 B 二者的总消费量。产品总价格等于 *OK*，但 A 所付价格为 *OM*，B 所付价格为 *OL*，此处 $OM + OL = OK$。

回到私人产品市场，我们发现，每个人需求曲线下方的纵向距离反映其消费产生的边际收益。在均衡点 *E*，A 消费 *OF* 数量公共产品得到的边际收益与 B 消费 *OG* 数量公共产品得到的边际收益都等于边际成本 *HE*。这是一个高效的解决方案，因为每个消费者的边际收益都等于边际成本。如果产出达不到 OH，边际收益就会超过边际成本，个人将愿意支付超过补偿成本所需的金额。只要边际收益超过边际成本，扩大产出就将获得净收益。因此，通过生产 *OH* 单位的产品（此时，边际收益等于边际成本），净收益将得以最大化。假如产出超过 *OH*，则将会发生福利损失，因为这时边际成本将会超过边际收益。

现在我们将该最优解与公共产品市场的最优解进行比较。公共产品市场中，每个人的需求曲线下的纵向距离也反映了其获得的边际收益。由于 A、B 二者是对同一供给量的公共产品进行的消费，所以由任一给定供给所产生的边际收益均通过纵向相加求得。因此，均衡点 *E* 在此时反映了

---

① 将公共产品需求曲线纵向相加的做法由霍华德・R. 波温（Howard R. Bowen）首次提出于《走向社会经济》，纽约：雷尼哈特，1948 年，第 177 页。

所有消费者边际收益之和与公共产品边际成本之间的相等关系。如果产出达不到 ON，扩大生产又会是有利的，因为边际收益之和超过了成本（而产出超过 ON 将会意味着福利损失，因为边际成本超出了边际利益之和）①。

这两种情况看起来相似，但有着重要的区别：对于私人产品，效率要求每个人的边际收益与边际成本相等；对于公共产品，两个消费者的边际收益会有所不同，而各边际收益（或边际替代率）之和应等于边际成本。此即萨缪尔森（Samuelson）教授于 20 世纪 50 年代末在其开创性文章中所显示的规律，下一章会进一步进行探讨②。

图 4－1 还显示，将等价规则——每个消费者应付的价格等于该个人的

---

① 在展现公共产品供求情况时，一个稍微不同的方法［由瑞典经济学家艾瑞克·林达尔（Erik Lindahl）首次提出］，是将两个公共产品消费者之间对成本的分担视为一个供给需求关系。用 k 代表 A 分担成本的比例

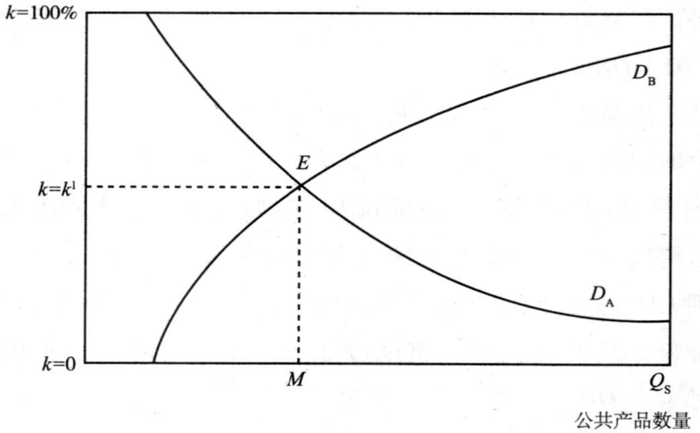

纵轴表示 k，即由 A 分担的单位成本比例。给定单位成本 C 并假设其保持不变，kC 就是 A 支付的价格，D_A 是他对公共产品 S 的需求曲线。由于 B 支付的价格等于 $(1-k)C$，且 A、B 共享同等数量的 S，所以根据 k 做出的 B 的需求曲线由 D_B 给出。然后 A 就可以认为 D_B 展示了其可购买的各个数量 S 的价格（即作为一个对 A 而言的该公共产品的供给曲线）。相似地，B 也可能把 D_A 视成其供给曲线。在 D_A 和 D_B 的交点，产出为 OM 时，A 和 B 都愿意支付的价格比例［A 占比为 k，B 占比为 $(1-k)$］相加等于 1。对于这种方法在参与者较少的协商交易情形下的应用，参见第五章第三节。参见艾瑞克·林达尔（Erik Lindahl）的"公正的税收：一个实证结论"，于理查德·A. 马斯格雷夫（Richard. A. Musgrave）和阿伦·皮考克（Alan Peacock）（编著）:《公共财政理论经典》，国际经济学会，伦敦：麦克米兰，1985 年，第 168－177 页。另见 J. G. 海德（J. G. Head），"林达尔的预算理论"，《财政文献》，第 23 卷，标签 3，1964 年 10 月，第 421－454 页。

② 参见第五章第四节。

边际收益——分别应用于公共产品和私人产品时，会如何得出不同的结果。对于私人产品而言，A 和 B 支付的价格相同，但购买的数量不同，而对于公共产品而言，他们购买的数量相同，但支付的价格不同。然而，这两种情况都应用了等价规则。即每一消费者为所购买产品的后续单位支付的单价，始终等于购买者获得的边际收益。

预算供应

图 4－1 虽有助于说明效率条件的差别，但如果认为公共产品的供应可以由市场供求机制实现（像私人产品市场那样在 E 点达到均衡），将是一种误解。这种理解暗含一个假设，即消费者会像对私人产品那样对公共产品出价，而这就忽视了如下重要事实：公共产品通常是消费非竞争性的，且排他不可行。因为这些原因，消费者对公共产品的偏好（即他们对一连串数量的边际商品赋予的价值）不会自发显示。由于分享公共产品的人数通常很多，任何一个人的消费对合计供应的影响都微不足道。因此，消费者会发现，搭便车的做法对他们有利。而图 4－1 的假设需求曲线没有得以显示。它们没有得以实现，市场机制也无法发挥功能。

因此，必须采用政治过程来显示偏好（即告诉政府应提供什么公共产品），并提供供应这些产品所需的财政资源。这是通过对税收和支出决策的投票进行的。鉴于人人都知道少数必须服从多数，他们将发现，只有给能使结果更接近自己意愿的方案投票，才对他们最有利，他们也会在该过程中被引诱着显示其偏好。正是预算决策的这种强制属性，才使偏好得以显现，并使公共产品的供应方案得以确定。

作为一种显示偏好的高效机制，投票过程应将税收决定与支出决定结合起来。选民也就面临着在诸多预算方案之间进行的选择，每个方案都有自身的价格标签，而该价格标签将决定选民自己的税收负担。这一价格标签既取决于社区整体的合计成本，也取决于其他人要承担的税收份额。因此，选民的选择会取决于他们自己是否知道其他人也必须根据最终所采用的税收计划来缴税。理想的情况是，选民将支持反映其对边际收益评价的税收价格；但是正如我们将在第七章中看到的，这种理想的解决办法在实践中无法实现。税收和支出的投票通常是彼此分离的。政治机制是不完美的，只能做出接近于最优的预算选择。但是，政治机制是现存最好的（或唯一的）技术手段，必须尽量好地设计和应用。

正如第七章所述，我们可以设计出多种投票规则。在某些关于偏好结构的假设下，可以预见到，简单多数投票规则会反映中间投票者的偏好。其他更复杂的投票规则可能会产生更加令人满意的结果。在代议制民主制度下，由于大部分的决定不是通过全民投票产生的，问题会更加复杂。确切地说，单个选民只是选择他们的代表，而最终的决定则是由这些代表组成的团体（如国会）做出的。已有的各种假说解释了为什么这种过程最终将向公共部门过度扩张的结果偏离，我们将稍后讨论这个有趣的议题。

三、混合产品

在前面所有的讨论中，我们都指出了私人产品与其他产品之间的明确区分。前者如汉堡包，其收益完全内部化（竞争性）；而后者如空气净化，其收益是完全外部性的（非竞争性）。这种极端的看法有助于理解私人产品与公共产品之间的本质区别，但这种区分并不现实。现实中，存在着各种不同产品混合的情况。

私人产品的外部性

下面是一些私人消费或生产活动产生外部性的例子。

外部收益 例如，假定A从对小儿麻痹症的预防接种中获益，而其他许多人也会因此受益，因为潜在的病毒携带者减少，传染风险降低了。又如受教育，不仅A会从中获益，其他人也可能因此而有机会在一个受教育程度更高的社区中生活。由于大量其他消费者可能受到别人消费的影响，所以议价已不起作用，再度需要用预算过程来确保偏好的显示。然而在这种情形中，正确的预算干预并不一定意味着完全的预算供应，而是将采取对私人购买给予补贴的形式。

如图4-2所示，D_P代表市场需求曲线（通过私人收益需求的横向加总求得，这些收益来自接受预防接种或他们所受的教育）。现在令D_X为补充曲线，以反映其他人对由这些活动产生的外部收益（如被传染危险的减少，或因生活在受教育程度高的社会而产生的愉悦感）的评价（或如上文所述的伪需求）。D_X曲线是通过将对这种外部收益的个人需求曲线纵向加总得出的。将D_P与D_X纵向相加求得D_t，以反映合计收益（包含D_P与D_X这两个组成部分）。在此情形下，由于只有市场需求曲线D_P表示自愿购买，所以私人市场将有均衡产出OQ_P。但这是个低效的结果，因为考虑外部或社会收益后，最优产出在Q_S。

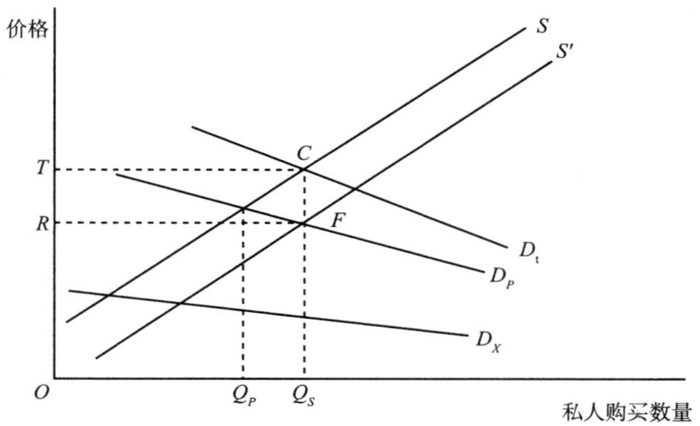

图 4-2　对外部收益的调整

为使产出从OQ_P扩大至OQ_S，政府应支付金额等于D_X的补贴①。这种补贴将使供给方面对市场的需求从D_P上移至D_t，而产出将增至OQ_S。消费者支付了净价格OR，而补贴弥补了差额RT。补贴的总成本等于$RTCF$，且由预算支付（预算资金由依据上文所讨论的原则对A、B征税而筹得）。或者也可将该补贴给生产者，从而使其净供给曲线下降到S'的位置。

假如D_X和由此所需要的补贴水平已知，则所有这些操作都将会很简单，但事实常常并非如此。因此，对外部收益的评价及对合理补助率的确定遇到了类似于公共产品也会遇到的偏好显示问题。这又一次需要通过政治过程加以解决。

此前我们曾考察过的公共产品的极端情况，就可以推广到一系列个体

---

① 除了根据D_X来改变每单位补助，通过向单位产品提供等于FC的固定补贴（使S曲线降至S'），也同样可得到高效的结果。

消费者在享受内部效益的同时不断溢出外部效益的情况。在纯私人产品这个极端，图4－2中的距离FC变为零，因为D_S与D_P相同，不需要补贴。而在纯公共产品的极端环境下，D_S则等于D_X，补贴支付了整个产品的价格（即收益是完全外部的）。该产品成为一个纯公共产品，并完全通过预算供应。在这两种极端情况中间，就出现混合产品的情况（由私人支付与补贴混合支付）。这样，前章的税收支出理论就可以更一般地重新表述为税收补贴理论（补贴范围从0%到100%）。虽然实践中这类补贴的应用是有限的，但外部收益的频繁出现表明，更广泛地使用补贴是适宜的。

外部成本　与收益外部性现象对应的是外部成本。私人的消费或生产活动可能会产生无法“内部化”且没有由消费者或生产者支付的成本。结果，这些成本由社会承担且没有被纳入核算，此类异常活动也往往过度扩张。

这就如图4－3所示，其中D是私人产品的市场需求。S_P是供给曲线（反映了厂商的内部或私人成本），产出等于OM，价格为OR。但是，高效的解决方案要求S_P纳入由S_e给出的外部成本。为了确保价格等于OT时的产出为ON，政府可以对生产者征收等于$EO(=TF)$的税收，从而使供给曲线提高到S_t（既反映了私人成本，也反映了社会成本）。这时均衡产出就是ON。另一种方法是，该税收可以对消费者征收，使净需求曲线降到D_n。

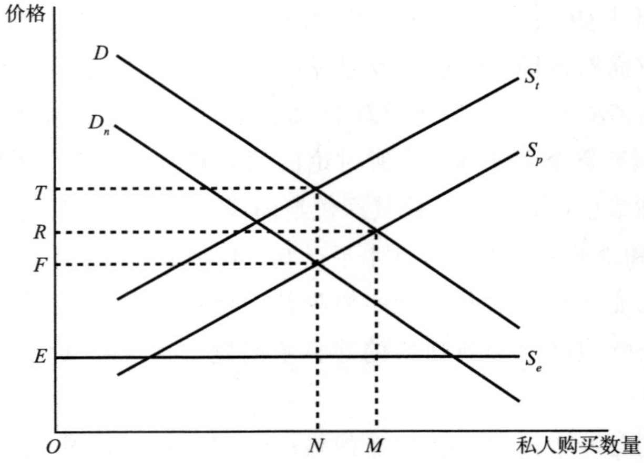

图4－3　外部成本的调整

存在外部收益的情况需要进行补贴，存在外部成本的情况则要求政府征收惩罚性税收（这会引出应该如何处理社会“有害物”的问题，如污染和环境损害)。

小团体中的议价

如前所述，由于排他性不存在的情况下不会有自愿支付与偏好显示，所以处理公共产品或有害物就需要依赖政治过程。其理由是，因为在所涉人数众多的情况下，个体税收贡献对合计供给的影响微乎其微，所以任何个人都会认为不值得自己支付。人们会发现搭便车的行为符合其个人利益。类似地，他们也不会去阻止外部成本的发生。当所涉人数极少时，这一问题就不太会显著。这时，人们会发现去纳税及议价是值得的，因为此时个人的税收贡献会显著影响其本人及他人的状况。

外部收益　虽然公共产品的供应主要出现在人数众多的情况中，但是外部收益可能出现在所涉人员甚少的情况下。例如，邻里们可能合力给树浇水，各市政当局可能联合修建共用的垃圾处理工厂，或者各国政府可能合作运营合营组织（如 NATO）。此外，预算决策通常不由涉及大量选民的公投来做出，而是由被选举出的代表间的谈判产生。因此，少量参与人的情形值得思考。

图 4－4 描述了由两个消费者共享公共产品收益的情形[①]。该供给可由 A 或 B 付款，但所提供的产品数量对两者相同。D_A 与 D_B 为 A 和 B 的公共产品需求曲线，SS 为供给曲线。D_{A+B} 为总需求曲线（由 D_A 与 D_B 纵向相加所得)。如 D_{A+B} 所示，在产出达到 OQ_E 之前，A 与 B 愿意支付的最大价格之和大于成本。这表明，产出将升至 OQ_E（此时 D_{A+B} 与 SS 交于 N)。A 与 B 两人支付的价格都分别等于他们的边际评价 Q_EF 与 Q_EG。所有这些只不过是重复了图 4－1 的情形。

解读这一过程的另一方法如下：既然 B 的出价在线 D_B 上给出，我们可以从 SS 上扣除 D_B 来得到 QB_E（此时这反映了在各个产出水平下对 A 的供应曲线)。沿 D_A 移动至其与 Q_BE 的交点 F 后，A 将以价格 Q_EF 购买 OQ_E 的产出。这样，就于数量 OQ_E 处建立了均衡（A 贡献了 Q_EF，B 贡献了 $Q_EG = FN$)。

这一过程会获得一个高效的解决办法，但几乎没有理由可以使我们假

---

①　一张与图 4－4 相似的示意图，参见詹姆斯·M. 布坎南（James M. Buchanan)，《公共产品的需求与供给》，芝加哥：雷德麦克那利，1968 年。

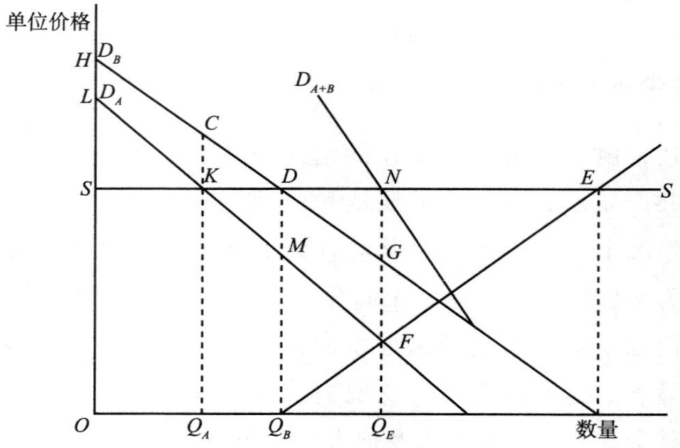

图 4－4　少量参与人的情况

定，这两个消费者将按这一方式行事。双方都会试图以低于他们各自需求曲线所示的最大价格出价，以使交易利于自己。每一方都会学着考虑自己的行动对对方的影响，并采取策略性行动。他们可能采取孤注一掷的议价，而不是沿其需求曲线来进行边际调整。这样一来，我们预期交易将如何进行下去呢？站在 B 的角度思考，假如 A 先生不存在，B 女士将会购买 OQ_B 的产品。但是如果她考虑到 A 的反应，也许就不会这样做。假定她预期：如果她什么也不买，A 将购买 OQ_A；而若她购买 OQ_B，则 A 什么也不会买。思考了这些选择后，她将会决定什么也不买，因为她从 A 购买 OQ_A 中的收益（由 OQ_ACH 区域来衡量）超过了她自己购买 OQ_B 中的获利（由 SHD 区域来衡量）[①]。类似地，A 也不愿购买 OQ_A，因为这样做可能会使 B 不去购买 OQ_B，而他从其自身购买 OQ_A 中的获利（由 SLK 区域衡量）会少于他从 B 购买 OQ_B 中的获利（由 $OLMQ_B$ 区域衡量）。最终，某一方将采取行动，另一方会做出反应，但无法确定会产生什么样的结果。产出可能会达到 OQ_B

---

① B 从以 OS 的价格购买 OQ_B 中的收益，通过其消费者剩余 SHD 衡量，而这有时通过扣除其成本 $OSDQ_B$ 得到。她从 A 提供 OQ_A 中获得的消费者剩余收益等于 $OHCQ_A$（因为没有成本需要扣除）。

还需注意，$OHCQ_A$ > SHD 的结论（虽然对于图 4－4 而言是正确的）未必始终成立。如将 D_B 向右平移足够的幅度，三角形 SHD 的面积可能会超过 $OHCQ_A$；而 B 可能会发现购买 OQ_B 的产出是值得的，即使这会阻止 A 的购买。

并进而达到 OQ_E，或者可能少于这一数量。最终数量产品上的成本分摊将可能以不同的方式进行（或者换句话说，消费者盈余中的利得可能以不同的方式分配）。尽管，如果双方都根据其最高出价（或需求）曲线缴费，B 就可从高效供应中获得更大的利益；但这并不表明，如果她能够在相对较小的产出上商议得到一个较低的价格，她仍会将议价进行到 OQ_E。结果将取决于双方的议价能力和技巧。

议价（无论对私人产品还是公共产品）不一定会得到高效的结果。尽管在私人产品的情况下，增加参与者数量会产生一个竞争性解决方案，但公共产品中的结果不会是这样。虽然议价的不完善性在减少，但没有进一步的理由能使个人显示其偏好并缴费。一个困难取代了另一个困难，这一问题需要通过政治过程来解决。

外部成本　外部成本的情形与上面类似。在夜晚飞过城市的飞机，或是产生空气污染的烟囱，都可能对许多人产生外部成本。而其中每个人都与产生外部成本的人议价是不切实际的。用常用术语来说，“交易成本”太高。但是在参与人数少的情形下就不一样了。假设，农场主 R 饲养的牛群闯入了农夫 F 的田里，破坏了她的庄稼。在没有任何管制的情况下，F 将发现围起栅栏或贿赂 R 以减少他牛的数量是值得的。F 会一直采取上述行动，直至其从庄稼损失减少中得到的边际收益等于其补偿 R 的边际支出；R 也会持续接受 F 的贿赂，直到其牛数量减少的边际损失等于其从补偿款中得到的边际收益。这样一来，在没有公共介入的情况下，问题就得到了高效的解决。此外，无论是没有法规，F 只能贿赂 R，还是法律保护了 F，R 必须付钱给 F 来获取让牛吃草的许可，就牛数量的减少而言，结果都是一样的。这种等价即为科斯定理（Coase’s Law），且在最近的经济学发展中地位愈发重要（其将经济思维应用于法律问题）[①]。但是，虽然在这两种情形中，牛群数量的减少是一样的，不过就分配而言还是存在区别。如果法律授权 R 让他的牛吃草，将对 R 有利；如果法律保护 F 的庄稼，则对 F 有利。这种情况可能有赖于议价来获取和解，但是在建立分配公平时，法律体系仍必须决定应将权利授予哪一方。还有值得一提的是，如外部收益的情况一样，

① 参见 R. H. 科斯（R. H. Coase），社会成本问题，3，《法律与经济学报》，7 - 44（1960 年）。另见 R. 库特（R. Cooter）和 T. 尤伦（T. Ulen），《法律和经济学》，斯科特福斯曼公司，格伦维尤，Ⅲ，1986 年。

议价不一定形成高效的解决方案，而可能偏袒于R或F（这取决于他们相应的议价能力和技巧）。

不过，外部性问题在财政和法律方面的影响机制除了存在差异之外，还存在有趣的联系。前者通常强调在大量参与者情况下的外部收益影响，而后者通常解决的是少数参与者情况中的外部成本。

非竞争性产品的市场供应

还有一种观点认为，在某些条件下，无须预算过程，市场也能够进行公共产品的高效供应。假定存在因为消费非竞争而具有公共性质的产品。同时假定排他是可能的。这样，一个垄断供给者就可能以差异化的价格向不同消费者提供该产品，并恰好达到每一消费者愿意支付的最高价格。该供给者因此获得来自购买者的消费者盈余，但由于在边际上消费者支付的价格等于其所获收益，所以结果是高效的。然而，所有这些分析都假定排他能够执行且供给者能获得必要的信息，而这两点可以说都是不可能的假设条件。

拥挤问题

下面是另一个混合产品的情况（它与地方财政的关系也特别重要）：有一类商品，尽管某一特定群体内的所有成员对其消费的数量相同，但该消费实际上是竞争性的。随着使用者的增加，所有使用者获得的来自给定设施的服务质量会降低。因此，随着班级规模的扩大而老师数量不变，单个学生从老师那里获得的指导的质量可能有所降低；再如，先前空闲的街道因车辆增加而可能变得拥挤。

需求曲线仍是纵向加总，但增加一个额外消费者的边际成本却不再为零。此时，收费就变得合适，并且出现了额外的问题，即群体究竟该有多大规模。再次，该问题留待后期讨论地方财政时解决①。

收益的空间限制

在说公共产品“由全体共享”时，我们并不是说全世界的人（或一个

---

① 参见第二十七章第一节。

国家的全部人口）都要包括在内。大多数公共产品的受益空间是有限的，因此受益群体成员仅限于特定地区的居民。这一限制并不会改变前文讨论内容的性质。一个大到需要通过政治过程供应公共产品的群体，不一定囊括了所有人。旧金山的路灯对于该市居民来说是公共产品，而对于波士顿居民则是私人产品。同时，收益的空间限制这一特征，对于将公共产品理论应用到地方政府十分重要。这本身就是一个重要的话题，将在后文考察联邦财政体制时论及[①]。

公共产品和私人产品之间的替代

某些需求既可以通过购买私人产品得到满足，也可以从公共产品的供应中得到满足。因此，对保护的需求可以通过每家每户购买私人锁具得到满足，也可由警察对整个城市的保护来满足。如果采取第一种方案，可以由市场完成供应；如果采取第二种方案，就需要预算供应。在有得选的情况下，人们必须在这两种模式之间做出选择。由于私人模式具有允许不同个人消费不同数量的优势，所以，公共产品模式（如果想要人们对其产生偏好的话）必须以更低的单人成本超越这种优势[②]。

四、作为公共产品的赠与

公共产品具有的问题（从其本质上看）对政府供应产品和服务有着直接的参考意义。但它与转移支付的关系同样有趣。税收或提供转移支付可以被简单地视为受益者索取的过程。但这并非事实的全貌。就 A 对 B 的给予是基于 A 希望看到 B 的处境得到改善（而非 A 希望从自己的给予本身中获得快乐）而言，A 将从 C 或 D 对 B 的类似赠予中得到同样的满足。因此，给予不仅会对接受人产生外部性，还会对看到接受人处境得到改善的其他人产生外部性。从而，给予就具有了公共产品的特征，同时也产生了

---

① 参见詹姆斯·M. 布坎南（James M. Buchanan），“俱乐部经济理论”，《经济学》，1965 年 2 月。

② 参见卡尔·S. 索普（Carl S. Shoup）和约翰·海德（John Head），“公共产品、私人产品和模糊产品”，《经济学期刊》，1969 年 9 月。

对预算措施的介入的需求。当然，在实践中，我们很难对基于多数原则的再分配中的索取和给予两个部分进行区分，但这两个部分确实存在。过去50年福利国家的兴起，完全可以理解为与索取一样，越来越多的人愿意给予。

五、有益产品

在对这场关于公共产品产生的问题进行的调查做出总结时，我们再次回归其基本特性。这次，我们聚焦于对这类产品的需求的产生方式，以及“有益产品”的性质。

个人主义评价的前提

我们区分私人产品与公共产品，是基于公共产品的某些技术特性，即消费的非竞争性与排他的不适用。它并不由两类产品在心理态度或社会哲学上的差异而决定。公共产品与私人产品产生的效用都由个人所体会，并被纳入他们的偏好体系之中。相同的个人心理对两种类型的产品都适用。

所有需要（个人需要或社会需要）都是由个人而非集体感受的这一前提，与个人并不是孤立生活，而是与其他人有联系的这一理念十分契合。人类是一种社会动物，A 的偏好会受 B 与 C 的影响。占支配地位的品味与文化价值观会影响个人偏好，反过来又为个人偏好所决定。时尚是塑造品味的一个普遍因素，而不仅仅是与时装有关。所以，说需要是由个人感受的，并非否认社会相互影响的存在。我们也不能说，公共产品与私人产品之所以不同是因为前者满足了生活中更崇高的目标。

再者，需要是由个人体会的这一命题，并不排斥利他主义。如果 A 是一个有社会爱心的人，那么他或她将不仅从自己的，也会从 B 的消费中得到满足；或者，若 B 是一个自私的人，则他或她只能享受自己的消费。效用是相互依存的，这一事实扩大了公共产品经济学应用的范畴。但是，承认这一切后，最重要的还是要知道，满足最终是由 A 和 B 个人来感受的，而不是由称为 A + B 的神秘第三实体感受的。

最后，我们承认不同需求的质量可能有所差异。有些需求关注崇高的方面，有些则关心日常生活。但这不会影响私人产品与公共产品之间的区分。不论针对的是两种产品中的哪一种，有待满足的需求都可以是崇高的，也可以是基本的。公共产品可以具有文化与美学方面的高度价值（如音乐教育或对自然美景的保护），或者也可以与日常需求相关（如道路与防火）。与之类似，私人产品可以满足文化需要（如古琴录音），或者，也可满足日常需求（如口香糖）。显而易见，私人产品与公共产品不可能在这一基础上进行区分。

公共需求

需求的前提是基于个体的需求与偏好，这对西方文化所广泛坚持的价值观来说是有吸引力的。这也允许我们采用适用于分析私人产品的同一经济框架来进行公共供应的分析。但是，团体需求的概念却难以阐述，并且不适用于这类分析。此外，这一概念还暗含有令人恐惧的专制滥用。然而，在西方文化中，从古希腊到中世纪再到今日，团体的概念也有其自己的传统，对这一概念至少应给予简要的考察。

要考察的核心命题是：存在着一种团体利益，这种利益是作为一个整体而归属于该团体的，并且它不涉及对个人利益“纯粹”加总（横向或纵向的）。然后，我们说这一团体利益就会催生团体需求（由该团体整体的福利产生且与其相联系的需求）。这就产生了两个基本问题：其一，团体利益应向谁以及如何显示；其二，团体这一概念应当覆盖多大范围的需求。

有些观察人士认为团体需求的结构是由圣人组成的委员会来显示的（如柏拉图主义），或者，是由某一政治领导人（如中国的毛泽东）把他的“洞察”传递给人民来显示。在最初的强制阶段后，人民逐渐开始将这些价值观接受为其自己的价值观，从而消除了私人需求和集体需求之间的区别。显然，这种原则与西方的民主观念并不一致；也不能对其用所有偏好“最终”都会受社会观念制约的观点来加以辩护。的确，社会和环境的影响遍布存在，但仍存在着个人对此做出反应的相当程度的自由（除非这一自由受到了压制）。

有益产品

更吸引人的一种解释是，由于经常的联系和相互同情，人们逐渐形成了利益共同体。一群人共享他们认同的历史经验或文化传统，因此建立了共同契约。个人将不仅保卫自己的家，还将和他人一道保卫他们的领土或保护他们的村庄。这种共同利益和价值可能会催生共同需求——即个人作为团体成员感到有责任对团体加以拥护的需求。这种责任在并非源自个人的自由选择时也有可能被接受。

并非所有初看似乎属于共同偏好的情形都会归入这一类别。在诸如以下这些情形中个人选择可能会受到限制：

1. 对儿童或智障患者的选择进行指导。

2. 可能提供某些诸如教育的服务来拓展关于可用选项的信息，而在信息被获知后就停止这种干预。

3. 当消费者选择是基于虚假广告做出时，可能需要纠正措施。

4. 政府对有外部效益的产品进行补贴，并不涉及干预个人选择，而是使这种选择可以更高效地做出。

5. 根据多数原则做出的预算决策，不可避免地会涉及随少数人偏好的干预。此种干预是执行个人偏好的过程中不可避免的副产品，如果发生实属遗憾。

在诸如以上这些情形中，社会将采取行动来纠正个人选择在有效执行过程中犯的错误。更深入地了解有益产品后，让我们考虑实物赠与情况。个人捐赠者可能选择实物捐赠，而不是现金捐赠，因为其认为这对捐赠接受者有益。纳税人更喜欢社会援助项目以实物而不是以现金的形式出现。支持者认为，这类援助才是有益的。正如下文将提到的，这可能还涉及分配公平的问题。

但是对个人选择的限制可能会超出赠与或预算支持行为。作为社会成员的个人可能会出于对所谓团体价值的考虑而感到有义务分担某些成本（如林肯纪念馆的维护），或有义务在使用自有资金时优先用于某些事项。这一考虑可能适用于我们之前所称的公共产品以及私人产品的供应。类似的考虑可能对社会有害物或有害产品（如娼妓）的情况也适用。诚然，我们必须谨慎看待有益或有害产品的概念，因为它可能会充当极权主义的工具。但是，这种共同的价值或观念在一个相互作用的社会中确实存在，且它们的存在可能会对传统教义上的个人选择产生一些限制。

六、本章小结

本章考察了公共产品的特征及其必须通过预算过程进行供应的原因。

1. 私人产品是指消费产生的收益限于特定消费者的产品。因此，A 的消费与 B 的消费是竞争性的。公共产品（或社会产品）是指对其利益的取得是非竞争的产品（例如 A 对利益的分享不会影响到 B）。

2. 竞争性市场可以确保私人产品供应中的资源高效使用，但在供应公共产品时市场会失灵。

3. 在消费者众多的情况下，个人消费者将不会为公共产品出价，而会选择搭便车。

4. 在消费非竞争的情况下，排他即便可能也将会是低效的。

5. 为了寻求公共产品的高效供应，一个用于确定预算的政治过程是必需的。

6. 公共产品的有效供应是通过个人“假设需求曲线”的纵向加总而不是横向加总得到的。

7. 在纯公共产品和纯私人产品两个极端之间，存在着混合产品的情况。

8. 这些混合产品包括会产生收益和成本外部性的私人产品（这种情况需要通过补贴或税收来加以修正）。

9. 其他混合的情况会在拥挤的情境中出现，或者出现在可以通过公共或私人供应的相互替代来满足特定需求的情形之中。

10. 虽然公共产品和私人产品的理论都基于消费者主权这个前提，本章还提到了团体偏好和有益产品的作用。

推荐阅读

Arrow, K. J.: “Political and Economic Evaluation of Social Effects and Externalities”, in J. Margolis (ed.): *The Analysis of Public Output*, National Bureau of Economic Research, New York: Columbia, University Press, 1970.

Buchanan, J. M.: *The Demand and Supply of Public Goods*, Chicago: Rand - McNally, 1968.

Head, J. G.: *Public Goods and Public Welfare*, Durham, N. C.: Duke, 1974, chap. 1.

另见第五章的参考资料。

第五章
对公共产品的进一步考察

本章将着重在技术层面重新审视之前对公共产品的探讨。如果读者对此不是很感兴趣可直接跳至第六章。

▶ 本章内容提示

一、效率的含义

二、私人产品的高效供应

三、公共产品的高效供应

四、预算中的公共产品配置

五、配置与分配：谁先谁后?

六、本章小结

现在我们继续第四章第二节的讨论，更深入地探讨公共产品理论。在图 4－1 中，我们比较了公共产品和私人产品的高效供应。为简化起见，我们在局部均衡、并且假设对公共产品的需求将得以显示的前提下，通过对比私人产品市场和假想的公共产品市场进行分析。现在我们把私人产品与公共产品的生产和消费之间的相互依存关系也考虑在内，并假设存在一个无所不知的计划者（知晓每个人对公共产品的评价），探讨其将会如何在一般均衡分析框架下解决该问题。首先我们对资源高效利用的含义作简要考察，然后像上一章一样先分析私人产品的问题，再研究公共产品的情况。

一、效率的含义

正如大学一年级的课程所述，经济学旨在解决消费者需求得到最大程度满足的情况下资源高效利用的问题。假如某经济体只包括一个消费者，效率的含义就将十分简单。鲁滨逊·克鲁索将会通盘考虑他可利用的资源，以及在将这些资源转变为产品时他可使用的技术。给定其在众多产品中的偏好，他就将依据能使他的满足感最大化的方式和产出配比进行生产。这样做，他的行为就是高效的。但是，现实世界的问题解决起来更为困难。经济过程必须为许多而不是某一个消费者服务，而各个结果中暗含的分配方式也有差异。因此，我们需要更为谨慎地定义资源“高效”利用的含义。

为了将高效配置问题与分配问题分离，经济学家提出了一个更狭义的效率的概念。帕累托效率（以提出这一概念的意大利经济学家的名字命名）的定义如下：假如在某种经济安排下，我们无法在不使他人状况变差的情况下使有些人境况变好，那么，这一经济安排就是高效的。因此，在此情况下，就不可能通过改变生产方法、产品配比或公共部门规模的方法来在不伤害 B 与 C 的情况下使 A 受益。另一方面，如果这种改变是可能的，那么现行的安排就是低效的，通过做出改变可以提高效率①。这一定义，就目前来看，是

① 一如既往，这一原则会有限制条件，且会有各种对它的解释。关于该原则的讨论尤其关注补偿的话题。有人认为，为了使得安排有效，必须进行补偿；而另一些人认为，给出可能会有补偿的结论就足够了。让我们考虑这样一个新安排，A 的获利价值 100 美元，而 B 的损失价值 90 美元。如果 A 补偿 B，则 B 的状况会保持不变，但 A 仍剩有 10 美元的收益。在我们的讨论中，我们假设 B 会得到补偿。

十分合理的。只要把妒忌排除在外，大多数人都会认同在不损害 B 或 C 的情况下有助于 A 的改变是高效的。而且，这一方法可使资源高效利用的概念与更有争议的分配问题（我们将在第六章中论及该话题）相分离。

二、私人产品的高效供应

在讨论资源的高效利用时，我们先从较熟悉的私人产品情况入手。这样也能使我们了解公共产品的情形究竟有何不同。假定存在一个无所不知的计划者，其掌握一切相关的信息（包括可用资源的储备、技术水平和消费者偏好）。然后要求该计划者在考虑在各种可能的分配状态后确定应该如何高效地利用资源。

效率规则 经济学家已经提出了一些为使解决方案高效而必须满足的条件。为了简单地说明问题，我们假设一个经济体中有两位消费者（A 和 B）以及两种产品（X 和 Y）。这时，所必须满足的条件是：

1. “效率”要求人们在对任何数量的 X 进行生产的同时，要保证 Y 也可以其最大可能产量进行生产，反之亦然。人们应采用最先进的技术。如果某一技术可生产 100 单位的 X 和 80 单位的 Y，而另一种技术只可生产 100 单位的 X 和 50 单位的 Y，则显然应选取前一种技术。

2. 消费者 A 和 B 在产品商品 X 和 Y 之间消费的“边际替代率”必须相同。即 A 和 B 愿以最后一个单位的 X 交换额外单位 Y 的比率应该相同。如果 A 愿以 1 单位的 X 交换 3 单位的 Y，而 B 愿以 4 单位的 Y 交换 1 单位的 X，则交换对双方都有利。从而 A 会增加对 Y 的消费，B 会增加对 X 的消费，直到边际替代率相等为止①。

3. X 对 Y 在消费中的边际替代率应等于其二者在生产中的边际转换率。后者定义为：减少 1 单位 Y 的生产可额外生产的 X 的单位数。因此，如果消费边际替代率是 3 单位的 X 换取 2 单位的 Y，而生产边际转换率为 3 单位的 X 换取 1 单位的 Y，则人们会乐于增加 X 的产量、减少 Y 的产量直到这两个比率相等为止。

---

① 背后的原因是，随着 X 消费量的增加和 Y 消费量的减少，消费者关于 X 和 Y 的边际替代率会下降。换言之，对 X 和 Y 的消费都有边际效用递减现象。

如果这些条件得以满足（连同此处尚未列出的其他一些条件），则资源配置将达到帕累托最优。

找到高效解决方案的集合 追寻高效的解决方案可简要概括为以下几个步骤。为方便起见，我们仍考虑一个有两种私人产品（X 和 Y）以及两位消费者（A 和 B）的经济体。如图 5-1，第一步是建立生产可行边界 *CD*。纵坐标为私人产品 X 的产出，横坐标为 Y 的产出，*CD* 表示二者所有可能的最优产出组合。如果将所有资源投向 X，X 的最大可能产出为 *OC*；如果所有资源投向 Y，其最大可能产出为 *OD*。如果生产 *OE* 单位的 X，则 Y 的最大可能产出等于 *OF*，以此类推。*CD* 的切线斜率就表示 X 与 Y 在生产中的边际替代率①。如前述条件 1 所示，显而易见，应尽可能在保证 X 产量既定的前提下生产最多数量的 Y，反之亦然。这里我们无须对上述步骤的具体实现方法进行深入思考，因为就这部分问题而言，私人产品与公共产品二者的情况是相同的。

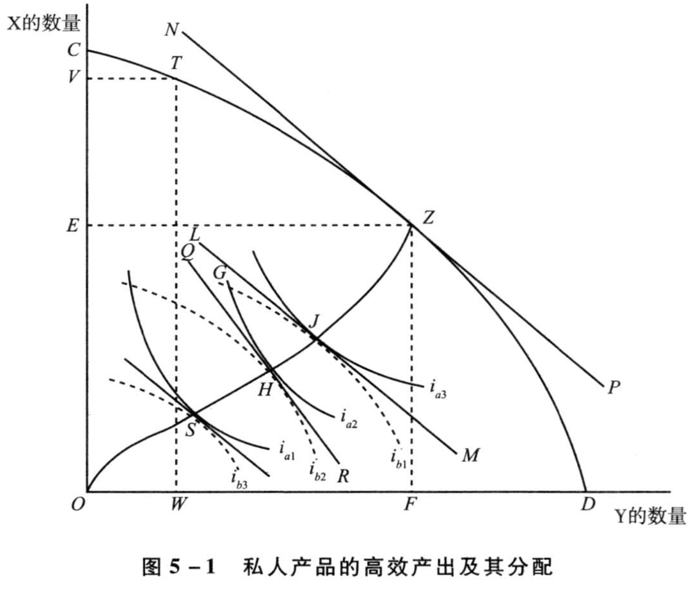

图 5-1 私人产品的高效产出及其分配

第二步是要确定 *CD* 任一点上的产出应如何在 A 和 B 之间划分。假定生产以 Z 点表示的产出配比进行（包含 *OE* 单位的 X 和 *OF* 单位的 Y）。为表

① 生产可行曲线 *CD* 凹向原点，表明 X 和 Y 都存在生产成本递增的情况。

明这一产出在 A 和 B 之间可能如何划分，我们观察由 *OEZF* 围成的“盒形图”。以 *O* 为起点，i_{a1}、i_{a2}、i_{a3}是消费者 A 的无差异曲线（显示了 A 对 X 和 Y 的偏好）。这些曲线表示，当沿着任何一条曲线移动时，A 获得的效用始终相等（X、Y 相互替代）。同时，当从较低的（无差异）曲线移动到较高的无差异曲线时（比如说从 i_{a1}移向 i_{a2}），A 的处境会变好。

接下来我们用类似方法做出 B 的无差异曲线，但现在我们选 *Z* 作为起点。也就是说，B 对 Y 的获取数量以其无差异曲线沿 *ZE* 向左的位移衡量，B 对 X 的获取数量以其无差异曲线沿 *ZF* 向下的位移衡量。B 的各条不断提高的无差异曲线如 i_{b1}、i_{b2}等所示。现在可以看出，最好的潜在解决方案均位于“契约曲线”*OZ* 上（该曲线是两套无差异曲线的切点连线）。如果最初位置位于 *G*，则向 *J* 移动将改善 A 的处境而不损害 B，亦如向 *H* 移动将改善 B 的处境而不损害 A。当位于 *H* 与 *J* 之间的某处时，收益将在两人之间划分。若人们遵循“B 无损失情况下 A 获益（反之亦然）即为改善”的原则，高效的解决方案必然会落在 *OZ* 上。由于两套无差异曲线在这些点上相切，且无差异曲线的斜率等于 MRS（消费边际替代率），所以在 *OZ* 的每一点上，A 和 B 的 MRS 相等。这反映了上述的条件 2。

但并非所有 *OZ* 上的点都可以作为高效解决方案。除上述两个条件外，这些点还必须满足我们的第三个条件（即消费边际替代率等于生产转换率）。否则，如前所述，通过改变产出配比可能会得到福利收益。在图 5－1 中，有诸如点 J 可以满足这第三个条件，因为该点处的切线 *LM* 与切线 *NP*（位于生产可行线上的点 *Z*）平行。而 *H* 点则不满足条件 3，因为该处的切线 *QR* 与 *NP* 不平行。契约曲线上可能有若干个点满足这一条件，也有可能一个点都没有，这取决于 A 与 B 无差异曲线的形状。假定有两个这种高效的点（*J* 与 *S*）。点 *J* 于 A 较有利，点 *S* 于 B 较有利，但这两点都是高效的解决方案。

在知道这些点后，该计划者将在所有其他产出配比中，也就是说在曲线 *CD* 上的其他点中寻找高效解决方案。对于这些点中的每一个（如点 *T*），他都能绘出一个新的“盒形图”（如 *OVTW*），得出一条新的契约曲线，并找到新的高效解决方案①。在对 CD 上所有的点都进行过一遍上述操作后，

---

① 注意，产出配比从 *Z* 移至 *T* 时，A 的全套无差异曲线的起点仍为 *O*，而 B 的则从 *Z* 移至 *T*。因此，B 的无差异曲线必须重新绘制，以使其起点位于 *T*。这并不涉及偏好的改变，而仅仅是一次重新作图。

计划者就能将所有这些高效解决方案集中起来并加以比较。

为此，他可能做出如图 5 - 2 所示的图。纵轴表示 A 获得的效用排名，横轴表示 B 获得的效用排名①。将这些高效点按照其对应的 A、B 所获得的效用排名放入坐标图中之后，我们得到如 UU'这样的一条效用边界（其上每一个点都对应一个产出配比以及其在 A 与 B 之间的划分方法的高效组合）②。因此，效用边界上的点 S'可能对应图 5 - 1 中点 S，而 A 的效用水平由 i_{a1}给出，B 的效用水平由 i_{b3}给出。点 J'则对应点 J，而 A 的水平位于 i_{a3}上，B 的位于 i_{b1}上。沿着边界从点 U 下移到点 U'，我们发现，A 的效用水平下降，而 B 的效用水平上升。但在给定每个 A 的效用水平时，UU'都记录了 B 可获得的最高效用水平，反之亦然。因此，最好的可行点在此边界上（在边界之外这些点无法获得，而边界之内的点则效用较低）。

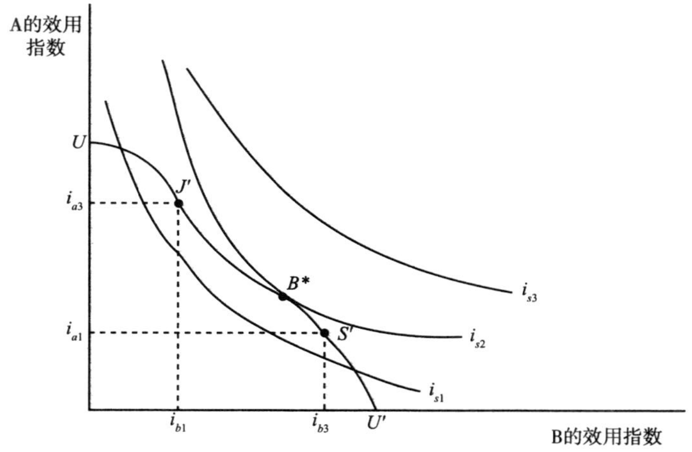

图 5 - 2　分配选择

---

①　参照的是效用排名而不是绝对水平。当我们沿着纵轴上移时，A 的福利水平就从较低水平移到了较高水平（这反映了图 5 - 1 上连续无差异曲线 i_{a1}、i_{a2}等固有效用水平）。这一处理方式避开了确定效用价值所固有的困难。

②　效用边界的推导也可以如下进行。回到图 5 - 1 的契约曲线 OZ，我们可以在一个与图 5 - 2 相似的图上，画出 OZ 上所有的点对应的 A 和 B 的效用排名，这样就得到了与产出配比 Z 相应的一个效用边界。可以为图 5 - 1 中从 C 到 D 所有其他产出点绘制出类似的效用边界。这样，我们就可以得到一个“包络曲线”：对于 A 的任一效用排名，选出对 B 最有利的点，不论该点源自与哪种产出配比相应的效用边界。图 5 - 2 中 UU'所反映的就是这样一条包络曲线。任何特定的效用边界都可以在 UU'上得到反映，其次数有赖于该效用边界所包含的有效解决方案的数量。

选择最优 虽然帕累托效率规则让我们找到了效用边界，但要在该边界上各“最优”点之间进行选择，意味着要在A的受益与B的损失（反之亦然）之间权衡。当我们从J′移向S′时，A的福利下降而B的福利上升，反之亦然。该选择是一种分配，且必须在社会福利函数的基础上做出决定（这表明了社会对A和B享受的福利水平赋予的不同的相对价值）。假定这些赋值为已知，我们可以通过社会无差异曲线 i_{S1}、i_{S2} 等表示它们（每一条曲线都显示了各种A与B所得到的在社会看来同样“好”的福利配比）。下移任何一条社会无差异曲线 i_S 使B得到的收益，恰好会被使A所受的损失抵消。效用边界与最高社会无差异曲线相切于 B^* 点。此即为“最大效用点”（所有可能解决方案中的最佳方案）。作为效用边界上的一点，它满足了帕累托效率的两个要求——即A和B的消费边际替换率相同，且等于生产边际转换率。作为最高社会无差异曲线上的一点，它通过最优分配进一步满足了社会福利最大化的条件。假定对该计划者来说，i_S 曲线所反映的社会福利函数为已知，那么最佳解决方案就可通过同时确定产出配比以及其在A、B之间的分配而得以确定。

通过市场的产品配置 上述问题的分析是基于一个掌握一切信息而无所不知的计划者作出的，而我们必须认识到，这样一个计划者是不存在的。幸而图5-1中的高效解决方案也能通过竞争市场获得。一心想最大化利润的生产者将采用最低成本的生产方法（因而满足了条件1）。而且受产品在市场上的价格的指引，他们将生产消费者最需要的产品。消费者又将在各产品间配置其各自的预算，以使其边际替代率与其价格比率相等（因而满足了条件2）。消费者之所以将这样做，是因为如果X的价格是Y价格的两倍，而同时能以少于2单位Y取代1单位X的消费，且保持水平不变，那么他们将选择购买和消费更多的Y、更少的X，直到Y对X的边际替代率等于该价格比率。所有的消费者都付出同样的价格，但他们获得的效用有所不同，这取决于其偏好和收入。在谋求利润最大化时，卖方会使其边际成本等于边际收入（这在竞争环境下也会使边际成本等于价格或平均收入）。从而条件3也得以满足。因此，无须详加说明即可看出，充当一个拍卖系统并通过竞争定价发挥作用的市场机制，会确保资源的高效利用。即便是社会主义的计划者（假定他们希望使其产出配比与消费者需求相适应）也会发现，开展竞争游戏，或是指挥计算机进行模拟竞争，是有助于取得高效结果的。

通过市场机制这一工具解决该问题，十分有利于引导消费者显示其偏好，并引导生产者对消费者偏好加以满足（因此，在不需要使用一个假设的、无所不知的计划者的情况下就提供了一个解决方案）。这就是亚当·斯密最早提出的“看不见的手”的魔力，以一个去中心化的、竞争的市场机制使高效配置成为可能。然而，为使该市场机制正常运转，必须在期初先给定一种收入分配方法。回到图5-2，我们注意到，效用边界上的每一个点，都对应了一个由在给定收入分配基础上的竞争市场（及其隐含的定价规则）所达成的解决方案。因此，解决方案的质量有赖于现行分配的适当性。

三、公共产品的高效供应

我们现在将前一问题置于同时生产公共产品与私人产品的情况下进行考虑。为了简化问题，我们考虑一种公共产品 S 与一种私人产品 X。与先前做法一样，我们仍从一般模型入手，其中，一个无所不知的计划者（知道所有信息）需要确定一套高效解决方案。该解决方案（如萨缪尔森教授最早提出的）与此前针对私人产品的高效配置方案十分相似，但在某些重要方面有所区别[①]。

效率规则　与前面所述与私人产品相关的效率规则相比较，我们看到条件 1 没有变化。构建生产可行边界会出现与前面相同的问题。但条件 2 和条件 3 将要改变。因为不同消费者可能会消费不同数量的私人产品，所以公共产品与私人产品的边际替代率可能不同。又因为生产边际转换率对所有消费者来说都是相同的，所以这两个替代（转换）率不可能对所有消费者都相等。相反，效率规则现在要求，生产边际转换率等于消费者消费边际替代率之和。解决方法仍可以分为几个步骤得出。

找到高效解决方案的集合　现在来看图5-3，图上部的生产可行曲线 *CD* 仍表示利用已有资源可以生产的 X 和 S 的各种配比。图中部的坐标轴表示 A 消费的 X 和 S 的数量，图下部的坐标轴给出了 B 相应的情况。由于 A、

---

① 对于这一解决方案的最初展示，参见保罗·A. 萨缪尔森，“公共支出的纯粹理论”，《经济学与统计学评论》，1954年11月，第387-389页；以及保罗·A. 萨缪尔森，“公共支出理论的图解”，《经济学与统计学评论》，1955年11月，第350-356页。

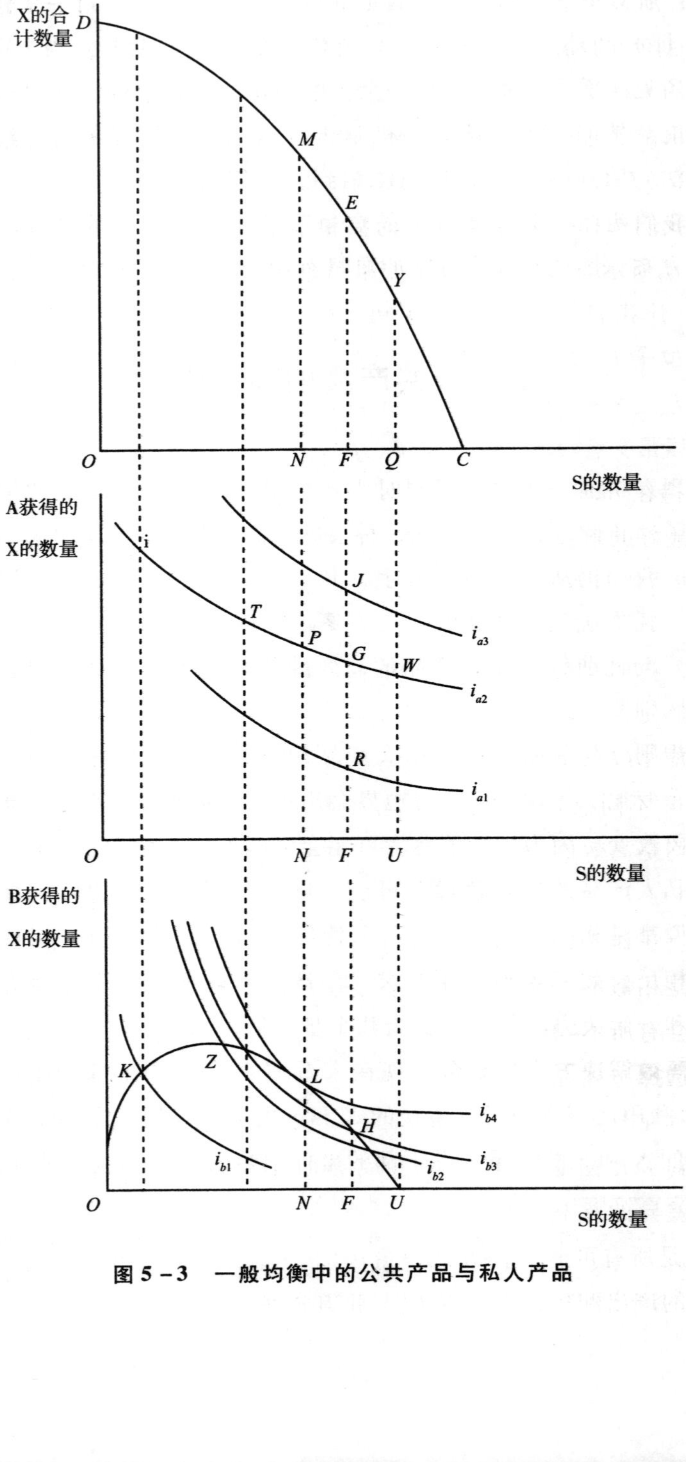

图 5-3　一般均衡中的公共产品与私人产品

B 消费相同数量的 S，因此二者在横轴上位置相同，但他们可能会消费不同数量的 X，所以可能在纵轴上位置不同。然而，这些点之间是有联系的，因为 A 和 B 对 X 的消费量必须等于 X 的总产出。为说明起见，假定 A 位于中间一幅图的 G（消费 OF 的 S 与 FG 的 X）。从上边的图可知，含有 OF 的 S 的高效产出配比也会含有 FE 的 X。由于 FG 被 A 所消费，留给 B 的数量等于 $FE - FG = FH$，而使 B 位于下面的图中的 H 点。

现在我们选择一个特定的 A 的福利水平（比如说由中间图中的 A 的无差异曲线 i_{a2}所示）。我们已知，如果 A 位于 G，则 B 将位于下方图表中的 H。然后，让我们沿 i_{a2}移向 P、T 和 V 这些点。依据相同的原理，我们发现，这会使 B 位于 L、Z 和 K。当 A 从 W 沿 i_{a2}向左移动时，B 则沿 ULK 向左移动。由于 i_{a2}上所有的点对 A 来说无差异，所以通过选择使 B 效益最大的点，福利就可以最大化。此点即位于 L，ULK 与 B 的无差异曲线 i_{b4}在此处相切。这是 B 保持在 LZK 上时能达到的最高无差异曲线。如果 A 要在无差异水平 i_{a1}上，则最好的解决方案就是让 A 与 B 分别位于 P 与 L，而总产出（包括 ON 的 S 和 NM 的 X）会在 A 和 B 之间划分以使 A 得到 NP 的 X、B 得到 NL 的 X。

现在，我们对 A 的其他效用水平重复上述程序（例如中图的 i_{a1} 或 i_{e3}）。对于其中的每一个效用水平，我们都会在下方的图中得到一个 B 处境的新轨迹（对应 ULK）和一个新的最优点（对应 L）。以此方法，我们会得到对应于 A 和 B 不同福利水平的一套解决方案。就帕累托最优原则来说，所有这些方案均是高效的，并符合消费边际替代率之和等于生产边际转换率这一条件。

回顾上述讨论，我们注意到，对于私人产品和公共产品，设计高效配置的步骤是相似的。然而，由于公共产品消费的非竞争性，两者需满足的效率条件会有所不同。

最优选择 现在，A 和 B 在各个高效解决方案下所达到的效用水平，又可以表示在与图 5－2 所示相似的一条效用边界上。给定社会福利函数，我们又得到了 i_S 曲线的模式，其中每条曲线都显示了 A 与 B 所得到的对社会而言无差异的福利配比（现在形成了私人和公共两种产品的消费）。此时，B^* 就是所有可能解决方案中最优的。这一解决方案再次会同时确定 S 和 X 之间的产出配比，以及 X 在 A 和 B 间的划分。既然二者消费相同数量的 S，则无须作进一步分配。

四、预算中的公共产品配置

上述一般模型将公共产品的特性融入了福利经济学理论，但它却不能告诉我们该解决方案要如何实施。在现实的环境中，没有一个无所不知的计划者能为我们解决问题并找到如图 5－2 所示的位于 B^* 的结果。我们需要一个既能让偏好显现、又能做出相应配置的机制。对于私人产品，该机制通过一个竞争定价系统实现。基于给定收入分配方案，该定价系统可以保证人们取得一个高效解决方案。对于公共产品而言，则需要通过一个政治过程（消费者通过投票并在给定收入分配方案的情况下显示其偏好）来实现该机制。

高效配置 为了与这一过程发生联系，公共产品配置现在将在预算模型框架下重新进行表述。该模型下，公共产品的供应是根据以消费者收入和偏好为基础的消费者评价来决定。于是，公共产品成本由税收来承担。该税负按消费者评价进行摊派（即按一个广义的受益课税制度）以使得该模型更加现实可行，但我们暂时仍保留消费者偏好已为计划者所知的这一假设。

更具体而言，我们假定，税收价格的设定是为了按照某一定价规则对特定消费者的公共产品消费向其收费，该定价规则类似于私人产品竞争市场中的规则（如上文图 4－1 所示）。也就是说，对于每个消费者而言，任一单位的某一产品要都以相同价格出售（边际单位产品间不会有价格差异），且 X 和 S 的单价比要等于消费者的消费边际替代率。A 和 B 将为 X 支付同样的单价，但对其消费数量不同；而他们将为 S 支付不同的单价，但是对其消费数量相同。

这一解决方案如图 5－4 所示。上部的图中的生产可行曲线 *CD*，显示了能够生产的且对整个经济开放的 S（公共产品）和 X（私人产品）的各种产出配比①。中间的图表示消费者 A 的处境，下边的图表示消费者 B 的处境。

① 如果这里规定的定价规则是为了使税收收入和成本相等，那么就需要有一个线性转换的假设。考虑到成本增加以及曲线凹性，我们的定价规则将产生超额收入，因为边际内的单位公共产品可以较低的机会成本（如私人产品情况下所衡量的）生产。因此，我们将会需要一个更复杂的公式或对该超额收入进行冲销。

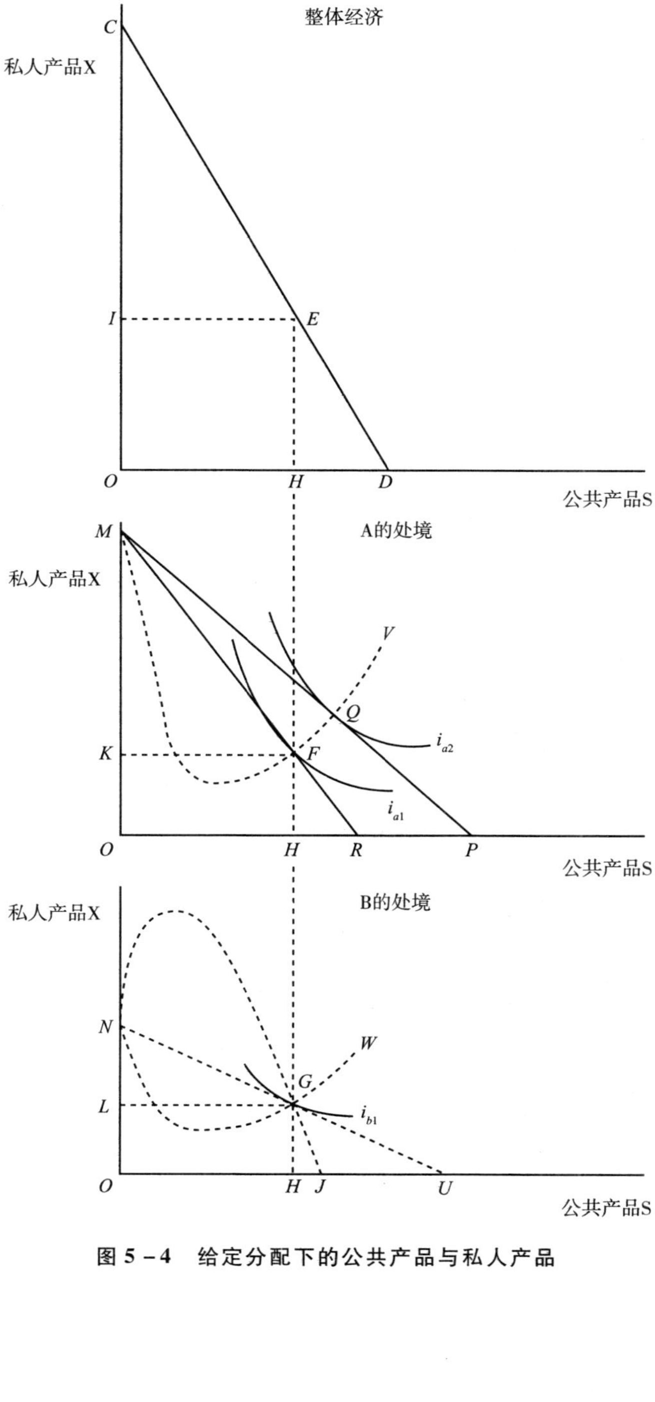

图 5-4 给定分配下的公共产品与私人产品

假定收入在 A 和 B 之间划分，以使 A 得到的潜在私人产品产出 OC 中的份额比例为 OM/OC，B 得到的份额比例为 ON/OC（其中 $OM+ON=OC$）。因此，虚线 MV 表示在不同价格比率下，A 的收入在购买产品 X 和 S 之间的最优配置。该虚线标出了一组从固定点 M 出发的价格线与连续无差异曲线的切点。例如，给定价格比率为 OM/OP，A 的最优位置在 Q 点，该位置上 MP 与最高的无差异曲线 i_{a2} 相切。虚线曲线 NW 标出了 B 的一条类似的价格线。

仿照 A 沿着 MV 分布的位置，可找出 B 的相应位置（如虚线 NJ 所示）。对每一组 A、B 的位置来说，二者必须消费相同数量的 S，而 B 对 X 的消费则可由从 X 的总供给（以 CD 表示）中减去 A 的消费（以 MV 表示）得出。NW 曲线就表示，假如不同价格比率适用于消费者 B 对公共产品与私人产品的购买，将会产生 B 的最优位置。NJ 与 NW 曲线相交于点 G，从而得出正确的定价和产出解决方案。该方案下，B 位于 G，A 位于 F，而总产出在私人产品与公共产品之间划分（如生产可行曲线上的 E 所示）。A 与 B 二者都消费 OH 的 S，而私人产品产出 OI 在二者之间划分，其中 OK 单位归属于 A，OL 单位归属于 B($OK+OL=OI$)。这一解决方案具有下列特点：

1. 该解决方案遵从初始的收入分配方案，A 的分配份额等于 OM/OC，B 的分配份额等于 ON/OC。

2. A 和 B 二者支付的税收价格可以使其各自在 S、X 间的消费边际替代率等于各自的价格比率，因而使我们得以遵守定价规则①。

3. A 和 B 的纳税合在一起等于公共产品 S 对于 A、B 整体的成本②。

4. 该解决方案满足了萨缪尔森模型的效率准则，即边际替代率之和等于边际转换率③。因此，解决方案 E 反映了图 5－2 中效用边界上的某一点，

---

① 注意在图 5－4 中，私人产品 X 的单位价格 P_X 对 A 和 B 都是相同的，但 S 的单位价格有所不同。由价格线 MR 给出的 A 的价格比率 P_S^A/P_X 等于 OM/OR。因为 A 的价格线与无差异曲线相切于点 F，所以该价格比率等于消费的边际替代率。同理，B 的价格比率 P_S^B/P_X 等于 ON/OU，而价格线 NU 又与无差异曲线 i_{b1} 相切于点 G。

② A 支付的税额（或 T_A）等于 P_S^A/OH。给定 $P_S^A/P_X=OM/OR$ 且令 $P_X=1$，我们得到 $P_S^A=OM/OR$，且 $T_A=(OM/OR)OH$。由于 $OM/OR=KM/KF=KM/OH$，所以我们得到了 $T_A=KM$。同样对 B 而言，我们得到 $T_B=LN$。由于 $OM+ON=OC$，且透过 NW 的结构我们知道 $OL+OK=OI$，所以 $T_A+T_B=IC$。对于 A、B 整体而言，价格比率由 $P_S/P_X=OC/OD$ 给出。令 $P_X=1$，我们得到 $P_S=OC/OD$，而供给 OH 单位的 S 的成本等于（$(OC/OD)OH$）（这又会降至 IC）。参见第 78 页脚注。

③ 这是因为（OM/OR）+（ON/OU）=（KM/OH）+（LN/OH）=IC/OH。

此点即为与给定收入分配方案和定价规则相符的点。

考虑到投票的情况　从这一视角对财政问题进行分析，使我们向现实前进了一步，因为假定存在货币收入的初始分配，且税收份额在此基础上得以确定。但这样分析仍不能令人满意，因为它还需通过一个知晓所有偏好的计划者来执行。在现实世界中，并不存在一个无所不知的计划者，图 5 - 4 中的偏好不会向其显示，其也不能由此得出一个最优的解决方案，即便用自愿出价的假设来替代也无法解决问题。正如早先在图 4 - 1 的讨论中所指出的，在有大量选民的情况下，这一解决方案会失效，因为此情况下会出现搭便车的问题。为了使预算有操作性，该模型就必须加以延伸，将投票过程理论纳入考虑。

更具体地说，就是要设计一个可以有效揭示偏好的投票制度，以及一个确定税收支出的高效制度。该解决方案应接近于如图 5 - 4 所示的高效定价规则①。通过该投票过程，早先讨论的假设需求曲线将得以显示，预算规模将得以确定，税收价格将得以给出。这是我们能做的最好方案，虽然会如第七章将显示的那样，该投票过程就其本质不能产生一个完美的结果。除非是在人群偏好高度同质化以至于达成一致同意的社会，否则总会有些投票人不满意。当然，有些程序会比其他程序更好，我们的目标就是要找到最好的方法。

五、配置与分配：谁先谁后？

针对公共产品供应的投票以及通过税收对其成本进行摊派都假定收入分配是给定的（私人产品配置通过市场机制的解决方案亦如此）。这一假定认为，政策顺序应首先是通过税收转移政策来设定“正确”的分配状态，然后再确定公共产品供应的资源配置。

但进一步思考后，我们发现这种程序存在问题。资源用于公共或私人

① 为了变得高效，用于争取偏好显示的定价规则，必须使每个消费者的替代率等于其边际价格比率。但并不要求边际内单位产品以相同的价格出售。边际内单位公共产品更高的要价，将会使税收课及“消费者盈余”。因此，高效定价规则不止一个，应该使用与投票过程匹配最好的那一个。

产品供应的方式，将影响要素和产品的价格，进而会影响市场中真实收入的分配方式。因此，必须在一般均衡系统中同时确定配置与分配两方面的预算政策。虽然资源的高效利用和“正当”分配提出了不同的政策问题，但无所不知的预算计划者将会同时解决所有问题。

但在实践中这不是一个可行的程序。这里，揭示公共产品偏好的政治过程必须在给定分配方案的基础上进行。若是这样的话，就很有必要对再分配措施和向公共使用配置资源的措施进行区分。因为如果不做区分的话，公共产品的高效供应往往会受到分配考虑的影响，反之亦然。因此，两步程序仍是一个有用的（如果不是完美的话）模型①。

六、本章小结

本章紧接之前对公共产品的讨论，进一步考察了背后的理论架构（基于效率的经济概念）。

1. 当不可能做出一个使一个人获益而不损害其他任何人的改变时，就达到了资源的高效利用状态。针对配置问题有很多高效的解决方案，每一个都反映了消费者之间不同的分配状态。

2. 私人产品市场中的资源高效利用要求所有消费者的消费边际替代率相同，且等于生产的边际转换率。

3. 步骤 2 中的这一结果，可以通过消费者在竞争市场中对产品报价而显示其偏好得到。

4. 在该市场中，所有消费者将会支付相同的价格，但消费不同的产品数量（取决于其收入及其偏好）。通过将个人需求曲线横向相加，可以得到一条市场需求曲线。

对公共产品而言，由于以下原因，相关问题的解决方法有所不同：

5. 因为公共产品在消费上是非竞争的，所有人消费的产品数量相同。资源的高效利用现在要求消费边际替代率之和等于生产边际转换率。

6. 一个无所不知的计划者（他已知晓所有偏好）可以得出向私人和公

① 参见第一章第一节。

共产品生产配置资源，以及将私人产品在各消费者之间分配的最优方案。这样，既可满足帕累托最优所要求的效率条件，又可在既定的社会福利函数下获得令人满意的分配方法。

7. 然而，这一解决方案不具备可操作性。为了揭示消费者的偏好，必须要有一个政治过程或投票体系（基于给定的货币收入分配方案）。我们希望的是，该投票过程近似于一个高效的解决方案。但是就像用于私人产品配置的竞争性市场产生的方案一样，这一方案只有在其背后的货币收入分配方案同样正确的前提下才是最优的。

8. 对配置的选择还会影响分配，因此对分配的调节不能独立于配置选择。然而，作为一个务实的解决方案，将这些职能分开考虑仍是必要的。

推荐阅读

对于现代公共产品理论的早期描述，参见：

Samuelson, P. A.: "The Pure Theory of Public Expenditures", *Review of Economics and Statistics*, November 1954, pp. 386 – 389; "Diagrammatic Exposition of a Theory of Public Expenditures", *Review of Economics and Statistics*, November 1955, pp. 350 – 356. 两篇文章均载于 R. W. Houghton (ed.): *Public Finance*, Baltimore: Penguin, 1970. 另见 Samuelson, P. A.: "Pure Theory of Public Expenditures and Taxation", in J. Margolis and H. Guitton (eds.): *Public Economics*, New York: St. Martin's, 1969.

对于现代策略的早期贡献，参见：

Wicksell, K., and E. Lindahl: Excerpts of writings in R. A. Musgrave and A. Peacock (eds.): *Classics in the Theory of Public Finance*, New York: Macmillan, 1958.

关于公共产品理论的现代表述，参见：

Oakland, W. H.: "The Theory of Social Goods", in A. Auerbach and M. Feldstein (eds.): *Handbook of Public Finance*, vol. II, Amsterdam: North Holland, 1988.

第六章
分配中的公平

本章探讨的最佳分配理论，提出了一般公共财政研究中不会涉及的问题。但在设计预算政策时，我们一定会面临这些问题。而且，虽然建立在哲学基础上，但分配公正的标准在经济考虑中的应用受到了限制，因此必须将这两个方面综合起来考虑。

▶ 本章内容提示

我们在前一章始终强调，稀缺资源的最优利用涉及两个基本问题。首先，是要确保对给定分配状态下产生的需求的高效满足。按照帕累托效率的定义，当任一个体的境况在不损害其他个体的情况下得以改善时，就存在福利收益，只要不考虑嫉妒因素，以此作为政策目标是无可非议的。但政策还应有第二个目标：如何确保一个公正或公平分配的状态。既然针对每一种福利分配状态都存在一个高效的解决方案，那就只剩下一个问题：哪种状态才是公平或公正的？对于这个问题，帕累托效率的概念几乎没有（或者根本没有）用武之地。分配问题是一个关于对有些人得益而其他人受损的变化进行评价的问题。它是一个关于在图5－2中无差异曲线i_s之间进行选择的问题①。

如该连接点所示，对最好或最公正解决办法的选择，可以通过假定一个“社会福利函数”（即一组排名，表示对某些人的所得、其他人的所失赋予的社会权重）来得到。给定这一函数，技术经济学就能找到答案（如图5－2中切点B^*所示的解决方法）。但是仍有更为基本的问题：这组价值（或社会福利函数）应表现为什么形态。最后，究竟怎样才是一个公平或公正的分配状态，这是任何人都无法回避的问题。

一、公平是否是经济学问题？

在过去的50年中，经济学家愈发认为，公正或公平分配的理论不属于经济学的范畴，而应留给哲学家、诗人和政治家去研究。确实，在谈及“分配理论”时，传统上经济学家会考虑要素定价理论以及国民收入在土地、劳动和资本之间的分配。这一要素份额理论在经济分析中起着关键作用，但重要性主要体现在高效配置领域。为使资源得到高效利用，必须要保证生产要素的边际产出在一切使用方向上相等（这一条件在社会主义以及资本主义社会中都成立）。但是，高效要素利用理论自身不是一个关于分配公正的理论。其一，要素配置应基于高效要素定价的提议并不要求个体之间最终收入分配等于其在市场上出售要素服务的价款。预算分配功能的

① 参见第五章第二节。

干预可使此二者分离。其二，人们最终关注的公正分配在于个人或家庭之间的分配，而非各要素组之间的分配。要素份额与家庭间收入分配之间只存在松散的关联。虽然资本收入确实更多属于高收入家庭，工资收入更多属于低收入家庭，但该规则也有重大的例外情况。因而，必须以直接的方式解决个人或家庭之间的分配问题。

分配的决定因素

在市场经济中，收入分配由要素服务的销售确定。因而它有赖于要素禀赋的分配。就劳动收入而言，这一分配涉及对挣得这种收入的能力（以及这样做的愿望）的分配。就资本收入而言，这一分配涉及由继承、婚姻模式和终生储蓄决定的财富分配。劳动和资本禀赋的分配与教育中的投资相关联（而教育投资反过来又会影响一个人所能获得的工资价格）。

给定禀赋分配后，收入分配进而取决于要素价格。在竞争性市场中，这些价格等于要素边际产出的价值。严格来说，价格取决于一组广泛的变量（包括要素的供应、技术和消费者的偏好）。然而，在许多实例中，回报在不完美市场中得以确定，其中，制度因素（如传统的薪资结构、家族关系、社会地位、性别、种族等等）起着重要作用。结果就是，不同工作的不同报酬可能是基于对工作者社会地位的考虑的结果，而不是根据要素边际产出确定，且谁能获得工作可能取决于社会关系而不是更高的生产率。此外，婚姻模式与遗产在确定家庭货币收入分配时也是重要的参考因素。

由上述力量导致的收入分配，会表现为相当程度的不平等。可以通过观察家庭收入的分位数分布，看出这种不平等的程度。在美国，只有不足5%的货币收入归属于收入最低的20%的家庭。而对应的其他四组收入由低到高排序的家庭（每组家庭数量都为总户数的20%）的收入份额依次为11%、17%、24%与43%。在各种收入形式之中，资本收入分配比工资薪金收入分配更不平等[①]。财富的分配也是如此。收入最高的20%的家庭估计拥有80%的可交易财富，若将养老金权利（包括社会保障）纳入考虑，这

① 对于货币收入分配，参见《美国统计摘要》，美国普查局，1987年，第437页。数据是1985年的。

个比例大约是三分之二①。而且，这几十年来已有现象表明，分配不平等的趋势有增无减。这种在大多数发达国家都存在的情况是如何与公平或公正的分配状态相联系呢？

将分配看作政策问题

通过这一观点的提出，研究重点从将分配看作一个市场结果，转变为将其看作一个政策方面的问题。虽然对要寻求什么样的政策众说纷纭，但分配问题显然过去是、现在是并且将继续是政治和政策决定中的一个极其重要的参考因素。

在涉及设计税收和转移政策时，可以最为明显地体现出这种说法的正确性。下述事实也可以明显证实这一说法：几乎所有的政策措施（即使是那些并不直接关注分配目标的措施）都会对分配产生影响。因此，在通货膨胀的情况下，为降低总需求，可能会有对限制性政策的需要。其对分配的效应将有所不同，这取决于需求降低的实现是通过增加销售税或所得税、削减各类型的公共支出项目，还是采取货币紧缩。旨在增加国际贸易的各项政策，对分配将有不同的影响，这取决于降低的是哪些关税。为使市场更有效率而设计的反垄断措施，会影响特定产业的资本和劳动收入，以及该产业产品消费者的真实收入。公共投资项目（如地区开发或公路修筑）将影响许多群体的经济福利，因而也影响分配模式。公共定价政策，如对地铁的定价，将类似地影响地铁乘客的真实收入，以此类推。

在此，政策设计必然涉及对分配的判断。但遗憾的是，标准的经济分析不会告诉我们什么样的分配状态才应是我们的目标，即分配公正和公平的准则应该是怎样的。如刚刚所指出的，这一最终问题往往被认为不属于经济学家（其工作仅关乎效率问题）的研究范围。但是，鉴于分配问题对经济政策问题有着紧密的影响，又鉴于其在经济政策中占主要的、甚至是最主要的权重，关心公共政策的经济学家很难不去思考公平问题。只能要求他们把对公平与效率的考虑区别开来，特别是涉及经济学在公共财政问题上的应用时（这是我们“分配分支”功能的一个组成部分）。因此，继第

---

① 参见E. 渥尔夫（E. Wolff）和M. 墨里（M. Murley），“美国财富不平等的长期趋势”，纽约：纽约大学斯塔尔中心，1988年。

五章基于效率的分析之后，我们至少应简单考虑一下，是什么构成了公正或公平的分配。否则，我们对公共部门理论的规范分析就将是不完整的。

二、取得分配公平的方法

如果要在公正分配的各备选标准之间进行选择，就必须理解其内涵。在考察这一问题时，我们首先假定：（1）个人从其收入中得到的效用是可知且可比的；（2）可供分配的产品数量或总收入金额是固定的。稍后，这两个假设都将予以重新考虑。

备选观点

在可能构成公正分配状态的各标准中，以下可予以考虑：

1. 基于禀赋的标准：

a. 保持你在市场上能赚到的。

b. 保持你在竞争性市场上本来能赚到的。

c. 只保持劳动（“赚得的”）收入。

d. 保持你在竞争市场上本来能赚到的（给定相同的起始位置）。

2. 效用主义标准：

a. 总福利最大化。

b. 平均福利最大化。

3. 平等主义标准：

a. 福利均等化。

b. 收入最低群体的福利最大化。

c. 类别公平要求实物供应。

4. 混合标准：

a. 设定最低福利，在此之上应用禀赋原则。

b. 根据社会福利权重调节分配以使福利最大化。

以利己为基础，在这些标准之间进行选择时，高收入者将发现 1a 最符合其利益，而在支持其他选项时就不得不是利他的了。低收入者则愿意选择 3b。然而，这并不是对选择进行考虑的唯一方式。哲学家通过以一种社会契约的观点看待此问题而提供了一个另外的视角。处于哲学家称之为“自然状态”中的人们，会考虑在一个公正社会中应当由什么来支配人际关系（包括经济福利的分配）[①]。根据看待社会公正方式的不同，这可能意味着，如基于禀赋标准所认为的，人们会被授权保持他们所赚得的；也可能意味着，如效用主义标准所认为的，会要求福利最大化；或是可能意味着平等主义标准所要求的某些形式的平等对待。那么，我们应该如何评价各标准呢？其内涵是什么呢？

基于禀赋的标准

社会契约论的理论家们从某些权利与义务的角度来阐述该问题，这些权利和义务是由全体社会成员享受和承担的。但是关于契约的内容，这些理论家的观点却不尽相同。诸如霍布斯（Hobbes）和洛克（Locke）的自然法则哲学家（写于 17 世纪下半叶，并遵循这里所述的基于禀赋的标准）假定一个人对其劳动成果具有先天权利（因而，在伦理上支持按要素禀赋的分配和市场中的要素定价）。在现代哲学家中，罗伯特·诺齐克（Robert Nozick）持有类似的观点[②]。

这一权利原则可以（如 1a）不加限定地表述，或者，（如 1b）可以将该劳动成果限于在竞争市场上可获得的那种工作收入。因此，对垄断利润的所有将不会是正当的，对超过边际产出的工资或薪金收入的所有也不会是正当的。当然还有另一种可能性（1c），就是只将禀赋原则的应用限于“赚得的”工资或薪金，而不应用于资本收入。这或许是合理的，因为根据洛克的观点，自然资源是“共同”持有的，或者仅仅是因为人们认为，工作收入工资会涉及工作的反效用，而收取利息则不然。英国的古典经济学家在论述对“非工作收入”或资本收入的课税应重于工资收入的观点时，就有这种考虑。

一个现代版本（1d）的基于禀赋的观点只认可下面这种不平等：所有人一开始被给予了相等的境况而最终仍会有的不平等。根据自由企业制度的一个激进的诠释，该观点意味着接受由下面这种差异所带来的不平等：

① 参见依尼斯特·巴克（Earnest Barker）（编著），《社会契约》，伦敦：牛津，1946 年。

② 参见罗伯特·诺齐克（Robert Nozick），《无政府、国家与乌托邦》，纽约：通识读物，1974 年，第 7 章。

工作收入能力中的先天差异、收入与闲暇之间偏好的先天差异，以及在节俭上的先天差异。相反，继承、不同的教育机会或家庭地位带来的不平等，将不被接受。事实上，我们或许可以认为这种针对不平等的限制条件是纯“企业”制度的内在逻辑要求①。

效用主义标准

与基于禀赋的标准的支持者不同，其他社会哲学家拒绝将能力中的先天不平等作为经济状况差别的正当原因。这种不平等是存在的，但是不应任由它们来决定分配状态。生来处于高能力或低能力水平并非由个人的意愿或行动决定。和社会地位一样，出生中的偶然因素如果作为分配的参考基础会在道德上被认为是站不住脚的。根据这一观点，必须寻找其他分配原则。

固定的总收入 如本瑟姆（Bentham）这样的效用主义者就提供了一个新的分配原则，他们认为收入分配要使幸福总和达到最大（他们认为该目标将会吸引“所有理性的人”）②。对给定大小的蛋糕进行划分时，如果A的“效用水平”（即从个人收入中获得幸福的能力）比B高，则A应得到更多的收入。只有当我们假定所有个人的边际收入效用函数都相同且是递减的，才会寻求均等的收入分配。因而，以满足感最大化为目标的分配观点可能会催生平等主义的解决办法，也可能不会。

该原则由图6－1进行说明。在每个示意图中，横轴代表收入，纵轴代表收入的边际效用，即每增加一美元收入所带来的总效用增量。因此，该曲线下方的面积表示在各收入水平上取得的总效用。由于最初几美元收入的效用很可能是无穷大的，为了避开这一困难，我们只对某个最低水平*OM*之上的收入分配进行考虑。我们暂时先假定，收入效用能分解成几个“效用”来衡量，且不同个人之间的效用比较是可行的。这些假定中包含的困难将稍后讨论。我们进一步假定，在给每个人提供*OM*的最低收入后，可在A和B之间分配的总收入固定为*MT*（这一假定稍后会作重新考虑）。

---

① 对这一精神传神的表达，参见亨利·西蒙斯（Henry Simons），“一项放任自由的实证研究：对自由经济政策的一些建议”，《自由社会的经济政策》，芝加哥：芝加哥大学出版社，1967年。

② 参见J. 本瑟姆（J. Bentham），《道德与法律的原则》，纽约：麦克米兰，1948年，第1章。

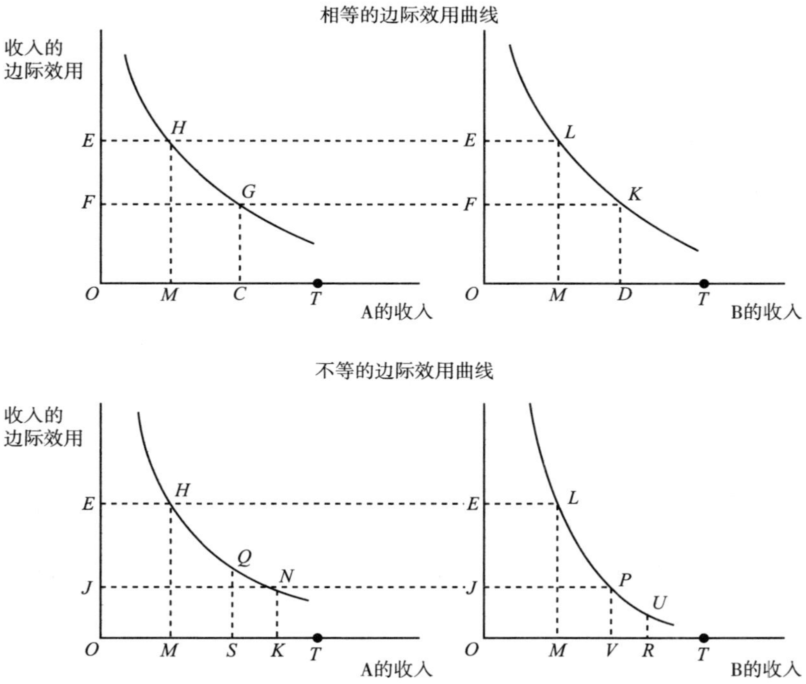

图 6－1　分配模式

在图的上半部分，我们假定两个人（A 和 B）有同样的边际效用曲线。为了使总效用最大化，收入将在 A 和 B 之间均等地划分，从而 A 得到 *MC*，B 得到 *MD*，而 $MC + MD = MT$。A 和 B 的边际效用都等于 *OF*（其总效用也相等，分别以 *MCGH* 和 *MDKL* 表示）[①]。在图下半部分，我们假定 A 的边际效用曲线（在其收入超过最低收入水平 OM 时）位于 B 的边际效用曲线之上。换句话说，对于高于 *OM* 的收入，A 从中获得额外效用的能力较高。我们再次假定有总收入 *MT* 可用于分配，现在通过将较大数额 *MK* 分配给 A、较小数额 *MV* 分配给 B（其中 $MK + MV = MT$），可以使总效用最大化。各边际效用在收入水平等于 *OJ* 时相等，A 的总效用（即 *MKNH*）现在超过了 B（即 *MVPL*）。有了一个较高水平的效用函数后，A 将因以下两个原因获益：

① 显而易见，通过使边际效用相等，可以使效用之和最大化。只要分配给 A 的收入多于 B，A 的边际效用就将更低。因此，通过将所得从 A 转给 B 直至边际效用和（在相同的效用函数下）收入相等，可以使总效用增加。

A 不仅能从同样的收入中取得更大的效用，还获得了更大的收入份额。

可变的总收入 图 6－1 以可供分配的总收入保持不变为前提假设。考虑到反向效应，最大化福利（如本瑟姆以来的效用主义者一再强调的）很可能缺少均等的分配，并且即使我们假设所有个人的效用函数形状都相同，也会如此。而且，正如下文提到的，必须要考虑再分配过程中产生的无谓损失。

平等主义标准

从最大福利（无论总量还是平均数）的角度来看待分配问题，多少都处于一个人为设定的框架之中。而社会毕竟是由大量不同个体而非相同个体或平均个体组成的。既然如此，为什么所有理性的人都应该认同最大化总体福利的目标呢？分配的基本问题难道不是有关个体之间相对处境的问题吗？追求同等的处境难道不应该成为目标吗？这就是平等主义思想的焦点。

以平等作为目标 第一个版本的平等主义原则（3a）假定，人们有对福利平等的内在追求。基于人人生而平等的人道主义观点，该信条构成了诸如卢梭（Rousseau）和马克思（Marx）等作者的平等主义思想的基础。也可视其与基督教道德体系是一致的，尽管其他的解释指向了基于禀赋的标准［如马克思・韦伯（Max Weber）的新教伦理思想中所反映的一样］①。进而，对给定总收入的分配又取决于个体效用函数是否相同。如果相同，图 6－1 的上半部分就是适用的，收入在 A 与 B 之间均分。效用主义（最大总福利）和平等主义准则都要求有均等的收入分配。但如果效用水平不同，如图 6－1 下半部分所假定的，平等主义分配就将会把 MS 分配给 A，把 MR 给 B（其中，$MS + MR = MT$ 且 $MSQH = MRUL$）。效用规模较低的人现在获得了收入中的较大份额，而此时收入不平等的表现形式与其在最大总满足规则下的表现形式相反。

然而存疑的是，诸如卢梭或马克思这样的平等主义者，是否会承认效用函数水平的差异是收入不平等的正当原因。当马克思假设“各尽所能、

① 参见马克思・韦伯（Max Weber），《新教伦理和资本主义精神》，塔尔科特・帕森斯，译，纽约：斯克利伯尔式，1958 年。

按需分配”时[1]，他指的显然是因客观因素（如家庭大小或健康）导致的需要差异，而不是指对收入享受能力上的主观差异。虽然享受能力可能不同，但绝大多数平等主义哲学家将会把人人平等的教条理解为，要求社会在分配给定的总收入时假定所有的效用曲线相同（从而得到一个平等主义的分配——仅允许客观需求差异导致的不平等）。

但是，收入水平不是固定的。平等主义者（不亚于效用主义者）必须再次考虑收入分配对收入水平的影响。为了向 L 转移而对 H 征税可能会减少可供分配的收入。如果收入调节过了头，对 H 税负的进一步增加，可能在缩小 H 和 L 之间差距的同时，同时恶化两个人的境况[2]。平等主义规则发展到了极致就会陷入困境，除非人们将平等看得如此之重要，以致其足以弥补平均收入水平的下降。

最大化最低收入　可以通过设定分配政策以最大化最低收入人群的收入来避免该困境。这一规则（由罗尔斯提出），使得有利于提高底层人群收入水平的收入不平等为人们所接受[3]。但是，如果提高最低收入过了头，进一步提高税率的收益就会降低，对促进向低收入人群转移支付会产生适得其反的效果。

罗尔斯基于他的公平规则得到了这样一种解决办法，这一规则使得个体得以进入不知道自己赚钱潜力的一个“自然状态”。这样，他们会做出一个“公正的”选择，以决定应有怎样一种分配状态。在知道均等化将减少可供分配的收入水平，但并不知道他们自己收入状态的情况下，他们将提前中止要求过高的均等化。假设人们是高度风险厌恶的，他们将投票支持可以最大化最低收入的再分配（这样就有了上述结果）。因此，人们所希望的再分配范围就取决于风险厌恶的程度。

消费类别公平

还有另一个分配公平的方法（也关注最低收入水平），它不是以收入而

---

① 参见卡尔·马克思（Karl Marx），《哥达纲领批判》，P. C. 塔克（P. C. Tucker）（编著）：《马克思与恩格斯文集》，纽约：诺顿，1972 年，第 388 页。在该书中，马克思指出，在社会主义制度下，考虑到激励机制的作用，是不可能运用这一标准的；只有在共产主义制度下，这一标准才有可能得到贯彻执行。

② 参见第六章第三节和第十六章第二节。

③ 参见约翰·罗尔斯（John Rawls），《正义论》，马萨诸塞州剑桥：哈佛大学出版社，1972 年。

是以特定消费品类别来定义最低收入水平。因此，最低收入水平可以定义为最低的食物、衣物和住所供应。这些物资的成本就可以用来设定最低收入（或实物形式的供应）。这是在下文中考虑赠与作用时需要进一步关注的视角。既然称作“类别公平”，那或许它可以把有益产品的方法与分配正义的方法联系起来①。这就有助于解释下述公共政策的普遍性：这些政策会提供诸如低成本住宅的实物支持，或以食品券的形式对低收入人群购买其需要的商品进行补贴。

综合的解决办法

尽管我们可以对上述办法的前提条件进行考察并对其结果进行检验，但我们很难在其中找到一个唯一的答案。良好社会的设计是否可以依据“情理”确定？有必要选定良好社会的“价值标准”吗？这些基本的问题至今仍没有答案。随着文明的进步，人们将重新审视这类问题。

应该指出的是，在实践中，这些办法并非只能单独实施，更多的情况是多管齐下、共同实施。公平要求确保没有人会因贫困而受苦。而一旦这一目标达到了，就可应用禀赋原则。这种折衷的观点（也许是与“生而平等”的禀赋原则解释结合一起的）最接近新兴的分配原则。几年前，《总统经济报告》指出：“生产出越多产品的人应该得到越多；同时，不管每个人或家庭的生产潜力如何，其都不应被迫处于低于某种最低消费水平的状态。”② 换句话说，只有在保证最终的不平等程度不影响最低收入人群的最低收入时，才可以采用以市场上赚钱能力为特征的以禀赋为基础的方案进行分配。根据 4b 标准，一些禀赋方案的限定条件可能有所放宽。

代际公平

生活在现在的人们可能会以各种方式影响到后代的福利。因此，这一代推动的科学技术进步，将会惠及下一代。类似地，当代积累的资本存量将会作为遗产由下一代继承。因而当代人会以许多方式造福未来一代。但是，吃老本、开采不可再生资源和破坏环境的行为，会给后代带来负担。

① 参见第四章第四节。

② 参见《总统经济报告》，政府出版局，1974 年。

所有这些关系——现在能影响未来，反之则不能，这一不对称的事实——提出了“代际公平”的问题，我们稍后在讨论社会保障资金供给和公共债务时将对此加以考察。现在，我们只是指出，时间维度的引入进一步增加了分配问题的复杂性①。

三、再分配的限制

先前的讨论集中在怎样构成公正分配状态这一基本问题。实务政策的问题会受到更多限制。现在问题不再是要如何建立公平的社会及其分配的初始状态，而是要考虑是否以及如何解决再分配的问题。问题是，现存的分配状态——由市场及普遍的社会制度所决定——要在多大程度上以及如何修正？某种程度上，该问题可以通过自愿赠与的方式得以解决，但这种转移与通过预算过程决定的再分配政策相比，作用很小。然后，这种政策将面对在该过程中受损或受益的人所作出的回应。反过来，这可能会影响可用于再分配的蛋糕大小，并且带来必须予以考虑的成本。

蛋糕的大小

贯穿讨论始终的再分配涉及成本以及收益，两者都必须予以考虑。再分配政策刚开始可能会使可供分配的蛋糕变小。这里表现为对劳动供给的影响，但对储蓄、投资和经济增长的影响而言，可能也会有类似的问题。考虑有两个人，H 赚钱能力高，L 赚钱能力低。为方便起见，假定 L 的赚钱能力事实上等于零。在没有干预的情况下，H 拥有大量的正收入，而 L 完全没有收入。现在对 H 征收一项税收，对 L 实施一笔转移支付。作为该税收的结果，H 的净工资价格（H 出售闲暇获得的商品形式的回报）降低了。最初，H 的反应可能是工作得更久（H 的劳动供给曲线在高工资价格范围内向后倾斜），但此后，税率的进一步提高将使 H 保留更多的闲暇——换句话说，工作得更少。结果是，可以从给定税收中取得的收入不是无限的。随着税率的进一步提高，在一段时间内，税赋收入将增加，直至达到某一

① 参见第十一章第四节和第三十二章第三节。

个点，过了该点，税率的进一步提升将导致税收收入减少，并从而导致可供转移给 L 的资金减少[①]。这一关系可由表 6－1 表示，该表说明了 H 在 10 美元工资价格的情况下对税率上升的反应。

表 6－1　　H 对税率上升的反应

税率（百分比）（Ⅰ）	H 的工作小时（Ⅱ）	H 的税前收入（美元）（Ⅲ）	从 H 转移给 L 的税收收入（美元）（Ⅳ）	H 的税后收入（美元）（Ⅴ）	L 的收入（美元）（Ⅵ）
0	6.0	60.0	0	60.0	0
15	7.0	70.0	10.5	59.5	10.5
30	5.0	50.0	15.0	35.0	15.0
50	2.5	25.0	12.5	12.5	12.5
80	1.0	10.0	8.0	2.0	8.0
100	0	0	0	0	0

开始征税时，H 起先会增加他的工作时长，以弥补一些损失的收入。他会这样做直到税率达到 15%，再提高税率，他将减少工作时长。在税率从 15% 移动到 30% 之中，税赋收入仍然会增加，因为税率的提高超额抵消了税基的减小；但随着税率进一步提高，税收收入开始减少。虽然通过将税率停留在 30% 上将会达到最大化最低收入的目标，但完全的均等化需要实施 50% 的税率。

效率成本

因此，再分配的潜在范围可能受限，因为进一步提高税率最终会触及收入天花板。但问题远不止如此。还有另一个更隐蔽的再分配成本一开始就产生了。它的出现是因为对 H 扣缴 1 美元所得税会带给 H 超过 1 美元的福利损失，而且 L 的收款也会产生必须加以考虑的无谓损失。正如下文所提到的，这一因素对福利项目的设计而言是一个重大问题[②]。

不过，H 的损失大于 L 的受益这一事实，并不意味着该交易一定会涉及

---

① 另见第十六章第二节。

② 参见第十一章第一节。

社会损失。这主要取决于每1美元损失和每1美元收益的效用权重，从而低收入人群90美分收益的效用可能（置于社会权重之下）大于高收入人群1.10美元损失的效用。

效率与公平替代关系的性质由图6-2所示，这是一个包含两个人（A和B）的经济体。如之前图5-2所示，纵轴与横轴衡量了A与B的效用水平（当从O移向C或从O移向D时，效用会增加）。CD是先前图5-2中给出的效用边界，i_{s1}、i_{s2}、i_{s3}……是反映社会对分配方案价值判断的社会无差异曲线。B^*为最大幸福点，反映了所有可能解决方法中的最优点。

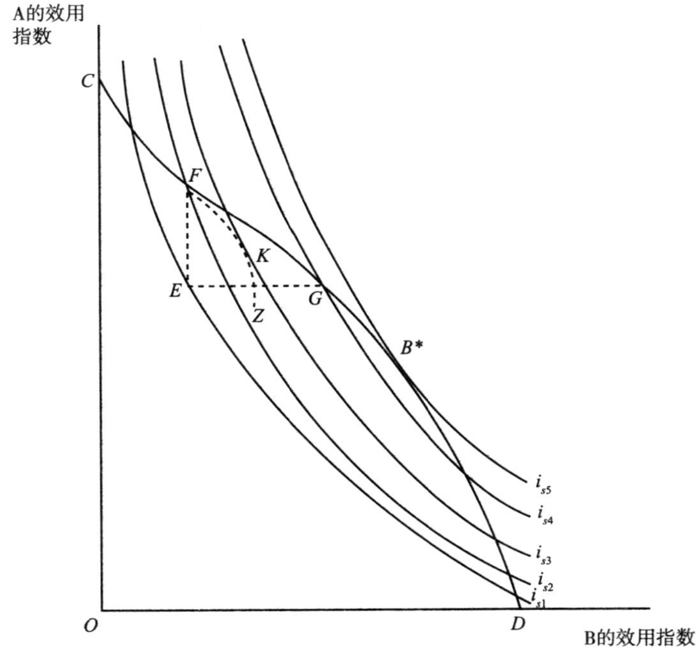

图6-2 公平与效率的替代关系

如果现有的安排将该经济体置于E点，那么效用边界向F与G之间的区域移动就是高效的（帕累托最优），因为至少有一人受益而无人受损。但是，帕累托效率标准不会告诉我们如何在F与G之间的各点中进行选择。然而，从社会的视角看，点G是最好的，因为它达到了最高的社会无差异曲线（i_{s4}）。现在假定，市场发挥作用将经济带向F点。给定图6-2中的i_s曲线，从F移至B^*就会产生社会效益（这会把社会福利从i_{s2}提高到i_{s5}）。

即便A在该过程中受损，社会效益依然存在，因而该移动不符合帕累托效率标准。此外，移至效用边界外的一点（如K），从社会的观点看，可能比保持在F要更优。因此，引入社会福利函数（如i_{s1}、i_{s2}……所示）带来一个更宽泛的效率概念，即在该理论体系下分配的结果可以从社会福利权重的角度进行评价与排名。

为了考察引入社会福利函数会如何影响再分配的效率代价，我们假定，在没有效率成本时实现再分配，就可用CBD表示效用边界。但在给定成本，且起点在F的条件下，实际可用的边界可以由点状线FKZ给出。通过从F点移至K点（但不可能更远），再分配在社会福利的意义上仍是有回报的，但收益会少于（仅涉及从i_{s2}向i_{s3}的移动）没有效率成本的情况。虽然社会为了获得公平或许能接受一些效率上的损失，但还是应该进行再分配调整以最小化这一成本。我们将在比较各类型税收的效率成本时进一步考虑这个问题[①]。

四、本章小结

公正分配的问题（以及效率的问题）是最优资源利用这个大问题的重要部分：

1. 由市场决定的收入分配，取决于要素禀赋的分配，以及这些要素将会获得的价格。

2. 这一过程对高效资源利用有重要的影响，但它并不构成分配公正的理论。

3. 由要素收入确定的分配不一定符合社会的期望（因而需要利用财政和其他政策措施进行调整）。

应对分配公正的各种办法进行区分，并考虑它们对收入分配的影响：

4. 基于禀赋的观点支持由要素所有权和回报所决定的收入分配。

5. 效用主义观点要求福利分配方案可以使总满足感最大化。如果个体有相似的效用函数，则收入分配应是平等的。

---

① 参见第十六章第一节。

6. 平等主义观点认为分配收入应使所有个体的福利水平均等化，或者使最低阶层的福利水平最大化。

7. 对公平的考虑可以运用于世代之间，以及个人之间。

再分配政策受制于某些限制，必须在设计政策时予以考虑：

8. 较高收入个体（作为对被征税的回应）可能会用闲暇来替代收入（因此，再分配的可行范围就受到了限制）。

9. 再分配政策会涉及效率成本，必须予以考虑。

推荐阅读

关于公平分配的经典文献，参见：

Bentham, J.: *The Principles of Morals and Legislation*, L. Lafleur (ed.): New York: Hafner Press, chaps. 1 – 4.

Locke, J.: *Second Treatise of Government*, chap. V, Mentor Book Revised Edition, Peter Laslett (ed.): New York: New American Library, 1960, pp. 327 – 344.

Marx, K.: "Critique of the Gotha Program", in L. Feuer (ed.): *Marx and Engels: Basic Writings*, New York: Doubleday, 1959, pp. 112 – 132.

对于更多近期的文献，参见：

Phelps, E. S. (ed.): *Economic Justice*, Baltimore: Penguin, 1973（一册该领域的重要读物）.

Rawls, J.: *A Theory of Justice*, Cambridge, Mass.: Harvard, 1972, part 1.

Tobin, J.: "On Limiting the Domain of Inequality", *Journal of Law and Economics*, October 1970; reprinted in Phelps, op. cit.

第七章
公共选择与财政政治学

由于政治过程是预算决策的核心，所以财政理论必须越过传统的经济学边界、进入与之相邻的政治学理论领域（这正是本章所要做的，在此过程中会遇到一些有趣的问题）。只专注于经济学的读者可跳过本章。其他读者应该会喜欢这一章。

▶ 本章内容提示

我们已经反复论述过，预算决定与其说是一个市场过程，不如说是一个政治过程。本章的目的就是要更详尽地考察这一政治过程。个人对财政事务的见解如何表达，这些见解如何转换为政治行动？各个投票规则如何起作用，以及党派和联盟的作用是什么？决策过程是否反映了公众意愿，还是政府在该过程中强加了自己的意志？预算决策中存在哪些内在的偏向？虽然在传统上，这些问题是在政治科学领域而不是在经济学范畴内讨论，但是在进行预算决定时必须同时运用这两门学科。

一、直接民主

我们再次从下述个体消费者展开讨论：该个体是公共服务的最终受益人，且当资源被转移到公共部门时对私人产品的消费会减少。关键的问题在于，人们对不同产品的偏好应如何表达并付诸实施。小团体中大家能够通过谈判和议价的过程来做出决策。为使议价过程顺利推进，每个人的贡献对于自身和他人来说都足够重要。党派之间的谈判可能带来关于下述内容的协议：应提供哪些公共产品以及每个人的贡献应是多少。在现实世界中，也存有上述过程的近似情形，如小乡村的村镇大会，或是国家之间、州之间、城市之间旨在发起公共工程建设的合同契约（无论是一个由不同城市共享的垃圾场，还是由美国和加拿大合力兴建的圣劳伦斯航线，或是北大西洋公约组织，抑或是一项由联合国资助的维和行动）。在参与主体数量较少的情况下，人们总会达成某种解决方案，虽然如前所述，其结果可能并不高效。但是，当参与人员数量很多时，这种讨价还价的解决方案就不再可行。这种情况下，任一个体单打独斗的贡献都微不足道、难起作用，而又因人数太多导致谈判难以进行组织管理。简单来讲，就是“交易成本”（一个广泛使用、或许模糊的术语）太高了。现在，必须通过政治过程把个体偏好转化为预算决策（该过程涉及通过投票以记录个体偏好，以及受投票人委托做最终决策的那些政党或其领导人的回应）。

委托的问题留待后文讨论，我们首先考察一个简化的“直接民主”情形（即一个通过全民公投做出财政决策的系统）。选民都明白，通过投票产生的团体决策将对他们具有约束力。为此，他们将通过投票以使该决策向着对自己更有利的方向移动。

为什么要投票?

在一开始，我们必须要提出一个令人困惑的问题：理性的投票人为什么要花费精力去参与投票过程呢？一个理性的投票者知道，其选票会影响到结果的概率微乎其微（除非是在50/50的这种胶着状态下）。因此，何必要费心去投票呢？有些人投票可能是因为他们没有意识到，其个人的投票对最终结果影响甚微。其他人投票是因为他们认为，其投票行为将鼓励别人也去投票。但这些解释都不够令人信服。更有可能的是，人们去投票是出于其作为民主社会一员的责任感。这种行动也许并不是是狭义的“理性行为”，但所幸的是，人类行动并不都得是理性的。

投票规则

下面，我们讨论不同的投票规则。这些规则包括：（1）选票的分配；（2）确定胜选方的规则。

现代（18世纪后）的民主观点普遍认为，每人都应有投票权。与柏拉图的理想国不同（其决策由富有学识的精英做出），现代民主认为应给予所有公民的选票以相同的权重。因此，传统上我们会把政治上“一人一票”的极端平等主义标准，与经济上“用美元投票”的非平等主义分配相结合。虽然投票权在选民中均匀分布的原则在现代民主国家中基本没有争议，但是关于某一公民是否具有选民资格的具体规定仍处于不断变化之中。直到1971年，瑞士女性才获得了投票选举联邦议会的权力，但仍有些州将她们排除在选民之外。现在，美国18周岁的人群有权投票，而以前并非如此。在有些国家，某些特殊团体保留有额外投票权（如1948年前的英国大学代表），等等。

接下来，必须选择特定的投票规则。最常用的是简单多数规则。每个人都有一票，然后清点赞成票和反对票，最后简单多数获胜。如果替代项超过2个，就必须逐次成对地进行投票表决，逐一淘汰。美国国会与其他立法机关都遵循这一多数票规则，除特定情况外，如宪法修改或是推翻总统的否决或弹劾，这时就要求一个限定多数（常常是三分之二）。财政（税收和支出）决策通常以简单多数方法决定。如下文所述，可能会有其他的投票规则，但我们先从最简单、运用最广的多数规则入手。

多数规则和中间选民

多数规则下的投票情况如图 7－1 所示。假定存在三个备选的预算活动水平——大（A）、中（B）和小（C）。为简化阐述，假定只有三个投票人 X、Y 和 Z，（这一推理也适用于人数众多的情况）。最后，我们假定，该预算成本将在他们之间均摊。

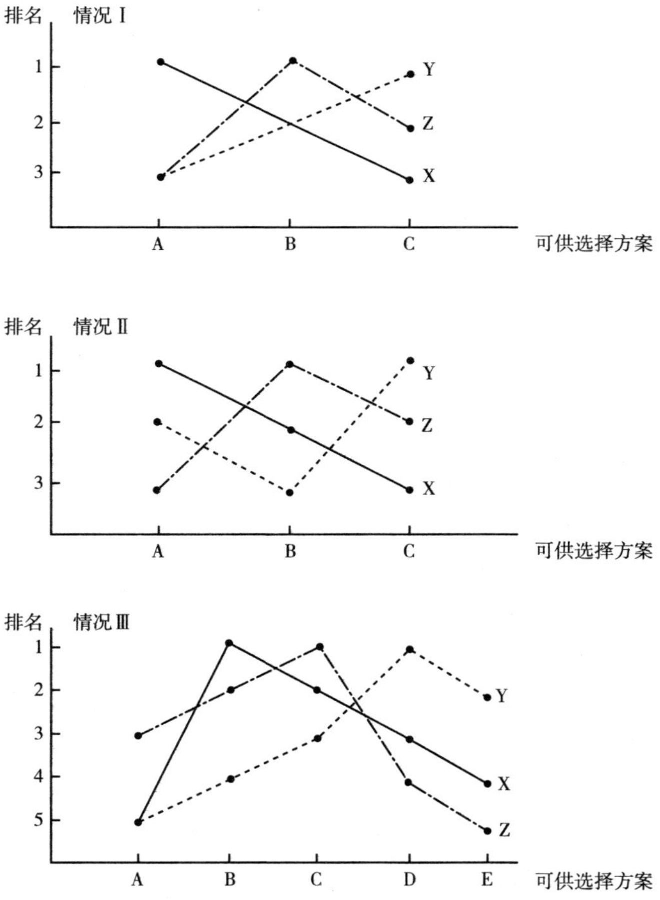

图 7－1　偏好模式与多数规则

注：投票人 X、Y、Z；可供选择方案 A、B、C、D、E。

进一步假定，X 赞成大预算，认为方案 A 优于 B 优于 C；Y 赞成小预算，认为方案C优于B优于A；Z赞成中预算，认为B优于C和A。Z就是中间选民，即该投票人位于大小规模的中点。这一模式如图7-1中情况Ⅰ所示，其中1为最高排名，3为最低。因为涉及了两个以上的议题，所以必须逐次成对地进行投票。首先对A、B投票，我们发现B胜，因为Y和Z都认为B优于A，只有X认为A优于B。再对B、C投票，B又胜。若首先对A、C投票，接着对C、B投票，或首先对C、B投票，而后对B、A投票，结果都是相同的。在所有情况下，B都将获胜。如图所示，所有个人偏好（如果在图中表示的话）都显示出一个单峰模式，投票的顺序无关紧要。偏好中间替代项的选民Z胜出，被称为"中间选民"。这一简单投票模型，是设计财政决策制定的实证研究时通常使用的一个模型，本章末尾考察了该模型的一些应用。

投票悖论

在考虑各投票规则的质量时，应注意到下列要求，包括：(1) 结果应是非人为的；(2) 应代表选民偏好；(3) 不应受到策略行为的干扰。我们从结果非人为的这一要求入手，即投票结果不应取决于成对投票的顺序。这一问题在多数规则下尤为突出。如我们刚才指出的，若所有偏好都是单峰的（如情况Ⅰ和情况Ⅲ），就可以满足非人为性。所有三个人的偏好都呈锥形，最高点落于不同的点上，最终的胜利属于中间的最高点。

但现在我们假定，Y有极端偏好，其认为C优于A优于B。这就是说，Y认为两个极端方案都优于中间的解决方案。如情况Ⅱ所示，Y的偏好是多峰模式。这种情况下的最终结果，取决于议题配对的顺序。首先对A、B投票，我们发现A胜B负，C又击败了A；因此，C为胜者。然而，如果我们首先对B、C投票，则A胜；如果首先对A、C投票，则B胜。这一"投票悖论"（最初由孔多塞于18世纪指出，后来又由阿罗教授进行了探究），打击了人们对选举民主的信心。幸运的是，该悖论并不意味着多数规则不能发挥作用。相反，其结论是，若要多数规则给出非人为的结果，个人的偏好结构必须是单峰的①。

此外，在诸如最多数投票或点投票的其他投票系统下（我们稍后将进行讨论），人为影响可能不会发生②。因为不需要将议题两两配对，投票顺序的问题就不会出现。平局仍可能会发生，但它们会缩小选择范围，且最终可以在排名最高的选项之间进行对比。但如我们稍后将看到的，最多数投票和点投票也存在其他的缺点。因此，我们应该了解在关于财政议题的多数决策中是否可能出现“投票悖论”。

财政选择

如果偏好模式都是单峰的（即如果没有“极端主义”偏好模式的投票人），那么多数规则的投票悖论将不会出现。因而问题就在于，财政选择是否都会是单峰类型的。

可变的预算规模　答案取决于我们考虑的选项的类型。作为最简单的情况，假定预算仅包括一类公共支出，该支出计划下产品以稳定的价格向公众持续供应③，并且成本在所有人之间均摊。如果有三个消费者，则每个人负担的“人头税”都等于总成本的1/3。问题仅在于确定理想的产品供应数量。

在这一情形下，我们有充分的理由认为偏好将是单峰型的，而且属于情况Ⅲ。如果公共产品对于某消费者来说是有用的，其将选择某个特定大小的预算规模，不会多也不会少。该原则与私人产品的一样。如果1磅苹果卖25美分，消费者将选择去购买确定的数量（如5磅，而不是4磅或6磅）。

如图7-2所示，其中，私人产品由横轴表示，公共产品由纵轴表示。假定在没有公共产品的情况下，某消费者对私人产品的消耗等于OA。这样，他就位于无差异曲线i_1上的点A。现在，我们加入公共产品选项，且向该消

---

①　参见肯尼斯·J. 阿罗1951年出版的《公共选择和个人价值》：该书认为，不可能设计出一种社会顺序能符合特定的一致性要求，使其结果不受无胜负之别的投票方法的影响。这种要求不符合多数票或数点投票原则，但这一要求对于财政选择的有效性（与运动比赛的评分不同）还不明显。另见J. M. 布坎南和G. 图洛克，《同意的计算》，安阿伯：密歇根大学出版社，1962年，第323-340页。

②　参见第七章第一节。

③　如果我们假设成本是递增的，下文的推理仍然适用。偏好模式的最高点就将处于较小的预算规模上，但其仍将是单峰型偏好。

费者收取的税额如价格线 AB 所示，同时，适用于其的公共与私人产品的价格比是 OA/OB。他的偏好点——图 7－1 中他的排序曲线中的最高点——将位于他的最高可行无差异曲线 i_4 上的点 E（消费 OC 的公共产品、OD 的私人产品）。预算大小进一步扩大到 OF 或缩小到 OG，他的偏好点将相应地置于无差异曲线 i_3 和 i_2 的点 H 或点 J 上，并将使他处于不太满意的状态。在偏好曲线呈单峰的情况下，多数规则将产生唯一的解决方案，而独立于议题两两配对的顺序。此时，投票悖论不会出现。

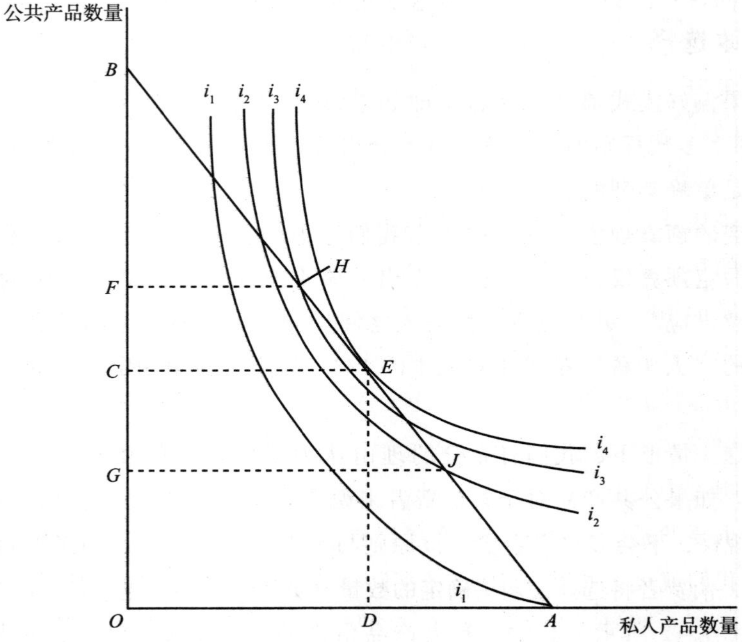

图 7－2 对私人产品和公共产品的选择

而且，由多数规则挑选出的预算规模，恰好会是中间选民所偏好的。根据其偏好的预算规模大小对图 7－1 里情况Ⅲ中的选民进行排序，我们发现，Z 为中间选民，并且他偏好的预算（可供选择方案 C）获胜。在他的上方是高预算组，下方为低预算组，投票支持的人数都相等。因为处于中间，Z 能投出决定性的一票。虽然多数规则下的决策将使偏好靠近中间的选民满意，但这并不是说，这就是最好或最高效的选择。如果考虑到感受的强度，那么认同高预算的人们从高预算中获得的收益，可能高于高预算情况下认同中预算或低预算的人的损失，反之亦然。至少在这一简单的情况中，多数规则没有考虑到感受的强度，这也是一个主要缺点。但如下文所述，在考虑联盟的形成以及互投赞成票的条件下，作为多数规则下投票结果的一个决定因素，感受强度没有被排除在外。

可变的税收价格　如果我们将人头税换成更为现实的税收类型，偏好仍会是单峰的吗？假定财政资金来源于比例所得税。这里，对于不同收入的消费者，每单位公共服务的价格不同。随着预算规模的扩大，税率会提高，但向任一纳税人提供的公共服务的单位价格（还是假定供给成本不变）仍保持不变。因此，结论与人头税下的一样：偏好仍是单峰的。

如果所得税是累进的，那答案会取决于税率是如何随预算规模扩大而增加的。若全部义务均以同一百分比提高（即所有区间税率均以同一百分比上升），那么对于个人纳税者而言，公共服务单位价格仍然保持不变。前面的结论依然成立。但是，假定区间税率以相等的百分点提高，这将使税收结构的累进程度降低，较低收入者的纳税份额将会提高。预算或公共服务数量增加 10%，他们的税负会增长超过 10%，且这样他们将不得不为公共服务支付更高的单位价格。对高收入者来说情况则相反。对于低收入者来说，虽然偏好高点将位于一个较小的预算上，但其对预算规模的偏好仍然会是单峰型的。高收入者将偏好较大规模的预算，但累进税对其偏好结构的影响更为复杂。

更重要的是，如果随着预算规模扩大，税收份额的变化方向发生改变的话，我们就无法得出一般结论了。举例来说，预算的增加可能先提高、后降低高收入纳税人的纳税份额。结果就是，他们会发现，如果实施中等大小规模的预算方案，他们获取公共服务的单位成本最高。因此，可能出现与情况Ⅱ中 Y 类似的一个 V 形或多偏好模式（从而带来投票悖论，并使多数规则受到人为影响）。

可变的支出结构　虽然对修建同一个公园的不同支出水平可以按金额进行排序，但在修建不同类型的公园之间（或在修建公园与防火支出之间）的选择却是另一回事。如果我们把图 7－1 中的工程 A、B、C，视为给定支出金额下的替代性支出项目清单，即这些支出可用于公园（A）、防火（B）和道路（C），那么，我们就不能对个人消费者的偏好函数做出其是单峰型的推断。该情况下人们没有显而易见的偏好顺序（如对不同大小的预算规模的偏好），一切都取决于这些选择如何编排。只有当消费者之间的偏好高度同质化时，人们的偏好才会呈现单峰形状。

概括起来，对于财政选择的性质而言——特别是在各预算搭配之间的选择——我们并不能轻易假定单峰型偏好的存在。然而，通过将各议题组合起来作为一揽子方案来促使决策的达成（即便对于单一议题来说这是不可能的），可以减少人为影响的可能。如我们将看到的，政治家的功能之一就是要识别并提出这种组合或政治方案。

多种多样的投票规则

即使有多数规则可以在没有人为影响结果的情况下发挥作用的条件，我们仍有必要对各投票规则下产生的结果的“质量”进行评价。对此，我们的意思是要去评价最终的解决方案（包括产品的数量水平与搭配，以及对成本的安排）能在多大程度上反映投票人的实际偏好。前面我们已经论及，由于投票结果（服务与税收价格最终方案的组合）的强制应用将使一些投票人不满意，因此通过投票进行决策不是一个理想的解决方案。与团体偏好相异的投票人，其最终境况可能比其本愿意接受的更好，也可能更差。如果是后一种情况，他们必须屈从于他们不喜欢的消费模式（私人产品与公共产品的搭配）。不过，并不是所有解决方案都在这些方面有缺陷，因此我们必须对各投票规则进行比较。

当然，保护少数群体显而易见的办法，是以一致同意的要求来代替多数规则。只有在那些支出税收计划需要一致同意才能实施时，才不会有人被强迫去接受其不喜欢的计划。但是，做到这一点将要付出难以忍受的成本，因为泛滥的否决权将会完全阻止公共产品的供应。人们提出的任何支出税收一揽子计划，都不可能得到一致同意，且鉴于考察无数的政策组合是不可行的，就更不可能达成一致同意了。最终，多数人的损失，将会远大于那些少数派中拒不退让的人的收益。因此，我们需要一个带有强制执行投票结果机制的投票规则，以引导偏好的显示①。如果在此过程中，有

① 克努特·威克塞尔（Knut Wicksell）意识到了这一必要性，他是杰出的瑞典经济学家，首次提出这一策略。虽然一致同意规则是最理想的，但“近似一致同意”或限定多数必然就足够了。对于威克塞尔的摘录，参见理查德·A. 马斯格雷夫和 A. 皮考克（编辑）：《公共财政理论经典》，纽约：麦克米伦，1958 年，第 87 页。

些人受损或受益较少而其他人受益较多，这就是一个我们不得不接受的缺点。个人偏好模式的最高点越集中，投票结果就越接近于一致投票，少数人吃的亏就越少。为使民主制度发挥作用，我们需要某种程度上的偏好同质性。

然而，并非只有多数和一致同意这两种投票规则。我们还有其他选择，对其质量也可以进行比较。在最多数投票规则下，每个投票者依其偏好顺序对议题进行排名。如果有 10 项议题，则对排名最高的选项赋值 1 点，对排名最低的选项赋值 10 点，然后将各选项的得分相加，最终点数最低的议题获胜。或者，可以采取这一策略的各种变形方法，如在第一轮中排名最高的几个竞争性议题随后再次进行选择，等等。如果只有两个议题，那最多数规则下的结果和多数规则下的一样，但若涉及更多的可供选择方案，则投票结果很可能不同。另一个可能运用的规则是点投票系统。该系统给予投票人特定多的点数，可以据其意愿在各个方案之间进行分配。因此，人们可以将其所有的点都给予一个最优选择，也可以将其点数在各方案之间分配。得到点数最多的方案获胜。投票结果现在取决于感受的强度，点投票的结果很可能不同于多数或最多数规则下取得的结果。

在比较各投票规则的质量时，让我们先假定所有投票人都会表现出其真正的偏好，而不考虑他人的态度。换句话说，让我们假定投票过程中没有“投票策略”（我们稍后将回过头来考察这一概念）的运用。这种情况下，显然点投票是最好的办法，接下来是最多数投票和多数投票。在多数规则下，选民（在没有政治联盟和互投赞成票的情况下）只能在成对出现的议题之间进行排序，而无法表达出他们的偏好强度，也不能将不同投票组合中的议题放在一起进行比较。在最多数规则下，他们能同时对所有议题进行比较，但比较的结果也只能用排名进行表达。投票人可能将方案 B 排在首位，其次是 A，再次是 C，但 B 与 A 之间可能差异巨大，而 A 与 C 之间差异较小，反之亦然。

点投票下我们可以直接考虑偏好的强度。在极端的情况下，投票人可能把其所有的点数都给到 B，而一个点都不给 A 或 C。举例说来，假定给每个投票人 10 个点数，并假定继续在上文情况 I 下进行投票，则点数的分配如表 7－1 所示。

表 7-1　　点数分配情况

方案	投票人 X		投票人 Y		投票人 Z	
	排名	点数	排名	点数	排名	点数
A	1	5	3	1	3	1
B	2	3	2	3	1	5
C	3	2	1	6	2	4

多数规则将会让 B 获胜。最多数规则下（排名数相加），B 得分最低，其又是获胜者。在点投票下，C 得到了最高分并获胜。这种方法使得投票结果更能代表各投票人的真实感受，并在某种程度上对点投票进行了说明。

策略的作用

在不使用投票策略的情况下，我们可以对各投票规则的质量进行排名。但在现实世界中，投票策略是重要的。因此，B 与 C 可能不会是获胜者。投票人（像股票市场上的投机者一样）将会考虑他人的投票情况，他们不会给注定失败的议题投票，即使他们对这些议题有偏好。他们可能退而求其次，投票给自己的第二志愿，以避免结果最终落在第三志愿上。因此，投票人 X 可能夸大对 A 的偏好，将全部 10 点都投给 A，从而使在 X 看来优于 C 的 A 在点投票下获胜。其他人可能会使用相似的策略，而结果就会取决于政治技巧。此外，策略的应用范围视各投票规则而异。鉴于投票结果同样取决于特定的偏好结构，这就有了一个悖论：一种投票规则在没有投票策略的情况下表现越好（即投票规则对偏好的强度越敏感），其留给投票策略的操作空间往往就越大。因此，我们必须在投票规则质量的不同方面间作出妥协。最终，不易受人为操纵的原始系统（比如多数投票）可能会是更好的选择。然而，现在人们正在进行有趣的尝试，希望能开发出一个可以对揭示真实偏好进行激励的投票规则①。

① G. 图洛克（G. Tullock）和 N. 泰德曼（N. Tideman），“一个更优的新公共选择原则”，《政治经济期刊》，1976 年 12 月。

二、代议制民主

现在，我们必须抛弃“个体选民是直接参与决策过程的”这一假设，以使讨论更贴近现实。虽然各个国家的直接参与度各异，但一般只有在地方层面，财政决策才会以全民公投的方式做出。相反，这些决策被委托给了国会议员或其他获得政党内部提名的法定代表。这会如何影响决策制定过程？选民的偏好会在多大程度上被反映在最终的决策里呢？

政治家的作用

我们从政治家的作用和代议制的过程谈起。

给定偏好情况下的选票最大化　关于政治家作用的一个观点（经济学家对此特别感兴趣）认为，厂商在市场上为消费者竞争，与政治家在政治领域对选民的竞争是类似的。正如在某些假设下，经济竞争会引导生产者按消费者偏好来提供产品，政治竞争在某些假设下也会引导政治代表们依照选民的利益行事。

这一模型由安东尼·唐斯深入发展，它给出了一个对民主过程有趣的理解[①]。与经济学家的“理性经济人”假设相似，我们假定政治行为是理性的（政治家和选民都以符合自身利益的方法行事）。政治家的目标是要最大化选票数量以保住权力。选民的目标是使其在财政运行中获得的净收益最大化（即从政府支出中获得大于其税收成本的收益）。因此，人们将把选票投给最能代表其利益的人，而政治家们将提供或支持最能符合其选民利益的项目或法案。在这方面发挥最好的政治家将得到最多的选票，从而得到或保住其政治权力。也由此看来，政治家对选票的竞争，就像生产者对消费者的竞争，而选民的偏好在这一过程中得到满足。

---

①　约瑟夫·A. 熊彼特（Joseph A. Schumpeter），《资本主义、社会主义和民主制度》，纽约：哈珀，1950 年，第 282 页；以及安东尼·唐斯（Anthony Downs），《一种民主制度的经济理论》，纽约：哈珀罗尔，1956 年（尤其参见第 4 章和第 10 章）。另见 H. 波温（H. Bowen），“对资源配置中的投票的说明”，《经济学季刊》，1943 年。

领导和偏好形成　然而，刚才的描述并不全面。在代议制民主的背景下，政治家的作用可能不仅限于贯彻实施选民的偏好。政治领袖可能也会对人们的偏好模式施加影响，并由此影响立法结果。这类领袖人物会试图推广宣扬自己对公共利益的看法，因而可能会偏离选票最大化的目标方向（从而有失败的风险）。因此，上一小节中我们在将政治活动与市场活动进行类比时，其实是需要设定一些限制条件的。

政党、政纲和联盟

下面我们将讨论政治家代表的不同选民团体，以及他们之间是如何互动的。

政党和利益团体　由于政治体制及宪制背景上的差别，代议制的模式可能各有不同。因此，参议院中的代议制包含了按不同州组成的选民团体，而众议院中的代议制则按照比州更小的选区行了分组。政治代表们通常想要的也不仅仅是作为独立个体当选，其还想要归属于某个政治党派及其政纲。而这些政治纲领的目的恰恰是为了迎合特定的选民团体。换言之，按利益团体来形成组织有助于加速政治过程，因为这样可以减少政治代表与单个选民之间的联络需要。

这样看来，利益团体（及其在政党中的反映）在民主过程中发挥了有益的作用。这些利益团体可能会延伸到多个维度。高收入和低收入人群对累进征税和福利支付的看法可能不同。不同年龄的团体对社会保障问题和教育的看法可能不同。对于公共工程的位置、经济发展的模式或贸易政策，不同区域可能会有不同意见。意识形态差异可能会影响不同团体对预算大小、再分配措施或监管的态度。因此，相比于一个一个地处理单个选民的偏好，由团体代表出面进行协商更能节约成本。同时，不同选民的偏好可能在有些问题上是一致的，而其他问题上又是对立的，这就使得一个成功的政治联盟的形成过程更加复杂。

政纲和联盟　在多数规则下，成功的政治领袖必须协调多方的利益，以达成一个可被多数人接受的方案。除非是全民公投，否则各议题不可能是相互独立的，而是被放进一揽子方案里或融入政党纲领中。把对一组议题有相合观点的投票人组合起来，就可以形成政治联盟。许多在单独考虑下会失败的政策，若是成为某一组合的一部分，就可能取胜。

获胜联盟　在形成获胜联盟时，需要考虑偏好的强度（即便是在多数规则下）。这如表 7－2 所示。我们假设有三个投票人 X、Y、Z 和两个议题（每个议题包含一对选项）。议题 1 提供了选项 A 与 B，议题 2 提供了选项 C 与 D。结果是由多数票来决定的，但为了表明消费者偏好的强度，我们用数字来定量表示选民赋予各选项的相对价值指数。每个议题给予每个选民 100 点数，用于在两个选项间分配。对于议题 1，选民 X 认为选项 B 的价值是 A 的 99 倍；对于议题 2，其认为选项 C 只比 D 好一点点；以此类推。

表 7－2　　偏好和政党纲领

议题	投票人			总点数
	X	Y	Z	
议题 1：选项 A	1	51	60	112
选项 B	99	49	40	188
议题 2：选项 C	51	52	20	123
选项 D	49	48	80	177
A 和 C 的组合	52	103	80	235
B 和 D 的组合	148	97	120	365

现在对议题 1 采用多数票规则，则选项 A（Y 和 Z 都偏好）获胜。但该结果是低效的，因为选项 B 的总价值（以总点数衡量）大于 A。如果允许选民购买选票，X 可能会付钱给 Y 以使其投票支持 B，这样两者都将会获益。事实上，即使在补偿 Z 之后，X 仍会保有净收益。议题 2 的情况也是类似的，最终 C 会获胜，即便 D 总点数更高。但是，选票买卖是被禁止的。换个思路，X 和 Z 可以达成这样的协议：X 将投票支持议题 2 中的选项 D，而 Z 将投票支持议题 1 中的选项 B（这使两人在两个议题上都获益）。政治家们会在考虑选民偏好强度的情况下设计政党纲领就是类似于上述例子的一种实践。因此，政党 P_1 可能提出一个包含有议题 A 和 C 的组合纲领，而 P_2 提出包含有议题 B 和 D 的组合纲领。选民 X 和 Z 将偏好后一纲领，P_2 将获胜。由此可见，政纲和联盟的形成可以带来较优的结果，因为它考虑到了偏好强度对选择的影响，即使不用点投票而用多数投票，结果也一样。

因此，成功的政治家是那些能发现获胜组合的人，而为此他们必须考虑偏好的强度。随着选民偏好的变化，他们必须紧随其后，并关注可能会取得胜利的新兴团体的发展。政治层面上的这种能力，可以与市场中对潜在利润点的判断能力相提并论，而后者是引导企业家成功的关键。

互投赞成票 与互投赞成票拥有的坏名声相比，我们对刚才所述的利益团体间的协商过程的看法似乎是相反的。那么，上述的联盟形成极其富有建设性的结果，是如何与有害的互投赞成票进行区分的呢？答案似乎在于联盟形成过程的全面性。如前文对直接民主所指出的，“交易成本”可能太高以至于无法探寻所有的可行组合。因此，利益团体及其代表之间的互动就有了可以缩小最终决策过程工作量的优势，从而克服了搭便车的问题。但在不完全市场，较小数量的决策群体可能也会导致垄断的出现，从而带来扭曲的结果。然而幸运的是，周期性的选举给我们提供了一个纠错的机会。能长期坚持的政策必须能反映多数人的偏好，即使不能立刻反映多数人的偏好的话，也应当在一段时间后反映多数人的偏好。

三、利维坦假说

代议制民主理论（如上节所述）如今遭到了人们严厉的批评。该理论（像完美市场理论一样）建立了一个标准模型，而此模型未必反映了真实情况。因此，只有在消费者拥有充分的信息、竞争普遍存在、价格变动灵活以及不存在亟待解决的外部性等条件下，市场才可高效运转。上述条件并非都已满足，在市场没有如标准模型所认为的那样运作时，就会出现各情形。上文所呈现的财政民主模型，也与之类似。为使该系统高效地发挥功能，选民必须拥有必要信息，政治家之间的选票争夺必须是激烈竞争的，政党纲领的形成必须基于广泛的联盟，投票机制必须是对偏好敏感的，必须将策略行为造成的干扰最小化，等等。现实中，这些条件很少能满足。因此，必须对财政过程中的缺陷予以考虑，人们也已从多个角度对其进行了考察。如下所述，马克思主义批判者把财政过程视为了一种阶级斗争的工具（由资本与劳动不同的利益诉求造成）。近年来，有保守主义批评家将公共部门规模的扩张视为财政系统内含的过度膨胀倾向的系统性偏向的现实表现。他们认为一个现代利维坦将出现，并会对自由体制造成威胁[①]。这里，我们只考虑人们说这种偏向已经普遍存在的原因，而公共部门增长及其经济决定因素留待后一章讨论。经探究，我们发现原因在于两方面：一是投票过程，二是政府代理人（官僚和政治家）将自己的意愿强加给公众的方式。

投票偏向

我们在早先的分析中可以看出，公共产品以及收益外部性较大的产品，在没有公共供应的情况下将出现供给不足。这就有了下述问题：在给定我们的体制设定下，公共供应的覆盖范围是过小还是太大。这么问，我们其实是想说，它是大于还是小于原本根据消费者评价应该提供的覆盖范围?

少数人的成本　过度膨胀假说的一个基本准则是，多数投票制度天生就会导致过度供给[②]。虽然可能只有51%的选民参与了符合其利益的特定项目的立法程序，但该项目的税收成本却由所有团体成员共同分摊。假如是通过人头税筹资的话，多数人的成本将仅占总数的51%，而多数人将无视对该工程不感兴趣的其他人所负担的49%的成本。因为多数人将只考虑其自己必须负担的那部分成本，所以就会造成过度供给。

情况可能确实如此，但我们也应注意，项目的反对者同样不会考虑项目被否决时项目支持者的损失。要产生过度膨胀的总倾向，必定意味着，支持者相比反对者更能有效地组织起来；或者支持者对项目的感觉更强烈，且认为更值得去花费金钱和精力来确保得到多数票。事情可能如此，但支持者和反对者两方的情形都可能会发生变化。这样的话，上述过度膨胀的倾向充其量也是不稳定的[③]。

对税收负担的低估　过度供给的另一个原因是，选民往往会低估他们

---

①　参见詹姆斯·M. 布坎南（James M. Buchanan），《自由的限制》，芝加哥：芝加哥大学出版社，1975年，第9章。参见G. 布瑞南（G. Brennan）和J. 布坎南（J. Buchanan），《征税权力》，纽约：剑桥大学出版社，1980年。

②　参见詹姆斯·M. 布坎南（James M. Buchanan）和戈登·图洛克（Gordon Tullock），《同意的计算》，安阿伯：密歇根大学出版社，1962年，第10章。

③　参见理查德·A. 马斯格雷夫（R. A. Musgrave），“超额偏向与预算增长的本质”，《公共经济学期刊》，第28卷，1985年，第287－308页。

实际承担的税收成本。有选民会在没有充分意识到相关机会成本的情况下就去支持某项支出法案，或者他们可能以为该成本将会由别人承担。如果税收具有隐蔽性，这种倾向将特别明显。因此，提高财产税或所得税更能被人直接感受到，从而会遭到比增加间接税时更多的反对，尤其是如果这种税收是增加在产业链上游的生产成本上，而不是体现在零售环节上时。税收越隐蔽，支出的成本就越有可能被低估，越有可能造成过度膨胀。特别是在赤字财政的情况下，增加支出似乎是不需要成本的。

当税收收入的增加不是因为法定税率的提高，而是自动增加的时候，选民的感受也与上述情况类似。这种内在的税收收入可能是随经济增长和通货膨胀出现的，并可能允许政府进行额外的支出。这种额外支出如果需要通过特定立法后加税才能得以实现的话，人们可能不会同意。所得税的指数化已经消除了这一问题[①]。

财政错觉是存在的，但也有两面性。在纳税人可能低估其负担的同时，也可能低估支出的效益。从私人购买中得到的收益是可见的，且以购买价格体现。如果我的汽车需要进行维修，就必须付钱给修车店（这会告诉我所得到收益的价值）；但是，道路就在那里供我使用（就像阳光一样），我却可能认为这是理所当然的。而且，还有人认为，政治过程之所以会造成公共产品的供应不足，因为消费者（选民）会受到来自私人产品生产者的强烈的宣传影响，从而使其对需求的看法发生了扭曲，变得更加倾向于后者（私人产品）[②]。情况很有可能就是如此，但还应指出的是，生产公共产品的私人生产者（无论是国防、基建产业，还是教师工会）同样会花费大量的精力和金钱，去游说立法者和选民，证明他们的服务是有必要的。通常，还会存在一股与之相反的力量，因此相互抵消后的净作用并不是显而易见的。

赤字财政 一项增加支出的投票，在有与之匹配的增加税收的投票时，会给纳税人带来看得见的机会成本。但如果额外的支出是靠赤字提供资金的话，情况就发生了变化。选民往往会忽视债务融资的未来成本，认为项目的扩张或多或少是不要成本的。因此，赤字财政（即使它有时可能就稳

① 参见第十九章第一节和第二十章第六节。

② 参见约翰·肯尼斯·加尔布雷斯（John Kenneth Galbraith），《丰裕社会》，波士顿：赫弗顿麦伏林，1958 年，第 261 页。

定化而言是必要的）往往会导致预算的膨胀[①]。同理，盈余财政会产生一种抑制效应。

公共部门雇员投票　最后，我们说会有过度膨胀现象，是因为公共雇员作为选民，仅仅因为大预算会为其创造工作就会去支持大规模预算，其支持与否与公共服务创造的效益多寡基本无关。事情可能就是如此，但我们也需指出，以私人为客户的公司的雇员，会为了相反的利益进行投票。此外，可以看出，近几十年来公共部门的膨胀伴随的是公共部门在总就业中的比例不断下降的趋势。

垄断政府

所以，批评家们认为，投票偏向不是导致预算过度膨胀的唯一原因。“官僚”和政治家也是原因。他们并不以执行选民的意愿（如代议制政府理论所假设的那样）为目的，而是会努力施加他们自己的意志。他们会发现，扩大预算规模符合其利益，而且他们身处的位置也可以让他们做到这一点。

官僚　首先，我们来讨论官僚（该术语现在普遍适用于政府官员和雇员——这一团体在早前的社会环境中被更友好地称为公务员）的某些事实。我们假定，官僚的主要目标是最大化其官僚机构的规模，以提高薪资或扩大权力。

想增加自己权力和地位的官僚将提出下面这样的预算请求：（1）为特定职能索取远超所需的资金；（2）夸大特定水平的服务所能带来的收益；（3）在测算预期削减时进行夸大。审批机构可能会被这些伎俩迷惑。但是即使排除了这些欺骗行为，仍可能会有超额的活动水平。因此，有人认为，可以决定预算请求通过与否的活动资金提供者会接受任何议案，只要“该项目值得花钱”，即只要总收益大于等于总成本。然后，官僚们就将提交满足此条件的最大规模的预算。如图 7－3 所示，这一预算将超过效率水平[②]。

---

① 参见第三十章第一节。

② 对于这一策略和图 7－3 给出的论证，参见 W. A. 尼斯卡南（W. A. Niskanen），《官僚和代议制政府》，芝加哥：阿尔定，1974 年，第 5 章。

图 7－3 中 *DD′*表示议案提出者对每一连续单位的服务的边际评价，*OS* 表示提供该服务的边际成本。在产出水平 *OA* 上，总收益（或面积 *ODBA*）与总成本（或面积 *OCA*）相匹配。对于较低水平的支出，收益会大于成本；对于较高水平，成本则大于收益[①]。于是，服务水平 *OA* 和相应的预算水平 *OCA*，就是该资方将批准的最大预算规模，这也是官僚机构负责人将提交的预算方案。然而，这个预算超过了高效的预算产出水平 *OE* 和支出水平 *OFE*（在该水平上边际成本等于边际收益）。虽然预算水平从 *OE* 到 *OA* 的增量在预算审批人看来似乎仍是值得的（因为总收益还是大于总成本），但是超过 *OE* 的扩张是低效的。超过这一点的每一单位支出，成本都大于收益。

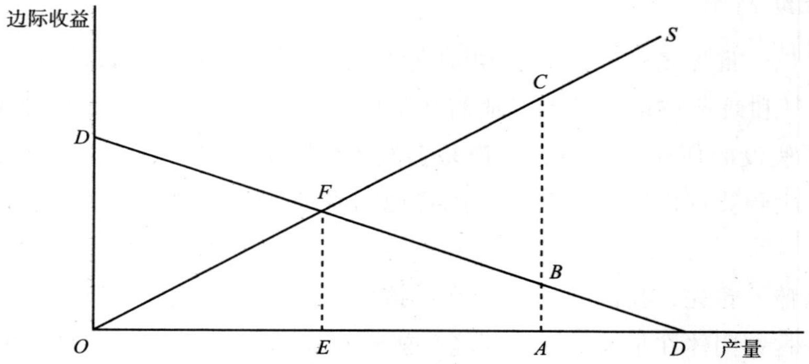

图 7－3　官僚行为的最大化

图 7－3 所示的模型会在多大程度上与现实相符呢？审批者真有那么天真吗？现实中，官僚机构负责人是否真的能最大化官僚机构的规模呢？或者，是否还有其他的动机发挥作用，例如为了服务于公共利益和提升效率？虽然自私自利很可能是个影响因素，但假定其是唯一的动机从人性的角度看有失公允。而且，即使官僚机构负责人意图使机构最大化，也未必能随心所欲。预算请求在递交给管理与预算局（the Office of Management and Budget，简称 OMB）前，部委内部会进行审查。而在提交给国会（其间，预算请求必须进一步通过国会的审议）前，它们又必须通过 OMB 的审查。

① 为得到点 A，我们可以根据总收益和总成本曲线重绘图 7－3。这两条曲线将都向上倾斜（起先，收益曲线在成本曲线上方，以递减的速度上升，而成本曲线以递增的速度上升）。收益曲线与成本曲线相交时，达到相当于 OA 的产出，而后总收益开始降到总成本之下；在总收益和总成本之间的垂直距离（收益超过成本的部分）最大时，达到相当于 OE 的产出。

虽然这个流程并不完美，但它施加了图 7 – 3 中模型忽视了的约束。官僚机构负责人并不处于类似于垄断的情形中（可以自由地给出一个没有商量余地的方案）。甚至可以说，建立一个节俭的形象，可能对其有利。

总之，垄断官僚机构与私人部门类似，但事实并非仅仅如此。从另一个角度来看，公共部门雇员像公务员一样发挥作用，在社会中完成了重要的任务。社会需要他们来提供项目设计过程中需要的专门技能，以使决策者（当选代表）能做出明智的选择，以及实施并运作这些项目（一旦项目得以通过）。由此看，他们为政府程序的持续性做出了贡献，并且将理性元素引入了政府的运作过程。他们提供的服务对于现代国家的运行，对于公共政策的设计和实施，都十分重要①。

同时，公务员并非仅仅是当选代表的辅助，他们自己也会影响最终政策。与任何其他领域一样，在政府的经营管理过程中，知识就是力量。公共项目是很复杂的，当选的官员可能既没有时间，也没有技能对其进行分析。因此，有技术专家支持的政府部门就拥有了巨大的优势。此外，技术人员在提供建议时，难免（可能也不愿避免）会加入自己的政策判断，因而会影响政策结果②。

政治家　我们也可用类似的方法思考政治家的作用。根据代议制民主的理论，政治家会像企业家那样行事，努力让选票最大化以求保住权力。为此，其就要促进反映选民意愿的一系列公共服务的供应。因而，正如追求利润最大化的企业家为消费者利益服务一样，政治家会为选民的利益服务。批评者认为，政治家（和官僚一样）希望将预算规模最大化。政治家这样做是因为较大的预算规模符合其利益，无论其是为了获取权力、影响，还是为了（间接地或通过回扣的方法）获得收入。在该目标指引下，政治

---

①　通过这样的论述，杰出的社会学家马克斯·韦伯（Max Weber）认为，对于现代国家的发展，对于建立在理智而非传统之上的政治行为模式的传播，文职制度都至关重要。参见 H. H. 戈斯（H. H. Gerth）和 C. 温莱特·米尔斯（C. Wright Mills），《马茨·韦伯的思想》，纽约：牛津大学出版社，1972 年，第 8 章，第 196 – 245 页。戈哈德·科尔姆（Gerhard Colm）强调作为公共利益受托人的公务员的作用（以及在预算政策上的特别应用），《公共财政与财政政策论文集》，纽约：牛津大学出版社，1955 年。

②　近年来最有趣的发展之一是，为国会服务的技术职员越来越多，这就与先前只有行政机构拥有的技术协助形成了制衡。结果就是，国会评判处理行政议案的能力大大提高，而总统的权力则缩小了。参见第三章第三节。

家将不会提出一个以选票最大化为目的的项目。相反，其将提倡可获取多数票的最大规模的项目[①]，而这一预算的规模可能会远超中间选民的期待。如图 7－4 所示，横轴表示预算规模，纵轴表示净收益（收益超过税收价格的部分）。

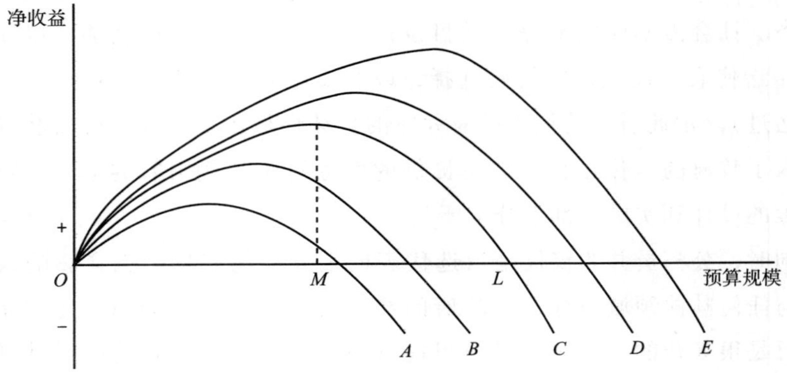

图 7－4　净收益率曲线和议程安排

则曲线 *OA*、*OB*……*OE* 就表示选民 A、B、C、D 和 E 将从各种规模的预算中获得的净收益或净损失（给定税负分配的情况下）。在自由投票中（即所有选项都摆在选民面前），预算规模 *OM* 将获胜，因为它反映了中间选民（或选民 C）的偏好。但是，可以获得多数选票的预算的最大规模可以达到 *OL*。这一预算规模将得到 *D* 和 *E* 的支持（他们甚至愿意投票支持规模更大的预算，因为直到 *L* 点，他们的净收益依旧为正）。C 也将支持预算规模 *OL*（其在预算膨胀到该水平前都是获利的）。因此，政治家只会允许选民在 OL 或更大规模的预算之间进行选择，这样 *OL* 就会获胜。

我们再次面临了这样一个问题，政治家是否真的有权力以上述方法限制选民的选择，或者说他们这样做的权力是否会因选票流失（流向那些持有更具吸引力的政纲的对手）而受到限制。在保证有自由而周期性的选举的情况下，对选民偏好的长期偏离是无法保持且是一定会得到修正的。20 世纪 70 年代后期的“税收抗议”就是一个典型的例子。同时，我们也必须对以下两种

---

①　参见麦凯 · R. 和威弗尔 · C. “垄断司局和财政结果：推定模型和对改革的涵义”，于 G. 图洛克和 R. 瓦格纳（编辑）：《政策分析和推定说理》，纽约：希思，1978 年。

角色进行区分，一种是把自己的意愿强加给公众的政治家，另一种是为公共政策设定方向的政治领袖。后者可以促进民主过程而不是阻碍其运作。

竞选筹资

还要注意到的是，竞选筹资在财政决策过程中会起到一种扭曲因素的作用。虽然其在本节文献回顾中所占篇幅相对不长，但它确实是决策系统中偏向的一个主要来源。随着媒体宣传的出现，竞选成本（以及与之相应的政治献金的重要性）已大幅增加。近年来出现的单一议题导向的政治行动委员会（political action committees，简称 PAC）及其游说活动，已经使得政治候选人更加依赖于财力雄厚的利益团体的支持。随着大量的资金花在了说服关键委员会（如众议院税收委员会）中的立法者以及召集选民支持上，政治候选人越来越难以进行独立的领导和无党派倾向的判断。这些压力也会影响税收和支出政策，而关于这些资金是更多地花在了促进还是限制公共部门扩张上，人们所知甚少。然而，可以肯定是，高效的税收和支出结构设定受到了阻碍。因此，改革竞选筹资就是一个需要优先考虑的问题。

政治性经济周期

“政府是在操纵公众而非执行其意愿”这一观点，不仅会影响政府的规模，也会影响宏观政策。此处的假设是，政策制定者会认识到经济条件对选举成功的重要性，于是会在选举期间实施宏观政策以创造有利条件。

人们已进行了大量的实证研究来探索选举结果与经济变量之间的关系①。特别要指出的是，已经有人在尝试去确定总统及国会选举的结果会在多大程度上取决于经济变量（如失业、通胀以及实际收入的变动）。这里的问题是，执政党是否会因经济表现好或不好而受到奖励或责难。有人将会预期实际情况就是如此，但是这种分析的结果其实取决于该问题的具体情况。因此，应纳入考虑的回应时滞有多长（是否只有选举年的情况才有影响，还是说选民有更长时间的记忆），以及经济运行指数究竟应该如何定义，对分析结果至关重要。

---

① 例如，参见雷·C. 菲尔（Ray C. Fair），“经济事件对总统选举投票的影响”，《经济学和统计学评论》，第 2 卷，1978 年 5 月。

不论真相如何，政治家都将预期有利的经济条件是有利于选举的。因此，我们可以预期他们会相应地安排政策实施的时机。也就是说，在选举之前，将会有扩张性的政策以刺激就业，或者有结构性的措施（如农业政策）讨好选民中的特定群体。长此以往，政府可能会创造出一个政治性的经济周期[①]。

预算限制

“我们的政治过程使得公共部门过度扩张”的观点，已经产生了修改规则的提议，该提议将使扩张变得更为困难。虽然用以限制地方政府财政权力的州级法案不是什么新鲜事，但这种做法在20世纪70年代才形成势头（特别是在20世纪70年代后期，加利福尼亚“税收抗议”导致第十三号修正案通过后的那段时期）。而且，这一系列的修正案还在向限制州立法机关的财政权力方向扩展。近些年，国会已经开始考虑将某一修正案引入美国宪法。

州和地方层面 20世纪70年代后期的税收抗议（以加利福尼亚第十三号修正案为标志），主要是对财产税的抗议。虽然在20世纪60年代及70年代早期，州和地方的财产税增长没有大多数的其他税种那么快，但通货膨胀使越来越多的税收负担份额，从商户转向了居民的不动产。而且，快速上升的不动产价格，增加了与收入相关的财产税义务（这就给纳税人留下了税收负担上升的感觉）。加利福尼亚第十三号修正案调减了资产估值，并将未来的涨幅限制在了每年2%，同时实行了1%的税率上限。此外，对其他税收的提高要求投票达到三分之二。加利福尼亚第四号修正案（于1979年通过）对州预算施加了支出限额（规定了州支出的增长应与人口的增长相适应）。此后，对财政扩张进行司法审查的做法被逐渐推广。有将近20个州推行了对州财政增长的法律性限制，大多数州还限制了财产税的增长幅度。这些改革对州和地方财政的影响仍在不断显现，在稍后考察州和地

---

① 例如，参见威廉姆·D. 诺达斯（William D. Nordhaus），“政治性经济周期”，《经济研究评论》，第42卷，1975年；和邓肯·麦格里（Duncan MacRae），“一种政治模式的经济周期”，《政治经济期刊》，第85卷，1977年。对于这一文献的回顾以及分析性研究基础，参见布鲁诺·S. 弗雷（Bruno S. Frey），《现代政治经济》，牛津：马丁罗宾逊，1978年。

方财政时，我们将予以考虑[①]。

联邦层面　如前所述，美国宪法没有对联邦政府的征税和支出权力推行全面的限制。对税收权力的限制只适用于有限的税收类型和对正当程序的保护，而对支出的限制只有其必须服务于公共福利这一条。国会有关财政事务的立法，可在普通的绝对多数规则下通过（只有推翻总统的否决意见才要求达到三分之二）。没有关于预算平衡或限制公共债务的宪制性规定。

近年来，为了限制政府的财政权力，已有了多个宪法修正提案。要想成为法律，这些修正案必须在两院都获得三分之二多数通过，而且必须得到四分之三的州的批准。最重要的修正案（由众议院于 1982 年通过）包括两个主要规定。第一，国会需要制定平衡预算的计划。也就是说，估算收入（基于前三年的平均收入）必须与计划支出相匹配。对于预算赤字，需要五分之三多数通过，而预算盈余的通过只需要简单多数即可。第二，税收收入的增长速度不可以超过国民收入的增速。更大的增速需要得到国会两院全体成员简单多数的支持[②]。尽管面对 20 世纪 80 年代的巨大赤字，该修正案的推进工作由于不切实际而陷入了停顿，但它仍在行动议程上。

同时，国会已在尝试通过立法而非宪法修正案来处理该问题。因此，1986 年《平衡预算法案》（也称作格兰姆—罗得曼—赫林斯法案）确立了要在 1991 年前取得预算平衡的赤字削减目标（这要求对支出进行全盘削减，以免采取其他行动）。这一目标能否实现仍有待观察。

四、阶级与利益团体

在前面各节中概述的对民主模型的批判，主要来自对个人行为的分析，无论其是选民、官员或政治家。另一种看法则强调，个人的行动会受到阶级或团体成员身份的限制，因此财政过程被视为团体互动的过程[③]。

---

① 参见第二十九章第八节。

② 参见《预算税收平衡限制宪法修正案》，美国参议院司法委员会，1981 年 7 月 10 日。对于预算行为的进一步讨论，另见第三章第三节。

③ 参见理查德·A. 马斯格雷夫，“财政危机理论”，于亨利·J. 阿隆和迈克尔·J. 波士钦（编辑）：《征税经济学》，华盛顿特区：布鲁金斯研究院，1980 年。

马克思主义的模型

这种看法与马克思主义观点一致，即在发生革命之前，国家被看作是统治（资本家）阶级剥削被统治（工人）阶级的工具。国家的行为必须被解释为阶级斗争的一部分（这超越了社会关系的政治以及个人范畴）。

我们可以从这一角度来观察财政史①。在中世纪，封建领主以收取现金或实物的形式榨取农奴来维持自身统治，以及维持用来维护或强化其地位的军事力量。因此，尽全力维持国家的富强，符合统治阶级的利益。随着民主政府的出现，统治阶级丧失了其对国家的严密控制，权力日益落入大多数群众的手中，而群众则把维持国家的成本转移给了统治阶级。结果就是，该统治阶级改变了其对于国家的看法。现在，一个较为弱小的国家会更符合其利益，所以它开始支持小预算、低税收以及对私人部门的一般性非干预原则。马克思反而支持高度累进的所得税（载于《共产党宣言》中，作为加速资本主义系统崩溃的工具之一）②。

近年来，马克思主义学者强调了“垄断资本”与财政状况之间相互依存的关系。其表示对吸收剩余产出的需要是扩张公共支出（尤其是国防支出）的原因；并认为提高转移支付水平对维护社会安定是必须的。与此同时，垄断资本被认为会反对这些必要的财政支出，从而造成国家财政危机③。

财政政治学的这一观点反映了马克思主义的理论框架，该框架下人们从阶级斗争的角度来看待社会进程。于是，不出预料，税收与支出决策成为阶级斗争的一种主要工具。的确，在历史上，对税收的不满是一种引发革命的主要因素，且再分配措施已在某种程度上对“资产阶级”进行了剥削。然而，同样的，一旦我们采取一种较少分裂社会的观点，预算活动的作用就可从实施阶级斗争的手段变为进行社会调节的工具。那时，预算政策就成为一种进行逐步改革和合作的工具。回顾19世纪的历史，基本毋庸置疑的是，财政活动在增强社会凝聚力方面，起到了关键作用。确实，随着重视转移支付和累进税收的现代福利国家的兴起，公共预算已经成为了

① 参见鲁道夫·高屹德，“关于公共财政的社会学观点”（译自德语，1925年），于理查德·A. 马斯格雷夫和阿伦·皮考克（编辑）：《公共财政理论经典》，纽约：麦克米伦，1958年。

② 参见《马克思主义手册》，纽约：国际出版社，1935年，第46页。

③ 参见詹姆斯·奥康纳，《国家财政危机》，纽约：圣马丁氏，1973年。

社会制度的中心。近年来，政治态度的转向和对福利国家的点评，已把重点集中于对福利国家财政组成部分进行评论。

利益集团

虽然将财政过程视为阶级斗争工具的观点过于片面，但财政利益团体的确是一个强大的影响因素。然而，团体的结构是多维的，其横跨了马克思主义关于阶级的范畴。建筑行业的资方与工方会联合起来支持高速公路项目，而国防工业的资方与工方将联合起来支持国防事业。享有工资收入和资本收入的消费者将联合起来，支持他们都予以高度评价的项目。因此，真正的利益结构，远比在资本与劳动间进行的简单划分要复杂。

在税收方面，情况也许是类似的。各纳税人团体会组织起来以代表其利益，国会税收委员会就处于来自这些团体的强大压力之下（无论是石油行业争取税额扣减、不动产游说团体期盼加速折旧、州长呼吁利息豁免、还是大学代表要求学费收入的可扣除性）。X 产品的消费者将联合起来反对对其征税（不管他们的收入来自资本还是劳动）；收入来自于生产 X 的工人和资本家也都会加入其行列。然而，在计算所得税时，资本性收入和劳动收入的区别就开始显现。但即便是这个时候，基于收入水平结成的联盟（不管是何种收入来源）也是同样甚至更为重要的。

在有序反映投票人关切方面，利益团体可以有建设性的贡献。但有时也会扭曲投票人的关切。有些团体比其他团体更易组织[①]，有些团体拥有更多资金来表达其意见，所以我们不能指望均衡势力间微妙的平衡结构会自动形成。因此，对于公共政策而言，重要的是要发展出一个制度环境，使各团体的利益能更平衡地展现出来[②]。

无论如何，一个切合实际的财政系统必须要从经济、人口和区位角度考虑多个利益团体的策略作用。一种聚焦于利益团体间互动及其对财政制度与决策影响的财政行为实证理论，很可能比基于单个选民偏好（或基于自私官僚对利益团体的漠视）的理论更为贴合实际。

---

① 参见曼可·奥尔森，《集体行动的逻辑》，马萨诸塞州剑桥：哈佛，1965 年。

② 约翰·R. 康芒斯及其学派认同一个基于团体而非地理因素选取代表的公共代表系统。参见约翰·R. 康芒斯，《集体行动经济学》，纽约：麦克米伦，1940 年。相关的观点（追溯至诸如托马斯·阿奎那的学院派哲学家）形成于通谕《新事物》，由教皇利奥十三发布，1891 年 5 月 15 日。

五、本章小结

由于无法揭示人们对公共产品的偏好（小团体情况除外），基于投票过程的预算决策是很有必要的：

1. 多数投票可能导致决策受人为影响（取决于议题配对的顺序）。

2. 如果偏好是单峰的，中间选民会获胜。

3. 如财政决策过程一样，给定税负分担方案时，决定单一公共产品预算规模的投票过程是最简单的。如果允许预算构成和税收结构发生变动，那么该问题会更加难以解决。

4. 因为可以反映偏好的强度，相对多数投票法和点投票法会产生更有代表性的结果。但是，投票策略的运用可能会干扰高效结果的产生。

本章考察了代议制民主模式，并指出了其如下特征：

5. 政治家通过提供受欢迎的提案来实现选票最大化（从而贴合选民的偏好）。

6. 但政治家可能会通过引导选民偏好来行使领导权。

7. 财政的代表性源自各利益团体（反映了广泛的特点和关切）。

8. 通过将各议题和政纲进行组合，多数投票可以反映偏好强度。

9. 选票交易（如果有广泛的基础）可以促进有效投票结果的产生，但一部分利益团体互投赞成票将造成非效率的投票结果。

10. 把决策权委托给政治代表，可以在决策的最终环节减少协商人数，从而有助于解决搭便车问题。

11. 投票结果往往是不完美，但是周期性的自由选举可以提供纠偏机制，使得政府政策贴近选民偏好。

上述模式的批评者指出这种财政过程内在的偏向：

12. 由于多数规则中的倾向和投票过程的缺陷，预算会过度膨胀。

13. 因为官僚和政治家会通过扩张预算来为自身利益服务，这一偏向被进一步加强。

14. 可以运用各种工具来限制预算规模（包括宪法修正案和法律限制）。

阶级和利益团体以及单个选民都会影响财政决策：

15. 按照马克思主义者的观点，阶级主要可以划分为资本家和劳动者两个阵营，财政议题上的斗争可以看作是反映了这两个阶级之间的斗争。

16. 更广泛地看，财政利益团体的结构是多维的（包括按收入、产业、年龄和地区的各分组，而利益团体经常会同时涉及资本家和劳动者）。

推荐阅读

有关社会选择理论的背景材料，参见：

Arrow, K.: *Social Choice and Individual Values*, 2d ed., New York: Wiley, 1951.

Inman, R. P.: "Markets, Government and the 'New' Political Economy", in A. Auerbach and M. Feldstein (eds.): *Handbook of Public Economics*, vol. II, Amsterdam: North Holland 1986.

Mueller, D.: *Public Choice*, Cambridge, England: Cambridge University Press, 1979.

关于预算程序会导致过度膨胀的论断，参见：

Borcherding, T. (ed.): *Budgets and Bureaucrats*, Durham, N. C.: University of North Carolina Press, 1977.

Buchanan, J. M.: *The Limits of Liberty*, Chicago: University of Chicago Press, 1975, chap. 9.

Buchanan, J. M. and G. Brennan: *The Power to Tax*, Cambridge, England: Cambridge University Press, 1980.

Musgrave, R. A.: "The Leviathan Cometh; Or Does He?" in H. Ladd and T. Tideman (eds.): *Tax and Expenditure Limitations*, Washington, D. C.: The Urban Institute, 1981.

关于公共部门的社会学观点，参见：

Musgrave, R. A.: "Theories of Fiscal Crisis", in H. J. Aaron and M. J. Boskin (eds.): *The Economics of Taxation*, Washington, D. C.: Brookings, 1980.

O'Connor, J.: *The Fiscal Crisis of the State*, New York: St. Martins, 1973.

关于线性预算体制局限的争论，参见：

Congressional Budget Office: *Balancing the Federal Budget and Limiting Federal Spending: Constitutional and Statutory Approaches*, Washington, D. C.: U. S. Government Printing Office, 1982.

McKenzie, R. B. (ed.): *Constitutional Economics*, Lexington, Mass.: Heritage Foundation and Lexington Books, 1984.

Moore, W. S. and R. Penner (eds.): *The Constitution and the Budget*, Washington, D. C.: American Enterprise Institute, 1980.

第三部分　支出结构与政策

第八章
公共支出：结构与增长

本章为后续的支出政策研究提供背景。我们从各个角度考察公共部门的规模，探索支出增长的模式及其原因——这易于阅读，但对于理解公共部门的过去和正在行进的方向是重要的。

▶ 本章内容提示

现在我们转而讨论一系列与公共支出结构和支出方案设计等相关的政策问题。为方便后续讨论，本章主要介绍美国经济社会中公共部门的规模及其增长情况。正如我们前面所看到的，公共部门的概念可以有多种解释。它可以被视为对预算执行、公共企业、政府规制和其他类似事务的诠释。所有这些政策都很重要，但我们现在考察的重点是预算活动。关于公共部门如何纳入国民生产总值的详细观点，已在第二章中作了阐述，在此无需赘述。因此，本章我们将直接进行有关公共支出增长问题的讨论。

一、公共支出的增长

德国经济学家阿道夫·瓦格纳在其19世纪80年代的一篇论文中提出了“公共支出增长定律”①。也许是预料到一些趋势在五十至一百年后会成为现实，瓦格纳认为，现代工业社会的发展将引致“社会进步的政治压力”与日俱增，从而要求在工业活动中给予更多的“社会考量”，因此，应该可以预见，公共部门的规模及其在经济中的比重将持续扩大。多年来，这一法则是否得到证实，又该如何界定？

绝对增长

不足为奇的是，按美元计算的公共支出已经大幅增长。如表8-1第1行所示，在过去的90年中，包含各级政府在内的公共支出增长了近2 000倍。不过，以这种方式看待支出增长会产生较大偏差，因为同期的物价（第13行）上涨了13倍，所以按不变美元计算的倍数（第2行）下降为135。此外，同期人口（第12行）增加了3倍多，因此，按人均计算的不变美元倍数（第3行）进一步下降到了33。

---

① 参见A. 瓦格纳收录于理查德·A. 马斯格雷夫和阿伦·皮考克所编著《公共财政理论经典》一书的论文，纽约：麦克米兰出版社，1958年，第1-16页。另见理查德·A. 马斯格雷夫：《财政制度》第三章，纽黑文：耶鲁大学出版社，1969年。

支出增长与 GNP 的关系

考虑人口和价格变化是对公共支出增长倍数的明显修正，但这还不够。我们还必须注意到，在这一时期，生产率有了快速提升，导致按不变价格计算的人均收入增长了近 6 倍。我们有充分理由相信，收入增长部分地用于购买了公共部门提供的商品和服务。换言之，我们关注的焦点应放在政府在总支出中的份额上，因为公共支出增长定律是以公共部门的份额增长来界定的。

支出占 GNP 比率　依据最全面的衡量标准核算，我们发现，在过去的近 90 年时间里，各级政府的公共支出总和与 GNP 的比率从 6% 上升到了 35%，公共部门的相对规模也增长了近 6 倍。这一增长幅度不可谓不大，但绝没有前面以美元计算的绝对增长率那样夸张①。

表 8 - 1 第 4 行揭示了以公共支出总额与国民生产总值 GNP 之比衡量的总支出增长路径，图 8 - 1 进一步绘制了这一路径。为了避开战争时期的峰值，编制表格时对年份选择进行了特别处理。可以看到，美国的比率从 1890 年到 1913 年增长了 2.4 个百分点，从 1913 年到 1929 年增长了 7.5 个百分点。随后在 20 世纪 30 年代的大萧条时期和二战后的调整中上升到了 10%。20 世纪 60 年代和 70 年代持续上升，但上升速度有所下降，80 年代达到恒定比率。尽管各子时期的增长速度不尽相同，但长期的观察来看，瓦格纳的公共支出增长定律显然得到了印证，不过速度有所放缓，近几年已经停止增长了。

表 8 - 1　　美国政府支出的增长

	1890	1902	1913	1922	1929	1940	1950	1960	1970	1980	1987
总支出											
1. 当期价格（十亿美元）	0.8	1.6	3.2	9.3	10.7	20.4	70.3	151.2	332.9	953.0	1 550.0

① 为了获得公共支出占 GNP 比率，我们对 GNP 和政府支出使用了相同的平减指数。由于公共服务成本的上涨速度要快于一般价格水平，所以这一比率夸大了扣除物价因素后公共支出份额的实际增长速度。

续表

	1890	1902	1913	1922	1929	1940	1950	1960	1970	1980	1987
2. 1985 年不变价格（十亿美元）	10.9	18.7	33.5	69.8	75.2	158.3	298.4	492.4	825.8	1 211.0	1 476.0
3. 人均，1985 年不变价格	17.3	23.6	34.5	63.6	616.0	1 196.0	1 960.0	2 718.0	4 024.0	5 133.5	5 721.0
4. 占 GNP 百分比	6.1	8.0	7.8	12.5	10.4	20.4	24.4	29.4	32.8	35.1	35.0
按类型，占 GNP 百分比											
5. 政府购买	na	na	na	na	8.6	14.2	13.5	19.5	21.8	19.4	21.1
6. 转移支付	na	na	na	na	1.8	6.2	10.9	5.9	11.3	15.7	13.3
按功能，占 GNP 百分比											
7. 民用	5.0	5.8	6.8	10.7	9.2	18.1	19.4	20.6	25.2	29.9	28.3
8. 国防	1.5	1.5	1.0	2.9	1.2	2.3	5.0	8.8	7.6	5.2	6.7
按政府层级，占总支出百分比											
9. 联邦	na	34.5	30.2	40.3	31.5	49.3	63.7	64.3	62.5	66.2	64.5
10. 州	na	10.8	11.6	13.4	16.8	22.3	18.2	16.5	19.4	19.7	35.5（10、11 行合计）
11. 地方	na	54.8	58.3	46.4	51.7	28.4	18.1	19.1	18.1	14.2	
相关统计指标											
12. 人口（百万）	63	79	97	110	122	132	152	181	205	227	258
13. 价格指数（1985 年 = 100）	8.0	8.5	9.8	7.8	13.0	11.6	21.4	27.7	37.7	76.8	105.5
14. GNP，当期价格（十亿美元）	13	20	41	74	103	100	288	515	1 015.5	2 732	4 500

注：第 8 行包括军事活动、民防、对外军事援助。第 9 行至第 11 行包含了各级政府补助。

资料来源：第 1 行和第 5 行，1890—1922 年：理查德·A. 马斯格雷夫和 J. M. 卡伯特森：《美国公共支出的增长》，《国家税收杂志》，1953 年 6 月；以及美国普查局，《美国历史统计，1960 年》。对于后续年份，参见《1987 年总统经济报告》，以及《美国商业概览》，1987 年 7 月及过往年份。

支出弹性 表 8－2 换了一种角度来考察前述问题，其中表 8－1 的数据

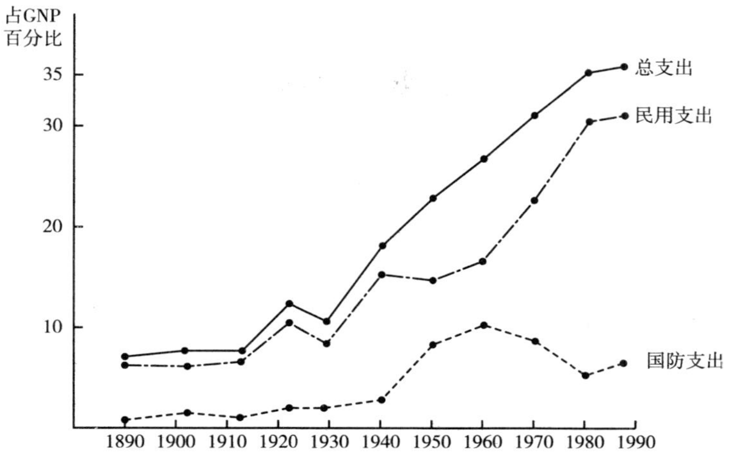

图 8－1　美国各级政府民用与国防支出占 GNP 的百分比

资料来源：同表 8－1。

换成了支出弹性。表 8－2 列示了选定年份 GNP 对总支出和民用支出的弹性。数据表明，在整个 20 世纪 60 年代，这两个弹性都远大于 1，说明这一时期公共支出占 GNP 的比率在持续上升。不过，我们也注意到，近几十年来，弹性有所下降。表 8－2 还揭示了公共部门的边际支出倾向，定义为增加的 GNP 中用于增加公共支出的比重。虽然民用支出的边际支出倾向在 20 世纪 70 年代持续上升，但这一趋势在 20 世纪 80 年代发生了逆转。

表 8－2　　各级政府支出弹性与边际支出倾向

	GNP 弹性*		边际倾向†	
	合计	民用	合计	民用
1890—1929 年	1.7	1.8	10.9	9.0
1929—1950 年	2.9	2.2	30.4	18.4
1950—1970 年	1.6	1.8	35.9	26.5
1970—1980 年	1.1	1.2	34.6	30.7
1980—1987 年	1.1	1.0	36.6	27.5

* GNP 弹性：公共支出增长率与 GNP 增长率之比。

† 公共支出增量占 GNP 增量的百分比。

资料来源：同表 8－1。

二、各类支出的增长

为解释 GNP 中公共支出份额的增长情况，按类别对公共支出进行分解而后讨论将是非常有必要的。

各级政府支出

如表 8－1 第 9 行至第 11 行所示，20 世纪的基本趋势是支出越来越集中。虽然 1929 年的联邦政府份额与 20 世纪初大致相同，但 20 世纪 30 年代的十年大萧条使联邦份额大幅攀升。同样的情况也发生在 20 世纪 40 年代，联邦政府的份额大幅高于二战前的水平。然而，自 1950 年以来，联邦份额一直相当稳定。还要注意的是，联邦份额的上升伴随着地方份额的下降和州份额的上升。正如我们稍后将看到的那样，这些比率往往夸大了支出向中央集中的趋势，因为政府间拨款已包含在各级政府支出中。鉴于 1960 年代和 1970 年代此类拨款的重要性日益增加，以公共支出比重衡量的集中化已不那么明显了。

国防与民用支出

公共支出的增长是由国防支出的增长推动的吗？是否民用支出也同样起到了助推作用？这两类支出占 GNP 的比率如表 8－1 第 7 行和第 8 行所示，图 8－2 则描述了这两个比率的走势。可以看到，在过去的九十年间，民用支出比重的增长速度比国防支出比重的增长速度要快一些，但两者的增幅都非常显著。不过，不同时期的增长模式却有很大的不同。1890 年到 1940 年间，民用支出比重的上升几乎可以解释公共支出的全部增长，而从 1940 年到 1950 年，国防支出比重急剧上升，民用支出比重却没有什么变化。从 1960 年到 1980 年，国防支出比重实际上是下降的，而民用支出比重则大幅上涨，到 20 世纪 80 年代，这种增长趋势几近停止，甚至发生了轻微逆转。

虽然这种比较有其不足之处，但很明显，公共支出的增长并不主要由

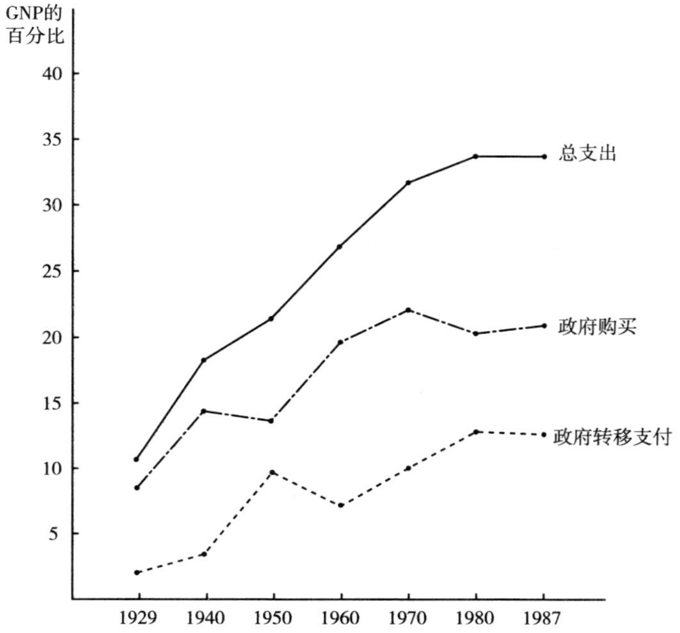

图 8-2　美国各级政府的购买与转移支付占 GNP 百分比

国防支出增长引致。从长期来看，民用支出比重也是驱动公共支出增长的重要力量。与大萧条前的 1929 年 9% 的比率相比，1970 年民用支出占 GNP 比重约为 23%，到 1978 年这一比重已上升到近 28%。

政府购买与转移支付

表 8-1 第 5 行和第 6 行给出了美国公共支出增长进一步细分的数据，即政府购买和政府转移支付（包括利息）。我们发现，政府购买和转移支付都显著推动了公共支出份额的增长，但自 20 世纪 30 年代以来，转移支付的份额变得越来越重要，在这一时期，转移支付占了民用支出增长的四分之三，反映同期社会保障的兴起以及社会福利支出变得日益重要。在 20 世纪 60 年代的十年间，政府购买比重变化不大，在 70 年代，政府购买比重有所下降。总体而言，我们看到“分配部门”的作用在不断扩大，而“配置部门”的作用则有所下降。

民用支出结构的变化

接下来我们将深入考察公共支出中各特定职能部分的支出增长情况。出于研究目的，本部分我们仍将各级政府的支出合并为一体进行分析。尽管支出构成的变化对各级政府支出总额的划分有重要影响，但这一问题将在后续章节中予以讨论①。

表 8 - 3 显示了公共支出结构变化的大致轮廓。第 1 行和第 2 行给出了总支出划分为国防相关支出和民用支出的基本情况。如前所述，截至 1927 年，总支出的增加（40 年代除外）是由民用部分推动的，40 年代国防份额急剧上升，60 年代和 70 年代民用份额再次上升，这一趋势在 80 年代出现逆转。

表 8 - 3　　各级政府支出的结构变化

	1902	1927	1940	1950	1960	1970	1980	1985
占总支出的百分比								
1. 国防相关	20.8	11.8	11.8	36.0	38.0	28.2	18.0	18.5
2. 民用	79.2	88.2	88.2	64.0	62.0	71.8	82.0	81.5
3. 合计	100.0	100.0	100.0	100.0	100.0	100.0	100.0	100.0
占民用支出的百分比								
4. 社会福利	9.0	7.5	16.3	16.3	29.1	34.7	48.0	46.2
5. 教育	22.4	25.5	18.2	22.9	22.3	24.8	20.7	18.5
6. 民用安全	14.7	10.9	6.4	5.9	7.6	7.2	3.7	4.3
7. 经济发展	18.9	26.3	34.2	23.9	19.6	14.8	10.8	11.3
8. 交通运输	17.1	23.6	16.5	10.7	11.7	8.1	5.7	5.5
9. 其他	1.8	2.7	17.7	13.2	7.9	6.7	5.1	4.8
10. 一般行政支出	15.2	6.0	4.8	3.7	8.9	9.5	4.3	3.8
11. 利息	8.4	15.3	10.0	11.5	8.9	6.6	7.4	12.1
12. 对外关系和援助	0.3	0.2	0.1	10.0	2.6	1.2	0.2	0.5
13. 杂项	11.1	8.3	9.8	5.9	0.9	1.2	1.2	3.4
14. 合计	100.0	100.0	100.0	100.0	100.0	100.0	100.0	100.0

① 参见第二十九章第二节。

续表

	1902	1927	1940	1950	1960	1970	1980	1985
占 GNP 的百分比								
15. 国防相关	1.5	1.2	2.1	8.3	10.3	9.1	5.9	6.4
16. 民用	5.8	9.2	15.5	14.8	16.7	23.1	27.3	28.5
17. 社会福利	0.5	0.7	2.5	2.4	4.9	8.0	13.1	13.1
18. 教育	1.3	2.3	2.8	3.4	3.7	5.7	5.6	5.2
19. 民用安全	0.9	1.0	1.0	0.9	1.3	1.7	1.0	1.2
20. 经济发展	1.0	2.4	5.4	3.5	3.3	3.5	2.9	2.9
21. 交通运输	1.0	2.2	2.6	1.6	2.0	1.9	1.5	1.5
22. 其他	0.1	0.2	2.8	1.9	1.3	1.6	1.4	1.5
23. 一般行政支出	0.9	0.5	0.7	0.5	1.5	2.2	1.2	1.2
24. 利息	0.5	1.4	1.6	1.7	1.5	1.5	2.0	3.4
25. 对外关系和援助	†	†	†	1.5	0.4	0.3	0.2	0.3
26. 杂项	0.6	0.8	1.5	0.9	†	0.3	1.2	1.1
27. 合计	7.3	10.4	17.6	23.1	27.0	32.2	27.3	34.9

注：包括一般性和信托基金支出。各分项对应百分比的加总可能不等于合计数系四舍五入之故。国防相关：包括对外军事援助和退伍军人的福利和服务。社会福利：包括社会保障和福利、健康和医疗、失业保险，以及住房和社区发展。公民安全：包括卫生、消防与警察，以及娱乐。交通：对于 1902—1950 年，不包括州和地方非公路交通（这被纳入杂项）。其他经济发展：包括空间、自然资源、农业，以及对邮政服务的净补贴。一般行政支出（General Government）：对于 1902—1950 年，这一条目归为“一般控制（General Control）”。对外关系和援助：不包括纳入“国防相关”的军事援助。

† 少于 0.05。

资料来源：1902—1950 年：美国普查局，《美国历史统计》（各自然年度），第 723 页。1960 年：美国商务部，《国民收入账户》，1929—1965 年。1970 年：美国商务部，《当前商业调查》，1974 年 7 月。1980 年：美国商务部，《当前商业调查》，1982 年 7 月。1985 年：美国商务部，《当前商业调查》，1987 年 7 月。

现在转向民用支出结构的变化情况。我们注意到，其中最突出的特点是社会福利支出的份额呈现上升趋势（第 4 行），特别是在 20 世纪 60 年代和 20 世纪 70 年代急剧上升。这主要反映了社会保障的扩大，但也包括其他福利支出。教育在民用总支出中的份额（第 5 行）长期以来基本保持不变，但在 20 世纪 70 年代和 80 年代有所下降。交通运输份额（第 8 行）在 20 世纪20年代急剧上升，当时汽车的发展对公路需求产生了重大影响，但此后一直呈下降趋势。除交通以外的发展支出（第9行）自1940年以来持续下降，而一般行政类（包括各种行政职能）在现代预算体系中一直是一个小项目。其他类别，如第10至13行所示，则呈波动趋势。

同样的情况也出现在第15至27行。第15至27行给出了各种职能的支出占GNP的比重。由于民用支出总额占GNP比率急剧上升（第27行），大多数分项（如教育）的支出占GNP比率也有大幅上升。

三、国际比较

美国有着与其他国家长期支出增长相似的模式。表8-4给出了经合组织国家之间在20世纪60年代和70年代的比较。可以看出，在过去的二十年里，公共支出占GNP比率普遍上升，公共支出对GNP的弹性大多远高于1。但是，美国的弹性一直处于较低水平，美国的公共支出占GNP比率一直低于大多数欧洲国家。

表8-4　　经合组织国家的支出增长

	支出占GDP的百分比		对GDP的支出弹性
	1960	1982	1960—1982
澳大利亚	22.1	36.3	1.19
法国	34.6	56.7	1.12
德国	32.5	49.4	1.25
意大利	36.1	53.7	1.19
日本	33.7	34.2	1.32
瑞典	31.1	67.3	1.35
英国	32.6	47.4	1.15
美国	27.6	37.6	1.13

注：表中给出的数据是支出占GDP而非GNP的百分比，因此与前文所使用的比率不严格可比。

数据来源：《公共部门的作用》，OECD，1985年春，第29页。

四、公共支出增长的原因

在上一章中，我们考察了下述假设：预算在 GNP 中的份额增长反映了政治制度的失灵，即普遍偏向于超额预算。作为一种替代办法，我们现在基于消费者不断变化的经济需求和偏好来考察那些可能导致份额上升的原因。

在产品与服务上的支出

在分析支出增长的潜在原因时，我们应区分各级政府用于产品和服务上的支出以及在转移支付上的支出，因为在这两类支出所包含的因素是截然不同的。

人均收入的增长 首先，考虑这样一个命题：随着人均收入的增长，私人产品和社会产品之间的有效组合将发生变化，其中社会产品所占份额会上升。如果此命题成立，这就表明，有效的预算政策必须确保政府购买（特别是民用方面的购买）占 GNP 的比重不断上升，如图 8－1 所示。

从历史角度看，人均收入的增长记录了经济从农业和低收入国家向工业和高收入国家的发展。如果在这一发展过程中，社会产品的产出水平（假设它是能有效地加以确定）保持不变，那将是非常令人吃惊的。换句话说，对社会产品需求的收入弹性几乎不可能为零。并且，我们也没有特别的理由期望这一弹性刚好等于 1，从而使政府购买份额随着人均收入的增长而保持不变。正如我们所看到的，这一份额已经大幅提升。包括用于民用目的的政府购买在内，美国近几十年来对社会产品需求的收入弹性（人均公共支出增加的百分比与人均 GNP 增加的百分比之比率）保持在 1.0 到 2.0 之间。

在消费物品的公共提供方面，恩斯特·恩格尔在 19 世纪就指出，随着家庭收入的增加，消费者的预算构成会发生变化。预算中较小的份额用于诸如食品或工作服等商品，而较大的份额用于如毛皮大衣等其他商品。随着平均收入的增加，预计整个经济的消费模式也会发生类似的变化。是否有任何理由可以预见，在消费预算的动态变化中，社会消费品将表现出比私人消费品更高的收入弹性？

乍一看，人们可能会产生相反的预期：政府服务似乎是与基本生活需要相关的，如安全、初等教育和基本卫生，这些更像是必需品而不是奢侈品。然而，进一步的思考表明，还有其他的公共服务，如高等教育或改善的医疗服务，随着收入上升到贫困线以上，这些服务就会变得触手可及。此外，还有一些项目，如公园、游艇码头、高速公路和太空探索等，（在目前的收入水平下）都属于奢侈品类型，其中一些反映了政府提供公共服务的趋势在不断上升，这些服务是对奢侈型私人物品的补充。总之，这些推测并不能为预期的问题给出任何清晰的答案：随着人均收入的增长，政府在消费中的份额可能会上升还是下降。

在资本品的公共提供方面，这种关系更为明显。在经济发展的早期阶段，特别需要间接资本投资，如道路、港口和电力设施。这些项目中的多数要么收益具有较大的外部性，要么需要巨额投资资金且投资回收期很长，私人资本不会愿意提供。因此，我们有理由预期，在发展的早期阶段，政府在提供资本品方面的份额应该更大。随着这些基础设施的建立和资本市场的发展，为制造类的资本形成和私人资本进入工业领域扫清了障碍。因此，可以预期政府在社会资本形成中所占份额会随时间推移而下降。

综上，公共支出增长定律似乎被颠覆了。但同样也存在相反的趋势。工业发展本身产生了很多问题，如城市病、交通拥挤等，这就要求政府增加公共投资。此类投资或多或少都是补救性的，目的在于解决私人投资引起的社会不经济问题。此外，随着收入水平提高，越来越多的投资指向“人力资本投资”，而对教育的投资成了政府的一项主要职能。总的来说，很难准确预测未来趋势是什么样子，也许会交替出现公共支出份额上升和下降的情形。

技术变迁 其次，我们还注意到，技术变迁可能会显著影响社会产品在有效产品组合中的份额，特别是技术变迁对支出份额的变化有重大影响。当技术发生变迁时，生产过程和高效生产的产品组合也会发生变化。这些技术变化可能会增加或减少那些收益具有很强外部性的商品的相对重要性，因此这些商品必须由政府提供。

以内燃机的发明和由此引发的汽车工业兴起为例。这一技术发展导致人们对旅行和高速公路的需求大幅增加，从而使公共部门的运营规模超过了马车和蒸汽机时代的要求。正如我们已经指出的那样，其后果是对州财政造成了特别沉重的负担。同样，武器技术的变迁也大幅增加了军事支出的成本，一个装备密集型的军事编制比一个人力密集型的军事编制成本更高，如果士兵是应征入伍而不是领取现行工资的话，尤其如此。此外，随着技术变革导致淘汰速度加快，重置成本也会增加。

未来的技术变化难以预测，但空间技术的发展方向有可能——例如，空间站将被认为是社会商品还是私人商品——成为决定下个世纪政府购买份额的最重要因素之一。

人口变迁　人口变迁也可能是决定公共支出份额的一个重要因素。人口增长率的变化会引起人口年龄分布的变化，这一趋势反映在教育和老年人护理的支出上①。二战后的婴儿潮导致中学和大学的入学率大幅提高，从而给州和地方财政带来了沉重负担。如果最近的人口变化趋势继续下去，对教育的需求将让位于对住房设施的需求；随着人口老龄化趋势加剧，五十或六十年后的主要财政问题很可能是赡养老人的问题。

除了上述这些因素外，对公共服务的需求还受到人口流动等因素的影响。人口流动导致新城市的发展，并由此产生对额外市政设施的需求。

公共服务的相对成本　在解释公共支出占 GNP 比率不断上升的原因时，我们还可能发现，公共服务成本相对于私人物品成本有所上升。特别是在最近几年，这种上升可能是由通货膨胀率差异所致。公共部门购买的中间产品或最终产品价格的通货膨胀率上升更快，导致测算出来的名义支出占 GNP 比率的增幅远超扣除通胀因素后测算的增幅。但对通货膨胀的差别反应不是唯一的因素。从长期来看，政府提供产品和服务的性质可能会使 GNP 中这些组成部分不像私人物品那样容易接受技术进步，从而提高了它们相对于私人物品的成本②。

公共服务将变得更加昂贵，但这并不意味着公共支出占 GNP 的比重必然上升。随着公共物品的相对价格上涨，消费者将倾向于用私人物品取代公共物品。因此，最终结果取决于消费者对公共物品和私人物品的需求弹性。只有在消费者对公共物品的需求缺乏弹性的情况下，我们才能预测，

---

①　不考虑人口增长对年龄结构以及由此对公共支出份额的效应，我们也可以注意到人口增长的一个额外而有趣的影响。假设政府提供的产品和服务如第四章所讨论的，属纯公共产品类型，消费完全非竞争。那么，人口增长将导致给定公共服务水平的人均成本下降。依需求价格弹性大小，这可能增加或减少公共服务的支出，进而影响支出—GNP 比率。

②　参见 D. F. 布拉德福德、R. A. 莫尔特和 W. E. 奥茨：《地方公共服务的成本上升：一些证据和反思》，《国家税收期刊》，1969 年 6 月，第 185－202 页；以及 W. 鲍莫尔，《不平衡增长的宏观经济学：城市危机解剖》，《美国经济评论》，1967 年 6 月，第 415－426 页。

公共支出的份额将会上升。

城市化 最后，已有观点认为，城市化进程和由此造成的拥塞增加了对基础设施和公共服务的需求，从而产生了对政府提供物品和服务的需求。在经济单位更为独立的农村环境中，这些需求不存在。

结论 前面讨论的所有因素都表明，我们有充分的理由认为公共支出的份额会随着时间的推移而变化。最优的产品组合会随着收入的增加而改变。此外，还有一些外生因素，如技术和人口变化，对何为“恰当的”公共支出—GNP比率有重大影响。虽然这些因素加起来并不能明确地推定公共支出份额会增长，但诸如这些考虑显示，可以从经济变迁而不是政治制度失灵的角度来分析支出增长。

转移支付范围的变化

前面的讨论主要涉及政府购买在GNP中的份额或社会产品在有效产品组合中的作用。政府转移支付对公共支出增长的影响还有待考察。虽然在20世纪30年代之前，转移支付相对不重要，但自那以来，民用支出占GNP份额的提升约有一半是源于转移支付的增长。这一变化的主要原因是养老保险的兴起。至少在最初，养老保险计划开发出来的目的不是作为调整收入分配的手段，而是作为在自筹资金基础上提供养老保障的手段。但此后，这个制度就脱离初心，现在涉及相当程度的再分配。此外，还有一些转移支付项目——如福利性支出——直接指向的是收入分配的均等化。并且，分配措施不仅出现在公共支出预算的转移支付部分，而且还出现在旨在向低收入群体提供社会商品和服务的政府购买计划之中。

然而，是否有理由预期再分配性的转移支付对公共支出的影响会随人均收入的增加而增加？随着人均收入水平的提高，再分配措施的必要性和范围可能会受到两方面影响：

首先，再分配的必要性（给定整个社会对公平合意性的看法）取决于调整前现行的分配状况。如果收入不平等程度随人均收入的增加而下降，则不需要那么广泛的再分配措施。实际上，这种情况基本上没有发生。这些年来，规模性收入分配出奇的稳定，只是略微趋向于更加平等。

另外，随着收入的增加，再分配的理由可能会发生变化，这取决于如何界定再分配政策的目标。如果目标是调整家庭收入，以实现特定的相对收入分配，那么平均收入水平的提高对再分配的需求将保持不变。如果目标是设定一个以绝对数表示的可容忍的最低水平，如满足最低营养需求的费用，情况就不同了。在这种情况下，随着平均收入的增加，对再分配的需求就会减少。但同样，如果把最低水平定义为平均收入的函数，比如说其中的三分之一，那么随着收入的上升，对再分配的需求将再次保持不变。在美国的社会观念中，人们关注的往往是最低水平，而不是一般化的相对份额。但最低水平似乎也是相对于平均水平而非绝对水平设定的。因此，人们可能预期再分配的范围（收入的转移占 GNP 比重）会保持不变。

表 8 - 5 利用一个简单的三家庭案例对上述情况进行了说明。政策一是给家庭 A（贫困户）一个相当于全社会平均收入水平 50% 的收入，给家庭 B（中等收入户）相当于平均水平的收入，而给家庭 C（富裕家庭）相当于平均水平 150% 的收入。政策二是在保持家庭 B 和 C 的相对地位不变的情况下，按绝对收入水平定义，给家庭 A 提供 2 500 美元的最低收入。政策三是给家庭 A 提供相当于平均水平 50% 的收入，但同样避免 B 和 C 之间的再分配。因此政策二和政策三中对 B 和 C 的税收是按比例评估的。在表 8 - 5 的下半部分，我们按更高收入水平对三个家庭重复了上面的再分配政策。我们看到，再分配的范围（相对于总收入的转移水平）在政策一和政策三中没有变化，但在政策二中，随着收入水平提高，再分配的范围有所下降。

表 8 - 5　　再分配政策

	家庭			转移预算	
	A	B	C	合计	占总收入百分比
低水平					
收入	1 000	4 000	10 000		
转移（+）和税收（-）					
政策Ⅰ	+1 500	+1 000	-2 500	2 500	16.6
政策Ⅱ	+1 500	-428	-1 072	1 500	10.0
政策Ⅲ	+1 500	-428	-1 072	1 500	10.0
高水平					
收入	3 000	12 000	30 000		
转移（+）和税收（-）					
政策Ⅰ	+4 500	+3 000	-7 500	7 500	16.6
政策Ⅱ	0	0	0	0	0
政策Ⅲ	+4 500	-1 284	-3 216	4 500	10.0

人口因素可能会进一步改变收入再分配的适当范围。人口增长率下降反映在人口老龄化上，从而要求增加对老年人的再分配。但是，尽管美国养老保险（OASI）支出的增长始于人口老龄化阶段，但随后的20年里，美国人口仍在加速增长。目前，人口增长率正在下降，二十世纪之交，退休人口与劳动年龄人口的比例将急剧上升，随之而来的是养老保险支出占GNP比重持续提升①。

虽然这些因素令人有兴趣，但它们并不能充分解释美国和其他国家的社会福利性支出和转移支付急剧增长的现象。这种变化似乎应该主要从社会和政治变迁的角度来解释，包括“强迫”再分配（“拿走”）的政治压力越来越大，以及利用预算机制形成自愿或半自愿的再分配措施（“给予”）②。

征税手段的可获性

迄今为止，我们主要考察了对公共支出的需求随经济发展而变化的问题。与此同时，我们还发现，为这些公共支出融资的能力也在不断变化。在典型的低收入经济体中，课税的难度要比发达经济体大得多。前者不仅在税收管理方面的技术和设施不发达，而且其经济结构状况决定了其能提供的征税手段更少，更不充分。这些经济组织不具备开征所得税的条件，因为收入通常来自自我雇佣的职业，工资收入基本上由小企业支付，这使得所得税的征收比现代经济中要困难得多。在现代经济中劳动收入主要是以工资和薪金的形式存在，人们在大型企业中工作，这些企业很容易允许预扣所得税。对较不发达经济体来说，更糟糕的是（这与利润税和所得税有关），会计做法不够完善，无法有效确定应税收入和有效的审计程序。

营业税方面的情况也好不了多少。由于存在小规模和非永久性的零售店，零售税的征收变得困难重重，在市场被许多小供应商瓜分的情况下，即使是生产者层面的税收也不容易征收。进出口是一个可行的税收来源，这也解释了为什么在贸易参与度高的低收入经济体中，税收和公共支出占GNP的比重通常大于没有这种便利税柄的经济体。

---

① 参见第四章第四节。

② 参见第十一章第三节。

这些困难在经济高度发达的国家并不存在，或者即使存在，其程度也要小得多，因为在这些国家，有效的收入、利润和营业税都是切实可行的。尽管在高度发达国家课税必须与其极其复杂的财政金融结构和产业结构相适应，但只要有必要的政治决心，这些复杂问题通常是可以解决的。如果没有现代经济及其财政金融体制和组织形式的发展，所得税将不可能提升至如今举足轻重的地位[①]。反过来，低收入国家相对缺乏适当的税柄，是解释其税收－GNP 比率较低的主要原因，这与据说是造成低收入国家厌恶征税的社会学或文化特征完全不同。

阈值效应与战时财政

关于公共支出占 GNP 比率不断上升的另一假说可以表述如下：选民对加税有一种基本的抵触情绪，但一旦加税后，他们会逐渐接受，而不再坚持将其减至以前的水平。国家紧急状态，特别是战争，可能会引发对公共支出需求暂时而又压倒性地增加，对此，选民愿意克服旧的“税收阈值”，并接受他们原本会抵制的税收水平的提高。在紧急状态过去之后，他们愿意保留新的课税水平，或者在任何情况下，保留一个显著高于以前所能容忍的水平。因此，新的民用公共支出可以得到满足，除此以外，政府无法提供。

这一效应对于战时财政尤为重要。战争支出首先取代私人支出，然后被非紧急的公共支出所取代。由于战争结束后通常伴随着社会动荡和变革，收入的意外增加与偏好和政治权力的变化相吻合，提高了民用公共支出的可接受水平。由此产生的公共支出增长一方面可归因于社会和政治变革，另一方面则归因于按现行税率可获得的超额收入[②]。

应用美国数据对这一理论进行检验，我们发现了如表 8－6 所示的模式。我们注意到，总支出比率在两次世界大战期间急剧上升，此后急剧下降。我们还注意到，与国防有关的支出比率高于战前水平。所有这些事实都符合阈值效应假说。然而，民用支出的变化模式也可以被认为反映了如图 8－1 所示的支出比率的正常上升，只是在战时才会中断。阈值理论虽然很有意

---

① 对于这一主题的发展，参见约瑟夫·A. 熊彼特：《税收国家的危机》，《国际经济文汇》，1954 年第 4 期，纽约：麦克米兰出版社，第 538 页。

② 这一方法见于阿伦·T. 皮考克和杰克·怀斯曼：《英国公共支出的增长》，新泽西州普林斯顿：美国经济研究局，普林斯顿大学出版社，1961 年。

思，但不能认为它可以对公共支出比率的增长给出决定性的解释，至少在美国是这样。表 8 - 6 还显示，越战并没有导致支出比率出现与以往战争相似的急剧增长。的确，战时的税收水平并没有显著增加。

表 8 - 6 美国各级政府在战争年份中的公共支出（占 GNP 百分比）

	财政年度	合计	国防相关	民用
	1913	8.0	1.1	6.9
第一次世界大战	1919	29.4	17.7	11.7
	1922	12.1	1.9	10.2
	1938	19.1	1.8	17.3
第二次世界大战	1945	46.1	39.2	6.9
	1948	22.3	7.4	14.9
朝鲜战争	1953	30.9	15.4	15.5
	1955	29.1	11.9	17.2
	1965	27.6	8.5	19.1
越南战争	1969	34.3	9.9	24.4
	1971	33.1	8.1	25.0
	1987	34.4	6.7	27.7

注：军事支出包括国防支出和退伍军人的福利和服务。数字基于预算和普查，而非国民收入账户的数据。

资料来源：1913—1969 年的数据源于《政府财政的事实和数字》，第 16 版，纽约：赋税基金会，1971 年。1971 年的数据基于《美国政府预算，1974 财政年度》。1987 年的数据参见表 8 - 1。

政治与社会因素

最后，我们还需要注意政治和社会变革在决定支出增长方面的重要性。在过去的一个世纪里，社会观念发生了巨大的变化，人口中各阶层的政治权力平衡也发生了显著变化。这些变化对个人形成何为最优公共部门规模，以及对不同群体的意见在政治决策过程中所发挥的作用都产生了深刻影响。

很有可能，这些因素发展的影响，特别是作为新生福利国家副产品的转移支付的增加，超过了上一章所指出的财政偏向因素。但更有可能的是，它们与这些因素结合在一起，决定了目前的实际事态。无论这些特定力量的影响如何，其综合结果显然是公共部门在 GNP 中份额的大幅增加。

五、本章小结

公共部门在整体经济活动中的份额多年来一直呈上升趋势。

1. 当以不同标尺——如按美元价值（名义价值）、按不变价格（实际价值）、按人均水平或按其占 GNP 的百分比——来核算公共支出时，公共支出的增长率是不同的。

2. 自 19 世纪末以来，特别是近 40 年来，公共支出总额占 GNP 的百分比或多或少呈现出稳步上升的趋势。

3. 这种变化趋势不仅适用于总的公共支出，也适用于独立的国防和非国防部分的支出。

4. 民用支出比重的增加主要是由社会保障和福利性支出的兴起所推动的。

5. 公共支出占 GNP 比率的增长在 20 世纪 70 年代趋于平稳，并在 80 年代停滞。在 20 世纪 60 年代和 70 年代，民用支出的扩张一直是公共支出份额增长的推动力，而国防支出在 80 年代承担了这一角色。

6. 美国的公共支出占 GNP 比率低于大多数西欧国家。

在导致支出增长的原因方面，我们注意到，除了前一章中所考察的那些因素外，还包括：

7. 消费者对公共服务的需求可能是富有收入弹性的，因此，公共服务在性质上属于奢侈品，随着人均收入的提高，所要求的公共支出比例也不断上升。

8. 根据一国经济发展状况，其资本形成可能或多或少需要政府进行投资。

9. 人口和技术变迁一直是公共支出比重变化的重要因素。

10. 变化的态度、社会结构和政治力量可能是转移支付和再分配导向的支出计划份额上升的背后原因。

11. 战时财政的出现，伴随着战争用途预算份额的大幅增加，提高了被认为是可接受的税收水平和随后的民用支出门槛。

推荐阅读

Beck, Morris: *Government Spending*: Trends and Issues, New York: Praeger, 1981.

Borcherding, T. E.: "One Hundred Years of Public Spending, 1870 – 1970", in T. E. Borcherding (ed.): *Budgets and Bureaucrats*, Durham, N. C.: Duke University, 1977.

Kendrick, M. S.: *A Century and a Half of Federal Expenditures*, Occasional Papers 48, New York: National Bureau of Economic Research, 1955.

Wagner, A.: "*Three Extracts on Public Finance*", in Richard A. Musgrave and Alan Peacock (eds.): *Classics in the Theory of Public Finance*, New York: Macmillan, 1958, pp. 1 – 16.

第九章
支出评价：原理

本章我们介绍了成本收益分析的理论框架，这是自 20 世纪 60 年代以来，公共财政领域中讨论极为活跃的一个话题。成本收益分析非常实用，但也牵涉到一些棘手的理论问题。正如本章第七部分所讨论的那样，这些问题的产生与贴现有很大的关系。

▶ 本章内容提示

一、决策准则
- 可分项目
- 不可分项目
- 总结

二、项目评价的基本原理
- 消费者剩余
- 项目净收益

三、收益与成本的类型
- 实际收益与名义收益
- 实际收益的类型

四、收益与成本的测度
- 无形收益和成本的评估
- 市场项目的影子定价
- 成本效率分析

五、项目选择中的权重分配
- 多重目标
- 警力配置

六、再论效率与公平
- 项目何时有效？
- 分配性考虑

七、贴现与资本成本
- 贴现的重要性
- 贴现率的选择Ⅰ：私人贴现率
- 贴现率的选择Ⅱ：社会贴现率
- 资本的机会成本
- 其他问题
- 当前实践

八、风险与经济变迁
- 风险
- 经济的动态变迁

九、本章小结

在前面的章节中讨论公共产品时，我们考察了这些产品的供给是如何决定的，如何与消费者的选择相联系，以及政治进程在解决这些问题中如何发挥作用。现在，我们转而探讨与支出决定有关的一个更为聚焦、也许也是更为实用的方法。无论是立法结构还是行政当局在制定合理支出决策时，都需要了解有关各备选项目优点的详尽信息。在提供这些信息方面，专业技术人员可以发挥重要作用。而我们的任务则是梳理应用于制定这些决策的一般方法。

近年来，成本收益分析已经成为财政经济学在实践和分析层面最活跃的分支之一。其实，这一分析活动有着悠久的历史，它始于美国陆军工程兵部队在执行航海任务时对所涉及的联邦支出的评价。1936 年的《洪水控制法案》进一步促成了成本收益分析法在水资源项目领域的应用。1950 年，一个跨部门委员会制定了针对各类流域项目进行评估的一般原则和准则①。在经历了一段对成本收益分析的兴趣和研究快速发展的时期后（特别是在国防部），1965 年引入了一套旨在用于支出评价程序的“计划—项目—预算”（PPB）系统，并被运用到所有联邦部门。虽然早先的热情已然减退，但这些方法仍不失其重要性。成本收益分析方法在特殊情形下的应用将在下一章中讨论。本章首先考察一些基本原则。

一、决策准则

与所有经济配置问题一样，对支出项目的评价包括确定如何最有效地利用稀缺资源的方法。最简单的问题是如何确定既定规模的预算构成，或是如何将既定资金总额配置于各备选项目之中。比较复杂的问题是如何确定预算的适当规模。当支出项目不可分割时，问题就变得更加复杂了。最初考察这些不同情况时，我们假定收益和成本是已知的。在本章后续部分中我们将讨论成本和收益的识别和测度。

可分项目

我们首先讨论这样一种情形，即所有的支出项目都是可以细分的，也

① 跨部门流域委员会（成本与预算分委会），《流域项目经济分析实务》，华盛顿特区：政府印刷办公室，1950 年。

就是说，项目可以以微小的规模增加或减少。如后所述，这并不是一个非常符合现实的假设，但有助于我们建立项目选择的基本原理框架。

预算规模固定　假设预算办公室主任要向立法机构——国会或市议会——提出建议，如何将一笔给定的资金，如10亿美元，最佳地配置给X和Y这两个支出项目。这个问题可能类似于一个家庭的家长配置其家庭预算。首先，该主任必须确定提供每项服务所需的成本C和由此产生的收益B。然后，必须在项目X和Y之间配置预算经费以获得最大收益，即最大化净收益（$\sum$NB）或总收益超过成本的部分$\sum$(B－C)。在$\sum$C由预算规模所给定的情况下，该任务仅是要最大化$\sum$B。

如图9－1所示，其中曲线M_x和M_y曲线表示在项目X和Y上连续追加支出所得到的边际收益价值（对总收益的增量）。在项目X上花费一美元的机会成本，就是由于该美元为花费在项目Y上产生的收益损失。因此，总预算经费应该在项目X和Y之间进行分配，以使得在项目X上花费最后一美元所产生的收益等于在项目Y上花费最后一美元所产生的收益。因此，在项目X上花费了OA，在项目Y上花费了OB，使得$AC=BD$，$OA+OB$等于预算允许的总支出。通过令花费在项目X和Y上每一美元产生的边际收益相等，我们可以使项目X带来的收益（以$OFCA$区域衡量）和项目Y带来的收益（以$OGDB$区域衡量）之和最大。

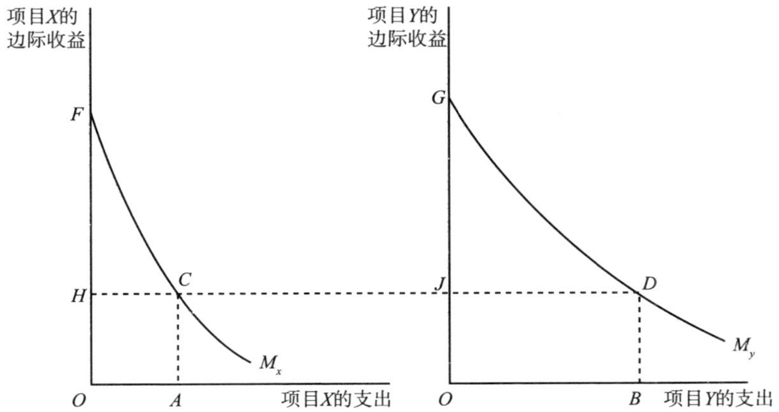

图9－1　在固定预算情况下的支出配置

预算规模可变　从更全面的角度看，编制预算绝不仅是对既定规模的预算资金进行切分那么简单，还包括对预算自身规模的确定。政府于是必须决定资源如何在私人和公共用途之间进行配置。因此，我们有必要放弃预算规模固定不变的假设，重新考虑项目选择以及预算总支出的决定问题。在固定预算情况下，实施一个公共项目的机会成本是放弃执行另一个公共项目而损失的收益。但在预算可变情况下，执行一个公共项目的机会成本就等于因该资源被转为公共用途而放弃的在私人项目上可能获得的收益。

现在的任务是最大化$\sum(B-C)$，其中 B 和 C 同时包含公共项目和私人项目的收益和成本。只要使得分别花在公共项目和私人项目上的最后一美元所获得的边际收益相等，最大化的条件就能满足。我们可以扩建公共项目，限制私人项目，直到花费在任一部门的最后一美元所带来的边际收益相等。不妨将 X 看作是“公共项目”，将 Y 看作是“私人项目”，我们发现图 9-1 的解仍然适用。在完美市场情况下，在私人部门花费 1 美元获得的边际收益（即 BD）等于 1 美元，这一条件在公共部门中也必定成立。因此，我们可以追加对公共项目的支出，直到最后一美元的花费恰好带来一美元的收益为止。

不可分项目

迄今为止，我们假定支出可以在项目 X 和 Y 之间进行细分，以便在每个项目上花费的最后一美元所获得的边际收益相等。当处理宽泛的支出项目间的资金配置问题时，这种边际方法或多或少是适用的。但是，当涉及部门内部的具体分配时，我们必须在不可分割的、经费是一次性支付的或不能平滑扩张的特定项目中作出选择。假设我们必须在两条公路项目中进行选择：一条连接 X 市和 Y 市，另一条连接 X 市和 Z 市，X 市到 Y 市的距离是 X 市到 Z 市距离的两倍。这种情况下，边际调整方法是行不通的[①]。

预算规模固定 让我们再从固定预算情况开始讨论。假设现在有 70 万美元的预算经费要花在可供选择的高速公路项目上，如表 9-1 所示，我们可以在项目 Ⅰ 到 Ⅶ 中进行选择，每个项目的成本由所需的美元金额来衡量，收益估价给出了每个项目的总收益。再看图 9-1，我们可以发现，一个支

① 这种情况与在未开发地区修建贯穿性道路的情况不同，后者可以小规模地扩建。

付 *OA* 成本的项目，其总收益对应的面积为 *OACF*。

表 9－1　　　　项目不可分且预算固定情况下的选择

工程	成本 *C*	收益 *B*	净收益（*B*－*C*）	*B/C*	*B/C* 排序
Ⅰ	200	400	200	2.0	2
Ⅱ	145	175	30	1.2	5
Ⅲ	80	104	24	1.3	4
Ⅳ	50	125	75	2.5	1
Ⅴ	300	420	120	1.4	3
Ⅵ	305	330	25	1.1	6
Ⅶ	125	100	－25	0.8	7

注：成本、收益和净收益均以千美元计。

在处理这类情况时，让我们考虑各种不同的决策准则。假设准则一要求按照收益—成本比率对项目进行降序排序，直到再纳入一个项目将会超出固定的预算约束为止[①]。根据这一准则，我们可以选择项目Ⅳ、Ⅰ、Ⅴ和Ⅲ，此时总成本为 63 万美元，总收益为 104.9 万美元，净收益等于 41.9 万美元，预算剩下 7 万美元。作为一个备选方案，假设准则二要求项目组合的净收益最大。通过尝试各种组合，我们发现将项目Ⅳ、Ⅰ、Ⅴ和Ⅱ组合在一起可获得最大净收益，这一组合的总成本为 69.5 万美元，总收益为 112 万美元，净收益等于 42.5 万美元，尚余 5 万美元预算。最后，假设准则三要求剩余预算最小，并满足所有项目的收益－成本比率必须大于 1 这一约束条件，在这种情况下，我们的选择应为项目Ⅰ、Ⅱ、Ⅳ和Ⅵ，此时总成本为 70 万美元，总收益为 103 万美元，净收益为 31.3 万美元，预算没有任何剩余。

比较三条准则的优劣，我们发现，准则一和准则二明显优于准则三，因为前两者都用相对较小的成本获得了更多的收益。但要在准则一和准则二之间做出选择比较困难。准则一是合理的，因为它要求在有限的资源

① 还有人指出，使用成本收益比率可能会导致武断的结果，因为不确定应将哪些后果视为减少效益或增加成本。在从总收益中扣除成本计算净收益时，不会出现这种困难。在使用 B/C 比率时，应避免任意性，只将受限制的资源（美元成本）列入分母，而将所有其他结果列入效益的定义中。在评价项目时，必须比较的是这一受限制资源的回报率。

（即可用预算）中，选择那些每一美元支出能产生最高回报的项目。不同于准则一，依据准则二，项目组合中将包含项目Ⅱ而不是项目Ⅲ。但是从准则一转向准则二，可以用6.5万美元的额外支出换取7.1万美元的额外收益，净收益增加了6 000美元。尽管边际收益—成本比率仅为1.09，但仍可被认为是一个有利可图的决策方案。如果必须严格遵守固定预算约束，并认为退回剩余预算资金是不值得的，那么准则二显然会更受偏好。从长远看，并考虑将剩余资金转入另一预算的可能性，那么，只要其他预算不能为其选择的项目提供高于1.09的边际收益—成本比率，准则二就是可取的。

预算规模可变 如果预算规模没有固定的限制，我们将再次面临如何权衡资源在公共部门和私人部门之间配置的问题。由于我们现在处理的是不可分割的项目，因此不能再像前面那样，通过使两种用途上的边际支出所产生的收益相等来解决这一问题。我们现在遵循这样的决策准则，即只要某一公共项目的收益超过其成本，该项目就值得实施。制定这一准则的理由是，在公共部门花费 n 美元的成本是这笔资金没有花费在私人部门而造成的收益损失。该规则可表述为：只要某个项目的 $(B-C)>0$，这个项目就是可行的。

总结

因此，项目选择所依据的决策准则是否恰当因项目本身的特性不同而有所区别，这些特性包括：项目预算是可变的还是固定的，以及项目是否可分割。可适用的决策准则包括：

1. 固定预算、可分项目：在项目之间分配资金，直至各项目的边际效益相等。

2. 可变预算、可分项目：扩张所有项目，直至边际收益等于1，即净收益为零。

3. 固定预算、不可分项目：选择使净收益最大的项目组合，但要满足前述的约束条件。

4. 可变预算、不可分项目：选择所有净收益大于零的项目。

在实践中，最典型的决策环境是项目不可分割且项目预算被限定，因此准则三应当是非常适用的。为了确定适当的排序，所有潜在项目都必须纳入考虑并进行比较。但更可能的情况是，比较会受到诸多限制，只要其 B/C 比率大于1项目就会被选中。

二、项目评价的基本原理

项目评价问题与消费者剩余及其变化密切相关。

消费者剩余

这一关系如图 9－2 所示①。假设一给定产品（例如汽车）的需求曲线由 AB 给出。需求曲线表明了消费者面对一个连续的汽车序列时愿意为每一辆汽车支付的最高价格。因此，他们愿意为第一辆汽车支付 P_1 的价格，为第二辆汽车支付 P_2 的价格，依此类推。第一辆汽车的效用将由长方形 OP_1NQ_1 衡量，第二辆汽车的效用由 Q_1RVQ_2 衡量，以此类推。如果这些区块画得足够小，把它们加起来的总和就构成需求曲线之下整个（三角形）区域的面积，这个面积衡量的是由消费者的支付意愿表示的不同消费水平所带来的总效用或收益的美元价值。

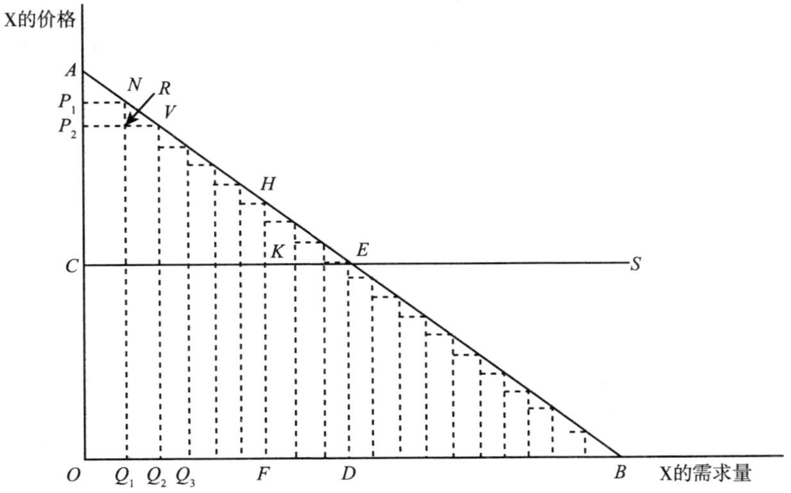

图 9－2　项目收益和消费者剩余

---

① 注意，图 9－2 与图 9－1 不同。图 9－1 把边际产品收益与支出相关联，而图 9－2 把价格（或边际收益）与所购买数量相联系。

消费者将持续增加其对产品的购买，直到从最后一个单位产品的消费中所获得的边际价值等于必须为此支付的边际成本或价格这一点为止。如果该产品可以免费获得，他们将消费 *OB* 单位的 *X* 产品，总收益将等于 *OAB*。在市场价格为零的情况下，需求曲线之下的整个区域测度了买者的“消费者剩余”。如果市场价格等于 *OC*，消费者将会购买 *OD* 单位的产品，总收益等于 *OAED*。在成本等于 *OCED* 的情况下，消费者剩余等于 *OAED* 减去 *OCED*，即 *CAE*，这个剩余是消费者愿意为购买 *D* 单位产品支付的最高价格超过他们为此必须支付的市场价格的部分①。

项目净收益

现在我们可以运用消费者剩余的概念来衡量一个公共项目所带来的收益。假设对项目服务的需求曲线为 *AB*，项目的单位成本为 *OC*。再来看表 9－1 给出的收益和成本，假设我们有一个规模为 *OF* 的不可分割项目，其总收益等于图 9－1 中 *OAHF* 的面积，*AB* 反映了所有消费者对公共项目垂直加总的“需求曲线”②。总成本等于 *OCKF* 的面积，净收益（等于消费者剩余）为 *CAHK* 的面积。固定预算条件下对项目的选择要求使这些消费者剩余面积之和最大。对于可分项目，项目服务的提供必须达到 *OD*，即边际评价等于边际成本这一点，也就是说，使得消费者剩余的边际增量变为零，总剩余 *CAE* 达到最大。

---

① 在进一步的深入分析中需要考虑以下两个问题：

a. 如果图 9－2 中的 *AB* 反映的是引进项目之前的消费者需求曲线，那么三角形 *CAE* 在某种程度上高估了消费者剩余的收益。这是因为沿着 *AB* 移动所表示的需求量从 *O* 增加到 *OD* 反映了两种效应：（1）诱使消费者用汽车代替其他产品，即使他的实际收入不变。（2）导致消费者的实际收入增加，从而诱使他购买更多的汽车。由于我们对消费者剩余的测量只能反映（1），因此更精确的测量需要一个“补偿性”需求曲线，其中实际收入保持不变。这条补偿需求曲线围绕点 *A* 旋转到点 *B* 的左边，从而导致需求量下降，消费者剩余减少。

b. 由于公共服务使人们减少了对其他产品的需求，这是否会导致经济体系中其他地方的消费者剩余减少，这种损失是否应该与公共服务带来的消费者剩余的收益相抵消？答案是否定的。二级市场中消费者剩余的变化必须在反映成本变化的范围内予以考虑。如果二级市场的边际成本不变，那么产品需求曲线左移时就不需要进行校正，因为在推导公共服务的需求曲线时已经考虑到了这一点。

② 参见第四章第二节。

三、收益与成本的类型

在识别各种类型的收益和成本时，我们可以作如下划分：收益与成本可能是实际的或名义的；实际收益与成本可能是：直接的或间接的、有形的或无形的、最终的或中间的、内在的或外在的。

各种类型的收益和成本的示例见表 9－2。

表 9－2　项目收益和成本的示例

		收益	成本
灌溉工程			
实际的			
直接的	有形的	增加农作物产出	管道成本
	无形的	环境美化	荒地的损失
间接的	有形的	减少土壤侵蚀	水流改道
	无形的	保护农村社会	野生动物的毁灭
名义的		农机行业实际收入的提高	
登月计划			
实际的			
直接的	有形的	尚不清楚	投入的成本
	无形的	探索的乐趣	宇宙污染
间接的	有形的	引致技术进步	
	无形的	世界威望提高	
名义的		肯尼迪角土地价值的相对上升	
教育项目			
实际的			
直接的	有形的	未来收入的增加	教师薪金、建筑和书籍方面的成本
	无形的	生活富裕	放弃闲暇时间
间接的	有形的	减少预防犯罪成本	
	无形的	更多明智选民	
名义的		教师收入的相对增长	

注：表中给出的收益和成本只是对每个项目略举一例予以说明，并不意在枚举所有可能的收益和成本。

实际收益与名义收益

最重要的区别是实际和名义方面。实际收益是指公共项目的最终消费者所获得的收益，它们反映了社会福利的增加，并与从其他用途中抽取资源的实际成本相等。名义收益和成本是由于相对价格的变化而产生的，这种变化是随着经济的调整以适应公共服务的提供和资源需求模式的变化而发生的。结果，一些人增加的收益或蒙受的损失，又为另一些人的损失或收益所抵消，因此，它们无法反映整个社会的净收益或净损失。

随着劳动力的雇用和道路的建设，建筑工人的工资率可能会上升，因为其技能的相对稀缺程度上升了。同时，为支付道路建设所需的税收增加，可能会导致用于其他公共服务的支出减少，以及经济社会中其他部门的收入损失。这类名义变化并不反映整个社会的净收益或净损失，因为这些变化往往被与之对应的损失或收益所抵消。名义成本和收益必须与实际成本和收益区分开来。除非要对不同个体所获得的特定收益或损失进行权重分配，或者除非这类名义变化发生在项目评价的工作范围之外，否则，对公共项目进行评价时必须考虑到后者，并且名义变化不应纳入评价范围。

实际收益的类型

如前所述，在成本收益分析中必须考虑所有的实际收益，但是我们要区分各种不同的实际收益类型。

直接的与间接的　实际收益和成本可能是直接的或间接的，或者说是主要的或次要的。直接收益和成本与项目主要目标密切相关，而间接收益则具有副产品的性质。不过，这种区分是从常识角度出发，并无严格界定。最有力的解释应从立法意图的角度考虑。因此，一项河流开发规划或许以防洪为直接目标，但很可能对电力供应、灌溉或邻近地区的水土流失有重要影响。国防技术的发展，尽管主要是为了增强国防能力，但也可能对改善私人部门的技术产生重要影响。太空计划可能主要是为了探索星空，但它也可能导致国防技术的提高或汽车工业的技术改进。一项教育计划可能主要是为了提高学生的创收能力，但它也可能降低打击违法行为的需要。在所有这些情况下，间接或次要的结果或许可以与直接或主要的目标区分开来。显然，在评估项目收益时，前者应与后者一起列入。追踪较间接的收益可能比较困难，但应将其包括在内。

有形的与无形的　“有形”的收益与成本指那些可以在市场上进行估价的收益和成本，而其他不能估价的收益和成本则被称为“无形”的收益和成本。如第四章所示，社会产品和社会成本通常属于无形的范畴。因此，灌溉工程可能带来的对所属地区的环境美化是一种无形的收益，而农业产出的增加则是有形的。此外，某些收益或成本也可能具有无形的特点，如健康或死亡，从性质上来说是私人属性的，不能简单地用金钱来衡量。尽管无形的成本和收益较难测度，但仍应将其纳入分析之中。

中间的与最终的　另外一个重要的区别，某些项目直接给消费者带来好处（因为它们涉及提供最终产品），另一些项目只参与生产其他产品的项目，因此属于中间产品。一个特定的项目事实上可能同时提供这两类物品。因此，天气预报可被视为计划出游者的消费品，同时也可视为民航服务的中间品。

内部的与外部的　最后一个区别是，某些收益和成本产生在项目实施所在辖区范围内，另一些收益和成本产生在辖区范围外产生。因此，佛蒙特州在康涅狄格河上采取的防洪措施不仅对佛蒙特州有帮助，而且还能防止更远的康涅狄格州发生洪水。前者是内部收益，后者是外部收益。它们构成了从一个辖区到另一个辖区的“溢出效应”。在评估该项目时，应将这两种都包括在内，但需要州际合作才能做到这一点。我们将在后面讨论财政联邦制的经济问题时进一步探讨这个问题①。

四、收益与成本的测度

在第一部分中我们介绍了计划项目选择的原则，其基础是假设项目的收益和成本之美元价值为已知。接下来必须更仔细地研究收益和成本的测度问题。我们暂时考虑在成本和收益发生时对它们进行估价②。把随着时间

---

① 参见第二十七章第一节。

② 参见 R. 莱亚德（编）：《成本收益分析》，巴尔的摩：企鹅出版社，1972 年，第 177 页。

的推移通过贴现对它们进行估价的问题留待之后考虑。如果所有的收益和成本都可以用市场价格来评估，那么测度问题就简单了，但事实并非如此。成本和收益往往是无形的，即使在市场价格可以观察到的情况下，也可能需要调整，因为市场并不完美，必须考虑到扭曲因素。

无形收益和成本的评估

我们先从无形（非市场）收益和成本的估计开始，对于许多公共项目来说，在对其进行成本收益分析之前，必须先解决这个问题。

社会收益与成本 项目收益可能从根本上来说是无形的，就像国防一样，也可能同时产生有形和无形的收益。教育通过繁荣文化和改善民主进程的效能产生了无形收益，同时，也产生了增强创收能力这一有形收益。同样，成本可能部分是有形的（如投入资源修建一条高速公路产生的成本），部分是无形的（如对野外自然环境造成的破坏）。

只要涉及无形收益和成本，对其衡量就必须使用我们曾经讨论过的社会产品估价方法。这种收益和成本不能轻易地根据市场价格来估计，需要一个政治过程来评估确定。选民必须评估洁净的空气或水对他们的价值，或增加国防支出能为他们提供的保护作用有多大。成本收益分析并不能替代这一过程；它只是在确定收益大小后在各计划项目中进行选择的一种方法。因此，成本收益分析方法最适用于那些收益是有形的，且对公共提供需要最少的项目或领域。

无形的私人收益或成本 如果项目的收益和成本具有私人属性（问题不具有外部性），但又不能借助市场来评估，也会产生很多问题。如果政府开展了一个癌症研究项目，减轻了患者的痛苦，那么如何对收益进行评估？如何评估高速公路事故造成的伤亡成本？如何评估预防犯罪的收益？一些最重要的公共项目的收益和成本，或多或少都会遇到这些难以解决的评估难题。然而，在应用成本收益分析机制之前，必须直面这些困难。

在某些情况下，可以对这些无形收益和成本采用间接的或不太令人满意的估计方法，经济学家在制定这类程序方面表现出了相当的智慧。以下案例可以说明这一点：

1. 在卡车运输业中，高速公路可被视为一种中间物品。随着高速公路的改善，卡车运输的成本下降，卡车运输公司的收费也应下降。对卡车用户收费的降低就可以作为估算高速公路资本价值的依据。

2. 高速公路的改善同样会降低个人的出行成本，由此节省的时间也为测度项目收益提供了依据。反过来，个人的时间价值可以通过观察人们为提供不同旅行时间的交通工具支付的价格差异来估算①。

3. 一项旨在降低缺勤率的学校项目，在减少犯罪率上也将有所反映，从而节省执法成本。其他收益可以根据因教育水平提高而增加的收入来测度。

4. 一项医疗计划可能会降低某种疾病的死亡率，其收益（或至少部分收益）可依据因此计划的实施所避免的收入损失来测度。

5. 一个公园的价值可以用与旅行相关的费用和游客愿意承担的其他费用来衡量②。

6. 飞机噪音消减计划的价值可以通过观察到的与机场相邻的财产价值的增值来衡量。

在这样或那样的形式中，可以观察到人们“甘愿接受的价格”，也可以观察到减少的成本，从而可用来对无形项目收益的市场价值进行近似估算。

市场项目的影子定价

接下来讨论有形收益和成本的估计问题。有形的项目收益和成本可以直接由购销市场价格来估算，如果我们所处的是竞争性市场，其测度不会遇到难题。在竞争性市场，有形收益是以公共服务在市场上售卖的价格，或消费者从私人供应商那里购买类似服务必须支付的价格来测度的。同样，有形成本也是以政府为获取某一产品而必须为其支付的价格（如果政府从私人厂商购买产品）来估计的，或者以政府自己生产该产品必须承担的成

---

① 令使用较快交通方式（A）时每个旅程的成本为 $CA = aA + bTA + MA$，较慢方式（B）为 $CB = aB + bTB + MB$，其中 a = 旅行固有的愉悦（不愉悦），T = 每个旅程的时间，b = 时间的价值，M = 其他旅行的每个旅程成本。从而，这两个方式之间的成本差别为 $\Delta C = (aA - aB) + b\Delta T + \Delta M$。

进一步假设，使用 A 方式而非 B 的相对概率 PA 是成本差异的函数，或

$$\frac{P_A}{1 - P_A} = f(\Delta C) = f(a + b\Delta T + \Delta M)$$

由于 PA、ΔT 和 ΔM 都是可观察的，因而可以要么以线性，要么以非线性回归形式来预估该方程，从而可以得出参数 b（时间价值）的值。

② 参见第十章第三节和 D. W. 皮尔斯（编）：《社会成本的估值》，伦敦：艾伦与昂温出版社，1978 年。

本（必须支付的要素价格）来衡量的。由此决定的成本测度了资源为政府所用而放弃投入到可供选择的私人用途所产生的机会成本。

垄断 然而，在不完全竞争的市场中，估算就变得比较困难了。此时产出的市场价格不能反映真实的资源成本，因此需要进行调整。这种调整的价格被称为“影子价格”。因此，租金收入或垄断利润不应计算在内。假设某种给定产品的市场成本是100万美元，但在竞争性市场上，它的成本只有90万美元，后者等于其生产的边际资源成本。在这种情况下，社会机会成本是90万美元，而不是100万美元，尽管政府支付了高于90美万的价格。10万美元是垄断者因垄断而获得的超额货币利润，但不是社会为生产该产品而必须支付的真实资源成本①。

在竞争性市场上也可能出现影子价格问题。完全竞争市场上，某一要素转为公共用途会提高其在私人用途中的价格，这时就会出现以私人活动减少之前还是之后的价格测度机会成本的问题。取中间值是对正确结果的一个合理近似。

税收 在税收方面也涉及对价格进行调整。如果由政府来购买项目建设所需的投入物品，其市场价格中可能包括了营业税或消费税。价格中的这部分税收并不反映社会成本（仅仅是购买者向政府的转移），因此在计算项目成本时应不予考虑②。在计算资本的社会机会成本时，还会产生另一个与税收有关的重大问题，正如我们在讨论贴现时将看到的那样，即如何恰当地处理资本利得税。同样，这里也需要用影子价格对税收因素进行修正。

闲置资源 在核算未被使用资源的成本时也必须考虑影子价格。公共资源的使用成本，即为这些资源未被用于其他可供选择的用途而失去的机会，无论这些可供选择的用途是其他公共项目（在固定预算情况下）还是私人项目（在开放预算情况下）。如果资源在其他用途下处于闲置状态，从而机会成本为零，这一推理就不成立了。因此，可以说，当资源处于闲置

① 更准确地说，调整后的价格应只适用于因政府购买而增加的产出。如果政府购买只是取代了私人购买，则单位的价值应以其市场价格为标准，因为这反映了消费者的评价。见下注。

② 同样，影子价格只应适用于项目采购导致产出增加的情况，而不应适用于反映私人用途转移的情况。在前一种情况下，税收不反映社会成本。在后一种情况下，社会机会成本由消费者支付的总价格（包括税收）来衡量是恰当的。更准确地说，如果政府的购买导致产出增加，则不应征税，而如果涉及产出的替代，则应收取（包括税收）的总价格。

状态时，公共工程项目是没有成本的，甚至可能超出其本身的价值，因为它们通过乘数效应为资源创造了额外的就业机会。

上述观点本身是没错的。闲置资源使用不佳，总比完全不使用要好。不过，如果将它们用于更优质的用途上则不然。除非存在政治上的限制，即只允许资源用于某一种用途，否则即使在资源闲置的情况下，成本收益分析法也应采用机会成本的概念。不然，将闲置资源用于更优质的替代用途就会受阻。

但是，尽管资源闲置不能成为无法评估可替代用途价值的借口，如果不存在解决资源闲置问题的替代性政策，特定项目的就业效应就会变得与收益估算相关。由此带来的就业增加是一种额外的效益，或者说劳动力的机会成本为零。尽管项目 A 的内在价值小于项目 B，但只要项目 A 带来的就业增加效应超过其不足，项目 A 就比项目 B 更可取。因此，如果 X 地的失业率很高而 Y 地的失业率不高，那么，在 X 地修一条马路的效果要胜于在 Y 地，尽管在不考虑就业效应的情况下，成本收益核算表明应选择 Y 地。如果 X 地不存在解决失业问题的替代方案，确实会出现这种情况。究其原因，一地的失业具有区域性质，无法通过全国范围的稳定政策使之下降。如果存在其他解决失业问题的替代办法，如人员重新安置，进行成本收益分析时就应将各种政策组合，如在 Y 地修路加上对 X 地失业人员进行重新安置，与在 X 地修路这一方案相比较。换言之，有效的政策规划必须在综合比较的基础上做决策，不能是局限于某一特定政策工具或项目的孤立考虑。

发展中经济体　影子价格问题在发展中经济体具有特别意义，在这些经济体中，政府投资和项目评估经常发挥着重要作用①。考虑一个存在过剩劳动力的经济体中劳动力的定价问题。在传统经济部门，劳动力通常处于失业或就业不足状态，而发达部门的劳动力成本可能受到制度因素影响而远高于竞争性市场水平。这种情况下，在进行项目评估时对劳动力采用远低于其市场价格的影子价格就成为可取的做法。

在发展中经济国家，影子价格的另一个重要应用领域与汇率相关。如果本币被高估（这种情况经常发生），进口品和出口品的价值相对于国内商

① 参加第三十四章第四节。

品的价值而言就会被低估。其中一个影响是，进口的资本品会比国内投入品便宜，特别是在劳动力被高估的情况下。其结果是，过度的资本密集型生产方式受到鼓励。再次表明，恰当的项目评估方法需要对市场汇率进行修正或采用一个影子价格，以反映没有政策支持情况下其真实价值。

成本效率分析

在某些情况下，应用成本收益分析法评估项目可能并不可行，原因是无法获得对收益的精准测度。这为成本效率分析这一工作量更少的方法留下了很多使用空间。也就是说，可以对取得相同结果的不同方案进行成本比较。如下文所述，在对武器系统评估中这种技巧被证明意义重大。

五、项目选择中的权重分配

项目往往不会只产生一种收益或成本，而是会带来各种不同的收益和成本，所以，有必要对它们赋予不同的权重。此外，收益的组合可能会因项目的不同设置而有所差异，项目设置可能也会影响收益在经济的不同部门或不同收入群体之间的分配方式。因此，在设计项目时必须考虑上述各种可能性，以便使总收益最大。

多重目标

通常，一个支出项目不会产生单一类型的收益，而是为若干目标服务。例如，某一特殊武器系统可能有各种防御性和进攻性用途；教育支出可能同时服务于降低文盲率和促进科学进步的目的；计划项目在分配方面的意义各有不同；等等。在设计项目时，可以强调这个或那个目标。在这种情况下，对各项目进行比较时，需要对项目产生的各种收益赋予相对权重。

例如，假设政府拟投资 30 亿美元用于教育，并在初等教育和高等教育之间分配。并假设，每花费 10 亿美元，就对提高识字率的贡献度而言，投资于初等教育的作用要大于投资于高等教育的作用，但对技术进步的贡献前者的作用却不及后者。对于这种情况，我们可以把达到一定考试分数的学生人数看作是识字单位，技术单位则用由此产生的理科专业数量来衡量。使用几种替代性的支出分配方案，我们就可以有如表 9－3 所示的几种选择。

表 9－3　支出分配方案选择

支出模式	支出		单位收益	
	基础教育	高等教育	识字	技术
	（以十亿美元计）			
Ⅰ	3	0	12	3
Ⅱ	2	1	10	8
Ⅲ	1	2	7	12
Ⅳ	0	3	3	15

报告识字的单位收益的这一列数字表明，支出模式Ⅰ的收益是模式Ⅳ的四倍，以此类推。需要注意，这里的数字并不是以美元表示的这些收益的绝对水平，报告技术的单位收益的这一列数字也是如此，其中，模式Ⅰ的效果是模式Ⅳ的五分之一。如果要在上述支出方案中作出选择，就需要有一个相同的评估尺度来测算这两类单位收益。可以用这些支出引致的 GNP 的增长来衡量，或者用其他指标来表示。例如，撇开官方统计数字所测度的 GNP 的增加额注意指标不谈，我们还可以基于文化因素对教育的收益进行评估。此外，要以美元价值衡量收益的大小。

从模式Ⅰ转向模式Ⅱ时，我们发现，每失去一个识字单位，就会获得 2.5 个技术单位，而从模式Ⅱ转向Ⅲ时，每失去一个识字单位，替代率为 4/3 个技术单位。最后，从模式Ⅲ移动到Ⅳ，每放弃一个识字单位，只获得 3/4 个技术单位。如果 1 个识字单位的价值为 2.5 个技术单位或更多，则选择模式Ⅰ；如果价值在 4/3 和 2.5 个技术单位之间，则选择模式Ⅱ。如果一个识字单位的价值在 3/4 到 4/3 个技术单位之间，则选择模式Ⅲ，如果价值在 3/4 个技术单位以下，则选择模式Ⅳ作为教育方案组合。如图 9－3 所示，其中 i_1、i_2、i_3等虚线是表示识字和技术之间替代关系的社会无差异曲线。生产决策在识字和技术单位之间的权衡取舍，使我们得到了一条凸的“项目转换”边界，如图中点Ⅰ至点Ⅳ所示。模式Ⅱ现在是社会最偏好的方案，因为它使我们处于最高的社会无差异曲线 i_4上。此时，技术单位对识字单位的边际替代率（社会无差异曲线 i_4在切点Ⅱ处的斜率）等于教育产出的边际转换率（项目转换曲线在切点Ⅱ处的斜率）。

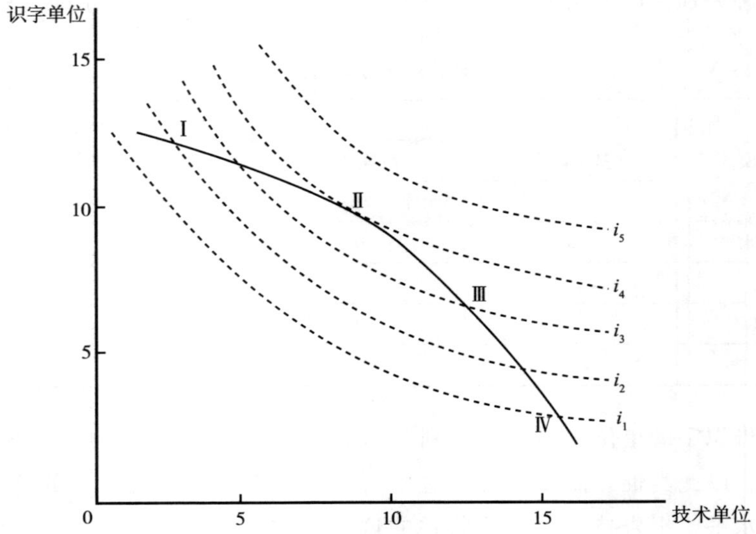

图 9-3 多目标与项目挑选

警力配置

另一个例子是在一座城市的各个区域之间分配警力的问题①。假设有一个市郊的 *X* 区和一个市中心的 *Y* 区，两个区的人口规模相同，但 *Y* 区的犯罪率较高。进一步假设，两个地区犯罪预防都面临递增的成本。需要解决的问题是，既定的警务预算应如何在 *X* 区和 *Y* 区之间分配。在众多的目标中，我们需要考虑以下几个方面：

1. 各区防止犯罪活动的数量相等。

2. 平等保护，或每个地区仍有相同数量的犯罪行为。

3. 两个地区总的犯罪活动减少量达到最大。

4. 两个地区减少犯罪活动的边际转换率与两个地区减少犯罪所产生效用的边际替代率相等。

从公平和/或效率出发，我们应偏好这些目标中的哪一个？

---

① 参见卡尔·S. 肖普，“分配一个免费政府服务的标准：预防犯罪”，《公共财政》，1964 年，第 393-394 页；以及道格拉斯·道瑟的评论，同上，第 395-401 页。

图 9－4 描述了该问题可供选择的解决方案，其中纵轴表示地区 X 的犯罪水平，横轴表示地区 Y 的犯罪水平。*AB* 为一条转换曲线，表示给定的警务预算支出与剩余犯罪水平的各种可能组合①。如果在地区 X 使用了全部警力，犯罪水平将由 *B* 点显示；如果警力全部分配给地区 Y，犯罪水平将如 *A* 点所示。如果两个地区都得不到任何警力保护，则犯罪水平如 *C* 点所示。

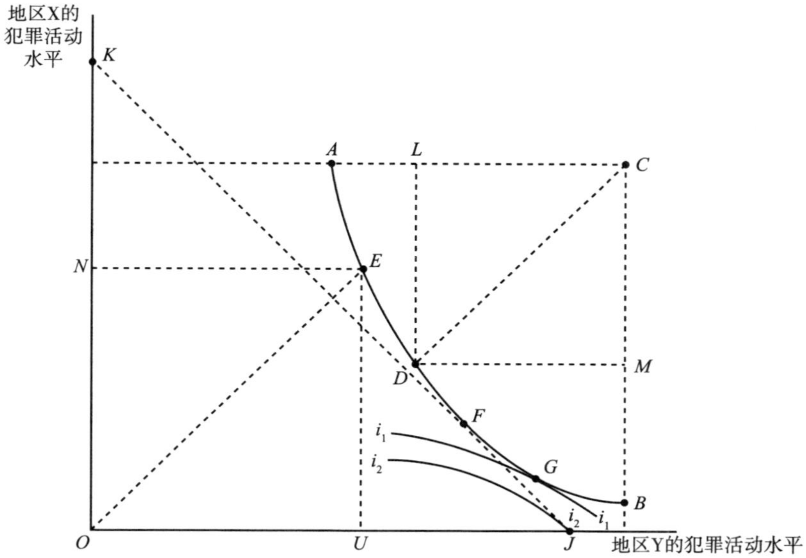

图 9－4　城市各地区之间的警察配置

为了实现目标 1，恰当的方案位于 *D* 点。从 *C* 点作一条与两轴夹角为 45°的线段，该线段与转换曲线 *AB* 相交之点即为点 *D*。在点 D，地区 X 的犯罪水平将下降 *CM*，地区 Y 的犯罪水平将下降 *CL*，其中 $CL = CM$。为了实现目标 2，合适的方案在点 *E* 处。从原点作一条与两轴夹角为 45°且与转换曲线 *AB* 相交的线段 *OE*，交点即为 *E* 点，此时地区 X 的剩余犯罪水平为 *ON*，在地区 *Y* 中为 *OU*，且 $ON = OU$。要实施目标 3，两个地区预防犯罪的边际成本必须相等，适恰的方案在点 *F* 处。在转换曲线上寻找一点，过该点作转换曲线的切线 *JK*，使得该切线的斜率等于 －1，其中 $OK = OJ$，这个切点

① *AB* 的斜率反映了各部门预防犯罪成本增加的假设。由于我们绘制的是“剩余犯罪”而不是“预防犯罪”，因此该函数从上面看是凹形的，而不是凸形的。为了简化问题，我们还假设两个部门的人口数量相等，并且不考虑它们之间的溢出效应。关于后一点，见第 452 页。

就是 F 点。如果不对目标 1 至目标 3 的分配效应进行评判，就无法对它们进行排序，目标 4 给出了明确的评判方法。

目标 4 要求有一个与无差异曲线 i_1i_1 和 i_2i_2 相对应的可以评估地区 X 和 Y 的预防犯罪分配效应的社会福利函数，其最优解将由点 G 处给出，在该点转换曲线 AB 与可能达到的最大社会效用水平的无差异曲线相切[①]。也是在该点，X 和 Y 两地区犯罪减少的边际转换率恰好等于两地区犯罪减少所产生社会效用的边际替代率。所以，分析表明，应按照 G 进行分配，因为对于给定（形状）的无差异曲线，G 点是最有效的解决方案。按照这里的画法，如果决策者认为地区 X 的犯罪比地区 Y 的犯罪危害程度更大，在赋予相同权重的情况下，由此决定的无差异曲线 ii 的形状将使得其与转换曲线的切点落在 D 处。

六、再论效率与公平

我们已经指出，如果项目给社区带来的收益超过其成本，就应该实施这些项目。这意味着要对社区每个成员所获得的收益和承担的成本进行加总。接下来我们更详细地考察这个问题。

项目何时有效?

回顾之前我们对帕累托效率的定义，如果一个项目至少使一个人受益，同时没有任何人因此受损，那么这个项目就是有效的。但很少有项目能满足这个条件。考虑一项耗资 10 万美元的路政工程，它由一般财政收入提供融资。因此 A、B 和 C 每人需支付 3.3333 万美元。A 和 B 获得的收益均为 5 万美元，而 C 获得的收益只有 3 万美元。因此，该项目的总收益（13 万美元）超过其总成本（10 万美元），根据简单的加总核算，该项目可以实施。即使 C 蒙受了损失，而且不满足帕累托最优性的严格要求（即不应该有任何人的处境变差），该项目也应该实施。为了解决这种困境，人们建议放宽效率的概念：如果项目受益者（A 和 B）能够补偿项目受损者（C）并使后

① 无差异曲线是凸的，因为我们绘制的是剩余的犯罪而不是犯罪的消失。

者比以前的处境更好，则认定项目是有效率的。根据这一标准，产生 3 万美元净收益的汇总核算如果被确证，该项目就会被认为是有效的。但对 *C* 而言，他能从其可以得到补偿这一事实中得到的抚慰是微不足道的。这就导致了进一步的要求，即为了使项目有效，必须在事实上支付补偿。因此，一个项目究竟有无效率，取决于如何界定效率①。

如果必须支付补偿，可以采取从 *A* 和 *B* 向 *C* 转移的形式。更方便的做法是，可以通过税负的分配来解决这一问题，使任何人都不会有净损失。一个基于每个个体的边际评价来征收的收益税制度，可以确保没有净损失者，这将使项目具有帕累托效率；但是，正如我们在第四章中所看到的那样，显示偏好并不那么容易，并且，排除“搭便车者”，即使有可能，也是低效率的。

分配性考虑

与加总相关的另一个问题涉及对社会分配的考虑②。

是否应该使用权重？首先，在评估收益和成本时，是否应该允许分配性加权？考虑为高收入社区提供游乐场的项目Ⅰ和为低收入社区提供一个相同游乐场的项目Ⅱ，假设两个项目的成本与使用水平相同，应如何对这些项目产生的收益进行排序？如果我们可以决定项目对使用者的价值，高收入社区设定的价值会比低收入社区高。之所以如此，是因为高收入的消费者有能力支付更多的费用。这意味着项目Ⅰ的价值应更高。但是，从社会分配因素角度考虑，结果可能相反。为贫穷社区花 1 美元所获得的评价（效用）应该更高，因此，在这种情况下，项目Ⅱ应会更受偏好。

如果在引进项目之前，存在社会公认的最优分配状态，则上述问题不会出现。这种情况下，基于消费者需求对项目进行的评价，从社会角度看也将是最优的；但是，如果社会盛行的分配方案不是最优的，这一命题将不成立。于是，由社会福利函数决定的社会评价就会与私人评价相背离。

---

① 参见第六章第三节。

② 参见伯顿·韦斯布罗德，“所得再分配效应和收益成本分析”，收录于 S. B. 切斯（编辑）：《公共支出分析中的问题》，华盛顿特区：布鲁金斯出版社，1968 年；以及“集体行动与所得分配：一个概念性策略”，收录于《公共支出的分析与评价》，联合经济委员会，第 91 次大会，1969 年。

结果，项目Ⅱ可能成为首选。这与前面定义得更宽泛的效率概念是相一致的[①]。

如果两个项目提供相同服务，但成本不同，也会出现类似的问题。假设要建造一艘军舰，项目Ⅰ将建造地点放在工资相对较高的地方，而项目Ⅱ把建造地点放在工资较低的地方。还假设项目Ⅰ所在地的其他（资本、原材料和运输）成本较低，从而其总成本较低。在不考虑分配因素的情况下，项目Ⅰ胜出，因为它的收益高于成本。但是，如果考虑到分配性加权，项目Ⅱ可能会更受偏好，因为它使低工资者获益。项目选择再次受到分配性加权的影响。还需要注意的是，现在有必要重新考虑我们之前设定的限制，即对项目进行评价时只考虑实际的而不是名义的收益和成本。既然我们采用了分配性加权，就必须同时考虑这两种类型的收益和成本。

如果分配状态偏离了被认为的最优水平，在成本收益计算中使用分配性加权就可以视为一种分配校正的手段。但仍然存在一个问题，即项目评价是否是实现这一目的的最佳手段。如果可以通过一个一般性的税收—转移支付过程进行分配性调整，那么这可能是一个更可取的方法。在前面的游乐场项目案例中，低收入家庭将会以现金方式而非以游乐场消费券形式被给予资助，这样他们就可以自由支配。对问题进行如此分解符合我们在第一章中所制定的原则。然而，政治进程可能不允许这样做，从而使得通过项目评估进行再分配比完全不进行再分配要好[②]。

因此，在成本收益分析中使用分配性加权是否合适，取决于具体案例的情况。虽然有一种假定是赞成将项目设在成本最低或收益最大的地方，但也会出现按分配加权的情况。一般来说，公共采购也是如此。虽然规则应该是在成本最低的地方购买，但基于分配考虑的例外情况有时可能是适当的。

目标函数 如果使用分配性加权，权重必须明确设定并纳入“目标函

---

① 参见第六章第三节。

② 如下文所述，通过税收—转移支付过程进行再分配也会产生效率成本，这种成本可能大于通过一套“最佳”的选择性商品税收和补贴进行再分配所产生的成本（见第十八章第三节）。在项目评估中使用分配性加权相当于给与商品补贴（适用于公共项目），在某些情况下这样做可能是合适的。但是，如果要通过干预资源分配来进行分配调整，那么将这种纠正仅限制在公共项目上则有些武断。

数”，目标函数定义了需要最大化的社会福利。一般来说，目标函数由以下公式给出：

$$W_s = \alpha \sum_{i=1}^{m} (G_i - L_i) + \beta \sum_{j=n}^{z} (G_j - L_j)$$

其中，成员 1 至 m 的收益 G 和损失 L 被赋予权重 α，成员 n 至 z 的收益和损失被赋予权重 β。分组的选择可以是根据收入阶层、地区或任何与政府目标函数有关的特征。

权重的选择　问题难在如何确定一套合适的权重。回顾第六章中我们讨论关于公平的社会哲学问题时，曾尝试依据过去的行为所提供的证据来确定权重。因此，通过比较过去的项目决策和单纯基于效率分析而不考虑分配性加权的项目决策，可能会获得一些线索。或者，假设在制定税率时，国会倾向于按照平等牺牲原则来分配所得税税负，那么我们可以通过分析所得税来确定权重①。诸如此类的结果很有吸引力，但假定过去的政策行为事实上都是以社会效用法则的严格实施为基础，这几乎不是一个合乎现实的假设。

不过，虽然很难推导出社会收入效用函数，但政府明确说明它打算使用的函数可能是非常有必要的。表 9－4 可以作为一个示例。

表 9－4　社会收入效用函数示例

收入	边际社会权重
低于 1 万美元	10
1 万—2 万美元	5
2 万—3 万美元	2
超过 3 万美元	1

于是，我们可根据项目的收益和成本所属的组别，对其进行相应的加权。这能保证在成本收益分析中使用分配性加权，以及在处理税收负担的分配方面保持一致性。此外，将这类函数纳入政党纲领中，可能对选民是非常有用的信息。

① 参见第六章第二节。

七、贴现与资本成本

迄今为止，我们一直忽略了这样一个事实，即收益和成本具有在长期中持续产生和累积的特点，而不是即时和一次性的。在本部分我们将考察这种情况。一些支出，如消防员的当期工资，会产生即时收益，而其他支出，如对消防车、河流流域开发或收费高速公路的投资，则会产生多年的收益流。为了评估这些收益流，有必要将未来的收益（或成本）转化为现值。考虑到未来收益的价值要小于现在收益的价值，必须对前者进行贴现。上述情况也同样适用于对成本的评估。从私人部门挤占资源的机会成本，应该用放弃的私人消费的现值来衡量，而由于放弃的投资而导致的未来消费损失同样要折算成现值。

贴现的重要性

项目评估及其排序对所使用的贴现率非常敏感。表 9－5 说明了这一点，其中我们比较了各投资项目的收益流现值和收益—成本比率①。

表 9－5　　现值和贴现率

项目	*X*	*Y*	*Z*
成本（美元）	10 380	10 380	10 380
年数	5	15	25

① 一个总和为 R，于 n 年到期，以利率 i 贴现的现值 PV 为：

$$PV=\frac{R}{(1+i)^n}$$

n 年中收益流为 R_1、$R_2 \cdots R_n$ 的现值等于

$$PV=\frac{R_1}{(1+i)}+\frac{R_2}{(1+i)^2}+\frac{R_3}{(1+i)^3}+\cdots+\frac{R_n}{(1+i)^n}$$

对于各 R 恒定的情况，上述表达式简化为

$$PV=R\frac{1-(1+i)^{-n}}{i}$$

并且可以很方便地从年金表中获得。对于永续常数 R（年金）的情况，上述表达式变为

$$PV=\frac{R}{i}$$

续表

项目	X	Y	Z
年度收益（美元）	2 397	1 000	736
以美元表示的收益流现值			
利率（百分点）			
3	10 978	11 938	12 816
5	10 380	10 380	10 380
8	9 571	8 559	7 857
以美元表示的收益—成本差额（B－C）的现值			
3	598	1 558	2 436
5	0	0	0
8	－809	－1 821	－2 523
收益—成本比率（B/C）			
3	1.057	1.150	1.235
5	1.000	1.000	1.000
8	0.922	0.825	0.757

考虑三个成本相同的投资项目 X、Y 和 Z，其收入流分别覆盖 5 年、15 年和 25 年。对年收入的选择满足这一条件，即使得贴现率为 5% 时各项目收益的现值恰好相等。当我们从 5% 的贴现率转向 3% 的贴现率时，Z 成为最优选择，X 成为最差选择。如果收入产生的时期较长，降低贴现率将提高收益的现值。贴现率为 8% 时结果恰好相反：项目 X 现在变得最有吸引力，而 Z 的吸引力最小。提高贴现率有利于投资期限相对较短的项目。虽然所有投资项目收益的现值都随贴现率的降低而上升，随贴现率的提高而下降，但在这个过程中，各投资项目的排序会发生变化。

在这些现值的基础上，我们推导出相应的收益—成本差额（B－C）和收益—成本比率（B/C）。假设项目建设的初始成本为 10 380 美元，选择一个年收益，使得在贴现率为 5% 的情况下，所有投资的净收益（B－C）等于零或收益—成本比率（B/C）等于 1①。于是，收益的现值等于成本的现值，投资与否没有差异。贴现率为 3% 时，三项投资都是可行的，净收益为

① 我们暂时假设所有成本都在第一年发生，忽略当成本分散到较长周期内时出现的额外考虑。

正，但项目 Z 排名最高，X 排名最低[1]。在 8% 的贴现率下，三项投资都不盈利，但项目 X 现在是最好的，Z 排名最差。从这些例子可以看出，各项投资的排名及其可接受性在很大程度上取决于使用哪个贴现率。公共项目的收入流所涉及的期限范围很大，因此，找到“恰当的”贴现率是非常重要的。

贴现率的选择Ⅰ：私人贴现率

在选择贴现率时，政府可以基于以下前提：使用一个与私人消费者的时间偏好率相等的贴现率；或者，用自身的社会贴现率来代替。我们先从前者入手。使用私人贴现率的理论依据在于，它反映了消费者在当前和未来消费之间所作的选择。正如公共政策接受根据橘子和苹果的市场价格来对其估价一样，它也应尊重个人所作的未来消费相对于当前消费的估价。假设资本市场是完全竞争的且不存在风险，所有消费者将按相同利率借贷，而且，在完美市场条件下，这个利率等于投资的边际效率。因此，当前消费对未来消费的边际替代率等于其生产的边际转换率。和其他竞争性价格一样，利率也处于其有效水平。在实践中，这个看似简单的解决办法却因各种因素的存在而变得复杂了，这些因素包括市场的不完美、不确定性、风险和资本利得税。

不完美市场 资本市场完全竞争的假设是不现实的。由于市场不完美，比如信贷和投资机构的差别准入，不同的个人可能面临不同的借贷成本和收益。由于不存在反映所有消费者时间偏好的单一利率，我们必须选择某个均值（平均利率）[2]。

不确定性 由于未来的利率水平是不确定的，资本市场上的短期利率和长期利率是不同的，所以，又产生了贴现时应采用哪个利率的问题。是用一年期、两年期还是五年期存款的利率？应该用短期债券的收益率还是长期债券的收益率？由于市场收益率的期限结构可被用来反映未来各年中

---

① 因为所有投资都涉及同一成本，所以排序可以根据净收益（$B-C$）排名或只根据收益 B 排序。

② 有人建议，在选择这一均值时，应使用这样的权数，这些权数反映了那些为项目融资作出贡献的纳税人的立场。在这种情况下，恰当的贴现率取决于项目的融资方式。参见奥托·埃克斯坦，“公共支出标准理论的一个调查”，收录于詹姆斯·M. 布坎南（编辑）：《公共财政：需要、来源和利用》，新泽西州普林斯顿：普林斯顿大学出版社，1961 年。

可能发生的资本成本，因此，我们可以选择一个这样的到期收益率，其所对应的期限恰好与公共投资的收益流将要持续的期限一致。

风险　由于有些项目比另一些项目的投资风险更大，因此各项目的毛收益率依风险溢价大小而不同。为了使贴现率反映“纯”时间偏好，应该使用一个“无风险”投资的收益率，即违约风险极低或没有违约风险的投资项目，比如联邦政府债券①。

所得税　贷款人必须为其资本收入缴纳所得税。因此，测度其时间偏好的适当指标是净收益率或税后收益率，而不是毛收益率或市场收益率。如果消费者按利率 i 借贷，其净收益率，或 i_n，等于 $(1-t)i$，其中 t 是消费者个人税率。由于不同的消费者处于不同的边际税档，因此在不同的个体之间净收益率也会有所不同。同样，解决这个问题的最好的办法是使用平均税率。如果毛收益率为 8%，平均边际税率为 30%，那么净收益率就是 5.6%。

宏观政策　更为普遍的难题源自会产生失业和通货膨胀的宏观经济体系。有些场合我们会使用市场利率进行贴现，其合理性是基于这一命题：采用市场利率可以保证在长期中获得对（跨期）消费的有效配置，理论依据是均衡国民收入的决定模型：计划储蓄等于计划投资，既不存在失业，也没有通货膨胀。在现实世界中，这种理想情况几乎是不存在的。相反，我们通常需要采取稳定性政策来维持宏观经济平衡，即保证实现充分就业和物价总水平的稳定。这些政策措施可能是扩张性或紧缩性货币政策和财政政策的各种组合，所有这些政策的实施都会导致不同的均衡利率水平。给定现代市场经济中需要采用稳定性政策来维持宏观经济平衡这一事实，市场无法确定一个反映消费者“真实”时间偏好的唯一“恰当的”利率水平。

结论　由于存在上述这些复杂的情况，很显然，使用“私人贴现率”这一看似简洁的办法在实际操作中会遇到相当大的困难。作为替代，我们必须使用某个平均的或近似的利率来进行贴现。

贴现率的选择Ⅱ：社会贴现率

到目前为止，我们都假设项目评估中使用的贴现率应等于私人部门消

① 对于该公共投资本身所涉及的风险的讨论，参见第九章第八节。

费者的时间偏好率，如果这个时间偏好率可以从观测到的市场利率中导出的话。也有人主张不使用私人消费者的时间偏好率，而用社会贴现率来代替它，理由如下：

1. 据说个人决策通常是“短视的”，人们在安排其私人事务时，往往会低估储蓄的重要性，而高估当前消费的重要性。特别是在低收入国家，情况更是如此，因为在这些国家，人们还没有体验过高收入的好处，而且人们的期望水平也很低。因此，消费者的时间贴现率过高，政府有必要通过采用较低的贴现率来纠正这一错误。

2. 接下来是与下一代的福祉有关的几个论议。一种观点认为，人们太贪婪，对子孙后代的福利关心不够。如果人们真的关心其子嗣的福利，他们就会储蓄更多，以给后辈积累更大的资本存量，创造更高的收入水平。政府作为子孙后代的守护者，可以用较低的贴现率和更多的投资来抵消前述负面影响。储蓄被视为一种有益品（merit good）[①]。这可能是发展中国家的计划委员会所面临的决策问题，它必须在更快地发展和尽早提高消费水平之间做出选择[②]。

3. 另一种观点认为，人们事实上的确关心子孙后代，为能够增进子孙后代的福利而感到快乐。但任何个体的孤立行动不可能对福利增进产生根本影响，即便在其他人也愿意储蓄的条件下会储蓄更多。和所有会产生福利外部性的情况一样，如果由私人市场来决定人们应为后代福利所作的关心和贡献，其结果一定是供给不足。再次，政府可以通过使用较低的贴现率对此予以补救，从而增加符合条件的公共投资范围。

4. 对子孙后代的关爱可能不能简单地理解为一种仁慈，而是反映了将公正分配原则扩大应用于代际之间的公平[③]。例如，公平的目标可能是在长期中保持人均消费的均等化。根据这一标准，对当前储蓄和资本形成的需求量（或者更准确地说，为子孙后代积累资本存量的数量）将取决于人口增长、可耗竭资源的可得性，以及最为重要的，技术进步等因素。随着技术进步提高未来劳动生产率，维持消费标准所需的资本存量可能会下降，这就要求提高贴现率。

---

① 有益品是指消费时会产生正外部性的物品，译者注。

② 参见第三十四章第一节。

③ 参见第六章第三节。

5. 另一种代际公平观点要求储蓄率必须设定在这一水平上，在该储蓄率下，经济的均衡增长路径能够为各代人创造最大的消费水平。每一代人都应该为其他各代人做点什么，恰如他们也希望其他各代人能为自己做点什么。这条“黄金法则”要求，在均衡状态下，资本回报率（从而利息率）应等于经济增长率，而经济增长率又必须等于人口增长率。这个利率就提供了应用于项目评估的“正确”的贴现率①。

理由 1 至理由 3，尤其是理由 5 说明，社会贴现率应设定在低于私人贴现率的水平上，以便带来更高的投资水平。在项目选择中使用社会贴现率而不是私人贴现率，将会产生较高的收益流现值，使那些因使用私人贴现率而可能被排除在外的项目得以通过②。此外，使用社会贴现率将促成选择生命周期更长的项目。这也是影子定价的一个重要例子。

资本的机会成本

贴现率的选择固然很重要，但这仅仅是问题的一个侧面。另一个重要方面是衡量从私人用途中挤占资源所涉及的社会成本。这种“社会机会成本”等于这些资源被挤占后所造成的当前或未来的消费损失。

挤占消费资源　假设政府实施一个项目，材料、劳动力和设备的成本为 1 百万美元。进一步假设为资源挤占而进行的融资（如消费税）使私人消费减少了 1 百万美元。这是根据消费者对损失的消费及其社会价值的评估而得到的。情况至少应该是这样，除非存在前面讨论的市场不完美，要求以影子价格的形式予以纠正。

挤占投资资源：没有税赋　接下来我们考察用私人投资和资本形成的减少来反映资源挤占的情况。现在，损失由未来消费流表示，与放弃的收入流相对应。为了确定这个收入流的现值，必须再次按市场利率进行贴现。假设市场是完全竞争的，我们发现这个贴现值等于 C。因为在完全竞争的市场中，存在一个唯一的利率，投资者将增加其投资直至这一点，即使得根据该市场利率进行贴现过的项目收益的现值恰好能够弥补项目的投

---

① 参见 E. M. 格拉姆里奇：《政府项目的收益成本分析》，新泽西州恩格尔伍德·克利夫斯：普伦蒂斯·霍尔出版社，1981 年，第 101 – 108 页。

② 这一结论必须被限定。如我们现在将看到的，一个较低贴现率的使用还会增加资本的机会成本。取决于所涉及的时机，这可能不只抵消增加的收益现值。

资成本。因此，资本的社会机会成本（这个术语不要与“社会贴现率”混淆）由私人投资成本进行了恰当的衡量。再次，C 是对社会成本的恰当测度。

如果市场不是完全竞争的，私人部门的不同投资项目可能产生不同的回报，因此，从私人投资中挤占资源所损失的收入流取决于哪项投资减少了，但这是很难确定的，所以分析时必须选择一个平均的回报率。

挤占投资资源：存在税赋 现在我们把问题复杂化，考虑对资本所得征收公司（所得）税，对利息收入征收个人所得税。如图 9－5 所示，其中 II 是投资需求曲线，表明在不同投资水平下投资者可能获得的回报，SS 是储蓄供给曲线，表明在不同利率水平或储蓄回报率下储蓄者愿意提供的储蓄水平。在均衡点 E 处，储蓄者计划储蓄并贷放给投资者的资金数量 OA，等于投资者计划进行的投资。并且，在该点处投资者从其边际投资中获得的回报率 i 恰好等于储蓄者（从其边际储蓄中）获取的收益率。

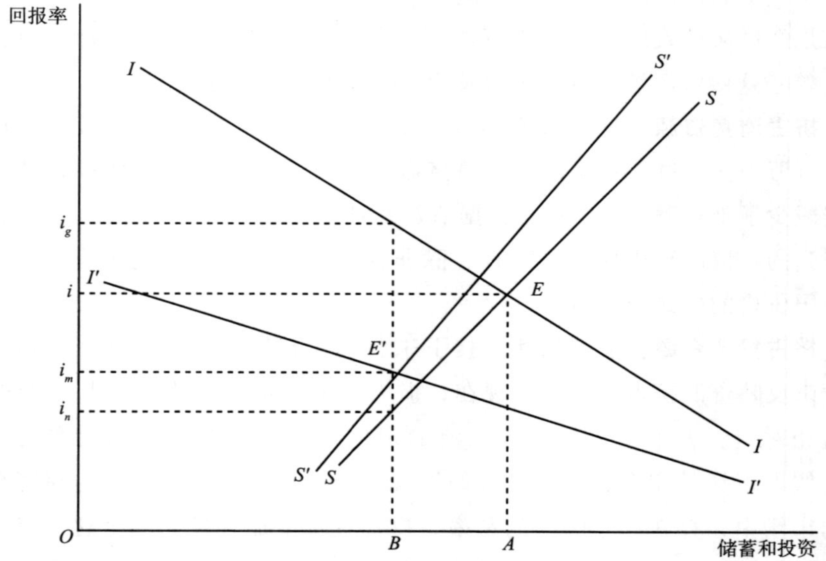

图 9－5 所得税与贴现

假设现在征收公司（所得）税，投资需求曲线 II 将向下旋转至 $I'I'$，表明在各给定的毛收益率（支付公司税前）水平下，现在投资者意愿的投资水平下降了。同时，开征个人所得税后，储蓄供给曲线将向左移至 $S'S'$，表明要使储蓄者提供给数量的储蓄，现在借款人必须支付给前者更高的毛收益率（支付个人所得税前）。新的均衡点位于 E'，即曲线 $I'I'$和 $S'S'$的交点，OB 是（新的）均衡储蓄和投资水平。投资的毛收益率（征收公司税前）现在为 i_g，而投资者的净收益率（也称为市场利率）等于 i_m。在均衡状态下，i_m也等于储蓄者获得的个税前总收益率。最后，储蓄者的净收益率（扣除个税后）为 i_n，这也反映了储蓄者的时间偏好率。

至此我们可以得到如下两点结论：首先，我们注意到，在基于私人贴现率对项目进行评估时，i_n是用于计算公共项目所产生收入流之现值的恰当贴现率；其次，我们还发现，资本的机会成本现在超过了因征税而减少的私人投资价值，即项目的市场成本 100 万美元。究其原因，市场测度的这个私人投资成本 C_p等于扣除公司税之后的投资净收益的贴现值，其使用的贴现率是市场利率 i_m。这反映了投资者均衡行为，即投资者会持续增加投资，直至投资净收益恰好弥补其投资成本。相反，在确定资本的社会机会成本 C_s时，贴现收入流所使用的贴现率是公司税前的收益率 i_g。虽然投资者仅获得了扣除公司税之后的回报率 i_m，这无关紧要，因为税收是投资者向政府的转移支付，是金钱或财产上的损失，而不会产生任何社会损失。此外，为确定根据 i_g所产生收入流的社会价值时，我们所使用的贴现率不是 i_m，而是消费者的时间偏好率 i_n，因此，我们以相对较低的贴现率对更高的收入流进行贴现，基于这两个原因，我们得到了更高的现值。因此，C_s大于 C_p①。

结论　归纳前面的讨论并使用恒定且永续回报的简化假设，我们发现，一个项目的净收益现值（简称 PVNB）可以定义如下：

$$\text{PVNB} = \frac{B}{i_n} - \left[\gamma C + \frac{(1-\gamma)i_g C}{i_n}\right]$$

其中，等式右边第一项表示其年度收益 B 的现值（按 i_n进行贴现），第

① 假定存在一个永续收入流，我们发现，私人投资者的投资成本 C_p等于

$$C_p = \frac{(1-t_c)\ i_g C_p}{i_m} \tag{1}$$

而社会成本等于

$$C_s = \frac{i_g C_p}{i_n} \tag{2}$$

因此 $C_s > C_p$ 有两个原因：（2）式中的分子比（1）式大；（2）式中的分母比（1）式小。

二项表示资源挤占的机会成本①。其中 γ 表示从私人消费中挤占的部分，则第二项的第一分项表示这一部分资源挤占的机会成本，其中 C 又表示资源投入的市场价格。第二项的第二分项表示从私人投资中挤占资源的机会成本，等于放弃的总收入流 $(1-\gamma)i_gC$（再次以净收益率 i_n 贴现）。如果采用社会贴现率而非私人贴现率策略，那么上述公式中用 i_s 替换 i_n 即可。

γ 的值将取决于投资的融资方式。如果用所得税进行融资，它将等于纳税人的边际消费倾向。一些税种，如销售税，主要由消费者来承担；另一些税种，如遗产税，则主要由储蓄者来承担。此外，与税收融资相比，贷款融资往往对储蓄和资本形成会产生更强的替代效应②。因此，在成本收益分析中，一个项目的融资方式影响着该项目的可行性③。挤占储蓄资源进行融资比挤占消费资源进行融资涉及更高的机会成本，符合实施条件的项目则更少。这纠正了对资本收入征税使得私人投资低于其有效水平的事实。

其他问题

在我们转向贴现率选择和确定机会成本的实际应用之前，还需要关注贴现问题其他三个方面：

内部收益率 前面的讨论是基于下述假设：项目评价要通过使用单一贴现率（私人的或社会的）的贴现来实施。但这不是唯一可行的办法。除了通过计算净收入流的现值来分析一个项目的盈利性之外，我们还可以反过来问，要使收益流的现值等于该资产的成本，我们需要使用什么样的贴现率?

---

① 对这些简化的假设略加放松便可用于分析投资期有限且每期收益流均不相等的更为现实的情况，但未来可能面临以下两个使问题复杂化的因素：(1) 投资减少引致的私人资本收入损失并不能完全反映由此产生的国民收入下降（边际上的那一美元投资除外）；且 (2) 该结果可能受到私人部门损失的收入本将被用于储蓄和投资的程度所影响，以及受到公共收入被用于储蓄和投资的程度所影响。参见马丁·费尔德斯坦，“净公共收益计算和公共投资决策”，牛津经济文汇，第 16 卷，第 1 期，1964 年 3 月，第 114－131 页。

② 注意，税收方面对工程的分析有三重重要性。第一，γ 的值将通过该工程融资的方式确定，即在课税和借款之间和在各个类型税收之间的选择。第二，所得课税会影响确定贷款人在市场中可以收到的净回报率，以及由此适当的折现率。第三，课税会有影响，因为公司税会驱动一个在该投资者所收到总回报率和净回报率之间的楔子，从而影响资本的公共机会成本。

③ 情况至少在较短期就是这样。从较长期来看，可能认为，该差异会由于债务服务的税赋筹资而消失。参见马丁·费尔德斯坦：“公共支出评价中的筹资”，收录于 W. 史密斯和 J. 卡尔伯森（编辑）：《公共财政和稳定化政策：理查德·A. 马斯格雷夫纪念文集》，阿姆斯特丹：北荷兰出版社，1974 年。

因此，通过设定收益流的现值等于成本的现值，我们得到如下表达式：

$$\sum_{j=0}^{n} \frac{B_j - C_j}{(1+i)^j} = 0$$

求出上式中的 i，即为内部收益率[①]。在对两个项目进行排序时，我们偏好于内部收益率更高的那个项目。这种策略的优点是，我们可以绕开在确定现值时使用哪个贴现率这一棘手问题。然而，它也存在一些严重的缺点。

深入分析表明，如果净收益流的波动使得年净收益在正负之间交替变化，那么满足上述等式的内部收益率将不止一个。此外，按内部收益率排序与按一个共同收益率进行贴现后的排序可能不同。因此，两个不同期限的投资项目可能具有相同的内部收益率，但如果用市场利率进行贴现，它们的排序就会不同。如果市场利率高于内部收益率，则期限较短的投资项目现在排名居先，反之，如果市场利率较低，则排名居后。由于这样或那样的原因，尽管内部收益率方法可被用来为项目评级提供额外的证据，但并不常采用。对于投资期限很长的项目来说，情况尤其如此，因为在这种情况下，很难预测未来的利率水平，因此也很难预测适当的私人贴现率。

国际借款 前面的讨论适用于一国政府进行的项目评估，项目资金来自于该国内部资源。实际上，项目评估经常由地方政府来实施，资金来源于国外资本市场，或由发展中国家的政府从纽约或世界银行获得资金。

如果所有资本市场都是完美的，且所有地区、对每个交易商而言利率都是一样的，那么这个因素（从国外借款）还不至于使问题发生很大的变化。但事实并非如此。一个地方政府在纽约市场上的借款利率可能与当地银行和当地储户面临的利率完全不同。或者，一个发展中国家的政府从世界银行借款利率为5%，而国内利率是20%。鉴于这样的市场不完美性，其收益就不能按当地居民的时间偏好率进行贴现。相反，项目评估应按借款利率对收益进行贴现，如果净收益为正，则应该实施该项目。但是，在涉及国际借款的情况下，必须考虑到未来的偿债和对国际收支的影响。

通货膨胀 由于通货膨胀率往往反映在名义利率上，因此后者会随着

---

① 回到第174页脚注中的第二个等式，我们可以用资产成本 C 替换 PV，输入所得流 R_1 至 R_n，在各年金表的帮助下求出 i。

通货膨胀而上升。但较高的贴现率意味着较低的现值，从而影响项目的可行性。通货膨胀的这种影响可以用两种方法来抵消。一种是用名义利率（包括其通货膨胀溢价）进行贴现，同时使用收益流的名义价值（通货膨胀后的）。另一种是对名义利率进行通货膨胀调整，只用实际利率部分进行贴现，同时以实际价值衡量收益流。在这两种情况下，都可以避免通货膨胀的扭曲效应。不过，在美国的实践中，似乎是将收益和成本的实际价值与名义利率的使用相结合。由于名义利率随着通货膨胀而上升，这导致了一种限制性过强的评估政策。

当前实践

实际做法与这些复杂的考虑相去甚远。联邦政府目前的做法是对项目的收益流采用10%的贴现率，并将其与项目建设的美元成本进行比较，没有尝试调整资本的社会机会成本①。根据国会的立法，水利工程项目要使用一种特别的贴现率，这一贴现率等于美国长期国债收益率。可是，这一收益率每年只能有0.25%的变化幅度，现在为7%左右②。

对于这些规则，没有明确的理由作出解释。将债券利率理解为反映消费者的时间偏好，可以使得应用债券利率进行贴现的做法合理化，尽管如上所述，还需要进一步调低贴现率以控制个人所得税的影响。反过来，10%的贴现率也可以被理解为公司所得税率加上债券利率之和，从而近似等于私人投资的毛收益率。一个流行的（即使是荒谬的）解释是，政府应该收回整个项目成本，这个成本被定义为借款成本加上损失的公司所得税收入，因为私人部门的应税收入减少了。这种推理混淆了私人和社会的赢利性质。政府的目的是最大限度地提高社会福利，而不是提高私人厂商所考虑的利润。

然而，当私人投资减少时，以包含公司所得税的总债券收益作为替代总收入流的指标是可取的。根据这一命题，即只有在一项公共投资项目的收益与所放弃的私人投资项目可能带来的社会收益相等的情况下，政府才

① 参见管理与预算局，第A－94号通告，修订版，1972年3月27日。

② 水资源开发，公共法第93－251页，第93次大会，1974年3月7日。另见水资源委员会，《水和相关土地资源，建立规划的原则和研究》（《联邦记录》，第38卷，第174期，第Ⅲ部分），1973年9月10日，第9页于“最终环境声明”的最后部分。

应实施该项目①，我们将放弃的收入流恰当地确定为包含公司所得税的收入总额。这种处理规则的好处是简单，但是要准确核算私人投资流和公共投资流，二者都应按适当的贴现率进行贴现。假设采用私人贴现率的策略，则适宜的贴现率是 i_n，即消费者扣除所得税后的贷款利率，而不是私人投资的毛收益率。后者只用于计算资本的机会成本，而不用于选择贴现率。

八、风险与经济变迁

在成本效益分析中，还存在一些非常重要的问题需要考虑，这些问题包括应对风险和经济的动态变迁。

风险

项目收益可能在一开始就无法预测，因为公共项目的规划与私人投资一样，都是在不确定的情况下进行的。因此，高速公路的规划涉及对该地区人口增长的预测，武器项目的开发涉及对未来武器技术或战略发展的预测，等等。这种关于未来收益的风险和不确定性降低了它们的现值，在投资规划中必须要考虑到。虽然可以认为在某些情况下，社会风险小于特定活动所涉及的私人风险，但这并不意味着风险在公共项目规划中是小事一桩②。

对风险结果的处理通常是以各种可能结果出现的概率为其权数，且概率之和等于 1，然后对这些经适当加权的结果求和就得到风险条件下项目收益的期望值（$E(B)$），因此有：

$E(B)=p_1B_1+p_2B_2+\cdots+p_nB_n$ 其中 $p_1+p_2+\cdots+p_n=1$

在概率值未知的情况下，分析人员可能诉诸于博弈论的各种技术来加以确定，但这超出了本书的范围③。

---

① 参见 A. C. 哈伯格："通过借款融资的公共投资的机会成本"，收录于 R. 雷亚德（编辑）：《成本—收益分析》，巴尔的摩：企鹅出版社，1972 年，第 12 章。哈伯格通过要求反映加权平均的 i_n 和 i_g（如上定义的）的一个贴现率，限定了这一策略。这些权重取决于储蓄和投资曲线的弹性。

② 对于项目评价中考虑风险的优缺点的讨论，参见雷亚德，同上，第 53 - 57 页。

③ 参见 R. 多夫曼："不确定性下的决策规则"，于雷亚德，同上，第 15 章。

还可以假定，由于人们普遍厌恶风险，由上式求得的收益期望值超过了其“确定性等价物”。例如，有相当多的证据表明，确定地得到 10 美元与 50% 的机会得到 15 美元和另 50% 的机会得到 5 美元这一不确定结果相比，人们从前者获得的效用更大，尽管后者的期望值也为 10 美元（=0.5×15+0.55）。一系列可能结果的风险程度可以用概率分布的标准差来表示。因此，有人建议在对公共项目的收益进行贴现时，所使用的贴现率中应加入风险溢价，溢价的设定用以反映这一标准差的大小。

经济的动态变迁

最后，由于收益和成本都随时间推移而发生变化，因此，二者的估值就变得比较复杂。对收益而言这是显而易见的，因为收益的产生贯穿于投资项目的全部生命周期，而投资项目的经济寿命可能会延续到遥远的未来。当然，这种情况也同样适用于成本。虽然资本成本通常发生在投资的初始阶段，但在未来的很多年中还会发生大量的运营成本。收益和成本的时间维度属性意味着我们需要对其进行贴现，这个问题在前一节已经讨论过。另一方面，收益和成本的估值可能会随时间的推移而改变。因此，项目评估必须考虑到经济发展的动态变迁。这对发展中国家尤其重要。不仅相对价格会发生变化，而且价格的扭曲程度也会发生变化。例如，将劳动力的影子价格设定在低于其市场均衡价格的情形，可能会随着时间的推移而消失，因为以前失业和低就业的劳动力被吸引到现代化的生产部门，工资的变化更符合劳动力的社会机会成本。对于时间跨度较长的项目来说，考虑这种结构性的变化具有相当重要的意义。

还应简要提及另一个问题，这个问题是由与时间流逝有关的变化（与项目的持续年限不同）引起的。随着时间的推移，收益和成本的变化可能会表明，项目需要延期实施。例如，如果预计未来对项目产出的需求会增加，而技术改进导致生产成本下降，则成本收益分析应在另外的（情况变化后的）起始时间点进行。推迟一年所产生的影响将是未来收益的现值（今天）变化量减去成本的现值变化量。项目应推迟至这个净变化量（如果变化是有利的）达到最大为止①。

---

① 参见 S. 马格林：《动态投资规划方法》，阿姆斯特丹：北荷兰出版社，1963 年。

九、本章小结

在制定项目评估的一些基本概念时，我们区分了可分项目和不可分项目。

1. 在项目可自由分割的情况下，通过使每个项目（预算规模固定情况下），或公共项目和私人项目（预算规模可变情况下）上最后一美元支出所获得的边际收益相等，可以获得最优解决方案。

2. 在项目不可分割时，若面临固定预算约束，应选择使净收益最大的项目组合；若预算规模可变，则只要项目总收益超过其成本，就应该批准实施该项目。

在测度公共项目的社会收益和社会成本时，必须遵循一定的规则。

3. 只应包括实际成本和收益，而不应包括名义成本和收益。

4. 既要包括直接成本和收益，也要包括间接成本和效益。

5. 无形收益和成本的估值比社会商品更难，二者都面临相似的问题。

6. 中间产品的收益比最终产品的收益更容易估价。

7. 尽管无形收益不容易估价，但成本收益分析方法有助于解决这个问题。

8. 影子定价纠正了由垄断、税收和闲置资源带来的扭曲。

9. 影子定价在发展中国家尤为重要，因为这些国家的劳动力往往被高估，外汇被低估。

在选择要实施的特定项目时，必须考虑到可能涉及多重目标。

10. 如果备选项目在服务于这个或那个目标的相对能力上有所不同，则必须对这两个目标进行评估，以便进行比较。

成本收益分析方法提出了福利经济学中的权重分配和贴现率选择等问题。

11. 基于简单的收益和成本加总的项目评价不会产生帕累托效率的解决方案，在这种情况下，一些个体会成为净损失者。

12. 当各备选项目会产生不同的分配效应时，可以通过引入分配性权重来考虑这种差异。采用这些分配性权重的适当性，取决于确保实施分配调整的替代手段的可获得性以及使用这些手段的效率成本。

如果一个公共项目的收益流会在未来几年内持续产生和累积，则必须通过贴现来确定其现值。如果资源挤占的对象是私人投资，则必须注意要按照适当的程序确定这种挤占的成本。

13. 在选择贴现率时，政府可以采用私人部门所使用的贴现率，或者也可以使用社会贴现率。

14. 在前一种情况下，适当的贴现率是扣除公司所得税和个人所得税后的资本收益率，因为这反映了消费者的时间偏好。

15. 这一原理适用于竞争性市场，但由于风险差异、市场不完美以及对资本收入征税而变得复杂。通常使用的贴现率是长期国债利率加上公司所得税率。

16. 社会贴现率的选择通常基于这样一个命题，即私人部门倾向于低估未来消费和资本形成的社会价值，因此要求公共部门使用较低的贴现率。

17. 与贴现率问题的侧重点不同，对项目评价的正确程序还要求我们仔细测度资本的社会机会成本。如果从私人部门挤占资源的对象是私人资本形成而不是消费，就会涉及这个问题。资本的社会机会成本等于毛收入流（税前）的贴现值，而这个值超过了放弃的私人投资的实际美元成本（或净收入流的贴现值）。

18. 联邦政府现行的做法是，除水利工程项目外（水利工程项目所使用的贴现率与美国长期国债收益率相等），所有其他情况下都使用10%的贴现率。

推荐阅读

对成本收益分析的系统处理，参见：

Gramlich, E. M.: *Benefit - Cost Analysis of Governmem Programs*, Englewood Cliffs, N. J.: Prentice - Hall, 1981.

Layard, R. (ed.): *Cost - Benefit Analysis: Selected Readings*, Baltimore: Penguin, 1972.（介绍中包含对关键论文的收集和优秀概括。）

Mishan, E.: *Cost - Benefit Analysis*, 3d ed., New York: Allen and Unwin, 1982.

Pearce, D. and Nash, C.: *The Social Appraisal of Projects, A Text in Cost - Benefit Analysis*, New York: Halsted, 1981.

对成本收益分析各方面问题的深入讨论，参见：

Dasgupta, P., S. A. Marglin, and A. K. Sen: *Guidelines for Project Evaluation*, New York: United Nations Industrial Development Organization, 1972.

Haveman, R. H. and J. Margolis (eds.): *Public Expenditures and Policy Analysis*, 3d ed., Skokie, Ill.: Rand McNally, 1983.

Little, I. M. D. and J. A. Mirrlees: *Project Appraisal and Planning for Developing Countries*, New York: Basic Books, 1974.

Williams, A.: "Cost – Benefit Analysis: Bastard Science? And/or Insidious Poison in the Body Politic?" *Journal of Public Economics*, August 1972.

第十章
支出政策案例研究Ⅰ：公共服务

前面的项目评估原则现在被应用于广泛的公共服务，包括国防、交通、户外娱乐和教育。虽然严格应用所需的信息很少，但事实证明，成本效益分析对设计更有效的公共服务方案是有用的。

▶ 本章内容提示

现在，我们将更仔细地审视各种支出项目及其带来的相关问题。本章主要讨论国防、高速公路、环境保护和教育等政府购买性支出项目，而主要的转移支付性支出项目将放在下一章考察。

一、国防

国防支出的变化如表 10－1 所示。包括四个军种（陆军、海军、空军和海军陆战队）在内的国防总支出目前约占联邦政府财政预算的三分之一。虽然国防支出的占比在 20 世纪 60 年代和 70 年代有所下降，但这一趋势在 20 世纪 80 年代又发生了逆转。这反映了里根政府为加强现代化军事能力作出的重大努力。在 20 世纪 80 年代，国防支出的绝对水平几乎是原先的三倍，按不变价值计算也增加了一倍，国防已成为联邦预算增长的一个主要原因。尽管其增长率要显著落后于社会保障项目，不过，如果剔除转移支付而只考虑政府购买支出，这一情况又会发生变化。那样，国防将会占到总预算的 75%，几乎达到了近十年来的全部预算增长量，并作为私人企业的客户和经济资源的用户成为直接影响预算变化的主要因素。

表 10－1　　　　国防支出

	1960	1970	1979	1987
国防				
当前价格水平	47.5	78.6	113.0	274.0
1982 年不变价格水平	129.7	198.9	132.0	239.2
占 GNP 的百分比	9.4	7.9	4.6	6.1
占预算的百分比	50.5	38.5	22.5	27.4
按类型（当年价格水平）				
人员经费	13.4	23.0	40.9	72.0
运维费用	12.3	21.6	44.8	76.2
军备采购	11.8	21.6	29.0	80.7
研发费用	6.2	7.2	13.1	33.6
其他	3.8	5.2	6.2	11.5
合计	47.5	78.6	133.9	274.0

资料来源：参见商务部，《当前商业调查》，以及各年度美国预算。

在该表的下半部分，国防部的支出按主要类型进行划分，包括人员经费、运营和维护费用、军备采购以及研发费用。美国与北约其他同盟国不同，不需要服兵役，因此人员经费占总支出的很大比重。其次是军备采购和运维费用，但研发费用也已成为国防预算中的一个重要甚至可能是最关键的组成部分。

主要问题

正如我们在前面的讨论中所定义的，国防提供了一个社会公共产品的典型案例。在现代技术条件下，公民个人无法为自己的安全提供保障，而集体提供的保护也不能因特定用户而撤回。但国防也产生了支出规划中最复杂、最重要的问题。作为最终消费者的选民，没有可以评估其中的成本和收益的简单方法，这涉及广泛的外交政策以及接受军事冲突风险的意愿性等问题。因而必须对通过加强报复性军事力量来避免这类冲突的有效性作出判断。被某一方认为是防御性的政策很可能会在另一方看来是进攻性的，因此必须考虑到对手可能作出的反应，这就造成了一种博弈局面，从而使结果变得难以预测。

此外，四个军种之间的理想平衡和特定武器系统的选择，将取决于潜在突发事件可能发生的规模和位置，在处理局部冲突和参与重大洲际对抗时，需要有完全不同的军事力量组合。最重要的是，国防规划必须在常规战和核战争的供应方面取得平衡，核战争的范围包括从支持地面部队使用的战术性核武器，到洲际弹道导弹。特别是对美国国防规划而言，这种平衡是一个核心问题，因为它对北约盟友和国土保卫负有双重责任。

为了充分理解国防问题的复杂性，应当指出，破坏性力量的增长虽然把重大冲突的代价提高到最终毁灭的程度，但是这样做，也可能有助于防止大国之间发生较小的（尽管仍然是灾难性的）常规冲突。

武器设计中的成本效率分析

在这些重大政策问题的基础上，还出现了一系列技术问题，涉及导弹、飞机、舰船和装甲车辆等特定武器系统的设计，以便能保证有效地完成其指定任务。正是由于这些问题，成本收益，或更准确地说，成本效率分析可以发挥最大的作用，并在20世纪60年代首次大规模地应用于国防规划。

战略力量的现代化

目前的争论中心主要是关于美国战略力量的现代化和建设。其主要目的是遏制核攻击，目标是建立一个能携载核武器的陆基洲际弹道导弹、潜射弹道导弹和战略轰炸机三位一体战略系统，使每个系统都能在潜在的攻击中幸存下来。预计到20世纪80年代末，实施这一计划所需的预算将达到400亿美元。除了这一战略进攻力量的建设外，还增加了政府的战略防御计划，也就是“星球大战”计划，目的是建立一个太空防御系统，以阻挡敌方导弹的进入。这个项目的可行性在科学界仍有很大的争议，因此执行的风险较高。不过，它已成为美苏削减常规军事力量谈判的一个重要筹码。从国防预算的未来来看，限制战略武器是否能大幅度削减国防预算而不相应地扩大常规军事力量，还有待进一步观察。

对产业的影响

如前文所述，国防支出的增长是预算扩张的一个主要因素，特别是在20世纪80年代的十年里。因此，它也是造成联邦政府财政赤字的主要原因，其中的经济意义将在后文指出。除此之外，国防建设还对产业结构和生产率的增长产生了重大影响。在这方面，国防的增长和社会保障项目的增长有着重要区别。后者在很大程度上涉及转移支付以及私人需求从纳税人到受益人的转移。而在国防方面，该转移是从私人对消费品和住房的需求转变到政府对国防产业的购买。这包括一般的制造业，其中航空航天业、造船业和电子产业是主要受益方。总的来说，在20世纪80年代中期，由国防采购维持的私人部门就业约为500万个工作岗位，而这些工作岗位主要分布在美国西部和南部各州①。因此，国防支出对产业和区域经济具有重大影响，从而也对国防政治格局产生一定影响。

对生产率增长的影响

国防支出中研发的比重与私营行业中的研发比重在数量上大致相等，

---

① 参见R. A. 斯图宾：国防预算，收录于B. 米尔斯和J. 帕尔默（编）：《20世纪80年代联邦预算政策》，华盛顿特区：城市研究院，1984年。

因而国防支出会对技术进步，继而对生产率增长产生重要影响[①]。一方面，国防产业中生产率的提高将会向私人部门外溢。这已经可以从计算机技术产业发展进步中国防力量的重要驱动作用得到证实。另一方面，国防产业吸收了大量科研人才，也分流了私营行业在这方面的投入，从而可能会减缓其技术进步。与此相一致的是，有人指出，国防在 GNP 中占比较低的国家，如西德和日本，近几十年来的生产率增长快于美国，但除国防以外的其他因素也可以解释这一差异。对生产率增长的长期影响将取决于如何提高科学人才的可获得性和相应的科研预算。

二、高速公路

除国防外，高速公路投资是有形公共资本形式中最重要的部分。联邦政府参与高速公路建设由来已久，最早可以追溯到 1916 年的《联邦援助公路法案》。早期的高速公路投资主要是为了建立一个全国性的交通网络，而近几十年来，高速公路总里程数并没有大幅增加。相反，当前的重点在于提高道路质量，例如改用混凝土路基。1986 年，包括各级政府在内的高速公路支出达 620 亿美元，其中包括 300 亿美元的资本性支出，180 亿美元的养护支出，其余为相关服务和利息费用。目前，该系统提供近 400 万英里的高速公路网，为 1.35 亿辆汽车提供服务。按功能等级划分，69% 的里程为地方高速公路，21% 为集散道路，9% 为次干道，1% 为州际公路。然而，相应的行驶里程比例分别为 14%、17%、40% 和 20%，这表明地方高速公路的利用率相当低。

作为公共财政案例研究的高速公路系统有三个独有的特点。它提供了联邦—州—地方政府合作的一个范例；它主要由用户出资，因此近似于收益税；它为成本收益分析提供了一个沃土。

政府间合作

联邦—州—地方政府的分工情况如表 10－2 所示。高速公路收入中收取

① 参见国会预算办公室，《美国战略攻击力量的现代化：成本、效应和替代方案》，华盛顿特区，1987 年 11 月。

自公众的部分有一半（第6行）来源于各州政府，其余部分由联邦和地方两级政府平分。联邦政府（第8行）几乎将其全部收入以配套拨款的形式转移给下级政府，其中大部分归属州政府。因此，大部分的公路支出是发生在州这一级，包括州际公路和州内主要公路的拨款。而地方政府主要负责地方公路。

表10-2　　高速公路的收支情况，1986年　　单位：十亿美元

	联邦	州	地方	合计
一、自有来源				
来自公路使用者的当期收入				
1. 税收	12.1	22.1	0.7	34.9
2. 通行费	—	2.1	0.5	2.6
3. 合计	12.1	24.2	1.2	37.5
4. 其他当期收入	2.8	5.3	14.2	22.3
5. 债券发行和储备	0.2	2.3	2.4	4.9
6. 总计	15.1	31.8	17.8	64.7
二、政府间拨款				
7. 收到的拨款	—	13.2	7.8	21.0
8. 支付的拨款	-14.2	-7.2	-0.6	-22.0
9. 净额	-14.2	6.0	7.2	-1.0
三、可用资金（6+9）				
10. 可用资金	0.9	37.8	25.0	63.7
四、支出				
11. 资本性支出	0.5	22.1	6.4	29.0
12. 维护性支出	0.1	6.7	11.2	18.0
13. 其他支出净额	0.3	9.0	7.4	16.7
14. 总计	0.9	37.8	25.0	63.7

资料来源：美国交通部，《公路统计》，1986年，第38页。公路信托基金和其他相关信托基金纳入“联邦”项之下。第4行包括来自一般基金拨款和其他税赋与服务费的融资。第12行包括行政管理、执法和利息支出。

这种分工反映了联邦政府对全国性公路的关注，州政府对州内公路的关注，以及地方政府对地方公路的关注。构成联邦公路系统的公路目前约

占了总里程的 20%，但几乎覆盖了所有的州际干线公路。只有 1% 的主要干线里程和 4% 的次要干线里程处于联邦公路系统之外。虽然联邦公路系统只包括 20% 的公路里程，但这些公路覆盖了近 80% 的行驶里程。联邦公路系统的支出根据道路等级的不同，可以获得 70% 到 90% 不等的配套拨款。如前文所述，联邦政府的配套性政策可追溯到 1916 年。最初是针对新的投资，自 20 世纪 60 年代以来，养护项目的配套拨款不断增加。随着现在州际公路系统接近完工，这种方向上的调整反映了该系统的自然成熟。

使用费融资

再看表 10－2，我们注意到，高速公路建设项目的成本（1—3 行）大部分是通过向公路使用者征收税费来维持的。在联邦一级，收入主要来源于机动车燃油消费税，其收入会转入公路信托基金，用于支付公路养护费用。在州一级，收入来源于机动车登记费和其他收费项目，以此作为联邦政府援助的基础，并将其中部分收入以拨款的形式发放给地方政府。因此，高速公路的融资方式近似于一种收益税制度。联邦政府对全国性公路的贡献来源于全国性的税收，而州政府的贡献则是靠机动车主缴纳的燃油税来维持。只有地方政府的资金来源于一般性税收，即地方居民缴纳的财产税和特别税捐。

尽管这种收费模式体现了收益税的精神，但它只是以一种粗略的方式进行的。直接通行费收入（表格第 2 行）在其中仅仅发挥了很小的作用，收益关系主要基于某些特定群体成员（例如按居住地、车辆类型等划分）的平均出行情况，而不是个人使用的频率和成本。个人使用频率影响汽车燃料消费税和因车辆类型不同而差异化的牌照费。然而，这种差异只是模糊地与由此产生的损益有关。随着技术的进步，城市交通可能会出现一些精细化的收费形式[①]，但这仍不可能取代使用者付费融资这一更普遍化的模式。

成本收益分析

为了评估高速公路支出的有效性，必须确定由此产生的收益和成本。虽然这方面所涉及的问题比前文在国防支出规划中遇到的问题简单得多，

---

① 参见第四章第一节。

但它们仍然是相当复杂的。

项目评估的基本原理　我们的问题是，州级公路部门必须决定是否应改善两个城市之间的公路设施。这样的投资是否值得，新设施的规模应该有多大？

要回答这个问题，我们必须评估所涉及的收益和成本。收益是以使用者减少的出行成本来衡量的。这种方法是可行的，因为出行是一种会影响最终产品，即“到达目的地”的“中间产品”。出行成本的降低也就是这种最终产品购买价格的降低。可用的设施越好，在任一给定的交通量下，每次出行的成本就越低。此外，交通量越大，每次出行的成本就越高。

如图 10－1 所示。横轴表示出行次数，纵轴表示每次出行的边际成本。SF_1表示在给定的公路设施水平 F_1下，不同交通流量可以满足的公路使用者的边际出行成本，SF_2和 SF_3表示扩大的公路设施水平 F_2和 F_3。我们可以假定下标反映的是高速公路的车道数。对于任一给定的公路设施水平，每次

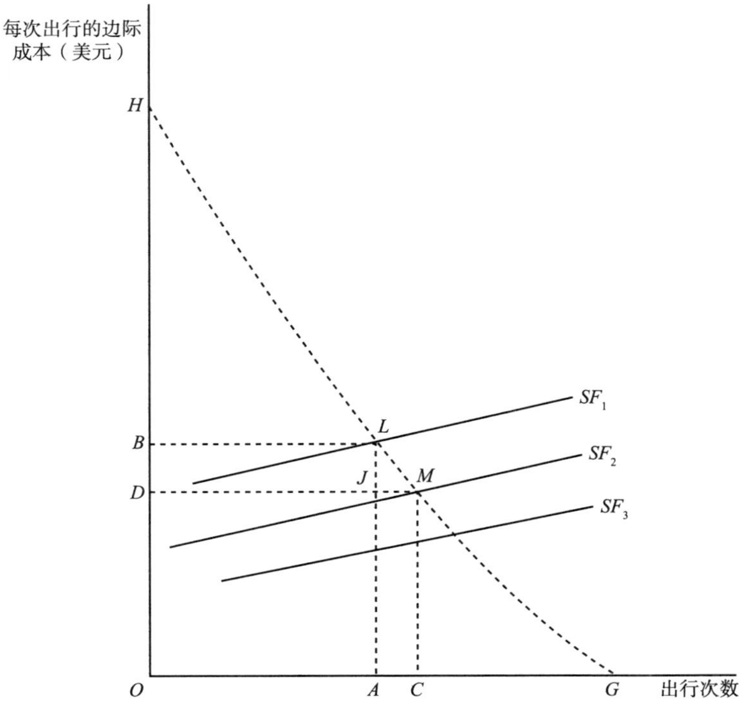

图 10－1　不同设施水平下的公路使用者需求

出行的成本都会随着交通流量或出行次数的增加而上升，这主要归结于道路拥挤和更长的驾驶时间。因此，*SF* 曲线代表了使用者的出行供给曲线，公路使用者的出行成本是他们为出行必须付出的价格，包括出行时间、事故成本、机动车费用等。其需求曲线未知，但我们观察 *L* 点可以看出，在现有设施水平 F_1的情况下，出行次数等于 *OA*，使用者每次出行的平均成本为 *OB*。我们预估，如果将设施从 F_1扩建到 F_2，成本将降低，公路使用者将从 *L* 点移至 *M* 点，出行次数将增加到 *OC*，使用者成本为 *OD*。这个估计是基于对其他地方扩建设施效果的观察。*LM* 可以被看作是相关范围内估计的需求曲线。在图 10－1 中它被延长至 *G* 和 *H* 点用于接下来的分析。

将公路设施水平从 F_1提高到 F_2的收益可以衡量为 *DHM* 的面积减去 *BHL* 的面积，或 *DBLM* 的面积。*DBLM* 是指引入新设施所带来的消费者剩余。其中，*DBLJ* 反映的是在原有的出行次数 *OA* 上节省的成本，而 *JLM* 反映的是在新增出行次数 *AC* 上的收益。后者的收益等于 *JLM* 而不是 *ALMC*，是因为 *AJMC* 被出行次数增加所带来的额外使用者成本抵消。

现在来看图 10－2，公路设施水平（仍以车道数量来衡量）也是用横轴来表示。需求曲线 *DD* 反映了消费者在不同的设施水平下获得的边际收益，假设每一水平下的公路设施都被最佳使用（如图 10－1 定义）。因此，在设施水平 F_2下，边际收益（从 F_1移动至 F_2）等于 *OP*，如图 10－2 所示，其中 *OP* 等于图 10－1 中 *DBLM* 的面积。然后，这些边际收益必须要根据公路部门确保设施扩建的成本进行评估。扩建的边际成本在图 10－2 中用供给曲线 *SS* 表示，它代表了提供额外车道的资源成本①。考虑到建设的规模经济效应，可以假定增加车道的边际成本随着扩建范围的增大而递减。因此，从设施水平 F_1到 F_2的边际成本等于 *OR*，从 F_2到 F_3的边际成本等于 *OV*，以此类推。如果公路设施是可分的，边际成本等于边际收益时的设施水平 F^*将是最优的。但设施建设是不可完全分割的，所以只有供给曲线上的某些特定点，如 F_1、F_2、F_3才有可能存在。选择 F^*，即 *DD* 和 *SS* 的交点，是不可行的。因此，最佳的解决方案是选择设施水平 F_2，因为在从 F_2到 F_3的过程中，额外收益（或 F_2UWF_3）将被额外成本（或 F_2NTF_3）所抵消，使用者边际收益 *OP* 仍将超过边际成本 *OR*。但是当提高到下一个可行的设施水

① 参见图 9－2。

平 F_3时，将导致边际成本高于边际收益。

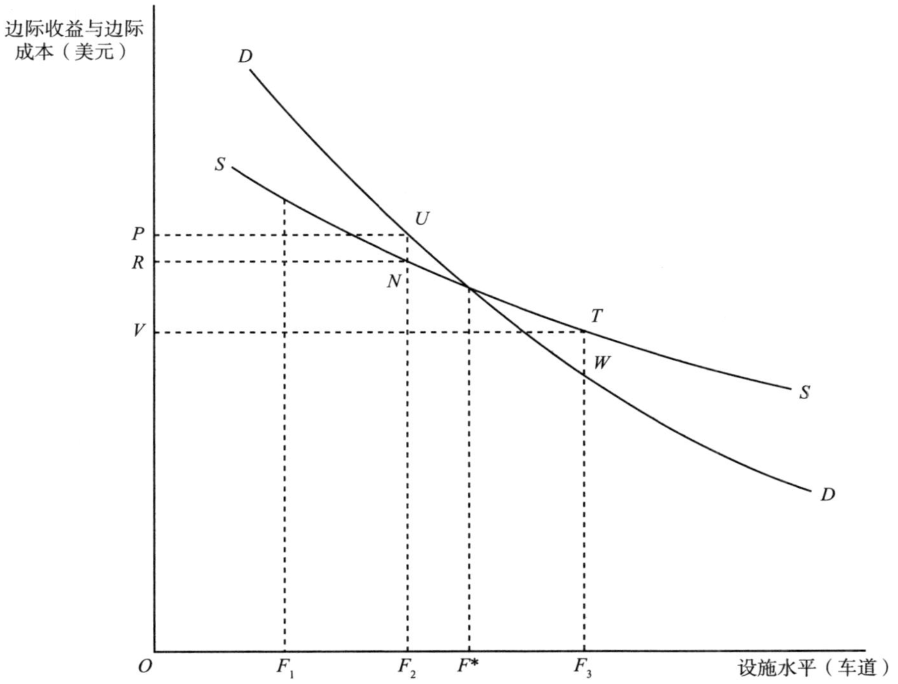

图 10－2　高速公路用户对各种设施水平的需求

一个示例

如表 10－3 所示，这是典型的对高速公路项目进行成本收益分析计算的法则。列Ⅰ给出了设施水平为 F_1下的情况，列Ⅱ是扩建为 F_2水平后的情况，列Ⅲ是扩建为 F_3水平后的情况。

表 10－3　　高速公路建设的盈利情况

	扩建前水平 F_1（Ⅰ）	扩建为 F_2水平（Ⅱ）	扩建为 F_3水平（Ⅲ）
对使用者收益的估算			
1. 每次出行时间（分钟）	30	18	16

续表

	扩建前水平 F_1（Ⅰ）	扩建为 F_2 水平（Ⅱ）	扩建为 F_3 水平（Ⅲ）
2. 出行的时间成本（每小时 4 美元）	2.00 美元	1.20 美元	1.07 美元
3. 每次出行的其他成本	1.75 美元	1.90 美元	1.95 美元
4. 每次出行的合计可变成本	3.75 美元	3.10 美元	3.02 美元
5. 每年的出行次数	1 000 000	1 500 000	1 600 000
6. 每年总可变成本	3 750 000 美元	4 650 000 美元	4 832 000 美元
7. 每次出行节省的成本	—	0.65 美元	0.08 美元
8. 在以前出行次数上的成本节省	—	650 000 美元	120 000 美元
9. 在额外出行上的成本节省	—	162 500 美元	4 000 美元
10. 每年总收益	—	812 500 美元	124 000 美元
11. 收益现值（8%，25 年）	—	8 673 438 美元	1 323 700 美元
项目成本估算			
12. 资本性成本	—	4 000 000 美元	2 000 000 美元
13. 年度养护成本	50 000 美元	60 000 美元	68 000 美元
14. 养护成本的增加部分	—	10 000 美元	8 000 美元
15. 增加后养护成本的现值（8%，25 年）	—	106 750 美元	85 400 美元
16. 项目总成本的现值评价	—	4 106 750 美元	2 085 400 美元
17. 收益成本比率（第 11 行 ÷ 第 16 行）	—	2.11	0.63
18. 净收益现值（第 11 行 − 第 16 行）	—	4 566 688 美元	−761 700 美元
19. 内部收益率（%）	—	20	3

使用者净收益的计算 如前文所述，使用者收益应以减少的出行时间和其他交通费用来衡量。因此，第一步是确定因扩建设施而减少的出行费用。列Ⅰ给出了项目扩建前的出行成本计算。第一项是出行时间成本。如果我们假设平均出行时间为 30 分钟（第 1 行），出行时间的平均成本为每小时 4 美元，那么在扩建前每次出行时间的货币成本为 2 美元（列Ⅰ第 2 行）。

计算出行时间的平均成本并不容易。出行所需时间（这里假定为 30 分钟）取决于道路类型和交通状况。每个消费者都知道，高峰期和非高峰期的出行时间差别很大，因此必须确定平均所需时间。此外，出行时间的机会成本（这里假定为每小时 4 美元）也因出行者的类型而不同。因此还必须找到平均成本。就卡车司机而言，出行时间的成本可以很容易地用工资率来衡量，但对于通勤者来说，估计就很困难了，因为他们可能选择多睡一会儿，也可能提早去上班。因此，每次出行的时间成本会是一个难以估算的复杂数字①。

其次，必须考虑到某些特定的使用者成本。这些成本包括汽油费用（含税费）②、汽车磨损费以及事故成本。所有这些费用（见第 3 行）又取决于公路类型以及使用的车辆类型。我们假定将道路扩建前的成本设定为平均每英里 15 美分，并将公路长度设定为 11.7 英里，则成本等于 1.75 美元（第 3 行）③。因此，我们得出每次出行的可变使用者总成本为 3.75 美元（第 4 行）。假设在旧设施上行驶 100 万次，我们估计总可变成本为 375 万美元（第 6 行）。假设扩建前的道路设施水平对应图 10－1 中的 F_1，我们发现，这一水平对应区域 *OBLA*。现有设施水平的总收益没有显示。为了确定它们，必须知道完整的需求曲线（即图 10－1 中的 *OHLA* 区域）。我们假设现有设施水平 F_1 的运营是盈利的，即收益超过使用者成本和养护成本之和。这里不需要考虑原先的建设成本，因为它属于沉没成本。

现在考虑扩建问题。由于该项目是不可分的，所以扩建必须采用增加连续车道的方式。从设施水平 F_1 扩建到 F_2，需要新增一条车道，成本为 400 万美元，对应图 10－2 中的 *OR*。从 F_2 扩建到 F_3 需要新增第二条车道，成本为 200 万美元，对应图 10－2 中的 *OV*。列Ⅱ是扩建为 F_2 水平后的情况。我们注意到，每个旅程的时间降低到了 18 分钟，而每个旅程的其他成本却略有增加，达到了 1.90 美元。以较高的速度行驶需要使用更多的汽油，磨损也相应增加。综上所述，每次出行的总可变成本下降了 65 美分。出行次数增加到 150 万次，年总出行成本上升到 465 万美元。这与图 10－1 中的 *ODMC* 区域相对应。

---

①　参见 A. J. 哈里森和 D. A. 夸姆比：时间的价值，收录于 R. 莱亚德（编著）：《成本收益分析》，巴尔的摩：企鹅出版社，1972 年。

②　汽油税的适当处理取决于所涉政府单位。因此，一个州不应将其征收的汽油税计为汽油费用的一部分，而不征收汽油税的地区则可以将其纳入汽油费用。

③　各个类型车辆和道路的成本预估参见马歇尔·F. 里德的《通勤的经济成本》，第 13 号技术研究备忘录，华盛顿特区：公路用户基金会，1975 年；另见《公路改进的道路用户收益分析》，华盛顿特区：美国州公路官员协会，1977 年。

我们现在可以计算项目扩建带来的使用者净收益，这反映在使用者成本的净节省上。如表中第 4 行所示，设施水平扩建为 F_2后，每次出行的成本从 3. 75 美元降至 3. 10 美元，即减少 65 美分。将其代入原有的出行次数，我们得到了 65 万美元的节省（第 8 行），对应于图 10 - 1 中的 *DBLJ* 面积；对于新增的 50 万次出行次数，我们只计算一半的节省，即 32. 5 美分，因此又得到了 162 500 美元的收益（第 9 行），对应于图 10 - 1 中的三角形面积 *JLM*①。因此，总收益，对应于图中的 *DBLM* 面积，等于每年合计节省的成本 812 500 美元（第 10 行）。

由于收益（成本的节省）发生在未来，因此必须通过折现法计算未来收益的现值。假设以 25 年作为一个项目规划周期，并且使用 8% 的贴现率。如第二行所示，我们得到将设施水平扩建为 F_2所产生的收益流的现值为 8 673 438 美元。

该表列Ⅲ也依照上述程序进行计算了将设施水平从 F_2扩建为 F_3的情况。此时，出行时间进一步缩短，而其他费用略有增加。每次出行的使用者成本总共节省了 8 美分，出行次数略微增加到 160 万次。按照同样的方式计算，我们估计预期收益（或使用者节省的成本）的现值为 1 323 700 美元。

成本的计算 现在转而考虑设施扩建所涉及的成本，我们发现需要考虑的主要项目是建设成本、场地成本和养护成本。

建设成本按市场价格计算，这一点无需赘述。场地建设是通过有偿征用进行的，涉及对被征用财产价值的评估，但这也应该是基于公允市场价值，反映该土地改变用途的机会成本。如第 12 行所示，假设扩建到 F_2的总建设成本为 400 万美元，进一步扩建至 F_3的总建设成本为 200 万美元。这些资本成本是发生在期初的，因此不需要进行折现。

公路养护成本部分取决于交通流量和交通类型，但另一部分又是相对独立的。因此，估算养护成本与估算使用者成本节省时需要考虑同样的因素。假设将设施水平从 F_1扩建到 F_2，养护成本每年增加 10 000 美元，从 F_2扩建为 F_3，养护成本再增加 8 000 美元。这些养护成本流量的现值，按照 25 年周期计算，由第 15 行给出。此外，总成本（包括建设成本和运营成

---

① 计算一半的节约（或 32. 5 美分）是衡量所产生的消费者剩余利得的一个简易程序，因为它假定了图 10 - 1 中交通量 *A* 和 *C* 之间的一个线性需求曲线。在缺少更好信息的情况下，这是可以做到的最好办法。

本）的现值如第16行所示。在图10-2的供给曲线中，扩建为水平F_2和F_3总成本分别与OR和OV相对应。

成本与收益的比较　我们现在可以比较项目扩建至不同水平的成本与收益的现值。如果将设施水平从F_1扩建为F_2，收益会超过成本4 566 688美元（第18行），如第17行所示，收益成本比为2.11。扩建至F_2水平的内部收益率为20%。如果将设施水平从F_2扩建至F_3，按照8%的贴现率计算，成本会超过收益761 700美元，收益成本比仅为0.63，内部收益率下降至3%。由此可见，扩建为F_2是有利可图的，而扩建至F_3则不然。扩建为F_2的高回报率也表明，一个超过F_2但又达不到F_3水平的修订扩建方案将是合意的。如果项目能细分为若干小规模工程来实施，且预算可以灵活调整，那么在项目扩建至最后那一单位新增设施产生的增量（边际）收益和增量（边际）成本相等，且项目收益—成本比等于1时，图10-2中F^*所代表的扩建水平就是最优的。但考虑到项目的不可分性，扩建至F_2才是我们能作的最优选择。

间接收益与成本　在前面的例子中，收益的测算只考虑到公路使用者的直接收益。由于交通在本质上是一种“中间产品”，这些“直接”收益也相对容易测度。但在更全面的分析中，还必须考虑其他收益或成本。

交通运输设施的扩张可能会为经济发展带来重要的间接收益。因此，两个城市之间各类设施的扩建可能会促进该地区的经济发展，并改善两地间的劳动分工状况。由此产生的收益将超过按上述方法估算的收益，因为两地的要素收入会提高。特别是在发展中国家，交通联络的打通将使以前闲置的资源投入使用，并建立起与市场的联系。早期运河的开凿、19世纪中叶美国铁路系统的发展以及当今拉丁美洲的高速公路建设都是很好的例子。由于交通运输设施的发展给经济带来的发展性收益是难以预测的，不能简单地用节省的旅行成本来衡量。

在成本方面，社会成本可能以各种方式超过直接的建设成本。住宅可能不得不被拆除，其重置成本必须以一种间接但有形的成本形式纳入考虑范围。此外，一条高速公路可能会扰乱既有社区的正常生活并迫使居民搬迁，进一步招致一个间接但无形的成本。事实上，真实的社会成本可能远远超过房屋的重置成本。此外，由此造成货币损失或收益可能会对分配产生重要影响。虽然拆除低成本住房可能不会伤及房东的利益，他们已因此而获得补偿，但如果在此过程中低成本住房的供应减少，无疑会增加租客的负担。

估算养护全国高速公路系统的回报

我们还需进一步考察如何应用成本收益分析方法估计政府对高速公路的需求。不出所料，实际操作时采用的估计程序并不像第四部分示例中所要求的那般精密，但它们仍遵循了成本收益分析的基本原理，并获得了一些有趣的结论①。

第一步是估算公路系统为达到一定标准所需耗费的成本，包括车道宽度、路面状况和行驶速度等质量特征。这涉及对未来出行的增长、天气状况、资源成本等方面的假设。如此，就可以确定满足一系列标准——首先是维持当前的道路状况，然后是使之得到不同程度的改善——的成本。

第二步是测算任何特定项目的收益。这种收益以减少使用者成本来衡量，其中包括运营成本、事故成本和时间成本。对事故成本的界定是仅限于社会成本，而不考虑事故造成的伤亡。出行时间费率的估计范围则从客运汽车 7 美元至四轮卡车 14 美元不等。一旦估算出成本和效益，就可以确定公路养护的投资回报率。根据国会预算办公室近期编制的相关数据整理计算的结果如表 10 - 4 所示，其中列出了 1984—1985 年公路养护的回报率②。

如表 10 - 4 最后一行所示，以整个公路系统为例（除部分小型农村公路外），每年的使用者成本达 8 780 亿美元，其中时间成本约为 2 500 亿美元。1984 年和 1985 年的公路养护成本合计为 230 亿美元。这笔投资预计每年可减少 100 亿美元的使用者成本，即略高于总量的 1% 。这些成本节省预计会持续十年。为了计算投资回报率，我们找寻到一个使两年期成本流量贴现值等于十年期（项目使用寿命假设为期十年）收益流量贴现值相等的贴现率。这样就求得表格最后一行所示的 43% 的内部贴现率。我们还注意到，不同子系统的回报率差异较大，城市公路系统的回报率一般要高于农

① 参见公共工程和交通委员会：《国家公路状况，条件和绩效》，交通部，1987 年 6 月。另见由自然资源和商务助理主任 E. M. 埃利希的说明，环境和公共工程委员会，美国参议院参议院，1988 年 2 月 29 日。

② 参见由国会预算办公室（CBO）即将发行的出版物。在此作者非常感谢 CBO 珍妮弗 · 维哈特的有益评论。

村公路系统。尽管如此，在大多数情况下，整个高速公路系统的回报率都是非常高的，远高于其他公共投资的预期回报率，数倍于私人投资项目的回报率。然而，这并不意味着应该大规模扩张公路项目投资。由于当前支出水平下所获得的道路养护质量已相对较高，因此，继续扩张将会导致投资的边际回报率急剧下降。同时也需要注意，我们在这里讨论的是一个已基本建成的公路系统的养护，而不是新建公路。在过去，当后者更为重要时，收益的估算会更加复杂，因为这将涉及开发新地域所产生的外部效益。不过，现在这已成为问题的次要部分，因而对收益的估算有所简化。

表 10－4　　公路养护的投资与回报，1984—1985 年

单位：十亿美元，按 1986 年价格水平计算

高速公路系统（各级政府）	年度总金额			投资回报率（%）‡
	车辆行驶里程（十亿英里）	资本性养护成本（1984—1985）*	使用者出行成本（1985）†	
乡村公路系统				
州际公路	154.1	3.4	72.8	－4
其他主要干道	145.9	3.4	71.1	16
次要干道	136.9	3.3	68.1	28
主要支路	163.2	2.3	90.5	7
次要支路	43.3	0.8	27.0	57
所有乡村公路	643.4	13.1	329.4	16
城市公路系统				
州际公路	216.4	4.5	91.4	31
其他高速公路和快速道路	97.4	1.1	41.4	117
其他主干道	279.0	2.5	203.9	136
次要干道	201.7	1.4	149.2	50
支路	89.5	0.6	65.0	130
所有城市公路	884.1	10.0	550.9	75
所有系统合计	1 527.5	23.1	880.3	43

* 包括重建、路面拓宽、桥梁修复和更换、安全设施和其他项目的资本性支出。因此，它包括除新建项目之外的所有资本性支出。

† 包括车辆运行成本、事故成本和财产损失，以及出行期间时间成本的预估。

‡ 基于使用寿命为期十年的修复和重建项目。

资料来源：国会预算办公室 1988 年春出版的高速公路研究。

三、户外娱乐

接下来我们将讨论户外娱乐项目——比如公园——的评估。此类项目产生的收益包括：（1）为使用者带来的收益；（2）为周围社区带来的收益；（3）其他特定收益，比如保护环境的自然之美。这些或多或少属于无形收益类型。和上文一样，我们首先要确定使用者收益，这被认为是收益估算的最主要部分。

不同于高速公路系统，我们现在考察的是一种社会产品，它本质上是一种最终产品或消费品，而非中间产品。现在我们要评估从公园本身或其扩建中获得的收益，如减少拥堵，而不是像公路系统那样，通过取得其他成效（如到达目的地）所节省的成本来确定其收益。我们必须正视的问题是：参观公园有什么价值？一旦答案揭晓，我们就可以按照和前面示例差不多的方法来比较成本与收益的现值。

估算使用者收益

关于收益估算已有很多曾获推荐和被采用的方法，包括基于使用费的直接定价、估测对假设性使用费的支付意愿、使用相似私人设施收取的价格、使用相关设施的成本，以及构建诸如按特征加权的使用者天数（user days）指数。

使用费 我们假设公园可以很容易地满足“排他”，即限制那些已付费人群进入公园的管理成本是微不足道的。我们已经发现，由于消费的非竞争性，在没有拥挤的情况下，排他与特定公园的有效使用是不相容的。然而，各公园在规划上并不是孤立的。公园管理机构将面临在不同地点建设公园的情况，从 *A* 公园获得的经验可能会被用于规划 *B* 公园的选址。因此，即便入园费用为零，也可以通过对一个已建成公园进行收费来测试公园建设的营利能力，以此作为未来公园规划建设的参考依据。如果公园 *A* 的预期未来门票收入的现值超过项目建设成本，那么在其他需求情况相似的地方就会要求建设同类公共设施。公园 *A* 的资源未被充分利用（或建造了一个被证明无利可图的公园）而产生的低效率，不足以抵消规划建设其他公园所带来的效率提升，后者因获取到了相关参考信息而变得可能。

假设性使用费　除了尝试向实际用户收费这种方法外，使用市场调查方法也可以获得同样的信息，同时还无需承担将潜在用户排除在外的成本。这些用户会被问及他们愿意为各种设施支付多少费用，或者在不同价格下对特定设施的使用量是多少。通过这种方式可以构建一个模拟需求曲线，对项目收益展开评估，同时又避免了排他性导致的低效率。但问题在于，受访者不太可能说真话：如果他们希望促成某一设施的兴建，就会给出过高的评价；如果他们想阻拦某一设施的建设，就会给出过低的评价。尽管如此，这种方法仍被证明是有些用处的，并得到一些专家的大力提倡。

私人设施的价格　在某些情况下，公共设施可能会借鉴与其多少有些类似的私人设施的收费价格进行定价。因此，提供相似设施的私人俱乐部收取的会员费可能反映了逛公园所获得的消费价值。这种方法有两个缺点。首先，私人设施的收费价格很可能会被压低，因为有另一处类似的公共设施可以免费使用。因此，使用私人设施门票价格的方法就低估了公园的价值。其次，还存在一个反向作用的因素，即私人设施的收费价格可能包含了私人设施会员资格的“排他性”溢价，因此，公园的价值又将被夸大。要使这一方法确实可靠，这两类设施必须具有相当的可比性，而这种情况在现实中是非常罕见的。

已发生成本　在间接估算娱乐设施收益的货币价值时，有些研究利用了使用者在使用户外娱乐设施中所发生的个人成本。这些成本被视为使用者评估从娱乐设施消费中所获收益的一个替代。

假设公园只有一名游客，他每次游览的成本等于图 10－3 中的 *OD*，游览次数等于 *OK*，他的边际成本和边际收益均等于 *OD*，给定他的需求曲线 *EF*，那么他的总收益等于 *OEFK*，这是在评估该娱乐设施项目时需要与投资成本进行比较的收益总和。但遗憾的是，这个需求曲线是未知的，能观察到的只有其中的 *F* 点。根据给定的 *F* 点，我们可以测算出其总收益中的 *ODFK* 部分。然后，我们必须推导出需求曲线 *EF*，以确定其消费者剩余，即 *DEF*。

为了估计需求曲线，我们制定了一些巧妙的方法。举例来说，让正在考虑兴建一座公园的 *X* 社区去学习已建成公园的 *Z* 社区的经验。假设有三个游客，分别住在离项目 5 英里、10 英里和 15 英里的地方，他们的交通成

本分别为 OD、OG 和 OI。另外，假设他们各自的出行次数分别为 OK、OL 和 OM。如图 10－3 所示，现在我们得到了需求曲线上的 F、H、N 三个点。如果再增加更多的游客和距离，就可以得到一条更完整的 EF 曲线。然后，将 $OEF+OEHL+OENM$ 之和作为总收益，与项目的投资成本进行比较。实际情况远比这复杂。A、B、C 各类旅客人数众多，必须将每一类游客的收益汇总。同时，在与投资成本进行比较以获得收益—成本比率之前，必须将项目期间内产生的收益折现。此外，还必须考虑到维护成本。然而，最基本的问题仍然是如何推导出一条需求曲线，以便能够估计包括消费者剩余在内的收益。

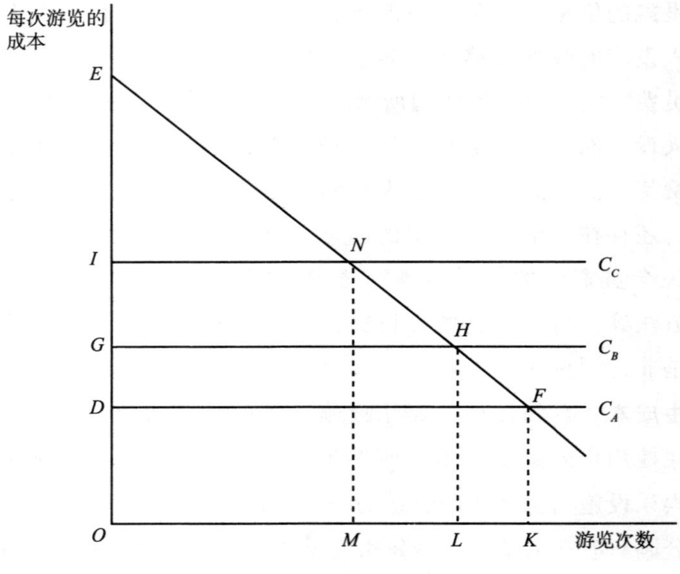

图 10－3　户外娱乐

如果对需求的估计要基于游览成本，那么我们必须首先确定这些成本。虽然某些成本如出行所需车辆和燃油可以很容易地确定，但估算路途出行和入园游览所花费的时间价值则比较困难。出行成本在使用者总成本中的重要性因出行时间的不同而差异较大，出行成本较少或无出行成本的公园可能至少与出行成本较高的公园带来的好处是一样的。对一个公园的使用——该公园除了出行时间的机会成本外不涉及任何其他使用者成本——应该到这一点为止，即这一机会成本等于游览所获得的收益。以消费者剩余衡量的收益会因出行成本的存在而减少而非增加。

按特征加权的使用者天数　作为估算使用者天数价值的一个替代程序，可以考虑对各种使用者特征赋予一定权重。例如，使用者使用公共设施的天数可以根据其收入、居住地、年龄或其他特征进行加权。权重大小将根据特定的政策目标，如收入再分配或区域发展来确定，从而可以对包含多个政策目标的不同项目进行比较。这一方法实质上是成本效率分析，即对给定资金用于各种备选用途以实现一系列预期目标的效率进行比较，并事先确定要分配给这些政策目标的价值权重。

其他收益

迄今为止，我们只考虑了归于使用者并为其所重视的收益。但还应该考虑其他收益。户外娱乐工程通常是一些旨在实现多重目标的综合性社会项目的一部分，如水资源或区域发展项目。因此，建造大坝可以是为了发电、控制洪水、用于灌溉和提供娱乐设施。我们必须将不同产品产生的各种收益结合起来进行评估，以获得最佳的产品组合。

此外，户外娱乐可被视为一种有益品，因此，其社会价值超过了私人使用者所赋予的价值，从而导致对其收益评价的提高，这类似于对私人类型的有益品的补贴。类似的考虑也出现在诸如保护自然之美或野生动物等目标上。这些目标涉及无法用市场测试来衡量的社会价值，因此往往会被忽略。社会时间偏好和私人时间偏好之间也可能存在冲突，这种情况涉及后代和当代人的利益对比。与分析其他社会项目的场合一样，对娱乐设施相关问题的经济分析自然要把重点放在那些可以类比于市场定价，因而也是更具操作可行性的方面。但是这些绝不是问题唯一的、或者在某些情况下最重要的方面。

四、教育

如表 10 - 5 所示，1986 年教育公共支出达 2 120 亿美元，其中 70% 用于基础和中等教育，30% 用于高等教育。前者在传统上是地方政府的职能，主要依靠财产税提供资金。然而，近几十年来，州政府的贡献已经愈发重要，目前州政府提供了超过一半的教育资金。然而，学校系统的实际运营仍是在地方政府的指导下，州政府则以拨款形式将资金转给地方层面。反过来，尽管联邦政府也提供了大量的资金支持，但高等教育的公共提供在很大程度上仍是州政府的职责。在州和地方层面上，教育支出现在约占其总支出的30%，因此在教育的公共财政中发挥着非常重要的作用。在基础和中等教育上，私人部门支出只占到总支出的不到10%，这使得教育服务的提供本质上是一项公共事业。然而，在高等教育支出方面，私人部门的贡献要高得多，约占三分之一。

表 10－5　　教育支出　　单位：十亿美元

	1970			1986		
	基础和中等教育	高等教育	合计	基础和中等教育	高等教育	合计
公共部门						
联邦	3.4	2.4	5.8	9.9	7.0	16.9
州	15.8	6.3	22.1	70.5	29.6	100.2
地方	21.7	0.8	22.5	65.1	2.0	67.1
其他	0.1	6.3	6.4	0.4	26.9	27.4
合计	41.0	15.8	56.8	146.0	65.6	211.6
私人部门	4.7	8.9	13.6	13.3	35.5	48.6
总计	45.7	24.7	70.4	159.3	100.9	260.2

资料来源：《美国统计摘要》，1987 年，第 115 页。

政策问题

在民主社会中，教育政策是民众永恒的热议话题，提出了诸如公立学校中应该教授什么、应该如何进行教学、谁应该接受公立教育等广泛的问题。近年来，讨论进一步深入以下问题：公共财政对教育的投入是否应仅限于公立学校？或者私人教育机构是否可以享受财政支持？

公民受教育权　一般来说，各州在设置其财政结构上有广泛的自由，而州政府同时又控制着地方财政，因而它们对提供学校服务负有最直接的责任。但如前文所述，州宪法规定赋予公民接受一定水平的学校教育的权利，这一教育服务水平不取决于地方财产税税基，并且美国最高法院确认教育服务的可获得性受美国宪法平等保护条款的支持①。近年来，教育呈现更多地依赖州政府而非地方政府财政投入的趋势，这部分地解决了针对将学校财务资金与地方财产税税基挂钩的宪法争议。与此同时，目前宪法尚未提出要求在各州间享有可比教育服务权利的条款。

公立教育与私立教育　如前所述，小学和中学教育主要由公立学校提供，公立学校学生人数约占总人数的 90%。然而，对于这种公立“垄断”是否可取的问题，已引发了人们广泛的争论。这与近年来人们对公立学校提供的教育质量的关注有关。有观点认为，如果公立教育机构和私立机构之间有竞争，就能产生更高效的结果，所以支持者认为，在继续依赖公共教育经费投入的同时，也要促成这一竞争态势的形成。家长可以自由选择是送子女上公立学校还是向政府领取支付就读私立学校费用的凭证，然后私立学校可依这些凭证从政府处获取相应资金。

公立教育的支持者则认为，教育是一个涉及重大公共利益的问题，因此应该由政府部门提供。但是，由政府开办公立学校的理由可以简单地归因于教育会产生外部性吗？这种外部性的确存在，而且往往会被只重视学生个人收益的私人需求所忽视。由于教育具有社会公共产品的性质，因此私人投资难以达到社会最优水平②。然而，这并不意味着教育必须由公立学校提供，也可以通过补贴私立教育来实施必要的矫正，无论补贴是对学校的直接补贴，还是通过凭证对学生支出的特定补助。即使教育被认为是一种“有益品”，个人也容易低估社会希望其获得的特定收益，这种情形下也会得出与前述相似的结论。公立学校之区别于私立学校，并非源于下述原则：教育对个人的重要性要求平等地提供受教育机会，或要求受教育程度至少达到某些有效最低标准。这一原则是反映“绝对公平”（categorical equity）的一个重要实例，无论财政资金用于支持公立还是私立教育机构，这一原则都可以得到落实。

迄今为止所提到的观点主要与教育水平有关，而不是关于在公立和私立教育机构之间的选择。与这一选择直接相关的是下述命题，即增加竞争会提高学校的效率，而私立学校能更好地提供竞争。这一观点或许成立，

---

① 参见第三章第二节。

② 参见第一章第一节和第七章第四节。

但也可以采取一些方法在公立教育系统内增加竞争，包括缩小学区的规模和增加学生的流动性。

尽管上文讨论了很多，但还没有考虑最根本的问题。确切地说，它只涉及以下观点：教育的本质在两种体制下有所不同。在公立教育体制下，教授的内容和传播的价值观将作为一种政治过程的产物，由更广泛的公众来决定。在私立教育体制下，教育项目只反映社会中特定群体的观点，同时受到宗教、文化、民族或其他因素的约束。因此，我们面临在提供一个共同的核心课程和鼓励教育差异性之间作出选择，这涉及我们应如何审视社会这样的基本问题，这类问题本质上不仅仅是财政问题，而是涉及一个范围更广的议题①。

高等教育的成本收益分析

成本收益分析的原则也可以应用于测算教育投资的收益。成本收益分析方法可用于解决一些具体问题，比如，如何选择替代性投入资源（计算机、辅导课程、更小的班级）以改善数学课堂的教学效果。或者，用来分析一些较大的问题，比如估算教育投资的预期回报率。下面我们将对高等教育中产生的相关问题进行讨论。

估算收益 我们首先从收益着手，对其类型进行区分，包括：(1) 学生增加的工作收入；(2) 学生可以从一个更高的教育水平中获得的满意度；(3) 接受更高教育程度的公众对社会产生的外部收益。这三类收益中，只有 (1) 可以较容易地测度，并将被纳入后续的示例中予以说明。

第一步要确定学生终身工作收入中因教育而增加的部分。这一工作收入中的收益，可以通过观察不同教育水平的人们在工作收入上的差异，并将这些差异归因于受教育程度的影响而估算出来。接下来，可以预测该学生在工作生涯内的工作收入增量，如表 10－6 第 1 行至第 3 行所示。列 Ⅰ 中表示在 44 年工作周期内工作收入的绝对金额，列 Ⅱ 则给出了折现后的价值（以 3% 贴现率计算）。

---

① 关于私人对比公共学校的问题，参见亨利 · J. 莱温：《教育作为一个公共产品和一个私人产品》，《政策分析与管理期刊》，第 6 卷，1987 年第 4 期。

表 10－6　　男性工作者的高等教育回报　　单位：千美元

	Ⅰ 零贴现率	Ⅱ 3%贴现率
终身工作收入		
1. 大学毕业生的工作收入	1 605	1 380
2. 高中毕业生的合计工作收入	1 104	975
3. 收益（1－2）	501	405
大学成本		
4. 院校发生的成本	25	23
学生发生的成本		
5. 学费	9	8
6. 食宿	7	6
7. 因上学而放弃的工作收入	45	42
8. 总计（4＋6＋7）*	77	71
9. 私人成本（5＋6＋7）	61	56
净收益		
10. 总计（3－8）	424	334
11. 私人（3－9）	440	349
收益—成本比率		
12. 私人（3/8）	6.8	5.7
13. 总计（3/9）	8.2	7.2
内部贴现率		
14. 私人	14.4	
15. 总计	18.7	

*第 5 行不包括在内，因为它同时也是第 4 行的一部分。

这些数字显示了大学和中学毕业生（男性和女性）从 25 岁到 64 岁的终身工作收入。这些预估基于 1979 年中学和大学毕业生按年龄组别的工作收入模式（假设这些模式会在未来持续）。对于第 4 行到第 10 行，参见美国教育部，《大学教育的成本的预估和机构成本分析》，1987 年。所示的金额是指组合在一起的所有机构，从而忽略了各类型机构之间的实质性差异。该来源不区分男性和女性学生，我们假设第 4 行至第 6 行中给出的金额对这两个来源都相同。该来源中关于放弃的工作收入，以35 000 美元给出——同时适用于男性和女性学生。此处将适用于男性学生的收入提高到 45 000 美元——根据普查局中所给出的相应的中学毕业生工作收入，《美国住户、家庭和个人的货币所得，1982 年》，表 49。

对于列Ⅱ的第 4 行到第 9 行，假设成本以每年相等的金额应计入一个四年周期内。

对于第 14 和 15 行，假设第 1 行和第 2 行的工作收入以相等的金额摊销在一个 46 年周期内（即从 18 岁到 64 岁）。

资料来源：对于列Ⅰ和列Ⅱ的第 1 行和第 2 行，参见《美国统计摘要》，1984 年，第 470 页。

估算成本 高等教育的成本如表中第4行至第9行所示。第4行给出了一所院校培养一名学士在四年中所产生的成本。估算这一成本时存在的问题之一，是要区分培养一名学士的直接成本和为毕业工作和研究而发生的其他成本。此外，如何处理超额学分产生的成本，以及如何处理辍学者，都是需要解决的问题。第4行的金额并没有考虑后面这些情况，如果将其纳入考虑可能会使已记录的院校发生成本金额翻倍。

第5行至第7行报告了发生在学生身上的成本。第5行所示的学费是一个平均数，学费在州立学校和私立学校之间存在很大差异。第6行反映的食宿成本略有夸大，因为它反映的是总量而非增量成本。第7行显示了因上学而放弃的工作收入金额，对于女性学生这部分金额要低得多。第8行记录了总成本，第9行仅显示了私人成本。所有这些成本都发生在一个四年周期内，它们的贴现值如列Ⅱ所示。第10行和第11行中显示了收益减去成本的净额（私人净收益和总净收益），而第12行和第13行中显示了相应的成本收益比。最后，基于在44年的周期内，即从高中毕业到64岁退休，每年产生等额收益流的假设，第14行和第15行给出了内部贴现率。如第12行和第13行所示，总成本和私人成本的收益成本比（经折现后的价值）分别为6.5和8.2，而相应的内部贴现率分别为14.4%和18.7%。这些比率略高于一般给定的比率①，但表10-6使用了可获得的数据，有助于反映所使用的估算程序。

在诠释上述结果时，我们必须注意以下几点：（1）由于我们假设收益每年以恒定金额累计，而未考虑其随年龄增大而相应提高，这会高估内部收益率；（2）成本被低估了，因为它们未考虑超额学分或辍学的成本，这些考虑可能会使院校发生的成本翻倍；（3）收益数据基于平均价值而非边际价值，后者与投资决策有关，但会低于平均价值。由于这些以及其他原因，这里所得到的收益可能远高于教育的实际回报。同时，应该指出的是，这里所包括的收益只考虑了私人工作收入，而忽视了受到更好教育的公众对社会的外部收益。总之，该问题远比用这种简单的计算所能反映的概况要更为复杂。

---

① 例如，参见R.B.弗里德曼：学院教育经济回报的下降，《经济学与统计学评论》，1977年。预估的回报率约为10%。

最后，需要注意上述数据仅适用于男性学生。根据对女性学生基本工作收入的估计，其收入要比男性低得多（大约是男性学生收入的三分之一），相应地，回报率也较低。然而，这一结果反映的是1979年所盛行的工作收入模式，它没有考虑到劳动力市场中女性地位的提高，以及预期在当前大学生的工作生涯中可能会形成的更全面的劳动力参与情况。

五、本章小结

将成本收益分析方法应用于各种类型公共服务中，会产生一系列截然不同的问题，并且已经制定了不同的方案来解决这些问题。

就国防而言，关于武器设计范围和模式的决策涉及以下问题：

1. 提供哪些武器装备将取决于对外政策及其国家目标的实施情况，因为这些将影响到可能出现的军事紧急状态的概率和类型。有效评估潜在对手的合作或敌对反应是至关重要的。

2. 给定具体性能要求，可以比较各类武器设计的成本和效益，从而可以选择一个有效的组合。

3. 随着技术的快速进步，对短期和长期目标的权衡会变得更加重要。

4. 必须考虑武器开发与技术进步之间的相互作用，同时也要考虑到对私营企业的有利或不利影响。

就公路和道路建设而言，也会产生不同的考量：

5. 由于交通系统涉及所有层级的政府，因此在支出规划中需要政府间展开密切合作。

6. 使用者付费融资的方法可以将公路支出交由市场检验，但这种方式的适用性非常有限。

7. 使用成本收益分析方法要求根据边际成本和边际收益相等原则来确定最优设施水平。

8. 要求仔细计算使用者的成本和收益。

9. 考察各层级高速公路养护的估算收益。

将成本收益分析方法应用于户外娱乐设施，需要考虑以下问题：

10. 使用者付费可以用于评估使用者收益，但在没有拥挤的情况下会产生排他成本。

11. 制定以间接方式估算收益的各种方法。

将成本收益分析方法应用于教育投资有特别的意义，并再次提出了各种问题：

12. 教育作为个人有权享有的公共服务，被单独拎出来进行了分析。

13. 虽然人们普遍接受教育应该由政府支付的观点，但这留下了下述问题：教育由公立学校还是私人教育机构提供更好？

14. 用于测算高等教育的成本和收益及其回报率的技术已得到不断发展。

推荐阅读

关于成本收益分析方法的案例研究，可以参考以下书目：

Chase, S. B. (ed.): *Problems in Public Expenditure Analysis*, Washington, D. C.: Brookings Institution, 1968.

Dorfman, R. (ed.): *Measuring Benefits of Government Investments*, Washington, D. C.: Brookings Institution, 1965.

Harberger, A. C.: *Project Evaluation*, London: Macmillan, 1972.

Haveman, R. and Margolis, J.: *Public Expenditures and Policy Analysis*, 3d ed., Boston: Houghton Mifflin Co., 1983.

第十一章
支出政策案例研究Ⅱ：低收入援助与社会保险

在讨论了各种公共服务的成本收益分析情况后，现在转向讨论转移支付方案。多数情况下，受低收入群体援助或社会保险提供所带来的直接影响，资源需求会在私人部门与其他部门之间进行转移。并且，相关方案目标是以最低成本谋求最大收益。

▶ 本章内容提示

一、低收入援助方案

医疗援助

补充保障收入

食品券

低成本住房

福利

二、对工作的激励效应

抑制问题严重性

替代性福利模式

负所得税

三、社会保险项目

退休与残疾保险

医疗保险

失业保险

四、社会保险的相关问题探讨

1983 年改革

长期展望

公共供给与私人供给

收入再分配

工资税筹资与预算贡献

对资本构成的影响

对劳动供给的影响

五、本章小结

在本章中，我们将讨论主要以转移支付形式所支撑的收入维持与社会保障方案。如表 11－1 所示，联邦政府为该项方案的主要责任主体。方案可分为两大方面：一方面为直接改善穷人困境，另一方面为提供种类更为广泛的社会保险服务。

表 11－1　　1988 年联邦政府的主要社会方案　　单位：十亿美元

低收入支持	
医疗援助	30.7
住房协助	10.5
食品券	13.5
儿童营养	7.1
补充性保障收入（SSI）	12.6
家庭抚养支付（AFDC）	11.1
小计	85.5
保险项目	
社会保险（OASI，DI）	219.7
医疗保险	78.8
失业保险	15.7
小计	314.2
合计	399.7

注：预测水平，联邦政府预算，1989 财政年度。

一、低收入援助方案

如表 11－1 上半部分所示，大多是针对低收入情况进行援助的项目[①]。AFDC（对拥有受抚养子女的家庭所进行的援助），也被称为福利方案，这仅仅是大体系中的一小部分。接下来，本章将对福利体系的主要组成部分进行简要介绍，并对 AFDC 和如何最有效地提供福利该种普遍问题进行更为细致的考察。

① 不同项目的各种主要规定，参见《社会保障的有关事实与数据》和《美国的社会保障方案》，收录于《社会保障简报》，1987 年 4 月和 5 月。

医疗援助

医疗援助是低收入援助方案的最主要组成部分。它是由联邦政府与州政府联合推进的，联邦政府与州政府的出资比例至少达50%，这取决于州的人均收入与其他因素的影响。此援助方案可普惠AFDC项目的所有人员、SSI（补充性保障收入）项目的绝大多数人员以及其他65岁以上符合条件的人员。总之，在1985年共有2 200万人获得医疗援助，其中受抚养的儿童是最主要的群体。医疗援助为医疗保健服务提供了保费，还包括了某些附加收益。各州根据联邦政府设定的指导方针对其自身的方案进行设计与管理。受医疗服务成本提高的影响，医疗援助的成本也显著提升，目前正在努力减缓此上升趋势。

补充性保障收入

在SSI体系下，有400万人获得补充性保障收入。补助资格限制在年龄超过65岁的人员、盲人以及残疾人。收入低于4 080美元的个体可获得补充性保障收入的支付额，支付额等于其收入低于4 080美元的对应部分的短缺额。同样，补助资格还限制个体资产不得高于2 000美元，夫妻资产不得高于3 000美元。这些适用于1987年的限制条件是根据社会保险费来进行指数化的。各州可以对联邦政府项目进行补充，也可以按照联邦政府制定的水平对自身的援助方案进行管理。

食品券

根据食品券相关方案，家庭（现在不局限于老年人）可获得食品券，这些食品券可用于杂货店食物的购买支付。为了达到领用标准，一个家庭的可支配性收入必须低于2 000美元（1987年的基准），并且总收入不得高于适用于该家庭规模贫困收入指标的130%。大约有2 000万人领用年均价值约为500美元的食品券（1987年）。该食品券方案由联邦政府统一支付并由地方福利机构进行执行。

低成本住房

联邦政府通过各种方案向低收入租户提供住房补贴，约有2 000万户家庭获得援助。援助是以对房屋建造提供低息按揭贷款的形式进行的，该房屋并非完全由低收入住户所拥有。

福利

AFDC（对拥有受抚养子女的家庭所进行的援助），即所谓的福利项目，绝非为低收入援助体系中的最大项目，但其一直是最备受争议的项目，也是福利制度改革的焦点问题。

AFDC 项目提供联邦配套补助用以支持各州向拥有受抚养子女的家庭提供现金或非现金支付。对于符合条件的家庭，其子女必须是急需救助，至少失去了父母亲其中一方的支持，必须住在家中且年龄在 18 岁以下。同时家庭收入必须低于适用于该家庭规模标准需求的 185%。在满足联邦政府的相关要求后，各州可自行设定标准需求水平，这也促使州与州之间提供的福利水平大相径庭。1985 年，每户家庭的平均月支付款项从阿拉巴马 115 美元到阿拉斯加 603 美元不等，平均值为 348 美元。总而言之，共计 370 万户家庭曾获得过 AFDC 项目的支付。

该福利项目受到了广泛的批评，其原因各不相同。

1. 该项目导致各州之间所提供的援助水平不等，这从一国角度来看，是不可取的。

2. 该项目的资格要求及其执行可能会被视为无理论依据。此外，它促使了家庭解体，因为没有男主人的家庭往往更容易获得福利项目的支付。值得注意的是，只有 23 个州允许有男主人的家庭取得援助资格。

3. 该项目的福利水平难以达到最低生活标准，尤其体现在低福利州之中。

4. 单身人士和无子女的夫妻未被包含在福利系统中，除非他们是盲人或是残疾人。

5. 有工作的穷人无法得到帮助，因为其全职工作的父母被排除在福利项目外。然而，该群体有 40% 生活在以全职工人为户主的家庭之中。

6. 正如一些批评家所认为的，通过将福利项目的不同部分统一于单一系统，并且所有资助都采用现金形式，这将导致福利管理体系过于简化。

7. 最重要的是，该计划被认为是不鼓励工作的，因为随着自身收入的增加，福利水平会随之下降。因此，该制度实际上对专项资金征收了高边际税率。AFDC 项目的受助人被允许在拥有一定收入的同时不失去福利，并且还被允许持有不超过 1 000 美元的财产。然而，如果其收入超出标准，福利将按照超出部分进行三分之一的削减，若收入继续增加，则可能将出现100%的削减。对收入的削减类似于对收入以33%至100%的税率进行征税。

8. 问题的焦点已由在经济严重萧条情况下向人们提供救济转向处理单亲家庭中儿童的福利问题，其中单亲家庭的儿童已占出生人口的近50%。

从反对意见中可知，福利制度在许多方面都不尽如人意。特别是，人们普遍认为，应将福利体系的覆盖范围扩大至有工作的穷人家庭与没有孩子的穷人家庭，并应缩小各州之间福利水平的差异性。还有一种普遍的观点认为福利制度被有能力就业但却选择不工作的人滥用。如前所述，隐性税率降低了工作积极性，因为提升净收益需要大幅提高收入。虽然滥用与自然反应难以区分，但无论现象所处何种范围之内，其存在干扰了公众对真正需要帮助的人提供援助的意愿。有效的解决途径是为有能力工作的人提供工作机会与托儿设施。由此，通过在福利制度中建立一项工作要求便可核查出滥用的情况。在过去十年里所提出的福利改革方案已试图往该方向发展，并且相当多的以工作为导向的改革已在实施进行中。然而，改革进程是缓慢的，设计可运行并被广泛接受的工作福利体系是一项艰巨的任务。这必须明确何种工作、何种工资率以及在何处工作。私人部门工作的可得性取决于经济状况，维持高就业率的经济环境是解决这一问题的关键所在。除此以外，还有一个问题是，若在私人部门工作是不可实行的，公共部门如何扮演好最终雇主角色仍是一个亟待解决的问题。

二、对工作的激励效应

如上述一切所表明的，设计一个令人满意的收入维持方案的问题焦点在于如何更好地满足低收入水平家庭的需求，并且将其对工作积极性的抑制效应最小化。

抑制问题严重性

研究者已设计了多种实验来将不同支付环境下的结果进行比较。考虑到实验的困难性，我们必须谨慎解释评价其结果。然而，实验表明，虽然并未像人们所设想的那般严重，但工作努力程度的确受到了负面影响。其中，受影响的男性工作者比例约占 7%，女性工作者约占 17%[①]。

替代性福利模式

假设用于援助的可用资金数额有限，则援助低收入家庭的最有效方法是通过从严重缺乏收入的底端开始分配资金，从而保证预算允许的最高水平。但这种方式隐含了对低收入范围内的群体征收高边际税率的税费，从而降低了人们的工作积极性。收入效应与替代效应对工作努力程度的影响是负面的，为了抑制后一种效应，援助须拓展到更高的收入水平等级中，但反过来此政策减少了给最需要帮助的人所提供的援助金额。

图 11-1 表明了众多可替代选择的援助模式以及其隐含的边际税率。在

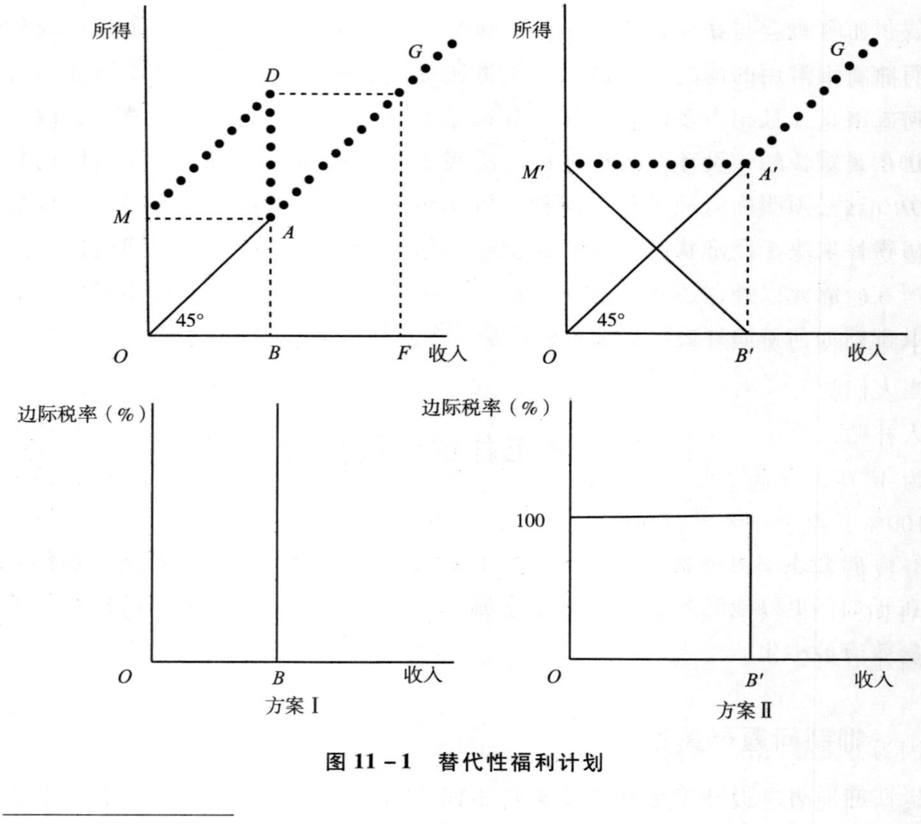

图 11-1　替代性福利计划

① 对项目的评估，参见艾丽西娅·H. 穆内尔（编）：《收入维持实验的教训》，波士顿联邦储备银行，1986 年。

每组方案的上半部分，横轴表示收入，纵轴表示所得（税后和转移支付后）。45°线 *OG* 表示在没有税收和转移支付的情况下的所得。方案Ⅰ是所有方案中最简略的。当收入低于 $OB = OM$，则提供一笔金额为 *OM* 的固定补贴；当收入超过 *OB*，则没有补贴。如左图所示，虚线 *MAB* 表示了不同收入水平下的补贴情况，点线 *MDAG* 表示所获得的总收入（即收入 + 补贴）。如图下半部分所示，这表示收入水平达 *OB* 时的边际税率为零，但对于超过 *OB* 的第一个美元，则适用一个极高的边际税率（$100 \times OM\%$）。然后税率再次降为零。收入水平为 *OB* 的人为使所获福利水平维持不变，其不得不将收入水平提高到 BF。虽然此方案看似荒谬，但实际上适用于收入一旦超过固定限额就失去享受低收入服务资格的情况。例如，医疗援助的资格标准以及在州级层面对有受抚养子女和失业父亲家庭的援助项目（*AFDC - UF*）。

如图 11 - 1 中的第二组图所示的方案Ⅱ，此方案更为合理但仍具有较强的抑制作用。当补贴金额等于收入与设定的最低收入水平之间的差值时，则适用此方案。若最低收入水平设定为 *OM′*，则不同收入水平下的补贴由 *M′B′*表示，*M′A′G* 表示总收入（收入 + 补贴）。如图下半部分所示，对于 *OB′*的收入水平，对应的边际税率为 100%，并在之后变为零。因此，补贴接受者将没有工作积极性直到他们可将其收入水平扩大至 *OB′*之上。

如第三组图所示，方案Ⅲ旨在减少抑制作用。如同方案Ⅱ，该补贴水平随着收入水平的增加而减少，只是下降趋势较为平缓。虽然在方案Ⅱ中，当人们收入水平达到 *OB′*（等于最低收入水平 *OM′*）时将不会被给予任何收入补贴，但在方案Ⅲ中，收入水平达到 *OB″*的人仍可享有福利补贴。补贴线为 *M″B″*，总收入线为 *M″A″G*。如该图下半部分所示，目前边际税率低于 100%，由于补贴受补贴接收者部分收入的影响而减少。如图所示，减少部分数值约为收入 *OB″*的 50%，而 *OB″*相当于最低收入水平 *OM″*的两倍。AFDC 计划下的福利结构就是此种类型。一位接受福利补贴的母亲其收入每额外增加 2 美元将损失 1.34 美元的福利援助（在一定范围之内），因此相当于支付了税率为 62% 的税赋。食品券和公共住房项目也有类似的规定。因为方案Ⅲ收入的隐性税率低于方案Ⅱ，所以方案Ⅲ的优势在于对工作积极性的抑制作用更弱。但是其缺点包括更低的基本补贴 M（如图所示）以及更高的成本。

方案Ⅳ是一种截然不同的方法，因为其补贴不是按照总额发放而是按照收入水平的一定比例进行发放，超过设定水平时发放额会有所减少。因此，补贴线为 *OCB*，其中补贴额等于在 *OA* 水平之内的收入的 AC/AD 百分比。然后当收入水平超过 *OA* 时，补贴将按收入的 *AC/AD* 百分比进行递减，当收入水平递减至 *OB* 时，将无法获得补贴。*OEF* 表示总收入线。如图下半部分所示的税率，在收入水平为 *AB* 时为负值，从 *OA* 到 *OB* 时为正值，而在 *AB* 以上时为零。对于所得税收优惠就属于此种方案，当 *OA* 等于 5 714 美元时，*AC/AD* 等于 14%，*OB* 等于 17 000 美元。此处，随着工资率的提高，收入水平达至 *OA* 时其替代效应是可被接受的，抑制效应仅在收入水平超过 *OA* 时出现。然而，此方案的缺点在于，当人们缺乏收入时没有补贴，并且补贴会随着收入的增加或需求的减少而增加。因此，对于低收入群体的再分配力度较弱。

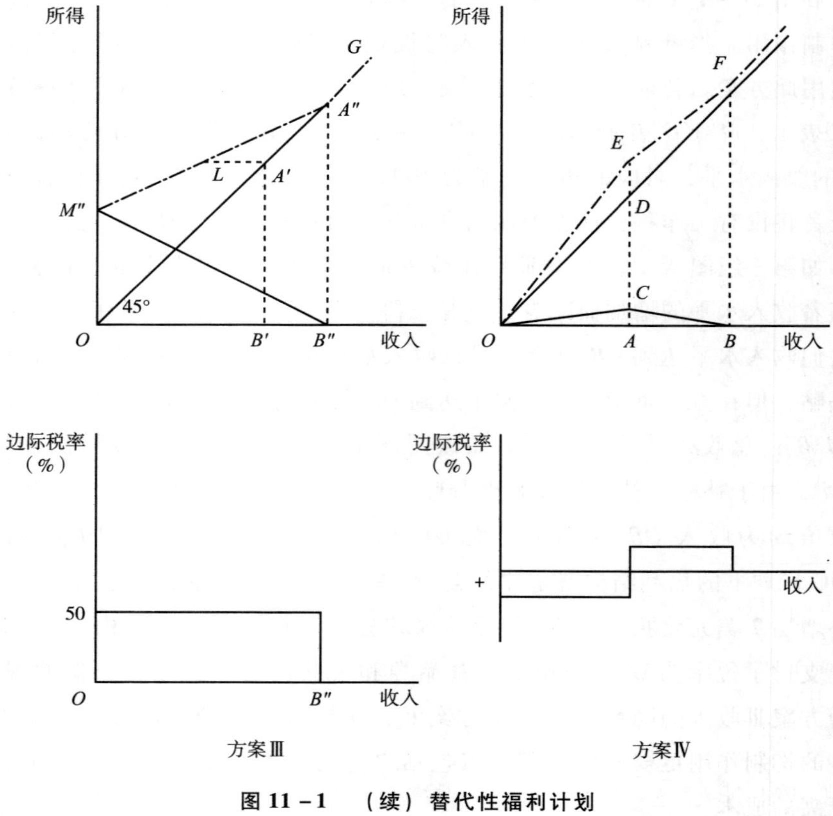

图 11－1 （续）替代性福利计划

负所得税

方案Ⅲ及其他类似方案也被称为负所得税。对无收入或是低收入群体的援助可被视为负税收。随着收入的增加，负税收会不断减少直至在某一时点上等于零，在此之后会出现正税收。这一原则是简单地将正常收入情况下的正税率结构向下延伸，直至突破个人免税的零税率范围，进入一个负值区间。严格意义上来说，它是累进税原则的逻辑拓展，尽管累进税一般接受形式为正税。相应地，人们已思考出许多方法将负税收合并到正所得税结构之中[①]。

在理解负所得税时，应将任何一个家庭所收到的补贴视为

$s = m - te$

其中 s 是补贴，m 是最低收入，t 是税率（在负所得税计划下征收的）且适用于收入 e 直至达到盈亏平衡点。当收入为 m/t 时，补贴为零。因此，当税率水平为50%时，b 将等于 $2m$。在设计负所得税方案时，值得关注的变量为 m、b、t 和预算成本 C，这些变量之间的关系如图 11－2 所示。最低收入 m 等于 OA，总收入线（收入与补贴之和）为 AGE。盈亏平衡收入点为 b 等于 OD。总收入线 AG 或税收 α 的斜率为 HG/AH，或随着收入的增加而留存于收入的部分[②]。此部分等于 $1-t$ 或 $1-m/b$。

每一收入水平所获得的补贴等于总收入线 AG 和45°线之间的距离。假设每一收入水平都对应着同等数量的收入者，则总成本 C 等于弧形 OGA 的面积[③]。给定总成本 C 之后，若要提高 m，只有以一个较高 t 和较低 b 的成本才能获得；或者只有以一个较低 m 和较高 b 的成本才能得到一个较低的

---

① 合并涉及家庭规模、所得的定义（或无所得的定义）以及收支临界点之下的所得税率与高于这一水平之上的正常所得税率的配合等问题。参见 J. 托宾（J. Tobin）、J. 裴切曼（J. A. Pechman）和 P. 迈茨克瓦斯基（P. Mieszkowski）：《负收入税可行吗?》，《耶鲁法律期刊》，1967年11月。

② 因此，当收入为 OD 时，总收入等于 DG，或是 DH（最低收入津贴）和 HG 之和，这是收入 OD 税后留下的部分。

③ OGA 是从总成本 $ODHA$ 扣除税收收入 ODH（通过对不高于 OD 的收入适用 t 所得到）之后的净成本。通过对高于 OD 的收入适用不断增长的税率，净成本可持续获得资金。最后净收入线（考虑到超过 OD 的收入适用于更高税率的必要之后）由 AGE' 表示。

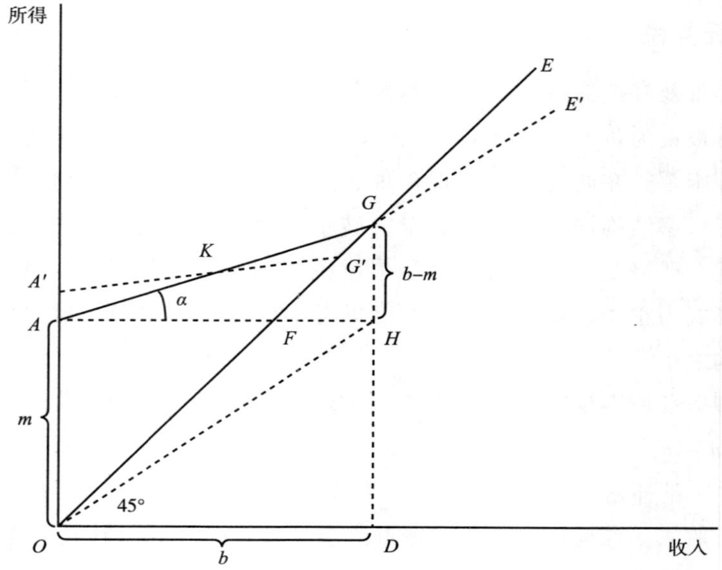

图 11－2　负收入税的结构

t。假设 m 要提高到 OA'①。新的总收入线 $A'G'E$ 必然与 45°线相交于低于 G 点的位置，因为以 AKA' 面积所表示的额外成本必须由以 $KG'G$ 面积所表示的成本减少来进行抵消。提高 m 意味着通过降低总收入线的斜率来提高 t，并降低盈亏平衡点 b。由于 m 较高和 b 较低时，对低收入群体的再分配力度更强，所以我们可再次观察到，再分配意愿与避免高边际税率所带来的抑制效应的意愿相矛盾，这一困境不仅仅存在于收入规模更大的一端，还会尤其体现在更小的一端上。

---

① 更一般地，该体系由两个方程来定义：

$$t = m/b \tag{1}$$

$$C = \sum_{i=0}^{i=b} s_i = \sum_{i=0}^{i=b} n_i(m - e_i t) \tag{2}$$

在方程（2）中，成本 C 被定义为每一工作收入水平 i 与每一收入水平所对应补贴 s 的总和。在任一水平下对一个家庭的补贴等于固定支付的 m 减去税率与工作收入的乘积。给定 C，我们便可得到两个方程，三个未知数（m、b 和 t）。代入后，便可得到

$$C\sum_{i=0}^{i=b} n_i t(b - e_i) \tag{3}$$

三、社会保险项目

现在，我们从低收入援助转向基础更为广泛的社会保险项目。社会保险体系中最古老且占比最大的是老年人和遗属保险（Old Age and Survivors Insurance，OASI）。该计划于 1935 年颁布，1956 年扩展为向残疾工人提供福利，即残疾保险项目（Disability Insurance，DI）。1965 年，通过了一项健康保险计划（Health Insurance，HI），也被称为“医疗援助”。它是向 65 岁以上的老年人提供的医疗福利，与辅助性医疗保险计划（Supplementary Medical Insurance，SMI）一同成为此体系中最为重要的部分。

如表 11 -2 所示，截至目前，OASI 是该体系中最大的组成部分，其次是 HI 和 DI。

表 11 -2　　社会保障体系概览，1986 年*

	OASI	DI	HI	合计
收益（十亿美元）	177	17	50	259
受益人（百万人）	34	4	19	**

* 1986 年的年利率；《社会保障公报》，1987 年。

** 由于存在重叠，合计数无法加总。

退休与残疾保险

1935 年，OASI 得以颁布。此法律规定该项目应该包括低于 65 岁且在美国从事商业和工业（铁路除外）的所有工人。政府雇员和铁路雇员已有单独的计划。1950 年，OASI 的使用范围扩大，纳入了定期受雇的农民、国内工人以及非农业的自由职业者（除了 1965 年才包含进来的特定专业人士）。1983 年，联邦国民服务（新雇员）也被纳入该制度中，并且州和地方雇员也可选择加入。工作人口的覆盖范围得以全面，其所覆盖工人超过了劳动力的 90%。

资金来源　老年人、遗属和残疾保险（OASDI）由工资税提供资金，即对薪酬和工资收入进行征税。税基中不含资本所得。雇主和雇员各支付一半的税收[1]。最初立法规定对薪酬的前3 000美元按2%的综合税率进行征税。此后，税率与最高限额被多次调高，1983年引入了修订后的税率结构。

1983年立法所规定的工资税税率水平（由雇员和雇主共同支付）及其在2000年的最终水平如表11－3所示。

表11－3　　　　工资税税率水平

	1988	1990	2000
OASI（老龄和遗属保险）	5.53%	5.60%	5.48%
DI（残疾保险）	0.53	0.60	0.71
HI（健康保险）	1.45	1.45	1.45
合计	7.51%	7.65%	7.65%

将雇主和雇员的缴款合并统计，1988年工资税总计达到15.02%，预计在1990年上升至15.3%。在1987年，该税收适用于薪酬与工资收入的前43 800美元，该金额进行过指数化处理并且是按年周期进行调整。自由职业者的收入适用于略低的税率。

老年人福利　劳动者可选择在65岁退休并申请全额福利，或在62岁退休而申请80%的福利。OASI福利的确定涉及一个复杂的程序问题。对于大多数工人而言，它包含两个步骤。步骤Ⅰ是确定月均收入，并据此支付缴费。在计算平均数时，需将过去的收入进行加总并除以月份数目。为此，自1950年（或年满25岁后）至65岁时的月工资被包括在内。在确定平均薪酬的基础时，需向上调整过去的月工资或对其进行指数化处理，以考虑到自获得该月工资之后总体工资水平的提升[2]。在步骤Ⅱ中，指数化处理后的月平均收入（average indexed monthly earnings，AIME）数值将作为福利比率的基数。1987年，年龄65岁的劳动者可获得AIME中前310美元的90%，之后1 556美元的32%，剩下的部分可得到15%。对于只有配偶一方拥有收入来源的夫妇来说，其家庭福利相当于单人福利的150%。如配偶双方都符合所要求的收入标准，则两者都可获得其要求的福利。

最高福利金额是按照特定公式计算得出的。以1987年为例，单身退休

---

① 关于工资税的讨论，参见第二十六章第一节。

② 为此，制定了一套指数指标，用于提高退休者的月工资收入。

人员最高福利为 789 美元，配偶一方拥有收入来源的夫妇可获福利为单身人员可获福利的 1.5 倍，即 1 183 美元。该公式还有利于低收入者，单人最低有效收益为 430 美元，夫妇最低有效收益可为 510 美元（1987 年的水平）。1987 年，单身工作者的月均福利为 487 美元，其中新近退休人员福利水平较高而早期退休人员福利水平较低。按照每年 5 844 美元的福利水平，其平均值大约相当于单个老年人的贫困线水平。该制度允许退休人员获取薪酬与工资收入的部分限定金额，该限制在达到 70 岁之后取消。

目前，OASI 体系完全不受通货膨胀的影响。从缴款层面，自 1981 年以来，对指定用途的工资上限进行指数化处理后，其与平均工资水平保持同步增长。从福利方面，如上文所述，AIME 的计算需要向上调整过去月收入以考虑平均工资水平的增长，从而缓解了通货膨胀的影响（以确定实际工资水平）和平均生产力的提高。此外，福利计算时的栏次确定也应进行指数化处理以与平均工资水平同步增长，并且所确定的退休时福利支付也应进行指数化处理以与生活成本同步增长。低收入者的替代成本（福利与退休前收入的比率）约为 41%，而高收入者约为 21%，并且多年来这一比率保持不变。

多年来，OASI 制度一直饱受争议，至今仍是如此。其经济影响、偿债能力和对公平的影响将在下面第四节中做进一步探讨。

残疾人福利　残疾人福利是向 65 岁以下的残疾人支付的。其金额按照类似于退休福利的方式进行计算，并且只允许有限发放。目前，福利接收者总数达 400 万人。1987 年的年福利总额达 260 亿美元，超过了过去 15 年总额的四倍。这既反映了接受福利人数的增加，又反映了福利水平的提高。

医疗保险

医疗保险计划已是社会保障系统中成长最为迅速的部分，由 1972 年的 70 亿美元增长到 1988 年的近 800 亿美元。目前，所涉及金额约等于 OASDI 支付金额的 40%。由于医疗服务成本的增长远快于平均通货膨胀率，可以预见其金额仍会进一步快速增长。

医疗保险计划的成本主要用于为医院保险提供资金，其基础来源是雇主与雇员各按 1.45% 的比例所贡献的工资税。有资格享受社会保险退休计划的个人在 65 岁时就有资格享受医疗保险计划。该福利为医院服务成本、出院后休养服务以及某些家庭健康服务提供了基本保障。如前所述，医疗保险的福利也可在医疗援助计划下获得，由其一般预算所支付。项目中的较小份额，即用于提供病人服务与药物成本的这部分费用，部分是由被保险人缴款支付，其余部分是由一般预算支付。1988 年扩大了长期医院护理疗养服务的适用范围，并提高了工资税水平。这是首次将工资税作为所得税义务。

此外，政治争议的焦点在于是否应将健康保险拓展至全部人口而非仅仅只是老年人问题，如果应该，那么又该如何实现。如果只将覆盖范围扩大至灾害保险，例如大手术，其所涉及的金额就十分有限。但若采用广义的覆盖范围，则所需要的巨额资金可能等于甚至超过 OASDI 计划。相反，若采用一项分离制度，便可对公共健康保险与风险成本采取直接融资收费，而对低收入贡献者所承担的费用可从一般预算收入中提供补贴。

在考察重构医疗保险计划可能性时，我们进一步提出这样的问题，即这种变化会如何影响医疗服务的供给形式、私人保险公司的作用与选择医生的自由等等。如本书开篇所述，对公共供应与公共生产应加以区分。扩大健康保险的范围也许会涉及对医疗服务供应的不同程度上的公共控制，但对于这一点此处不予展开。

失业保险

国家失业保险于 1935 年出现在《社会保障法案》中。现在它包括了 90% 的私人部门劳动者，并已作为重要的社会制度被人们所广泛接受。

与 OASI、DI 和 HI 不同，该体系仅由雇主按照联邦 6.2% 税率支付的工资税来提供资金。在遵守州级制度设计的某些要求的基础上，各州为资助各州系统而征收的额外工资税可从联邦税中进行扣除。因此各州之间的综合税收各不相同。所有来自联邦或州的缴款都将纳入联邦失业信托基金，每州都有各自独立的账户。相应的支付行为也是通过联邦系统进行的。

福利金支付水平随就业水平而波动，1985 年达到 150 亿美元。个人福利金额与周薪有关，通常为周薪的 50%，即按照 26 周为一期进行支付发放。

1970 年，国会规定，当失业率超过 4.5% 时或对于那些失业率急剧上升的州，联邦政府应提供一定的财务支持用以支付正常 26 周的福利之外的额外 13 周的福利。几年后，此观点扩展为全国性基础失业保险的一个更为统一的策略。即便如此，人们普遍认识到失业保险只能提供暂时的缓解方法，并不能照顾到所有失业的群体。对于这类失业的有效解决途径是需要采取宏观政策与劳动力政策方面的适当措施以及进行市场结构的合理调整。

四、社会保险的相关问题探讨

OASI 的设计涉及一些基本问题，这些问题自该制度引入之初就存在争议，并且目前再次产生了一些新讨论：

1. 该体系是否具有偿付能力？
2. 对退休的规定是否应该只局限于私人部门之内？
3. 该体系是否应该跨世代公平？
4. 该体系是否应该具有再分配职能？
5. 它应该由工资税筹资来缴款，还是由预算来缴款？
6. 该体系如何影响资本形成？
7. 该体系如何影响劳动力供给？

1983 年改革

养老金保险计划旨在成为一个自给自足的系统。福利的支付应由工资税提供资金而不是来源于预算其他方面的缴款。为此，工资税被纳入信托基金——该制度各个重要组成部分都有单独设立的信托基金，并从该基金中支付福利款项。制定当前和未来的薪酬税率表，用以规划可保证 OASI 和 DI 未来 75 年的款项支付以及 HI 今后 25 年的款项支付的充足的未来收入现金流。这要求对福利水平和收入水平两方面都进行长期性的预测，包括对经济变量（如未来工资水平、劳动力参与程度、退休年龄与失业率）和人口因素（如出生率与死亡率）的预测。因为这些变量难以预测，所以税率表的经常修订便不足为奇了。

1983 年改革后的系统偿付能力　这一情况自 1983 年之后才成为主导状况。情况表明信托基金只能满足 80 岁以上人口一半的福利要求。正如下文所要阐述的，社会保障制度规定在人一生的早期就按照随赚随付的原则来为福利提供资金，而不是依赖广泛的储备积累。与此同时，在信托基金中留存等于年度福利支付20%至30%的储备，被视为谨慎行为。到1982年，OASI基金储备已下降至15%，并且情况表明这一储备将在1984年被耗尽，随之将出现赤字[①]。资金来源的缺乏归因于失业，通货膨胀促使福利金额增加，同时加以不适当的福利计算方法使危机进一步加剧。由于出生率的下降，到21世纪二战生育高峰期的这一代人面临退休并要求领取福利时，这一制度将再次迎来困境。为了解决这些问题，政府任命了一个总统委员会。国会以前所未有的迅速且统一的两党意见采纳了委员会的建议。如当前所预计的，这一立法将保证该制度在剩余的80年代内具有偿付能力，同时据合理的乐观估计，这一立法将产生大量剩余偿付能力供21世纪初期使用。

根据委员会的建议，最终的改革立法包括以下措施：

1. 加大1990年为止的税率档次间的差距。

2. 在1983年的中期调整中，生活水准的调整成本顺延了一个季度。

3. 收入超过一定指数化金额的福利接受者所获得50%福利成为应税福利。

4. 新联邦雇员和非营利组织的雇员被纳入该福利体系中。禁止州—地方劳动者退出该制度。

5. 自1985年起适用自动预警机制，若信托基金的比例低于20%，COLA的调整将受到限制。在这种情况下，COLA应以消费者价格增长和货币工资增长的孰低者为基础而不是前者。

6. 为了初步解决该长期性问题，国会还规定，从2000年开始，退休年龄将逐渐由65岁提高至66岁，并于2009年达到这一水平。而从2021年至2027年退休年龄将再次由66岁提高至67岁。

长期展望

这些调整将确保该制度在20世纪80年代与90年代的偿付能力。长期看，前景取决于经济和人口因素，而这两类因素又难以预测。因此，系统

---

① 参见“国家社会保障委员会报告”，《社会保障公报》，美国健康与人类服务部，第46卷，第2期，1983年2月。

精算师的估计涵盖了一系列假设[①]。如表 11 –4 所示，最乐观的可替代选择Ⅰ假设实际 GNP 增长率为 3% 或以上，失业率低于 3% 且通货膨胀率仅为 2% 。中间假设ⅡB，假设实际 GNP 增长率逐渐从 20 世纪 90 年代的 3% 下降到 2000 年的 2% ，而失业率与通货膨胀率分别为 6% 和 4% 。最悲观的是可替代选择Ⅲ，假设 GNP 以低于 2% 的速度增长，而失业率为 6% 甚至更高。

表 11 –4　OASDI 信托基金盈余或赤字占应税薪酬的预期比例

	替代性假设			
	Ⅰ	ⅡA	ⅡB	Ⅲ
1988	1.71	1.53	1.41	0.81
2000	3.61	2.83	2.36	1.09
2015	2.96	1.16	1.09	–0.75
2020	1.79	0.15	–0.51	–2.39
2050	1.89	–1.76	–2.69	–10.75
2065	2.29	–1.81	–2.75	–13.14

资料来源：1987 年度报告，OASI 信托基金的受托人董事会，第 65 页。

因此，不同假设前提所产生的结果大不相同。在最悲观的可替代选择Ⅲ的条件下，2010 年之后将出现大量赤字，要求到 2050 年将工资税率提高大约 10 个百分点。在普遍使用的中间假设ⅡB 下，该制度到 2020 年为止将保持盈余，从而构建起相当于 GNP20% 的信托基金结余。此后，随着基金于 21 世纪中叶被耗尽将出现赤字，从而要求将税率提高 5 个百分点。批判者倾向于更为悲观的假设，并指出最终将不得不提高工资税，但前景并不那么令人忧心忡忡。ⅡB 所设定的假设前提并不是盲目乐观的，当前税率水平足够维持一段时间，并且如果必要，最后的增税也可以是温和适度的，特别是与国外工资税率相比而言的话。

公共供给与私人供给

为什么不可以让个人自行决定如何根据时间分配自己的收入呢？答案是因为虽然大多数人都会为自己的老年生活提供保障，但有些人却无法做

① 参见 OASI 信托基金，受托人董事会，《1987 年年度报告》，1983 年，第 65 页。

到。假设社会不忍心让没有远景规划的人在步入老年后忍饥挨饿，随着时间推移，其结果必然是让那些懂得为将来考虑的人们负担加重。为避免这种意外情况，必须进行强制保险。也就是说强制性手段可被视为社会的一种家长式决定，以保护没有规划的人在年老时免于挨饿。因此对于老年人而言需要强制性的规定。同样地，要求以保险的方式来进行也是相当明确的。采用退休保险而不是自给自足的优势在于人的寿命是无法确定的。通过与其他人共担风险，可减少供给成本。

然而，这并不意味着保险安排必须是公共性的。私人公司的规模使其能在分散风险方面发挥规模经济的作用。在强制性的制度下，必须对私人保险进行监管，以确保竞争性条款，这本身就可能出现使用公共手段的情况；但是同样也需考虑到其他方面因素的影响。

回报率 公共保险作为一个持续进行的过程，可能可提供更好的待遇。在私人体系下，储备的金额必须积累到足够多，以用于为所有参保人员的福利筹资和向参保人员提供等于所获利息的回报。在公共体系下，随赚随付方法的使用将不需要进行储备。可以要求每一位工作人员支持退休人员，而在其退休后又可由下一代工作人员提供支持。将此安排视为一个永不停止的持续过程，在人口增长率与生产增长率（即税基增长率）之和超过实际利率的情况下，我们可以发现公共制度下参与者的回报率更高①。这是关于引入社会保障制度的前景，但公共制度的优势将因人口增长率和生产增长率的下降而被减弱。

代际公平 社会保险与私人保险之间的选择包含了代际间的分配意义。正如私有化支持者所指出的，人口老龄化和出生率下降的前景使公共系统对年轻一代的吸引力下降。在社会保障制度下，新参与劳动的劳动力将不得不支持日益增多的退休人员群体，而这些退休人员的福利金额已在过去被确定下来，但这些新劳动力在其退休时却没有足够的劳动力为他们提供支持。因此，有人建议，现在的年轻人可以从退休保险中获得比 OASI 更优厚的回报。此比较取决于对所涉及的回报率和所涉风险的假设以及对现行制度下所需未来税收的展望。如上所述，合理预测表明当前的税率水平将

---

① 参见亨利·阿隆（Henry Aaron）：社会保障悖论，《加拿大经济学与政治科学期刊》，1966 年 8 月。

足以维持几十年，并且即使最终所需税率会有所增长，但其增长的幅度也并不大。然而，人口出生率的下降可能引发当前制度的内在问题。

社会保险制度可被视为一种跨越代际的社会契约。当前工作的一代人承担起了支持当前退休人员的责任，同时认定他们自己将由下一代工作人员提供退休支持①。从该角度看，这种制度与传统子辈支持抚养长辈的家庭支持无多大区别。但是支持该以何种形式进行呢？在现行方法下，退休人员获得相当于他们过去收入一定比例的福利，此安排在相对稳定的人口出生和生产力背景下不会出现问题。但是万一出生率下降或死亡率上升或退休人员与就业人口的比率上升呢？为使该制度维持平衡，补偿比率将不得不下降或税率上升直到形成一个新的均衡（人口达到稳定）②。通过取消固定补偿的方法，而采用将福利与当前劳动力收入相联系而不是与退休人员的过去收入相联系的方法，便可避免这种困境。保证退休人员人均福利相当于当前就业人员人均收入（其社会保障缴款的净值）的平均比例。采用此种方法，人口增长与生产发展变动的风险将以一种相对公平的方式由劳动者与退休人员共同承担。通过确定现行福利与现行收入之间的可行比率，如60%，税率将被设定并根据成本进行周期性的调整，从而使制度的偿付能力不受年龄结构与生产力变动的影响。

收入再分配

除了代际公平的问题外，社会保险制度的设置还引起了不同收入群体间更为深层次的再分配问题。如果该制度严格地按照保险计划来实施，那每个人将获得贡献回报率相等的福利。领取养老金的人将对这类福利拥有契约型合同权利。与此方法截然不同的是，制度建立之初便具有再分配效应，对那些退休前收入较低的人们以更优厚的待遇。

考察OASI制度内在的再分配程度方法之一，是通过对工资税与福利各自档次的考察来比较两税的分配情况。对总人口而言，随着收入规模的扩

---

① 最初设想的社会保险系统旨在通过建立一个基于当前工作收入者缴费并在其退休时开始获益之前所支付的储备，来避免这一问题。每一代的福利将通过之前累积的信托基金收入来提供资金支持。然而，这一方法很快随着收益扩大到最初一代的退休人员而被取消了。

② 参见理查德·A. 马斯格雷夫（Richard A. Musgrave）：《社会保障筹资的再评估》，收录于费利西蒂·斯基德莫尔（编）：《社会保障筹资》，马萨诸塞州剑桥：MIT出版社，1981年。

大，净福利逐渐减少。这不足为奇，因为随着收入规模的扩大，作为总收入其中一部分的资本所得（不包含在税基之中）会随之增加。但若将其适用于人一生的收入，便会高估其再分配力度。因为退休人员的收入相对于他们退休前收入更低，所以以退休前收入为基础的再分配力度便不太明显了。

通过思考随着收入的变化，福利与所含收入之比会如何变化这一问题，我们可更好地理解这一整个问题。在1986年，对于一个65岁的退休劳动者而言，其福利与过去年收入之比在69%（收入为4 805美元）和23.9%（收入为42 000美元）之间波动①。

然而，这一比较仍不令人满意。为获得更为有效的阐释，我们应预测不同贡献水平的劳动者投资于社会保障的回报率水平是多少。也就是说，我们应预估预期收益和成本流，然后计算两个变量之间的内在收益率②。劳动者的工资率水平越高，其拥有的终身收入就越高。在区别对待先后收入并设定福利限额的福利计算方法下，收入越高的劳动者回报率越低。但受许多因素的影响事态会反向发展。一方面，一些低工资收入者较早参加工作，使得其贡献缴费周期拉长。另一方面，低工资收入者的退休前收入可能更早地达到其顶峰水平。因此，他们的税收贡献会更早发生，从而降低了内部收益率。此外，低工资收入者的预期寿命较短，平均而言，其获得退休福利的周期也较短。这些因素抑制了再分配模式，但仍存在实质性差别。据估计，对于一对受教育年限少于7年的白人夫妇（其退休前收入为正常水平），内部收益率接近5%，而对于一对受教育年限超过13年的白人夫妇（其退休前收入为正常水平）而言，内部回报率仅为4.4%③。因为此类再分配不会出现在私人体系中，所以后者更有利于高收入者，低收入者的情况恰好相反。

工资税筹资与预算贡献

即便国会接受了随赚随付筹资的现实并认识到这一制度的再分配性质，

---

① 基于《社会保障公报，年度统计补编》，1986年，第33页。另见《社会保障公报》，1978年3月，第13页。

② 对于这一概念的讨论，参见第九章第七节。

③ 基于1983年所修订方案中相类似的规定。参见迪安·R. 雷莫（Dean R. Leimer）："在可替代福利结构下未来社会保障退休人员的统计回报率"，收录于社会保障管理局，《社会保障研究文献下的社会保障管理与政策分析》，社会保障管理局，第52号研究报告，1978年。

但它仍坚持这样的观点：该制度应被视为提供保险而不是提供养老救济。这就要求福利筹资应来源于：（1）一个单独的税种，标明为社会保障缴费；（2）一个以未来退休者收入为基础的税种。过去几年里，此观点受到了经济学家的抨击，认为这一制度的贡献性质是被虚构的，工资税是种不可取的筹资形式，并且划分雇主与雇员的贡献会产生误导作用。这是因为全部的负担可能落在工资收入者身上①。假设每一代退休人员的福利都是由当前处于工作年龄的人来支付的，并且存在必要的代际间的再分配，那么依赖贡献原则是毫无意义的。因此，批评家的结论是，福利应通过一般预算筹资，运用税收的高级形式。此外，还应被视为普遍的收入维持计划中的一部分，并且适用于所有低收入者，无论年轻或年迈。

这种观点是有说服力的，但它对该制度的社会作用以及退休人员如何看待该制度这两个方面不予关注。在贡献方法下，退休人员可能视他们的福利为他们赚取的公共权利，而不是将其视为在慈善基础上给予他们的支持。此观点具有社会性质，应在制度筹资方法设置时予以考虑。区别于私人保险，应考虑一下某些再分配因素，以反映其社会精神。作为一种妥协的结果，建议将该制度分为两个部分。一部分严格按照贡献角度和非再分配性基础，也被称为补偿物制度，另一部分由一般预算提供资金并在方法上具有严格的再分配特征②。后者涉及补充性保障收入支付的低收入支持原则的扩大。

对资本构成的影响

现在，我们转向讨论制度对经济运行的影响，首先是它对储蓄率的影响。由于社会保障的福利为老年人的需要提供支持，因此人们认为似乎没有必要留出私人储蓄。他们通过支付工资税并积累福利索偿来进行储蓄。若他们的贡献是由信托基金进行储蓄并投资，则他们的总储蓄将不受影响。但情况并非如此，这是由于制度建立在随赚随付的基础之上。假设储蓄被削减，使积累下来的资本减少，并且经济增长速度会随之减慢。这是那些

---

① 参见第二十六章第一节。

② 关于这一观点，参见阿利西亚·穆内尔（Alicia Munnell）：《社会保障的未来》，华盛顿特区：布鲁金斯，1977年，第5章。

认为当前社会保障制度减少了储蓄并进而对增长起破坏作用的观点所持有的基本推断[①]。然而进一步的考察发现人们是否用“社会保障储蓄”代替私人储蓄的行为仍不明确。应注意以下方面：

1. 社会保障福利的可获得性可能会诱使人们提前退休，从而增加为老年人进行积累的必要[②]。

2. 最低退休收入的可获得性可能增加人们对保障的偏好，并提高其储蓄目标值。

3. 即使期待退休的人们会减少其私人储蓄，但总体上社会保障制度并不必然导致社会净储蓄的连续减少。自该制度引入以来，假设最初就采用随赚随付的筹资方法，最初一代的缴款人可能会通过其工资税缴款来取代私人储蓄，从而造成初始净储蓄的减少。在现行制度下，社会保障收益的前景不仅会取代年轻人的私人储蓄，福利支付还会取代老年人进行私人动用储蓄的行为。

4. 假设引入该制度前，每一代人都必须进行储蓄来为自己的退休做准备。随着制度的引入，劳动者认识到他们的后代将不得不在未来支持他们。作为一个针对性的调整，劳动人口将增加储蓄以增加留给后代的遗产。因此，为遗产而增加的储蓄将取代为退休而进行的储蓄，从而不存在初始储蓄的减少。

5. 作为一种替代，假设在社会保障制度引入前，子女赡养年老的父母。再次，储蓄将不受任何影响，因为子女对父母的直接赡养被工资税支持所替代。

考虑到预测结果的多样性，对经验证据的争论仍没有定论便显得不足为奇了。此外，即使社会保障制度对储蓄有抑制影响，也并不意味着改进社会保障制度是增加储蓄最为恰当的方式。增加储蓄最为显然的方式是提高一般预算的税收或广泛削减开支，从而减少公共部门动用储蓄的行为。

---

① 这一情况已由马丁·费尔德斯坦提供了最有力的论证。例如，参见其《社会保障、诱发的退休和总资本积累》，《政治经济期刊》，1975 年 9—10 月。关于不同观点与批判费尔德斯坦的意见，参见 S. 雷斯诺（S. Lesnoy）和迪安·R. 雷莫（Dean R. Leimer）的《社会保障和私人储蓄，理论和历史回顾》，《社会保障公报》，1985 年 6 月。

② 参见阿利西亚·穆内尔（Alicia Munnell）：《社会保障的未来》，华盛顿特区：布鲁金斯，1977 年，第 6 章；及其《社会保障对个人储蓄的效应》，马萨诸塞州剑桥：巴林格，1974 年。

如上所述，在未来二十年里，社会保障制度将通过建立信托基金盈余，为全国储蓄作出重大贡献，这有助于消除总体预算赤字。

对劳动供给的影响

与福利支付的情况一样，人们越来越关注社会保障对劳动力供应的影响。虽然在前者的情况下，较高的边际税率（隐含于福利计算公式之中）会引发闲暇的替代作用，此处退休后福利的可获得性将通过放弃部分收入减少购买闲暇的成本。显然，退休福利的可获得性可能使人们在比缺乏退休福利资源的情况下更早退休。更确切地说，比较必须在社会保障制度下的可获得性与私人储蓄安排下的可获得性之间进行。因此，对劳动力供给的影响是与对储蓄的影响相联系的。

然而，该制度的某些具体特征对退休决定具有直接影响。其中一个特征是规定允许 60 岁可提前退休，而不是只将福利的可获得性局限于 65 岁。这种选择虽然是以减少福利为代价，但其成为了提前退休的诱因[①]。后者可能反映于收入的增加、工作习惯的变化以及福利可获得性的变化。另一个相关因素是领取福利后获得收入的限制性允许。对于 65—70 岁的福利接受者，所赚取的最初 8 000 美元是不受任何惩罚限制的，但超过该标准收入的三分之一后将因福利支付的减少而被抵消。如上所述，70 岁以上便不适用于此种惩罚措施。

更广泛地看，处于哪个年龄段才可获得福利是一个需要解决的问题。如上所述，目前 65 岁标准在 2000 年之后将被略微提高，这一措施的采取更多是为了增加该制度的偿付能力，而不是出于对劳动力供给的考虑。此做法与养老制度的目标正好背道而驰，原定目标是为了丰富劳动者的晚年生活。

五、本章小结

社会福利体系可以分为两个主要部分，一部分是用于处理穷人收入维

① 关于对退休影响的总结，参见亨利·J. 阿隆（Henry J. Aaron）：《社会保障的经济影响》，华盛顿特区：布鲁金斯研究院，1983 年，第 5 章。

持问题并由一般收入进行支付，另一部分则是提供不同形式的社会保险。

1. 低收入支持制度包括医疗援助计划提供的健康服务、向有需要的老年人提供补充性保障收入、给有受抚养子女的家庭提供福利支付以及提供低成本住房。

2. 在这些方案中，医疗援助是最大的一项。医疗援助向有需要的老年人提供类似于医疗保险所提供的服务。

3. 福利方案向拥有受抚养子女的家庭提供现金收入。联邦政府向州级制度提供配套补助，各州之间福利差别较大。为了尝试将制度向“鼓励工作以增加福利”基础的转变，各种改革方案正处于考虑当中。

4. 通过减少福利而提高收入，实际上会对收入征收较高的边际税率，这是使用福利计算公式带来的抑制性影响。

5. 人们已不断探索各种方法来减少分配有效性与抑制作用之间的摩擦。

6. 负所得税为这一问题提供了一个统一化的方法。

关于保险制度，我们发现筹资的基础由一般预算支持转向直接缴款，绝大部分是通过指定用途的工资税。

7. 这类制度中最为重要的项目是 OASDI，即老年人和遗属保险与残疾人保险，该制度中其他重要的组成部分为医疗保险和失业保险。

8. OASDI 通过工资税缴款来进行筹资，雇主与雇员之间平分贡献义务。到 65 岁时就可获得福利，福利的确定需要套用福利计算公式。只有薪酬和工资收入是应税的，不包括资本所得。对福利与其他供给进行指数化处理，可保证制度免受通货膨胀的影响。

9. 医疗援助计划提供住院保险，类似于 OASDI，是由雇主和雇员的缴款来进行筹资的。

10. 失业保险仅由雇主缴款来筹资。虽由联邦政府进行指导，各州管理具体事项，但各州的失业保险水平仍有所不同。

社会保险制度的各个方面一直备受关注，尤其是 OASDI。

11. 根据 1983 年改革的有关规定，OASDI 制度有望在未来 20 年内积累大量的实质性盈余，此后将出现赤字，并且积累的基金将于 2050 年前被耗尽。

12. 考察了用私人退休保险计划取代社会保障的利与弊。

13. 随着人口老龄化，将产生代际公平问题，并且有不同的处理方式。

14. 考察了社会保障制度对储蓄率和退休的潜在不利影响。

推荐阅读

对于关于社会保障系统的当前数据以及政策制定的讨论，参见《社会保障公报》，华盛顿特区，美国健康与人类服务部。另见：

Aaron, H.: *Economic Effects of Social Security*, Washington, D. C.: Brookings, 1982.

Aaron, H. J.: *Why Is Welfare So Hard to Reform*? Washington, D. C.: Brookings, 1973.

Meyer, C.: *Social Security: A Critique of Radical Reform Proposals*, Lexington, Mass: D. C. Heath and Company, 1987.

Munnell, Alicia H.: *The Future of Social Security*, Washington, D. C.: Brookings, 1977.

Skidmore, Felicity (ed.): *Social Security Financing*, Cambridge, Mass.: MIT Press, 1981.

第四部分　税收原则

第十二章
课税导论

本章根据税收在收入和支出循环流中的影响，以及其他一些重要特征，对其进行了分类，同时归纳出对“良好”税收结构的要求。

▶ 本章内容提示

第十章和第十一章讨论了预算政策的支出方面，本章我们转而考察政府收入方面的议题。尽管好的经济分析要求将这两个方面结合起来进行综合考虑，但实践中或多或少将它们作为独立的问题来处理。在本章和后续的章节中，我们将讨论税收政策的（经济的和非经济的）基本原理以及对良好税收制度的要求。在此基础上，我们将在本书第五篇讨论美国税收结构中更为具体的问题。

一、政府收入类型

政府收入可能采取税收、规费或举债等形式。我们首先简要介绍一下各种类型的收入，考察这些收入的差异以及特点。

税收、规费和举债

税收和规费是政府向私人部门征收的，无须对付款人承担偿付义务的收入来源。举债涉及提取一笔款项（借给政府），而政府承诺在未来某个日期偿还这笔本金并支付这期间产生的利息。税收是强制性征收，而规费和借款则是自愿交易。税收占据政府这三个收入来源的最大比例[①]。在第十三章讨论受益税时，将更多地介绍规费和税收之间的区别，而举债的经济学将在本书的稍后部分加以考察。

国民收入循环流转中的税收

区分不同税收类型的一个有效方法，是考虑它们对国民经济收入和支出循环流的影响。

课税环节 图 12－1 是一个简化的私人部门收入和支出循环流量图，以及各种税收的课征环节。图中所示的收入和支出中的货币流量按顺时针方向进行，而表示要素投入和产品产出的实物流量（未图示）则按逆时针方向进行。因此，家庭部门获取收入（环节 1）后，一部分用于消费支出（环

① 参见第十八章第一节的表 18－1。

节2），其余部分用于家庭储蓄（环节3）。消费支出流入消费品市场，成为生产和出售这些消费品的厂商的收入（环节4）。储蓄则流入资本市场，并通过各种渠道被转化为投资（环节5），然后，它们成为资本品市场上的支出，用于购买资本品，形成生产和出售这些资本品的厂商的收入（环节6）。通过出售消费品和资本品获取的总收入（环节7）则成为可供厂商支配的支出（环节8），这些支出一部分留作折旧（环节9），其余部分（环节10）或作为薪给（环节11）用于购买劳动服务，或作为利润和利息（环节12）用于购买资本服务，或者用于购买要素市场上的其他投入品。这些部分和在一起构成了国民收入中各类要素的份额。这些份额都支付给了要素供给者——作为工资（环节13），以及作为资本收入（环节14），如股息、利息和租金。因此，它们最终形成家庭部门的收入（环节1）。然而，一些利润可能作为留存收益（环节15）加以保留，而不作为股息进行分配。留存收益与折

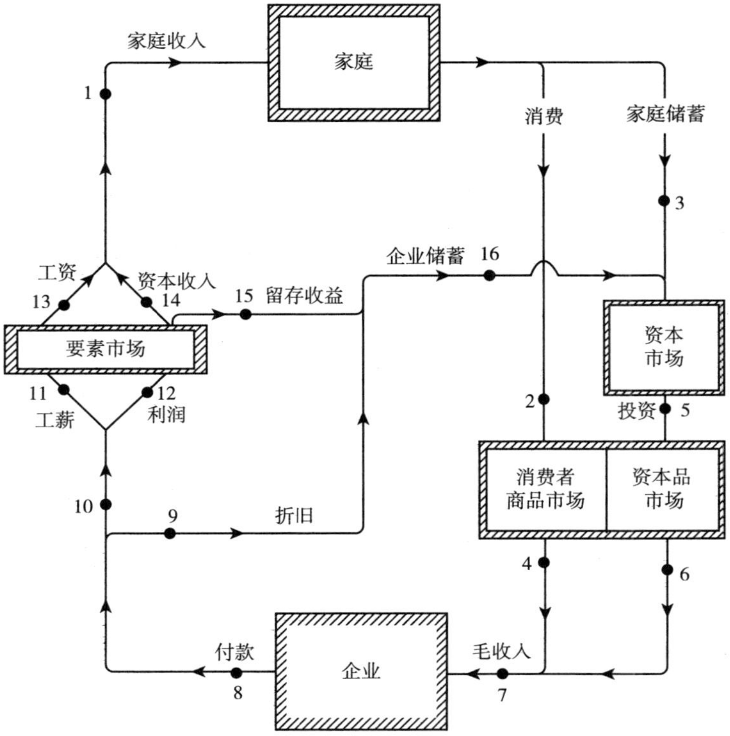

图12－1　循环流中的税收影响环节

旧的加总构成企业储蓄（环节 16），企业储蓄与家庭储蓄（环节 3）一起为投资或购买资本品提供融资。因此，收入和支出的循环流动是一个闭环[①]。

我们现在标出各种税收的课征环节。如图 12－1 所示，可以在环节 1 对家庭收入征税，在环节 2 对消费支出征收，在环节 4 对企业零售收入或增值收入征税，在环节 7 对出售消费品和资本品获取的总收入征税，在环节 10 对扣除折旧后的企业收入征税，在环节 11 对薪给课征，在环节 12 对利润课征，在环节 13 对工资课征，在环节 15 对留存收益课征，或在环节 14 对资本利得课征。通过这些针对私人部门的课税环节，可以很容易地识别美国税务系统中的各主要税种。个税在环节 1 课征，公司所得税在环节 12，零售营业税在环节 4，雇主和雇员分别在环节 11 和环节 13 缴纳薪给税。对环节 2 的课税暂时不包含在我们的税收结构中，但它是税收改革的潜在候选方案，我们将在下文考察支出税（环节 2）和收入型的增值税（环节 10）时予以讨论。

税收分类 再回到图 12－1，我们注意到，税收可以按照下列标准进行分类：

1. 它们可以针对产品市场或要素市场课征。
2. 它们可以针对市场中的卖方或买方一端课征。
3. 它们可以对家庭或厂商课征。
4. 它们可以针对纳税人账户的收入来源或使用一端课征。

按照这些标准对各主要税收进行分类，我们可以得到如表 12－1 所示的情况。这一分类将在之后分析各类税收的归宿时被证明是非常有用的。

表 12－1 税收的分类

税收	对企业征收		对家庭征收	
	作为卖方（来源）	作为买方（使用）	作为卖方（来源）	作为买方（使用）
在产品市场：所有产品	零售营业税、增值税（消费型）（4）	—	—	支出税（2）
某些产品	烟税、汽油税（4）	—	—	电话税、汽油税、财产税（2）

① 由于国民收入账户采用事后方式，因此储蓄和投资就会计恒等性而言必须相等。

续表

税收	对企业征收		对家庭征收	
	作为卖方（来源）	作为买方（使用）	作为卖方（来源）	作为买方（使用）
在要素市场：所有要素，所有雇用情况	—	增值税（收入型）（10）	所得税（1）	—
某些要素，所有雇用情况	—	雇主薪给税（11）	雇员薪给税（13）	—
某些要素，某些雇用情况	—	公司利润税、财产税（12）	—	—

注：括号内的数字表示图 12－1 中的课税环节。

税种间的等效性　关于这一点，我们只需观察某些成对出现的税种，它们可能看起来不同，但实质上对市场的影响是等效的。

1. 在竞争性市场上，向交易的哪一方征税是没有区别的。比如，在产品市场上，对卖方出售的净价为 100 美元的商品征收 10% 的税，从而使得总价提升至 110 美元，其对税收收入、产品总价和市场均衡产量的影响，与针对相同净价的商品向买方征收相同税率的消费税是完全一样的。无论我们考察的是选择税还是针对所有消费品的购买或销售所征收的一般税，这一点都是成立的。

2. 同样的道理也适用于要素市场，在要素市场上，对雇主所支付的薪给征税 10%，与对该市场上的工薪族的收入征税 10%，对整个要素市场的影响效果是一样的。同样，对要素购买征收的一般税，也相当于对该市场上的要素销售征收的一般税（即所得税）。

3. 最后，在没有储蓄的经济中，对要素购买征收一般税，对要素收入征收一般税，对产品购买征收一般税，对产品销售征收一般税，这些都是等效的。但是，一旦我们考虑到储蓄，这些税种间的一系列等效性就不适用了，因为对要素销售所征税收（所得税）现在不再等于对产品购买所征税收了。

熟记上述等效性以及各种税收如何对应于国民收入各账户，将有助于我们分析它们之间的相似性或差异，有助于在我们之后讨论税收的归宿和影响时追踪纳税人的反应。

对财富持有和转移的税收

税收可以对财富或股份的持有课征，而非根据现行生产中产生的交易或流量课征。典型例子是财产税，如果将其解释为对资本利得（对商业资产）或消费行为（对自有住宅）课征的一种税收，它很容易被纳入图 12－1 和表 12－1。然而，对其他财富课税，如对继承或赠与行为产生的财富转移所征税收，则不能列入。

对人税和对物税

在考察过上述分类后，接下来我们将区分对人税和对物税。对人税是根据纳税者的个人纳税能力来确定的税收；对物税（对“物”的税收）严格意义上是对某一活动或某一标的物，如对购买、出售或财产的持有份额等课征的税收，与交易人或所有者的特征无关。

对物税既可以向家庭一方征收，也可以向厂商一方征收。但对人税，就其性质而言，必须对交易的家庭一方征收。因此，如果要以对人税形式向生产要素的销售收益征税，就必须向家庭课征个人所得税。对企业支付的要素报酬征税时，我们不能区分特定收入获得者的纳税能力。必须将所有收入来源合并到纳税人的税基中，以便衡量其支付能力。同样，如果要以对人税形式向消费征税，必须对家庭征收个人支出税。对厂商征收的销售税并不针对特定的消费者，而是对所有从事应税交易的家庭都是一视同仁的。同样的道理也适用于财产税制度下的财富税，这与根据个体财富拥有者的总体财富状况课征财富净值税的情况恰好相反。

在讨论税制公平时，区分对人税和对物税是至关重要的。必须根据所产生的税负在人与人之间的分配状况来评价公平。既然所有税负，包括对“物”课征的税收，最终都必须由人来承担，因此，其公平性必须根据由此产生的人与人之间的税负分配情况来评估。正因为如此，对物税不如精心设计的直接对个人课征的对人税，因为后者考虑到了特定纳税人的支付能力。由于对人税必须以家庭为单位进行评估，因此这种税收在公平性上往往普遍优于对厂商征收的税收。

直接税与间接税

最后，我们还需简要介绍一下经常使用到的“直接税”和“间接税”之间的区别。尽管这一区别是模糊的，但大多数人将直接税定义为直接对应承担税负的个人或家庭所课征的税收。间接税则是在该体系中对其他环节课征的、税负可以转嫁（这个概念有待考察）给其最终承担者的税收。对人税，如个人所得税，就是直接税，而大部分对物税，如销售税和消费税，就是间接税。

最后，“消费税”一词是指间接税的一个子类别，适用于在制造商层面征收的某些选择性销售税。在性质上消费税是一个法律类别而不是经济类别，宪法条文中规定：直接税必须根据人口基数课征，而其他税种，如关税、进口税和消费税则不必如此。

作为负税的转移支付

政府的转移支付可被视为负税收。税收是从私人部门强制征收得来的，但不会给予直接的等价补偿，而转移支付则是一种无须回报的支付行为。因此，转移支付或赠款可以列入图 12－1，但其流向与税收相反。社会保障福利可能出现在所得税旁边，对企业的补贴可能与营业税的位置平行，等等。这是我们早先处理问题，特别是在讨论负所得税议案和考察社会保障福利时，所持的一个视角。

二、对“良好”税收结构的要求

美国的税收制度，像任何其他国家一样，是在经济的、政治的和社会的等诸多因素影响下发展起来的。它并不是由一位建筑大师根据一个良好税收结构的最佳要求来构建的。然而，关于什么是好的税制的想法已然对形成良好税制产生了影响。从亚当・斯密开始，经济学家和社会哲学家都对良好税收结构提出了明确要求。其中，以下几点极为重要：

1. 应保证筹措到充足的税收收入。

2. 税负的分配应是公平的。应确保每个人缴纳他或她公平的份额，这个问题将在第十三章讨论。

3. 重要的是，我们不仅应关注税收的课征环节，而且也应关注其最终归宿所在。在第十三章中将对税收归宿问题予以讨论。

4. 税收的选择应确保最小化其对原本有效率市场的经济决策的干预。如第十四章所示，这种干预会带来“超额负担”，应将其减至最小。

5. 税收结构应有利于运用财政政策来实现稳定和增长的目标，这个问题将在第三十章中讨论。

6. 税制应容许公平和非专断的管理，税制应为纳税人所理解。

7. 行政和遵从成本应尽可能低，以与其他目标相适应。

这些及其他要求可以作为评估税收结构质量的标准。各种目标未必能完全求得一致，当存在冲突时，需要在它们之间作出权衡取舍。因此，公平的要求可能会导致管理上的复杂性，可能会干扰管理的中性原则，税收政策的有效设计可能会妨碍公平性，等等。在后续章节的讨论中我们将考虑这些冲突。

三、本章小结

在考察国民经济收入与支出循环流转中各类税收的课征环节时，我们注意到：

1. 税收可以针对要素市场或产品市场进行课征。

2. 税收可以针对市场上的买方或卖方课征。

3. 某些税收虽然表现不同，但其影响却是等效的。

考察税收的主要类型时，我们区别了以下概念：

4. 对人税和对物税。

5. 直接税和间接税。

6. 正税收和负税收。

在考察一个良好税收结构的要求时，我们发现：

7. 一个良好税收结构的设置应满足以下要求：税负分配的公平性、资源利用中的有效性、有利于政府宏观经济政策目标的实现以及管理的简便性。

推荐阅读

关于良好税收结构最重要的经典文献中，可以关注以下内容：

Smith，A.：*The Wealth of Nations*，London：Everyman's Library，1910，book V，chap. II，part II. "On Taxes".

Mill，J.：*Principles of Politica Economy*，London：Longman's，1921，book V，chap. II.

Pigou，A. C.：*A Study in Public Finance*，London：Macmillan，1928，Part II.

另参见第五章及第十六章的推荐阅读。

第十三章
税收公平的策略

税制应公正公平是一致公认的，但如何诠释这一要求却有着不同意见。本章我们首先考察课税的受益原则和纳税能力原则。就后者而言，我们会仔细考察如何测度纳税能力，以及究竟收入还是消费提供了更好的测度依据。随后，我们将分析税负如何在有着不同纳税能力的人群之间进行分配。这里所要考察的问题是难以捉摸的，但对于理解税收政策却又是最为基本的。

▶ 本章内容提示

我们从公平目标开始讨论税收原则。虽然它并不总是占据支配地位，但它是税收结构设计的一个基本标准。大家都认为税收制度应该是公平的，即每个纳税人都应该承担政府费用中的“合理份额”。但对于如何界定“合理份额”，尚未达成共识。正如我们在前面讨论分配公平时所说的，有多种方法可供选择。特别是，有两种可区分的思想方法。

一种方法是基于所谓的受益原则。这一理论可以追溯到亚当·斯密等早期的思想家，根据这一理论，公平的税收制度是每个纳税人根据他从公共服务中获得的收益进行纳税。据此原则，真正公平的税制会因支出结构的差异而有所不同。因此，受益原则不仅是税收政策的标准，而且也是税收—支出政策的标准。这与我们在第四章中的做法是一致的，在该章中我们认为公共经济学涉及同时寻求收入和支出两方面的解决方案。

另一方法也源于一些杰出的先贤，其基于纳税能力原则。在这种方法下，税收问题被视为独立于支出决定的问题。其需要一个已知的总收入，并要求每个纳税人按其纳税能力缴税①。这种方法使公共部门的支出问题悬而未决，因此，从经济学家的角度看，这种方法不太理想。然而，实际的税收政策在很大程度上是独立于支出方面的问题的，因此需要一个公平规则来提供指导。作为这一指导原则，纳税能力原则被广泛接受。

这两种方法都不容易解释或实施。要使受益原则具有可操作性，就必须知道特定纳税人从其支出中获得的收益，要使纳税能力方法得以实施，我们必须知道如何衡量这种能力。这些都很有难度，而且从实用性角度来看，这两种方法都未能胜出。此外，这两种方法都未能实现税收政策的全部功能。

受益原则能理想地分配税额中支付公共服务费用的部分，但它不能处理财政转移支付所需要的那部分税收，也无法实现再分配。为了使受益税公平，必须首先假定存在“合适的”分配状态。这是一个严重的缺陷，因为在实践中，为公共服务提供资金的税收和用于收入再分配的税收之间并

---

① 从历史上看，税收的受益原则源于 17 世纪洛克和霍布斯等政治理论家所理解的国家契约论。随后，它被编入边沁等功利主义者的最大幸福原则之中。它最早出现于古典经济学时期亚当·斯密的第一部税收著作，其中有一句话结合了受益原则和纳税能力原则：“每一个国家的公民都应该尽可能地根据他们各自的能力为支持政府做出贡献；也就是说，按照他们各自在国家保护下所享有的收入比例做出贡献。”（亚当·斯密：《国富论》，第 2 卷，由 E. 迦南编辑，纽约：普特南，1904 年，第 310 页）这里受益被视为所获得的保护，因此与收入有关，而收入反过来也是衡量纳税能力的一种手段。

没有明确界限。按能力纳税的办法能更好地解决再分配问题，但它无法确定对公共服务的提供。

即使存在这些缺点，这两项原则在设计公平的税收结构时都具有虽然有限但非常重要的应用价值，这种公平的税收结构为大多数人所接受，并优于其他安排。

一、受益原则的应用

正如我们在前面的讨论中所看到的那样，政治进程影响税收和支出政策的确定，在民主框架下，政治进程倾向于应用受益原则。总的来说，如果不能从一项财政计划中受益，大多数人不会愿意维持它。我们还注意到，将特定的税种与特定的支出决策联系起来，可能会使决策过程更为合理。现在让我们看看如何运用受益原则来指导税收结构的设计。

一般受益税

在严格的受益税制下，每个纳税人都将按照他或她对公共服务的需求纳税。由于偏好各不相同，因此不存在适用于所有人的一般纳税公式。每个纳税人将会根据自身的评估来纳税。尽管如此，可以预期会出现某些模式。众所周知，购买私人物品的典型组合因消费家庭收入水平而异，预计社会商品也将普遍存在类似的模式。但是，我们现在不是要指出购买的数量将如何（以相同的价格）随收入而变化，而是要探讨各个消费者在相同的数量下愿意支付多少。除非问题中的社会商品是经济学家所说的“劣质”商品，否则可以预期消费者评估会随收入的增加而增加。简单来说，假设各纳税人有相同的偏好结构（即无差异曲线的模式），那么有相同收入的人们对相同的数量估值相等。例如，有 10 000 美元收入的人们对一给定的公共服务水平估值 1 000 美元。在供给 1 000 单位服务的情况下，他们将会愿意支付每单位 1 美元。按照常用假设：收入的边际效用随收入增加而下降，那么其他有 20 000 美元收入的个人就会愿意支付一个更高的单位价格 2 美元。在这一情况下，将适用比例税率。如果他们不愿意支付 2 美元那么多，而只愿意支付 1.50 美元，则应采用累退的税率表[①]。如果他们愿意支付更多，那么应采用累进的税率表。

因此，合适的税收公式取决于偏好模式。更具体地说，它取决于社会商品需求的收入和价格弹性。如果收入弹性大，则适宜的税价会随着收入的增加而迅速上升；但如果价格弹性大，则上升的幅度会受抑制，这种关系可简化为：在收入弹性 $Ey = (\Delta Q/Q)/(\Delta Y/Y)$，价格弹性 $Ep = (\Delta Q/Q)/(\Delta P/P)$ 的情况下，我们有 $(\Delta P/P)/(\Delta Y/Y) = Ey/Ep$。这个等式的左边表示税收价格对收入的弹性。如果这个弹性等于 1，则两者变化的百分比相同，税收与收入的比率保持不变。也就是说，税收应该按比例征收。如果 Ey/Ep 大于 1，则该比率是上升的，税收为累进的；如果 Ey/Ep 小于 1，税收为累退的。因此，所要求的税率结构究竟采取比例税、累进税还是累退税，取决于公共产品需求的收入弹性等于、大于还是小于价格弹性。

这一发现很有意思，但实施起来并不容易。相关的价格和收入弹性并不为人所知，也不像私人物品那样容易从市场观察中得出。此外，不同类型的公共服务的价格和收入弹性也会有所不同。我们不清楚收入和价格弹性哪个更大，大多少，在考虑整个预算的情况下更是如此。因此，税率结构的问题仍未得到解决。然而，这一推理指出了一个事实，即可以从受益征税以及常用的纳税能力的角度来寻找支持或反对累进税的依据。即使后者支持累进税，前者也未必如此。

特定受益税

虽然一般性受益税主要是作为一种理论概念，但也可以在特定情境下找到其实际应用。这些情境有通过服务费、用户收费或路桥费作为直接财源。或者可以间接采用某些税收代替收费，比如为了公路财政对汽油和其他汽车产品征税。

在什么情况下这一方法可行且可取呢？如果政府提供的商品或服务具有私人商品的性质，而消费又是完全竞争的，这就很明显属于能直接向用

---

① 再看图 5-4，我们注意到，A 和 B 为 OH 单位的社会产品缴纳的税款分别等于 KM 和 LN。如果 $KM/OM = LN/ON$，则需要的是比例税率。由于 $OM > ON$，因此，$KM/OM > LN/ON$ 的情况下，要求采用累进的税率结构；$KM/OM < LN/ON$ 的情况下，要求采用累退的税率结构。

户收费进行筹资的情况。收益归于特定的使用者，而他就应就此纳税。执照的发放、市政交通的融资、机场设施的提供等都或多或少属于这一类。在收益内部化的情况下，政府可以像私营公司一样行事，也适用同样的定价原则。正如近年来所指出的那样，相当多的公共服务项目可以建立在这个基础上，从而缓解一般性财政收入的压力。通过运用市场机制，可以更有效地确定合理的供应水平。

寓费于税

在其他情况下，如果直接收费是可取的，但成本太高，就可以用征税代替直接规费。比如用汽油税或汽车税来代替通行费。美国各级政府从机动车税（对汽油和小汽车的征税）获取的收入与在高速公路的支出大致相当。在联邦高速公路项目中，汽油税收入被指定为公路信托基金，基金的收入用于支付联邦高速公路网的费用。在州和地方财政中，这种直接指定用途的做法并不常见，但对高速公路使用者课征的税收收入还是主要作为高速公路建设资金。

这种征收受益税的办法成效如何呢？虽然它可能确实将高速公路的总成本施加在了所有司机上，但是否实现了对司机个人的公平征税仍然存疑。虽然汽油的消费量取决于行驶的距离，但并不是每行驶一英里就会产生同样的可变成本，建造新的道路设施所需要的资本支出也不尽相同。司机 X 使用 A 道路，可能被要求为司机 Y 使用的 B 道路提供资金支持，因此，汽油税在高速公路融资中的应用只是大致近似于受益原则。这种税收也不能有效地决定新高速公路的建设需求。支出决策是针对具体的支出所作出的，而税收却独立于所使用的特定高速公路，所以这两者之间并没有直接的联系。此外，近年来，越来越多的人支持立法，要求允许将高速公路信托基金的收入转用于资助公共交通运输。这是一种将高速公路使用的外部成本内部化的合理方法。

另一个例子是财产税的某些运用。可以在某些街区内征收特别住宅税，以补偿维修改进当地住宅状况的费用。在更普遍的层面上，物业税传统上被视为对地方政府所提供服务的收费，其假设所带来的收益与财产价值大致成正比。这种论断是否成立仍有待考察①。

社会保障税是受益税的又一个例子。只要受益和纳税有直接联系，而且不再对收益进行再分配，那么雇员缴纳的薪给税可以被视为一种严格的受益税。但雇主缴纳的税款却并非如此，除非这些税收最终转嫁给雇员②。

关于专款专用的说明

最后，谈谈与受益税相关的专款专用问题。财政专家们认为，指定款项用途是一种不良的预算编制程序，因为它会导致僵化，无法在各种竞争性用途之间合理分配一般收入。因此，将比如50%的销售税收入指定为对国家初等教育成本的补贴是没有效率的。合理的拨款金额可能大于或小于这个数额。此外，可能将销售税用于其他用途更为可取。

同时，指定用途的款项可能存在其他合适且符合受益原则的使用形式。首先，特定的税种能与特定的支出相联系，因为纳税相当于对消费者的收费。如上所述，汽油税在一定程度上就是如此。这个联系可能既有效（根据可变成本进行征收）又公平（根据所得的受益分配费用）。其次，将特定税种的制定与特别款项支出决定联系起来，有助于揭示偏好，进而作出更优的支出决策。即使税基不与所得的收益挂钩，也可能出现上述结果。因此，可以用增值税为国防提供资金，同时利用所得税为非国防目的服务。这可能会使联邦预算活动中这两个领域的支出和税收决策之间的联系更为明晰，从而更有效地进行决策。因此，指定资金用途作为一种专断的方法，可能会导致预算僵化，但也可能是向受益征税方法迈进以及提高支出决策效率的一种有益机制，这取决于如何使用它。

二、纳税能力Ⅰ：横向公平和税基的选择

虽然利益原则可以直接应用于某些政府性的融资，但它并不能解决税收结构设计的一般问题。可以适用特定受益税的支出范围相对有限，大部

① 参见第二十四章第一节。

② 如前所述，这些假设对当前美国的情况并不成立。参见第十一章第四节的“收入再分配”。

分税收收入不是在特定利益基础上产生的。虽然在政治程序中，税收立法应该与支出立法相关联，但广义上来说，利益原则的应用并不与税收公式及依其设计的规则相斥。此外，我们已经指出，受益税最多也只与公共服务的融资有关，而与税收转移过程的再分配功能无关。

因此，必须采用公平征税的另一个原则。即人们根据自己的纳税能力来负担政府成本[①]。根据这种方法，税收问题只从自身进行考察，与支出决定无关。需要一个给定的总收入，要求每个纳税人按照自己的纳税能力缴税。这种办法具有再分配功能，尤其是作为低收入补助进行间接转移时，但缺点是，它忽略了公共服务的决定。

横向与纵向公平

按纳税能力征税，要求能力相同的人缴纳相同的税款，能力较强的人缴纳较多的税款。前者称为横向公平，后者称为纵向公平。横向公平只适用法律规定的平等基本原则。如果将收入作为纳税能力的衡量指标，所得税是合适的例子，收入相同的人应该缴纳相同的税额。纵向公平规则也符合平等待遇，但其前提是，不同纳税能力的人缴纳不同数额的税款。收入较高的 A 就应比 B 多纳税。从这个意义上说，这两种公平原则都是遵循同样的平等待遇原则，无法说哪个更为基本。

此外，执行这两种原则都需要对纳税能力进行量化衡量。理想的情况是，这种衡量指标将反映一个人从所有可供选择的方案中获得的全部利益，包括消费（现在和将来）、持有财富和享受闲暇。遗憾的是，这样一个全面的衡量标准并不可行。尤其是闲暇的价值无法衡量，所以必须寻找一种次优但可观测的指标。鉴于这种限制，下列哪一个指标最好：收入、消费，还是财富？

收入和消费作为税基

收入一直是最广为接受的纳税能力衡量标准，但最近越来越多的人支

---

① 纳税能力原则的起源早于受益规则。它可以追溯至 16 世纪，并在当时已有众多支持者，他们包括众多思想家，如卢梭、萨伊和约翰·斯图亚特·穆勒。在 20 世纪，纳税能力原则主要受到再分配导向作者的重视。

持将消费作为优先选择。可以肯定的是，在所得税下，收入一直是个人征税的基础，而对物所征的销售税和消费税则是以消费为税基。因此，将收入作为税基比将消费作为税基更为公平。但这并不意味着，以个性化的支出税形式使用消费税基，并按家庭人口留有余地，按累进税率征税后，收入税基仍然具有优越性[①]。现在进行比较时，我们只是假设收入税基更好。

税基的全面性　收入税基和消费税基的支持者都认为应该对各自的税基进行全面的定义。

就收入税基而言，这意味着收入（从家庭账户的来源方面看）应被视为个人所有财富的积累。正如我们将在后面详细考察的那样，无论收入是以货币收入（如工资、薪金、利息或红利）的形式累积，还是以应计收入（如自用住房出租的租金）的形式累积，还是以资产价值增值（无论是否实现）的形式累积，都会增加一个人的经济能力，从而提高纳税能力[②]。如果我们从家庭账户的用途方面来看收入，同样也可以呈现出对全面性的要求。收入就等于净资产的增加（或储蓄）加上期间的消费。这两种说法是一样的，但前提是对净资产的增加和消费也进行一个全面的定义。

就消费税基而言，全面性要求将所有形式的消费都包括在内，无论这种消费是以现金购买的形式，还是以估算的形式产生的消费流。由于收入等于净资产的增加（或储蓄）加上消费，而消费税基只包括消费，因此消费税不同于所得税，它不包括储蓄的收入。

哪种税基更好？　假设对上述两种税基都进行了全面定义，哪一种税基更好？300 多年前霍布斯的著作指出，一个人只应为其所消费的物品和服务纳税，而不应为其储蓄的、可供他人消费之用的那部分收入纳税。恶行应被征税，美德应获奖赏。然而，更现实的观点认为，储蓄只是为了推迟自己的消费，而不是一种利他行为。因此，如果 A 和 B 有相同的消费选择，我们就认为这两人处在相同的境况中，而不考虑他们选择在何时消费。如表 13－1 所示，A 和 B 在第Ⅰ期都获得了 100 美元的工资收入，但 A 选择立即进行消费，而 B 选择在第Ⅰ期进行储蓄，在第Ⅱ期进行消费。

---

① 对于这种税收的考察，参见第十三章第二节。

② 关于收入界定的讨论，参见第二十三章第四节。

表 13-1　两个周期内所得税与消费税的比较　单位：美元

	所得税（Ⅰ）		消费税（Ⅱ）		工资所得税（Ⅲ）	
	B	A	B	A	B	A
周期Ⅰ						
工资收入	100	100	100	100	100	100
税收	10	10	10	—	10	10
消费	90	—	90	—	90	—
储蓄	—	90	—	100	—	90
周期Ⅱ						
利息	—	9.00	—	10	—	9
税收	—	0.90	—	11	—	—
消费	—	98.10	—	99	—	99
储蓄	—	—	—	—	—	—
税收总额	10	10.90	10	11	10	10
现值	10	10.82	10	10	10	10

首先考虑所得税。我们注意到，A 只在第Ⅰ期纳税，而 B 在两个时期都纳税。B 在第Ⅰ期缴纳了与 A 相同的税款后，在第Ⅱ期又进一步缴纳了利息收入的税款，因此，B 在两个时期所缴税款总额等于 10.90 美元，而 A 纳税仅为 10 美元。在课征消费税的情况下，A 在第Ⅰ期纳税，而 B 在第Ⅱ期纳税。B 纳税额较高，但在时间上较晚。既然延期纳税对纳税人来说是一种收益（毕竟这笔钱可以在这段时间内进行投资获取利息收入），那么比较一下税负的折现值就很合理了。如表 13-1 的最后一行所示，按 10% 的税率折现，在消费税下，A 和 B 所缴税收的现值相等，但在所得税下，B 缴纳的税款要多一些。从这个角度看，消费税是一种较公平的解决方案，因为它给具有同等潜在消费能力的人带来了同样的税负。正如我们在后面会看到[①]，在讨论效率问题时得出了类似的支持消费税基的结论。这与我们目前在横向公平的背景下界定平等地位的做法不同。

与工资所得税的关系　观察表 13-1 中的ⅢA 和ⅢB 两列，我们进一步发现，消费支出税不仅类似于税基中扣除储蓄后的所得税，也类似于扣除

① 参见第十六章第三节。

资本所得而仅对工资所得课征的所得税。若单纯对工资所得课税，则只在第Ⅰ期对A和B征税，结果与消费税类似，两者承担的税负现值相同。这种比较不同税种的方式很有意义，因为那些认为储蓄免于征税是合理的观察家们将对资本所得免于征税的想法感到震惊。这与自亚当·斯密以来的传统思想背道而驰，传统思想认为如果需要区别对待，那也应对工资（劳动所得）而不是资本所得（非劳动所得）实行优惠待遇。

对遗产的税收处理　回到消费税基，我们现在注意到，表13-1的两期模型是为了使所有收入都在两期跨度内得以消费完毕而设计的。现在假设B在第Ⅱ期没有消费，而是作为遗产留给了C，在这种情况下，B将不需缴纳任何税款。只有在以后C消费时，才会缴税。如果C也放弃消费，将全部资产作为遗产留给D，并以此类推不断地传给子孙后代，则始终无需交税。但是，通过将B的遗赠和B的消费一起纳入其税基，就可以避免这个问题。毕竟，遗赠财产是B使用其资金的一种方式，因此应该作为使用的一部分来征税。换句话说，税基的定义应该从“不受时间限制的自身消费”改为“所有用途”，不仅包括自己消费，还包括赠与和遗赠。虽然可能会有人反驳说，遗赠只是将纳税时间推迟到其继承人消费时，但这种推迟可能是无限期的。此外，在累进税下，不同档次的税率将适用于不同代际的纳税人，而非个别纳税人的一生。稍后在讨论个人支出税时，将对这个问题进行更多的阐述①。

进一步的限制　应关注以下对消费作为税基优越性的限定性条件：

1. 终身收入现值相等的个人处于平等的税收待遇这一命题假定：未来的收入和需要已知，从而可以做出最优的安排。然而事实上生活充满不确定性，个人偏好是不断变化的，这就很难事先确定上述条件相同的人们始终保持相同的税收待遇。

2. 收入现值相等的个人处于同等的地位，与何时产生收入无关这一命题假定：有一个完美的资本市场，其允许所有的纳税人以同样的利率借贷

---

①　参见第二十三章第四节。一个更复杂的反对将遗赠纳入税基的例子如下：B有三个选择：（1）现在消费；（2）稍后消费；（3）留下遗产给C。所有三个选项都带给B效用。就B而言，B的效用来自C消费带来的愉悦。但这一愉悦是C的消费扣除C的税收后的一个函数。所以，将征税后的C的消费和遗产纳入B的税基中，就会对B从遗赠获得的效用课征一个双重税收。参见G.布伦南，《死亡和税收：对正统的攻击》，公共财政，第3期，1978年。另见后文第432页。

和投资。这是一个不现实的假设。低收入的消费者进入资本市场的机会较少。因此，当他们需要高额支出时，他们会发现消费税的负担特别重。

3. 正如下文所述，从目前的所得税制度过渡到支出税，会在过渡时期造成严重的公平问题。

总而言之，完美的消费税基的前提条件似乎难以实现。因此，虽然在理想化的模式中，它的优越性是可以论证的，但在实践中就不那么明显了。此外，在这两种税基中的任何最终选择都必须考虑到税基定义的不完善性——无论是由于技术因素还是政治因素——这些不完善性将不可避免地出现[①]。

财富作为税基

在将收入和消费视为税基之后，我们现在必须考虑财富的作用。将财富视为资本收入的资本化价值，我们可以把对财富征税看作是对这种收入征税。如果资本产生10%的收入，对后者征收10%的税就相当于对前者征收1%的税。因此，对财富征税意味着对资本收入征税，而消费税基实际上将资本收入排除在所得税之外。从这个角度看，征收消费税的理由也可以作为反对对财富征收附加税的理由。

然而，这个问题的另一个方面不容忽视。为保证将来的消费而进行的储蓄涉及财富的积累，而持有财富会产生额外的效用。不论是以增加安全感还是经济实力的形式，这些收益都应纳入潜在的消费从而作为税基的更深层次的组成部分，因此要求在征收消费税的同时对财富或收入征收某种税。

尽管这表明消费税存在缺陷，但也提高了收入税的可信程度。然而，我们也不能由此断定所得税更为优越：它对储蓄者的歧视可能不仅限于抵消了因持有财富得到的满足感而对额外税收的认同。财富效用也为消费税不够明确提供了另一个原因，在消费从未发生并且遗产从一个继承人传到另一个的情况下尤为如此。

此外，还必须从纳税能力之外的其他方面来考虑财产税问题。社会常常关注财富占有过于集中对政治权利分配带来的影响。在这种情况下，合适的税基应以个人资产总额来加以确定，而非纳税能力，后者的财富是以

① 参见第二十三章第四节。

净资产加以确定的，即资产减去负债[1]。

此外，社会对不平等或纵向公平的关注不仅涉及收入，而且涉及收入的用途，即与消费或财富的分配有关。就消费而言，关注的可能是最低消费标准，也可能是挥霍消费的不合理性。财富方面，关注的可能是财富的不平等导致的社会和政治权力的不平等。在这两种情况下，所谓可接受的不平等程度可能有所不同，因此需要多种税收工具。

结论

最后，税基的选择不能在纯理论环境中进行，它取决于税收存在的经济结构以及这一结构所能提供的“征税手段”。在农业社会中，大部分收入都来源于并消费在农作物上，因此要应用所得税方法极为困难。像在美国殖民时期那样，对财产或牛征税，将为近似按纳税能力征税提供一个更可行的方法。同样，发展中国家会发现很难在所得税中涉及资本收入。在这种情况下，对不动产征税是一种有益的补充，因为它易于掌握。这些困难也不仅限于发展中国家。美国的个人所得税也远未达到全面的程度，而大多数其他国家的个人所得税则更不全面。我们下面将会看到，一些形式的资本收入被排除在税基之外，而其他形式的资本收入则被给予优惠待遇[2]。由于这些原因，可能需要对财富征收补充税，哪怕只是作为近似于全面所得税的次优方法。

此外，虽然选取合适的经济能力指标十分重要，但这只是设计公平税收结构的第一步。第二步是将这一指标——收入、消费或财产——应用于复杂的经济和法律制度。在这个过程中，会出现一系列技术性很强的难题。应如何对公司进行征税？应如何处理资本利得？如何计算折旧期限？如何处理财务制度的某些特殊问题？如此等等。由于经济本身是复杂的，税法也必须与之相适应，因此，没有一个单一的税基概念可以完美地实施。而且，公平的税制不可能是简单的。另一方面，过于复杂的税制结构会导致合法的避税（一些纳税人调整自己的活动以减少税负）以及非法的逃税行为，进而破坏公平。因此，税收政策是一门艺术，也是一门科学；对公平

---

① 参见第十三章第二节。

② 参见第十九章第四节。

的寻求只是一个程度问题，不是一种绝对的概念。

三、纳税能力Ⅱ：纵向公平与税率结构

我们现在不讨论如何衡量税基的问题，而从收入的角度进行考察。收入相同的人应缴纳相同的税款。现在要考虑的问题是，不同收入的人所应缴纳的税款应该如何区别。纵向公平的问题应该如何解决？虽然这里考察的是收入的差异，但类似的推理也适用于在消费上的差异。

平均负担原则

回到我们早先讨论过的分配公平问题，对此有两种不同的做法，一种建立在假定边际效用的基础上，其适用于所有人的收入函数，另一种则建立在社会福利函数的基础上。我们将沿用这两种思路来探究税收的纵向公平。关于前一种方法，自约翰·斯图亚特·穆勒以来，纵向公平一直被看作是一种平均负担原则。如果纳税人的纳税涉及同等的负担或福利损失，则被称为均等对待[①]。福利的损失又与收入的损失有关，用纳税人收入的边际效用来衡量。假定所有纳税人收入函数的边际效用相同，平均负担原则就要求具有同样收入（即同样纳税能力）的人们缴纳同等金额的税款，而不同收入的人们则应缴纳不同金额的税款。较为困难的问题是，这些数额应如何区分？要回答这个问题，我们必须知道收入函数边际效用曲线的形状，即使如此，答案也可能是不同的，这还取决于如何解释“公平”一词。特别是，平均负担需要采用累进税制吗？

可选择的原则　答案取决于收入函数边际效用的情况以及定义“平均负担”所采用的原则。它可以被解释为：相等的绝对负担，相等的比例负担或相等的边际负担。这些概念可以借助于图 13－1 来解释，其中左图表示低收入纳税者 L，右图表示高收入纳税者 H，MU_L和 MU_H是各自收入函数的边际效用曲线，它们是相同的，并假定以递减的速度下降。L 的税前收入为

---

① 参见约翰·斯图亚特·穆勒：政治经济学原理，W. J. 艾希莉编辑，伦敦：朗文，1921 年，第 804 页。

OB，*H* 的收入为 *OB′*。*L* 和 *H* 得出的总效用分别为 *OBDM* 和 *OB′D′M′*。如果要从二者中抽取某项收入 *T*，那么根据上述三种定义原则税收应如何分配？

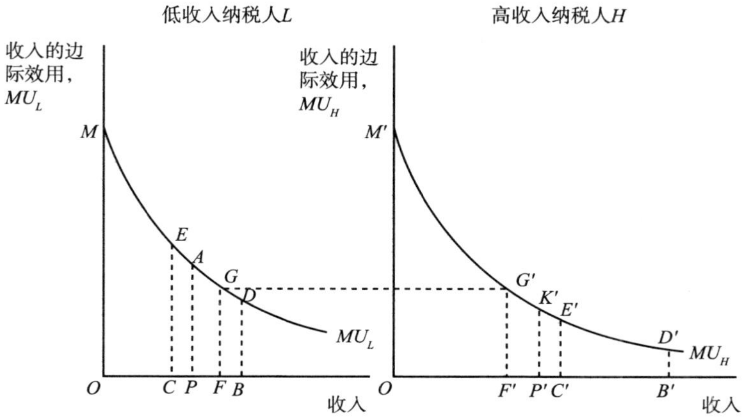

图 13－1　平均负担的测度

绝对负担　在相等的绝对负担原则下，（拥有收入 *OB* 的）*L* 支付 *CB*，而（拥有收入 *OB′*的）*H* 支付 *C′B′*，其中 *CB*＋*C′B′*是所需的税收收入 *T*。*L* 所引发的效用损失或负担等于 *CBDE*，而 *H* 的损失等于 *C′B′D′E′*；*T* 的分配为 *CBDE*＝*C′B′D′E′*。

如果边际效用不变（*MU* 与水平轴平行），相等的绝对负担将要求对所有收入征收相同的税负。平均负担就要求征收人头税。但是，在 *MU* 递减的情况下，税收必须随着收入的增加而增加。这一点是很清楚的，但并不意味着需要征收累进税。正如可以用数学方法表明的那样，所要求的税收分配将是累进的、比例的或累退的，这取决于边际收入效用对收入的弹性是大于、等于还是小于某一单位①。即使假设 *MU* 下降是合理的，但关于它的下降速度却没有直观的答案。因此，没有现成的依据来断定等额绝对负担是否要求累进税制，更谈不上合适的递增程度了。

比例负担　如果按照等比例负担来分配税收，*L* 将支付 *PB*，*H* 将支付 *P′B′*，*PB*＋*P′B′*又等于 *T*，将税收在两者间分配，使 *L*（或 *PBDK/OBDM*）

---

① 参见保罗·A. 萨缪尔森：《经济分析基础》，马萨诸塞州剑桥市：哈佛大学出版社，1947年，第 227 页。

损失的税前效用与 H（或 $P'B'D'K'/O'B'D'M'$）损失的效用相同。在此原则下，不变的 MU 就要求征收比例税同时直线递减的 MU 要求采用累进税，但如果 MU 像通常假设的那样以递减的速度下降，则概括就变得困难了。在任何特定情况下，结果都取决于 MU 曲线的值和斜率，以及最初的收入分配情况和需要的税收收入。

边际负担　在相等的边际负担原则下，低收入者 L 支付 FB，而高收入者 H 支付 $F'B'$，$FB+F'B'$等于需要的税收收入 T。因为 $FG=F'G'$，所以边际负担是相同的。同时，两者的合计负担（即 $FBDG+F'B'D'G'$）得以最小化，税后收入在 $OF=O'F'$时得以均等化。

如果收入的边际效用不变，那么均等边际负担原则下收入分配是不确定的。任何向所有纳税人收取少量资金的分配都符合这一要求。在 MU 递减的情况下，等额边际负担要求最大程度的累进，税收自高收入而下逐步递减，直至收取所需的税收收入。在这种情况下，下降的速度并不重要。

如图 13－1 所示，均等边际负担原则的运用使两个纳税人的收入相同。它还导致 H 和 L 加起来的总负担最小（等于 $FBDG+F'B'D'G'$）。无论我们采用均等边际负担原则还是最小总负担原则，其结果都相同。但假设现在需要的税收收入小于 H 超过 L 的收入金额。则不能实现均等边际负担，必须用最小总负担来说明结果。为了实现最小总负担，税收要随收入自上而下减少，使所有纳税人的边际负担相等，但不一定包括纳税群体中的所有个人。

因此，均等边际负担原则被认为符合效率原则而非公平原则；一旦迈出这一步，这个论点就很容易延伸至恰好所需的税收收入金额之外。除了征税的负担应最小化，也可以说税后福利应最大化，从而把我们引向前面所研究的公正分配的功利主义观点①。毕竟，如果要求从私人收入中获得最大的满足，那么调整就不应局限于为公共服务提供资金所需的金额范围内。

结论　比较 L 和 H 的结果，我们发现 L 在等边际负担原则下情况最好，其次是等比例和等绝对负担。同时也可以看出，无论选择何种原则，H 都比 L 付出更多。这仅仅反映了边际效用曲线的斜率递减。我们还看到，在等边际负担原则下，税收模式应为累进制的，而等绝对和等比例负担原则下的

① 参见第六章第二节。

结果是不确定的。

尽管这些结果很有意思，但正如我们所指出的，它们的应用取决于两个假设：(1) 边际效用曲线的形状是已知的；(2) 同一曲线适用于所有纳税人。这两个条件都不现实。心理学也没有告诉我们 (1) 的答案，并且我们有理由认为实际生活中人们获得效用的能力各不相同。

社会福利策略

诸如此类的关注促使人们寻求一种可供替代的途径。这一途径要求假定一个社会福利函数，即对个人收入的边际效用进行社会评价①。此外，它还假定，分配给所有个人的收入都应按此函数进行评估。

那么，假设情况如图 13－1 所示，现行的分配方式是 L 得到 OB，H 再得到 OB'。显然，这种分配方式不符合社会效用最大化的情况，或者说，不符合 H 和 L 的收入边际社会效用相等时将收入平均分配给他们的情况。通过再次遵循相等的边际负担原则，可支配收入的分配趋于公平，使社会福利损失得以最小化。

目前的累进程度远没有达到这一模式的要求，这一事实反映了一些问题。虽然将社会福利函数公平纳入考虑范围，但这些考虑有所差异，而且不能单独发挥作用。社会也希望对收入的分配给予重视，在我们前文关于分配公平的讨论中也谈到这样一个折中的状态。此外，如第十四章我们将讨论的，必须考虑到超额负担，这也会制约税收分配过程②。

四、本章小结

在分析公平标准方面有两种不同的传统观点，包括受益原则和纳税能力原则。

1. 受益原则的优点是将预算政策的支出和收入联系起来，但由于税务机关无法得知消费者对公共服务的评价，从而必须通过政治程序来揭示，

① 参见第六章第三节。
② 参见第六章第二节。

因此该原则不易实施。但在某些情况下，可以采用受益税。

2. 适用于公共服务筹资的受益原则没有考虑再分配问题，并将之推给预算程序的其他部分加以处理。

3. 纳税能力原则要求根据纳税人的经济能力来分配税负。它的优点是将分配问题考虑在内，但缺点是孤立地处理税收问题，未考虑社会产品的提供。

4. 纳税能力原则要求按照横向公平和纵向公平分配税收。为了实现横向公平，具有同等纳税能力的纳税人应平等地缴纳税款。为了保证纵向公平，能力不平等的纳税人应相应地缴纳不同的税额。

根据纳税能力实施公平的税收，需要定义一个具体的指标，以衡量纳税能力。

5. 理想的情况是，这一指标将包括产生经济福利的所有形式，包括闲暇以及现在和未来的消费。遗憾的是，这样一个全面的指标不可行的，尤其是闲暇的价值无法衡量。

6. 收入是最广泛使用的衡量经济能力的一般指标。以此为目的进行使用时，应对收入进行广义的定义，从而使其包括所有增值形式，而不必考虑来源和用途。

7. 衡量能力的另一个指标是消费。比如在支出税的应用中，消费是个人税和累进税的基础。

8. 在理想化的终生税收的框架下，为了实现横向公平，消费税基比收入税基更为可取。然而，在实际情况中，这种优势就不复存在了。

9. 遗赠和赠与应纳入消费税的基数。

10. 持有财富会带来效用，而它没有被包含在消费税基中，因此需要对持有财富征收补充税。

在不同人之间合理恰当地分配税负涉及对纵向公平的复杂考虑。

11. 在已知收入函数的边际效用相等的前提下，纵向公平原则可以被简要表述为平均负担原则。这是否需要累进税，取决于如何界定平均负担以及收入边际效用曲线的斜率。

12. 由于能否以及如何衡量和比较这些收入函数尚有争议，因此，实施纳税能力原则必须利用由社会决定的收入效用或社会福利函数。

推荐阅读

对于收入增长概念的阐述，参见：

Goode, R.: "*The Economic Definition of Income*", in J. Pechman (ed.): *Comprehensive Income Taxation*, Washington, D. C.: Brookings, 1977.

Simons, H.: *Personal Income Taxation*, Chicago: University of Chicago Press, 1938.

关于以收入还是消费作为税基的辩论，参见：

Bradford, D.: "*The Case for a Personal Consumption Tax*", in J. Pechman (ed.): *What Should be Taxed: Income or Consumption?*, Washington, D. C.: Brookings, 1980.

Kaldor, N.: *An Expenditure Tax*, London: Allen, 1955, chap. 1 及其附录。

关于纵向公平和累进税制的讨论，参见：

Blum, W. J., and H. Calven, Jr.: *The Uneasy Case for Progressive Taxation*, Chicago: University of Chicago Press, 1953.

Mill, J. S.: *Principles of Political Economy*, London: Longman's, 1921, book V, chap. II.

Pigou, A. C.: *A Study in Public Finance*, London: Macmillan, 1928, part II, chaps. 1 and 2.

第十四章
税收和支出的归宿：概述

税收和支出去向问题的确定将会在之后章节中带来需要我们考虑的复杂问题。在本章中，我们将解决该问题的一般情况，并得到美国财政结构归宿（包括税负、支出受益和净值）的一幅定量图景。本章呈现了对归宿问题的一个基本介绍，这对于希望跳过第十五章，直接阅读后面内容的读者是十分重要的。

▶ 本章内容提示

课税的经济效应是多方面的，既包括对收入分配和资源使用效率的微观效应，也包括对产出、就业、一般价格水平和经济增长的宏观效应。所有这些效应都相互作用。因此，特定预算政策的分配效应（或归宿）取决于它们对产出和就业的影响，正如产出、就业效应取决于同步发生的分配变化。当然，每一类型的效应本身也很重要，必须在政策制定中予以考虑。一项政策在分配效果方面可能相对较好，但在效率、增长或就业效应方面较差。因此必须对此进行权衡取舍。此外，要加以说明的是，并非所有这些方面的问题都可以同时被解决。在本章，我们从各种效应相互依存的一般事实着手，首先考察预算政策对分配状况的影响。当我们在本章谈及税收政策的"归宿"问题时，指向的就是课税所产生的这些效应。

一、税负的本质

在考虑谁承担税负之前，我们必须首先弄清楚税负的内涵。在这里，有必要区分涉及向公共部门转移资源的预算业务和不涉及此类转移的其他预算业务之间的区别。

税负与资源转移

在上述第一种情况中，政府征税是为了购买商品，或向提供公共物品和公共服务的公务员支付薪酬。假设政府课征了10亿美元税收并用于建设高速公路设施。其结果是，可供私人部门使用的资源减少了大致相等的金额。这是高速公路服务的机会成本（为提供这一公共服务而施加给整个私人部门的总负担）。税收归宿是指个别家庭之间分担这一总负担的方式。该负担又与高速公路服务的收益密切相关，考虑这些收益是为了核算全部交易事项的净收益或净负担（或确定净归宿）。如果收益大于成本，则该项目是值得实施的。

当预算业务不涉及向公共部门转移资源时，政府就只是从私人部门征税并将其返还给该部门。这时没有资源向公共部门转移，也没有因减少私人部门的资源可获得性而产生机会成本。在这个过程中，某些人可能会因此获益，而另一些人可能会受损，但鉴于税收等于转移支付，可供私人部门使用的收入就不存在净变化。归宿问题现在仅仅是追踪可供私人部门使用的收入在家庭间的再分配。

税负的大小

前面的讨论中隐含着一个简化的假设：税负等于课征的税收。在此基础上，在公共资源上花费 10 亿美元的机会成本，等于须为支付这 10 亿美元而向私人部门课征的税赋。同理，课征 10 亿美元税收并将其用于转移支付上，私人收入将保持不变，也不会产生资源转移的机会成本。不过，对税收负担的这种认识将问题过于简单化了，现在必须重新审视。

超额负担 总税负可能超过课征的税收，因为征税行为可能会产生效率损失，或导致“超额负担”。举例来说，假设政府从对汽车的征税中筹集了 10 亿美元收入，那么从不同消费者那里课征的税收加总起来就等于 10 亿美元，但加诸于私人部门的负担却更大，因为征税行为会干扰消费者的选择。因此，某些人可能因为要缴税而放弃购车。他们虽然没有缴税，但其预算选择却大不如前，他们为此承受的损失并未反映在总税收收入中。另一些人可能会因征税而购买更便宜的汽车，应税金额因此减少了。在这两种情况下，消费者的支出模式都被税收扭曲了，每个人所承受的实际负担都比他或她按固定收费方式支付相同金额时更大。因此，私人部门所承受的总负担往往会超过政府获得的总税收，由此产生了一个额外的负担——经济学家称之为超额负担或无谓损失。第十六章将进一步研究这一负担的本质。

要素投入效应 还有另外一个原因导致了以可供私人使用之收入损失来衡量的总负担与课征的税收收入不相等。税收的课征可能导致要素供给发生变化，从而引致总产出的变化。我们可以通过假定以累进所得税方式征收与前述例子相同的税收来说明这一情况。因为课征累进所得税，工人有可能增加或减少劳动供给。假设工人工作得更少（减少劳动供给），其结果将是收入下降。如果这种收入下降被算作负担的一部分，那么总负担就会再次超过税收收入；如果工人更加努力地工作，使他们的收入因征税而增加，则情况恰好相反。类似地，税收政策可能会导致储蓄率和投资率的变化，进而导致产出增长率的变化。这些变化又将反映在税前收入水平上，再次导致可供私人使用之收入变化与课征的税收额不等。

就业效应　更有甚者，产出的变化可能不是因为税后要素报酬变动导致要素投入的调整而引起，而是总需求和失业水平的变化引致的。开征一项税收可能会降低就业水平，或者一项支出的增加可能会提高就业水平。这再次使得探究征税对收入分配影响的问题复杂化。从这些因素中可以看出，税收负担的概念明显比税收收入和总负担相等的简单假设所暗含情况要复杂得多。然而，这个假设在解决税负分配问题时仍有可取之处。因此在本章分析中我们将接受这一假设。

二、归宿的概念

在讨论税收归宿时，为避免混淆，我们必须澄清某些概念和问题。除了测度工作本身的困难外，还应该弄清楚我们希望测度的内容究竟是什么。

法定归宿、经济归宿和税赋转嫁

根据霍尔姆斯大法官的说法，税收是文明的代价，但问题是，谁来支付？如我们之前看到的，税收不是自愿的支付行为，而是强制性的征收，要根据税法的规定来缴纳。尽管这些法规最终是选民偏好的（或多或少不完美的）反映，但一旦通过立法程序，它们就变成强制性课征，强加给个体纳税人一些他们会试图避免或转嫁给他人的负担。因此，为了确定谁来支付，我们必须超越税收法规和法定归宿模式，即超越那些负有法定支付义务的纳税人来审视问题。这涉及两个考量。首先，必须认识到，归根结底全部税收负担必将由个人来承担。虽然税收可能是针对企业征收，但最终负担必须追溯到作为企业的所有者、雇员或是其产品消费者的个体家庭。其次，无论是对个人还是对企业征税，最终的税负分配可能与法定义务有所不同。个人以及企业可能会调整其销售和购买行为，进而影响其他人的税负承担状况。

假设琼斯被要求缴纳一定数额（比如说 100 美元）的税款，纳税多少与他做什么无关。这样的税收被称为一次性总付税（或定额税），是无法逃避的。然而，琼斯可通过减少购买或储蓄，或通过增加工作努力等调整行为使自己适应征税带来的损失。虽然他无法规避纳税，但他的调整行为会影响到与其展开交易的当事人，从而产生进一步的影响。此外，税赋很少以一次性总付的形式征收。税法通常将纳税义务与经济行为的某一方面功能联系起来，如赚取收入、从事销售或从事购买活动。由于此类税赋是针对经济交易征收，且交易涉及不止一方，那么承担法定纳税义务的交易人可以通过减少应税活动来规避纳税；或者他们可以通过改变交易条款将税负转嫁给其他人。他们能否做到这一点，将取决于交易市场的结构和价格决定的方式。

因此，课征所得税可能会导致工时数减少，总（小时）工资率上升，加重消费者的负担。或者，向卖家征收汽车消费税，可能会导致卖家提高价格，希望将税负转嫁给买家，而买家则会试图以购买其他替代品方式来规避税负。对资本的使用征税，可能会导致企业用劳动力来替代，等等。在每一种情况下，纳税人能否作出这样的调整，将取决于其他交易方是否愿意配合。如果卖方提高价格，则买方会通过减少购买量进行反击，所以最终结果如何取决于双方的反应。然而，由此产生的一连串调整——“转嫁税负”的过程——可能会导致税负或经济归宿的最终分配与纳税义务或法定归宿的最初分配大相径庭。

立法者相当清楚，在对汽车制造商征税时，他们并不打算让制造商承担这一税负。如果他们希望这样做，他们会对制造商的利润征税。制造商仅是作为便利的税赋征收点，目的是以更高的汽车售价将税负转嫁给消费者。因此，要确定税负的实际分配，需要对经济调整过程展开分析，或者说对税负从其课征对象（法定归宿）到最终承担者（经济归宿）的传递过程进行分析。这个过程通常被称为“转嫁”。

作为一个终极政策关怀问题，显然，转嫁之后的税负分配才是重要的。要使这一分配符合预期，立法者必须根据经济归宿而不是法定归宿来选择可获取期望结果的税收方案，经济归宿是经济体系经征税调整后随之产生的分配结果。毫不夸张地说，这不是一项简单的任务，即使对于那些被要求就特定税收的最终归宿提出建议的经济学家来说，也是如此。如我们稍后将看到的，公司利润税和财产税在这方面会产生特别棘手的问题。

归宿的其他概念

在讨论税收归宿问题时，虽然也应该考虑预算的支出方面，但传统上仅聚焦于税收。更狭义的税收归宿问题可从下面三个角度来考察，即绝对税收归宿、差别税收归宿或预算归宿。

绝对税收归宿　一个角度是保持公共支出不变的情况下，考察课征一项特定税收的分配效应。假设政府提高所得税，同时没有发生支出的相应变化和其他税收的抵消变化。在确定这种变化的分配后果时，人们几乎不会忽视随之产生的总需求下降所引致的宏观效应。视经济状况而定，总需求下降可能导致失业、价格水平下降或通货膨胀率下降。每种结果都有其分配方面的影响，而这些影响是无法与税收变化本身的影响截然分开的。仔细考虑一下，绝对归宿的概念并不是一个令人满意的概念。

差别税收归宿　为了避免上述困难，我们可以考察在税收总额和支出均保持不变的情况下，用一种税赋代替另一种税赋时所产生的分配变化。因此，政府可以用 10 亿美元的烟草消费税来代替相等数额的所得税收入[①]。这一政策变化不涉及将资源转为公共用途，（暂且不考虑超额负担问题）也未给私人部门强加净负担，只涉及家庭之间的再分配。所得税减少的家庭将获益，而那些烟草消费量较高的家庭将受损。除此而外，烟草种植者和卷烟厂工人将蒙受损失，所生产产品为前述所得税纳税者购买的其他人将获得收益。由此产生的分配状态的总量变化称为差别归宿。

当我们比较提高或降低税收的其他方法时，差别归宿的概念也适用。关于税收归宿的这一观点特别有用，因为实际的税收政策决策通常都涉及此类问题。

预算归宿　分析税收归宿问题的另一个角度是考虑税收和支出同时变化的组合效应所导致的家庭收入状况变化。可供特定家庭私人使用的收入现在不仅受税收的影响，而且也受支出政策的影响。在实施转移支付计划情形下，私人收入增加，恰如征税使私人收入减少。在提供公共服务的情形下，必要的购买（无论是公务员的服务还是产品）通过影响国民收入进而私人收入分配产生影响。因此，预算支出和税收一样，都会影响私人收入；由于税收和支出的影响是同时发生的，因此在这种情况下无法将它们区分开来。

---

① 作为第一个近似值，“相等数额”可定义为相同金额的美元（货币）。但这一观点可能过于简单。如果考虑到相对价格的变化以及由此带来的政府购买产品的成本变动，我们发现，相等数额是指允许政府购买相同数量的产品。

从宏观经济角度考察，我们发现，政府购买和税收同时增加 X 美元的总体影响包括以下几个方面：

1. 为私人部门提供产品的生产性收益减少 X 美元。
2. 为政府部门生产产品或提供服务所产生的收益增加 X 美元。
3. 各类收入获得者的可支配收入减少 X 美元。
4. 政府部门的税收增加 X 美元。
5. 源自公共服务的收益增加 X 美元。
6. 源自私人服务的收益减少 X 美元。

当经济被视为一个整体时，这些交易是平衡的，但就个体收入者或消费者而言，他们不可能不受影响。上述每一项可能都有一个不同的分配模式，预算交易的总归宿应考虑上述六项的全部影响。并且，它们相互作用，因此很难把税收归宿和支出归宿分割开来。然而，如果我们采取差别归宿的方法，这样的区分就变得更为可行。在这种情况下，考察不同税赋的影响时（第 3 项和第 1 项会产生不同的分配模式），第 2 项、第 4 项和第 5 项将保持不变。

三、归宿的测度

既然归宿涉及税负如何分配，那么涉及哪些相关群体？如何测度税负的分配？首先，必须清楚地认识到，全部税负最终是由个人承担的。诸如公司之类的法人为个人所拥有，对这些企业征收的税赋必须追溯到其所有者、客户或雇员。

税负在哪些人群之间分配?

因此，在研究税收负担的分配时，我们关注的是其在个人或家庭间的归宿。这与古典经济学家（例如大卫·李嘉图）所采取的方法不同，他们是根据税负对资本、劳动和土地供给者的影响来考察归宿问题。对他们来说，归宿理论主要是要素份额或要素定价理论的一个方面。这种方法从公共政策角度来看也是有用的，因为在他们那个时代，工业、劳动力和农业事实上反映了主要的社会群体。现今的模式更为复杂，从社会政策观点看首要问题已经转向了规模性收入分配。仅获得少量资本收入且无法工作的人是贫穷的，能够获得大量薪资的人是富裕的。这也与一般所得税策略是一致的，在该策略中，我们关注的是个人的总收入水平，而不考虑其特定来源。

如果要分析一个实际的归宿问题——例如，如果要分析用增值税代替公司税，或者用销售税代替财产税，所造成的税负分配上的变化——那么要确定经济社会中超过 5 000 万个家庭中每一家庭因此而受到的影响是不可行的。为了使这项任务易于处理，必须对家庭进行分组。为此，我们对家庭按收入层级分组，首先考虑不同收入阶层家庭间的税负分配情况。同时，其他组别群体，例如按年龄或家庭类型的分组，也是值得关注的。

来自来源端和使用端的负担影响

以一种税赋取代另一种税赋，将使一些家庭的状况变得更好，而使另一些家庭的状况恶化。任一家庭状况的变化可以用由此带来的实际收入变动来衡量。实际收入变动可能源于可支配收入的变化，也可能是因为所购买的产品价格发生变化。从些许简化的角度来看，一个家庭的可支配实际收入（*DRY*）可定义为：

$$DRY = \frac{E - T_y}{P + T_s} = \frac{DY}{GP}$$

其中，E = 收入；

T_y = 所得税；

P = 所购产品价格（按要素成本计算）；

T_s = 销售税附加；

DY 是可支配或税后货币收入，*GP* 是一般价格水平。现在我们可以考察 *DRY* 是如何受制于直接税和间接税的影响。

作用于家庭账户收入端或来源端的原生效应将改变 T_y，而作用于其账户支出端或使用端的原生效应将改变 T_s。因此，提高所得税会通过增加 T_y，从而降低 *DY*，进而导致 *DRY* 减少。销售税提高会通过增加 T_s，从而增加 *GP*，进而导致 *DRY* 下降。

此外，整个调整过程可能会导致来源端（或 E）的次生变化，以及使用端（或 P）的次生变化。虽然这种次生效应可能对特定家庭非常重要，但它们可能不会像原生效应那样，对 *DRY* 的规模性分配变化产生系统性的抵消。正如我们在后面将看到的，诸如个人所得税等对收入的征税，其税负分配结果往往由来源端的影响所主导，而其他情况下，如课征选择性消费税，使用端的变化是最重要的。

虽然家庭的来源和使用方式有很大差别，但收入水平与来源方式以及收入水平与使用方式之间存在普遍适用的关系。这个因素将被证明是归宿分析的一个战略特征。由于资本收入的比例随着收入水平的提高而上升，因此对资本收入的征税往往比一般所得税更具有累进性，而对工资收入的征税只具有累退性。同样，对奢侈品（如香槟酒）征税往往是累进的，而对大众消费品（如啤酒）征税往往是累退的。我们马上就会看到，这些关系在处理各种税收的归宿问题时将发挥关键作用。

测度收入分配的变化

通过比较某项特定税收变化前后的收入分配状况，可以获得对归宿的全面测度。这种比较如图 14－1 所示。纵轴表示可支配收入的累计百分比，横轴表示家庭的累计百分比（从收入水平最低到最高排列），曲线 *OAB* 显示了收入水平最低的 10%、20%、30% 等家庭获得的收入百分比。因此，收入水平最低的 20% 家庭获得了 6% 的收入，最低的 80% 家庭获得了 60% 的收入，而收入水平最高的 20% 家庭获得剩下 40% 的收入[①]。如果收入分配是均等的，曲线 *OAB* 将与直线 *OB* 重合。给定分配不平等的状态，可以把两个区域的比率 *OABC/OBC* 视为测度收入分配公平程度的指标。如果收入分配完全平等，这一比率将等于 1。

假设现行税制下的分配模式如 *OAB* 所示，但由于税收发生变化，它变为 *OA′*B。这意味着收入分配变得更加公平了——因为 *OA′BC/OBC* > *OABC/OBC*——从这个意义上说，税收变化的效应是累进的[②]。然而，要注意，这种变化可能以两种方式出现。因此，最初的税负分配可能已经发生

① 为全面描述和同样考虑来自来源端的变化，可支配收入必须用真实收入表示，即用相关的消费者价格指数对货币收入进行减缩，这里的数字是指货币收入。

② *OA′B* 不一定始终位于 *OAB* 内，但两条曲线可能相交。如果相交，分配就可能在部分范围变得更加公平，而在其他范围更不公平。当然，社会政策不仅必须关注分配的总体状况，还必须关注特定收入范围的分配。因此，可以设计出更多关于归宿的不公平测度。

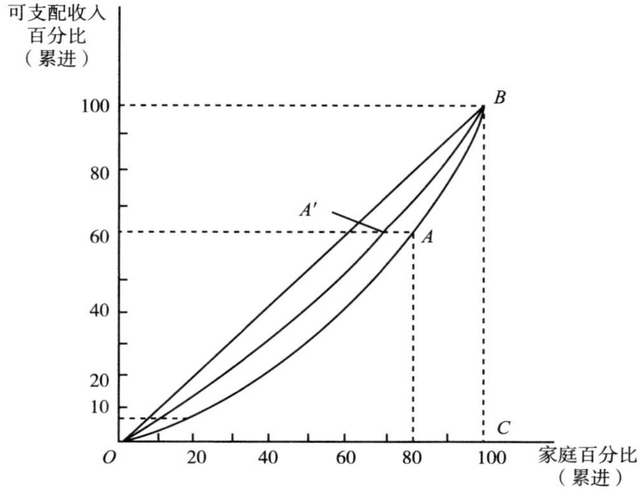

图 14－1　收入公平的测度

变化，例如，在保持总税收收入不变的情况下，所得税的税率可能变得更加累进。或者，使收益增加但不改变税率结构的累进性，例如，通过同比例提高所有的纳税义务。

因此，对税负分配的总体影响不仅取决于特定税收的累进程度（即随着收入水平的提高，有效税率或税赋占收入比重以多快的速度上升），而且还取决于税收总体水平和潜在的收入分配状况。税率高但累进程度适中的税制对收入分配的影响可能比税率低但累进程度高的税制更大。

四、美国财政结构中的归宿问题

在第十五章中，我们将详细考察适用于美国财政体制内主要税种的转嫁和归宿的经济学问题。但在此之前，我们有必要先对美国财政结构的分配影响作一概述。表 14－1 针对 1985 年的税负占家庭收入百分比进行了估算，因此没有考虑 1986 年税赋改革及其对低端收入阶层家庭的减免①。

① 对于更详细的讨论，参见 J. A. 佩奇曼（J. A. Pechman）：《谁支付税赋，1968—1985 年》，华盛顿特区：布鲁金斯，1985 年。另见下文第 248 页。

表 14－1　税负占家庭收入百分比，1985 年（根据有效税率测算）

家庭单位的十分位†	各级政府							不同层级政府	
	所得税 (1)	公司税 (2)	财产税 (3)	销售与产品税 (4)	薪给税 (5)	个人财产与机动车税 (6)	合计 (7)	联邦合计 (8)	州和地方合计 (9)
	情况 A‡								
1	3.7	1.6	2.2	7.0	2.2	0.1	17.1	10.8	6.2
2	3.5	1.3	1.9	5.8	3.3	0.1	15.9	10.8	5.4
3	5.2	1.0	1.5	4.9	5.1	0.1	18.1	12.6	5.5
4	7.4	0.9	1.5	4.6	6.7	0.2	21.2	15.1	6.1
5	9.1	0.8	1.4	4.2	7.6	0.2	23.3	16.8	6.5
6	9.8	0.7	1.2	4.0	7.7	0.2	23.7	17.0	6.7
7	10.8	0.8	1.2	3.9	7.6	0.2	24.6	17.6	6.9
8	11.9	0.9	1.3	3.7	7.3	0.2	25.4	18.8	7.1
9	13.3	1.0	1.3	3.3	7.1	0.2	26.3	17.9	7.4
10	13.5	3.6	3.1	1.9	4.1	0.1	28.5	17.9	8.5
所有	10.9	1.8	2.0	3.4	6.2	0.1	24.5	17.2	7.3
	情况 B§								
1	4.0	3.6	3.9	7.2	5.1	0.1	24.0	14.1	9.9
2	3.4	2.8	3.0	5.7	5.0	0.1	20.1	12.9	7.2
3	5.1	2.4	2.5	4.8	5.8	0.2	20.7	13.9	6.8
4	7.1	2.2	2.3	4.5	6.9	0.2	23.2	15.8	7.3
5	8.7	1.9	2.1	4.2	7.4	0.2	24.4	16.9	7.5
6	9.5	1.9	2.1	4.0	7.2	0.2	25.0	17.3	7.6
7	10.4	1.8	2.1	3.8	7.1	0.2	25.5	17.6	7.8
8	11.5	1.8	2.1	3.7	6.9	0.2	26.2	18.3	7.9
9	13.0	1.7	2.0	3.2	6.6	0.2	26.7	18.7	8.0
10	14.5	2.2	2.2	1.9	4.0	0.1	25.0	17.5	7.5
所有	10.9	2.1	2.1	2.3	3.4	0.2	24.9	17.2	7.7

注：参见 J. A. 佩奇曼（J. A. Pechman）：《谁支付了税赋，1966—1985 年》，华盛顿特区：布鲁金斯，1985 年。另见 J. A. 佩奇曼（J. A. Pechman）：《佩奇曼的税赋倡议研究：一个回应》，《美国经济评论》，第 76 卷，1986 年 12 月；J. A. 佩奇曼（J. A. Pechman）：《谁支付了税赋，1966—1985 年》，经修订的表格，华盛顿特区：布鲁金斯，1986 年。表 14－1 中给出的数据基于后者。

† 家庭收入的定义包括来自政府的转移支付。

‡ 与佩奇曼研究中的变体 1c 相对应。假设所得税由支付者承担；公司所得税由资本收入承担；销售税和消费税赋由消费者承担；土地的财产税由土地所有者承担；增值的财产税由资本收入承担；薪给税由雇员承担。

§ 与佩奇曼研究中的变体 3b 相对应。收入和销售税赋如情况 A；公司所得税一半对资本收入征收，一半对消费者征收；土地所有者承担对土地的财产税；增值的财产税一半免于课税，一半由财产收入承担；薪给税，一半向雇主征收，另一半对雇员征收。

税负分配的估算

表 14－1 给出的是以有效税率（即按家庭收入等级的十分位表示的所承担税赋占其收入的比重）表示的税负分配。这些比率（或有效税率）使我们得以确定税负分配是累进的、比例的还是累退的。

估算程序　有效税率的计算依据是：（1）估计的各组别家庭单位收入分配；（2）估计的各组别家庭单位所承担税赋数量。前者以人口普查数据提供的货币收入分配为基础，包括转移支付。之后又扩展到包括某些其他收入组成部分。税收负担的分配基于对各种税收归宿的合理假设。因此，我们假设所得税由收入获得者承担，销售税和消费税转嫁给消费者。对于公司税，我们采用了两组假设：情况 A 将税收分派给资本收入获得者，情况 B 在资本收入获得者和消费者之间分派。财产税的分配也有两种假设可选：情况 A 将税收分派给资本收入获得者，情况 B 在资本收入和消费者住房支出之间分派。最后，薪给税在情况 A 中分派给工资收入和消费支出，情况 B 则完全分派给工资收入。如第十五章所示，这些可选择的假设涵盖了一系列理论逻辑，其中情况 A 比假情况 B 使得税负分配更为累进。

估算结果　表 14－1 中给出了有效税率的总体情况。第 1 列显示，所得税在所有收入等级的家庭中都是累进的（有效税率递增）。这表明所得税作为累进的关键引擎，在税制结构中具有独特地位。接下来第 2 列描述了公司税的情况。从情况 A 开始，低端收入家庭组别的税负是累退的，这反映了低端收入人群（特别是退休人群）的收入中有相当大的份额是以资本收入形式获得的。这与高端收入家庭组别的累进税负形成鲜明对比。还需要注意的是，在情况 B 中低端收入家庭组别的税负更大，表明现在公司税部分地被分派给消费支出。第 3 列显示，财产税也表现为在低端收入人群中是累退的，在高端收入人群中是累进的，但在广泛的中间区域内基本上表现为比例税。和前面公司税中一样，情况 B 的假设使该税的累进性降低。第 4 列表明，销售税和消费税在全部收入类别人群中都是累退的，反映了随收入水平上升消费支出占收入的比重将下降这一事实。同样，薪给税也都是累退的，因为工资占收入的比重也随着收入水平的提高而下降。并且，在情况 B 中低端收入家庭的薪给税负更高，因为在该情况下，全部税负都落在工资收入上。

第 7 列报告了所有税负加总后的总体情况。情况 A 中有效税率在所有收入等级的家庭单位中表现为缓慢上升，表明美国整个税收体系是略微累进的，情况 B 中则表现为一个跳跃但基本平坦的模式。因此，美国的税制体系令收入分配基本保持不变。最后，第 8 列和第 9 列报告了按联邦以及州与地方税赋划分的总体模式。可以看到，联邦税制在相当程度上是累进的，而州与地方税收体系基本上是比例税制。如前所述，这反映了所得税对于联邦政府的决定性地位，而在州与地方政府层面，销售税和消费税是至关重要的。图 14 -2 也显示了情况 A 的这些模式。

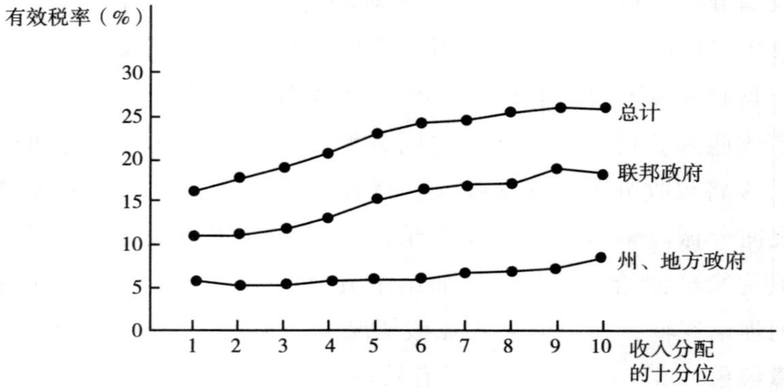

图 14 -2　有效税率

结论　上述分析揭示的一般结论是：对中—低端收入家庭而言，税负的分配是累进的，但对中—高端收入人群来说，税负在很大程度上是按比例分配的。转移支付的分配高度支持低收入人群。因此，净收益的分配模式是，从收入分配最低的 10% 家庭组别开始有一个较高的正值，随后逐步下降，在达到收入分配十分位的中位数之前转为负值。虽然可以认为这些结论清晰地揭示了一般性的结果，但仍须牢记其中的某些重大缺陷：

1. 正如对比表 14 -1 中情况 A 和情况 B 所示的那样，这些结论会显著地受到关于归宿的基本假设的影响，这个问题将在下一章作进一步的讨论。

2. 我们对于归宿的假定仅与初始归宿有关，而没有考虑一般均衡效应——这也是第十五章将要探讨的问题。

3. 我们没有考虑无谓损失，而是假设总负担等于课征的总税收收入，这个问题将在第十六章中予以重新考虑。

考虑支出收益

尽管对归宿的分析主要与课税相联系，但真正重要的是同时考虑预算的支出与收入这两端时所产生的分配净效应。表 14－2 和图 14－3 提供了这样的视角。为此，我们对家庭单位按不包括转移支付的收入十分位进行分组。然后，将课税造成的损失和转移收入带来的收益归入每个十分位的收入群体①。

现在，税收占收入比重呈现这样一种模式，即在家庭收入十分位组别的底部是累退的，在中间区域具有一定的累进性，而在顶部则变为水平模式。有效税率普遍高于表 14－1 第 7 列，因为转移支付现在不包括在收入基数中。我们还发现，该税收体系下低端收入家庭组别的累退性更强，因为这些收入群体是转移支付的主要对象。表 14－2 第 2 列显示了转移支付占收入的百分比，呈现出高度的递减（意味着支持低收入人群）分配模式。将第 1 列和第 2 列数据进行加总，我们得到如第 3 列所示的税负净值占收入比重的分配模式。沿着收入最低的十分位家庭组到收入最高的十分位家庭组排列中，我们注意到，有效税率再次从一个最大的正值开始，随后迅速下降，在达到收入等级的中值之前变为负数。因此，税收—转移支付对收入的综合影响实质上是再分配性的，之所以产生这种结果主要是由于转移支付对低收入家庭的支持。由此产生的税负分配模式也如图 14－3 所示。

表 14－2　税赋、转移支付与支出收益占转移支付前家庭收入百分比，1985 年（各级政府）

家庭单位的十分位	税赋* (1)	转移支付* (2)	净收益*(2)+(1) (3)	公共服务收益† (4)	净收益 (3)+(4) (5)
1	－31.5	+275.0	+243.5	+16.1	+259.6
2	－24.2	+110.8	+86.6	+16.1	+102.7
3	－25.1	+31.9	+6.8	+16.1	+24.9
4	－25.1	+13.1	－12.7	+16.1	+3.4

① 这里给出的描述只是一个粗略的近似，因为它假定税收和转移支付之前的收入分配在没有预算时将会与存在预算时所证实的相同。

续表

家庭单位的十分位	税赋* (1)	转移支付* (2)	净收益*(2)+(1) (3)	公共服务收益† (4)	净收益(3)+(4) (5)
5	-26.4	+7.9	-18.5	+16.1	-2.4
6	-26.4	+5.1	-21.3	+16.1	-5.2
7	-26.7	+3.7	-23.1	+16.1	-7.0
8	-27.4	+3.0	-24.4	+16.1	-8.3
9	-27.7	+1.9	-25.8	+16.1	-9.7
10	-26.6	+1.2	-25.4	+16.1	-9.3
合计	-26.8	+10.7	-16.1	+16.1	0.0

* J. A. 佩奇曼：《谁支付了税赋，1966—1985 年》，华盛顿特区：布鲁金斯，第 53 页。第 1 列的比率重复了表 14-1 情况 A 的假设。但是比率不同，因为现在基于扣除转移支付后的收入。

† 为简化起见，我们设定政府支出等于税收，从而忽略了联邦—州—地方政府总体预算中的轻微赤字。在税收等于家庭收入的 27.5%、转移支付等于 10% 的情况下，公共服务占家庭收入的比率为 17.5%。

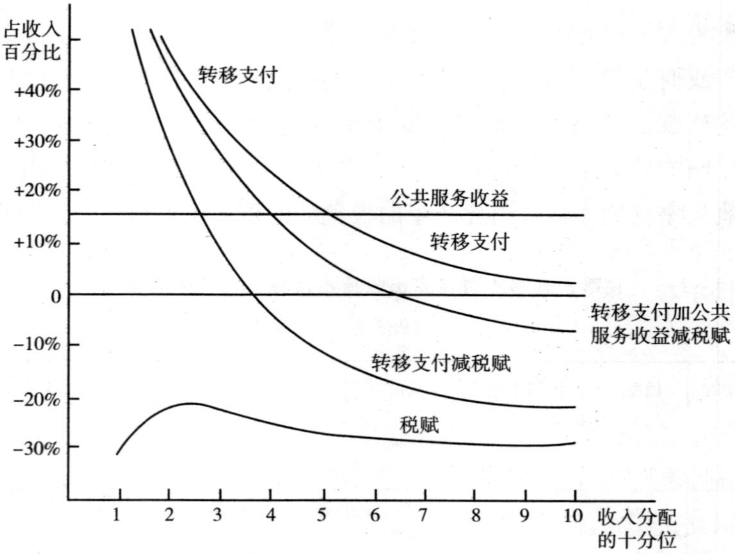

图 14-3　税赋、转移支付与公共服务收益占转移支付前收入的百分比

由于公共服务支出被排除在第 3 列之外，所有十分位的家庭组别作为一个整体，其合计净收益是负数。第 4 列和第 5 列试图通过考虑公共服务产生的收益来改变这种状况。为此，我们假设预算是平衡的，因此这种收益占收入的百分比等于 26.8 减去 10.7，即 16.1%。在第 4 列中，我们假设该收益按（税收和转移支付前）收入比例进行分配，第 5 列给出了考虑所有预算组成部分后的净收益①。在收入由低到高排列的十分位家庭组别中，低收入组别仍然有很高的正收益，大约在中位数收入水平达到盈亏平衡点，中等偏上收入家庭组其收益虽然为负数但绝对值较小，所以在该体系下净收益的分配模式对高收入家庭的不利影响相对较小。对公共服务收益的一个替代性配置，比如以人均基础，将会改变上述模式，从而使净收益的分配仍然更有利于低收入人群。

五、本章小结

本章考虑了各种不同的归宿概念，比较了以下区别：

1. 法定归宿与经济归宿不同，而后者更重要。

2. 资源转移到公共用途的机会成本（与公共服务的增加相关联）会给整个消费者群体施加一个负担，因为这些资源来自于对私人用途的挤占（私人部门可使用的资源相应减少了）。这种资源转移要与在消费者之间进行的再分配区别开来，后者是在政府实施税收替代或以税收为资金来源的转移支付等活动时产生的。

3. 由于存在效率成本、就业和产出效应，税收负担可能会超过税收收入。

4. 预算归宿应考虑到税收和支出政策的分配效应。

5. 为了建构税收归宿问题，差别策略是最有用的。

归宿问题研究的是财政活动对家庭间真实收入分配的影响：

6. 因此，归宿涉及对家庭账户来源和使用两端的征税效应。

7. 所产生的分配变化主要根据在不同收入等级家庭组别间的分配来考察，但也可以考虑其他分组方法。

---

① 请注意，这一假设与来自公共服务的收益分配有关，而与私人生产实现的收入分配无关。应将这些收入视为所放弃的私人收入的替代品。虽然两种收入模式可能不同，但这另当别论。

8. 对归宿的全面测度可以通过考察不平等系数的变化来获得。

9. 税收可以分为直接税和间接税，也可以分为对物税和对人税。后一种区别更为重要。

通过对美国财政结构中税收负担和支出收益的分配估算的考察，可以看到：

10. 所得税是美国税收结构中主要的累进因素，而薪给税是主要的累退因素。销售税往往是累退的。公司所得税和财产税的作用在很大程度上取决于所采用的税负转嫁假设。

11. 联邦税收负担的分配是累进的，而州与地方税赋的分配趋向于比例税制。

12. 在整个税收体系中，负担分配在低收入家庭组别中是累进的，在中等及较高收入组别中接近比例分配。

13. 由于转移支付的存在，特别是在联邦层面，收益的分配对低收入人群非常有利。

14. 由此产生的净收益分配明显地有利于低收入人群，但在其他收入等级家庭组别中则或多或少是按比例分配的。

推荐阅读

对于税负分配的实证研究，参见：

Brownlee, K., and W. Johnson: *The Distribution of the Tax Burden*, Washington, D. C.: American Enterprise Institute, 1979.

OECD: *The Tax/Benefit Position of Selected Income Groups in OECD Member Countries*, Paris: Organization for Economic Cooperation and Development, 1978.

Pechman, J. A.: *Who Paid the Taxes*, 1966 – 1985, Washington, D. C.: Brookings, 1985.

Reynolds, M., and E. Smolensky: *Public Expenditures, Taxes, and the Distribution of Income*, New York: Academic, 1977.

另参见第十五章的推荐阅读。

第十五章
税收归宿原则

本章制定了税收归宿的原则。前两节分别对产品税和要素税进行了局部均衡分析，第三节对税收归宿进行了一般均衡分析，第四节考虑了不完全市场的情况，第五节考虑了宏观效应。在附录中详细地讨论了有关产品税归宿的内容，非专业读者可进行选读。

▶ 本章内容提示

税收的最终归宿（即税负分配）与最初实施的情况、使用的税率结构、税基的定义及征税范围的大小有关。但这只是税收的初始情况，税收的最终归宿是由市场经济的反应决定的。这种反应取决于供需关系、市场结构以及市场调整时间的长短。对某一税种的调整将引起要素价格和产品价格的变化，这些变化通过影响家庭账户的收入和支出来进一步改变家庭间的税负分配。因此，税收归宿的最终结果取决于一般均衡系统中这些变化的相互作用。作为一种经济理论，税收归宿理论旨在透过这些复杂的变化去识别每一个案例中的决定性因素。对此，我们首先从局部均衡角度来进行分析，去考虑特定市场中卖方和买方对征税的反应。随后，我们引入其他产品市场和要素市场的反应，从更复杂的一般均衡角度进行分析。

局部均衡和一般均衡分析中的市场均为完全竞争市场。不完全市场和宏观层面的影响将在本章的总结部分及附录中加以说明。

一、对产品税的局部均衡分析

产品税分为从量税和从价税两种形式。其中，对每单位产品课征的税称为“从量税”。例如，对汽油、香烟和酒类征收的州税以及对每桶啤酒征收 9 美元的联邦税。另外，按照价格的一定比例计算征收的税称为“从价税”。例如，以轻武器制造商价格的 10% 对轻武器征收的联邦税。产品税或销售税都是从价税的重要形式，它们有一个适用于大多数产品的统一税率。

对从量税和从价税的反应

图 15－1 将税收引入完全竞争的产品市场。*SS* 是税前供给曲线，*DD* 是税前需求曲线。*OB* 是价格，*OC* 是产量。

从量税　在图 15－1 的情况 Ⅰ 中，对每单位产品征税 u。税收是卖方获得的市场价格和净价格之间的楔子。由于卖方更关心的是净价格，他们必然要提高市场价格来弥补他们成本的损失。此时，买方面对的供给曲线从 *SS* 上升到 *S′S′*，两条曲线之间的垂直距离等于 u。此时，消费者会减少购买，购买数量降至 *OE*（即曲线 *DD* 与曲线 *S′S′* 的交点处）。市场价格升到 *OF*，且卖方的净价格降到 *OK*。在情况 Ⅰ 中，随着产品成本的上升，产品数

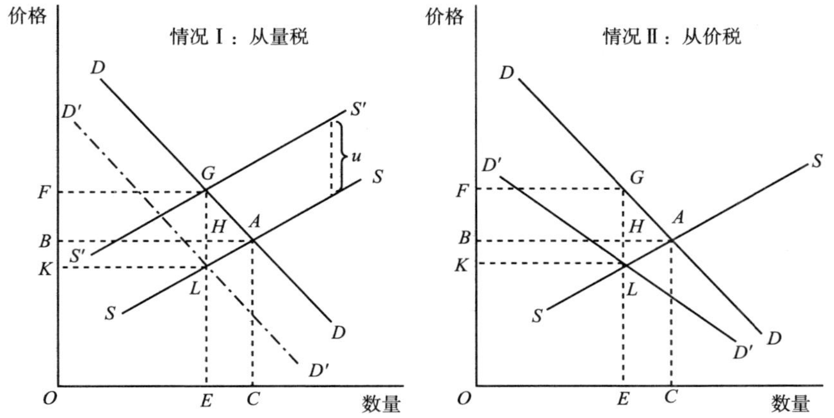

图 15－1 对从量产品税和从价产品税的调整

量减少，净价格也随之下降。此时，市场价格的增长幅度小于税收。因此，在新的均衡数量 *OE* 下，市场价格上涨了 *BF*，而每单位产出的税收等于 *KF*。

需要注意的是图 15－1 情况Ⅰ的税收引入使供给曲线由 *SS* 水平上升至 *S′S′*，这种情况与对卖方征税相对应，即卖方会把税收加到净价格中，只持有其收取的总价格的一部分。实际上，如果对买方征税，也会得到同样的结果。也就是说，买方支付的价格中只有一部分归到卖方，剩余部分进入国库。在这种情况下，税收会使净需求曲线 *DD* 向左下方移动。此时，供给曲线保持不变，新的均衡点由曲线 *SS* 和曲线 *D′D′*在交点 *L* 处确定，新的均衡数量仍然为 *OE*。

从价税 图 15－1 的情况Ⅱ中，按价格的一定比例征收从价税。同样地，在征收从价税后，在买方支付的市场价格（总价格）与卖方实际得到的净价格之间插入了税收这一楔子。从价税是关于价格的函数，它必须通过需求曲线的变化来刻画。此外，由于税收是按照价格的一定比例计算确定的，因此需求曲线将发生旋转而不是平移。需求曲线将会由 *DD* 曲线旋转到 *D′D′*曲线，并且随着销售数量的增加，每单位产品中含有的从量税额会下降。从价税的税率通常表示为税收与卖方净价格的比率，即图中的 *GL*/*EL*。新的均衡点由曲线 *SS* 和曲线 *D′D′*的交点确定。此时，买方支付的价格为 *GE*，卖方获得的净价格是 *LE*。每单位的从量税额为 *GL*，而税收收入为 *KFGL*。

需要注意的是，情况Ⅱ中从价税下的结果与从量税为 GL 的结果相同。对于任一给定的从量税 u，总是存在一个税率为 t 的从价税，能够得到与从量税相同的税收收入。从图中可以发现，从量税和从价税之间的关系由供给曲线和需求曲线决定。

需求弹性与供给弹性的作用

对特定产品征税时，产品价格将上升，购买或出售的数量将会下降。这些变化的幅度将取决于供给弹性和需求弹性。理解这一原则是进行税收归宿分析的第一步。从图 15 – 2 中，我们可以观察到需求弹性与供给弹性的重要性。

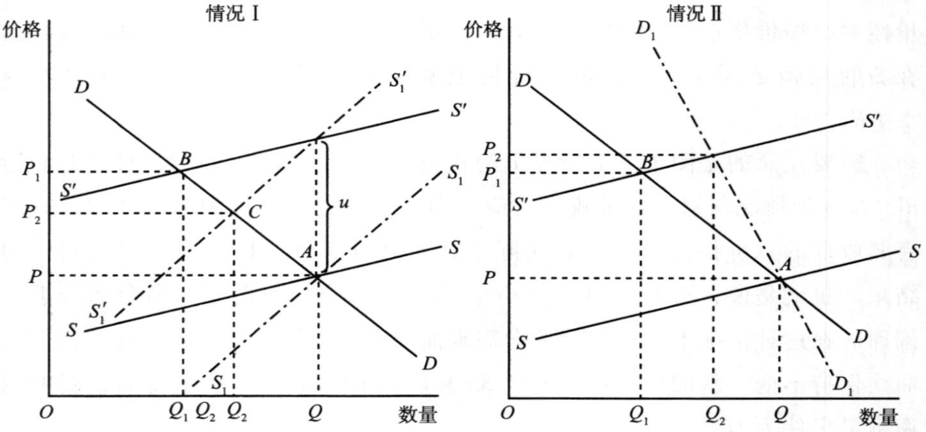

图 15 – 2　供给和需求弹性的作用

首先来看情况Ⅰ。曲线 SS 和曲线 DD 是税前的供给曲线与需求曲线，价格为 OP，数量为 OQ。在征收 u 的从量税后，供给曲线升至 $S'S'$。新的均衡点在 B 点，价格上升至 OP_1，数量下降至 OQ_2。此时，如果供给弹性减小，如曲线 S_1S_1 所示，税后供给曲线为曲线 $S_1'S_1'$。新的均衡点在 C 点，价格仅上升至 OP_2，产量仅下降到 OQ_2。由此发现，供给弹性越小，价格上升的幅度和数量下降的幅度也越小。

随后，来看情况Ⅱ中需求弹性的作用。税前均衡点位于 A 点处，价格在 OP，数量在 OQ。在征收 u 的从量税后，供给曲线平移至 $S'S'$。新的均衡

点在 B 点，价格上升到 OP_1，数量下降到 OQ_1。此时，如果需求弹性减小，如 D_1D_1 所示。那么，新的均衡点在 C 点，价格将显著上升至 OP_2，数量则仅会下降至 OQ_2。由此发现，需求弹性越小，价格上升的程度越大，而数量下降的程度越小。

总的来说，供给弹性越大，需求弹性越小，价格上升的幅度越大。反之，供给弹性和需求弹性越小，数量下降的幅度越小。

税负的分配

接下来我们来考察税收负担的问题，如图 15－3 中的 *KFGL* 所示。这一税负在买方和卖方之间分配的时候，买方承担 *BFGH* 部分，而卖方承担 *KBHL* 部分。其中，前者反映了买方必须为数量 *OE* 支付的额外金额，这些额外金额是相较于按照征税前旧的价格计算所得的金额而言的。相应地，后者反映了卖方为出售 *OE* 数量所负担的额外金额，这些额外金额是相较于他们此前收到的金额而言的。后面我们会提到，这并不是一个完全令人满意的考察税收负担和分配的方法，因为它没有考虑到税收的超额负担问题①。但是，这一方法提出了一个有趣的原则，即从名义上来说，税收负担会依据供给弹性和需求弹性的相对比例在卖方和买方间进行分配②。因此，如果你买了一个需要征税的产品，你的需求较有弹性而卖方的供给无弹性，那么你将处在一个相对有利的承担税负较少的位置，而卖方需要支付税收负担的绝大部分。

买方承担的税负会对家庭账户的使用方产生影响。如果需求收入弹性超过 1（即随着收入的提高，对这一产品的支出占收入的比重也在不断上升），则税负的分配将是累进的。因此，对奢侈品征税是累进的，而对必需品征税是累退的。对所有产品征收的一般消费税是累退的，因为消费占收入的比重随着收入的增加而下降。

就卖方承担的税负而言，生产应税产品所获得的要素报酬会减少，从

---

① 参见第十六章第二节。

② 在图 15－3 中，围绕 *A* 点旋转 *DD* 曲线和 *SS* 曲线，我们可以发现，随着需求弹性下降而供给弹性上升，即需求曲线变陡而供给曲线变得平坦，买方需要承担更大份额的税收负担。

可以发现 $B_b/B_s=E_s/E_d$，其中 B_b 和 B_s 分别代表买方和卖方的税负份额，E_s 为供给弹性，而 E_d 为需求弹性。在一定范围内，E_d 等于（EC/OC）（OB/FB），而 E_s 等于（EC/OC）（OB/KB）。由此可以得到，E_s/E_d 等于 BF/BK，其中 BF 是买方税负份额，BK 是卖方税负份额。

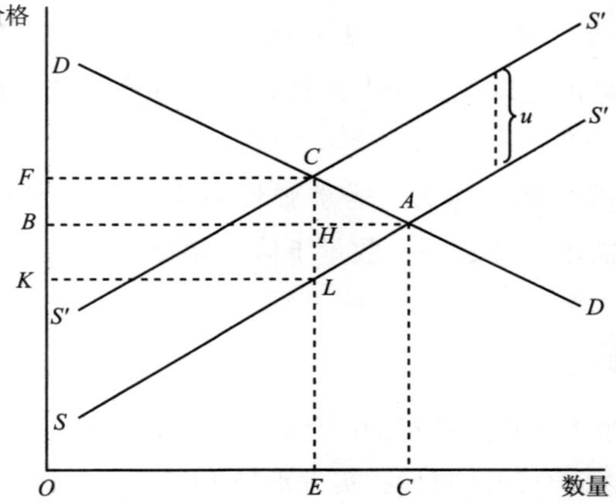

图 15－3 税负的分配

而影响到家庭账户的来源方。此时，税收是累进还是累退将取决于随着收入的增加，生产应税产品的要素报酬占收入的比例是上升还是下降。因此，如果产品生产需要高技术工人，税收是累进的；如果产品生产仅需无技术劳动力，税收是累退的。

因此，产品税的最终影响涉及两个主体，即使用方和来源方。二者的参与共同决定了这一税收是累退的、比例的还是累进的。但是，产品税对使用方的初始影响通常是关键因素。这是因为对某些特定产品消费的分配与其产生的要素报酬的分配之间没有系统的关联。在得到相反的具体证据之前，我们可以归纳得出以下结论：税负分配主要受到使用方的影响，从而使得对奢侈品的征税是累进的，而对必需品的征税是累退的。在较小的程度下，对消费的一般性征税也属于后者，因为消费（而不是储蓄）占收入的比重随着收入的增加而下降。

征税范围和时间周期

由上文可以了解到，如果需求无弹性而供给富有弹性，那么，产品税通常由消费者承担；反之，则主要由生产者承担。那么，究竟什么决定现实属于哪一种情况呢？

消费经济学告诉我们，某一特定产品的需求价格弹性取决于消费者偏好，即消费者为消费其他产品而放弃消费这一特定产品的意愿程度。如果这一特定产品是必需品，且只有小部分预算用于支付这一特定产品，则价格弹性较小。比如，对盐的征税可能完全由消费者承担。此外，一组产品（如就汽车整体而言）的价格弹性往往小于特定产品（如有空调的蓝平托斯车型）的价格弹性。因为，后者更容易找到替代品。因此，相较于宽税基税收下，消费者在选择性税收下会处于更好的减少税负的位置。

如果对福特汽车征税，消费者可以通过购买雪佛龙而避税。如果对汽车整体普遍征税，消费者可以通过使用公共汽车或飞机而避税。虽然说以上的方法操作起来不是那么方便，但确实是可行的。此外，更普遍的销售税只有通过减少消费和进行储蓄才能规避。另一个重要的特征是随着反应周期的增长，弹性也会相应增大。预算的调整需要一定时间，因为消费者的消费习惯不会轻易改变。因此，需求的价格弹性将更大，相较于短期，消费者在长期中会处于更好的减少税负的位置。

这种思路也适用于供给弹性。同样地，如果产品只发生微小的变化，供给变化也会更加迅速。例如，可以将生产玛斯坦斯车重新装配进行重组来生产平托斯车，但是转向生产飞机会变得很困难。因此，供给者和上文中的消费者一样，在征税范围较小时，他们的避税能力更强；同样，时间因素也会影响到供给方，甚至时间对供给方的影响比对需求方更为重要。供给在短期内不能快速改变，除非有足够多的存货。因为供给者需要对机器进行重组，也需要获得新的生产机器。但随着时间的推移，供给可能会发生实质性的改变。

由于在窄税基和较长的调整时间内，需求和供给都会变得更有弹性，所以我们无法准确地推断出哪一方（卖方或者买方）将在这一过程中获益。

二、对要素税的局部均衡分析

在要素市场中，通常是向提供要素服务的一方征税，即对要素服务产生的收入进行征税。对收入按照一定比例进行税收，属于从价税范围。与产品税不同，要素税中的税率通常定义为按要素（税前）总收入的一定比例征收。如果对买方征收相同的税率，也会取得同样的结果，即以要素购买税的形式（如雇主缴纳的工薪税）。

价格和数量的调整

有关要素税的局部均衡分析，与产品税类似。对要素供给者而言，要素税会使要素服务的需求曲线向下旋转，最终结果仍然取决于需求和供给的弹性。

对工薪所得的征税 图 15－4 表示在完全竞争市场中对工薪所得进行征税。数量（工作时长）和价格（工薪率）分别为 *OC* 和 *OB*，均衡点为 *E* 点。当以 *EF/EC* 的税率对（税前）总工资征税时，工人的净工薪率会下降，从而净需求曲线由 *DD* 旋转至 *D′D′*。由于工人在乎的是净需求曲线，所以在新的净需求曲线 *D′D′*下，新的均衡点位于需求曲线 *D′D′*与供给曲线 *SS* 的交点 *G* 点处。此时，工作时长由 *OC* 降到 *OH*，总的工薪率由 *OB* 上升到 *OI*，而净工资的减少（*BK*）少于单位工作小时的税收 *IK*。

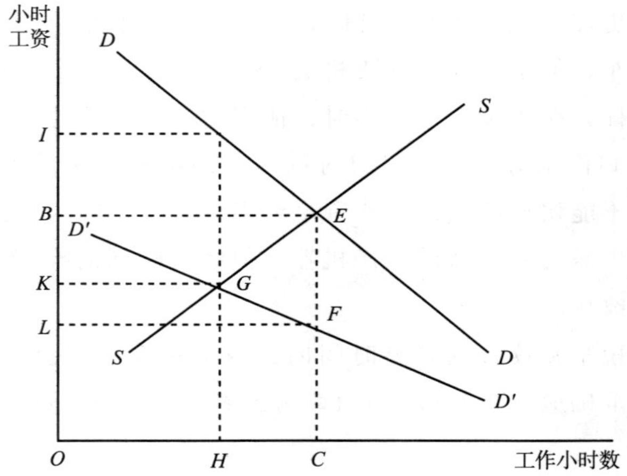

图 15－4 对要素税的调整

对资本所得的征税 图 15－4 也可以用于解释其他对要素报酬的征税，比如对资本所得的征税。此时，仅需要用资本回报率代替工薪率，用资本代替工作时长。其余的分析部分和上文相同。

对地租的征税 当讨论对地租征税时，我们发现供给是固定不变的。由于供给完全无弹性，土地产生的收入完全只取决于需求，并且具有经济地租的性质。所有的税负都由土地一方承担，总收益仍然为 *OBEC*，净收益

减少到 *OLFC*，其中税收占据了 *LBEF*。

需求弹性与供给弹性

和产品税情况相同，最终结果同样取决于供给弹性和需求弹性。考虑对工薪所得的征税的情况，我们可以再次发现，供给弹性越大、需求弹性越小，价格（工薪率）将提高越多；供给弹性和需求弹性越小，数量（工作时长）的减少幅度将越小。

如果税收是一种选择性税而不是一般税，那么，供给弹性和需求弹性会进一步变大。个人所得税是一种一般税，旨在对所有雇工的要素收入普遍征税[①]。工人不能通过改变工作来避税，投资者也不能通过改变投资来避税。因此，税负仍可能由税收的支付者承担。但公司税的情况有所不同，因为公司税只适用于公司部门中的资本收入。我们可以证明，投资者可以通过将投资转移至免税部门来减少税负。

对要素税进行调整需要一定的时间。对于资本需求而言，明确这一点尤为重要。在企业建起车间或者设备就位后，如果由此取得的收入为应税所得，那么企业无法采取任何避税措施。此时，需求是完全无弹性的。来自沉没投资的所得具有“准租金”的性质，因而企业必须承担税收。但是随着时间的推移，企业可能会作出调整。已发生的资本可能不会被替代，并且原先计划的扩张可能会被取消。在短期内，储蓄习惯具有黏性，较难改变。因此，从长期来看，投资基金的供给更为灵活。

税负的分配

对要素报酬征税的影响主要反映在家庭账户的来源方。如果来自应税要素的收入占总收入的比重随着收入的提高而提高，那么单一税率的税收将产生累进的税负分配效应；反之，则将产生累进的税负分配效应。这可能会导致累退的对工薪所得征税和累退的对资本所得征税。这是因为随着收入的提高，工薪所得的占比将下降，而资本占所得收入的占比将上升。不过，在较低收入群体中有所例外。对于老人和领取抚恤金的人们来说，

① 我们稍后会看到，现实中的收入税并不会如此普遍。参见第十九章第四节。

他们的资本性收入占到总收入的绝大比重。

当我们考察要素的使用方时发现，对要素报酬进行征税会使得高度依赖应税要素的产品的价格上升。征税对于使用方的影响可能是累进的，也可能是累退的。这取决于产品属于奢侈品还是必需品。使用方的这种影响可能会抵消对来源方的税负分配，也有可能背道而驰。例如，对资本所得征税时，从来源方来看，征税是累进的；但是由于一些资本密集型产品（例如住房）在低收入者的预算中占据绝大部分的比重，因而从使用方来看，征税是累退的。这种相互抵消的情况可能会发生，在相反的证据被发现之前，有理由预期某一特定生产要素的收益分配与该生产要素投入产品的支出分配之间不存在系统关系。在这种情况下，我们可以预期来源方的影响是可控的。

三、对税收归宿的一般均衡分析

上文的讨论为税收归宿分析提供了一个良好的开始，但是它并没有反映税收归宿的整体状况。因为上文的分析局限在对应税所在的特定市场进行，属于局部均衡分析。但是经济是一个相互依存的系统，所有的价格都相互关联。某一产品或要素的价格和数量变化会影响到其他产品或要素的价格和数量。那些没有直接参与到应税市场的家庭可能会有所损失或有所获益。与此同时，那些直接参与到应税市场的家庭可能受到进一步的间接影响。

产品税

回到理想的完全竞争市场中，我们已经知道产品税的征收是如何导致应税产品的价格上涨和数量下降，从而使得应税产品的消费者作为产品的使用方承担税负，而应税产品的供给者作为来源方承担税负。接下来，考虑到其他市场的相互关联，我们还可以看到另外两个调整链的结果：

1. 随着消费者对应税产品的购买量减少，他们对其他产品的需求量会增加。如果是在成本递增的条件下生产，这将提高其他产品的价格，也就意味着应税产品的价格会降低。在这种情况下，应税产品使用方的税负负担将扩散到消费其他产品的消费者身上。

2. 在生产中，当产出组合发生变化时，对各种生产要素的需求也会发生改变。假如应税产品是资本密集型的，而其替代产品是劳动密集型的，那么，这种替代会导致劳动需求的增加和资本需求的减少。因此，收入方面的进一步影响随之而来。

事实上，当税收的影响扩散到整体经济中时，家庭账户的用途和来源也会受到一系列影响。目前，没有先验的方法来预测最终结果。在现有阶段，我们也不能依据经济模型得到足够正确的预测结果。那么，这是否意味着我们对税收的归宿无法得到任何结论呢？结果并非如此。通过前文的局部均衡分析，我们得到了一个有力的猜想：产品税的使用应受到控制。因此，对奢侈品征税来替代对必需品征税会使税收结构更具有累进特征，反之亦然。同时，除非有确切的反面证据，使用方的税负模式不会被来源方的间接影响所抵消，反之亦然。考虑到一般均衡的情况，我们现在必须进一步假设：其他产品和要素市场的二次调整正在广泛扩散，将遵循或多或少的中性模式。

要素税

类似的考虑也适用于要素税。在局部均衡情况中，要素税的初始效应在于：一方面，减少应税要素的报酬，在资源来源方面加重了供应商的负担；另一方面，提高了有应税要素参与生产的产品价格，因而使这些产品的消费者在使用方面承担了税负。现在考虑到其他要素和产品市场的相互关联，可以发现以下的进一步调整：

1. 随着应税要素供给的减少，其他要素的相对稀缺性也会下降，从而其他要素的报酬率也会下降。这样，从收入方的影响来看，最初集中于应税要素的影响在某种程度上会由其他要素分担。这一机制中有一个特别重要的影响将与资本税对资本积累的影响一起出现，我们将在下文进一步讨论①。

2. 随着高度依赖于应税要素的产品价格的上升，消费者将承担一部分的税负。由于消费者往往会转向消费其他产品，这些替代产品的价格将会上涨，从而使得使用方的税负影响会分散到更广泛的消费者群体中。

这些调整会一直持续，直至整个系统达到一个新的均衡。与产品税的情

---

① 参见第十五章第五节。

况一样，此时不能提前预知精确的结果。但是我们同样可以提出一些假设。在局部均衡的情况中，我们得到结论：用资本税代替劳动税，或使所得税的税率曲线变陡，将使税负分配更具累进性。来自来源方的初始影响不可能被来自使用方的变化所抵消。将这些假设扩展到一般均衡分析中，我们可以进一步假设对其他要素或产品市场中的后续调整并不会抵消最初模式。

对要素所得和资本化收入的局部征税

局部征税对要素收入的影响不同，这取决于征税要素是否可流动。

不可流动要素 首先考虑不可流动要素的情况，例如土地。假设来源于土地的租金所得在 A 地需要征税，在 B 地不需征税。那么，A 地的税收将被“资本化”，并反映为应税资产价值的降低。

为什么会出现上述情况呢？要注意的是，资本性资产的价值等于其收入流资本化的现值。因此，如果一项资产能够永久产生每年 20 美元的收入流，并且利率为 10%（以美国国债利率为例），那么投资者为获得该资产需要支付 200 美元。此时，投资者购买债券的价格为获得相同收益的价格。于是有 $PV = R/i$，其中 PV 是现值，R 是年金收入，i 是市场利率。假设有两个资产 A 和 B，它们都能产生为 R 的年金收入，从而有 $PV_A = PV_B = R/i$。现仅对资产 A 的税收收入按照税率 t 征税。我们有 $PV'_A = [(1-t)R]/i$ 和 $PV_A = R/i$，从而 $PV'_A = (1-t)PV'_B$。对 A 的征税被资本化，并减少了其价值，这些价值损失在征税时由资产的所有人承担。如果资产所有人之后希望出售该资产，此时购买者只需支付减少后的价格，因为购买者必须获得与投资免税资产相同的收益。因此，税收会影响到所有的初始资产所有者。如果这一税收在未来被撤销，资产的价值将会上升，此时资产的所有者会因资产的增值而获益[①]。

有很多例子可以说明税收资本化的重要性，尤其是在对土地征收的财产税的例子中。在不同辖区内按照不同的税率征税，这些税率的差别反映在土地的价值上。在其他条件不变的情况下，高的财产税率伴随着较低的土地价值。另一个例子是在公司税中。由于公司税只适用于公司部门中的资本所得，因此与其他非公司部门的资本所得相比，它会减少公司资本的

---

① 公司税改革的影响，参见第二十一章第六节。

净收益。因此，反映公司资本净收益的股价将下跌。至少在短期内，原始的投资资本仍在公司部门内部，不能转移。资本化的另一实例出现在税收豁免方面，即对州或地方政府发行的债券以及联邦政府利息所得免税。在这一例子中，资本化是朝着相反的方向发挥作用。免除税收等价于以补贴的形式来增加债券的价值①。

可流动要素　现在考虑流动要素的情况。我们发现对要素所得或具有特定用途的资产选择性征税，会一直促使要素向免税用途转移直至各种用途的净收益相等为止。

首先考虑公司税的情况。长期来看，流入或流出公司部门的资本都是具有弹性的。由于仅对公司部门征税，资本将从公司部门向不征税的非公司部门转移。因此，公司部门的产出会下降，公司部门剩余资本的毛收益率将上升。免税的非公司部门则会出现相反的情况，即产出增加而资本收益率下降。如果资本市场足够完善，资本的流动没有阻碍，资本将保持流动，直至公司部门的税后净收益率等于其他部门的免税收益率。在这种情况下，公司利润的税负就转移到非税部门投资的资本上。长此以往，税负就会部分分散到在非税部门投资的资本上。

图 15－5 展示了这一情况，两个分图分别描述了公司部门和非公司部门。在左分图中，曲线 *CD* 代表公司部门的资本边际效率，表示公司部门不同资本投资水平对应的不同收益率。在右分图中，*FG* 表示其他部门的资本边际效率。在征税之前，总资本在两个部门之间进行分配，*OH* 投资于 *X*（公司部门），*OM* 投资于 *Y*（非公司部门），*OH* 与 *OM* 之和成为总资本。在这种情况下，两个部门的资本边际收益相等，且均等于 *OI*。

现在，对来自公司部门的资本所得进行征税。这一部门的投资者的单位资本净收益等于 $(1-t)r$，其中 r 是毛收益率，t 是税率。在左图中，净收益曲线由曲线 *ED* 表示。此时，资本会由应税部门转向资本收益率更高的免税部门。这种资本再分配会一直持续到公司部门资本投资降至 *OK* 为止，*OK* 水平对应的净收益率为 *OP*。而非公司部门的资本投资会上升到 *OL*，净收益率降至 *OP*。此时，两部门的投资者净收益率相等。在这种情况下，初始时资本的税收负担由应税部门内资本所有者承担。从长期来看，资本的税收负担由应税

① 参见第十九章第四节。

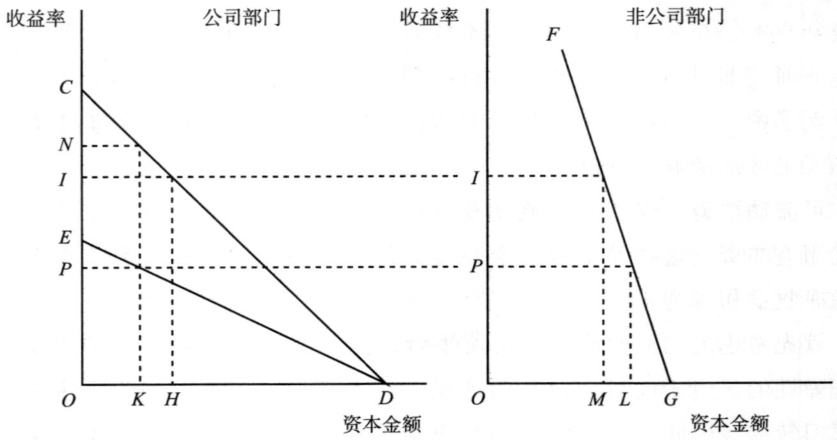

图 15－5　单个部门内的资本所得税

部门和免税部门两个部门中的投资者分担。在最初一段时间中，资本负担只落在应税部门的资本所有者身上，之后这一负担最终将由这两个部门的资本所有者分担。对公司部门的征税进一步被资本化，但是随着资本逐步从公司部门流出，总收益会上升，从而弥补了一部分初始净收益的减少。

此外，这一调整过程会涉及使用方和来源方的进一步变化。从来源方的角度来看，产出从公司部门转向非公司部门可能会影响劳动力和资本的回报。因此，如果非公司部门的产出是更为劳动密集型的，劳动力收益会在这一过程中提高，资本的负担也会进一步增加①；从使用方的角度来看，使用公司部门生产产品的消费者将承受税负，因为价格上升会伴随着供给下降。与此同时，因为这些产品的价格将会相对减少，使用非公司部门生产产品的消费者将受益。然而，这些后续的效应并不会改变最初情况中税收对资本净收益的累进特征。

如果在这两类部门的生产关系中，资本和劳动是替代关系，那么它们的要素份额就是保持不变的（即替代弹性恒等于 1），这也是柯布—道格拉斯生产方程的经典假设。资本会从应税部门向免税部门流动，使得要素份

① 参见 Arnold C. Harberger：“The Incidence of the Corporation Income Tax”，*Journal of Political Economy*，1962 年 6 月；重印于 Arnold C. Harberger，*Taxation and Welfare*，Boston：Little，Brown，1974 年，第 135－162 页。

额仍然保持不变。劳动的净收入不受影响，整个税负由资本承担。哈伯格（Harberger）认为这一假设和现实情况一致。

但如果替代弹性不等于1，情况要复杂得多。如果相比于Y产品，X产品中的劳动与资本的替代弹性越低，则资本承担的税负就越大，劳动承担的税负越小。如果在两种产品上，消费的替代弹性越低，资本的税负也会越大。然而，这只是一种趋势。在现实生活中存在着各种关系，很难得到一个简单的结论。此外，哈伯格的分析中假设要素价格保持不变，并且如前文所述，如果整个经济体中的要素发生了变化，结果也会进一步变化。

类似的分析也适用于财产税的税率差异。如果税基是土地财产的增值部分而不是土地，那么资本将从高税率部分流向低税率部分，直到收益均等。然而，由于土地是不可流动的，因此，税基是土地的那部分税收仍然保持不变。

实证模型

近年来，前沿领域的一些研究试图在一个一般均衡系统中考虑税收归宿[①]。为此，我们假定经济中所观察到的结构（包括价格、收入、要素和产出）反映了均衡状态，然后尝试推导出一组与此结构一致的生产关系以及需求弹性和供应弹性。接下来，我们假设发生了某种税收变动，在上述隐含关系的基础上，估计经济可能发生的变化，最后使用这些变化来衡量各收入群体的收益和损失。在模型中，收益和损失考虑了税收对使用方和来源方双方的影响，也考察了它们之间的相互作用。此外，它们不仅包括了税收收入的金额，也包括了产生的税负损失，这也是目前一些研究的主题。

尽管一般均衡分析的结果与局部均衡分析的结果差别不大[②]，但是综合方法有望提供更完整的图景，并充分考虑一项税收所产生的多层面的影响。然而，这一模型仍然是在一系列简化了的假设基础上考虑经济的运行，包括完全竞争市场的假定。在局部均衡分析中，通常可以考虑到替代市场假定，因此局部均衡分析仍然是税收归宿分析的有效组成部分。

---

① J. B. Shoven and J. Whalley: "Applied General Equilibrium Models of Taxation and International Trade", *Journal of Ecomomic Literature*, vol. 22, no. 3, September 1984.

② 参见第十五章第六节。

四、不完全市场

如前所述，前面的分析是基于完全竞争市场假设。但是市场并不是完善的，因此在税收归宿中有必要考虑不完全市场的情况。

产品税

图 15－1 表示的是完全竞争市场对从量税的调整。图 15－6 则表示的是垄断条件下从量税的情况。*AR* 和 *MR* 分别是税前的平均收入曲线和边际收入曲线，*MC* 是边际成本曲线。产出位于 *MR* 和 *MC* 的交点处，等于 *OA*，价格等于 *OB*。随着对金额为 *u* 的从量税的征收，曲线 *MC* 上升到 *MC′*。产出降至 *OC*，价格上涨了 *BD*，而上升幅度少于从量税 *EH*。税收收入等于 *EHGF*。在完全竞争市场的情况下，最终产出、价格和收入的变化取决于需求弹性和供给弹性。

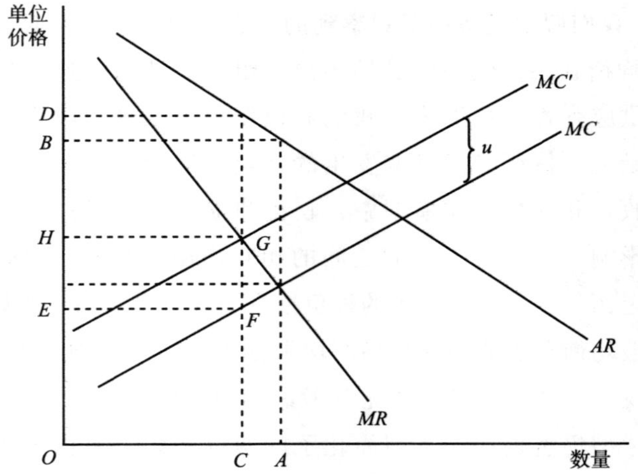

图 15－6　垄断下的从量税

对工资所得征税

在一个完全竞争的劳动力市场中，工资率由需求曲线（表示劳动力边际产出的价值）和供给曲线（表示不同数量劳动力对应的最低价格）的交点决定。在劳动力供给弹性较小的情况下，对工资所得的征税往往由劳动力承担。但在现实中，情况会更为复杂。

现代经济的工资不是由高度竞争的市场决定的，其中涉及很多非生产性的因素。并且工资结构很大一部分是由劳资双方的谈判所决定的，即使有的部门没有工会组织，他们的工资也会受到工会组织部门的工资率的影响。那么，工资收入的所得税是否可以不由谈判决定呢？如果工会不能通过要求更高的工资来转移所得税的增加，那么雇主不能将更高工资的成本转嫁给消费者吗？

尽管许多工会愿意采取这种方式作出反应，但问题就在于他们能否这样做。如果谈判各方在税前的行为就遵循利益最大化原则，那么答案是否定的。根据这些规则，工会和雇员已经达成了他们能获得的最佳交易，并且征税也不能改变这一状况。为了改变这一结论，必须假设税前工会开出的条件低于他们能够得到的水平。但是如果他们这样做，在工资税率和扣缴税率都要提高的情况下，工会领导们出于保护实际工资的压力可能会要求提高工资。这在美国似乎并不是一个主要因素，因为工会通常会对生活成本的变化作出反应，而不是对税收后实际工资的变化作出反应。但是，工会针对税后实际工资的变化做出反应的情况并非不可能发生，瑞典等国的情况就体现了这一点。它们采取的是高度集中的多边谈判的方法，并将工资率纳入一般收入所得政策的一部分。如果以税收工资来衡量收入水平，那么所得税会成为总体工资安排的一部分。比如，英国多次为了补偿削减的工资，采取降低所得税的政策。美国也在考虑采取类似的政策。当工资滞后于价格时，劳动力可能会因减税的承诺受到激励，从而使得他们对工资的需求有所缓解。

谈到收入规模的上限，我们发现高管的薪酬是在高度管理的市场中确定的。高管薪酬的一般水平和在业务层次结构中特定支付给高管的薪水都是在一个市场上设定的。在这个市场中，他们对产出的贡献不容易衡量。高管的薪酬模式取决于惯例情况和通常对他们身份地位的考虑，而不是通过对他们服务的边际产出进行准确衡量。虽然经验证据难以解释（部分原因是税收引起的高管薪酬形式的复杂性），但发现税前薪酬的分布对高税率的变化作出的反应也就不足为奇了。

对专业人士收费，也应进行类似的分析。当税率水平较低时，律师或外科医生谨慎地收取比市场价格更低的费用。但随着税率的提高，他们可能会提高收费，从而获得补偿。

工薪税

在完美市场中，我们发现对购买方征税还是对销售方征税是没有区别的，在要素市场或产品市场中也是如此。在一个完全竞争的劳动力市场中，无论是雇主和雇员哪一方缴纳工薪税，最后的结果都是完全一样的。然而，由于立法意图引入了分担规定来“划分”负担。虽然这留下了雇主的一半是“打算”落在利润还是消费者身上的问题，但终极意图显然是为了让员工只承担一半的税收。这种法定的费率划分不仅仅是愚蠢的，也是当理论和实践之间存在差异时经常出现的事实。那么，前面的论点是否忽略了问题的其他方面？

提出这个问题是为了指出答案：现实中的市场并不是以完全竞争的形式运行，现实世界的反应可能与上述模型不同。如果提高工薪税，工会可能可以接受增加雇主缴税的份额而不是增加工资，但他们一般不会同意降低其工资率来抵消雇主缴税的份额。反过来，公司不会通过减少利润来增加缴税份额，而是将此作为一个提高价格的机会。因此，雇主缴税可能转化为由消费者承担的产品税[①]。

利润税

最后，考虑对资本所得征税的情况。在完全竞争市场中，税收的归宿将取决于资本服务的供给弹性和需求弹性。如果资本服务是在不完全竞争市场中定价，结果会发生怎样的变化呢？

垄断　最初，人们也许会预期在产品市场中占据垄断地位的公司会比完全竞争条件下经营的公司更能够转移对利润所得的税收。毕竟，竞争者是价格接受者，而垄断者是价格制定者。但更仔细的考虑表明，垄断者必须吸收税收，原因是纯垄断者在征税前将获得最大化的利润，因此在征税

① 参见第二十六章第一节。

后也无法做得更好。假设是按照利润的 $x\%$ 征税，公司将通过拥有尽可能多的毛利润来保持利润最大化。例如，在税率为 34% 的情况下，1 亿美元的 66% 好于低于 1 亿美元的 66%。因此，税前能实现利润最大化目标的产出和价格在征税后仍将是最佳选择。换言之，垄断者会发现税收减少了公司的利润，但他们不能通过更高的价格转嫁给消费者，所以他们仍然保持利润最大化的目标①。

这一情形如图 15－7 所示，它给出了类似于垄断者利润最大化的图形。税前，产出为 *OA* 时利润最大，此时边际收入 *MR* 等于边际成本 *MC*，价格等于 *OB*，利润等于 *CDEB*。征收三分之一的税收时，*MR* 和 *MC* 曲线保持不变，但净利润减至 *CDFG*。

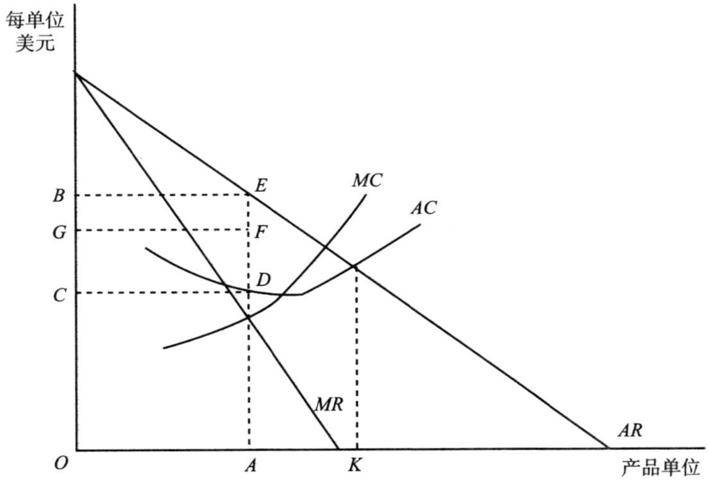

图 15－7　垄断下的利润税

至少在短期内，税收再次被应税部门的利润所吸收。即使从长远来看，

① 如果 *TR* 是总收入且 *TC* 是总成本，则利润 *P* 等于 *TR*－*TC*。在满足 $dP/dQ=0$ 的产出水平下利润可以实现最大化，即在下述条件下

$$\frac{d(TR)}{dQ}-\frac{d(TC)}{dQ}=0 \text{ 或 } MR=MC$$

当对利润征收税率为 t 的利润税后，垄断者会试图使得 $(1-t)(TR-TC)$ 最大化。通过对 Q 求微分并使之等于 0，我们得到：

$$(1-t)\frac{d(TR)}{dQ}-(1-t)\frac{d(TC)}{dQ}=0$$

约去 $(1-t)$，我们再次得到 $MR=MC$。

这种情况仍可能存在。如果征税部门的公司享有垄断利润，那么即使在利润因税收而减少之后，保持原状而不是转移到他们享受较少庇护的未征税部门可能对它们有利。这与先前税收在所有部门资本中平均承担的结论相同。

在实践中，潜在的垄断企业可能会选择不充分利用潜在的市场力量。也就是说，与利润最大化是其唯一目标时相比，它将以更大的产量并以更低的价格出售。它可能会满足于获得投资资本的目标回报率，比如15%。如果是更高的投资回报率可能被认为是“欺诈”或不合乎社会标准。对于管理层来说，他们可能会认为一个审慎的利润目标会有助于长期保持利润。或者，管理层可能担心过多的收益将会招致反垄断行动。

征税时，公司会发现其净收益率低于目标水平。这会促使它利用其垄断地位，限制产量提高价格以保持其净利润。在此过程中，它会朝着图15－7中产量OA对应的利润最大化的位置移动。这样，税收负担将转移给消费者。整个负担能否都以这一方式转嫁出去，将取决于税率与税前利润之比。其中，关键点在于税收可能会促使公司更充分地利用其垄断力量。如果这样做，税收负担就会被转移。

寡头垄断行为 另一种价格调整的可能性出现在寡头垄断的情况中。这里的价格和产量不是以传统的利润最大化方式设定的，而是由行业中的价格领导者制定的。没有一家公司会因为担心提高价格而失去销售额或如果试图降低价格会导致竞争对手效仿的情况发生，因此没有一家公司愿意背离它。在这种情况下，税率的提高可能成为各公司共同提高价格的一个信号。由于每个公司都可能会预期其他公司采取类似行动，这样，它就可以不考虑其竞争地位选择提高价格。

销售最大化 多年来，多位学者都对利润最大化这一经典假设进行批判。虽然公司会努力寻求某种目标的最大化，但是他们认为利润最大化可能不是唯一的目标，甚至可能不是主要目标。比如，一个公司可能希望使自身的销售或者市场份额最大化。

既然利润税作为价格的一个函数并不会改变总的销售额，那么简单的销售最大化将会再次得出税收不改变产量和价格的结论。因此，该影响仅局限在利润的影响上。但一个公司不可能仅使销售最大化而完全不考虑利润。销售最大化可以作为一个很好的目标，但它必须受到最小利润约束的限制。将后者定义为净利润，我们便有了一个可能会导致转移的行为模式。

图 15－8 展示了这种情况，其中，曲线 *OCB* 表示不同产量水平下的销售收入，而曲线 *OD* 表示总成本①。对应的利润水平（收入减去成本）由曲线 *OEF* 给出。在利润最大化下，产量为 *OG* 而利润为 *GE*。当征收税率为 50% 的税收时，净利润水平由 *OHF* 曲线给出。净利润仍然是在产量为 *OG* 时达到最大化，但下降到了 *GH*。这里并没有发生转嫁。在销售最大化下，税前产量取决于利润的约束。由 M_1 水平确定了最低利润，公司在税前按照 *OK* 的产量，略低于销售最大化的 *OP*。在征收税收后，产量下降到 *OL*。净利润仍然保持在其原始水平，税收被完全转嫁，而毛利润从 *LV* 增加到 *LN*，即毛利润增加的部分为税收金额。接下来，假设最低利润标准定得更低些，如 M_2 水平。此时，税前产量在 *OP* 水平。由于销售最大化会使利润 *PR* 超出了预计的最低利润。进而，即使在税后销售仍然可以继续朝着最大化目标移动，因为净利润 *PS* 仍然满足最低利润的条件。产量保持在 *OP* 不变，税收被减少了的利润所吸收，并且并不会有任何转嫁行为。当最低利润标准定

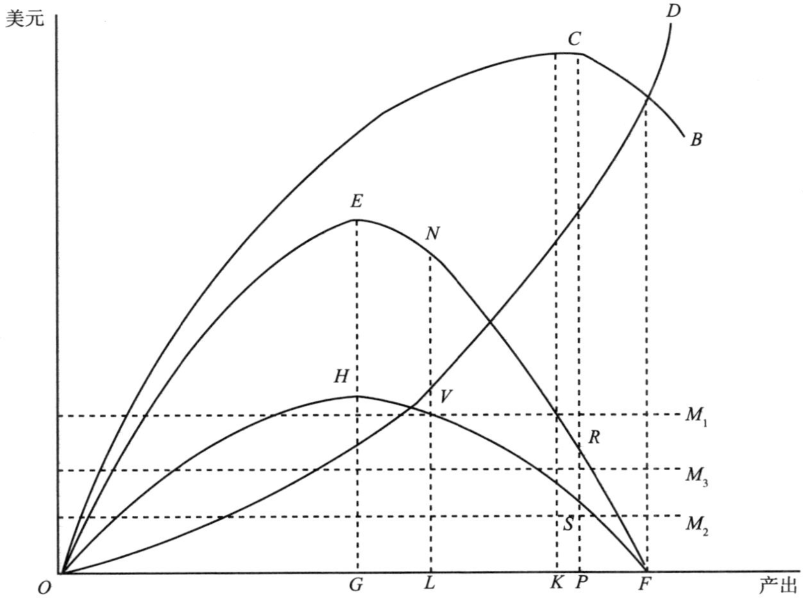

图 15－8　销售最大化下的利润税

---

① 参见 W. Baumol，Economic Theory and Operational Analysis，第 3 版，Englewood Cliffs，N. J.：Prentice－Hall，1973 年，第 326 页。

在 M_3 水平时，表明了税收局部转嫁的情形。因此，转嫁的程度取决于要求达到的利润水平以及产量、成本和销售收入之间的关系。

其他定价规则 经济学家喜欢把商业行为遵循最大化规则看作是理性的行为。但企业高管不可能总是理性地行动。他们可能按照某些约定俗成的标准进行定价，而这些标准并不一定遵循最大化的规则。

一个标准是加成价格或边际定价。在此规则下，成本按照一个惯例上的成本利润比率被加成，或者按照一个惯例上的利润/销售额比例来制定价格。这一做法是否会导致转嫁行为取决于如何定义成本和利润。如果税收是作为成本的一个部分，或者将这一差距定义为净税收，就会发生税收转嫁。此时，这种税收就会呈现出消费税的性质。

另一个方法是平均成本或完全成本定价。价格可以设定为一定时期内能够弥补所有成本的销售收入。由于税收减少了收入流，企业将索取更高的价格，于是又一次发生了税负转嫁。

因此，这两种方法都可能产生为了转移税收而提高价格的定价行为。企业是否能成功地实现这一目的并不能一概而论，最终的结果取决于企业在税前运用市场力量的程度。

劳动力市场中的不完善性 到目前为止，我们已经讨论了不同定价方式下运营的公司可能试图提高产品价格以弥补利润的损失。最后的结果是，税负被“向前”转嫁给了消费者。另一种可能性是，税负将通过降低工资率被“向后”转嫁给了工资所得者。

这种调整同样不会发生在竞争性的劳动力市场中。因为在这种市场中，工资所得者会根据他们生产的边际产品获得报酬，并且该报酬并不受到所在公司是否营利的影响。那么，如果劳动力市场是不完善的，情况可能会有所不同。如果劳动力势力较弱而雇主处于垄断地位，那么工资率可能就会低于劳动力边际产品的价值。这种情况类似于产品市场中限制型垄断定价的情形。税前环境下的雇主可能不会充分利用他们的职位，但税收可能会导致他们更充分地利用他们的市场力量，从而将部分税收负担转嫁给劳动力。

在劳动力处于强势地位的情况下，可能也会产生类似的结果。工资率是经过集体的协商确定的，但工会在确定工资要求时可能（而且经常）会考虑该公司的盈利能力。他们可能希望将公司垄断利润的一部分分给工资所得者，同时也让公司处于足够的利润空间内，而这种利润空间取决于公司税后的利润。因此，利润率的增长可能会降低工资的需求。通过这种方式，税收的增长可能又会向后转嫁给工资所得者。

税基定义方面的缺陷　导致价格向前转移的最后一个因素是税基定义的不完善。利润税的税基可能与经济学理论中定义的利润不符，会包括一部分事实上是公司成本的因素。因此，税法中定义的利润不允许扣除融资而来的经营成本的利息。由于这类利息是一种经营成本，税基被扩大了。部分税收成为了额外的成本，并且可能反映在产量和价格上。然而，这种可能性不太重要，因为从应税利润中扣除的大部分都是自由定义的。

谁来最终承担税负？　我们已经注意到公司可能通过提高价格或降低工资来弥补部分税负，从而将税负转移给消费者或雇员。这时，公司税的性质更类似于货物税或工资税。如表 14 – 1 所示，由于调整的方式不同，最终的税负模式也会有显著的差异。

五、宏观效应

在传统的方法中，我们对税收转嫁与归宿问题分别从供给与需求变化的角度、产品与要素相对价格的角度进行讨论。上述对税收的调整是在一个充分就业的经济中进行的，但是并没有考虑税收对就业水平的影响。类似地，也没有考虑税收对通胀率或资本形成和生产增长的影响。所有的这些都可能有进一步的分配效应，并与税收归宿有关。稍后我们将更仔细地考虑这些问题，但在此必须再次对这些问题进行简要说明。

就业效应

税收水平的变化将影响总需求水平，进而影响就业水平。如果减税增加了就业，那么之前失业的人们将获得工作收入。可用于私人用途收入的增加，不仅可能是因为税收份额的减少而增加，也可能是因为就业的增加而增加。反之，如果就业水平下降，损失的收入会超过额外的税收。因此，不能将税负的变化等同于征得的税收金额的变化。通过考察不同的税收归宿问题可以缓解一部分就业效应造成的难点[1]，但即使对于由相同税收收入的税种来说，同等收益的税收在就业效果上也可能不同。

通胀效应

税收的增长可能会通过减少总需求而抑制通货膨胀，从而影响分配状况。债务人将因其实际债务的增加而受损，而债权人会获益。此外，并不是所有的产品价格和所得都会共同变化，所以实际所得会受影响。因此，即使税收增长本身是中性的（即以比例所得税的形式），也可能对人们造成相对变化。

增长效应

最后，税收政策可能会影响增长率。不同的税收将对储蓄和投资率产生不同的影响，进而对资本形成有不同的效应。随着资本形成率的增长或降低，要素报酬以及税前所得都将受到影响。从而在短期内用工资所得税代替资本所得税赋将是累退的，但如果不考虑其对要素报酬的影响，是无法对最终结果进行评估的[2]。在评估一项具体税收政策的全部效应时，需要考虑到这些方面。

六、本章小结

税收归宿理论的目的是追踪一个税种的最终负担分配。从法律影响出发，我们首先考虑了在特定市场征税时购买方和销售方的反应，然后又追踪了其对其他市场的影响直到整个经济因此而发生的变化。这是一个复杂的过程，但由此可以得出一些具有一般性的规则和结论。

首先，从局部均衡角度出发讨论完全竞争市场中征收的产品税，我们得出了如下结论：

1. 征税提高了价格并减少了数量。

2. 从量税会使供给曲线中向上平移。从价税会使需求曲线向下旋转。

---

① 参见第十四章第二节。

② 参见第十七章第四节。

3. 价格和产量变化的幅度取决于需求和供给的弹性。

4. 税负将以需求弹性与供给弹性之比在卖方和买方之间分配。

5. 选择性征税下，需求曲线和供给曲线会比普遍征税下更具弹性。同时，在长期情况下，需求曲线和供给曲线也会比短期时更具弹性。

6. 给定一对相等的税率，无论对市场的哪一方征税，最终结果都无差别并不重要。

7. 产品税（无论是累进的还是累退的）的分配影响涉及家庭账户的使用方和来源方双方，前者可能是决定性的。对奢侈品征税是累进的，对必需品征税是累退的。

8. 如果在垄断市场中征税，征税造成的价格上涨将受到抑制。

从类似的角度考察要素税，我们发现，要素税通常适用于要素服务的销售，并采取从价税的形式。

9. 税收提高了要素的毛收益率，减少了要素的供给，并降低了净收益率。

10. 税收负担在卖方和买方之间调整和分配的幅度仍然取决于需求和供给的弹性。

11. 家庭同时受到家庭账户使用方和来源方的影响，但是现在来源方往往是主导的。

12. 对资本所得征税往往是累进的，而对工资所得征税往往是累退的。

13. 税收适用于不同的市场结构，结果可能也会有所不同。对工资所得征税的归宿问题可能受到集多方协商的影响。由于管理定价，行政或专业收入税可能会转移到消费者身上。虽然利润最大化的垄断者不能转移利润税，但转移可能发生在其他形式的市场行为下。

从更广泛的一般均衡分析角度出发，我们得出了以下结论：

14. 当对产品 X 征税时，产品 X 价格上涨，消费者往往倾向于购买产品 Y 来替代产品 X。结果是，产品 X 生产所需的要素回报会下降，而产品 Y 生产所需的要素回报会上升。从而，收入方产生的影响扩大到了其他市场中。同样地，对产品 Y 的需求增加，会提高 Y 的价格，从而使用方产生的影响也会扩大到产品 Y 的消费者。

15. 要素税也有类似的考虑。对要素 X 征税将减少其供给，这反过来将降低要素 Y 的报酬，从而扩大收益方面的影响。

16. 如果要素税只限于某些特定用途的收入，并且征税要素是固定的，则这一税收将被资本化并反映在减少的资产价值中。如果应税要素是流动的，对应税要素的使用将向免税部门移动直到所有净收益率均等为止。从而，公司利润税的税负被传递到公司部门之外的资本。类似的考虑适用于地方财产税差异。

接着，考虑了市场的不完善性及其对税收归宿的影响：

17. 在垄断市场中，产品税造成的价格上升的幅度小于完全竞争市场中的情况。

18. 利润最大化的垄断者无法转嫁利润税。

19. 其他情形表明公司税可以转嫁。

最后，我们考虑了税收政策变化所引起的宏观影响，最终也会影响到税负归宿，包括如下方面：

20. 就业效应。

21. 通胀效应。

22. 增长效应。

推荐阅读

关于税负归宿理论的一般表述，可参见：

Break, G. F.: "The Incidence and Effects of Taxation", in A. A. Blinder and R. M. Solow (eds.): *The Econormics of Public Finance*, Washington, D. C.: Brookings, 1976, pp. 112 – 129.

Mclure, C. E., Jr., and W. B. Thirsk: "A Simplified Exposition of the Harberger Model", *National Tax Journal*, March 1975.

Mieszkowski, P. M.: "Tax Incidence Theory: The Effects of Taxes on the Distribution of Income", *Journal of Economic Literature*, December 1969, pp. 1105 – 1124.

关于对税负归宿一般均衡的实证分析，可参见：

Ballard, L., D. Fullerton, J. B. Shoven, J. Whalley: "A General Equilibrium Model for Tax Policy Evaluation", *National Bureau of Economic Research*, Chicago: University of Chicago Press, 1985.

Devarajan, S., D. Fullerton, and R. Musgrave: "Estimating the Distribution of Tax Burdens: A Comparison of Different Approaches", *Journal of Public Economics*, vol. 13, April 1980, pp. 155 – 182.

Shoven, J. B.: "Applied General Equilibrium Models of Taxation and International Trade", *Journal of Ecomomic Literature*, vol. 22, no. 3, 1984.

附录：从量税和从价税的税收归宿

一、完全竞争下从量税和从价税的价格和产量效应

对于产品 X，给定将平均收入（AR）或价格与所出售的数量（Q）联系起来的线性需求曲线，此时

$AR = a - bQ$

以及将平均单位成本（AC）与 Q 联系起来的线性市场供给曲线，此时

$AC = c + dQ$

产业处于均衡时，需求和供给在数量 Q_0处相交，从而 $AR = AC$ 或 $a - bQ_0 = c + dQ_0$且

$$Q_0 = \frac{a-c}{b+d} \text{ 而 } P_0 = a - b\left(\frac{a-c}{b+d}\right)$$

从量税

在征收从量税 u 之后，平均净收益曲线 AR_n变为

$AR_n = a - bQ - u$

产业处于均衡时，$AR_n = AC$ 或 $a - bQ - u = c + dQ_1$

而新的（税后）均衡数量 Q_t为

$$Q_t = \frac{a-c-u}{b+d}$$

税后（毛）价格 P_t就变成

$$P_t = a - b\left(\frac{a-c-u}{b+d}\right)$$

毛价格的变化（$P_1 - P_0$）就是

$$\Delta P = \frac{bu}{b+d}$$

在成本为常数的条件下，$d = 0$，价格变化减少到 $\Delta P = u$。

从价税

对于从价税的情况，将税率 t_g定义为适用于毛价格或市场价格更为方

便，从而每单位的税是 $T=t_gP_g$ 而不是 $T=t_nP_n$ 中的 t_n。尽管税法规中使用税率为 t_n 税收，但这里使用税率为 t_g 以简化代数形式。并且 t_n 和 t_g 满足 $t_g=t_n/(1+t_n)$ 的关系。在按照 $t=t_g$ 税率征收从价税的情况下，平均净收益曲线就变为

$$AR_n=(1-t)(a-bQ)$$

毛价格变为

$$P_t=a-b\left(\frac{a-ta-c}{b-tb+d}\right)$$

价格的变化因而变成

$$\Delta P=bt\left[\frac{ad+bc}{(b+d)^2-tb(b+d)}\right]$$

在成本为常数的条件下，这减少为

$$\Delta P=\frac{ct}{1-t}$$

我们注意到，对于从量税而言，价格的变化仅是关于需求和供给曲线斜率的一个函数，而对于从价税而言，两个函数的截距也可以作为价格变化的决定要素而引入。给定 u 或 t 的值，b（需求函数的斜率）越大，d（供给函数的斜率）越小，那么无论来源于从量税还是从价税，毛价格变化将越大。

二、垄断市场下从量税和从价税的价格和产出效应

在线性需求曲线和供给曲线的情况下，可以看到，垄断市场下的价格上涨是竞争市场的一半。平均收益曲线 AR 还是

$$AR=a-bQ$$

而总收益曲线 TR 为

$$TR=AR\cdot Q=aQ-bQ^2$$

边际收益 MR 就为

$$MR=\frac{dTR}{dQ}=a-2bQ$$

平均成本曲线还是

$$AC=c+dQ$$

而总成本 TC 等于

$$TC = cQ + dQ^2$$

且边际成本 MC 等于

$$MC = \frac{dTC}{dQ} = c + 2dQ$$

令 MR 等于 MC，我们得到

$$a - 2bQ_0 = c + 2dQ_0$$

或

$$Q_0 = \frac{a - c}{2(b + d)}$$

税前价格为

$$P_0 = a - b\left(\frac{a - c}{2(b + d)}\right)$$

从量税

在征收从量税 u 之后，净边际收益曲线变成

$$MR_n = a - 2bQ - u$$

新的数量 Q_t 通过令 $MR_n = MC$ 得到，因此

$$Q_t = \frac{a - c - u}{2(b + d)}$$

从而，税后毛价格（P_t）等于

$$P_t = a - b\left(\frac{a - c - u}{2(b + d)}\right)$$

价格变化变为

$$\Delta P = \frac{bu}{2(b + d)}$$

这等于完全竞争下价格变化的一半。对于成本为常数的情况（其中 $d = 0$），

$$\Delta P = \frac{1}{2}u$$

从价税

在以税率 t 征收从价税的情况下，净边际收益曲线现在变成

$$MR_n = (1 - t)(a - 2bQ)$$

且新的数量在 $MR_n = MC$ 时等于

$$Q_t = \frac{(1-t)a-c}{2[(1-t)b+d]}$$

且毛税后价格就变为

$$P_t = a - \frac{b}{2}\left(\frac{(1-t)a-c}{(1-t)b+d}\right)$$

因此，由税收导致的价格变化等于

$$\Delta P = \frac{bt}{2}\left(\frac{ad+bc}{(b+d)^2 - tb(b+d)}\right)$$

又是完全竞争情况下的一半。

三、从量税下收入的最大化

对于完全竞争市场并使用线性曲线，令需求曲线为

$$P_D = a - bQ$$

且供给曲线为

$$P_S = c + dQ$$

在征收从量税（u）后，毛供给变成

$$P_{Sg} = c + dQ + u$$

令 P_D 等于 P_{Sg}，我们得到

$$Q_t = \frac{a-c-u}{b+d}$$

税收收入就等于

$$R = uQ_t = u\frac{(a-c-u)}{b+d}$$

第十六章 超额负担和有效的税收设计

本章讨论了征税过程代价高昂这一令人不快的命题，即经济负担超过了政府的收入。在第一节中，考虑了行政成本和合规成本。在第二节中，首先考察了超额负担或效率成本的问题。在一个简化的局部均衡分析中，研究税收对各个经济决策的干预。第三节在一般均衡条件下，再次分析了单一选择问题。在第四节中，考虑了多重选择以及消费、储蓄和工作之间的联系。不太倾向于理论研究的读者可以跳过第三节和第四节。

▶ 本章内容提示

在考察了税收公平、税收归宿和税负分配之后，我们现在转向考虑一个良好的税收结构需要满足的第二个要求，即征税过程应当是有效的。税收管理部门不应该浪费，纳税人的合规成本也不应过大。此外，还有更微妙的一点是，税收的超额负担或其无谓损失应该要最小化。本章将依次考察这两个方面。

一、管理成本和合规成本

经济学家对管理成本和合规成本的问题关注甚少，但这是财政体系运作中的一个重要问题。

管理成本

税收的评估和征收需要人员和设备，这项活动提供了一项重要的公共服务。像所有公共服务一样，它需要被有效提供。最理想质量的服务应该是在最低成本处提供。在国内收入署（IRS）提供的1989财政年度预算中所反应的联邦税的管理成本为110亿美元。这是一个巨大的数目，但每一美元联邦税收收入只占大约1美分，这一成本明显受到规模经济的影响。间接成本可以在纳税人之间分摊，较高的税率可以在不大幅增加成本的情况下带来更高的收入。同时，每一美元税收收入的管理成本随着税法法律的难度增加而上升。因此，所得税的管理成本比工薪税的管理成本高得多。人头税的管理成本是最便宜的。和其他地方一样，在这里质量很昂贵。制定有效的税制标准时，需要考虑下述问题：

1. 首先，需要选择适当的技术和管理程序。近年来，美国国税局IRS逐渐计算机化。这样做不仅降低了成本，还可以提供更详细的信息。然而，要详细地审查所有的报表是不可能的。只有一部分的申报书会得到仔细审计（实际上少于10%）。为了更有效地执行，这些申报书必须被精挑细选。

2. 因此，问题在于，审计和执法应该在多大程度上进行？它是否应该达到这样一个临界点，即额外的一美元成本带来的收入少于一美元？回答是，很难，因为管理成本是一种资源成本，而收入所得只是一种转移。因此，管理成本的边际支出必须要与更公平管理的价值相一致。

3. 和其他法律法规一样，为了获得更好的合规性，可以通过威胁违法者在被抓住时会处以一个更高的惩罚，或者通过在执行上花费更多以增加违法者被抓住的可能性。前者比后者的成本更低，但从股权的角度来看，则难以接受。

4. 接下来，是税收结构的复杂性。管理人头税的成本比销售税成本低，而管理消费税的成本比所得税低。对总收入征税，比试图确定净收入的征税成本低，等等。和本书会在第五部分中讨论的一样，对于高度复杂的经济体来说，一个公平的税收系统本身不可避免会是复杂的。不过，这种复杂性增加了管理成本和合规成本，需要再次权衡各种目标。

5. 最后，很明显，联邦体制的税收管理比高度集中体制的税收管理成本更高，因为许多管理机构要重复多次。

正如这一简短的讨论所指出的，税收管理和实施在政策设计和政策目标权衡中，不仅给管理者，也给经济学家提出了许多有趣的问题。

合规成本

根据特定税种的不同，合规成本有可能远远大于管理成本。根据最近一个关于个人所得税的合规成本的研究中，据估计纳税人平均会花费 21.7 小时在税收合规上。这其中包括整年的账目保存和填写申报的实际过程①。依据其对平均时间和税后每小时工资计算，我们估计平均的自计成本为 231 美元。再加上平均 44 美元的专业咨询费用，我们计算出每个纳税人的平均成本是 275 美元。调查表明，当收入所得升至 5 万美元时，此后的合规成本将与所得保持在一个基本稳定的百分比上。把这一平均百分比用于 9 700 万纳税单位上，我们可以得到总计为 260 亿美元的合规成本，相当于总的所得税收入 3 800 亿美元的 7%。

因此，占所得税 7% 的合规成本是一个重要的内容，它反映了所得税作为个人税的性质。对于不动产税，如销售税或工资税，相应的比率要低得多。因此，合规成本是根据它所购买的产品来评估的。如下文所述，所得税体系是基于纳税人的申报，寄希望于这将形成更完整的记录和更公平的

① 参见 J. Slemrod and N. Sorum："The Compliance Cost of the U. S. Individual Income Tax"，*National Tax Journal*，第 37 卷，第 4 期，1984 年。

确定税收义务的基础。虽然这一程序对于纳税人来说成本很高，但如果用一个更公平的产出来判断就有一定的社会价值。因此，政策必须要在从公平因素出发的复杂法律和为了节约成本而简化的流程之间进行选择。

二、局部均衡中的税收扭曲

我们现在研究税收效率中第二个，也是更为复杂的部分。如果你支付了1 000美元的税收，你实际上承担的税负很可能会超过这一金额。除非以人头税的形式一次性征收（这与经济活动无关），否则税收就会干扰经济决策，扭曲效率选择。这些扭曲对你是有负担的，但是这对财政部并无好处。因此，有效率的政策需要最小化这一负担。这些负担可以称作超额负担、无谓损失或效率成本。

当然，避免这些成本最显然的方法是直接通过征收人头税来获取所有的税收收入。让每个人支付相同的金额，这样会避免所有的超额负担。但从公平的角度来看，这显然是不可接受的。如上所示，如果税收要与支付能力挂钩，就必须基于类似于收入、消费、财富的经济指标[①]。因此，公平的税制必须以经济活动为基础，但又不可避免地会干扰经济选择，从而造成超额负担。如下文稍后介绍的，税制的目标是要达成兼顾两个标准的一个妥协的解决方案。在同样的公平税收中，明显应使用更有效率的一个；但如果公平和效率二者有所抵触，一个效率较低的方案可能会是更好的。

产品之间的选择

我们首先考察对消费者产品X征税的效应，看看消费者如何反应。从最简单的设定开始，我们仅考虑税收对X市场的影响，稍后从一般均衡的角度考虑这个问题。在此之前，我们回到先前成本—收益中消费者剩余的概念[②]。

图16－1是产品X和Z的局部均衡市场供需图。产品X的需求曲线如

---

① 参见第十三章第二节对这些税基的讨论。

② 参见第九章第一节。

DK 所示，供给曲线为 SV。为了简化问题，我们假设成本不变①。先考虑图 16－1 中的案例 1，我们发现税前均衡在 A 点，价格为 OS，数量为 OC。现在对其征收税率为 u 的从量税（u = SS′）。当把税收加入成本后，供给曲线升到 S′V′，新的均衡点位于 G 点。含税总价格上升到 OS′，而产出下降到 OL，税收收入等于 SS′GF。由于我们针对的是成本不变的情况，消费者承担了所有的负担，此处税收收入等于 SS′GF。税前，他们会为数量 OL 支付 OSFL，现在他们则必须支付 OS′GL，增加的金额为税收收入 SS′GF。

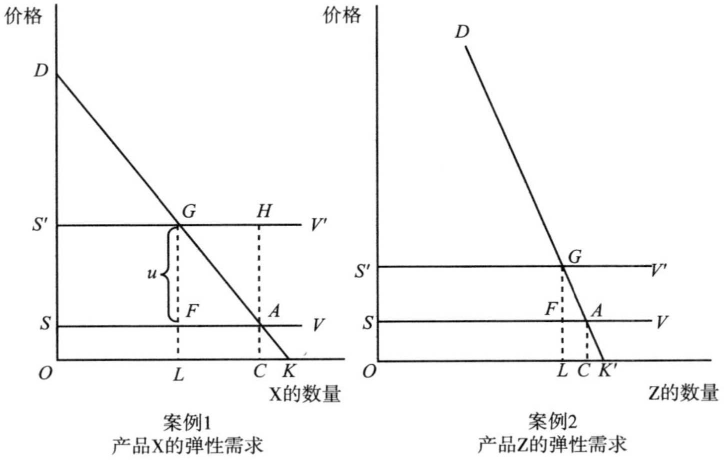

图 16－1　产品税的超额负担

然而，这里并没有完全描述消费者的负担。税前，消费者为数量 OC 支付 OSAC，但可能会愿意支付 ODAC②。在竞争定价下，所有产品都根据他们的边际价值定价，因此，消费者拥有的“消费者剩余”等于实际支付与潜在支付之间的差额（即 SDA）。在征税的情况下，消费者剩余减少为 S′DG。承受的剩余损失等于 SS′GA。其中，SS′GF 被政府税收抵消，但是三角形 FGA 仍是一个经济中的无谓损失或“超额负担”。

那么，是什么决定了超额负担的大小呢？以点 A 为轴旋转 DK 曲线，当

① 参见第十五章附录，考虑了可变成本的情况。

② 在效用函数的假设条件下，需求曲线可以用来测度适用于连续数量的边际消费价值。在需求曲线下增加从 O 到 C 的垂直部分，我们从 OC 消费中得到了总效用 ODAC。必要的假定是收入的边际效用保持不变。

需求弹性变小时（*DK* 曲线变陡），三角形 *FGA* 会变小。如果需求完全没有弹性，消费者将不会根据价格调整他们的购买，税收就不会干扰到消费者选择。这种税收等价于一次支付的总税，没有额外的负担。

我们现在可以比较一下，如果从产品 X（案例 1）和产品 Z（案例 2）取得相等的税收收入，前者的需求在初始均衡中是中度无弹性的，后者的需求是高度无弹性的。税前数量和价格在这两种情况下是相同的，但产品 Z 产生收益 *SS'GF* 所需的从量税 *FG*，小于产品 X。我们发现，由于产品 Z 的需求高度无弹性，其超额负担 *FGA* 较小。

假设成本不变，可以观察到，线性需求曲线情况的超额负担由三角形 *FGA* 给出，该三角形也等于 $\frac{1}{2}(\Delta P \cdot \Delta Q)$ ①。在 ΔP 等于从量税 u 且需求的价格弹性 $E=(\Delta Q/Q)(P/\Delta P)$ 的情况下，这个三角形又等于 $\frac{1}{2}[(u^2E)(Q/P)]$。如果需求是完全无弹性的，即 E 为 0。那么超额负担也等于 0，并随着 E 的增加而增加。还要注意，超额税随着 u^2 的上升而上升，稍后会讨论这一点。对于税率为 t 的从价税来说，$t=\Delta P/P$，并在均衡时 $u=tP$ 的情况下，可以替换为 $FGA=\frac{1}{2}(Et^2PQ)$。需要注意到，在需求曲线为非线性的情况下，三角形 *FGA* 不能准确衡量效率成本，这里仅仅是一个近似数。

这个证明可以进一步扩展，把超额负担视为税收收入的一个附加税或百分比，用来衡量税收的质量。回到图 16-1 中，我们发现这一比率等于 *FAG/SS'GF*②。当 E 为 0 时，该附加税为 0；当 E 上升到无穷大时，附加税会达到无穷大。

商品和闲暇的选择

类似的分析也适用于对工资所得征税以及在商品与闲暇之间的选择。为了集中考虑这一点，我们现在假设，只有一个消费品（商品 X 和商品 Z 的组合品），而且把当前消费和未来消费之间的选择视为固定的。

---

① 由于在现实中需求弹性不会是线性的，三角形 *FGA* 仅仅是一个近似。

② 通过替换，我们得到：当 E 为 0 时，该附加税为 0；当 E 上升到无穷大时，附加税会达到无穷大。参见 Arnold Harberger：*Taxation and Welfare*，Boston：Little，Brown，1974 年，第 35 页。

由此产生的超额负担如图 16－2 所示。令 *OS* 为劳动力的供给曲线，*DK* 为需求曲线。税前均衡点位于 *A*，工作时长为 *OC*，工资率等于 *OD*。我们假设劳动力的需求是无限弹性的。当以 *D′D/OD* 的税率对工资所得征税时，净需求曲线下降到 *D′K′*。新的均衡点位于 *B*，而工作小时数下降到 *OE*，净工资下降到 *OD′*。税收收入等于 *D′DGB*，全部的税负由工人承担。

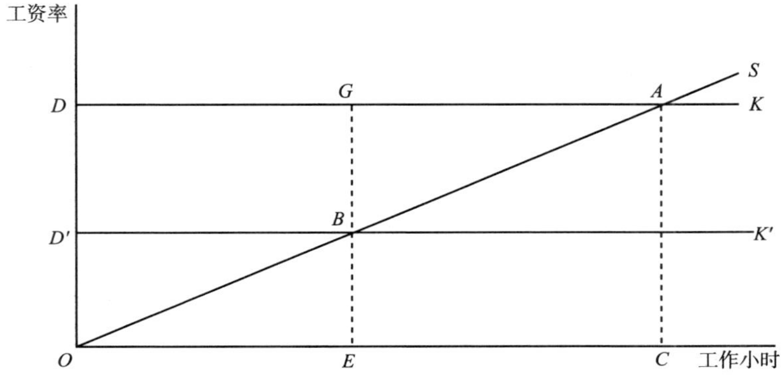

图 16－2　工资所得税的超额负担

同样，这并不是全部的情况。征税之前，按照工资 *OD* 下工作了 *OC* 小时，支付的总工资为 *ODAC*。但是工人也是愿意在工资 *OAC* 下来提供其劳动。因此产生了 *ODA*，这是一个租金或生产者剩余。税后，这一生产者剩余下降到 *OD′B*，下降的剩余量等于 *D′DAB*。其中，*D′DGB* 被税收收入抵消，而三角形 *BGA* 为净损失或超额负担。当供给曲线弹性越小时，这一负担就越小。

当前消费与未来消费的选择

关于征收利息税及其对储蓄供给的影响的争论可能会再次被提起。回到图 16－2，纵轴表示利息率，横轴表示储蓄。税前，借款人愿意支付利率为 *OD* 的利息，储蓄等于 *OC*。当征收税率为 *D′D/OD* 的税收时，净需求曲线下降到 *D′K′*，储蓄下降为 *OE*。税收收入等于 *D′DGB*，剩余的损失等于 *D′DAB*，超额负担等于 *BGA*。下面是对一般所得税和消费税的比较，进一步揭示了消费—储蓄决策的扭曲[①]。

---

① 参见第十六章第三节。

租金税

对地租的税收分析在本部分具有特别的意义。由于土地作为生产要素是供给无弹性的，因此土地租金的税收不涉及超额负担。回到图 16 - 2 中，假定横轴表示土地面积，纵轴表示土地租金。进一步假定，供给曲线由 *EG* 给出。征税会使供给保持不变，税收收入等于 *D'DGB*，且没有无谓损失。这也就是长期以来经济学家为什么倾向于把地租作为有利税基的重要原因，也是亨利·乔治（Henry George）在美国和他的单一税运动中着重强调土地征税问题的原因之一[①]。

然而，上述结论不只出现在土地的情况中。如果可以从盈余分离出来作为税基，就不会有超额负担。因此，在上文的图 16 - 1 中，税前 X 产品的消费获得的剩余是 *SDA*。在图 16 - 2 中，工人会获得 *ODA* 的剩余。如果有可能在不征税的情况下利用这些盈余，就不会造成扭曲。原则上，对所有种类的租金征税有很大的优点，但是在实践中，难以确定其中的剩余数量[②]。

投资之间的选择

在对不同产业的资本所得以不同的税率征税时，投资选择就会出现扭曲。就像我们之前在税收归宿的讨论中所说的那样，这在公司税的背景下尤为重要。如上图所示，税收会导致资本从公司部门向非公司部门转移，使得各部门的报酬均等，从而税收负担可以在所有的资本所得中分摊。在征税后，琼斯女士投资企业部门，她没有受到歧视。同时，相对于免税部门的资本存量，公司部门中的资本存量低于普遍征税下的资本存量，局部征税的效率成本保持不变。因此，产出会偏离一个有效的组合。当税收条款（如折旧）对一个行业比另一个行业更有利时，公司部门内部也会出现同样的问题。资本差别征税的另一个例子出现在联邦制度（如美国联邦制度）的背景下，在这种制度下，各个州以不同的税率征收公司税，从而影

---

① 参见 Henry George：*Progress and Poverty*，1879 年，R. Schalkenbach Foundation，1954 年。

② 参见 Abba P. Lerner：*The Economics of Control*，第 232 页，1944 年，Macmillan，New York。

响了资本的分布，进而导致了更多的效率成本①。

个人所得税也会导致资本流动的扭曲。对自有住房的优惠待遇将资本转移到自有住房，对资本利得的优惠措施会有利于资本流入产生资本所得的投资。正如我们稍后将看到的那样，这些差别不仅对效率是种负担，还不利于税收的公平。

为了避免生产中的扭曲，有人强烈支持只对最终消费品征税，而不对中间品或生产者商品征税。对后者征税会引起生产投入的相对价格扭曲，从而干扰要素的有效使用。正如我们将在下面看到的，零售税和增值税中可以达到这一条件。

税率、税收和超额负担

在对第一个关于超额负担的观点做总结之前，我们需要再次考虑税率、税收和无谓损失之间的关系，以及它所告诉我们的关于税收体系质量的内容。

在产品税的案例中，我们在图 16－3 中给出了税率、税收与超额负担（无谓损失）之间的关系。图中的部分 1 中，*DD′*为需求曲线，*BS* 为供应曲线。征税前，产量等于 *OA*，价格为 *OB*，消费者剩余由三角形 *BDC* 给出。现在以税率 *EB/OB* 征税，供给曲线上升到 *EF*，消费者剩余下降到 *EDF*。下降幅度为 *BEFC*，其中 *BEFH* 由税收补偿，此过程产生的超额负担或无谓损失等于 *BEFC*－*BEFH*（即 *HFC*）。当税率上升到 *IB/BO* 时，产量会下降为 *OJ*，收入上升为 *BIKL*，消费者剩余下降为 *IDK*。此时，消费者剩余的损失等于 *BIKC*。当 *BIKC* 由税收补偿时，超额负担上升为 *LKC*。随着税率进一步增加到 *UB/BO*，产量下降到 *OM*，税收下降为 *BUNR*，无谓损失上升为 *RNC*。

图中部分 2 展示了不同税率对应的税收和超额负担水平。其中有两个重要发现：（1）随着税率的提高，税收会先上升，在税率超过 *ZB/BO* 水平后，税收下降（这是 Laffer 教授近年来推广的一种关系）②。（2）随着税率

---

① 参见第二十二章第五节。

② 对于线性需求曲线，税收收入在税率为 *ZB/OB* 时取得最大值，从而 *DZ′*＝*Z′C*。进一步的讨论，可参见 D. Fullerton："On the Possibility of an Inverse Revenues"，*Journal of Public Economics*，第 19 卷，第 1 期，1982 年。

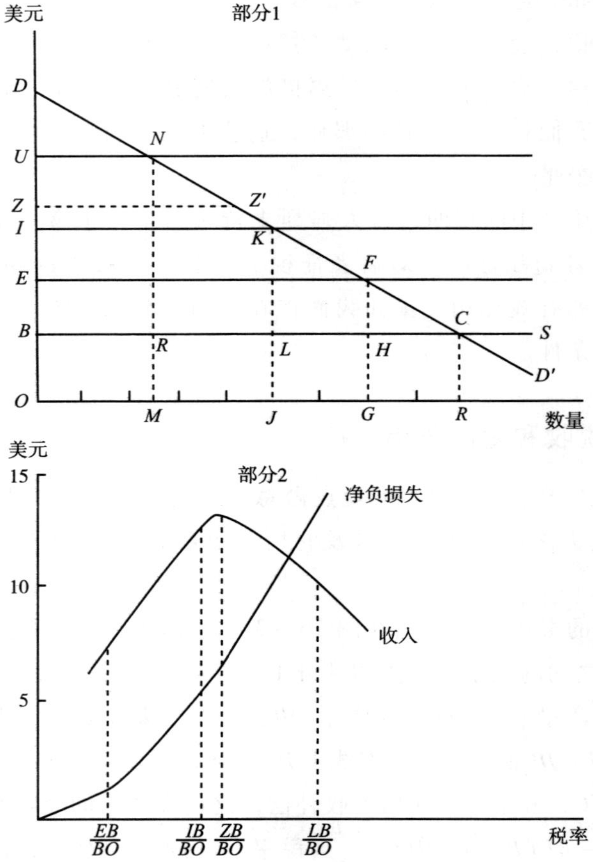

图 16－3　税收和超额负担

的增加，无谓损失以递增比例上升，当税率超过 ZB/BO 后显然会适得其反。(3) 税收的质量（定义为税收与无谓损失的比率）随税率的上升而下降①。类似的结论也适用于其他税种的分析。因此税收结构在设计时，应使各无谓损失在边际上相等，从而使得总损失最小化。然而，如下文所述，这种税制设计必须考虑不同收入水平的税收负担（以及税收收入和无谓损失），对福利权重加以限定。因此，最小化无谓损失不是唯一相关的条件。

① 正如之前所关注的，净负损失以税率平方上升。参见第十六章第二节。

三、一般均衡条件中的税收扭曲

在前面的讨论中，无论是消费者、工人还是储蓄者，都是从剩余损失的角度对超额负担进行测度。这是看待这个问题的一种有益的方法。由于超额负担用三角形表示，会比较利于测度。但是前文的解释是在局部均衡中考虑的，可能会得出误导的结论。

经济效率的条件

为了理解超额负担是如何产生的，我们简要回顾资源高效配置需要满足的条件①。

经济学家认为，如果资源以一种不留下替代可能性的方式使用，那么这种安排是有效率的。在这种安排下，有人可以生活得更好，而其他人则不会生活得更差。经济效率涉及很多必要条件，包括：（1）可替代产品之间的选择；（2）所得和闲暇之间的选择；（3）当前消费与未来消费之间的选择。

（1）在竞争性市场中，任何两种产品的边际消费替代率（MRS）应等于边际生产转化率（MRT），这两种比率都等于两种产品的价格比②。因而，X 对 Z 的 MRS = X 对 Z 的 MRT = $\frac{P_X}{P_Z}$。其中，X 和 Z 是两种产品。

（2）闲暇对商品的边际替代率（表示工人的偏好）应等于闲暇对商品的边际转换率（通过工作努力）。在竞争系统中，两种比率都等于工资率。因此，

L 对 Y 的 MRS = L 对 Y 的 MRT = w

其中，L = 闲暇，Y = 所得（或商品），w = 闲暇价格或工资率。

（3）未来消费对当前消费的边际替代率（由消费者或储蓄者来估值）

① 不太喜欢理论的读者可以跳过这一节。

② X 对 Z 的 MRS 定义为消费者为一额外单位的 X 而愿意放弃的 Z 的数量。X 对 Z 的 MRT 定义为生产一额外单位的 X 而需要减少生产的 Z 的数量。

应等于当前闪频对未来商品的边际生产转化率，两者均等于 $1/(1+i)$，其中 i 是利率。因此，

$$C_f\text{对 }C_p\text{的 MRS} = C_f\text{对 }C_p\text{的 MRT} = \frac{1}{1+i}$$

其中，C_f和 C_p是未来消费和当前消费，i 是延迟消费所支付的回报或利率。

只要这些条件中有任何一个不满足，就可以通过重新安排税制设计来改善经济福利①。

现在可以从干扰上述效率条件的角度，来分析超额负担的原因。选择性的消费税会干扰条件（1），一般消费税干扰条件（2），一般所得税会干扰条件（2）和条件（3）。

产品之间的选择

如图 16－4 显示了对特定消费者征收选择性产品税所引起的产品选择扭曲。横轴表示产品 X 的单位数量，纵轴表示产品 Z 的单位数量。为了简化问题，我们假设只有这两种商品，在所得和闲暇（所得水平）之间的选择，以及当前消费和未来消费之间的选择是固定的。在成本生产函数固定不变的情况下，价格线 *AB* 可以画成直线，价格比 P_x/P_z等于 OB/OA。考虑一个消费者，其所得保持在足够购买 *OB* 单位产品 Z 的水平上。当我们考察一个特定消费者时，可以假定价格比在一定范围内保持不变。那么，该消费者可以沿着价格线 *AB* 分配产品 X 和产品 Z 之间的消费，价格线是机会轨迹。考虑到消费者的偏好如无差异曲线 i_1、i_2、i_3所示，选择是在切点 E'处，因为这将使消费者处于最高的无差异曲线 i_1上。此时，由价格线的斜率给出的

---

① 不满足条件（1）的情况可以描述如下：消费者将调整他们的预算组合，使得边际消费替代率等于价格比率。令商品 X 的价格等于6 美元，而商品 Z 的价格等于 3 美元。此时，消费者愿意用商品 X 替代商品 Z 的比率是2（即2 单位 Z 替换 1 单位 X），这等于 X 与 Z 的价格之比。然而，假如 X 对 Z 的边际生产转换率是3（即为生产一额外单位的 X，必须放弃三个单位的 Z）。在这一情况下，生产和消费更多的商品 Z、更少的商品 X，是更有效率的。这将是因为，只放弃生产 1/3 单位的 X，就可以获得一额外单位的 Z（对该消费者价值为1/2 单位的 X）。从再增加 1 单位的 Z 中得到的满足，超过了因 X 的减少而损失的。从而，将有一个福利收益。当消费更多的 Z、更少的 X 时，Z 的边际效用下降，X 的边际效用增加，从而提高了 X 对 Z 的边际消费替代率。然而，随着生产向 Z 转移，X 对 Z 的边际生产转化率逐渐下降，从而有助于该均等化过程。最终的结果将是 MRS、MRT 和价格比都等于一个 2 到 3 之间的数，这是最佳的可能状况。

边际生产转化率等于由无差异曲线的斜率给出的边际消费替代率[①]。

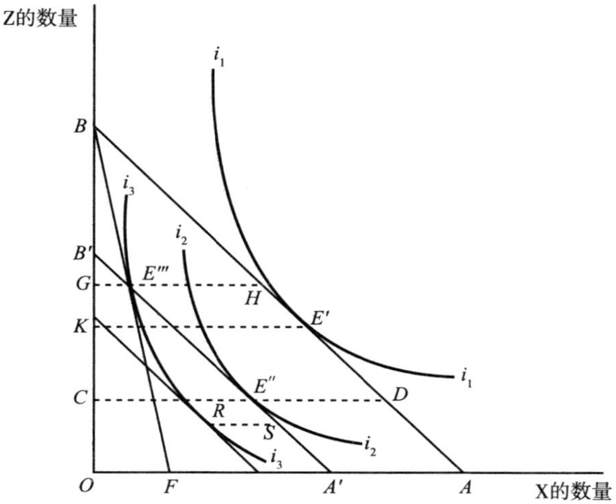

图 16－4　选择税和一般税的调整

现在考虑征税的情况。首先假设政府采用人头税或一次性税，那么无论消费者的经济特征和反应是怎样的，他们的纳税义务都是相同的。因此，价格线将平行于 *AB* 向左移动。由于相对价格不受影响，价格线的斜率将保持不变。如果产品 X 的税收等于 *AA′*，或产品 Z 的税收等于 *BB′*，那么该消费者新的价格线（机会轨迹）将是 *A′B′*，新的均衡点将在 *E″*。现在，该消费者会保留 *OC* 数量的 Z 产品、*CE″*数量的 X 产品。*E″D* = *A′A* 是以产品 X 表示的政府税收收入，同样保持了边际替代率、边际转化率与价格比的相等。资源得到有效配置，没有超额负担。

接着假设，政府通过对消费者征收一般性税收来获得税收收入 *E″D*。如果对产品 X 和产品 Z 征收相同的税率，税收会在两者的总价格和净价格之间插入相同的楔子。价格线再次移到与 *AB* 平行的 *A′B′*曲线，税率等于 *AA′*/*OA′*或 *BB′*/*OB′*。均衡点再次位于 *E″*。生产者在净价格比率等于边际转化率处保持均衡，而消费者的边际替代率等于总价格比率。由于税收相等地作用于产品 X 和 Z，净价格比率和总价格比率相等，且 MRS = MRT。当产品 X

① 对于无差异曲线的解释，参见 Jack Hirshleifer：*Price Theory and Applications*，Englewood Cliffs，N. J.：Prentice－Hall，1976 年，第 3 章。

和产品 Z 的总支出额固定时，对两个产品征收的统一税率实际上相当于一个一次归总税。

然而，如果仅仅对一个产品（比如 X 产品）征收选择性税收时，情况就有所不同。此时，税收在产品 X 的净价格和总价格之间打入一个楔子，而产品 Z 并没有楔子。为了有效率，X 的净价格对生产者可获得的 Z 的价格之比，必须等于 X 对 Z 的边际生产转换率 MRT。对消费者而言，Z 和 X 产品的总价格的比率，必须等于 X 对 Z 的边际消费替代率 MRS。这两个比率现在变得不相等了，条件（1）不满足，导致低效的配置。

回到图 16－4，我们注意到，如果为了在仅对 X 产品征税的情况下能够获得相同的税收 $E''D$，政府必须采取相当于 FA/OA 的税率①。消费者现在发现，P_x相对于 P_z的比率会上升，从而 $P_x/P_z=OB/OF$，价格线或机会轨迹从 BA 旋转到 BF，消费者相对于一般税的情况下购买 X 产品的数量较少。新的均衡点在 E'''。可以看到，在 E'''点处，BF 线的斜率（即 MRS）超过了 $B'A'$ 线的斜率（即 MRT）。此时，消费者会放弃 BG 单位的 Z 产品来购买 GE''' 单位的 X 产品，而保留 OG 单位的 Z 产品。E''落于 i_2，E'''会落在较低的曲线 i_3 上②。因此，对于纳税人而言，选择性消费税给纳税人带来的负担会比一次性税收带来的负担更大。在图 16－4 中，从 i_2向 i_3的移动就反映了这种超额负担。

换句话来说，这种一般税仅有"收入效应"，因为它只会涉及 X 和 Z 购买量的减少，并从 E'移向 E''。选择性税还有一个"替代效应"，由于相对价格的变化，Z 产品会取代 X 产品，使得从 E''移向 E'''。如果要取得相等的 $A'A$ 的税收收入，i_1会移动至 i_2，均衡点由 E'向 E''移动。进一步的负担（反映在 i_2移向 i_3）仅因选择性税而产生。

商品和闲暇的选择

相似的论证也适用于对工资所得的征税。简而言之，我们现在保持产品之间的选择不变，当前消费和未来消费之间的选择也保持不变。如图 16－5 所

① 我们知道，新的均衡点必定落在 $B'A'$上，因为政府想要取得 $A'A$ 的相等的税收收入。为了找到新的价格线 BF，我们因此画一条穿过 B 的线，使其在与 $B'A'$的交点处与无差异曲线相切。

② 这是因为：（1）E'''位于 E''的左上方；（2）无差异曲线不能相交。第 1 点成立是因为在 E'''点处，由于打入了一税收楔子，X 对 Z 的边际消费替代率必定超过边际生产转化率。

示，横轴表示闲暇，纵轴表示商品。我们考虑一个人，拥有可交换 OB 单位商品的闲暇 OA。在工资率 OA/OB 和由无差异曲线给定的偏好模式下，税前均衡点将位于 E 点处，工作时长为 HA，个人处于无差异曲线 i 上。

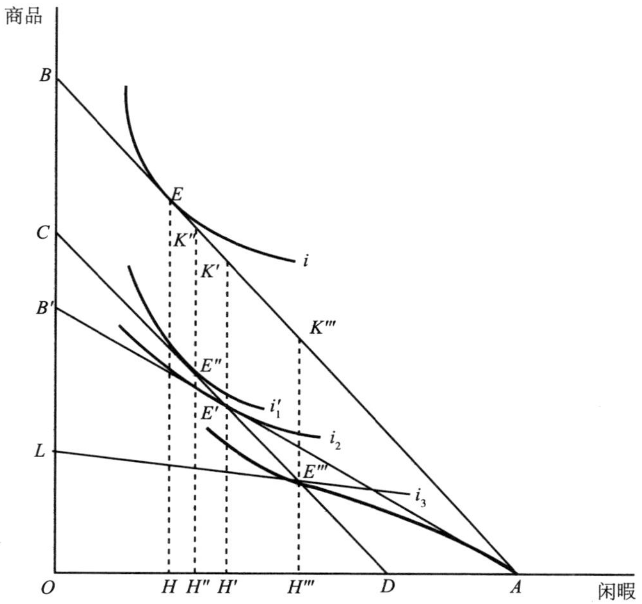

图 16－5　所得税的负担

比例税　现在以税率 $B'B/OB$ 征收一个固定税率所得税或比例所得税。机会轨迹转向 AB'，新的均衡点在 E' 点处。工作时长从 HA 减少到 $H'A$。收入等于 $E'K'$，纳税人的无差异曲线从 i_1 下降到 i。如果有可能把闲暇纳入税基中，同时希望获得相同的收入，那么福利的减少将会变小。在这种情况下，机会轨迹将会从 BA 平行地移至 CD；新的均衡点将会位于 E''，而收入保持 $E''K''=E'K'$ 不变。此时，纳税人的无差异曲线现在将会位于 i_1（低于 i 但是高于 i_2）。由于避免了工资率下降的替代效应，现在由 HH'' 给出的工作时长的减少变小。这种税实际上是一个一次总付税，没有无谓损失。但是，闲暇的价值难以衡量，因此在实践中不能征收这种税。

累进税　现在假设通过累进税来获得相同数额的税收收入。在这种情况下，机会轨迹会移向诸如 AL 的一条曲线上。向左移动时，这一曲线斜率减小，反映出：在累进税率下，边际税率随收入的增加而增加。新的均衡

点位于 E'''点处，而收入保持 $E'''K''' = E'K'$不变，但工作时长进一步减少了 HH'''。此时，纳税人的无差异曲线从 i_2下降到 i_3，反映了累进征税下增加的替代效应带来的额外超额负担①。

当前消费与未来消费的选择

现在我们转向税收对消费和储蓄选择的影响，同时保持另外两种选择不变（即消费者商品之间的选择以及商品与闲暇之间的选择）。

在这种情况下，我们用图 16－4 的横轴来显示未来消费 C_f，纵轴表示当前消费 C_p。OB 等于所有收入全部用于消费时可得的当前消费，OA 等于所有收入全部用于储蓄时可得的未来消费。因此，OA 等于 $(1+i)$ OB，其中 i 为利率。于是，BA 代表给定当前收入的情况下，个人可获得的所有当前消费和未来消费的可能组合。税前均衡在位于无差异曲线 i_1上的 E'点处。

如果征收一般性消费税，同样适用于 C_p和 C_f，产生 AA'的税收收入，价格线会从 BA 平行移动到 $B'A'$，新的均衡点在位于较低无差异曲线 i_2上的 E''点处。因为 C_p和 C_f都以相等的比率减少，所以相对价格不变。当前消费对未来消费的 MRT 和 MRS 保持相等，没有超额负担。在这种情况下，一般性消费税是中性的，且在超额负担方面等价于一次总付税。

然而，所得税会降低 C_f/C_p比率，因为征税后利息率会减少，而延迟消费的获益减少②。正如在我们税收公平的讨论中所指出的，它歧视储蓄者而有利于消费者。价格线旋转至 BF，均衡点移向 E'''。在这种情况下，就产生了一个超额负担。该超额负担等于从 i_2移向 i_3中的福利损失，因为税收现在破坏了生产者看到的当前消费对未来消费的 MRT（等于 $1+i_g$，其中 i_g是总

---

① 如果我们比较在一个特定纳税人获得相同税收收入的情况下，两类税率曲线下的超额负担，那么情况至少就是这样。但是，如果我们考虑比例税和累进税下从一群纳税人获得相同税收收入时会发生什么，问题就变得更为复杂了。在累进税替代比例税时，适用于高收入纳税人的边际税率将上升，其超额负担将增加。但适用于较低收入的边际税率也将下降，其超额负担将下降。因此，这个结果取决于不同收入群体的供给弹性以及他们对超额负担的敏感性。

② 税前，消费者可以当前消费 C 的形式或者储蓄的形式来享用全部收入 Y，赚取一个等于 iY 的收入，并享有一个 $(1+i)C$ 的未来消费。当前消费和未来消费之间的比率因此为：$C/[(1+i)C]$。在一般消费税的情况下，当前消费等于 $(1-t)C$，未来消费等于 $(1-t)(1+i)C$，二者的比率保持在 $C/(1+i)C$ 不变。在所得税的情况下，当前消费为 $(1-t)C$，但未来消费等于 $(1-t)C+(1-t)(1-t)iC$，因此该比率变为 $C/[1+i(1-t)]C$。

资本回报率）与消费者看到的MRS（等于$1+i_n$，其中i_n是净税后回报）之间的均等关系。因此，消费税在效率方面优于所得税。尽管还需考虑之前关注的某些条件，但至少在目前的背景下情况是这样的①。

多重选择

到目前为止，我们讨论的一直是一个面临单一选择的纳税人，在产品之间、消费或储蓄之间、闲暇或所得之间进行选择。在进行多重选择之前，可以得出以下结论：

1. 当所得和储蓄不变时，一般消费税不产生无谓损失，且优于会扭曲消费者选择商品的选择性消费税。

2. 当所得及消费者商品之间的选择不变时，消费税优于所得税，所得税通过对资本所得的征税会扭曲当前消费和未来消费之间选择。

3. 当储蓄及消费者商品之间的选择不变时，所得税和消费税都会扭曲所得（或消费）和闲暇之间的选择。

只有一次总付税或对潜在收入征收一个假想的税才会没有无谓损失。这些都是有趣的结论。但它们的重要性被潜在假设的限制性削弱了，这种限制性假设允许我们一次只允许一组选择。

为了得出更现实的观点，我们必须允许同时作出各种选择。考虑这样一个情况：既有产品X和Z之间的选择，也有所得（或X和Z的组合）和闲暇L之间的选择。是否仍能认为，对X和Z征收一个相等税率的税收会优于一个只对X或Z的税收，或者是否仍优于对两者征收不等税率的某种组合？

答案是否定的。在这种情况下，潜在扭曲的威胁变成一个三角形了：税收可能扭曲X和Z、X和L以及Z和L之间的选择。令初始税收以相同的税率适用于X和Z。这样，X和Z之间并没有扭曲，但是X和L以及Z和L之间的选择都偏好于L。现在假设，对Z的税率下降，而对X的税率提高。这会引入X和Z之间的扭曲，从而增加X和L之间的扭曲。但是，它也会减少Z和L之间的扭曲。如果X是一艘船，X所带来的乐趣是闲暇的补充；Z是工作服，Z的消费与闲暇相对立，那么对X征以更高的税率、对Z征以

① 参见第十六章第二节。

更低的税率可能是可取的，从而纠正因闲暇无法征税所产生的缺陷。因此，一旦引入闲暇—所得选择中的变化，赞成对 X 和 Z 按照一般性相等税率征税的假设就被打破了。

类似的推理表明，不再有一般消费税优于所得税的这一必要假设了。诚然，消费税在 C_p和 C_f之间是中性的，而所得税会不利于 C_f，但二者在 C_p和 L 之间以及 C_f和 L 之间都是区别对待的。结果现在取决于 C_p和 L 之间以及 C_f和 L 之间的相对替代性。由于消费税下的税基较小，所以需要以更高的税率来获得与所得税下相同的税收收入。因此，偏向闲暇的歧视会增加，这可能会进一步影响结果。

最优税收

我们的结论是，很难得出一个硬性的规则。税收的“最优搭配”（定义为将超额负担最小化的税收组合）可能包括一套复杂的税种和税率。即使如此，结果也将会次优于将闲暇纳入税基的一个假想税收。然而，经济学家已经提出了针对这一问题的解决方案，包括一系列的商品税。现在，这种分析大多归属于“最优征税”的标题下，这个分析已应用于商品税和所得税①。

回到图 16－1 中的简单局部均衡分析，我们可以看到，从商品 X 获得一定税收收入所引起的超额负担，会大于从商品 Z 中取得一定税收收入所造成的超额负担。我们还可以发现，随着每种商品税率的提高，超额负担会以税率平方的比例成比例上升。因此，为了最小化总超额负担，我们应该从这两种税中进行征税，以抵消每一种产品的最后一美元税收所带来的超额负担。

现在考虑到下述三种事实：闲暇不固定，且产品之间的需求、产品与闲暇之间的需求是相互依赖的。对此，经济学家已经针对各情况的背景制定了一套规则，由此，可以区分三个情况。情况 1：产品之间的消费可以替

---

① 问题最初由 A. C. Pigou（*A Study in Public Finance*, London：Maccmillan，1928），并由 Ramsey（*Economic Journal*，1927）解决。更多近些年的研究，参见本章末尾的阅读材料，以及 W. J. Baumol and David E. Bradford：“Optimal Departures from Marginal Cost Pricing”，*American Economic Review*，1970 年 6 月，第 165－283 页；以及 David F. Bradford and Harvey S. Rosen：“The Opitmal Taxation of Commodities and Income”，*Compilation of OTA Papers*，vol. 1，U. S. Department of the Treasury，1978 年。

代，但产品与闲暇之间不可替代；情况2：产品与闲暇之间可以替代，但产品之间不可替代；情况3：两者均可替代。

为了获得了一定的税收收入，情况1的一组最优税率应能够等于所有产品价格的百分比变化，即要求一个全面覆盖的、等税率的从价税。事实上，这就是之前考虑过的图16－4的假设。此外，已经证明，情况2的一组税率应能够使价格上的百分比变化与各个产品的需求弹性成反比。这并不奇怪，因为需求不可能完全没有弹性，这必然会导致超额负担的产生。情况3的解决方案涉及到两种类型的替代弹性（产品之间、产品与闲暇之间），并且形式更为复杂。总之，最优模式是为了能对价格无弹性但与闲暇互补（即可与闲暇一起消费）的产品征收更重的税，比如休闲娱乐商品。对需求与闲暇互补的产品征税，可以看作对闲暇征税的一个间接方式。

正如前面的分析所表明的，希望对征收给定税收收入的系统进行优化的问题（即能够使无谓损失最小化），是对经济学理论工作者的一个挑战。但通常情况下，这种理想在实践中是无法实现的。关于需求弹性和成本弹性的必要信息难以获得，对广大范围的商品征收一系列复杂的差别税率也常常是无法容忍的。因此，尽管最优策略要求产品间的差异化，仍然有一个支持统一税率产品税的实际案例，这并不奇怪。造成这种情况的原因之一是，错误的差异化可能会比从差异化模式中追求效率的收益更为有害。

四、超额负担的程度

近年来，已有许多工作者希望对超额负担进行量化，这很重要。原因有二：一方面，在构建一个良好的税收系统时，应考虑可选择税种固有的无谓损失。另一方面，为了确定适当的预算大小，必须知道这样一个系统中边际税收金额的无谓损失，以确定预算的适当规模。因为是通过它设定成本（税收金额加无谓损失），且这种成本是通过边际支出的收益进行测度。为了更加一般化地应用于预算，需要在更广泛的层面上重新研究先前在特定背景下考虑的成本收益分析原则。

对超额负担的估计主要集中于所得税和劳动供给所引起的变化。也就是说，它们与图16－2的观点是一致的，但是结果各不相同。到目前为止这一结论仍是有争议的，方法论的问题仍待解决，劳动供给的实证估计也尚处早期阶段。据估计，劳动所得平均税收金额的无谓损失，范围在7%到28%之间（15%是可能的中间值）。由此可以预期，边际税收金额带来的无谓损失要大得多，可能是平均数的倍数[①]。特定工人的损失比率也各不相同。女性工人的比率高于男性，因为前者具有更高的劳动供给弹性。此外，对于高收入工人来说，他们支付的边际税率更高。

另一方面，这些高估计的有效性也受到了质疑[②]。在许多环境下，工人在选择工作时间方面没有灵活性。收入水平较低的转移受惠者可能失去工作，不能减少其工作时间等等。累进征税的一个更现实的评估，是与比例税比较而不是与一次总付税进行比较。近期提前退休的趋势可能是一种模式转变的反映，这种转变在税率上移之前很久就开始了。由于一些原因，低收入阶层的估计结果会大幅度低于高收入阶层的所估计出的超额负担水平。此外，必须再次指出，在没有考虑后续分配权重的情况下，不能确定征税或税收转嫁过程的总负担。

五、进一步的考虑

除了上述分析所考虑的因素外，在对无谓损失进行考虑时，还需进一步考虑以下因素。

市场不完善

前面分析涉及税收所引起的扭曲和导致的效率成本，其本质上均假定了市场本身是有效运作的。如果情况并非如此，使用税收工具或法规可以用来抵消和纠正这种低效率的情况。因此，针对垄断利润的税收或针对外部性成本的税收可以作为一种矫正手段，从而取得效率的提高，而不是损失。这在税收结构的总体设计中并不是一个主要的议题，但是在本章的上下文中应注意到这一点。

---

① 参见本章推荐阅读中 E. K. Browning 和 J. A. Hausman 的参考文献。

② 参见本章推荐阅读中 G. Buttless 和 R. Haveman 的参考文献。

社会福利权重

此外，和其他许多分析一样，这里也必须考虑到分配问题。该问题不只是最小化以绝对金额表示的总税收负担，还必须考虑谁将会承担该负担（即必须再次引入一个社会福利函数）①。从对面包征税中获得的一美元税收收入，可能比从对鱼子酱的征税中所引起的无谓损失要小，但这两个都需要由一定的收入阶层来承担。在考虑了社会福利权重（或者称为考虑社会的“对不公平的厌恶程度”）之后，我们可能会发现，后者的负担在两者中较小。这使问题更加复杂，并使得仅通过效率分析得到的结果得到了验证。然而情况确实如此，特别是因为低收入群体消费的商品需求弹性可能较低，因而在考虑无谓损失最小化时需要对社会福利权重特别考虑。

支出分析

关于税收分析的很多因素也可以适用于预算的支出分析中。转移支付或补贴可视为负的税收可以按照类似的方式处理。与所得无关的转移支付具有负收入效应，接收者趋向于减少工作，但没有替代效应，因而仍没有无谓损失。与所得负相关的转移支付，在收入效应上与所得税相反，但和所得税一样会产生替代效应。正如我们在早前讨论福利计划中所指出的，这种影响对工作是有害的，而且会造成无谓损失。

将公共服务纳入效率分析更加困难。税收与支出过程之所以能够成功地改善对商品的选择（包括私人商品间的选择和公共商品间的选择），是因为它将有助于提高经济过程的效率。的确某些公共服务的提供是社会发挥功能的先决条件，包括其生产私人商品的能力。无谓损失是提供公共服务的一个副产品，公共服务需要税收来支付并揭示偏好。因此，无谓损失会增加公共服务的成本，降低公共服务提供的效率水平。同时，资源的有效使用也要求保障一定的公共服务水平。

---

① 参见第十三章第三节。

六、本章小结

税收系统的运行是昂贵的，因为负担超过了政府的收入。这涉及税收管理成本、合规成本，以及因资源有效利用条件被干扰而产生的超额负担：

1. 税收管理成本相对于获得的税收收入很小。然而，应该如何在复杂条件下进行税收管理还有很多问题需要研究。

2. 纳税人的合规成本比管理成本大得多。

因为除一次总付税以外的税收带有涉及超额负担的替代效应，从而引发了一系列关于税收成本的问题。采用部分均衡的方法，我们比较了各种税收，得出以下结论：

3. 选择性消费税会干扰产品之间的选择，而一般性消费税则不会。

4. 所得税会干扰当前消费和未来消费之间的选择，而一般性消费税则不会。

5. 所得税和一般性消费税都会干扰商品和闲暇之间的选择。

6. 累进所得税所带来的超额负担超过了比例税，因为超额负担取决于边际税率或一揽子税率。

7. 对资本所得的局部税收会扭曲投资选择。

8. 在对所有可变选择进行一般均衡分析时，我们不能再给出结论认为一般性销售税必然在效率上优于选择性产品税，或认为一般性消费（销售）税必然优于所得税。只有人头税没有产生超额负担。

9. 使超额负担最小化的产品税率的最优组合，将会强调对价格无弹性且与闲暇互补的产品的征税。

10. 对效率成本大小的测度很困难。不同税种的估计数之间差异很大，平均税收金额的总负担可能等于收入的15%，而边际金额的负担则高得多。

11. 如果类似于福利计划的情况，转移转移随所得的增加而下降，那么转移支付的效率成本在很大程度上可以视同所得税的效率成本。

12. 为了评估无谓损失，需要对美元金额应用社会福利权重。

13. 用于纠正市场不完善的税收，可能产生效率收益。

14. 由于公共服务需要税收来进行支付并揭示偏好，因此无谓损失可被视为一种成本。

推荐阅读

关于超额负担的概念，参见：

Harberger, A: *Taxation and Welfare*, Boston: Little, Brown, 1974 年，第 1-3 章和第 8 章。

关于超额负担的测度，参见：

Browning, E. K: "On the Marginal Welfare Cost of Taxation", *The American Economic Review*, 1987 年 3 月。

Buttless, G. and R. Haveman: "Taxes and Transfers: How Much Economic Loss?" *Challenge*, 1987 年 3/4 月。

Hausman, J. A., in H. Aaron and J. Pechman (eds.): *How Taxes Affect Economic Behavior*, Washington, D. C., Brookings, 1981 年。

关于最优征税的理论，参见：

Atkinson, A. B: "How Progressive Should Income Tax Be?" in E. S. Phelps (ed.): *Economic Justice*, Baltimore: Penguin, 1973 年。

Atkinson, A., and J. E. Stiglitz: *Lectures on Public Economics*, Maidenhead: Mcgraw-Hill, 1980 年，第 11-14 章。

Baumol, W. J., and D. F. Bradford: "Optimal Departure from Marginal Cost Pricing", *American Economic Review*, 1970 年 6 月，第 265-283 页。

Bradford, D., and H. Rosen: "The Optimal Taxation of Commodities and Income", *American Economic Review*, Papers and Proceedings, 1976 年 5 月。

Sandmo, A.: "Optimal Taxation - an Introduction to the Literature", *Journal of Public Economics*, 1976 年 7-8 月。

对于公平与效率之间权衡的更广泛的评价，参见：

Okun, A. N.: *Equalizy and Efficiency: The Big Trade - Off. Washington*, D. C.: Brookings, 1975 年。

Tobin, J.: "On Limiting the Domain of Inequality", *Journal of Law and Economics*, 1970 年 10 月。

第十七章
税收对产出能力的影响：一个供给端的视角

税收会从需求端和供给端两方面对经济体产生影响。前者将在第三十章中进行说明，本章我们重点关注后者。其中包括税收对工作投入、储蓄和投资的影响，以及税收对充分就业时产出水平和对经济增长率的影响。尽管这并非一个新的问题，但它仍然符合20世纪80年代被称为“供给学派”的经济理论。

▶ 本章内容提示

前面的分析讨论了税收对私人部门资源使用效率的影响。现在我们转向税收对资源供给和产出能力的影响，即在劳动力充分就业和资本存量充分利用的条件下，对产出或 GNP 水平进行分析。尽管对这种供应方面的影响在短期内是次要的，但它们在较长期内很可能是决定经济增长的一个主要因素。我们由此假设，充分就业的产出水平是自动保持的，即总需求既不低于也不超过以当前价格衡量的产出总价值。同理，我们进一步假设需求与产出能力是同步增长的。在需求不足或过剩（从而形成失业或通胀）的情况下出现的问题，以及公共部门自身对资本形成的贡献将在第十八章中予以说明①。

生产能力水平（或 GNP 的大小）本身是有意义的，但对经济福利来说，更为重要的是人均产出或收入水平。在任何给定的人口规模下，总产出能力决定了人均收入的可能水平。因此，如果生活水平要提高，总产出必须增加。多年来，人均产出已大幅增长，20 世纪期间以每年大约 2.5% 的速度增长（剔除价格因素）。用复利计算时，现在的人均产出（同样剔除价格因素）约是 1900 年的 5 倍。此外，工作时长大大缩短，因此总福利水平的实际增长更大。尽管经济增长的优点在 20 世纪 60 年代的辩论中受到了质疑②，但是此次辩论的最终结果还是让人们更加意识到经济增长的重要性。无论高收入国家保持经济持续增长的紧迫性如何，经济增长显然仍是大多数欠发达国家的人民逃离苦难的唯一希望。如果期望能够得到来自高收入国家的充分援助（一方面高收入国家原本就该如此，另一方面在某些压力下也不得不这样做），那么发达国家的经济增长也需要继续保持。

决定产出能力的主要因素是要素投入的水平，包括自然资源、劳动、资本以及用以使用资源的技术或生产率的状态。由于自然资源的供给或多

---

① 参见第三十章第六节。

② 这些批评涉及许多经常被混淆的观点，在评价支持或反对经济增长理论时必须对这些观点进行分离：第一个观点是，富裕的社会应该把更多时间花在闲暇的创新型用途上，而不是增加商品的产出上。这一观点很可能是正确的，但这并不是对适当定义的增长的反驳论据。衡量经济增长的正确标准应该同时包括增加的闲暇时间和增加的产品产出。第二个观点是，增长会产生外部成本，如污染。但这也不是一个反对增长的论证，而是支持一个有关经济增长的合适的指标应该同时包括外部成本和收益。如果要实现增长，那么产出必须要大于外部成本。第三个也是更为复杂的观点是，人类不应满足于过上舒适的生活，而应更需要贫穷的戒律来避免遭遇灾害（即失去的天堂无法重新获得）。读者可以自行判断。

或少是由自然决定的，所以 GNP 增长的主要是由劳动投入的增长率、资本存量的增长率以及技术进步的速度决定的。我们首先分析私人部门财政政策对这些决定因素造成的影响。

一、对工作投入的影响

劳动力供给对经济增长的影响是双重的。人口增长会导致总产出增加，但除非总产出的增长比例和人口的增长比例相同，否则人均收入将会下降。因此，人口增长可能降低而不是增加人均产出。这个结果是托马斯·马尔萨斯 175 年前所预言的悲惨命运。尽管工业国家已成功地将人均收入的增长和人口的增长结合起来，但是马尔萨斯的观点仍然使欠发达国家的经济发展前景黯淡。

尽管如此，财政政策仍不是人口政策中主要因素。虽然个人的税收豁免会与家庭规模大小有关，但这种税收豁免并不足以影响家庭的计划。计划生育的支出项目不在财政经济学的范畴内。然而，财政政策会通过影响给定人口条件下劳动力的投入来影响全局。劳动力投入的变动，无论是工作时长的变动还是劳动力参与人数的变动，都与总产出和人均产出正相关。

税收效应

我们从税收对劳动力供给的影响开始分析。

所得税　所得税对工作投入的影响并不明显。所得税的“收入效应”会使人们更加努力地工作，以弥补失去的收入。但它也会产生一种相反方向的替代效应。因为当放弃闲暇的报酬减少时，人们往往会更不愿意投入工作。因此，所得税的净影响取决于正负效应哪个更强。

如图 17－1 所示，税前工资等于 OA/OB，工人在机会轨迹 AB 上选择位置。如果工人选择了点 C（该点是无差异曲线 i' 的切点），且工作时长等于 DB。那么，当税率为 AE/AO 时，机会轨迹将向下旋转到 EB，工人选择的位置移动到无差异曲线 i'' 上的 F 点处。随着闲暇的增加，工作时长减少了 DG。然而，假设较低斜率的无差异曲线如 i''^{*} 所示。在这种情况下，工人的

选择点会移动到 H，工作时长上升且闲暇下降了 ID①。前一情况反映了劳动力供给曲线向上倾斜的现象，而后者反映了劳动力供给向后倾斜的现象。

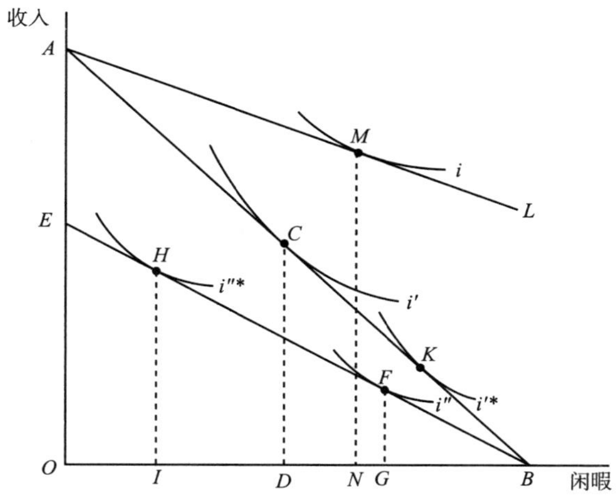

图 17－1　征税对工作—闲暇选择的影响

如大部分教科书所描述的一样，劳动力供给曲线是向上倾斜的，那么负的替代效应超过了正的收入效应，劳动投入就会减少。然而从历史的角度来看，工资的增加是伴随着工作时长的减少，即相当一部分生产力提高带来的收益转变为闲暇的增加。虽然这不能证明劳动力的短期供给曲线是下滑的（即征税将会增加而不是减少劳动力的供给数量），但我们也不应轻易假定所得税必定减少工作投入的程度。即便我们会知道有些人受到征税的打击而减少了工作投入，但我们大多数人的反应似乎是更多地工作。

如前文所述，很多结果都取决于税收的边际税率②。如果征收相同金额的税收，那么，一个人在累进税下会比在比例税下工作得更少。然而，如果把纳税人作为一个整体，纳税人整体的工作投入并不会因此而减少。征税对劳动力供给的净效应取决于工资收入者在不同收入水平上的反应。高收入者（累进税率高于同等收益下的比例税率）在工作时间上有更多的灵

① i''和 i''^{*} 二者都满足条件：当从 i''向 i'垂直移动时，i'的斜率将不变或更陡；而当水平向右移动时，i'的斜率将不变或更平坦。这反映了，随着收入相对于闲暇提高时，闲暇对收入的边际替代率会下降。

② 参见第十六章第三节。

活性，但他们可能会更重视其他方面（比如声誉、工作兴趣等），从而他们对净工资率的反应较小；低收入者相较而言在工作时间上并没有太多的灵活性，并且所得税边际税率也较低。

职业妇女的税收待遇也对劳动力参与产生了重要的影响。在缺少免费的托儿中心且所得税对托儿费用减免不足的情况下，职业妇女的净工资率可能非常低甚至为负，因而她们除了获得心理满足或离开室内的需要外，几乎没有进入劳动力市场的激励。然而，这一障碍被一笔可观的育儿补贴减少①。在1986年，一项适用于双职工夫妇的特别扣除被终止了，原先这项特别扣除是有利于人们投入工作的。

销售税 税收对劳动力的影响不仅产生于所得税，也可以由产品税或销售税产生，它们会因为物价的提升而减少了实际工资。除非工资收入者在“货币幻觉”中运作，且只考虑他们的货币工资价格，否则就会出现上述情况。但是，难道销售税的这种抑制性影响与所得税下的相比会减轻吗？毕竟，工人可以通过储蓄来逃避消费税，从而规避像所得税那样对工作产生不利影响。然而，需要注意的是，这种比较必须是在相同收益的税收之间进行的。因为消费税税基较小，税率较高，并且无法预测哪种税会更有利于工作投入。所以主要的问题在于，闲暇是更易于用当前消费还是未来消费替代。

转向考察选择性消费税，我们注意到，工作—闲暇选择随着应税商品种类的差异而有不同的选择。一方面，相较于工作—闲暇选择中相对中性的商品（如食品）来说，如果应税商品是对工作补足的商品（如工作服），那么人们的工作投入程度将会受到抑制。另一方面，对“闲暇产品”征税（如摩托艇或度假旅行），会减少闲暇的价值，进而减少增加工作时间的机会成本。随着生活水平的提高，越来越多的收入用于购买消费中涉及休闲时间的商品，从而使得对闲暇征税（即通过对闲暇商品征税）变得更加可行。闲暇消费的本质也因此成为税收分析中的一个重要因素。

支出效应

工作激励不仅受到预算中税收的影响，还受到来自预算中支出端的

---

① 参见第十九章第六节。

影响。

转移支付 转移支付可以视为负税收。相应地，转移支付的收入效应也是负数，并会减少工作的投入程度。替代效应的符号取决于随着收入的增加，转移支付是增加还是减少。如果它们与收入正相关（如在对工资补贴或工作收入予以税收抵免的情况下），实际的工资率就会上升，这会产生正的替代效应。这两个相反的效应使得转移支付同税收一样，结果是不确定的。回到图 17－1 中，我们现在可以将 *EB* 视为转移支付前的机会轨迹，而工人的选择点在 *F* 点。引入所得补贴后，机会轨迹转向 *BA*，这可能导致选择点移动到 *C* 或 *K* 点上。

然而，如果类似于福利支出，转移支付随收入的增加而减少，情况会有所不同。所得效应的负效应与替代效应的负效应相叠加，工时就会下降。现在将 *AB* 定义为转移支付前轨迹，转移支付可以描述为机会轨迹向 *AL* 旋转的变动。而工人的选择点从 *C* 点移动到 *M* 点，闲暇也从 *OD* 上升到 *ON*，工作下降到 *NB*①。这是在福利计划的背景中对工作投入有损害的一个问题②。

公共服务 类似的考虑也适用于公共服务的提供。一般公共服务（如司法系统）对工作—闲暇选择没有特定的影响，因而只产生了中立的替代效应。然而，如果公共服务是用于闲暇活动的（如改善旅游地点的道路设施），这种影响可能是负面的。或者，如果这种公共服务是为了支持工作活动的（如改善工作地点的通道），那么它可能有利于激励工作。随着人均收入的增加，后一类型的服务往往会增加，这反映出社会中不断上升的闲暇偏好。

影响的大小

当税收效应和支出效应共同发生作用的时候，预测最终结果的难度会进一步增加。然而近年来，人们对税收对劳动供给的影响进行了研究③。这些测算在不同的工人类型间有所差异，但总体而言规模适中。因此，据预估，所得税使已婚男性的工作时间平均减少了 8%，而这一减少的大部分将

---

① 从 *C* 点向左移动与本章讨论所得税影响时的条件相矛盾。

② 参见第十一章第一节。

③ 参见第十六章第二节。

通过转变成收入相等的比例税率来消除①。同时，研究表明，在税收对劳动力供给的适中影响中，隐藏了非常大的净负损失影响，因为大量的净负损失带来的替代效应会被收入效应所抵消。研究也发现，劳动力供应对女性的影响更大，即使在过去 20 年内女性的劳动力人数已大幅增加②。最后，研究表明，造成这些问题主要并不是因为所得税，而是由福利系统中隐含的高边际税率的副产品产生。如前文所述，这已成为关于福利改革辩论中的一个主要问题③。

为什么对工作投入的影响是重要的?

在结束对工作投入的征税效应这个议题之前，让我们再次考虑为什么这些影响是重要的。我们发现可以给出以下四个原因：

1. 在累进税率—转移支付制度下，闲暇对产品的替代可以有效地限制再分配政策。
2. 不同群体对闲暇回应的差异会大大增加公平分配分析的难度。
3. 税收和支出政策会扭曲收入和闲暇之间的选择，造成了效率成本。
4. 税收造成的工作投入减少会降低产出和国民生产总值。

其中，第 1 点和第 2 点各自独立，但第 3 点和第 4 点易于混淆。为了区分它们，我们认为，就效率成本而言，提高努力和产出的工资补贴所带来的负担，并不比降低努力和产出的所得税少。虽然在税收情况下，工作投入程度减少得越多，效率损失减少得越多。但是在工资补贴中，工作投入程度增加得越多，效率损失减少得越多。因此，高工作强度不能等同于低效率损失。在传统的产出定义中，不把闲暇包括在产出之中，因此会对第 4 点产生一定的疑问。但是一旦将闲暇纳入产出之中并给予适当的重视，第 3 点和第 4 点之间的区别就消失了。

---

① 参见 Jerry A. Hausman, "Labour Supply", in Henry J. Aaron and Joseph A. Pechman (eds.): *How Taxes Affect Economic Behavior*, Washington, D. C.: Brookings, 1981; Sheldon Danziger, Robert Haveman, and Robert Plotnick, "How Income Transfer Affects Work, Saving, and Income Distribution", *Journal of Economic Literature*, vol. 19, no. 3, Sepetember, 1981; and J. Hausman and J. Poterba, "Household Behaviour and the Tax Reform Act of 1986", *Economic Perspectives*, vol. 1, no. 1, 1987.

② 参见第十六章第三节。

③ 参见第十一章第一节。

二、对私人部门储蓄的影响

财政政策对产出能力的影响主要是通过影响储蓄和资本形成而产生。因为劳动如果与更大的资本市场组合在一起，生产率就会更高。资本的形成提高了生产率。储蓄和投资占收入的比例越高，未来的收入水平就会越高。于是，通过影响这一比例，财政政策对经济增长就会有重要影响（即未来的人均收入水平）。但经济增长有一定的成本。如果当前用于资本形成的收入份额增加，那么可用于当前消费的收入就将减少。因此，财政上的问题就是一个如何在当前消费和未来消费之间选择的问题。在过去十年中，这一选择被许多的课题所研究，本章稍后会对该问题做一个简要的回顾。这里，我们首先关注的是其中更为直接的问题：私人部门中的储蓄和投资是如何受财政措施影响的？

税收政策对私人部门储蓄的影响十分重要，主要有两个原因：（1）它们涉及资源在消费和资本形成之间的分配，从而影响了产出能力的增长；（2）财政政策对总需求水平的影响。我们现在主要关注第一个方面的原因，有关第二方面的原因已在前面的章节论述说明。

私人部门储蓄的构成

如表 17－1 所示，1987 年私人部门的总储蓄为 6 720 亿美元，约占 GNP 的 16%。然而，其中很大一部分被计入资本消费补偿（折旧），因此仍需要维持现有的资本存量[①]。在这种情况下，增加的可用净储蓄为 1 930 亿美元，仅占 GNP 的 5%。几乎三分之二的净储蓄是家庭储蓄，而企业储蓄以未分配利润的形式出现，只占其中的三分之一。

家庭储蓄

将家庭收入划分为消费和储蓄，已经受到了许多经济学家的关注。凯

① 由于资本消费补偿是按照金融收费计入投资成本的，因此它们只能近似于资本资产价值的减少。还要注意，替代投资的资金允许使用新技术，因此即使没有发生净投资，生产能力也可能提高。

恩斯经济学的核心及现代宏观经济学的起源是这样一个命题：假定消费是关于可支配所得（即税后收入）的一个函数。从那时起，这一关系（称为“消费函数”）已被证明比初始所想的更为复杂。当前消费不仅取决于当前收入水平，还取决于过去收入和未来预期的收入水平。此外，消费不仅是收入的一个函数，而且还包括其他要素（如利率、消费者财富）。

表 17－1　　私人部门储蓄的来源，1987 年　　单位：十亿美元

	企业	个人*	合计
总储蓄	370	302	672
－资本消费补偿	296	183	479
净额	74	119	193

＊包括家庭和非公司单位。

资料来源：*Survey of Current Business*，1988 年 3 月，第 10 页。

作为收入函数的家庭储蓄　20 世纪 60 年代和 70 年代，个人储蓄占可支配收入（即个人的税后收入）的百分比位于7%和8%之间，但在20 世纪80 年代后其占比下降到4%以下。如果所有家庭的储蓄率相同，则无论税法中如何分配税负，所得税对个人储蓄的影响都是无差异的。但事实上，储蓄的比例（平均储蓄倾向）会随着收入的提高而上升。因此，相较于低收入者而言，高收入者的税收负担更多地由储蓄来承担。然而，累进程度较高的税收和累进程度较低的税收对储蓄影响的差异并不大。原因在于，家庭在收入 2 万美元和 10 万美元水平上所缴纳的 1 美元税收对消费储蓄影响的差异。这取决于他们各自的边际储蓄率的差异，而不是平均储蓄率的差异。尽管在不同收入群体间平均储蓄倾向差异很大，但他们的边际储蓄倾向差异要少得多。如果用比例税来替代现在的累进税，保持税收减免额不变，家庭储蓄率只能增加不到 10%。由于这些储蓄倾向的差异，税制结构的变化不大可能对经济体中的储蓄率产生重大影响。

作为回报率函数的家庭储蓄　税收对储蓄的影响，不仅在于税收减少了纳税人的收入，同时所得税也会降低储蓄的净回报率，从而降低了家庭可以用未来消费代替当前消费的比率。因此，预期储蓄率可能会降低。替代效应的大小难以评估，但是正如我们注意到的，经济学家们仍在争论储蓄是否对利率具有高度弹性。事实上，并非所有的家庭会对他们的终身消费进行预算统筹，从而在回报率上升时增加更多的储蓄。如果他们储蓄的

目的是在退休时达到一定的收入水平，那么当回报率增加时，他们可能会减少储蓄。

消费税与所得税 消费税往往比所得税更有利于储蓄，原因有很多：

1. 消费税往往具有累退性，而所得税往往是累进性。在边际消费倾向随收入的增加而减少的情况下，与所得税相比，消费税更多地由低收入家庭承担，将对消费产生更大的影响而对储蓄产生更小的影响。

2. 消费税并不会降低储蓄回报率，从而避免了所得税的替代效应（而替代效应不利于储蓄）。

3. 相较于支出税来说，消费税有利于储蓄的优越性大大增强。因为在支出税中，累进税率的使用将会增加边际消费的税收成本。

由于这些原因，在希望拥有较高储蓄率来加快本国经济发展的发展中国家中，特别提倡使用消费税。类似地，美国经济也可采取这种做法。

税收激励 如下所述，所得税对储蓄有着各种激励，包括 IRAs、Keogh 计划和 401K 计划[①]。大约一半的私人储蓄是通过这些渠道流动的，而这些渠道在很大程度上即使没有这样的税收优惠，这些储蓄也很有可能会发生。诸如此类的激励措施可能会增加储蓄，但主要作用是将储蓄以其他形式转移出去，而不是直接增加净储蓄。事实上，有税收优惠的储蓄可以通过借贷的方式进行融资，或被消费者信贷和抵押融资所抵消。在下文中我们会发现，累进税率的支出税是比所得税中的税收优惠措施更为有效的储蓄激励方式。

商业储蓄

折旧费 如表 17-1 所示，商业储蓄中很大部分是以资本消费补偿（即折旧）存在的。由于利得税是在扣除折旧后征收，因此折旧费储备并不会因利得税的存在而减少，但它们的时间和期限可能会受到影响。如果税法允许使用加速折旧，税收会推迟，并且折旧费储备将会积累得更快。如果折旧是由一次性投资产生，那么未来的储蓄将会减少。但如果考虑到持续的投资流，如我们前面提到的，税收可能会永久推迟，企业储蓄可能会持续增加。

---

① 参见第十八章第四节。

未分配利润 在利得税没有被转嫁的情况下，税后利润会随之减少。这一减少可能又会通过降低未分配利润从而减少公司储蓄，或者反映在股息的减少上。

在过去十年里，股息都低于公司现金流（折旧加上税后利润）的 20%，约占税后净利润的 30% 左右。有关股息行为的实证研究表明，股息会是当前现金流量和过去股息水平的一个函数。研究还发现，公司税金额对公司储蓄的短期影响可能高达 75%，长期影响可能在 50% 的水平。因此，公司税对储蓄的影响是远高于大多数其他税种的。因此，旨在促进储蓄的政策就要求限制对公司利润征税。

结论

尽管税收对储蓄的影响程度仍有争议，但仍可以归纳出一些结论。假设家庭部门的净储蓄率从占国民生产总值的 4% 提高到 6%，但仍远低于大多数其他国家的普遍水平。即使是大幅的税收改革（包括向支出税转型），也很难达到这一目标。实际上，美国家庭储蓄率从 20 世纪 50 年代、60 年代和 70 年代的 7% 一直下降到 80 年代的 4%。而 80 年代的税收水平还在降低，同时利息率保持较高的水平。与日本超过 20% 的比例以及大多数欧洲国家超过 10% 相比，美国家庭不佳的储蓄状况主要反映了经济中的结构性因素，包括消费者行为和消费信贷获取容易程度，而不是征税的影响。

三、对私人投资的影响

储蓄是资本形成的必要条件，但不是一个充分条件。投资者必须也有意愿投资，并且税收也会对投资行为产生影响。

投资函数的性质

投资者对征税的回应取决于投资函数的性质。尽管理论告诉我们，投资者如果追求利润最大化应该如何行动，但这并不意味着现实中的投资者实际上是如何行事的。他们可能希望最大化销售额（或市场份额），而不是利润，或者他们可能会仅凭经验行事而不完全遵循最大化原则。不仅理论框架存在争议，实证检验也很困难。例如，在统计上，投资是作为销售额变化的因变量，可以由此得出两种假设，即投资反映了产出能力或是销售额可以反映预期利润。实证结果支持这两个观点，但是这两者的区别对于评估税收的影响至关重要。

为了评估税收对投资的影响，必须指定一个投资行为模型。主要可以采取下面三种方法：

1. 投资被表达为预期净回报率的一个函数；
2. 投资被认为是过去销售变化和与当前销售能力的一个函数；
3. 投资被认为是内部资金可用性的一个函数，包括税后利润和折旧费。

所有的方法在先验的基础上似乎都是合理的，但实际的投资行为常常需要结合这三种方法。在反映利润最大化行为假设的方法 1 中，投资者将使投资水平处于预期收入流现值等于成本的临界点水平。这里，利润税表现为预期净回报率的减少。在方法 2 中，投资应根据过去销售增长所产生的产量增加的需要来确定，即所谓的加速器效应。这里，征税的主要影响是在于它对销售的影响，包括对消费者和对政府的销售。在方法 3 中，投资意愿取决于内部资金的可获得程度，征税会通过其影响资金流而发挥作用，无论是以折旧的形式还是留存收益的形式。

盈利效应

由于经济分析常常基于方法 1，因此我们必须更仔细地考察税收对投资盈利性或净（税后）回报率的影响。给定一个自动维持充分就业的经济体，投资和储蓄水平由投资曲线和储蓄曲线的交点决定，而投资是关于利率的一个函数，储蓄则取决于收入和利率。图 17－2 中展示了这种模型，其中 *II* 是投资曲线，反映了不同投资水平下可获得的回报率（年利率）。*SS* 是供给曲线，反映了不同利率水平下的储蓄供给（源于充分就业的收入）。税前，两曲线在利率为 *OB* 时相交，且投资和储蓄水平都等于 *OA*。

存在税收情况下对回报的要求　现在以税率 *DE*/*DO* 征收一个利润税。结果是，以净回报率表示的投资曲线向下旋转为 *I′I′*。在新的均衡中，毛利率上升至 *OD*，净利率下降至 *OE*，且投资和储蓄水平收缩为 *OC*。从图中可以看出，如果 *SS* 和 *II* 曲线的弹性越大，投资的下降幅度就越大。

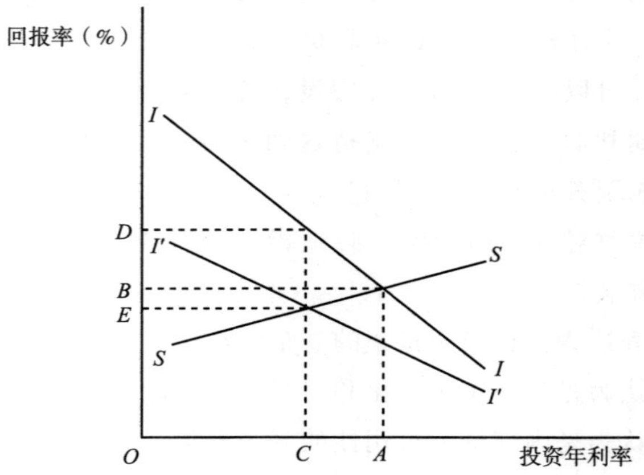

图 17－2　税收对投资的影响

为了与下文的讨论一致，我们定义税率 DE/DO 不仅是关于法定税率的一个函数，还是关于折旧率的一个函数①。两者均影响了实际税率以及净回报率减少的部分。

下面我们用代数方法对上述分析进行刻画。在没有税收的情况下，投资者的投资水平为：

$$r_g = i + d \tag{1}$$

其中，r_g = 毛回报率；

i = 借贷成本；

d = 补偿资本所需的折旧流；

收益率必须可以足够补偿市场利率和折旧率，而方程的右边也可表示为资本的租金成本。在引入税收后，方程变为：

$$r_g - (tr_g - t_d) = i + d - c \tag{2}$$

其中，方程左边表示的是税后回报率或净回报率。该税收（在括号中表示）包括两个部分，tr_g 表示不考虑折旧情况下的税收，t_d 表示折旧率为 d 的折旧使税收减少的部分。t_d 的值取决于由折旧率 d 的水平。进而，所要求的回报率因投资信贷率 c 而减少。方程（2）也可以表示为：

$$r_g = \frac{i + d - t_d - c}{1 - t} \tag{3}$$

① 参见第二十二章第一节。

方程的右边表示存在税收的情况下资本的租金成本①。虽然根据方程（3），可以将税收视为增加的租金成本，但它也可根据方程（2）视为回报率的降低，并且这样更简单。

激励的比较　为使追加投资符合条件，财政部必须减少资本的租金成本。如方程（3）所示，这可以通过减少 t 或者增加 d 和 c 来实现。对于任一给定的投资，要使得 r_g 按照要求的水平下降，必然会存在等价的 t、d 和 c 的值。它们会对投资产生等价的激励作用。由于财政部损失了纳税人获得的好处（以放弃的收入现值表示），似乎选择哪种策略无关紧要。但在现实环境中情况并非如此：

1. d 和 c 的变化限制在新增投资上，而 t 却没有限制。从激励角度看，对过去的投资减税并不具有激励作用。因此可以在相等的收入损失条件下通过调整 d 或 c 来获得更大的激励作用。

2. 相较于增加 d，增加相等程度的 c 会对财政部造成更大的直接收入损失。如果使用相同的贴现率，财政部和投资者收入损失的现值是相同的，财政部可能使用一个较低的比率以减少为提高 d 所增加的成本。然而，考虑到信贷市场的不完善和对内部融资的偏好，一些投资者可能更偏好提高 c。

3. 最重要的是，各种调整对不同类型的投资有不同的影响。如前所述，加速折旧有利于长期投资，而投资信贷有利于短期投资，只有将最初的税收减免和经济折旧结合起来才会产生一个中性的结果。为避免增加投资的收益被无效的投资扭曲行为所抵消，后一种策略明显更优。

损失抵消和风险回报

如图 17－2 所示，投资反应是直接的。但它过于简化了问题。投资不是一个有确定回报的安全带，而是具有着很多的不确定性风险。因此，*II* 曲线所示的回报率是基于一定范围的可能收益集上，并且可以反映这一概率分

① 进一步的讨论，参见 Dale W. Jorgenson，"Capital Theory and Investment Behavior"，*American Economic Review*，May 1963. 也可以参考 Dale W. Jorgenson，"Econometrics Studies of Investment Behavior：A Survey"，*Journal of Economic Literature*，December 1971；以及 Gary Fromm（ed.）：*Tax Incentives and Capital Spending*，Washington，D. C.：Brookings，1971.

布的期望值①。

一个投资者为获得收入，放弃流动性而购买不动产（或购买等值股份）需要承担一定的风险。他可能会拿回大量的钱，也可能会损失部分或全部。投资就像赌博，只有在可能收获的价值大于可能损失的价值时，投资者才可能对这种赌博有兴趣。由于投资者收入的边际效用递减，所以盈亏平衡（50 对 50）的赌局是不可接受的。如果税收减少了预期回报而降低了胜率，那么投资会减少。然而，税收是否确实会减少预期回报从而降低胜率并不是很明了。如果投资者赢得了投资，税收会减少他的回报。但如果允许进行损失补偿，那么如果投资者损失了投资，税收也会减少他的投资。如果采用比例税，可能的收益和可能的损失都将按照同样的比例降低。根据情况的不同，税收可能促使投资者提高或者降低所愿意承担的风险②。

图 17－3 展示了增加风险承受意愿的概率，其中，纵轴表示回报率，横轴表示风险③。为了简化，假设投资者在持有现金（我们假设持有现金是完

① 如果 q_1、q_2、……、q_n 是预期回报率（可正可负），p_1、p_2、……、p_n 是其相应的发生概率（因而有 $\sum_{i=1}^{n} p_i = 1$），我们有：

$$y = \sum_{i=1}^{n} q_i p_i$$

其中，y 是机会回报产出的数学期望。这可以拆分为一个正值部分和一个负值部分，从而

$$y = g - r$$

其中，g 是正值部分的期望值，r 是负值部分的期望值。如果我们将投资回报率 α 认为是对风险承受的回报，我们就可以将公式改写为：

$$\alpha = \frac{g - r}{r}$$

不存在损失补偿时，税收会将其减少为：

$$\alpha = \frac{(1-t)(g-r)}{r}$$

而在税收可对损失进行补偿的情况下，则为：

$$\alpha = \frac{(1-t)(g-r)}{(1-t)r} = \frac{g-r}{r}$$

从而并不改变承担风险所带来的回报。

② 风险承受水平变化的意义可以用两个方法解释。如果降低风险是通过选择风险较低的产业且总投资保持不变，那么增长率可能下降，因为风险较高的投资可能更能够提高生产力。如果降低风险是通过选择更多现金成分的投资组合，那么结果可能是降低了总需求水平，从而跳出“经典”市场体系并导致失业。

③ 图 17－3 遵循 James Tobin：“Liquidity Preference as Behavior toward Risk”，*Review of Economic Studies*，Februray 1958.

全安全的）和给定风险水平的单一替代中选择，比如公司债券之间进行选择①。机会轨迹 OA 显示了投资者选择不同的现金和债券组合可获得的风险和回报的可能。如果持有 100% 的现金，投资者将位于零风险、零回报的 O 点处。如果投资者所有的资金都投资在债券上，投资者将位于 B 点处（风险为 OC 而回报为 OD）。每一条无差异曲线都表示使投资者同样满意的风险和回报组合，其中 i_2 优于 i_1 而 i_3 优于 $i_2$②。税前，投资者位于 E_1 点处，即机会轨迹 OA 和最高可获得的无差异曲线 i_2 的切点。此时，风险为 OF，回报为 OG。

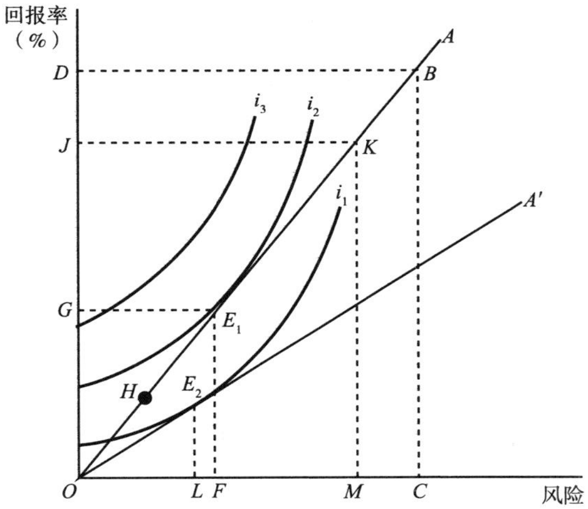

图 17－3　税收和风险承担

现在按 50% 的税率征税，我们假设完全抵消了损失。如果投资者不改变他的投资组合，他的风险和回报将减少为原先的一半，即相当于税前的点 H 的状态。由于在税前，投资者将由点 H 移向切点 E_1 来改善他的处境，所以他现在选择从点 E_1 移向点 K。在 K 点，投资者的总风险和回报翻了一倍，但是他的净风险和回报与征税前的 E_1 点处相同。尽管投资者个人的风险承受意愿保持不变，但是从整个经济的角度来看，全社会承担风险的总能力增加了。

① 一个简便的测算风险的指标是可能收益和可能损失的标准方差，但是使用其他方法也可以测算。

② 无差异曲线是用于表示投资者对风险增加的厌恶程度。如果保持投资者的福利水平不变，不断增加的风险需要额外的回报率补偿。这是基于以下假设：随着收入的增加，收入效用下降的比率增加。

政府之所以成为合伙人，是因为它获得了一半的回报并承担了一半的风险。这一结果是由于损失补偿而引起的。如果没有损失补偿，税收将会使机会轨迹从 OA 转向 OA'，而新的均衡点将会在切点 E_2，风险承受意愿降至 OL。

上述例子说明，在某些条件下，带有损失补偿的税收将增加风险承受的程度。这个有点惊人的结果是在相当简化的假设的基础上得到的，但它在更为复杂的情况下也仍然成立。投资并不仅仅是在现金（即无风险资产）和风险资产之间进行的选择。通货膨胀会使持有现金变得更有风险，因此也应该考虑在各种替代性风险资产之间进行选择。从而，选择的结果就取决于投资者偏好特性或其无差异曲线的形状。最终结果可能是增加或减少冒险行为，不能得出简单概括的结论①。

研究和开发

由于生产力的提高取决于技术进步以及资本存量的增长，因此研究和开发支出的税收优惠就显得特别重要。这类支出可能是费用化的支出，即它们可能在之前的年份进行了扣除，尽管它们大多数具有投资支出的性质。

四、增长效应和税收归宿

在讨论不同税种的税收归宿问题时，我们发现，从长期来看，税负的分配将取决于对要素供给、回报率和增长上的效应。从“比较静态分析”的角度来看，我们已经表明，对劳动力所得的征税通过降低劳动力供给可能造成毛工资率的增加和资本回报的减少，从而净工资价格的下降幅度会小于税收和资本份额的比例下降②。虽然这恰当地描述了调整的方向，但它

---

① 进一步的讨论，参见 Martin S. Feldstein，“The Effects of Taxation on Risk Taking”，*Journal of Political Economy*，Sepetember – October 1969；以及 J. E. Stiglitz，“The Effects of Income，Wealth and Capital Gains Taxation on Risk Taking”，*Quarterly Journal of Economics*，May 1969.

② 参见 Martin Feldstein，“Tax Incidence in a Growth Economy with Variable Factor Supply”，*Quarterly Journal of Economics*，November 1974；以及 Martin Feldstein，“Incidence of a Capital Income Tax in a Growth Economy with Variable Savings Rates”，*Review of Economics Studies*，1974；以及 Marian Krzyzaniak，“The Long – Run Burden of a General Tax on Profits in a Neo – Classical World”，*Public Finance*，no. 4，1967.

没有解释在平衡增长的背景下，资本和劳动力供应的真正长期相互依赖。

这一问题的性质是复杂的，但得到的普遍结论可以通过考虑用资本所得税替代工资所得税，且能产生相同的税收收入（即“差异性税负归宿”方法），以及考察要素供给和储蓄率的各种假设下的结果。

1. 首先假设劳动力和资本对回报率都是无弹性的，并假设工资和资本所得的储蓄率是相同的。在这种情况下，税收之间的替代不会影响要素供给，资本积累率也不受影响。这与均衡增长下的资本—劳动比一样。因此，要素的税前回报率也没有变化。原先由劳动力承担的税负现在开始由资本承担。

2. 接下来假设劳动供给是有弹性的，同时保留其他假设。由于资本所得税代替了工资所得税，劳动力供给会增加。我们之前的讨论基于比较静态方法，认为税收之间的替代通过提高净工资率，从而导致工作时间增加。这反过来又将会降低毛工资率并增加资本回报率，从而部分税负将由劳动力分担。但是这种情况在均衡增长模型中不会发生，因为在均衡增长模型中税负又将全部转嫁到资本上。工作时间的增加不会影响劳动力供给的长期增长率（这仍将由人口增长决定）；同时，正如根据经济增长决定因素的判定，人口增长率决定了增长的均衡比率。由于我们假设资本和劳动所得的储蓄倾向是相同的，因此资本存量的增长也不会有变化。由于均衡增长中资本—劳动比率不变，税前的资本和劳动回报率也不会变化。随着劳动收入税被资本收入税取代，税负就从劳动转嫁到了资本。

3. 然而，如果资本供给对回报率具有弹性，情况就不同了。结果是，用资本所得税替代会减少资本积累。虽然收入增长率保持不变（仍由人口增长决定），但是均衡的资本—劳动比率现在将变得更低。因此，税前的资本回报率将提高，而劳动的税前回报率将减少。只有部分税负被转嫁了，劳动力仍分担部分利润税的负担。

4. 最后，考虑这样一种情形：两种要素的供给对回报率都没有弹性，但是源于资本所得的储蓄率高于劳动所得的储蓄率。用资本所得税代替工资所得税将导致资本形成率的下降，这种变化类似于情况 3 的结果。再一次，劳动力承担了部分资本所得税的负担。将情况 3 和情况 4 结合起来，我们得出结论：(a) 资本供给的弹性大于劳动力供给的弹性；(b) 来自资本所得的储蓄率高于劳动所得的储蓄率。

虽然在这些关系中涉及的税收效应较为复杂，同时取决于增长模式的基本结构，但我们仍然可以较为合理地假设，资本所得税中三分之一的税负由劳动力承担。必须指出，这一推断对应的是均衡增长发生后的长期结果。给定非常长的时间①，有一定限制的比较静态分析方法就可能更适合政策目的。在这种情况下，劳动力供给的弹性十分重要，而资本积累因储蓄率的不等而发生的较为缓慢的变化则不那么重要。

五、本章小结

本章探讨了财政措施对产出能力的各种影响。这些影响可以通过对工作投入、储蓄和投资的影响来发挥作用。首先是对工作投入的影响，我们得出结论：

1. 所得税可能减少或增加工作投入，这取决于替代效应是否大于收入效应，反之亦然。

2. 没有现成的方法来判断工作投入水平在所得税下还是消费税下更高。

3. 与收入正相关的转移支付会产生与所得税一样的收入效应和替代效应，但方向却相反，使得最后的净结果同样难以确定。

4. 与收入负相关的转移支付将减少工作投入程度。

5. 公共产品的免费供应也会产生相同的负效应。

6. 必须区分超额负担和工作投入程度的变化。

在讨论税收对储蓄水平的影响时，我们区分了家庭储蓄和商业储蓄两种情况：

7. 家庭储蓄占收入的百分比（又称为平均储蓄倾向）随着收入的增加而增加，但边际储蓄倾向的上升幅度较小。由于不同累进程度的税收对储蓄的不同影响取决于边际倾向的差异，所以它们的重要性并没有预期中的那么重要。

8. 所得税可能也会影响储蓄，因为它们降低了净回报率。

---

① 参见 Ryuzo Sato：“Fiscal Policy in a Neo – Classical Growth Model：An Analysis of Time Required for an Equilibrium Adjustment”，*Review of Economic Studies*，February，1963.

9. 消费税对储蓄的影响要小于所得税。

10. 公司税的很大一部分影响体现在公司储蓄的减少。

税收对投资的影响可能有多个方式，包括其对盈利能力和内部资金可用性的影响：

11. 利润税往往会通过减少净回报率来减少投资水平。

12. 通过降低税率、加速折旧或给予投资信贷可以刺激投资。为避免扭曲，最好通过初始税负抵免与剩余部分经济折旧组合的方式来刺激投资。

13. 如果允许进行全额损失补偿，那么税收可能增加或减少风险承受的回报。

推荐阅读

Aaron, Henry J., and Joseph A. Pechman (eds.): *How Taxes Affect Economic Behavior*, Washington, D. C.: Brookings, 1981.

Feldstein, Martin: *Capital Taxation*, Cambridge, Mass.: Harvard University Press, 1983.

Jorgenson, Dale W.: "Capital Theory and Incestment Behaviour", *American Economic Review*, May 1963.

第五部分　税制结构

第十八章
美国税制结构的发展与构成

本章简要概述了自 20 世纪初以来美国税制结构的发展历程。

▶ 本章内容提示

一、美国税制结构的发展

联邦政府层面

州政府层面

地方政府层面

各级政府层面

二、与其他国家的比较

三、本章小结

经济分析对于我们理解税收如何运作以及税收如何影响经济有很大的帮助。在前面几章，我们已经在各种主要类型的税收归宿或负担方面得出了一些重要结论。但这些结论主要取决于具体的税收设计，以及税制结构如何适应其必须运作的高度复杂的经济制度（因为税制结构是在经济制度中发挥作用的）。对于这个问题的考察是我们在第五部分所要研究的主题。

一、美国税制结构的发展

与公共支出的增长相对应，税收总水平在近几十年来也大幅上升。如表 18－1 所示，表中第 4 行所表示的税收增长，类似于表 8－2 所表示的支出增长情况。与支出一样，税收收入的增长必须同国民生产总值（GNP）的增长联系起来看，而不是看其绝对值。忽略短暂的战时峰值，我们发现税收收入占 GNP 的百分比在 20 世纪前 20 年中徘徊在 6% 左右，而在 20 年代达到了 10% 左右。到了 1940 年，该比率上升到了近 15%。在此后 30 年中，该比率每 10 年都上升大约 5 个百分点，在 1950 年达到了 20%，1960 年达到 26%，1970 年达到 30%，70 年代末达到 34%，此后有所下降。税收增长的原因类似于支出端增长，此处不再赘述。相反，我们现在聚焦讨论伴随着税收总体增长而形成的税制结构的主要变化。为此，在考察总体结构之前，我们先来分别研究各级政府的税制结构情况。

表 18－1　　美国税制结构的发展

<table>
<tr><th></th><th>1902</th><th>1913</th><th>1922</th><th>1927</th><th>1940</th><th>1950</th><th>1960</th><th>1970</th><th>1986</th></tr>
<tr><td colspan="10">Ⅰ. 税收收入占 GNP 的百分比</td></tr>
<tr><td>1. 联邦</td><td>2.3</td><td>1.7</td><td>4.6</td><td>3.6</td><td>5.7</td><td>13.6</td><td>18.2</td><td>19.8</td><td>19.7</td></tr>
<tr><td>2. 州</td><td>0.7</td><td>0.8</td><td>1.4</td><td>1.8</td><td>4.4</td><td>3.4</td><td>4.5</td><td>6</td><td>6.5</td></tr>
<tr><td>3. 地方</td><td>3.2</td><td>3.3</td><td>4.2</td><td>4.7</td><td>4.5</td><td>2.9</td><td>3.8</td><td>4.2</td><td>4.1</td></tr>
<tr><td>4. 合计</td><td>6.2</td><td>5.8</td><td>10.2</td><td>10.1</td><td>14.5</td><td>19.9</td><td>26.5</td><td>30</td><td>30.3</td></tr>
<tr><td colspan="10">Ⅱ. 税收收入的百分比构成</td></tr>
<tr><td>联邦</td><td></td><td></td><td></td><td></td><td></td><td></td><td></td><td></td><td></td></tr>
<tr><td>5. 个人所得税</td><td>—</td><td>—</td><td rowspan="2">56.8</td><td>25.6</td><td>16.9</td><td>40.7</td><td>45.4</td><td>48.1</td><td>42.6</td></tr>
<tr><td>6. 公司所得税</td><td></td><td>5.3</td><td>36.6</td><td>19.8</td><td>27.1</td><td>24.0</td><td>17.5</td><td>6.8</td></tr>
</table>

续表

	1902	1913	1922	1927	1940	1950	1960	1970	1986
7. 销售和货物税	47.6	45.6	24.4	14.6	31.6	19.2	12.8	8.4	4.8
8. 关税	47.4	46.8	9.3	17.0	5.8	1.1	1.2	1.3	1.7
9. 遗产和赠与税	1.0	—	4.1	2.6	6.3	1.8	1.8	1.9	0.8
10. 工薪税	—	—	1.2	2.1	14.2	9.0	14.2	22.3	40.0
11. 其他	4.1	2.3	4.2	1.4	5.5	1.1	0.7	0.5	0.7
12. 合计	100.0	100.0	100.0	100.0	100.0	100.0	100.0	100.0	100.0
州									
13. 个人所得税	—	—	4.1	4.0	4.7	7.4	9.9	16.0	24.9
14. 公司所得税	—	—	5.5	5.3	3.5	6.0	5.3	6.5	6.8
15. 销售和货物税	17.9	19.9	27.2	42.8	50.0	55.6	54.0	52.2	48.7
16. 财产税	52.6	46.5	33.0	21.2	5.9	3.1	2.7	1.9	2.2
17. 工薪税	—	—	10.1	7.9	24.5	18.8	19.4	16.4	14.4
18. 遗产和赠与税	29.5	33.6	20.1	18.9	10.3	9.1	1.9	1.7	3.2
19. 其他	—	—	—	—	—	—	6.9	5.2	—
20. 合计	100.0	100.0	100.0	100.0	100.0	100.0	100.0	100.0	100.0
地方									
21. 个人所得税	—	—	—	—	—	0.8	1.3	1.4	4.0
22. 公司所得税	—	—	—	—	—	0.1			1.1
23. 销售和货物税	—	0.2	0.6	0.6	2.8	5.9	7.7	8.1	26.9
24. 财产税	—	91.0	96.4	96.8	91.3	86.2	85.0	82.1	62.3
25. 工薪税	—	0.2	0.5	0.6	1.5	2.3	2.9	3.2	2.8
26. 其他	11.4	8.6	2.5	2.1	3.9	4.7	3.0	2.5	2.9
27. 合计	100.0	100.0	100.0	100.0	100.0	100.0	100.0	100.0	100.0
所有层面									
28. 个人所得税	—	1.5	27.0	9.8	8.1	29.3	33.0	35.4	33.5
29. 公司所得税	—			13.9	8.7	19.6	17.3	12.8	8.2
30. 销售和货物税	19.8	16.1	15.1	13.2	28.5	23.6	19.1	17.2	17.0
31. 关税	17.7	13.6	4.2	6.0	2.3	0.7	0.8	0.9	1.1
32. 财产税	51.4	58.6	44.0	48.8	30.3	13.0	12.7	11.9	8.9
33. 工薪税	—	0.1	2.1	2.4	13.3	9.7	13.4	18.5	29.2
34. 遗产和赠与税	11.1	10.1	7.5	5.8	8.9	4.2	1.5	1.6	0.8

续表

	1902	1913	1922	1927	1940	1950	1960	1970	1986
35. 其他	—	—	—	—	—	—	2.1	1.7	0.1
36. 合计	100.0	100.0	100.0	100.0	100.0	100.0	100.0	100.0	100.0
Ⅲ. 各级占合计的百分比									
37. 联邦	37.4	29.1	45.2	35.5	38.8	68.3	68.5	65.8	64.8
38. 州	11.4	13.2	13.9	18.0	30.0	17.3	17.1	20.1	21.5
39. 地方	51.3	57.6	40.9	46.5	31.2	14.4	14.5	14.1	13.7
40. 合计	100.0	100.0	100.0	100.0	100.0	100.0	100.0	100.0	100.0

注：1950 年前为日历年度，1960 年后为财政年度。由于四舍五入，细数可能加总不到合计数。地方机动车辆和运营执照税在 1950 年前计入“其他”，此后计入销售税内。

资料来源：1902—1950 年：U. S. Bureau of the Cnsus, Historical Statistics for the United States: Colonial Times to 1957, pp. 24, 727, 729, 1960 年、1970 年、1975 年：U. S. Bureau of the Cnsus, Governmental Finances, 1959—1960 年、1969—1970 年和 1974—1975 年。

1986 年：参见 Survey of Current Business，1987 年 7 月。

州政府和地方政府的数据根据分解估算。

联邦政府层面

整个 19 世纪，联邦税收收入的绝大部分来自关税。即使在 20 世纪，我们也发现，直至第一次世界大战为止，绝大部分的联邦税收收入都依赖于间接税。其中关税与产品税之间的收入比例大致相等（参见表 18 - 1 的第 5 行到第 12 行）。根据第 16 号宪法修正案，在 1913 年开始征收的所得税，到了 20 年代早期，所得税在联邦收入的占比已接近 60%。国内消费税的重要性相对下降，关税已成为次要的税种。联邦政府总税收占 GNP 的比率（第 1 行）的上升很大程度上是由于联邦所得税的引入，公司税领先于个人所得税。

20 世纪 20 年代，所得税的相对重要性继续缓慢上升，而消费税的份额则下降了。这个趋势在 20 世纪 30 年代大萧条时期才发生逆转。当时为了平衡预算，消费税被徒劳地提高了，而所得税收入随着国民收入的减少而下降。30 年代后期还出现了工薪税，并建立了社会保障体系。

第二次世界大战的财政带来了所得税收入的第二次扩张，尤其是个人所得税。在整个 20 世纪 40 年代，个人所得税占联邦收入的比例从 17% 上升到了 41%，而公司所得税的占比从 20% 上升到了 27%。在此期间，联邦税收收入占国民生产总值的比率翻了一倍，个人所得税占国民生产总值的比率从1%上升到了6%。在这个过程中，这种税从对富人征税、由一小部分高收入接受者支付，转变为几乎所有收入者支付的大规模税收。所得税纳税人的数量从1939年的700万上升到1945年的5 000万，占所有就业人口的98%。

在20世纪50年代，联邦税收收入占GNP的比率进一步急剧增长。这主要是由于工薪税的增加，导致除了个人所得税显示进一步增长，其他税收收入份额都在下降。在60年代，税收收入总额占国民生产总值的比率增长放缓。尽管工薪税的份额仍在继续增加，使其成为税制中第二重要的税种，但公司所得税和产品税的比重急剧下降。尽管有这些变化，个人所得税仍是最大的组成部分，占1986年总额的43%。工薪税位于其后，占比接近40%。随后是公司所得税占比7%，间接税仅占4%。这种以所得税和工薪税为主的税制结构与早期大幅依赖关税和间接税的联邦税制结构形成了强烈对比。尽管所得税在向大众税的方向转型，且随着税率结构与税基方面的进一步发展，所得税不再那么累进了，但其仍是税制中主要的累进部分①。所以，个人所得税的主导地位使得所得税改革仍然是联邦税收政策中最有活力的一个部分。另一方面，公司所得税在过去30年中稳步下降，目前占联邦收入略高于10%。

自20世纪50年代以来，最引人注目的发展是工薪税份额的增加，在1986年达到了总税收收入的40%。工薪税本身是累退的，因此它的份额增加往往会抵消所得税的累进影响。然而，需要指出的是，工薪税的份额上升会伴随着社会保障受益的增加。正如我们稍后将看到的，会产生这样一个问题：这一税种的负担是应该从其本身来考察，还是应与其所带来的收益结合起来考察。

州政府层面

在州政府层面，20世纪上半叶的主要变化是财产税份额从53%减少到1%，销售税和总收入税的重要性有所提高，尤其是零售税和汽油税，如表

---

① 一种税具有累退性、比例性还是累进性，取决于随着所得额的上升，税收收入与所得的比率是下降、保持不变还是上升。参见第三十一章第四节。

18－1第13行到第20行所示。由于这种税收占州政府税收的绝大比例，如前所述，州政府税收分配效应的累进性较低，甚至可能是累退的。然而，这一传统格局可能会发生变化。第13行显示，在过去20年里，个人所得税的份额大幅上升，一般销售税和产品税份额下降。然而，这些发展仍不足以扭转州级政府税制中以销售税为主体的性质。

地方政府层面

如表18－1第3行所示，地方税收收入占国民生产总值的比率在过去几十年中保持基本稳定。地方政府征税传统上几乎都完全是一种财产税制。如第21行到第27行所示，财产税在第二次世界大战之前提供了高达90%的地方政府税收收入，而近年来大幅下降。这反映出近几十年来销售和所得税的运用有所增加，特别是在城市辖区内，但它总体上仍旧是一个相对较次要的因素。正如我们将会看到的，财产税在分配效应上的影响不易评估，这使得地方政府税制结构是累进的还是累退的备受争议①。

各级政府层面

税收总体结构的构成变化与总体税收政策有关系，它反映了每个层面政府税收构成的变化及其在总构成中的比重变化。如表18－1第37行到第40行所示，从1900年至1940年，联邦政府所占比例相对稳定在30%至40%，但在40年代急剧上升，1950年达到68%，此后稳定在约三分之二。州政府的份额，在1950年占17%，此后上升到了23%，而地方政府的份额持续下降。尽管州和地方征税在二战前占合计数的三分之二以上，但到1960年已经下降到了30%多一点。因此，总构成越来越集权化，其中联邦份额的增长主要是以地方政府的损失为代价。

这种日益集权化的历史趋势使得在总体税制结构中更加依赖所得税和工薪税，如第28到36行所示。尽管个人所得税与公司所得税在1940年仅占合计收入的17%，而现在它们占到了42%。同一时期，销售税的份额从28%下降到了17%，工薪税的份额从13%提高到了30%，财产税的份额从30%下

---

① 参见第二十四章第四节。

降到了 9%。这些变化使得美国的整体税收结构是高收入和工薪税密集的。

二、与其他国家的比较

如表 18－2 所示，美国的税制结构与其他发达工业国家的税制结构基本一致。从税收收入占国内生产总值（GDP）的比率来看，美国征税的总体水平明显处于最低水平（第 3 行）①。如果排除工薪税（第 1 行），这一现象尽管程度上有所下降，但仍然存在。个人所得税的模式（第 4 行）也有类似，尽管在 1981 年税收立法之前，美国在公司所得税方面排名较高（第 5 行）。

表 18－2　税制结构的国际比较，1978 年*（各级政府层面）

占合计的百分比	荷兰	瑞典	挪威	法国	英国	德国	加拿大	美国	澳大利亚	日本
税收占 GDP 的百分比										
1. 不包括工薪税	28.6	35.4	40.1	24.2	30.6	24.6	29.5	22.6	30.9	18.5
2. 工薪税	17.6	14.2	7.2	18.1	6.8	11.5	3.4	8.1	—	7.6
3. 合计	46.2	49.6	47.3	42.3	37.4	36.1	32.9	30.7	30	26.1
所得税占 GDP 的百分比										
4. 个人所得税	12.2	20.3	16.1	5.5	10.9	11.2	11.2	11.3	16.3	
5. 公司所得税	3	1.2	6.3	2.1	2.3	2	3.4	3.1	3.4	4.5
6. 合计所得税	15.2	21.5	22.4	7.6	13.2	13.2	14.6	14.4	19.7	4.5
占合计税收收入的比重										
7. 个人所得税	26.3	41	34	12.9	30	29.9	35.2	36.7	24.2	43.7
8. 公司所得税	6.6	2.5	13.2	5	7.7	5.5	11.3	10.1	11.2	17.3
9. 财产税	3.4	0.9	1.7	3.6	12.1	2.6	9.2	10	8.3	8.2
10. 工薪税	38.1	28.6	15.2	43.2	16.9	34.1	10.4	26.4	31.4	29.6
11. 产品税	24.8	24.3	35.4	30	28.8	27	32.8	16.6	31.2	16.3
12. 合计†	100.0	100.0	100.0	100.0	100.0	100.0	100.0	100.0	100.0	100.0

* *Revenue Statistics of OECD Member Countries*, 1965—1981，表 4、3、10、12、11、13、23、15、16，经济合作与发展组织，1982 年。

† 包括未列入的其他税种。

---

① 这些比率的分母是 GDP 而不是表 18－1 所采用的 GNP。GDP 仅包括国内产出，而不包括来自国外的工作收入。

税收结构的构成（如第 7 行到第 12 行所示）表明，美国的税制中所得税份额较高（第 7—8 行），销售和消费（产品）税份额较低（第 11 行）。这些差异反映了各个经济体的结构。例如，公司部门在美国的重要性、财政集中程度的差异，以及不同的税收政策和税收态度。

三、本章小结

多年来，美国的税制结构发生了重大变化，尤其是在联邦政府层面：

1. 在第一次世界大战之前，联邦税制完全依赖于间接税，尤其是关税。现在后者在税收总收入中仅占很小的份额。

2. 第二次世界大战以来，所得税成为了联邦政府税收的主要收入来源。

3. 近年来，工薪税开始在联邦收入中占据重要份额且持续上升。

4. 州政府的收入在 20 世纪 30 年代以前严重依赖财产税，但此后财产税开始几乎全部保留给地方政府使用。各州开始主要依赖于销售税，包括一般销售税和选择性销售税。60 年代以来，所得税开始发挥主要作用。

5. 地方税收长期以来一直在很大程度上依赖于财产税。

6. 在税收总收入中，联邦份额的上升，一直以来构成了提升所得税在总体税制系统中重要性的主要因素。

将美国税制与其他主要国家的进行比较，可以看出：

7. 美国总体的税收负担水平相对较低。

8. 美国税制更依赖于所得税，较少地依赖间接税。

第十九章
个人所得税：应税所得的确定

本章是研究具体税种系列章节的第一章。喜欢实务的读者会喜欢这些章节。理论学者也要认真对待这些章节，因为需要知道税法法规及其发挥作用的机制，只从理论上指导税收规则及其经济影响是没有什么好处的。在学习所得税结构时，读者要结合个人所得税申报表（1040 表）中的有关主要项目，并练习填报申报表。

▶ 本章内容提示

到目前为止，个人所得税是最重要的一种税种，也是联邦乃至整个美国税收结构的核心。因此，这是第一个要讨论的税种，也是篇幅较长的一个税种。1986 年联邦所得税进行了一次重大改革，这一改革可能是 20 世纪 40 年代以来进行的最重要的改革，它在第二次世界大战期间是主要的收入来源。

一、主要的条款

美国个人所得税的基本原则是，纳税人从所有来源得到的收入都会归为一个统一的或“综合的”收入。而后，对总收入进行一部分扣除减免后，剩下的是应纳税所得额。这是计算税收时适用税率的基础。

确定应纳税所得额

有关应纳税所得额的关键，就是“调整后的毛所得”（AGI）和应税所得。下文给出的规定是从 1989 年（1986 年税改过渡期结束后）开始施行的。

调整后的毛所得（AGI）　我们把从所有来源得到的收入加总在一起（除下文中提到的某些特例外）定义为总所得。其中包括工资、利息、股息、租金、特许权使用费、来自非法人企业经营的利润等等。在对总所得扣除某些“调整”后，就得到了 AGI。虽然我们把这些金额称为“调整后的毛所得”，但这种命名具有误导性。因为用经济学家的语言来说，这些所得反映的是一种净所得的概念，即已经扣减赚取所得时所发生的费用。在净值的基础上，AGI 也包括非法人企业的所得。再扣除赚取所得时所发生的费用，就可以得到 AGI。这些需要扣除的费用包括迁移费用、某些雇员业务费用等。虽然“调整后的毛所得”是衡量纳税人所得状态的综合性指标，但我们会发现它远没有达到应有的全面程度。在“调整后的毛所得”中，排除了非现金收入（例如未经交易而得到的租金和未实现的资本利得），也排除了某些形式的现金所得（例如绝大多数的退休金收益）。

个人豁免　根据以上方法确定的 AGI，还需要减去税法中允许的个人豁免金额。这个规定允许每个纳税人、每个配偶和每个受扶养人的豁免额是 2 000 美元（或是 1986 年之前豁免标准的两倍）。据此，个人单独申报者的豁免额为 2 000 美元，填写联合申报表的一对配偶为 4 000 美元，四口之家为 8 000 美元，以此类推。扶养人数越多，豁免额越高。1989 年开始，这些豁免额每年会根据通货膨胀的情况进行调整。

扣除　然后，在对所剩部分进一步给予一定量的免税额，称为标准扣除。这一数额相当于单人收益 3 000 美元，联合收益 5 000 美元，但仍需要经通货膨胀调整。除了使用这种扣除法以外，纳税人也可以选择分项扣除的方法。在允许分项扣除的项目中，最主要的是抵押贷款的利息支出、某些州与地方的税款和慈善捐款。其他可扣除的品目包括高昂的医疗费和伤亡损失。然而，通常只有高收入纳税人会愿意选择分项扣除。因为对于绝大多数的纳税人来说，标准扣除额就已经超过了分项扣除额。总体来说，接近 2/3 的申报表会选择标准扣除的方式，只有 1/3 会采用分项扣除。

因此，免税所得额等于豁免额加上标准扣除额或分项扣除额。如果两者结合起来，那么对于个人单独申报者来说，免税所得额至少为 5 000 美元；联合申报者的免税所得额至少为 9 000 美元。如果联合申报者再加上两个受扶养人，免税额为 13 000 美元。这些免税额与贫困收入的定义基本一致。

分级税率的应用

接下来，就是通过运用分级税率表来计算税额。这一税率表采取了边际税率或分级税率的形式立法，适用于所得的各个连续级别。虽然 1986 年以前，该法律规定了 14 个税率，从 11% 到 50%，但当前只有 15% 和 28% 两个基本税率。然而，如表 19 - 1 所示，对超过一定数额的所得还要增加 5% 的税率，这样，随着所得的不断累进，分级税率先是升高，达到了最高税率后又会下降。这一安排是为了逐步抵消来自个人豁免额的好处，以及抵消从适用于第一个所得区间 15% 的低税率中获得的收益。这样一来，较高的所得额（即调整后的毛所得除去扣除额后的金额）适用于 28% 的比例税率。表 19 - 1 所示税率适用于 1988 年，如下文所述，之后各年的情况有对通货膨胀进行调整。

表 19－1 各级税率表（无扶养人的申报）

税率（百分比）	单一申报（美元）	联合申报（美元）
15	0—17 850	0—29 750
28	17 850—43 150	29 750—71 900
33	43 150—100 480	71 900—171 090
28	100 480 以上	171 090 以上

按照上述原则确定豁免额、扣除额和各级税率后，就可以按照表 19－2 那样算出应纳税额。该表第 1 行到第 5 行分别代表 AGI（调整后的毛所得）、豁免额、扣除额、应税所得和联合申报（无扶养人）的纳税额。第 6 行表示税款占 AGI 的百分比，即所谓的实际税率。该比率随着所得额从低到高而急剧上升，但达到 28% 的高税率时又趋缓。这种模式背后的主要原因是个人豁免额在所得额较低时占了主要份额，当所得额上升时其份额就降低了。根据 1986 年的税改，随着等级税率在很大程度上的比例化，这样在计算实际税率时税率的累进作用很小。

表 19－2 实际税率表（无扶养人的联合申报）

1. AGI（美元）	10 000	25 000	50 000	100 000	1 000 000
2. 豁免额（美元）	4 000	4 000	4 000	4 000	4 000
3. 扣除额（美元）*	5 000	5 000	5 000	20 000	200 000
4. 应税所得（美元）	1 000	16 000	41 000	76 000	796 000
5. 税款（美元）	150	2 400	7 612	17 618	223 972
6. 税款占 AGI 的百分比	1.5	9.6	15.2	17.6	22.4

* 低于 50 000 美元的以标准税率水平设定，之后假设 20% 的 AGI。

图 19－1 给出了一个类似的图。该图表示分级税率呈阶梯状上升，而实际税率则是逐渐上升，在达到 28% 后变成水平状①。

① 图 19－1 所示的实际税率，等于税款与应税所得加豁免之和的比率（或者等于 AGI 减去扣除额之差的比率）。当所得额超过一定范围而适用 33% 一级的税率后，原先从个人豁免和最初 15% 的一级税率获得的收益就被消除了，实际上变成了 28% 的比例税率。还请注意，图 19－1 所示的有效税率表的斜率是横轴上使用的比例的函数。

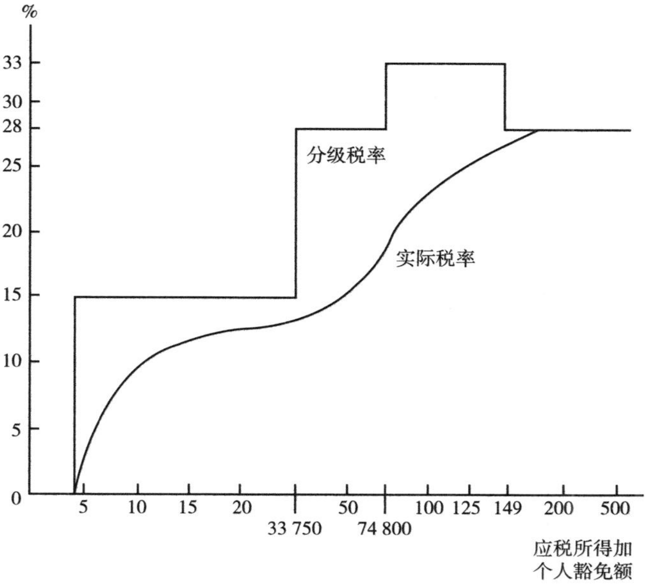

图 19－1　分级税率和实际税率（无扶养人的联合申报）

纳税程序

接下来，还要注意所得税某些主要的纳税程序问题。

填报要求　总所得超过 4 400 美元的个人单独申报者和总所得超过 7 560 美元的联合申报者都需要填报申报表。填报日期是 4 月 15 日。在此期间，上一公历年度应纳税款和申报退款的最后日期。连同上一年的纳税申报单，纳税人还应填报本年估计的应税额。大约 40% 的纳税人（包括所有运用分项扣除方法的纳税人）必须填报较为详细的“1040”表，而 60% 的纳税人则填写大大简化的“简表”。

预扣　个人所得税中约 90% 的税收收入是通过预扣来筹集。这一制度于第二次世界大战期间引入，具备很大的优点。通过把税款支付与当前收入水平联系起来，而不是让纳税滞后一年。这就大大增加了税款支付对个人收入水平变化的反应能力。这一反应能力对稳定政策的有效性极其重要。预扣制度还能确保更高程度的纳税服从性，因为收入申报并非完全取决于接受者。

与此同时，预扣制度有其成本。由于预扣率设定足够高，可以获取大多数税收收入，因此可能导致特定纳税人预扣过多的现象。对于这些多付税款的纳税人，财政部就必须退还多付的部分。对于1984年这一纳税年度来说，约有70%的申报多付了税款并获得退税，多付税额约等于应纳税额的30%。

审计 美国所得税的基本制度是一种自我评估制度。每个纳税人需要对所申报的所得及据此算出的所得税负责。虽然国内收入署会不断核对计算出的税收额，且计算机在其中发挥了极大作用，但仍然无法详细审核每年总数超过1亿份的申报表。因为这样做的成本将是过高的。然而，抽查是为了使纳税人保持警觉。具有不寻常特征的申报表就可能会受到审计（例如非常高的扣除额或不正常的所得来源）。有时还可能单独挑出某些类别的纳税人（比如医生或畜牧人）予以特别关注。但是，审计的范围是相对有限的。随着越来越精密的计算机设备的运用（包括对至今还不可行的申报表之间的交叉稽核），将会大大促进更全面的审计任务，及时改变当前审计范围有限的状况。

二、税基的结构

在考察了所得税的主要条款后，我们现在来考察税基的规模、构成和分布。

税基的规模分布

如表19－3所示，根据调整后的总收入等级划分的税基分布对税收政策非常重要，因为它显示了资金的来源①。根据1984年的报告所得的数据并不容易总结，但它们说明了下列结论：

1. 最低收入者的申报表占到总数的52%（AGI低于20 000美元），他们占到了AGI总数的22%，并贡献了12%的税收收入。由这一较低收入阶

① 注意，表19－3中给出的数字是1984年的，但总的模式近年来没有显著改变。就对1989年各种水平的粗略调整而言，你可以将表中给出的美元标准提高约1/3。

层所组成的税基份额相对较小，其对总税收收入的贡献较小。

2. 紧接着的40%（AGI在20 000美元到50 000美元之间），这属于中等较低的收入阶层，占到了50%的AGI总数，并贡献了43%的税收收入。因此，这一范围占到了税基的主要部分，是税收收入的主要贡献者。

3. 接下来的7%是中高收入阶层（AGI从50 000美元至100 000美元），占到了17%的AGI总数，并贡献了22%的税收收入。再次，这一范围涵盖了税基和收入来源的主要部分。

4. 最后，收入水平最高的1%（AGI超过100 000美元）占到了10%的AGI总数，贡献了21%的税收收入。虽然这一群体缴税与税基的比率较高，但其税基仍是总数中相对较小的部分。由于富人的数量相对较少，所以由这一群体提供的税基有限。

表19－3　所得税税基的分布，1984年（仅根据应税申报表）

AGI等级（美元）	申报表数量（百万）	AGI总数（十亿美元）	应税所得额（十亿美元）	税收收入额（十亿美元）
5 000以下	4.6	16.5	14.1	0.9
5 000—10 000	12.5	95.5	75.1	5.4
10 000—15 000	13.4	166.2	132.4	12.8
15 000—20 000	11.3	196.2	159.6	18.5
20 000—30 000	16.2	402.3	326.7	44.8
30 000—50 000	17.0	646.1	514.2	87.3
50 000—100 000	5.6	362.7	283.4	66.0
100 000—200 000	0.8	99.8	77.5	25.8
200 000—500 000	0.2	57.4	44.2	18.8
500 000以上	0.01	54.3	43.7	21.6
合计	81.6	2 097.0	1 671.2	301.9
占合计数的百分比				
5 000以下	5.6	0.7	0.9	0.3
5 000—10 000	15.3	4.6	4.5	1.8
10 000—15 000	16.4	7.9	7.9	4.2

续表

AGI 等级（美元）	申报表数量（百万）	AGI 总数（十亿美元）	应税所得额（十亿美元）	税收收入额（十亿美元）
15 000—20 000	13. 8	9. 4	9. 6	6. 1
20 000—30 000	19. 9	19. 2	19. 5	14. 9
30 000—50 000	20. 8	30. 8	30. 8	28. 9
50 000—100 000	6. 9	17. 3	17. 0	21. 9
100 000—200 000	0. 8	4. 8	4. 6	8. 5
200 000—500 000	0. 2	2. 7	2. 6	6. 2
500 000 以上	0. 05	2. 6	2. 6	7. 2
合计	100. 0	100. 0	100. 0	100. 0

注：由于四舍五入，细数可能不等于加总。

资料来源：*Individual Income Tax Returns* 1984, Statistics of Income Division, Internal Revenue Service, 1986, p. 16.

综上，我们可以得出结论：税收收入的绝大部分是来自广大中等收入阶层。收入最低的25%的纳税人的税收潜力很小，而最高收入者所贡献的税收份额也只会占总税收的很有限部分。尽管最高收入阶层的收入水平很高，但相应的富人数量也很少。

税基的分布又决定着从各连续区间税率中获得的总收入的增加额。15%的初始税率适用于全部税基，对总收入的贡献份额超过了2/3，另外不到1/3的份额是由这一税率再增加13%和5%后获得的。

在评价上述结果时，必须记住税基本身反映了应税所得额的法定定义，尽管还有诸多不完美。对应税所得的一个更全面的定义将会提高从较高区间税率中得到的税收收入潜力，进而增加应纳税额。但是，即使消除了所有高收入阶层的税收优惠，上述区间（如100 000美元）中的AGI仍仅会是税基中的次要部分，由高区间税率获得的额外税收收入依然有限。此外，正如我们将在下一章看到的，采用一个综合的、全面的税基，也将会提高低收入阶层与中等收入阶层的应税所得额。在做出所有的调整后，中等收入阶层依然将会是税收收入的主要来源，因为大部分的所得是由这一收入阶层得到的。

根据收入来源划分的税基分布

如果所得税是一种真正的综合性税收，按收入来源来分配就不会影响税负的分配。但即使我们的所得税是综合的而不是明细的，仍然存在着对不同所得来源差别对待的成分。因此，按所得来源进行税基分配相当有趣。

如表 19－4 中的上半部分所示，按来源划分的 AGI 构成随着收入规模的上升而大幅变化。如列 I 所示，工资所得在总收入中的比重呈现倒 U 型，先上升而后急剧下降。资本所得的重要性则显示了相反的模式。在低收入阶层中，资本所得主要反映为退休人员的退休金收入，高收入阶层的所得主要表现为资本所得。对我们后续讨论具有特别重要意义的是，在高收入水平中，资本利得的比重急剧上升（列 V）。但是，虽然高收入阶层中资本所得占总所得的份额比较低收入阶层中高得多，但不能就此认为大量的资本所得就归于非常富有的人。如该表的下半部分所示，事实也并非如此。大约 40% 的股息、利息、租金和特许使用费都属于收入低于 5 万美元的申报表。总而言之，资本收入在高收入群体中的比重要大得多，但总资本所得中也有相当部分流向了中收入、低收入群体。随着我们的深入分析，这一分布对所得税政策的重要性就越发明显。

表 19－4　按所得类型划分的税基分布，1984 年（仅根据应税申报表）

AGI 等级（美元）	工资和薪酬（Ⅰ）	经营所得、职业所得（Ⅱ）	合伙企业所得（Ⅲ）	股息、利息（Ⅳ）	出售资本性资产的所得（Ⅴ）	养老金及其他（Ⅵ）	所有来源的总所得（Ⅶ）
从各种来源获得的 AGI 的百分比							
10 000 以下	79.8	2.1	－1.3	14.6	1.9	2.9	100.0
10 000—20 000	82.1	2.5	0.1	10.8	0.6	3.9	100.0
20 000—30 000	87.9	2.9	0.1	7.6	0.4	1.1	100.0
30 000—50 000	90.4	2.6	—	6.9	0.7	－0.6	100.0
50 000—100 000	81.8	5.3	0.4	11.3	2.3	－1.1	100.0
100 000—500 000	64.5	6.3	－0.3	17.6	9.0	2.9	100.0
500 000—1 000 000	43.2	3.5	－1.7	20.2	24.3	10.5	100.0
1 000 000 以上	22.6	3.0	0.1	20.6	36.5	17.2	100.0
合计	82.9	3.3	—	10.0	2.4	1.4	100.0

续表

AGI 等级（美元）	工资和薪酬（Ⅰ）	经营所得、职业所得（Ⅱ）	合伙企业所得（Ⅲ）	股息、利息（Ⅳ）	出售资本性资产的所得（Ⅴ）	养老金及其他（Ⅵ）	所有来源的总所得（Ⅶ）
每一收入来源在 ACG 各个区间的百分比							
10 000 以下	5.1	3.4	-347.4	7.7	4.3	12.2	5.3
10 000—20 000	17.1	12.8	117.9	18.7	4.1	53.2	17.3
20 000—30 000	20.3	16.4	52.9	14.5	3.6	16.7	19.2
30 000—50 000	33.6	23.7	60.5	21.2	8.4	-14.6	30.8
50 000—100 000	17.1	27.3	328.1	18.5	16.6	-15.0	17.3
100 000—500 000	5.8	14.0	-96.8	13.1	28.3	17.2	7.5
500 000—1 000 000	0.5	0.9	-83.8	1.9	9.5	7.8	0.9
1 000 000 以上	0.5	1.5	68.6	3.4	25.2	22.5	1.7
合计	100.0	100.0	100.0	100.0	100.0	100.0	100.0

资料来源：*Individual Income Tax Returns* 1984, Statistics of Income Division, Internal Revenue Service, 1986, p. 18.

三、确定所得的原则

在现实中，用于确定所得税义务的基本收入的概念是 AGI（即“调整后的毛所得”）。那么，AGI 这一概念在多大程度上能令人满意呢？或者，更确切地说，AGI 是否提供了衡量纳税能力的良好标准呢？在早期关于税基的讨论中，我们的结论是，对个人的征税应以所得和消费作为主要的课税对象，这里我们就不重述它们的相对优势了①。假定选择所得作为税基，显而易见的是，衡量纳税能力的所得应该更广泛地被定义为个人财富的总增加额。所有的财富增量都应包括在所得中，而不管它是稳定还是波动的、意料之中还是意料之外的、实现还是未实现的，也并不考虑所得的使用方式（是储蓄还是消费）。

此外，从所有来源中得到的收入（所得）都必须被统一对待，并合并

① 参见第十三章第二节。

为各税率适用的综合性所得。如果没有这种综合性所得，累进税率表的运用就不能达到适应纳税者纳税能力征税的目的。正如亨利·西蒙斯（Henry Simons）所阐述的那样，所得税的这一观点已被学习税收的学生们所广泛接受[①]。这种观点有一定的吸引力，原理也足够清晰。我们现在必须更严密地考虑财富增加额这一概念在实际中的含义，来看看 AGI 的定义是否符合这一概念。

毛所得与净所得

按照财富增加额的办法确定的所得应通过净所得来衡量，即扣除赚取所得所需成本后的收入。如前所述，税法试图将调整后的毛所得定义为一个净所得的概念，因为赚取所得过程中发生的成本常常会予以扣除。因此，对从经营活动中获取的所得，是在净值基础上进行征税的，即在扣除发生的成本后。税法也允许扣除某些与劳动相关的费用，如职业协会的会员费。但是，对于教育方面的投资成本而言，由于获得的补偿是免税的，因此也不允许扣除。在其他的情况下，会把某些近似于所得的项目视为费用，例如把招待费开支归入费用账户。如下所示，还有一个问题：应该允许什么样的利息扣除？但是以上这些情况都属于例外情况而不是准则；根据法规的定义，AGI 总体上符合净收入原则。

定义净所得的另一个原则是，亏损应被充分考虑在内。由于所得增加额是用来衡量消费加上净值的增加额的，所以经营损失应该在企业的净收入中被扣除。与收益会提高净值同理，亏损会减少净值。而在这两种情况下，政府都应加以配合。虽然税法还不允许对净亏损提供补偿金，但已经做出了实质性的条款，规定了前几年和后几年发生的亏损可以分摊。如前文提到的，充分考虑损失对所得税的投资影响至关重要[②]。

资本所得与劳动所得

根据增值概念，获得所得的来源是什么并不重要。但是，税收专家们传统上还是会把这些所得区分为“勤劳”所得（工资）和“非勤劳”所得

① 参见 Henry Simons, *Personal Income Taxation*, Chicago: University of Chicago Press, 1950.

② 参见第七章第三节。

(资本)。他们认为对前者的征税应稍低一些。如下文所述，对工资所得的减免是对低收入者的一种实质性的津贴。这可能被合理地解释为允许工作的负效用，或作为一种方便的手段来给予低收入者救济。然而，这两种观点都不令人信服。假如必须考虑工作的负效用，那么就有必要对不同类型的职业进行区分。如果要减轻低收入者的负担，那么就需要减少持有资本所得（如退休金）的低收入家庭。

尽管有这些考虑，所得税还是在很多方面根据所得来源进行了区分。因此，低收入者的工资所得可以享受工资所得减免。对于资本所得的照顾有：对州和地方债券的利息予以免税，以及大部分的资本收益会由于预扣方式不完善而逃避征税。在 1986 年前，资本所得还享受长期利得可以从应税所得中予以排除的优惠。

实际所得与名义所得

如果要将所得作为衡量纳税能力的标准，就必须采用实际所得的形式。物价上涨引起的货币收入增加，并不会引起实际所得的增加。因此，以实际所得形式表示的应纳税额并不会受到影响。尤其在 20 世纪 70 年代后期和 80 年代早期的通货膨胀背景中，这一考虑尤为重要。如后文所述，自那以后政府已采取了一系列措施，来大力保护所得税结构避免受到通货膨胀的影响①。

应计所得与实现所得

鉴于我们是在财富增加额的基础上定义所得，那么下面两种不同来源的收益就没有太多的区别了。那么，无论利得是以现金形式表示的已经实现的收益（如工资收益或已增值资产的出售收入），还是提高继续持有的资产的价值。收益是否已实现，这只是投资者选择的投资形式，并不会影响以征税为目的制定的衡量标准。正如我们看到的，这一点同对资本利得征税这一争议问题有着重要的影响。

推定所得

一些人可能拥有能带来现金收入的营利资产，还有一些人可能拥有可获

① 参见第二十章第六节。

得推定所得的耐用消费品。一个很重要的例子是业主自住住宅。房主可以由此获得一种“推定租金”，其数额等于把住宅出租所获得的收益。由于所得增加额定义为净值的增加额加上消费的值，因此应该把这种推定的消费价值包括在税基之中。但是，由于AGI是以现金收入确定的，并不包括推定所得。稍后我们会看到，这种忽略会导致对自用房主和出租房主税收待遇上的不公平。

以实物形式获得的所得，诸如农场种植的食品、公司提供的汽车服务或者来自附加福利的收益所得，同样被排除在AGI之外。但这些所得仍应包含在所得的概念之中，这一点尤其重要。当报酬以实物形式（比如，诸如公司汽车等各种附加福利形式支付）而不是以现金支付时，就可以避免缴纳所得税。与此同时，假如过度推算所得，希望把推定所得包括在所得范畴中，就会变得无法操作。例如，推算家政人员家政服务和照料孩子的工作收入。假如这样做，AGI可能大大增加。然而，这会带来严重的衡量问题和其他问题，我们将在审查对家庭的税收处理时加以考虑①。

此外，闲暇还会带来一个更加棘手的问题。如果一个人选择闲暇（而不是工作），这就意味着其认为不工作而失去的所得等同于闲暇的所得。按照所得增加额的逻辑，以闲暇形式获得的实物所得应包括在税基中，但是现实中实行这种规则（如前面在分配公平性中提到的），是行不通的②。

工作收入与转让

根据经济学家的观点，国民收入是特定时期内各要素工作收入的总和，反映了由这些要素生产出的产出价值。从政府或私人来源（如遗产或赠与）获得的转让不能算为国民收入的组成部分，但不能由此认为这些转让应该排除在应税所得之外。选择一个适当的应税所得的定义，是税收公平方面的问题，而不是国民收入的计算问题。一个人的应税所得不必与其在国民收入中所占的份额相同，应税所得总额也不必等于国民收入总额。

遗产与赠与

个人转让（如遗产和赠与）也被排除在所得税之外。这些转让既不在

① 参见第二十章第七节。

② 参见第十三章第二节。

赠送人的所得中扣除，又不在受赠人的所得中扣除。就所得增值的概念而言，接受遗产或赠与是会增加接收者的经济能力，就像来自其他来源的所得增值一样。虽然这种转让在遗产和赠与税下会另外单独征税，但是也可以认为应把它们包括到受赠者的所得税基中。

假如这样做，是否意味着这种转让应该从转让人的税基中扣除呢？不一定。所得的概念是建立在增加值而不是建立在用途的基础上，而且没有理由使税基总量等同于国民收入总额。在后面考虑遗产和赠与税时，我们还要再讨论这个问题。

经常性所得与非经常性所得

有时还会有观点认为，从税收的目的出发，不应将不定期和意外的所得纳入税基中。但是，这种观点并没有什么依据。虽然无疑应该包括确定的所得，但是不确定的所得也同样增加了纳税人的财富。毕竟，为什么应该对工资征税，而赌博所得却可以免税呢？这就产生了一个问题，累进税率往往会对不确定的波动收入实行差别待遇。1986 年以前，有一条平均化条款来处理这一问题，但随着税率级差的缩小，这种平均化条款就没有什么必要，而后被废止了。

四、确定所得的实务：（1）不予计列

对税法的考察表明，税法在一定程度上偏离了上述原则。某些形式的所得增加额（如推定所得）并没有出现在税法中，而另一些形式的所得则被特定地排除在 AGI 之外。我们现在要考察后者中的一些主要项目。

免税的利息

根据联邦所得税制，购买州与地方政府发行的债券获得的利息会排除在应税所得之外。虽然这一排除的依据起初是基于宪法条款，即任一级政府均不应对另一级政府发行的债券征税，但是美国最高法院在 1988 年的一项裁决中认为，根据宪法第十六次修正案的规定，联邦政府对这些利息征

税是允许的[1]。但是，尽管根据宪法不再把这些利息排除在税基外，但是要逆转早期的政策是不大可能的。

就其优点而言，把这些利息排除在外是不可取的，因为它损害了所得税的公平性。此外，这种免税是支持州与地方政府借款的一种低效率的方式。首先，从公平方面看，这种免税把最大的好处给了拥有资本所得的高收入纳税人。从免税中得到的收益随着投资者所适用税率的提高而增加。虽然这一好处在过去几年中由于较高级别税率的削减而有所减少，但它仍然是非常可观的。例如，某个投资者的边际税率为 15%，如果免税债券的利息是 5%，在净收益上等价于应税债券产生 5.88% 的收益。如果另一投资者的边际税率为 33%，他得到的收益净值等于应税债券产生 7.46% 的收益。这就解释了为何银行外大量的免税债券由富人个人持有。在 1989 年财政年度里，因对利息免税而产生的税收收入损失达到约 120 亿美元，其中有 80 多亿美元涉及个人回报，而绝大部分的收益流向了 AGI 在 10 万美元以上的纳税人。剩余的部分，包括信托账户和金融中介得到的部分，也主要是较高收入阶层的受益。此外，它们也是造成较高区间税率的纳税人之间产生横向不公平的另一主要原因。

除了不公平外，这种免税还是资助州政府与地方政府的一种低效方式。假如联邦政府想要直接补贴州与地方的利息支付，那么在相同的成本条件下可以提供更多的援助。因为如果对州与地方债券的利息免税的话，这种债券对于投资者来说就更值钱。因此，他们会愿意为这类债券支付更高的价格，或者在税前的收益较低的情况下，也会愿意接受这类债券。因此，政府可以在较低的利息成本上发行证券。然而，由于借款成本较低，州与地方政府的成本要小于由此产生的财政损失。

考虑一下以下情形：H 先生按 33% 的边际税率纳税，有 800 美元去投资。而 L 女士仅按 15% 的税率纳税，有 200 美元可用于投资。两人都可以投资于利率为 10% 的联邦债券，两人得到的净收益率分别为 6.7% 和 8.5%。如果州与地方债券的收益率低于这个水平，他们就不会购买。如果有 1 000 美元的州和地方债券要卖出，收益必须至少为 8.5%，才会使得两

① State of South Carolina vs. J. A. Baker, Secretary of the Treasury; Supreme Court of the United States, 1988 U. S. Lexis 1873; 56 USLW 4311, April 20, 1988.

人都愿意购买。州与地方政府要以 8.5% 而非 10% 的利率售出债券，他们就会在利息成本中节省 15 美元。然而，联邦政府却损失了 29.40 美元（26.40 美元 +3.00 美元）的所得税收入。如果 H 先生和 L 女士投资利率为 10% 的应税债券，联邦政府就将会获得这笔收入。因此，政府的净成本为 29.40 美元 -15 美元 =14.40 美元。这笔钱应归 H 先生，他的收入为 68 美元，而税后工作收入（在没有适用债券利息免税规定的情况下）为 53.60 美元。L 女士作为边际投资者，她获得的 17 美元免税所得额与投资于利率为 10% 联邦应税债券时获得的免税所得一样。

在实践中，情况更为复杂。我们的例子说明了为什么这种免税手段是低效率的。由于要吸引边际投资者，必须设定足够高的补贴。而对于适用较高税率区间的投资者来说，不太高的补贴就可以吸引他们。因此，同样的补助可以通过直接补贴 15 美元给州与地方政府，使它们同样保持 85 美元的净利息成本。或者，通过给予 29.40 美元的直接补贴，这笔利得也可能会成倍增加，并且可以避免对税收公平的损害。此外，通过提高收益率可以吸引储蓄机构在债券上的投资，州和地方的债券市场也将会扩大。

近年来，行政当局不断提议，推动将新发行债券的免税改为直接补贴形式，但这一提议一直被国会否决。州与地方政府，还有一些其他集团都更偏好以这种隐蔽的形式接受补助。他们担心直接补贴在本质上不会是永久性的。基于这些原因，到目前为止，由州长、市长与高收入阶层的纳税人共同组成的反对力量过于强烈，以至于无法进行这项敏感的改革。相反，近年来，免税债券的范围反而加大了，纳入了一些特殊的债券，如工业发展债券（由州或自治区政府和公共机构资助），筹集到的资金用于诸如住房租赁、急救设施、机场等专门用途。

资本利得

现在来看资本利得的处理问题，这也是所得定义中最重要与最易引起争论的问题之一。争论主要涉及两个方面：（1）已实现利得是否应作为普通利得；（2）未实现利得是否也应纳税。

对已实现利得的处理　在 1986 年税改以前，如果资产持有期不超过一年，则已实现资本利得要完全纳入应税所得中。如果资产持有更长的周期，则只以 40% 的比例纳入已实现利得。这就极大地刺激了人们利用资本利得的形式获取资本所得，而非采取经营利润、股息或利息的形式来获取资本所得。这一激励随纳税人等级税率的提高而不断提升。因此，收入越高，资本利得占 AGI 的份额越高，也就不足为奇了。如表 19－4 所示，1984 年，资本利得在从 50 000 美元级别上约占 AGI 的 2%，而在最高的收入级别则占到 36%。

这种情况对税收公平的破坏是显而易见的。由于在同一收入水平上税收义务的差别，横向公平被破坏。因为，对资本利得的优惠远远抵消了对资本所得的累进征税额的影响，折旧妨碍了纵向的公平性。正如下一章会看到的，资本利得收益成为了高收入者获得税收优惠的一个主要来源。

从公平角度来看，与其他所得相比（如经营利润），给予已实现利得的这种优惠待遇，并没有什么合理的理由。在这两种情况下得到的收入，不存在区分它们的情况。虽然这里有一处特殊的问题，即资本利得不连续且不稳定，从而在累进税率下，资本利得将会比稳定获得相同数额的所得缴纳更多的税。但这一困难可以通过适当的所得均算规定加以解决。也有人认为，因为资本利得常常不在预期内或是“经常性”所得，它们是偶尔出现的财富收益，因此应该给予特别待遇。对有些利得来说可能是这样，但不是全部如此。同时，即使利得是在意料之外，它们也还是增加了收款人的纳税能力。

1986 年税改解决了这一争论，这次税改规定在应税所得中要纳入所有的已实现利得。因此，这次改革在完善税基方面迈出了巨大步伐。但是这一成果能否经受住未来立法的考验，还有待观察。

对未实现利得的处理 但是，如何处理未实现利得呢？由于 AGI 是根据现金确定的，并且只包括现金所得，对未实现利得不予征税。这显然违反了财富增加额原则。根据这一原则，所得作为纳税能力的标准，应以财富增值来衡量。所有增量都应包括在内，而不管是否实现（转为现金）。如果琼斯先生持有的公司股份在价值上增值了 10 万美元，那么这就是他净值金额增加的数额，如果他愿意的话，他可以将这笔钱变现。而他选择留存这一特定资产的事实显示，他更愿意继续拥有这些股份，而不是选择其他替代项（例如，把财产卖了用于消费，或者再进行投资）。因此，利得是否实现与经济能力是否增长无关。只要有实现的可能，那么是否去实现的决策就是一个组合资产管理中的问题，而不是所得额增加的问题。如果对这类所得的征税推迟到实现时才进行，就不公平了。财政部实际上是对这类推迟了的应纳税额提供了一笔无息贷款。如果没有实现，那么这一利得实际上会永远持续，因为不需要缴税。

然而，这些结论一直处于不断的争论中（如下列论证所示）：

1.“未实现利得不应征税，因为拥有这些利得者并没有用其进行消费。”尽管一直没有消费，但这与确定所得税税基无关。这里的原则是所有的所得都应征税，而不管它是怎样使用的。即使是在征收消费税的情况下，区分已实现利得和未实现利得并不是决定性的议题①。

2.“未实现利得不应征税，因为在没有实现的情况下，我们不知道它们是否真实存在。”因此，在早期簿记起源时，威尼斯商人被告知，要等到他的船长回到母港并交付财宝箱时，才能计入收入。审慎的核算要求所得只有在以现金（或黄金）的形式来“实现”时才能纳入。但是制度会发生改变，上面这个比方就很不恰当了，比如可以立刻出售的AT&T股份的持有人。如后所述，未实现利得的衡量可能是困难的，但这并不是一个不可逾越的障碍。

3.“对未实现利得征税，就意味着这些利得者虽然还没有获得可用于纳税的现金，但还是要先纳税。”这种观点是对的，但有什么关系呢？就像其他到期需要偿还的债务一样，如果有必要，可以要求纳税人变卖他或她的部分资产来支付税收。当然有时候不可能出售部分资产（如家族企业），遇到这种情况的时候必须给予足够的时间。

4. 最后，偶尔会有人做出下述论证：需要分离获得的所得和资产。这一观点在所得税讨论的早期阶段曾得到法律的很多支持，但从经济学家观点来看难以理解。所得与资产的分离是投资选择上的事，而资产价值上升，所得就会增加。

在遵循全面税基的情况下，未实现利得和已实现利得都应视为应税所得，并和其他所有来源的所得一起计入。同时，对利得全面征税也要求对亏损进行全面补偿。此外，如稍后会讨论的，资本利得的完全征税也需要根据通货膨胀情况进行调整②。

---

① 在消费税中，未实现利得不征消费税，而已实现利得只有在消费时才纳入。未被消费但被再投资或作为现金持有的已实现利得，将会被排除再税基内。另一方面，通过减少存款余额获得资金的消费需要征税。

② 参见第二十章第六节。

实施中的问题　尽管在原则上把未实现利得纳入的理由应税所得是明确的，但是在实施中是否有可行的办法掌握未实现利得呢？实现已实现利得的全面征税，在实施上并不存在技术困难，但在未实现收益的情况更加困难。由于不可能每年对所有资产进行估值，因此在当期基础上对未实现利得征税并不可行。某些资产（如上市证券）可以周期性地（比如每5年）进行估值和征税，但其他资产（如名画或农场）就可能更难估值。因此，有人提议，可在财产持有人死亡或财产转让（通过赠与）时，对这些增值了的利得进行征税，这被称为“推定实现”。这一方法可以减少向单一时点估值的需要，从而这一任务可以简化为可操作的问题。另一种方法是，允许分期交纳资本利得税或是将应纳税额在一段时期内进行平均计算，这可以避免资产被迫变现将会出现的不公平情况。在这种方法下，所有的利得都将会被最终征税，这就减少了锁定效应。尽管“推定实现”条款已被提出多次，但尚未被国会接受。

虽然“推定实现”会把未实现利得归入税基，但它仍将会让资本利得具有一些优势。尽管其他所得是在当年立即征税，而对未实现利得的征税会延至死亡时，这就忽略了纳税人有可能在这期间赚取所得的情况。推迟纳税等价于获得一个无息贷款，而这笔贷款的价值可能是巨大的，特别是对于那些可以预期长期持有的年轻投资者来说。

储蓄和养老金计划

储蓄是指把当前的所得留出来以供将来使用，养老金计划的缴款也等价于某种形式的储蓄。由于综合性所得税应包括所有收入，不论其如何使用，因此，养老金缴款和其他形式的储蓄不应排除在税基之外。在以后收到收益时，只需要对反映利息的部分征税。另一种选择是，养老金缴款全部排除在税基之外，而对以后享有的收益全部征税。但是这种方法并不那么令人满意。因为它将会使纳税人享有其他储蓄者享受不到的两个好处：一是由于纳税被推迟了，纳税人将会从推迟的纳税中得到一种利息收益；二是由于纳税人未来的所得可能变小，将会适用一个较低的区间税率。如表19－5所示，养老金和保险计划的税收待遇并不相同，往往无法找到合适的解决方案。

表 19－5 养老金计划的税收待遇

	计划类型		
	OASI	公司计划	个体经营
缴款是否包括在雇员应税所得中			
雇员缴费	是	是	否
雇主缴费	否	否	*
受益是否征税			
雇员缴费的偿还	否	否	是
雇主缴费的偿还	否	是	*
利息	否	是	是

* 为不适用。

老年人与幸存者保险 首先来看老年人与幸存者保险（简称 OASI）。我们注意到雇员的缴款不予扣除，因此包含在税基中。然而，雇主的缴款并不包括在税基之中。如果把 OASI 看作一种缴款制度，可以发现正确的方法是要对体现雇主缴款的那一半收益征税，但仅限于雇员缴款的那一半的利息部分。然而，税法没有就此规定。相反，低收入水平的所有收益免税。只有当受益人的 AGI（调整后的毛所得包括免税利息和一半的收益）超过 32 000 美元（联合申报额）的情况下，有一半的福利要纳税。这就消除了对较高收入者的优惠待遇，而对于较大群体的低收入退休人员仍然保持着这种优惠待遇。

如果把 OASI 看作是一个收入再分配安排而不是一种保险，那么把收益纳入税基中的理由就会更充分。恰当的解决办法就是把保险受益看作其他形式的财富增加额一样进行征税。只有当受益人的所得低于所有其他来源所得适用的免税限额时，保险受益才将会继续免税。同样地，工薪税也是不应扣除的，它们将会成为税收的一部分，并像其他的联邦税种一样来看待。

失业保险 失业保险金的缴款完全由雇主做出，因此不包括在雇员的税基中。尽管 1986 年以前，失业保险金的受益是被排除在税基的，但现在已作为受益人的应税所得包括在税基中。

公司退休计划 对公司退休计划的缴款比较倾向于把它全额归入税基。

有关雇员缴款适用的方法是准确的。雇员缴款不能从应税所得中扣除，只有受益的利息部分会在之后征税。雇主缴款也不包括在雇员的税基中，但以后全部的受益都要征税。因此，仅剩下延迟纳税的收益。除了利息收益外，这种推迟还有一个好处，就是可以让纳税人把所得分摊到工作收入较低时再纳税。这一点对于高薪管理人员来说特别重要，会促使他们普遍利用延迟纳税的策略。

人寿保险　最后，人寿保险的储蓄部分的征税类似于老年人与幸存者保险中的雇员缴款。保险费仍是做出应税所得的一部分，而受益不予征税，因此也就允许利息免税。不含储蓄部分的各类保险（如定期保险）不产生利息收益，其受益是适当的免税，而不允许扣除保费时支付。

私人计划　近年来，特别是在 1981 年的税法下，通过延期税收来激励储蓄的措施已广泛开展。免除雇员退休计划供款的上限现在定为 2 000 美元。对于自营职业者私人计划的缴款，不计入征税范围的最高限额为最前面缴纳 30 000 美元工作收入的 25%。通过推迟纳税，储蓄者可获得一个较高的回报，从而更多地投入储蓄。因此，从所得税的一般定义来看，这样做可能被认为并不公平，只是为了鼓励储蓄而采取的措施。本书前面已考察了这种鼓励方式的作用①。

转移收入

福利　来自政府的转移性收入（如社会福利和退伍军人津贴）被排除在 AGI 之外，但这并没有很好的理由。以福利形式获得的 1 000 美元对个人经济能力的增加并不少于以工资形式获得的 1 000 美元。尽管转移给收款人的所得往往过低，并不足以证明征税是合理的，但是可以通过免税和低收入补助等方式来照顾他们。这些方式也同样适用于低工资收入的各种来源。

奖学金　对于在教育机构中攻读学位的个人获得的奖学金补助，法律将其排除在应税所得之外。但数额限于学费和与课程相关的费用金额。

---

① 参见第十七章第二节。

五、确定所得的实务：（2）扣除

如本章开头所指出的，纳税人有两种选择：（1）采用标准扣除法；（2）项目分项扣除法。标准扣除法对个人单独申报者来说是 3 000 美元，联合申报者是 5 000 美元。所以，只有当纳税人得分项扣除额超过这一数目时，才会选用项目扣除法。因此，项目分项扣除法主要出现在高收入群体中也就不足为奇了。

最初引入标准扣除法是为了便于合规与管理。它是用来替代分项扣除，从而减少低收入者的申报困难。但自引入标准扣除法以后，这种方法的使用范围已经大大超过了原定的标准。从而，现在它已成为推定项目扣除法和附加免除法的一个混合物，与家庭规模大小无关。

如表 19－6 所示，低收入纳税人的申报表一般不使用项目扣除法，但是我们可以观察到随着收入规模不断上升，使用项目扣除法的比率明显增加。因此，在低收入级别中，这一比率为 7.6%，在最高的收入级别中，则上升到 100%。

表 19－6 按 AGI 区间划分的扣除类型，1984 年（应税申报表）

AGI 等级（美元）	申报表数量（百万）	采用分项扣除表方式的申报表数量（百万）	采用分项扣除表方式的申报表比例（%）
10 000 以下	17.1	1.3	7.6
10 000—20 000	24.7	5.7	23.1
20 000—30 000	16.2	8.8	54.3
30 000—50 000	16.9	14.1	83.4
50 000—100 000	5.7	5.4	94.7
100 000 以上	1.0	1.0	100.0
全部	81.6	36.3	44.5

资料来源：*Individual Income Tax Returns* 1984, Statitics of Income Division, Internal Revenue Service, 1986, p. 13.

表 19－7 只包括采用项目扣除法的申报表，它表明了这类申报表中各

项扣除额占 AGI 的百分比。如列Ⅵ所示，AGI 级别最低的收入者，其分项扣除总额占 AGI 的比率最高，反映了这类纳税人是在特定的情况下使用项目扣除法的，例如沉重的医疗费用。比率随后也就下降了，稳定在 23%左右。

表 19－7　在分项扣除申报表中各类扣除占 AGI 的百分比，1984 年

AGI 等级（美元）	税赋（Ⅰ）	利息（Ⅱ）	捐款（Ⅲ）	医疗费用（Ⅳ）	其他（Ⅴ）	所有（Ⅵ）
5 000 以下	16.1	53.0	5.7	31.6	15.8	122.2
5 000—10 000	12.1	23.1	6.8	24.9	3.4	70.3
10 000—15 000	9.7	17.0	5.1	10.1	1.9	43.8
15 000—20 000	8.5	13.6	3.8	4.7	1.8	32.4
20 000—30 000	8.0	12.3	2.8	1.8	1.7	26.6
30 000—50 000	7.7	10.7	2.3	0.8	1.5	23.0
50 000—100 000	8.0	10.4	2.6	0.6	1.4	23.0
100 000—500 000	8.3	9.3	3.8	0.3	1.5	23.2
500 000—1 000 000	7.5	7.0	4.6	0.1	1.2	20.4
1 000 000 以上	6.8	5.8	5.9	—	1.2	19.7
全部	7.9	10.5	2.9	1.1	1.5	23.9

资料来源：*Individual Income Tax Returns* 1984, Statitics of Income Division, Internal Revenue Service, 1986, Table 2.1 pp. 57－59.

特定项目的重要性因收入水平而异。对于低收入者来说，医疗扣除最为重要。利息扣除（主要是抵押贷款利息）在中低收入者中最为重要。慈善捐款在低收入和高收入阶层中都很重要。而州与地方税收扣除的重要性，随收入水平的提高而下降。

扣除项目的理论依据

所得税原则要求有一个综合性的税基，包括所有形式的财富增加额。乍一看，这一原则似乎与扣除相矛盾，但某些扣除仍然是合理的。

公平方面　如果纳税人处境不同，相等的收入可能并不意味着相等的支付能力。就家庭规模而言，这一事实就是显而易见的。但也同样表现在其他方面。在紧急情况下，花费巨大的纳税人（如高额的医疗账单）相比具有相等收入但没有这种紧急情况的纳税人来说，他们的纳税能力要低一些。我们也有理由认为，这种情形对于低收入纳税人尤为重要。这一原则反映在备抵医疗费用上，如果医疗费用超过 AGI 的 7.5% 就可以扣除。关于伤亡损失和受窃损失，也可以同样予以扣除。目前允许这类损失占 AGI 的 10% 以上。如果对紧急费用扣除设计得适当，这种做法就不会遭到反对，并且很有可能的确有助于获得一个更为公平的税基。类似的考虑还表现在对盲人的额外豁免上。双目失明需要额外费用，相等的处理原则体现了平等对待原则。然而，就老年人的额外豁免而言，情况就不一样了。毕竟，这种做法的目的不是为了最大化税基，而是为了确保公平衡量纳税能力。

激励方面　扣除也可视为一种鼓励方式。激励人们用"值得奖励的"形式（如慈善捐款）来使用所得，或是鼓励人们在能产生正外部收益的项目上开支。这里的扣除充当了一个匹配补助金，政府通过这种补助金减少了纳税人从事某些活动的成本，从而引导个人在这一活动上支出更多。如果特定活动值得支持，并且如果减免税收是提供这一支持的最佳方法，那么由此产生的受益可能大于对税收公平的损害。没有一条自然法则认为，税收不能用于筹集财政收入以外的目的。相反，问题是在于被支持的活动是否值得补助，如果值得的话，是否应该以这一形式来给出补助。我们后续考察慈善捐赠时将对此进行更多的讨论。

对主要扣除项目的评价

1984 年分项扣除总额达到了 3 590 亿美元，占到采用分项扣除法的纳税人应税所得的 27% 。

抵押贷款利息及住房　在扣除项目中，首要的是利息支出扣除。1984 年，这种扣除占分项目扣除总额的 28% ，其中大部分为抵押贷款利息。与税收一样，必须区分作为经营成本支付的利息和作为消费者信贷支付的利息。对经营性利息的扣除显然是适当的。理由很简单，即应税所得应定义为净所得。但是，对消费者信贷支付（如抵押利息）的扣除就是另外一回事了。虽然两个类型的利息都是成本支付或负收益流，但它们对收益流的处理却有所不同。在营业借款的情况下，收益流通常会作为应税营业所得纳入。而在抵押或消费信贷情况下，收益流（以推定的租金或其他劳务的形式）不视作居民应税所得的一部分。

假设有三个人，每个人有100 000美元去投资，希望住在一个100 000美元的房屋中，并假定所有资本的利润率为5%。R先生决定租房，并把他的资金投资于股票。如表19－8所示，他得到了5 000美元的股息。假设股息适用28%的税率，他就支付了1 400美元的税款。O先生全部用于购买该房，并以现金支付了100 000美元。他没有购买股票，没有获得股息，但得到了5 000美元的推定租金受益。由于这种受益不计作应税所得，所以他不支付税款。M女士通过抵押贷款的形式来购买100 000美元的住宅，同时使用她的100 000美元购买股票。她以股息的形式获得了5 000美元，但支付了5 000美元的利息。由于后者能够扣除，她同样没有应税所得。现在，如表19－8的第5行所示，比较这三者。他们都有同样的财产净值，居住在相似的房屋中，但R支付了1 400美元的税，而O与M却免税。

表19－8　承租、现款购房、贷款购房的纳税区别

	承租人R	房产拥有者O	抵押所有者M
1. 所有者的推定租金	0	5 000美元	5 000美元
2. 利息支出	0	0	5 000美元
3. 股息	5 000美元	0	5 000美元
4. 应税，现行法律	5 000美元	0	0
5. 税赋，现行法律	1 400美元	0	0
6. 据税改方案1的税收额	1 400美元	0	1 400美元
7. 据税改方案2的税收额	1 400美元	1 400美元	1 400美元
8. 据税改方案3的税收额	0	0	0

如何能够使三者处于一个平等的处境呢？取消对利息的扣除（税改方案1）是不行的。虽然M将会失去她的优惠，处于与R相同的境遇，但O却仍将会免于税赋。为了对所有人一视同仁，我们必须要么对推定租金收益征税同时继续允许利息扣除（税改方案2），要么忽视推定租金收益并对利息加以扣除，也对租金支出予以扣除（税改方案3）。在税改方案2的情况下，O与M都须支付与R相同的税款。在税改方案3情况下，R的负债被扣除，没有人支付。这两个改革方案在各种住房安排中是中性的，但税改方案2没有体现对住房的优惠，而税改方案3使所有对房屋的支出都变成

免税了。从总所得税的角度看，税改方案 2 显然是更为可取的解决方案。公平待遇不仅应适用于以不同方式享用住房的人们之间，也应适用于享用房屋的人和消费其他商品的人们①。

因此，税收优惠待遇必须建立在激励的基础上。那么，接下来的问题是，究竟应对特定的所有者予以激励，还是对所有的一般性房屋支出予以激励。现行方法是对房屋所有者给予优惠待遇。这是难以辩护的，尤其是因为低收入者的住房大多数是以租赁形式存在的。但是，即便是对住房（包括所有者和租用者）的一般化税收都予以减免，其有效性也令人怀疑。对低生活水平家庭的住房特别给予支持可能是可取的。这要求将税收优惠限于租金支付，并要求对这种房屋的利息扣除。但就此而言，税收优惠很难说是合适的解决方法。因为由真正低收入家庭支付的税收太小（如果家庭确实有应税所得的话），以至无法让这一方法产生实质效果。而提供房租补贴以及直接对低生活水平家庭的房屋提供援助则提供了较优的策略。

将推定租金的收益纳入到税基之中的做法不管在原则上多么正确，在政治上都是不可接受的，并且不可能实现。在这一情形下，难道取消对利息支出的扣除（税改方案 1）将会作为次优解决方案吗？如前所述，这将会使 R 与 M 的处境相等，却让 O 处于有利的境况。此外，它将会区别对待 O 与 M（两人现在处于相似的境况）。然而，这样的变动将会有公平上的好处。由于像 R 与 M 的这些人的数量远多于像 O 的这些人，所以通过平等化他们的待遇将会改善横向公平。但是 1986 年税改并没有做出这种改进。税改是为了反映房屋所有者的政治权利，甚至不允许扣除二手房的抵押贷款利息也被否决了。

消费者信贷 在 1986 年税改以前，消费信贷的利息同抵押贷款利息一样是可扣除的，但这次税改中止了对消费信贷利息的扣除。在经营过程中发生的利息成本可以继续扣除，但对个人利息的支出不再允许扣除。

州和地方税收 对那些作为经营成本而存在的税收进行扣除显然是合适的，而且这种减免在联邦和低水平税收中都是允许的。此外，法律还允许扣除州与地方政府课征的所得税和财产税，即便它们是由家庭和消费者

---

① 可能出现下述问题：从税收结构整体来看，在住房收益用于一般性（而非住房导向的）费用的情况下，所得税方面对住房的优惠待遇，是否可认为是对住房征收财产税的额外负担的补偿。参见第二十四章引言部分。

支付的非经营性税收。但是1986年税改中止了对销售税的扣除。

纳税人缴纳的税款是否允许扣除，取决于这些税款是否被看作是为了购买公共服务而使用收入的，或者是取决于是否应将这些税款视为纳税人的收入损失。在第一种情况下扣除是不合适的，在第二种情况下扣除则是合适的。尽管公共服务被认为是有用的，但纳税人缴纳的税款不一定反映个人纳税人获得的公共服务的价值的事实仍然存在。纳税人必须支付该税收。他们虽有投票权，但他们没有否决权。所以，州与地方税收的扣除并非毫无道理。同时，允许扣除像财产税一样被用于特定地方性服务的税种，实际上起到的作用不如扣除用途更广的销售税有效。就此来看，1986年税改（中止了销售税扣除同时保留了财产税扣除）的选择并不明智。

还有一个更深入的问题：津贴是否要像目前所规定的那样，采取从应税所得中扣除的形式。还是应作为对联邦税的一个抵免。在前一情况中，津贴的好处会随纳税人的所得和边际税率的提高而提高。而在后者中，不论所得额是多少，每1美元的州或地方税获得抵免优惠都是一样的。

再进一步考虑，我们发现，税收的扣除问题，或者说对各级政府税收的中性处理问题，实际上牵涉到一些更加广泛的问题：应如何构建财政联邦制，税制应如何在国际层面上进行整合。稍后，我们将继续论述这个话题。

慈善捐赠　1984年，慈善捐赠占项目扣除额的10%。纳税人对非营利机构的捐赠最高扣除额高达AGI的50%。增值的财产可以捐赠并以市场价值捐扣除，无须缴纳资本利得税，但这种捐赠限制在AGI的30%内。

对慈善捐赠的税收扣除超过100亿美元，国会实际上将这一金额视为对慈善机构的一个公共捐赠。然而，这些捐赠却是对私人捐赠者的对称性补助，让这些私人捐赠者可以自由选择对象，匹配率等于捐赠者的边际税率。一个应纳税率为33%的高收入捐赠者，他每捐赠1美元只需提供67美分的资金。而使用标准扣除法或者不必纳税的低收入捐赠者，则必须提供1美元。因此，哲学经济学家也许会发现，美德的机会成本随收入的提高而下降。目前尚不清楚最近最高收入比例从50%降至28%或33%会对捐赠水平产生什么影响，尤其是对那些依赖高收入资助人的机构。

对慈善捐赠扣除的好处不容易判断。从有利的方面来看，在没有高边际税率与可扣除率的钳夹效应的情况下，慈善捐赠将会大幅减小。如果把慈善捐赠作为一个整体来看，慈善收益约等于财政部的税收损失。这样做的动机不是讨价还价，两方中的任一方都没有重大的渗漏。有观点认为，如果没有这种扣除，慈善机构将会蒙受严重损失，有些可能无法生存。国会将会难以拨出相应数量的专款用于这种用途。此外，这样做也会把对支持性项目的选择去中心化，可能有一定的好处。反对的一方认为，现在由慈善组织支持的功能，有些本应是国家的职责，并且公共资金的配置无论作为直接拨款还是通过特定的税收规定，应受制于公众的指导与监督。这一问题具有广泛的社会和文化影响，远远超出了税收政策的纯财政方面。

另外，还有更深入的问题：应如何提供这种激励？是以扣除的形式还是以抵免的形式？前一种形式对适用高区间税率的捐赠者有利，后一种形式对适用低区间税率的捐赠者有利。因此，采用扣除方式会使高区间捐赠者每 1 美元的捐赠节省 28 美分（或 33 美分），而适用低区间的捐赠者只节省 15 美分。若采用统一的抵免税率（比如 23%），则可能产生同样的税收损失，虽然提高了低收入者的捐赠积极性，但降低了高收入者的积极性。实证研究表明，这种方式对合计赠与几乎没有什么影响，但会使赠与的构成产生实质性的变化[①]。向教堂的捐赠（这是低收入者赠与中的主要部分）将会增加，而主要由高收入者捐赠的教育机构和其他捐赠额，将会大幅下降。似乎在激励的设计上，公共政策如何使慈善捐赠在各类型慈善机构之间进行分配，是难以实现中性化的。

教育的成本 虽然我们观察到税法允许的扣除有些是不当或存疑的，但也有其他项目可以进一步扣除。这种情况尤其适用于教育投资。虽然奖学金收入大部分被排除在税基之外，但对于自费学生的费用没有做出抵扣。虽然已经做出了许多议案，要求对教育的费用提供税收减免，包括从 AGI 中予以扣除和抵免税款。这两种形式的分配效应有所不同，前文中关于在税收抵免与扣除之间选择的问题又会再次出现。而反对这类税收激励的观

---

① 捐赠总量不会受到影响这一结论是基于下述发现：赠与（包括给所有慈善机构的赠与）的价格弹性接近于 1，且几乎不随所得的变化而变化。参见 M. Feldstein：“Income Tax Charitable Contributions，Parts Ⅰ and Ⅱ”，*National Tax Journal*，March and June，1975。这一结论是基于以下发现：对教育机构和其他高收入慈善机构的赠与的价格弹性，远远高于平均水平，并且对教堂和其他低收入慈善机构的赠与远远低于平均水平。

点认为，通过补贴形式对教育提供援助会更为公平和高效。

然而，有一种对教育费用实行税收减免的形式，从作为税收手段来看，将会有其特定的优点。对教育的支出（至少其中的绝大部分）可以认为是为增加人们以后的工作收入而进行的人力资源投资。由于将来这些工作收入在扣除资本费用后会构成净所得。因此，应允许纳税人在计算净所得的过程中覆盖其成本费用，换言之，应该允许对人力投资和有形投资进行折旧。和对资产生命周期的折旧计算类似，合适的解决方法是在进行人力投资并形成教育费用后，应允许从学生的未来收入中予以抵扣，而不应该从学生父母的当前收入中进行扣除①。

六、确定所得的实务：(3) 抵免

除了豁免、不予计列和扣除之外（所有这些都会直接减少应税所得），税法还允许抵免某些税款。这些抵免包括儿童抚养抵免、老年人抵免和工作收入所得抵免②。抵免与前面几种方式之间的区别在于无论纳税人适用什么级别的税率，给予他们的都是同样的优惠，而用其他三种方式的话，应税所得每减少 1 美元会给收入更高的人更多的减免。

七、本章小结

所得是财富的增加额这一原则可能表述起来没有太多困难，但实施起来却有不少麻烦，并且 AGI 与应税所得的实际定义远远无法完全实施。在有些例子中，这反映了技术的困难，却只能提供一种近似的解决方案。然而在其他例子中，这些不足反映了给予优惠待遇的政策意图。但尽管实施并不完美，极为重要的事实是，实践中出现的有关所得定义的具体问题，必须按照一个有意义和一致的公平标准来衡量。在没有这种标准的情况下，

① 对于这种议案，参见 Richard Goode: *The Individual Income Tax*, rev. Ed., Washington: Brookings, 1975, chap. 5.

② 参见第二十章第四节。

就无法以一致而公平的方式来解决适用于在特定情况下应税所得定义的技术问题，也无法抵挡在现行规定中钻漏洞的持续不断的压力。

在确定纳税义务的所得税法的基本特征中，我们提到了以下内容：

1. 个人所得税的计税是从调整后的毛所得开始的。虽然称作“毛”所得，但指的是净所得的概念（即扣除经营成本后的所得）。

2. 应税所得定义为 AGI（调整后的毛所得）减去个人豁免额再减去扣除额后的余额。

3. 扣除可以分项计算，或者可以使用统一的标准扣除。

4. 税额是通过运用区间税率或边际税率来计算的（目前税率范围从15%到28%，中间幅度为33%）。

5. 区间税率和有效税率是有区别的，实际税率定义为税额与 AGI 的比率。

6. 实际税率从零开始逐渐上升，升到28%的最高一级税率。

7. 个人豁免可视为一个零税率区间，它和标准扣除一起，成为影响较低和中等收入群体的所得税累进程度的一个主要力量。

在税基的大小和结构方面，我们有如下发现：

8. 大量的所得税收入来自于中等收入者。

9. 工资所得对低收入群体而言最为重要，资本所得对高收入群体而言最为重要。

AGI 的理想定义，是一个广义基础的所得概念，或者是按照所得的增加额概念来给出的。但在实施中出现了许多困难。

10. 在计算净所得时适当排除经营成本是恰当的，但经营成本不容易确定。

11. 如何恰当处理资本利得，长期以来都是一个有争议的问题。现在把已实现利得全额纳入在税基中，但把未实现利得排除在外。

12. 把来自州和地方债券的利息排除在税基之外是不公平的，是对这两级政府的一个低效的援助形式。

13. 各种形式的非货币所得（如家务人员提供的服务价值）不纳入税基。

在确定 AGI 之后，要进行某些扣除以求得应税所得。

14. 标准扣除法主要适用于低收入者，而高收入者的申报表会选择分项扣除。

15. 各种可分项扣除的项目可能扣除的程度各不相同。其中最重要的扣除项目是州和地方税收、抵押贷款利息和慈善捐赠。

16. 州和地方的所得税和财产税是可扣除的，但已不再允许销售税的扣除。

17. 抵押贷款利息是可扣除的，这对房屋所有者有优惠待遇。

18. 对房屋所有者实现公平待遇，需要在扣除抵押贷款利息时把推定租金所得包括在税基之中。

19. 在处理社会保障和个人退休金方面会出现特别的问题。

推荐阅读

关于所得税的具体规定可以很方便地在 *Federal Income Tax forms and Instructions*（每年与1040申报表一同提供）中找到。更详细的陈述可在诸如 *U. S. Master Tax Guide*（每年由商业票据交换所出版）的出版物中找到。对于有关所得税更深入的内容，参见第二十章推荐阅读。

第二十章
个人所得税：进一步的问题

本章侧重于个人所得税的结构和实务操作，包括税收优惠和税收支出的内涵、税率结构、应税主体的确定以及通货膨胀的效应。除了衡量累进程度的第五节以外，其他所有材料对于理解所得税如何运作都是必要的。

► 本章内容提示

本章进一步考虑了某些策略性问题，对所得税的前述问题进行补充。

一、税基与 GNP 和个人所得的关系

表 20－1 显示了 1984 年 GNP 与税基之间的关系。比较第 19 行和第 1 行，我们可以发现，实际应税所得仅占 GNP 的 46%。从更为全面综合地衡量纳税能力的标准来看个人所得税，会认为这一比率似乎太低了。但是更深入的考察显示，剩下的另一半差额可能可以通过适当的调整来解释。

表 20－1　　从 GNP 到实际应税所得，1984 年　　单位：十亿美元

1. GNP	3 663
2. －资本消耗备抵	681
3. －税收*	700
4. ＋政府转移支付	399
5. ＋政府利息	418
6. －其他（净值）	67
7. 个人所得	3 012
8. －转移支付	417
9. －推定所得†	195
10. ＋社会保险的个人缴款	132
11. ＋资本利得	54
12. AGI，商务部基础	2 586
13. －未解释缺口	496
14. 实际报告的 AGI	2 140
15. －豁免额	131
16. －标准扣除额	116
17. －分项扣除额	242
18. ＋其他	150
19. 应税所得	1 701

* 包括产品税和销售税、财产税、公司利润税、雇主和雇员的社会保险费。

† 包括诸如推定租金的推定所得，以及由商务部的个人所得概念所覆盖的“其他劳动所得”，但不包括应税工资（如附加收益和养老金计划的雇主缴款）。

资料来源：对于第 1 行至第 10 行，参见 Department of Commerce, Survey of Current Business, June 1985, pp. 6－9. 对于第 10 行至第 18 行，参见 U. S. Treasury Department, Individual Tax Returns, Statistics of Income, 1984, p. 13 ff. 我们把 1984 年时称为零区间税率的金额列为标准扣除额。

先考察第 1 行到第 7 行，这显示了从 GNP 到个人所得的转化过程。由于所得税的所得概念是建立在净值的基础上，因此扣除资本消耗折让显然是合理的。纳入转移支付和政府利息也是对的，因为这些增加了纳税人的纳税能力。然而，如我们在上一章所指出的那样，把税收从中扣除是有疑问的。

第 8 行到第 12 行表示国民收入账户中定义的个人所得如何调整为税法中定义的 AGI 概念。在调整过程中使用了国民收入数据。我们把包含在个人所得中的转移支付（但错误地排除在 AGI 之外）扣除掉。随后加上了雇员缴款的社会保障费，因为这些保障费被纳入 AGI 而不纳入个人所得。由此，我们得到了如商务部数据所估算的 AGI 的值。把这一 AGI 估算数（第 12 行）与实际报告的 AGI 值（第 14 行）相比较，我们发现有一个约占实际报告的 AGI 的 5% 的缺口。这似乎说明，对 AGI 的税收管理的有效率为 95%；但是如下所示，这是一个有疑问的结论。

第 14 行到第 18 行显示了从实际报告的 AGI 到实际应税额中做出的进一步的调整。为了得到财政部称作应税所得的数字，我们从 AGI 中减去了豁免的金额。接着，再减去应税所得中的扣除额（前一章中已说明），包括不分项计算的纳税人采用的标准扣除和其他纳税人采用的分项扣除。

这样，实际报告的应纳税所得额，可能就基本符合商务部的 GNP 账户。但是，如果我们对税基使用更全面的所得概念，并减少逃税，那么很可能产生的应纳税所得额会比现在多 1/3 到 1/2。

二、税收优惠

我们已经看到，应税所得的法定定义（在考虑排除和扣除后）与同财富增加额的理论概念不一致，二者之间存在相当大的差额。在绝大多数情况下，这些差额会导致应税所得低于财富增加额所要求的水平。虽然在特定情况下对于税基损失的定义是有争议的，但是显然，税基损失以及导致的税收减少或“税收支出”仍然很大。使用后一术语是因为无法征到应税所得中损失的那一部分税收收入，实际上等同于筹集到收入后再做出一个支出，再补还给纳税人。因此，无法把抵押利息纳入税基中，就等价于先对房屋所有者全额征税后再支付给他们一个相应的补贴。1988 年，税收支出或收入损失预计达到 2 810 亿美元。当年个人所得税实际收入据估算为 4 000 亿美元，税收损失占潜在总收入 6 810 亿美元的 40% 以上。

如表 20－2 所示，最大的损失源自对保险和养老金计划的税收优惠，即没有把健康保险和养老金计划的雇主缴款包括在税基中，对社会保障受益和对个人计划的养老金缴纳均不予计列。接下来的原因是无法对已实现资本利得全额征税。再接下来的原因是对房屋所有者的税收优惠以及州与地方税的扣除。其他主要的内容是，扣除慈善捐赠以及排除州与地方债券的利息。

表 20－2　　税收支出（1988 年财政年度）　　单位：百万美元

雇主对健康保险的缴款，不予计列	30 205	
雇主对养老金的缴款，不予计列	58 185	
个人对养老金的缴款，不予计列	13 350	
社会保障收益，不予计列	16 610	
某些医疗收益，不予计列	6 000	
合计		124 350
对已实现资本利得的不完全征税	26 380	
扣除所有者自有自用房屋的抵押贷款利息	19 855	
扣除所有者自有自用房屋的财产税	7 205	
扣除州和地方税	14 845	
排除州和地方债务的利息	8 040	
扣除慈善捐款	9 475	
合计		85 800
其他项目		71 095
总计		281 245

注：该金额反映了下述成本：给纳税人提供不完全征税获得的收益优惠的成本。这些金额或多或少等价于造成的税收损失。

资料来源：参见 Special Anaylyses, *Budget of the United States Government*, Fiscal Year 1988. 另见 J. Pechman, *Federal Tax Policy*, 5th ed., Appendix C, 1987, The Brookings Institution, Washington, D. C.

假如税收优惠引起的税基缩小，对所有纳税人来说都是占全部税基的一个固定比例，那么这些优惠的存在将会无关紧要。在这一情况中，相应地提高税率就可以轻松地中性化。但实际上，就不同收入级别中的普通纳税人，以及对同一收入级别中的特定纳税人而言，税收优惠的影响都会大不相同。因此这就产生了纵向不公平和横向不公平。

从纵向不公平来看，我们发现，来自税收支出的收益绝不限于高收入群体，如表中可以很容易看出。事实上，大部分的收入损失反映了收益广泛分散的保险和养老金安排。其他内容（如住房优惠）主要集中于中等收入阶层，还有其他的一些项目（如资本利得和免税利息）对较高收入阶层有着重要的好处。然而，应当注意的是，尽管税收收入损失的较大部分发生在大多数纳税人所处的较低和中等收入阶层，但是高收入阶层的受益占全部应纳税额的百分比却更大。

导致横向不公平的原因，同样是因为相同收入水平的纳税人的受益并不相同。这样，房屋所有者的受益大小和承租人多少有关，获得免税所得者的受益大小与工资所得者多少有关。在 1986 年税改以前，由于税法的漏洞，高收入阶层中对不动产投资者和合伙企业在税收待遇上有较大的差别。虽然这次税改堵上了大多数的税收漏洞，但是税收支出仍是一个重大的问题。如前所述，最终导致的税收收入损失占到了潜在收入（真正全面的税基可获得的税收收入）的 40%。

三、高收入问题

某些特殊避税问题的产生与各种类型的资本所得有关。

避税

如前所述，在计算应税所得时，损失可以抵消所得，利息可以扣除。这两个规定和作为税基的净所得概念是一致的。但是把两者结合起来，就产生了相当多的滥用现象，并导致了避税行为。举例来说，原本成立了一家从事住房投资的合伙企业，由于各合伙人贡献的自有资本比较小，因此可以允许他们发生大额的抵押债务。在获得收益之前的创办初期，合伙企业由于要支付大笔利息会发生严重亏损。因此，投资者通过投资合伙企业，就能用这些亏损冲销其他所得，从而减少应纳税额。之后在财产出售时，资本利得将会仅以优惠税率进行征税。1986 年税收改革法案对这种经营活动进行了某些限制：

1. 已实现资本利得现在以经常性税率征税。

2. 为投资筹资借入的资金利息（超过 10 000 美元的部分）只可从投资所得中扣除。

3. 从被动投资活动中（如投资于合伙企业）产生的亏损，不可从其他来源的一般所得中抵消。

4. 从主动投资活动中产生的损失可冲抵其他所得，但仅限于可承担风险的范围，即抵消范围被限于投资者享有产权的自有资金。

实行这些限制的目的是阻止以往通常会采用的旨在避税的投资方式，通过投资到会发生亏损的活动中，从而减少应纳税额。

最低税负

通过不予计列、扣除和各种避税手段的共同作用，使得在高收入群体中产生了相当麻烦的最低限度应纳税额问题，最后导致了“最低税负”的实行。这一立法在 1969 年首次颁布，自那以后这一规定又得到了多次强化。最近一次是 1986 年的税改。它现在要求，对“替代性最低应税所得”征收 21% 的所得税。为了获得最低应税所得，在计税时会不允许某些“优惠项目”的扣除，从而提高了应税所得。包括加速折旧规定，以及分期付款会计方法的使用。

四、低收入的处理

所得税中的纵向公平问题，不仅仅是对高收入纳税人征税多重税的问题。更重要的是，这一问题可能还是一个低收入纳税人应支付多少税款的问题。

最低免税界限

人们普遍认为，对所得的初始部分不应征税。应税所得额应定义为 AGI

减去这一基本的扣除额。在定义这一扣除额时，我们必须定义一个界限，即在此水平之下纳税人被认为是“处于贫困”。由于贫困水平因家庭大小而异，征税起始的水平也会随之不同。

纳税义务的起征点取决于很多因素。其一，每个纳税人、配偶以及每个孩子有 2 000 美元的个人豁免额。会考虑家庭大小，其中隐含的假设是，家庭中额外的受扶养者不会产生规模经济。其二，有一个标准扣除额，每个个人申报者等于 3 000 美元，每个联合申报表为 5 000 美元，但受扶养者没有这种扣除。把这两项免税额加到一起，免税限额从单一申报者的 5 000 美元上升到了联合申报者的 9 000 美元、有两个受扶养者的联合申报者的 13 000 美元。因此，根据家庭大小给予的扣除优惠是相当大的，这一免税额大体上和农业部估算的贫困线收入标准一致。

如前所述，免税的界限不仅对于确定最低纳税义务是重要的，它还决定着中低收入群体的实际税率或累进模式。在 AGI 处于较低水平时候，实际税率（定义为税收与 AGI 的比率）很低，原因很简单：免税金额占了 AGI 的很大部分。随着 AGI 的提高，免税金额相对于 AGI 来说有所下降，从而导致实际税率上升，即使只适用其中一级税率也将会如此。换言之，我们可以说，免税金额可视为一个零税率区间，从而视作税率结构的一个组成部分。因此，给予免税金额的主要意义在于，降低中低收入阶层的实际税率。尽管 1986 年税改规定了，要消除高收入阶层从免税额上获得的好处，但是中低收入阶层仍然保留了这一收益。

对劳动所得的税收抵免

在考虑劳动所得抵免后，前一章表 19－2 所示的纳税义务和实际税率模式需要进一步修正。仅就劳动所得而言，有受扶养者的纳税人被允许抵免税款（从税款中扣除），劳动所得不超过 5 714 美元时，抵免额为 14%，最大抵免额为 800 美元；劳动所得超过 9 000 美元时，抵免额降低为 10%；劳动所得超过 17 000 美元时，抵免取消。这些金额还会根据通货膨胀的情况进行调整。这种抵免仅适用于有受扶养者的申报，最重要的是，在抵免额超过抵免前计算的税额前，可以退税。

如表 20－3 所示，劳动所得抵免的应用提高了免税标准。在只有一个受扶养人的情况下，个人申报者的免税限额从 7 000 美元提高到了 11 000 美元，联合申报者从 11 000 美元提高到了 13 400 美元。在这些水平之下，纳税人会得到一个“负税”（退税），负税的金额先上升而后降为 0。劳动所得抵免的应用，可视为迈向负所得税的第一步。也就是说，该所得税既包含当所得朝着损益平衡点的上升时而降低的负税率（即转移），也包含当所得突破该点后而继续上升的正税率。如果累进征税原则要求前者的话，也就很可能会要求后者。这种议案在 20 年前就经过了积极的讨论，如我们早前考察福利制度改革中所提到的①。现在来说，需要注意的是，劳动所得抵免还没有达到完全的负所得税的要求，因为它仅限于劳动所得者和有受扶养者的申报表。结果是，在低收入阶层中，有受扶养者申报表上的纳税义务，大大低于无受扶养者的应纳税额。类似地，收入来自于其他来源（如养老金）的低收入者也没有受益。

表 20－3　在劳动所得抵免情况下的应纳税额　单位：美元

单一申报，一个受扶养者				联合，一个受扶养者申报			
AGI	税额	抵免	净额	AGI	税额	抵免	净额
1 000	—	140	－140	1 000	—	140	－140
7 000	—	800	－800	8 000	—	800	－800
7 100	15	800	－785	9 100	—	790	－790
9 000	300	800	－500	11 000	—	600	－600
9 100	315	790	－475	11 100	15	590	－575
11 000	600	600	—	13 400	360	360	
17 000	1 500		1 500	17 000	900	—	900

育儿抵免

鉴于对妇女权利以及公平处理家庭收入的要求，税法进一步规定了育儿抵免。这种优惠是以抵免税款的形式提供。对于 AGI 低于 10 000 美元的

① 参见第十一章第二节。

申报表，抵免额等于雇人照顾儿童费用的30%，对于AGI高于28 000美元的申报表这一比率则降为20%。可抵免的费用限于头两个孩子，每个孩子2 400美元。该抵免可由工作中的个人申报，或者都有工作的夫妻双方的任一方提出。

五、累进模式

所得税传统上被认为是一个累进税的工具。那么，它的累进程度究竟如何，累进模式又发生了哪些变化呢？

累进的含义

回到表19－2和图19－1，我们注意到，实际税率水平（税收占AGI的百分比）随AGI规模的提高而上升。我们把实际税率随收入增加而上升的税称为累进税，实际税率不变（不随收入规模变化）的税称为比例税，实际税率随着收入增加而下降的税称为累退税。因此，应纳税额随着所得的提高而提高是不够的。当AGI的提高比率低于实际税率时，这种税就具有累进性。此外，如果这种税的累进程度越高，这种税占GNP的比重就会越高。在图19－1中，这是由实际税率曲线的斜率表示。因此，我们注意到，所得税对中低收入阶层最具有累进性，随后逐渐平缓，对较高收入阶层变得基本上是比例税了。如前所述，导致中低收入阶层累进程度不断提高的决定性因素，是不断下降的个人豁免额和标准扣除额所占的权重，而不是区间税率的提高。本节最后会更深入讨论如何衡量实际累进税率。

变化中的模式

区间税率模式近年来发生了很大变化，从中可以发现税收政策的变化进程。

过去的趋势 如表20－4所示，近几十年来区间税率的跨度已大大缩小。二战期间税率差距为23%到94%，战后不久就调整为17%到94%。随后，最低一级的税率几乎没什么变化，而最高一级的税率却在20世纪60年代和70年代从91%降到了70%。从那以后又有两次大幅度的下降，1981年降到50%，1986年降到了28%。中等收入应纳所得的税率也降低了，但降低幅度并没有这么大。

回顾这一模式的历史变化，我们可以发现一个持续的趋势：区间税率的累进性有所递减，尤其在高收入的一端，最明显的就是1986年税制改革。然而，这一情况存在一定程度的误导性。因为最终重要的是实际税率（即税收占所得的比率）的模式，而不仅是区间税率模式。实际税率也取决于豁免额和扣除额的水平，对于较高收入群体最重要的是能否全面地确定应税所得。由于税基存在漏洞，以前的实际税率模式相较于区间税率所表示的累进性更低一些，这使得实际税率累进程度的降低不如税率表中表现出的那么明显。

1986年税制改革　1986年税制改革在多大程度上符合这一模式呢？这次税制改革规定，在低收入的一端，虽然区间税率总体保持不变，但通过提高豁免额降低了实际税率。对于中高收入群体来说，税基扩大了，而税率下降又抵消了纳税义务的增加，从而使实际税率保持不变。因此，这次改革对于中高收入群体获得的税收收入和纵向公平而言是中性的。同时，封堵漏洞改善了横向公平和税制效率。这些都是这次改革的明显成效。但是在这次改革过程中，仍然选择保持税改前的实际税率模式，而没有对其进行完善。事实上，如果对税基进行更全面的界定，使税改前的区间税率更有效的话，这种实际税率模式会更为盛行。

表20-4　　税率结构的发展（联合申报表在各应税所得级别上适用的等级税率）

单位：%

应税所得（美元）	1944	1950	1963	1978	1981	1986
2 000	23	17	20	14	11	15
10 000	42	24	26	21	16	15
20 000	59	35	38	28	22	15
50 000	78	54	59	49	38	28
100 000	92	68	75	59	45	33
200 000	94	81	89	68	50	28
400 000 +	94	84	91	70	50	28

资料来源：J. Pechman, *Federal Tax Policy*, Washington, D. C.: Brookings, 1987 5th ed., p. 315.

这一考虑如表 20 - 5 所示。该表第 1 列给出了税改前的实际税率模式，第 2 列给出了税改后的模式。如我们将看到的，两者在中高收入的实际税率十分相似。而第 3 列表示另一种将会出现的实际税率模式：假如 1986 年的税改采取了扩大税基并降低税改前区间税率比例（比如 9%）的办法。税收收入还将会保持不变，但这种实际税率模式相比第 1 列和第 2 列所示，将会更为累进。人们可能会认为，这次税改实际上是默认了累进征税原则的逃避，而这种逃避之前是隐藏的。在最高税率降到 28% 的情况下，就向比例税率所得税的方向迈出了重大一步。诚然，采用比例税率后，低收入者的实际税率仍然具有累进性，因为个人豁免额将会继续提供一个零税率区间。但是，中等以上收入者实际税率的累进性将会在很大程度上消失。从这一更广的视野来看，1986 年税改的意义大大超出了它作为一个整改行动的成就。

表 20 - 5 1988 年的实际税率（联合申报者，有一个受扶养者）

AGI（改革前法律）（美元）	改革前法律* 1	改革法律 2	替代性模式† 3
0—10 000	0%	0%	0%
10 000—20 000	5.2%	4.3%	1.6%
20 000—30 000	8.8%	8.3%	5.6%
30 000—50 000	12.3%	11.0%	9.6%
50 000—100 000	16.5%	16.0%	15.5%
100 000—200 000	23.8%	21.8%	26.2%
200 000—500 000	29.6%	25.0%	34.8%
500 000—1 000 000	29.8%	26.8%	37.6%
1 000 000 +	27.9%	26.6%	41.6%
合计	14.5%	13.4%	13.4%

* 适用于 1988 年各级所得水平仍运用 1986 年法律。其各级所得适用的区间限额和豁免额未估算额。

† 在采用 1986 年税率（包括零区间金额）的同时，扩大税基，提高豁免额，采用 1986 年税改规定的标准扣除额。为了避免重复计算，改革后的标准扣除额减去了零区间金额。所以，这样得到的实际税率就减少了 9.0%，以使该栏的合计收入等于第 2 列。

资料来源：Brookings Tax Simulation File. 实际税率是应纳税额除以适当定义的 AGI。实际税率的计算数据由 Chuck Byce 提供，在此我深表感谢。对于更深入的讨论，参见 R. A. Musgrave：“Short of Euphoria”, *The Journal of Economic Perspectives*, vol. 1, no. 1, 1987.

衡量累进程度

累进税、比例税和累退税很容易区别。如果税收占所得的比率随收入的提高而增大，就是累进税；如果该比率保持不变，就是比例税；如果该比率下降，就是累退税。这些区别虽是明显的，但如果我们希望衡量累进或累退的程度，问题就较为复杂了。

如表 19－2 所示，平均税率曲线（税收占应税所得或 AGI 的比率）不断上升，因此在所有收入规模中都是累进的；然而，在该不同的收入规模之间，累进程度各异，并没有一种唯一“正确”的方法来衡量累进程度。

可以运用各种指标，包括①：

1. 实际税率变化与所得变化的比率；

2. 应纳税额的变化百分比与所得变化百分比的比率；

3. 税后所得变化百分比与税前所得变化百分比的比率。

在第一种衡量方法中，指标 1（可称为平均税率累进）给出了通过描绘实际税率与所得的关系而得到的曲线斜率。比例税的系数值为零，累进税的系数值为正。随着收入规模的增加，实际税率曲线趋向平缓，累进程度趋于下降。指标 2（可称为应纳税率累进）表示应纳税额对所得的弹性。该系数衡量了在图上通过描绘应纳税额与所得的相互关系而得到的曲线斜率。在这种情况下，比例税的系数为 1，累进税的系数大于 1。指标 3 称为剩余所得累进，表示税后所得对所得的弹性。它通过描绘税前所得与税后所得的关

---

① 适用于离散所得区间的相应公式是：

1. $\dfrac{T_1/Y_1 - T_0/Y_0}{Y_1 - Y_0}$

2. $\dfrac{T_1 - T_0}{T_0} \cdot \dfrac{Y_0}{Y_1 - Y_0}$

3. $\dfrac{(Y_1 - T_1) - (Y_0 - T_0)}{(Y_0 - T_0)} \cdot \dfrac{Y_0}{Y_1 - Y_0}$

其中，Y_0 和 Y_1 是低级次的所得和高级次的所得，T_0 和 T_1 为相应的应纳税额。

这些衡量指标（如这里所写的）和离散所得的跨度相关。因此，也可以考虑各种曲线在特定所得点上的斜率。在这一情况下，第二个表达就变为 $(dT/T)(dY/Y) = (dY/dY)(T/Y)$ 或边际税率与平均税率的比率。

参见 Richard A. Musgrave and Tun Thin：“Income Tax Progression，1928－48”，*Journal of Political Economy*，December 1948.

系给出曲线斜率。比例税的系数仍为1，但累进税的系数小于1。在所有指标下，累进程度随收入规模的增加而趋于降低，但在某些所得级别中可能上升。

将上述方法应用于各类所得级别，衡量累进程度的系数如表20－6所示。我们注意到，用不同系数所衡量的累进程度差异甚大。在不同收入级别上累进水平的变化也如此，甚至变化的方向也不一定相同。随着收入规模的提高，平均比率累进系数变小，这表示累进程度的降低。随着收入的增加，应纳税额累进的系数也会整体下降，也反映出累进程度的降低。但是对于剩余所得累进来说，趋势则相反（即累进程度在不断提高），这反映在系数的下降上。虽然所有这些指标都描述了同样的应纳税额，但剩余所得累进法表示似乎最有意义。毕竟对税制结构累进程度的关系，不仅在于税负如何分配，而且在于税后所得分配如何受到影响。后者就反映在剩余所得累进法上。因此，如果一个新的立法能够提高剩余所得累进的程度系数减小，这就表明，剩余所得的分配变得更为公平了①。

表20－6　　累进程度的衡量（无受扶养者的联合申报者）

AGI（美元）	税收		累进程度		
	应纳税额（美元）（Ⅰ）	平均税率（Ⅱ）	平均比率累进（Ⅲ）	应纳税额累进（Ⅳ）	剩余所得累进（Ⅴ）
10 000	105	1.1	0.71	14.7	0.85
20 000	1 650	8.2	0.24	4.8	0.56
50 000	7 692	15.4	0.12	1.75	0.65
100 000	21 616	21.6	0.04	1.33	0.46
200 000	50 800	25.4			
比例税的系数			0	1	1
累进税的系数			>0	>1	<1
累退税的系数			<0	<1	>1

＊据第415页脚注①中的公式计算的值反映了特定的AGI范围内的累进程度。

① 注意，剩余所得累进程度取决于实际税率曲线的水平及其斜率，而其他指标只取决于其斜率。因此，剩余所得累进法在本质上类似于我们前面论述的更全面的“实际累进”法，前面这一种方法衡量了全部剩余所得分配的公平性变化。参见第十九章第四节。对于进一步的探讨，参见Ulf Jacobson，“On the Measurement of the Degreee of Progression”，*Journal of Public Economics*，January－February 1976，pp. 161－168.

为了避免比较不同所得范围或不同税制结构的累进程度时的困惑，就有必要明确到底使用哪种衡量程度。尤其是当税率改变、累进程度改变的时候，如何衡量更为重要。当税率要提高或降低时，国会可能认为以中性的方式是可取的，从而要求对各阶层进行全面的调整。但中性意味着什么呢?

现假定要增加税收。如果平均税率累进程度保持不变，那么所有应纳税额都要提高一个相等的百分比。随着收入的增加，区间税率会提高一个递增的百分比。如果应纳税额累进程度保持不变，那么随着收入的增加，所有的区间税率都会提高同一百分比。如果剩余所得累进程度保持不变，那么随着收入的增加，区间税率会提高一个递减的百分比。因此，低收入群体的代表将倾向于从平均税率累进的意义上去解释中性，其次考虑应纳税额累进，最后考虑剩余所得累进。高收入群体的代表则往往采取相反的看法。有趣的是，就减税而言，人们选择累进方法的偏好次序正好与增税时相反。因此，理论性概念可能带有其政治内涵。

六、通胀调整

在经历了 20 世纪 70 年代后期和 80 年代的通货膨胀之后，通货膨胀对所得税结构的影响引起了人们的重视。这一问题的产生不仅关系到豁免额、标准扣除额和区间税率的名义水平，而且以更加复杂的方式影响到对资本所得的处理。

豁免额和区间限额

当物价上涨时，豁免额和标准扣除的实际价值下降。结果就是，对实际所得征税的标准降低。并且随着物价的上涨，区间限额的实际价值下降，从而使得适用于某一实际所得水平的区间税率提高。由于这两个原因，所得税应纳税额的提高比物价的实际价值上涨速度更快。

尽管区间限额被一次次调整，但在 70 年代后期和 80 年代早期的通货膨胀期间，豁免额的实际价值仍被允许大幅下降。1986 年税制改革对此进行了纠正，将豁免额的实际价值恢复到了大约 1978 年的水平。这一立法还规定了一个广泛适用的指数化制度（包括豁免额、标准扣除额、区间税率限额以及与劳动所得抵免相关的截止范围）。因此，以工资和薪金所得来说，所得税很大程度上是起到防止通胀作用的。

资本所得

在资本所得处理上，产生了一些新的问题①。如前所述，已实现的资本利得通常需要征税，而不管其价值的提高是仅在名义上发生还是实际发生。要公平地对待资本利得就必须仅对实际利得征税，也就要求对资本利得根据通货膨胀进行调整。

类似的问题也产生于名义债务发生实际价值损失的债权人以及债务人利得上。以实际获得所得为基础确定的所得增加额制度，应当允许债权人的损失列支以及推定债务人的利得。1986 年有人建议根据通货膨胀率减少应税利息所得来解决这一问题，但国会不接受这一议案。还有一个通货膨胀的问题是出现在折旧问题处理上。当价格上涨时，资本成本的回收在实际价值上受到损失，这样，又有必要进行通胀调整。正如下面要谈到的，1986 年的改革没有对此进行规定，因而只能依靠加速折旧的选择，尽管这种方法有一些问题②。

七、纳税主体的选择

在累进所得税下，正确处理纳税主体是个有争议的问题，可能没有完全令人满意的解决办法。这个问题也受到了近年来两种社会经济潮流的影响：其一，妇女在劳动力中的参与率越来越高；其二，未婚同居的现象不断增多。

以家庭为单位的纳税方法

我们先来看传统上在大多数所得税讨论中都适用的假设：纳税单位的确定以及纳税能力的衡量应当是以家庭为单位。然后我们再考虑一个情况：以单个工作收入者作为纳税单位。

---

① 读者可能想知道，类似的中性问题是否不适用于工资所得。如果豁税额和区间税率是指数化的，那么答案就是不适用于工资所得的。

② 参见第二十二章第二节。

规则　从纳税能力的角度看该问题，做到课税公平要遵守以下三个规则：

1. 具有相同所得和相同人数的单位，应当缴纳相同的税；
2. 在所得相同的各单位中，人数较少的单位应当支付更多，人数较多的单位应当支付更少；
3. 给定一个累进税率表，同样人数的单位所缴纳的税（占所得的百分比）应当随所得的提高而提高。

规则 1 不需要解释，因为它就表示同等单位应当同等对待这一要求。需要注意的是，在以家庭为纳税单位的情况下，不管该所得是由单一工作收入者还是由多个工作收入者来贡献，对衡量其纳税能力都是无关紧要的。规则 2 反映了这样一个命题：在单身个人与一对夫妇的所得额相同的情况下(比方说 30 000 美元)，单身个人比一对夫妇生活得更好。虽然某些消费项目（如居室照明）对两个人和一个人来说是一样的，但在其他项目（如座椅）上，两个人的成本更大。因此，只有对单身个人的税收比具有同一所得的已婚夫妇的税收更重一些，才能保证公平。所以，这种差别如果在适当的水平上，不应视为一个歧视性的“单身”税负。规则 3 直接遵循了累进原则，不需要作进一步解释。税制如果符合这些公平规则，不会影响人们的婚姻决策（无论是对单一工作收入者还是两个工作收入者)。

联合申报者和个人申报者　可以达到上述结果的手段，包括个人豁免以及对各个类型申报表使用差别化的税率结构。如前所述，豁免额定为每人 2 000 美元（单身、配偶和受扶养者)，这允许合并后的豁免额随纳税单位规模的增加而提高。标准扣除额和区间限额也因个人申报和联合申报而异。其结果是，联合申报者的应纳税额增加得较慢。虽然过去的税制往往歧视个人申报者，但目前的法律成功实现了高度的中性化。这如表 20－7 所示。单一工作收入者（第 1 行到第 4 行）结婚后应纳税额就减少了，可以认为这反映了其家庭费用的增加。

对于两个工作收入者的情况，其合并后的总应纳税额在结婚后基本不变。无论两人的工作收入不相等（第 5 行到第 12 行)，还是工作收入处于相等水平（第 13 行到第 20 行)，情况都是如此。但是结婚减少了联合申报成本，因此这对已婚者是有利的。

未婚同居　目前税法没有做出未婚同居者给予税收优惠，每一方仍实行单一申报。

以工作收入者为单位的纳税方法

关于应税单位的选择，一些欧洲国家采用了另一种方法，即不考虑家庭状况而把个人工作收入者视作一个基本单位。在这种情况下，夫妇合并后的总应纳税额将取决于工作收入如何分配。采用比例税率方法与联合申报法将会没什么差别，但在累进税率下差别可能就相当大了。和联合申报相比较，欧洲的这种方法给较低收入者一个更优惠的待遇，因而获得了女权群体的支持。然而，近年立法缩小了区间税率，从而降低了这种方法与联合申报法的差别。

表 20－7　　单一申报和联合申报的所得税应纳税额，1988 年

	AGI 总额			
	10 000 美元	25 000 美元	50 000 美元	100 000 美元
单一工作收入者	750			
1. 单身申报的纳税额	150	3 280	9 720	24 562
2. 联合申报的纳税额	－600	2 400	7 613	20 918
3. 差额（2－1）	－0.8	－880	－2 107	－3 644
4. （3÷1）		－0.3	－0.2	－0.1
两个工作收入者：各挣 3/4、1/4	7 500			
5. A 的 AGI	2 500	18 750	37 500	75 000
6. B 的 AGI	375	6 250	12 500	25 000
7. A 单独申报的纳税额		2 063	6 570	17 137
8. B 单独申报的纳税额	375	188	1 125	3 280
9. （7＋8）	150	2 251	7 695	20 417
10. 联合申报的纳税额	－225	2 400	7 613	20 918
11. （10－9）	－0.6	149	－82	501
12. （11÷9）		0.1		
两个工作收入者：各挣一半	5 000			
13. A 的 AGI	5 000	12 500	25 000	50 000
14. B 的 AGI	0	12 500	25 000	50 000
15. A 单独申报的纳税额	0	1 125	3 280	9 720
16. B 单独申报的纳税额	0	1 125	3 280	9 720
17. （15＋16）	150	2 250	7 560	19 440
18. 联合申报的纳税额	150	2 400	7 613	20 918
19. （18－17）	—	150	53	1 478
20. （19÷17）		0.1	—	0.1

注：税额计算使用标准扣除或 10% 的 AGI 扣除，以扣除额更高者为准。

受扶养者和居家配偶

回到以家庭为纳税单位的方法上，还要注意两个更深入的问题。

受扶养者的优惠扣除　在衡量以家庭为纳税单位的纳税能力的过程中，显然应考虑受抚养者的人数。在一定的 AGI 下，大家庭的纳税能力低于具有相等金额 AGI 的一个小家庭。问题仅在于应该把哪些人认定为受扶养者，以及应如何扣除优惠。第一个问题是如何对待离家生活并挣得一些收入的孩子这一类问题。另一个问题是通过从 AGI 中扣除的方式给予优惠（就像目前的情况），还是采取抵免的方式给予优惠。如果每增加一个孩子的费用要根据每个孩子的标准支出（比如平均标准）来衡量，那么采取这种抵免方法是合适的。但是，如果这种费用是要按照特定纳税人从事的工作收入来确定，那么扣除方法就更为可取。因为有较高收入的纳税人在每个孩子身上的花费更多，因此给予更多的税收优惠也是合适的。如果选择前一种解释，那么以抵免取代目前给出的额外豁免就是合适的了。

对受扶养者的税收待遇的另一个方面涉及标准扣除。虽然联合申报者享有的标准扣除额高于单身申报者，但这种扣除与被抚养者人数无关。由于随着越来越多的受扶养者的优惠具有附加豁免的性质（而不是采取分项扣除的近似形式），因此，比较好的办法是允许标准扣除额不仅随单一申报者向联合申报者的转变而提高，而且随受扶养者的人数增加而增加。

居家配偶　最后，有一个问题是如何对待没有在外工作收入而待在家里的配偶（不管是照看房子、照顾孩子还是享受闲暇）。考虑 A_1 和 A_2 这对夫妻，其中，A_1 在外拥有工作收入所得，而 A_2 没有。把他们与另一对夫妻 B_1 和 B_2 都在外有工作的一家相比较。假设 A_1 和 B_1 的工资一样，并假设 A_2 的潜在工作收入与 B_2 一样。根据目前的法律，B 家比 A 家支付得更多。但从公平待遇角度来看，两家应该支付一样多的税收。因为前面得出的结论告诉我们，推定所得也应当视为财富增加额的一部分①。

原则上，居家配偶的推定工作收入（根据之前所放弃的工资）应当纳入税基。而且，同样的做法也适用于居家单身，或者从事非全日制工作的所得者。这实际上将会要求对潜在所得征税，这种方案从效率和公平两方

① 参见第十九章第三节。

面看，将会是理想的解决方法，但在实际中行不通[①]。

另一种比较现实的方案是，要对非工作收入的配偶 A_2，推定一个等于家务和育儿的标准费用（即如果请外面的人来做这些工作所要支付的费用），而不试图去估算 A_2 的潜在工资。这种方法将会更为实际，并且该推定将会随孩子的人数的增加而增加。然而，目前由于缺乏这种规定，给予纳税人的育儿抵免实际上是助长了平均主义。

八、州与地方所得税

如前所述，所得税主要是联邦税。在 1986 年，82% 的个人所得税收入归于联邦政府，14% 归于州政府，4% 归于地方政府。在个人所得税占各级政府税收总收入的百分比方面，联邦政府、州政府、地方政府分别得到了 42%、20% 和 3%。然而，已经有 42 个州使用了所得税，且近年来，所得税在地方税收收入种变得越来越重要了。

州所得税

州税负的结构 在实行一般性所得税（适用于劳动所得和非劳动所得）的 42 个州（包括华盛顿特区）中，绝大多数会适用联邦所得税下定义的 AGI。在使用联邦税基的情况下，进行了某些调整，如将联邦公债利息和经常性资本利得排除在外[②]。绝大多数州允许有 10% 的标准扣除。个人豁免额通常一直在联邦水平左右，或稍高些，其中有几个州用抵免代替豁免。除 4 个州外，所有州的税率都是累进的。通常为从 2% 到约 8%，但纽约高达 13.75%。由于对于低收入者一般实行较高的豁免额，所以虽然累进税率是适度的，但是实际税率却是高度累进的，甚至在适用比例税的州也是如此。有三个州（佛蒙特、内布拉斯加和罗德岛）是根据州税收占联邦税的一个百分比来确定应纳税额的。有些州对资本所得征收较高的税率，另一些州则豁免了工资所得。绝大多数州允许把支付给其他州的所得税来抵免他们

① 参见第十三章第二节。

② 关于这方面的其他情况，参见 Tax Foundation, *Facts and Figures on Government Finance*, 1986.

的税收，不到一半的州允许联邦税的扣除。由此，我们可以发现各州的所得税之间有相当大的差异。但最典型的模式是用近似联邦的 AGI 和豁免额，并且实行 2% 到 8% 的累进税率的模式。

扣除　在计算联邦所得税下的应税所得时，扣除了州所得税。在计算州税下的应税所得时，少数的州会扣除联邦所得税。扣除规定是非常重要的，因为它们确定了州税税负的净增加值。

首先假定只有联邦政府允许扣除，并假定征收一个 10% 的州税。州税种每一美元的净成本（即州税和地方税的增加额）取决于纳税人适用于哪种联邦税率区间。如果这一区间是 28%，那么州税收中每一美元的净成本就等于 72 美分（28 美分是通过联邦税的减少而得以补偿）。如果区间税率是 15%，那么净成本等于 85 美分，因为仅有 15 美分在减少的联邦税中得到补偿。因此，统一的州税率所导致的税收增加是累退的。如果州也允许对联邦税扣除，情况就更加复杂[①]。这一扣除会进一步降低州税增加所带来的净应纳税额，并增加州税的累退程度。此外，进一步的考察表明，纳税人从联邦税扣除中得到的净收益很少，而对该州的税收收入损失却非常大[②]。因此，州允许扣除联邦税是不适宜的。

假定 $s=0.10$、$f=0.28$，我们发现，在州政府未扣除联邦税前的合并税率为 35.2%。在相互扣除的情况下，合并税率变为 33%，这使得净税赋每一美元的所得中减少了 1.9 美分的净税额。同时，州从每一美元的所得获得的税收收入由 10 美分降为 7.4 美分。

有些人可能会认为这不合理，原因在于州只考虑了自己征收的税收，而不考虑对联邦税收的影响。然而，忽略这一影响并不现实。因为实际上，相当部分的州税由联邦税提供返还而得以筹资。同理，近年联邦税率的下降也使得州所得税的成本更加高昂了。所有的这些方面都提出了在一个联邦税制国家中应当如何设计税制的问题（我们稍后将讨论这一问题）[③]。

---

①　为了应用当年联邦与州之间的相互扣除规定，纳税人将会必须善于求解联立方程；该求解过程将会是困难的，因为适合的税率区间将会是未知的。不过在实践中，该问题是通过扣除去年的税额得以解决。

②　令联邦和州的法定税率为 f 与 s。在扣除州所得税的情况下，联邦实际税率变为 $f(1-s)$，州与地方的合并税率为 $f(1-s)+s$。在州税与地方税相互扣除的情况下，联邦实际税率为 $f(1-s)/(1-fs)$，净州税率为 $s(1-f)/(1-fs)$，州与地方的合并税率为 $[f(1-s)+s(1-f)]/(1-fs)$。

③　参见第二十八章第四节。

限制 和联邦所得税率相比，州税率相对温和，这一点并不意外。这反映了下述事实：如果州际之间的高税率水平有差异，就会极大地影响经济配置问题。除非所有辖区都要使用相同的税率结构，否则在州和地方层面通过累进税进行分配调节的作用会很有限。但在适用统一税率的情况下，这实际上就要求制定全国性政策。如我们稍后将看到的，再分配的功能必须主要由中央财政来行使①。

地方所得税

虽然地方层面的所得税赋在总量中相对不重要，但在一些较大城市中相当重要。例如，纽约市从这一来源得到了20%以上的税收。现在，约有4 000个地方政府征收（包括市、县和1 000多个学区）各种形式的个人所得税，税率通常为1%到2%，在大多数情况下不给豁免。非居民的地方性工作收益被纳入税基，在有些情况中，这种收益只限于工资与薪金所得。

九、本章小结

应税所得额占GNP的比率不到50%。税收优惠或税收支出导致应税所得范围定义上的一个不足，由此削弱了所得税在横向公平和纵向公平两方面的作用。

1. 在应税所得与GNP的差额中，大约1/3可通过GNP与个人所得之间的差距来解释，1/2可通过个人所得与AGI之间的差距解释，其余在AGI向应税所得转化过程中产生。

2. 只有一小部分的差额未解释。

3. 税收优惠导致了全额税基下所获得税收的1/3以上的税收收入损失。

4. 税收优惠对各个收入阶层都很重要。养老金缴款在较低收入群体中至关重要，房屋所有者收益在中等收入群体中最为显著，资本利得优惠和免税利息的排除在高收入群体中最为重要。

5. 由于在有同一广义所得的各纳税人之间，税收优惠的收益的分布各

---

① 参见第二十八章第二节。

不相等，因此就导致横向不公平。

高收入纳税人从近年来较大比例的避税安排中获得了好处。

6. 为了解决避税趋势的增多，1986 年立法限制了亏损结转和利息扣除。

7. 另外还有最低限度税的实质性限制。

通过某些税收抵免给予低收入纳税人特别减免。

8. 劳动所得抵免给有受抚养者的劳动所得获得者提供了可观的税收减免，这种抵免限于较低收入群体。

9. 育儿抵免旨在给有受抚养者的低收入纳税人提供减免（适用于单身申报或配偶双方都有工作的联合申报）。

本章考察了所得税的累进性。

10. 累进课税通过实际税率表示的斜率来衡量。

11. 区间税率的跨度在过去 20 年内已多次降低。

12. 1986 年《税收法案》将最高税率从 40% 降到了 28%。但是，将较高收入阶层的税基拓宽，很大程度上抵消了对实际累进程度的影响。

13. 对于适当累进程度的争论还在继续，这涉及许多考虑因素。

14. 考察了衡量累进程度的各种方法。

本章还指出了通货膨胀调整的重要性。

15. 豁免额、标准扣除额和区间限额都已被指数化，从而使工资劳动收入者的所得税免受通胀的影响。

16. 如何使资本所得免受通胀的影响仍待完成（包括资本利得、利息和折旧的指数化）。

如何适当选择应税主体在过去几年一直有争议。

17. 在以家庭为纳税单位的方法中，税收对于纳税人的婚姻选择基本上是中性的。

18. 另一种替代性方法是，将应税主体定义为个人工作收入者。

19. 对于居家配偶的个人推定所得，如何处理税收的问题仍待解决。

对所得征税的作用主要在于联邦政府，尽管许多州也征收了所得税。

20. 州所得税的税率通常从 2% 到 8%。

21. 尽管在联邦税中，州所得税是可扣除的，但只有少数州允许扣除联邦税。

推荐读物

关于所得税条款的一个简明汇编，可在每年与申报表一同发放的财政部的“1040 表总说明”中找到。

有关所得税的大量文献，参见：

Bradford, D. : *Blueprints for Basic Tax Reform*, 2d ed. , Arlington, Va. : Tax Analyses, 1984.

McLure, C. , and Treasury staff: *Tax Reform for Fairness, Simplicity, and Economic Growth*, Department of the Treasury, November 1984.

Pechman, J. A. : *Federal Tax Policy*, 5th ed. , Washington, D. C. : Brookings, 1987.

Simons, H. : *Federal Tax Reform*, Chicago: University of Chicago Press, 1938.

Surrey, S. : *Pathways to Tax Reform*, Cambridge, Mass. : Harvard University Press, 1973.

Symposium on Tax Reform, *Economic Perspectives*, vol. 1, no. 1, 1987.

第二十一章
公司所得税：结构与归并

本章的目的是评价联邦公司税的作用。涉及的核心问题是：是否应当有一个“独立的”公司税，或者公司税是否应当与个人所得税归并。如果是，应如何实现这种归并？

▶ 本章内容提示

一、联邦公司所得税的结构
- 应税所得的确定
- 税基的取得
- 税基的结构

二、应该有公司所得税吗？
- 归并课税观点
- 独立课税观点
- 课征公司税的其他原因

三、归并
- 完全归并
- 局部归并

四、确定税基的更深入问题
- 债务融资与股权融资
- 存货核算
- 费用账户
- 避税与最低税负

五、本章小结

同个人所得税一样，公司所得税也是一种联邦税。公司税收入的90%以上来自联邦政府，但是绝大多数州也征收公司所得税，尽管税率要低得多。这里我们先考虑联邦税，州公司所得税产生的特殊问题将稍后考虑。虽然，现在公司所得税占联邦税收收入的份额急剧下降，由30年前的近30%降到现在的大约10%，但它仍是税收讨论的焦点。

一、联邦公司所得税的结构

现在联邦公司税对净所得的第一级50 000美元按15%的税率征收，对随后的25 000美元按25%的税率征收，对超出其上的部分按34%的税率征收。后者与1986年前40%的最高税率及更早些年的50%相比，已大幅下降。虽然所有公司中近90%仅按较低税率纳税，但利润总额中有90%以上要按最高税率纳税。如下所述，这反映了这样一个事实：税基中的大部分由大公司提供。按个人所得税等级划分，公司利润的规模分配比个人收入的规模分配更不平等。

应税所得的确定

确定应税所得的基本原则非常简单，公司毛所得减去经营中发生的成本，剩下的就是应税的净所得额。在个人所得税中由某些扣除和不予计列所引起的问题又会出现，例如资本利得、免税债券和慈善捐款。此外还增加了其他问题，包括应该把哪些项目视作营业成本可扣除，以及如何确定这种费用的适用时期。这就进一步复杂化了一个公平有效率的公司税设计。不同的行业存在不同的问题，难以对诸如制造业和银行业这样不同的行业设计一个统一的税制。由于公司及它们之间的关系具有法律上的复杂性，显然，公平的公司税不可能是一个简单的税。

税基的取得

虽然个人所得税是一种普遍性的税（或至少目的是这样），但公司税只适用于资本所得。而且，资本所得限于以下两方面：（1）以利润形式获得的资本所得；（2）源于公司部门的资本所得。在国民收入账户中报告的公司利润大约占到了利润总额的一半、总资本的1/3①。因此，如果把公司税看作是对利润的征税，那么它只涉及税基的一部分；如果把公司税看成是对资本所得的征税，那么公司税只涵盖了部分税基。

应税公司利润有别于国民收入账户中定义的利润，因为它包括了存货估值收益（或损失）、汇回国的在国外所得和已实现资本利得。而某些项目，如折耗备抵和州所得税都要扣除。这里不存在与个人豁免相对应的税收优惠，但是加速折旧造成了大量的税收收入损失。

税基的结构

如表21－1所示，公司所得税的税基结构明显不同于个人所得税。公司所得税的申报表总数量要少得多，而且在主要集中在利润较少的公司。1983年，46%的纳税申报表来自资产少于100 000美元的公司，80%的申报表来自资产少于500 000美元的公司。但是，这些申报表的净所得仅贡献了8%的净所得总额和2.5%的公司税收入。再看高利润的公司，我们注意到，资产超过2.5亿美元的公司不到申报表数量的0.1%，却贡献了净所得总额的57%和税收收入的67%。这反映出大企业在公司部门中占主导地位的重要性。接着从税收收入的观点来看，只有大型公司与巨型公司才是举足轻重的。

二、应该有公司所得税吗？

公司税在良好税制中所起的作用并不明显。如果从消费的角度来看待

① 基于以下1986年的数字计算而得（单位：十亿美元）。

1. 公司利润	253.2
2. 非法人企业的利润	261.9
3. 租金所得	16.7
4. 净利息	251.1
合计	783.7

参见U. S. Department of Commerce, Survey of Current Business, July 1987. 第2项包括利润以及个体经营者的工薪收入。

合适的税基，显然公司税就没有存在的必要。所以，来源于公司的所得只有在它在收款人之间进行分配和被花费时才应该进行征税。但是，即使在所得作为税基的情况下，也可以对公司税的存在提出异议。这里，在公司层面的征税可能被认为仅是把来源于公司的所得计入个人所得税的一个手段，或者它可能被看作对公司来源所得的一个额外“独立的”税，这种税是在净所得分配给股东之前征收的。美国税法下，后一种观点仍然适用。即先对公司所得征收34%的联邦公司税，并且不能抵免对股东股息所得征收的个人所得税。把公司所得并入个人所得税的议案在1986年的税改中被否决了。

表 21-1　　按资产规模分组的公司税申报表，1983 年

总资产规模（千美元）	申报表		净所得		税收*	
	数量（千）	占申报表总数的百分比	金额（十亿美元）	占申报表总数的百分比	金额（十亿美元）	占申报表总数的百分比
100 以下	1 774	55.9%	1.0	0.4%	2.4	2.2%
100—500	904	28.5%	6.2	2.7%	2.5	2.3%
500—1 000	215	6.8%	4.4	1.9%	1.9	1.8%
1 000—5 000	205	6.5%	14.0	6.0%	6.8	6.3%
5 000—10 000	28	0.9%	6.4	2.8%	3.6	3.3%
10 000—50 000	31	1.0%	17.5	7.5%	9.5	8.8%
50 000—100 000	6	0.2%	7.4	3.2%	3.9	3.6%
100 000—250 000	4	0.1%	12.4	5.3%	6.2	5.8%
250 000 以上	4	0.1%	163.6	70.2%	71.2	65.9%
合计	3 171	100.0%	232.9	100.0%	109.0	100.0%

* 扣除外国税收抵免与投资抵免。

资料来源：Commissioner of Internal Revenue, Statistics of Income, 1984, Corporate Income Tax Returns, Washington, D. C., 1987, p. 48, table 6.

归并课税观点

坚持归并课税（单一制）观点的人们把公司所得的课税问题仅仅看作是把所有公司来源所得纳入个人所得税税基的一个方法。他们的基本观点是，所有的税收归根到底都是由个人承担，而公平课税的概念只能适用于纳税人个人。进而，他们认为，应该根据总所得的概念把所得作为一个整体来课税，而不应依赖其来源。因此，他们对公司所得税是对利润的征税这一假定提出了批评，因为利润分配时被征了两次税：第一次是公司层面在公司所得税下征税，第二次是个人层面作为股息在个人所得税之下征税。

现在来考虑按28%的税率支付个人所得税的纳税人A。她享有公司X分得的利润100美元，公司对此支付了34美元的税。剩下的部分（即66美元）以股息分配给了A，接着A又支付了18.48美元的所得税。这笔利润总共缴纳的税额等于52.48美元。在没有公司税的情况下，对100美元股息所支付的所得税本来将会是28美元，因此实际上导致了24.48美元的“超额税”。再考虑按15%税率支付个人所得税的纳税人B。对他来说，被课征的总税额等于34美元加上9.90美元（即43.90美元）。在归并制下所得税本来将会是15美元，因而导致28.90美元的超额税（略高于A）。由于没有把公司来源所得归并到个人所得中，给纳税人增加了额外的负担。并且，对于个人所得税较少的较小股东来说，每一美元公司来源所得的额外负担更大。同时要注意，相比在B所得中的份额，股息在A所得构成更大的份额。在此情况下，A的额外税占总所得的百分比可能比B大。不管怎样，在归并主义看来，额外税是不合理的，因为所有的所得（包括从公司来源取得的）都应当按同一税率征税。在个人所得税取代公司税的情况，应当对企业来源收入征收个人所得税。

上面的举例已假定，税后利润事实上是全部作为股息分配给股东的。但现实并非如此，因为除去公司税后，至少会有一半的利润留存下来。因此，在无法推算给股东的留存收益（如归并税制的情况）的情况下，公司税起到了获得留存收益的目的。随着1986年引入新税率，34%的公司税率现在超过了股息分配后的个人所得税税率，但是除了对低收入股东，差距已经越来越微小。

独立课税观点

那些持相反立场的人们认为，归并课税的观点建立在对公司不切实际的看法之上。大量股权相对分散的公司占了公司税收收入的大部分，而不仅仅是个人获得所得的一个渠道。公司是一个独立存在的法律实体，其在经济和社会决策制定中是一个强力的因素，由几乎不受制于个人股东控制的专业管理人员来经营。由此，他们的结论是，作为一个独立的实体，公司也应适当征收独立的税。至于税后利润是分配还是留存在这里无关紧要。

关于公司所得税的“独立式”或“古典式”观点是难以站得住脚的。公司确实作为不同的决策单位而运作，但或多或少只与股东意愿有着模糊的联系，因此需要规章政策的是公司而不是股东。而且，税收工具在某些条件下对这种规章政策可能是有用的。但是，这与提议公司有着独自的纳税能力并应征收一个独立的税并不是一回事①。显然，所有税收最终必定由某些人承担（即由自然人承担）。公司利润是股东所得的一部分。根据所得税的净值增加原则，应将公司利润作为股东所得的一部分加以征税。公司利润没有理由承担额外的税收，也没有理由享受税收优惠。

再次注意到，这一公司税的观点基于这样一种假设：该税只针对利润，且不转嫁给消费者或工薪阶层。但随着这种转嫁的发生，独立课税主义主张对公司来源所得征收额外税的企图会受阻。在这一情况中，这种税会变为一个低级的、随意的销售税或工资税，在公平的税制结构中没有合理的位置②。

课征公司税的其他原因

虽然在个人纳税能力的基础上没有设立独立的公司税的正确观点，但仍有许多其他的考虑可能提供征收这种税的理由。然而，这种税在规模或结构上不能与联邦利润税相比。

从受益方面考虑 公司可能被要求支付一个受益税。政府提供了许多有利于公司经营的服务，使公司得以降低成本、拓宽市场、便利运用资金等。但是，绝大部分这些服务不仅是为公司提供的，也是为其他形式的经营组织提供的。因此，从道理上来说，应对所有的经营组织普遍征税，而不是仅对公司征税。虽然某些政府费用只与公司有关，但是这些费用是一个次要因素，不足以证明征收这种税的合理性。当然对公司给予有限责任

---

① 当然，人们可能会证明，公司有能力缴纳某种税而不会破产或者不会削弱其经营。但是，这一意义上所使用的纳税能力概念，与税收的经济效应有关，而非与公平意义上使用的纳税能力有关。

② 它较低级是因为，销售税或工薪税的隐含税率，将随特定公司的利润销售比或利润工资的账面比而随意变化。

的经营特权，对公司来说确实会有巨大的价值，但是实际上“有限责任”制度并不需要社会付出成本。因此，这不能作为征收收益税的理由。征收受益税的目的是分摊政府提供公共服务的成本，而不是对没有成本的收益收费。

在征收受益税方面，还存在两个更深入的问题。第一个问题是，这种税应在哪一级政府征收？由于大多数对企业有利的公共服务是由州和地方政府提供的，所以显然，这种税将不会主要由联邦政府负责。第二个问题是，如何确定一个适当的税基？这将因提供的服务而异，但在绝大多数情况下都不是利润。因此，不动产最能反映消防的价值，就业最能反映出教育支出的投入，交通将会反映公路服务等等。如果要使用一个一般性指标，那么在州或地方发生的总成本或许是最好的课税指标，由此增加的价值（包括利润以及其他生产要素成本）是第二可能。

从管制目标考虑　如果把公司税看作是对公司行为的控制工具，那就需要从另一个角度说明公司税应当存在的原因。这时，公司税采取何种形式取决于要达成怎样的特定政策目标。

1. 传统上是通过各种管制工具来控制垄断，但也可以采用税收手段来实现这一目的。然而，这并不要求要对利润征收一般性税收。这种利润税在纠正垄断行为中将不会是有效的。相反，这需要一个更复杂的、与垄断控制程度有关的税。

2. 假如想要限制企业的绝对大小或限制大企业（这和限制垄断或市场份额并不相同），也可以通过税收达到这一目的。这里，将会要求开征一个累进营业税。但是，累进的理由不会是纳税能力，这一点同个人所得税不同。因为大公司可能由小投资者所有，而小公司则可能由富有的投资者所有。相反，累进税将会用于限制大公司，并削弱大公司对社会的不利影响。于是就产生了问题：这种税是否应当对利润征税而不应当对资产规模或销售额征税？即使大企业被认为是不可取的，也不是特定地惩罚可营利的大企业的一个理由。

虽然我们没有全面运用这种方法的经验（1936 年罗斯福政府建议累进的公司税，但遭到了拒绝），但可以适当运用三重税率表，对小公司运用较低的税率。这点我们在下面还要加以讨论[①]。

① 参见第二十三章第二节。

3. 在需要直接控制工资和物价的紧急时期（如战争），可以课征超额利润税。在这种条件下，工资限制如果没有和相应的利润限制结合在一起，就不能被有效运用。而超额利润税就是一个有用的工具。美国在两次世界大战与朝鲜战争期间，都课征了这种超额利润税。超额利润税虽然在原则上是合理的，但由于难以确定超额利润额，所以很难征管。这种利润要通过与一个基期相比较才能衡量出来，但起点不同可能会引起不公平。或者，可能使用一个标准利润率。在此情况下，风险差别不能被忽略，因此对不同的产业实行怎样的税率是很困难的问题。

近期的石油危机和油价管制的取消，引起了一个不同类型的情形。这是另一种要求征收选择性超额利润税的情形，就是暴利税的征收。

4. 为了促进资本的形成和增长，比较合适的方式是鼓励公司储蓄、抑制股息分配。这一目的可以通过对已支付的股息征税、对保留利润免税来实现。而在另一种情况下，为了发挥资本市场的作用，或者为了增加消费支出，则可以鼓励公司分配利润、抑制留存利润。这一目标可以通过对未分配利润征税而对以股息支付的利润免税来实现。在 20 世纪 30 年代后期曾经征收这种税，当时的目的是刺激消费支出。

5. 最后，公司税可以用来对投资提供激励或加以抑制，这与公司储蓄有一定区别。为此，可以使用像加速折旧的工具和 1986 年以前实行的投资税收抵免的手段。它们可能在一个周期或较长的时期使用。这种措施的有效性稍后将详加考察。但这里应该指出的是，这种激励也可以直接给出，即以投资补贴或补助的形式，而不是采用利润税下减免的形式。

总之，这些考虑表明，在控制公司行为方面，税收可能是有用的工具。但在绝大多数情况下，需要采用一个与公司税不同的税收形式。

三、归并

如前所述，有很多人认为公司是股东个人获得取得的一种渠道，并将公司来源的收入与个人所得税结合起来。要实现这一目标，应在税制结构中进行哪些调整呢？

完全归并

为了保证完全的归并，必须调整利润保留与股息分配的税收待遇，使两者一致。完全归并可以通过两种方式实现：一是可以通过合伙企业的方法，二是通过对资本利得全额征税。

合伙企业方法　这一解决办法是为了把全部利润都推算给股东，然后对股东个人所得税征税。在留存收益的情况下，公司将会告知股东公司代表股东留存的特定利润额，并加到他们的股份中。然后，股东在计算其应税所得时将会纳入这一金额。

同时，对利润所得实行预扣制度仍然是非常可取的。正如公司以预扣代理人的身份对雇员工资所得的个人所得税预扣一样，公司也会充当股东利润所得的扣缴代理人。假定某个股东收到 1 000 美元的利润份额，并得到相应的通知。该公司按一定税率（比如 20%）扣缴税款，留给该股东 800 美元的净利润。不管其中有多少是以股息分配，该股东都会将全部利润份额加总起来，将整个 1 000 美元的总值纳入他的应税所得。如果他的边际税率是 28%，那么他的应纳税额就等于 280 美元。他将用预缴的 200 美元来抵免这 280 美元，这样他会支付额外的 80 美元。如果他的边际税率为 15%，则需缴纳 150 美元。由于已经扣缴了 200 美元，之后他将得到 50 美元的退款。通过使用这种税收返还的方法，纳税人将按适当的边际税率来缴税。如果预扣缴税率超过了他的个人税率，那么他将得到相应的退回。

换句话说，就税收而言，股东被视为非法人企业中的合伙人。由于他们在取得利润时已经完成了纳税，因此后面因利润留存所产生的股份增值（即资本利得）就必须从随后的资本利得课税中排除。这是通过允许股东提高股份基值来实现的（即增加股份的购买成分），其中允许提高的增值数额等于留存份额。

这一程序似乎是极其公平的，并在长时期内属于税收改革者的标准议案之一。但是，也有人指出了该方法的某些困难。有的观点认为，不应要求纳税人支付一个对尚未“收到”所得的纳税。因而，把留存收益推算到该人的应税所得是“不公平”的。这一异议根本上等同于对未实现利得课税的反对，但并不能令人信服。一方面，税收中的一大部分将通过采用税源预扣法得以支付，所以就不会对股东形成被迫出售资产的流动性问题。

另一方面，在个人边际税率超过预扣税率的情况下，预扣后还应支付的差额可由出售股份的方式来筹资。虽然这种方法对那些股东人数较少而股票没有上市的公司可能不合理，但在这种情况下，股东可以通过提高股息支付比率来获得必要的现金。

也有观点认为，合伙人策略尽管对股票人数较少的小公司可行，但对股份较为分散的大公司却并不可行。因为他们的股东会频繁出入于证券市场，所以可能会难以确定他们的利润份额。而且，在激励措施方面（如投资抵免上）也会产生困难。通常进行投资决策的管理层对收益转嫁给股东的抵免，可能不会有回应。并且这种转移过程本身就会引起技术困难。然而，如果认真努力进行融合，这些问题并不是无法解决的。

但无论如何，应当注意的是，通过合伙人方法实现的归并，绝不会绕过在确定公司应税所得中所牵涉的问题。其应税所得的确定与在独立的公司税情形下一样重要。通过合伙人方法的归并不会简化税收管理，相反是对其提出了新的要求。

资本利得方法 另一种可供选择的方法是，通过所有资本利得（包括未实现利得）全额征税，并废除利润税，就可以实现完全归并。然后，已分配的利润作为股息包括在股东的所得中，而留存的部分则将会作为资本利得。这一方法将不再需要确定应税利润了。根据这种方法，对交易股份的未实现利得的定期征税（比如说每五年），可以和死亡时或转移其他资产时的征税组合起来。然而，在不存在公司税的情况下，诸如投资抵免的投资激励必须在股东层面给予，或者作为对该公司的直接补贴给出。

局部归并

虽然完全归并已经被讨论多年，但这从未被认为是一个可行的措施。不过，实践中已多次提出要提供一定程度的局部归并。1986 年以前，联合申报的股息所得的首个 200 美元会从应税所得中排除。请注意，该减免是通过免税而不是所得税减免的方式给予的。其结果是，允许给股息收款人的收益随着边际税率的提高而提高，从而高收入股东会更有利。然而，股息不予计列在 1986 年的税改中中止，同时把公司税率降到了 34%。在公司税率现在相当接近于绝大多数股东个人税率的情况下，目前这种安排的设定可被视为相当于对留存收益的归并处理。但是“双重课税”仍然适用于支付的股息。

四、确定税基的更深入问题

公司筹资中的议题显然比个人家庭的更为复杂，因此公司税税制设计方面的问题比个人税更复杂。这里只考察几个重要的方面。

债务融资与股权融资

在公司税下确定应税所得时，公司借款利息会被扣除。利息就像工资支出一样被看作经营成本。在没有归并的情况下，这会刺激资金提供者更愿意贷款给别人而不愿意进行权益投资。在前一情况中，对所获得的利息只需支付个人所得税。在后一情况中，股息分配会受到双重课税。从管理层的角度来看，也会产生有利于债务融资而不利于股权融资的扭曲现象。如果通过债务融资取得资金，那么所支付的利息可以从应税利润中扣除，而不允许扣除从权益资本中取得的收益。在没有引入完全归并的情况下，可通过下面两种方式恢复中性：（1）通过不允许在公司税下扣除利息，但这种方法会以扩大双重课税范围为代价；（2）允许在公司税时扣除推定的权益资本利息，从而减少了双重课税的范围。但是不管怎样，对内部筹资来源的严重依赖，已导致权益份额的上升而非下降，几乎没有证据可以表明不同税收待遇对筹资方式产生重大影响。

存货核算

在整个纳税年度中，作为正常生产经营活动的组成，存货的增值应包括在企业的经营利润中。这些变化可以后进先出法（LIFO）或先进先出法（FIFO）来衡量。一旦选择了一种衡量法，企业就必须一直使用这种方法[①]。

---

① 假定 1987 年末，一个汽车经销商有 10 辆汽车的库存（每辆以 5 000 美元购进）。1988 年以 6 000 美元又购进了 20 辆汽车，同时以每辆 7 000 美元出售 5 辆汽车。1988 年末的库存是 25 辆汽车。在 LIFO 法下，利润为 5×（7 000 美元 - 6 000 美元），即 5 000 美元。在 FIFO 法下，利润等于 5×（7 000 美元 - 5 000 美元），即 10 000 美元。由于物价已经上涨，所以 FIFO 法利润更大。

用 LIFO 法在价格上涨期间会获利较小，在价格下跌时损失也较少。因此，使用 LIFO 法会在经营周期内提供一个比 FIFO 法更稳定的税基。LIFO 法正在被绝大多数公司使用，它在持续通胀的条件下还会保持一个较小的税基，自动地从税收中排除通胀利得。

费用账户

费用账户和"费用账户存在"已经是一个大量讨论过的话题。当招待费被允许作为经营成本扣除，这种付款的净成本会减少近 1/3，且不应取得公共补贴的活动也得到了鼓励。此外，公司可以通过实物形式而不是以现金形式支付给雇员，这样做公司可以帮助雇员们减少他们的个人所得税。因此，如果把一辆 10 000 美元的汽车提供给高管，那么对公司来说，其成本等同于给董事增加 10 000 美元的工资。但是，工薪收入的增加可能会提高个人的应纳税额，而提供给其汽车服务却可能不会提高个人的应纳税额。

个人所得税的这种规避途径是可以闭合的，要么通过把实物所得纳入该个人的应税所得中，要么不允许在公司层面扣除这种成本。在 1964 年收入法案和 1978 年《税收法案》中，做出了适度的努力来限制这些扣除、减少费用账户备抵。但是，尽管"三杯马提尼的午餐"在税改争论中仍是一个重要的问题，限制费用账户的努力仍然遇到了严重的阻力，没有获得很大的成功。经过大量讨论后，1986 年的税改法案中将扣除额限制在 80% 以内。由于详细区分可扣除项目与非可扣除项目之间会带来严重的管理困难，所以英国几乎不允许一切招待费也许是唯一可行的替代方案，但美国国会几乎不会接受这种方案。

避税与最低税负

如同所得税的情况一样，1986 年改革对避税和最低税负做出了相当严格的规定。公司最低限度税现在作为对经常性税收的一个补充（而不是替代项）来课征。在确定税基时，某些优惠项目被并入计算（但在计算正常公司税时应允许从应税所得中扣除），并按 20% 的税率征税。这些项目涉及一系列的规定，包括加速折旧扣除、坏账扣除和其他已经导致有疑问的税基收缩的扣除。就像所得税的情况一样，规定最低税是为了防止纳税人从正常所得税的各种有漏洞的优惠条款中收益太多。这种规定对于更好地确定正常税基是有帮助的，但不是去取代正常税基。

五、本章小结

1. 1986 年立法把公司税的税率从 46% 降到了 34%，废除了投资抵免，收紧了应税所得的定义（特别是包含了折旧规则的改革）。

公司所得税的分析指向了三个关键点：

2. 作为一种税收收入来源，公司税的重要性已在减弱。

3. 不像个人所得税的税基，公司税仅覆盖了所有资本收益的一部分（比如 1/3），少量大公司掌握了公司所得税的大部分应税利润。

在评估公司税在良好税制结构中的作用时，需要对两种观点加以区别：一种观点是把公司税看作对公司本身征收的独立税；另一种观点是把来源于公司的所得归并到个人所得税中进行征税。作为征收独立的公司税的基础，有些人提出了以下观点：

4. 应当对公司从公共服务中获得的收益进行征税。但这种税在数额上应比传统公司税要少，同时形式上也应有所不同。

5. 税收可以起到多种形式的监管作用，例如控制公司规模或垄断力量，但需要注意的是应该依据不同情况使用不同的税收形式。

考虑到公司税在纳税中的重要地位，公司税可以作为一种主要的税收收入来源。这里，我们得出以下结论：

6. 公司税的公平性必须根据税收负担在不同个人之间（而不是公司之间）的影响来评估。如果公司税不转嫁给消费者或工资收入所有者，那在一般情况下税负必须由股东或资本获利者来承担。

7. 由于所得的所有来源都应平等对待，这就要求把公司所得归并到个人所得税之中。

8. 无法归并是对低收入股东的歧视。

本章还考察了各种归并技术，既包括完全归并，也包括局部归并：

9. 完全归并可以通过两种方式实现：一是可以通过合伙企业的方法，二是通过对资本利得全额征税的方法。

10. 无论采用哪一种方法都牵涉到管理的困难，但这些困难并非无法解决。

11. 局部归并可以通过把股息排除在公司税外，或者通过在股东层面给予股息抵免来实现。

12. 1986 年税制改革没有考虑归并制。

推荐读物

Pechman, Joseph A.: *Federal Tax Policy*, 5th ed., Washington, D. C.: Brookings, 1987, chap. 5.

McLure, Charles, Jr. (ed.): Must Corporation Income Be Taxed Twice? Washington, D. C.: Brookings, 1979.

另见之前章节的推荐阅读。

第二十二章
公司所得税：进一步的议题

经济学家在公司税基础的定义中，一直着重关心资本成本的会计（包括中性安排的设计，以及激励规定的设计）。所以，本章提出的问题属于税收分析经济学中最有趣的议题。

▶ 本章内容提示

对于公司税及其税制设计的争论比其他税种多，这种争论一直围绕着它对经济体健康的潜在影响，尤其是对投资的潜在影响。本章主要考察了在这一背景中要注意的一些主要议题。

一、折旧规则

不管是考虑独立的公司所得税还是合伙企业制归并，都必须确定应税所得，而在这一过程中会面临很多困难。在此，折旧的处理是最困难和最重要的问题之一。

折旧的期限

由于公司税是一种对净所得征收的税收，所以在确定应税所得时必须扣除所有的经营成本。对于工资支付或材料购买的情况，在支付发生时进行扣除。对于资本投资的情况，这种扣除在一段时期内作出。法律应当规定投资者被允许回收投资成本的速度。回收资本成本的时间长短很重要，因为如果在账面上计提的折旧多了，那么应纳税额就会相应地减少。资本成本的扣除会给投资者节省税收，并且资本成本扣除得越早，这些节省就越多。因此，该税收的现值和征税带来的收益减少的程度，不仅取决于税率，还取决于折旧扣除的时间。这些因素既涉及计提折旧的时间跨度，也涉及折旧的速度。

回收期的长度　资本回收或计提折旧的时间跨度，传统上一直根据资产的“有效使用寿命”来设定。因此，国税局会根据“良好商业惯例”设定指导性资产寿命：汽车为 3 年，机械为 10 年以上，构筑物为 40 年到 60 年。总共划分了约 80 个宽泛定义的财产类别。1971 年的税收法案引入了所谓的资产折旧幅度（简称 ADR）系统，允许纳税人将资产的服务年限提高或降低 20%。1981 年的经济复苏税收法案大大改变了传统的折旧制度，回收期被大大缩短，允许折旧期为 3 年、5 年、10 年和 15 年。这一加速回收制度（ARS）旨在抵消通胀的影响并提供一种投资激励；但这一制度也导致了不同类型的投资的税负差异很大。1982 年对折旧规则作了进一步改动，1986 年税改大幅修改了 1981 年的立法。新的 MACRS（经修改的加速成本回收系统）划分了 8 个资产类别。大多数设备属于 7 年的类别，而住宅建筑属于 27.5 年的类别，其他构筑物属于 31.5 年的分类。这些新的资产寿命仍未达到经济寿命，但跟之前相比已有所好转。并且，它们的区分更接近于经济寿命，因此产生的扭曲效果比较小。

回收期内的折旧率　回收周期内的折旧速度，取决于运用若干销账方法中的哪一个。构筑物被要求使用直线法，每年冲销同一金额 C/n（C 是资产成本，n 是资产寿命）。因此，对于寿命为 10 年的 100 000 美元资产，每年扣除 10 000 美元。设备则根据“余额递减法”来折旧，第一年扣除直线法百分点的两倍，然后将这一相同的百分点应用于每个后续年份中的尚未折旧金额。因此，第一年扣除 20 000 美元，第二年 16 000 美元，依此类推。

还有另一个方法是年数总和方法，但是目前税法并没有涵盖：每年扣除的比例等于剩余年数与服务寿命期间年数总和的比率。于是，对于寿命为 10 年的 100 000 美元资产，年数总和是 $10+9+8+\cdots+1=55$。第一年记账是 100 000 美元的 10/55，即 18 111 美元；第二年记账是 100 000 美元的 9/55，即 16 374 美元；依此类推。

如表 22－1 所示，折旧的现值在双重余额递减法下比直线法下更高，且差距随使用寿命的延长而增大。如果我们比较年数总和方法和直线方法，这一结论也同样成立。在余额递减法与年数总和法之间，我们注意到前者对短期投资有利，后者对长期投资有利。

经济折旧与加速折旧

实际税率既取决于名义税率（现在大公司为 34%），也取决于允许折旧的速度。折旧速度越快，有效税率就越低。当评估一项投资的时候，投资者会把净所得流的现值与该资产的成本进行比较。这一现值等于税前所得流的现值减去应纳税额支付的现值。后者又可以认为等于毛税收（即在不允许折旧情况下的税收）的现值减去因折旧的税收节省的现值。可以采取的折旧越快，这一负值的组成部分将越大，且净税收将越低，如表 22－1 所示。出现这一结果的原因是，税收节省实现得越快，其现值将越高。因此，加快折旧（不论通过缩短折旧期限，还是通过允许该期限内更快地回收）会通过推迟税收义务的到期日期来降低实际税率。从投资者的观点看，提高折旧速度等价于一笔无息贷款，其利息节余的现值等于税收节省的现值①。

表 22－1 **折旧的现值** 单位：美元，资产成本 100 000 美元

服务寿命（年数）（Ⅰ）	直线（Ⅱ）	双重余额递减（Ⅲ）	年数总和（Ⅳ）
6%贴现			
5	86 750	87 811	87 515
10	75 787	78 716	79 997
20	59 055	64 661	67 680
50	32 460	40 935	44 756
10%贴现			
5	79 534	81 100	80 614
10	64 469	68 528	70 099
20	44 663	51 539	54 697
50	20 806	28 829	31 439

资料来源：小哈罗德·比尔曼和西摩尔·斯米特，《资本预算决策》，第 2 版，纽约：麦克米兰，1966 年。

经济折旧的中性 很显然，快速的折旧有益于投资者，尤其有益于投资于寿命比较长的资产的投资者。原本适用的等待纳税期越长，从早期扣除中的获益（或从税收延迟中的获益）就越多。那么，以一视同仁或中性

① 考虑给出 n 年恒定年度所得流 R 的一个投资。税前，投资者把该投资的成本等于其所得流的现值，从而

$$C = R_n A_n$$

其中，C 是该投资的成本，A_n 是 1 美元年金 n 年的现值（以市场利率贴现）。

税后，我们有

$$C = R_n A_n - t(R_n A_n) + t\frac{c}{d}A_d$$

其中，t 是税率，d（假设直线折旧）是折旧分摊的年数。A_d 是 1 美元年金 d 年内的现值。该等式右边的第二项是毛税赋的现值，第三项是因折旧备抵的税赋节省的现值。

净税赋的现值等于

$$t\left(R_n A_n - \frac{c}{d}A_d\right)$$

的态度来看“适当”的折旧率是多少呢？

如果孤立地看任何一项投资，这不会产生大问题。财政部在更快速折旧中所损失的就是纳税人得到的，这样的话，税率和折旧率就可以有多种不同的组合来确定同等大小的税负了（由税收现值决定）。一个较低的税率和较低的折旧率，将会与一个较高税率、较高折旧率带来同等的税额。假如所有投资都一样，那么选择哪个组合来给财政部提供一个给定的收入流，将会没什么差别。出现困难的原因在于，各投资在长度和营利能力方面不同，因而在各个政策下的结果也就不同。但是，就公平性（具有相同所得的投资者应支付相同的税收）和中性（征税不应扭曲投资模式）而言，各种投资均应被同等对待。为确保一个公平而中性的所得定义，应采取什么折旧模式呢？

如前所述，可折旧资产可以产生两个所得流。一个是正的收益所得流，来自该资产的使用；另一个是负的所得流（或资本的减损），来自于该资产损耗和因报废的价值下降。相抵后，该资产会产生一个净所得流，其现值就是该资产的价值。具有相等净所得流现值的资产，应当承担由该现值所定义的一个相等的税负。

在折旧根据资产价值实际减损记账的时候（因而对真实净所得流在每年获得时征税），情况就将如此。该资产在任一时间的当期价值，等于其产生的未来所得流经资本化的价值。因此，这一当期价值的下降，等于所得流减少经资本化的价值，而这又是在计算净所得时应当和成本一起记账的资本成本或经济折旧。

在税收折旧等于经济折旧的情况下，征收该税收将按法定税率减少净所得流的价值。有效税率就将等于法定税率或名义税率，无论资产寿命的长度是多久，情况都将如此。因而，征收税收不会改变不同寿命投资之间的排序，从而不会扭曲投资者在它们之间的选择。如果允许折旧采取一个更快的速度，那么较长期的投资将有最多的利得，且将受益于一个较低的有效税率。因此，投资选择将被扭曲，更多的资本将流入那个方向。如果允许的折旧率低于经济折旧率，则有相反的结果。

因此，使用经济折旧有充分的理由；但尽管该原则是清楚的，却不易应用。现代资本设备不会均等地磨损，它在“用完”之前经常就过时报废了。各种资产的报废率不同，且无法预计。因而，可行的最好办法就是使使用寿命适应于实际经营惯例，并采取下述假设：后者一般会反映“真实的”服务寿命和所得流的时间路径。在以经营惯例作为参照标准的情况下，更高的折旧率可以被称为“加速”折旧。

有效税率 从前面的讨论显然可知，名义税率水平及其变化对于衡量有效税率水平是一个很不充分的指标。有效税率可由公式 $(r_b - r_a)/r_b$ 表示，其中 r_b 是税前回报率，r_a 是净回报率或税后回报率。因此，有效税率就等于因税收所导致的回报百分比的下降。它既取决于法定税率，也取决于折旧率。

1986 年立法导致平均有效税率略微上升，因为废除投资抵免和温和延长折旧期限所带来的影响超过了名义利率的下降的影响①。同时，有些类别的资产（如设备，尤其是诸如汽车的寿命较短的资产）折旧期限大幅增长，而其他资产（如工业建筑物）的折旧期限则缩短了。如表 22－2 所示，在新机制下的有效税率更接近统一，这反映出折旧模式与经济折旧及投资抵免的废除更加一致，投资抵免往往有利于短寿命的投资。

表 22－2 **有效税率**

	1986 年改革以前*	1986 年改革
卡车、公交车和拖车	0.2	29.9
一般工业机械	-3.3	38.0
工业建筑物	45.6	37.0

*考虑投资抵免的效应。

资料来源：A. 奥尔巴克，“税收改革：资本成本”，《经济展望期刊》，第 1 卷，第 1 期，1987 夏，第 77 页。

单次投资与持续投资 在前面的讨论中，我们考察了加速折旧对单次投资净回报的影响。对于这种投资（作出一次后就回收），加速折旧不会减少将支付的合计税额。应纳税额在早些年减少，在后几年却增加。该利得（等价于一个无息贷款）来自一劳永逸的税收延迟（财政部在早些年损失了收入，而后得以追偿）。但是对于持续投资，情况就有所不同了。假设该资产在损耗时重置，以保持可折旧基础不变。那么，纳税人来自延迟的利得（及财政部的损失）在头几年会增加，而后慢慢减少。过了一段时期，财政

① 对于投资抵免的讨论，参见本章第二节。

部的收入损失停止，但是只要会发生连续再投资，财政部的期初损失就无法收回。只有在再投资停止后，追偿才能进行。最后，还有一种情况：公司不断扩张其可折旧资产的范围。如果折旧足够快，且扩张足够迅猛，那么这种公司可能能够无限期地延迟税收支付。所有的支付都被逃避了，不会发生最终的追偿。

费用化和初始备抵

工资支付的成本或购买材料的成本在发生时进行扣除。即这种成本被"费用化"了。假如就资本冲销而言也进行同样的操作，也就是说，假如加速折旧进行到极致，投资的成本在发生时就变得可扣除的话，将会如何呢？一个从事单次投资的投资者，可能不能利用这种即刻的冲销。直到公司可以收回整个折旧，有足够的所得进行应计时，实现税收节省才是可能的。但是，假设该公司有来自其他投资的所得，冲销可以马上对其进行记账。在此情况下，投资者不承担任何税收，财政部不会获得任何收入。

为了看清这一过程，假设你投资 100 000 美元于资产 A，并马上把 100 000 美元作为折旧记账。由于你还没有收到任何来自资产 A 的所得，你就遭受了一个 100 000 美元的损失。然后你把这一损失与来自资产 B 的所得进行冲抵，这样就减少了你对来自 B 的所得的税收义务。在 34% 税率的情况下，税收节省等于 34 000 美元。接下来你把这一金额加到你在 A 上的投资，把另一 34 000 美元作为折旧进行记账，作出另一个对 B 的税收节省 11 560 美元，依此类推。重复这些过程，你最后在 A 上的投资为 100 000 美元 $+0.34\times$ 100 000 美元 $+0.34^2\times$100 000 美元 $+\cdots=$151 500 美元。对你从投资于 A 的 151 500 美元上的收益，你将必须支付一个 34% 的税收（使你处于如在没有税收的情况下投资了 100 000 美元一样的境况）。因此，如果投资者用结余的税负再进行投资，得到即期折旧，实际上就是免缴税收。

然而，政策可能不允许这么做。税法可能只允许投资成本的有些部分（比如三分之一）通过即时折旧回收。在此情况下，只有三分之一的税收将免交。对于短期投资和长期投资二者，情况都将如此。这一策略（也称初始备抵）提供了一个中性的方式给予来激励投资。允许部分税收费用化同时根据经济折旧对剩余部分进行折旧的系统，在短期投资和长期投资之间都将是中性的[①]。

通胀调整

贯穿这一讨论的始终，我们都理所当然地认为，资本回收金额由初始投资成本来设定，仅存的问题是冲销应在何种期限以何种速度发生。另一个困难是通货膨胀引起的。随着价格上涨，给予原始成本的回收将不会提供足够的税收节约，以使该公司的资本在现实中不受影响。结果，应税所得被夸大了，导致根据现实所得来衡量的有效税率的隐性提高。这在 70 年代期间越发显著，往往抵销了投资抵免带来的税收优惠。

为了纠正这一缺陷、正确应对通胀问题，有两个解决办法可用：（1）折旧基础可以指数化，以随重置成本而提高；（2）整个折旧都在第一年进行，以消除通胀的影响。但是，这一折旧将会从一个减少的基础进行，这是因为下述事实：相较于在该资产经济寿命期间分摊的情况，来自折旧的税收节省会更快获得（并由此获得一个更大的现值）。1981 年立法选择缩短资产寿命并加速折旧，而不是把通胀的影响中性化。到了 1986 年，通货膨胀已经减弱，没有必要作进一步的通胀调整了。然而，如果通胀问题复发，毫无疑问人们迟早必将正视这一基本问题。

更糟的是，对折旧扣除产生的影响只能解决部分通胀问题。需要解决的更广泛的问题是，该通货膨胀调整是否应该限于折旧，还是对整个资产负债表作调整。对于有净欠债的公司，这将会要求当负债的现实价值随价格上升而下降时增加所得。对于作为一个整体的公司部门，净所得的增加，将会总体上抵销或超过因折旧基础提高的净所得减少。有些部门（如公共公用事业）的税收义务实际上将会增加。

二、投资税收抵免

在 1986 年改革前的 20 年，投资税收抵免提供了重要的激励手段。该抵

① 参见阿诺德·C. 哈伯格，“投资激励中的税收中性”，于 H. J. 阿隆和 M. 波士钦（编辑）：《征税经济学》，华盛顿特区：布鲁金斯，1980 年。

免政策于1964年开始实施，允许一小部分（1985年10%）合格投资的成本抵免税收。因此，一个花费100 000美元购进一项资产的投资者，可能以90 000美元的净成本得到该资产。允许抵免的合格投资包括建筑物以外的所有可折旧资产（从而允许纳税人得到一个10%的免税回报）。

如何比较这两个工具（投资抵免和加速折旧）呢？投资抵免类似于加速折旧的地方在于它减少了税收，但其机制不同。与加速折旧不同，投资抵免不仅涉及税收延迟，还涉及直截了当地减税。对于任一具有规定使用寿命长度的特定投资，设计一对将给投资者带来相同现值的加速折旧和抵免规定，是可能的。但这两个策略在各投资之间不同。加速折旧有利于长期投资，抵免则对短寿命资产有利。较短的资产被替换得更频繁，因而可以更频繁使用该抵免。因此，如果资产可用寿命短于7年，1986年前的法律就会减少投资抵免；对于寿命低于3年的资产，则不给予抵免。

如果抵免策略得到恰当设计，还是有许多优点的。可以清楚地看到，抵免工具正给予投资者鼓励性的实惠，并且允许按照经济的资产寿命来设定折旧。然而，1981年法案在投资抵免以外，又引入了大幅的加速折旧，导致了对大量投资的负税率，并导致了1986年该抵免的废除。

三、谁负担公司所得税？

如前面税收归宿的讨论所示，绝大多数经济学家根据竞争模型认为公司税的负担落在资本上①。商界人士的看法经常有所不同，他们把该税收看作一种可转嫁成本。如果假设所有市场都以利润最大化的方式运作，那么前一个观点就是正确的。但是，如果各公司作为受约束的垄断者运营，或者如果追求销售最大化而非利润最大化，抑或是如果适用其他的定价规则，那么公司就很可能试图以更高的价格转嫁该税收。此外，如果劳动市场不完美，那么更高的缴税可能在集体议价时反映在更有限的需求上，从而被转嫁给劳工。

因此，结果取决于当前的市场结构和行为。美国产业的结构——尤其

---

① 参见第十五章第三节。

是大量公司税所源于的较大的制造业公司——可能导致受管理的定价。不能排除由受管理的价格调整导致的转嫁，这与竞争市场中由要素流动和要素供给变化导致的转嫁不同。对于在高度组织的劳动市场中经营的公司，这一点也同样成立。在这种情景下，理论分析是无结论的，需要进一步的实证调研来解决争论。

近年来，已有人重复尝试提供这种证据。首先，存在的问题应当是寻找什么样的突破口。假如公司税税率在各产业之间不同，该问题将会相当简单。通过考察导致的价格变化、比较税收变化前后各个部门的相对境况，就可能得到结论。但是，这做不到，因为该税收以基本相同的有效税率适用于所有法人企业。比较法人企业和非法人企业的投资回报率也不可行，因为后者没有充分的数据可用。剩下的可能就是要在没有与免税部门比较的情况下，考察公司部门的经营状况，并探寻该公司部门的各个元素对税收如何反应——包括诸如公司权益回报率、公司利润在该公司部门所增加价值（即来源于该公司部门的所得）中的份额、公司毛利润等的特征。即便这一方法也不是太有指导性，因为公司税税率并没有经常发生重大变化。

我们先观察一下有关的历史统计。表 22 - 3 中给出了一些关键变量。由于主要的税率提高发生于第二次世界大战期间，并且由于 20 世纪 30 年代和 40 年代都是高度不寻常的时期——一个受大萧条主导，另一个受严重的战争主导——因此最好的可行办法就是比较 20 年代和二战后的几十年。

表 22 - 3　　公司税率和利润份额　　单位：%

年份	法定公司所得税率（Ⅰ）	制造业公司		所有公司
		税后回报率（Ⅱ）	税后利润率（Ⅲ）	利润在来源于公司部门所得中的份额（税前）（Ⅳ）
1927—1929	11—13.5	8.0	5.9	21.8
1936—1939	15—19	6.3	4.6	14.8
1955—1959	52	10.9	4.9	22.4
1960—1963	52	9.5	4.5	20.6
1964	50	11.6	5.2	21.9
1965—1967	48	12.7	5.4	22.1

续表

年份	法定公司所得税率（Ⅰ）	制造业公司		所有公司
		税后回报率（Ⅱ）	税后利润率（Ⅲ）	利润在来源于公司部门所得中的份额（税前）（Ⅳ）
1968—1969	52.8	11.7	4.9	19.8
1974—1977	48	13.6	4.9	17.5
1978—1986	46	12.7	4.0	12.3

注：第Ⅰ栏，1968—1969 年和 1970 年的法定税率包括附加费。第Ⅱ栏：制造业公司税后利润（不含存货估值调整）占所有者权益的百分比。第Ⅲ栏：税后利润（如第Ⅱ栏）占制造业公司净销售的百分比。第Ⅳ栏：所有公司的税前利润（不含存货估值调整）占来源于公司部门所有所得的百分比。

资料来源：第Ⅰ栏至第Ⅳ栏，1927—1929 年和 1936—1939 年：M. 克瑞兹赞尼亚克和 R. A. 马斯格雷夫，《公司所得税的转嫁》，巴尔的摩：约翰·霍普金斯，1963 年，第 15、17 页。第Ⅰ栏至第Ⅲ栏，1955—1959 年：《总统经济报告》，1978 年 1 月和 1986 年 1 月。第Ⅳ栏，1955—1959 年至 1969 年：美国商务部，《当前商业调查及国民收入与产品账户》，表 1.14；1974—1977 年：《当前商业调查》，1978 年 7 月和 1982 年 7 月。

把较早时期法定税率和税后回报率同较后时期比较（第Ⅰ栏和第Ⅱ栏），很容易看出支持转嫁假设。如果没有转嫁，并且假定没有其他影响，那么由于该税收从 12% 提高到 50 年代的 52%，因此 20 世纪后期 8% 的回报率本应而降到 5% 以下。实际上，这种下降没有发生。相反，净回报率提高了近 40%。换句话说，毛回报率提高的幅度超过了确保完全转嫁所需的幅度。或多或少恒定的税后毛利（如第Ⅲ栏所示）也是对转嫁假设的类似支持。在税后毛利不变的情况下，毛利润的上升反映了该税收的变动。然而，第Ⅳ栏给出了一个不同的图景。毛利润或税前利润占来源于公司部门合计所得的份额没有提高，在二战后几十年中与 20 年代基本相同。这与转嫁假设不符。假如该税收转嫁给了消费者或工人，那么毛利润在国民收入中的份额应该相应提高。

因此，从 20 年代与战后几十年的比较中获得的证据是矛盾的，既与转嫁假设保持一致，又与非转嫁假设一致。在较近些年的模式中也不能找到一个明了的答案。公司税率的下降没有反映在税后毛利或利润份额的显著增加上（从而表明该税收没被转嫁）。但税后回报率又显示几乎没有增加（这与转嫁假设一致）。结果令人费解，但并不令人惊讶。许多非税因素在这一时期内发生了变化，并且证明比税收因素更为重要（尤其是1978年之后的几年，不利的经营条件减少了税前回报，而税率几乎没有变化）。如果要确定征税效应和归宿行为，就必须把非税因素和税收因素的影响分开。

因此，要对转嫁进行经验性衡量，需要采用可以分离公司税的效应的计量经济方法。过去几年内已出现了各种各样的这类研究，但该议题仍有争议。一种类型的研究是把公司回报率表达为各个预先确定变量（比如消费者需求水平、产能利用、政府支出和公司税率）的函数。通过纳入公司税率，分析者们希望使用与这一变量相关的回归系数，来衡量税率变化对回报率的效应。这些研究中的一些已显示了高度的转嫁，使得完全转移而非零转移假设有了更多的支持。然而，其他研究得出了相反的结果。计量经济分析还不能以结论性的方式把税收效应从同时发生的公共支出、经济条件和其他因素的变化效应中分开。如前所述，该分析中的关键变量（即税率）本身就是一个复杂的概念。当然，重要的是有效税率而非名义税率。如我们在前一节中已经看到的，有效税率取决于折旧规则、投资抵免、通货膨胀率以及其他不易评估的因素。如果改进计量经济方法，并且使用不那么细化的数据，那么可能最终会得到更好的结果，不过所涉困难也非常多。

四、小企业

如上一章开头所述，大量的公司税收入来自大公司，但大量的公司税纳税人是较小的公司。大公司以34%的税率纳税，而较小公司适用的税率仅为15%和25%。公司税应该按经营规模加以区别吗？若是如此，理由何在？

税率应该累进吗？

个人所得税累进税率所基于的理据，不能适用于公司部门。从某种意义上说，公司没有自己的纳税能力，而个人有自己的纳税能力，所有税收最终都由个人承担。也不能说企业的累进征税是股东累进征税的一个手段。在公司大小与其所有者净所得之间没有必然的联系。许多小公司由高收入个人所有，而实际上，大部分的股息（大量的股息由大公司支付）由中等收入的个人收取。

如果要用累进税率结构，就必须根据其他的理由（例如，抑制企业规模、支持小企业的意愿）。如前所述，抑制规模与限制垄断不同。后者是市场份额的问题，前者是绝对大小的问题。如果要抑制规模，那么可以采取累进税，但这种税收和资产规模发生联系将会比和利润发生联系更为恰当。如果认为公司规模不宜庞大，那么就没有理由去支持无法营利的大企业。然而，抑制规模的经济意义是有问题的。尽管几乎没有论据证明需要巨大的规模来获取效率，但是中型企业和大企业往往比小企业更高效。杰斐逊式的理想在现代社会不是一个行得通的选择，而各大单位之间的平衡可能是较为合理的解决方法。

但是，对小企业的税收减免一直在政治上受到欢迎，并会继续如此。这一立场的一个理由是为了抵消大公司在不完美资本市场中经营所处的优势地位。然而，更重要的是人们坚信，保持一个小企业主阶层即使可能是低效率的，但符合社会需要。

给小企业的援助

基于以上原因及其他原因，对于小企业的优惠待遇是税收改革的一项永不过时的话题。假定要给予这种援助，那么留给我们的问题就是，怎样做才是最高效的。

合伙制选项　法律允许股东数不超过 10 人的公司采取合伙制纳税方式。在此选项下（由美国国内税收法典第 S 分章规定），这类公司不支付公司税。作为替代，不管当期利润是否分配，都将其推算给股东。因此，公司仅仅被看作是股东取得所得的一个途径，因而这种课税方式实际上是应用了所得税的完全归并制（单一制）。换言之，给予了股东合伙企业的税收好处，但没有失去有限责任的保护。这一选项对于适用低个人所得税率的中等收入的股东，以及希望以当期所得收到其投资回报的股东特别有利。

低初始税率　对初始所得适用较低公司税税率的好处主要由小公司享受。这些低税率对大公司纳税额的影响不是很显著。采用低初始税率的麻烦在于，它易于充当个人所得税的避税手段。在公司税率只有 15%、股东个人所得税税率是 28% 的情况下，只要股息支付率低于 55%，组建公司就会带来当期税收好处。还有一个更困难的问题，低初始税率会激励大公司分裂成多个单位（拆分），以从较低税率的适用中受益。法律试图通过对高留存比率的个人持股公司征收处罚性税收来避免这种滥用；但是，仍然难以确保给小企业的减免不被转为对高收入所有者的减免。

五、州公司税收

公司所得税（和个人所得税的一样）在联邦层面有着首要的重要性。虽然 48 个州征收了公司税，但它在 1984 年只提供了 8.2% 的州税收收入。它对地方税收收入的贡献不到 1%。州公司税率介于 3% 到 11.5% 之间（绝大多数州对小公司采用较低税率）。考虑到从联邦税下应税利润中的可扣除性，净税率介于 1.9% 到 4.9%。

与联邦税率相比，州公司税的税率是低的，因为资本是流动的，而巨大的税率差别可能造成资本从高税率州流向低税率州。虽然和选址决策中的其他因素相比，细微的税率差别可能相对不重要，但是各州往往将其视为一个重要因素，所以会加入低税率竞争以吸引资本。所有这些考虑都导致了朝向温和税率和较为一致的税率的一个内在趋势。

从事州际贸易的公司的税基应如何在不同的州之间划分是一个有趣的问题。任何一个州都可以对在其辖区内经营的公司征税，各个州的法律会使用不同的公式来确定它们应该对利润中的哪些份额征税。通常，这涉及一个分摊公式，包括该州内的财产、工资和销售额，而这三个因素在所谓马萨诸塞公式下有相同的权重。目前普遍认为，应采用一套受制于财政部监督的统一规则，并且销售额应从该公式中剔除。

如何选择适当的公式取决于税基配置的哲学。如果受益方面的考虑占支配性地位，那么理想的解决方法就是根据各地为企业提供的公共服务成本来收费。还有一种近似的解决办法，可能认为，所有成本都通过公共服务的供应而均等地降低了；在此情况下，根据发生的成本来配置将会是合适的。与此同时，在此基础上就利润进行分配将不会很有意义。如前所述，受益策略要求收取的不是利润税，而是对发生的成本征收从价税。

如果采用绝对利润税的哲学，则合适的分摊方法应当是依据利润的来源[①]。如果我们假定企业的资本回报在所有地方都一样，那么就应该根据资本使用的地方来配置利润。销售将会进入该公式（但仅考虑销售业务上的那部分资本，而非销售总额）。工薪因素将会根据工薪筹资的平均资本要求（而不是所支付的合计工资）进入。在这种策略下，销售因素与工薪因素将会比传统三因素公式中的权重要小，而不可移动资本将会以其全值纳入。

直到最近，人们还认为把销售纳入利润分摊公式将十分符合低收入州的利益，而纳入资本与工薪将会符合高收入制造业州的利益。然而，司法委员会报告显示，销售因素的作用被误判了[②]。进行绝大多数生产的州也会提供最大的市场，并且购买得也最多。纳入销售因素将影响那些由特定企业支付其税收收入的州，但对整体收入配置的效应是次要的。

六、对外投资所得

随着对外投资越来越重要，对来自这种投资的所得的税收处理已经成为税收政策中的一个重要议题。一个有境外分支的美国公司将就分支利润进行纳税，但可以用已缴纳的国外税收来抵免其美国的税收。这同样适用于美国拥有的子公司的利润；但这种利润只有当其作为给美国母公司的股息汇回时才会计入税基。如果这些利润不汇回美国，那么纳税将会被递延。这些议题及相关的议题（包括石油公司的处理）将在后面的章节中讨论[③]。

七、本章小结

在定义公司税下的应税所得时，折旧规则和投资激励一直是重大而持

---

① 参见本书第二十一章“归并课税论”部分。

② 参见州际商务州税务，司法委员会州税务特别小组委员会报告，第 88 共，众议院报告，1964 年第 1480 号。参见 C. 洛厄尔·哈里斯，“州际商务的州—地方税收：进展与问题”，税收政策的创新，哈特福德：约翰 C. 林肯研究所，1972 年。

③ 参见第三十三章第二节。

续的关切：

1. 要得到净所得，必须回收资本成本。加快回收会推迟税收支付，从而减少了其现值。

2. 现在根据经济寿命，把资产分为 8 个群组，寿命期范围为 7 年至 31 年。

3. 经济折旧会使有效税率等于名义税率。

4. 通过追加其折旧基数，一个成长中的公司可以持续延迟支付其税收。

5. 投资抵免（曾是主要的激励工具）在 1986 年废止。

6. 包括费用化和初始备抵的替代性策略不在美国使用。

7. 通过降低所得初始金额的税率，小公司得到了优惠待遇。

公司利润税收还在州层面课征：

8. 这种税收提供了 7% 的州税收收入，税率介于 3% 到 12% 之间。

9. 为了在各州之间分配税基，使用了一个配置公式。

10. 在国际背景中产生的类似问题，将在第二十六章讨论。

推荐读物

Auerbach, A. J. , and D. Jorgenson: "Inflation - Proof Depreciation of Assets", *Harvard-Business Review*, September - October 1980.

Auerbach, A. : "The Tax Reform Act of 1986 and the Cost of Capital", *Economic Prospects*, vol. I, no. 1, 1987.

Harberger, A. C. : "Tax Neutrality in Investment Incentives", in H. Aaron and M. Boskin (eds.): *The Economics of Taxation*, Washington, D. C. : Brookings, 1979.

Steuerle, E. : *Taxes, Loans and Inflation*, Washington, D. C. : Brookings, 1985.

第二十三章 消费税

本章我们讨论销售税的传统形式，以及一些新的消费税征收方法（包括近年来备受关注的增值税和个人支出税方法）。各种形式的消费税有望成为未来税收改革讨论的一个重要议题。

▶ 本章内容提示

销售税与所得税的相似之处在于它们都对当期产品生产过程中所产生的流量征缴。但是，所得税对要素交易的卖方一端（即对家庭所收到的净收入）——即图 12－1 中的环节 1——征缴；而销售税对产品交易的卖方一端（即对商业企业的销售额）——即环节 7——征缴，销售额根据产品单位或总收入来衡量。对消费品征缴的销售税（环节 4）可以认为等价于对家庭购买额征缴的税收，即等价于在环节 2 征缴的税收①。所得税是基于家庭账户的来源端，而销售税是基于使用端。对于消费品的一般性税收来说，所有除储蓄外的使用用途都被包含在税基内。

最后，也是最重要的，销售税不同于所得税，因为它们是对物而非对人征缴的税收。因此，销售税不像个人所得税那样会考虑消费者的个人情况而有免税、扣除和累进税率的情形。于是，销售税在横向公平与纵向公平两个方面都不如所得税。但是，尽管消费税通常采用对物征税的形式，但它并非消费课税的必然特征。我们在下文将看到，可能构建一个没有这一特征的个人消费或支出税。

一、美国税收结构中的销售税

我们先简要看看销售税在美国税收结构中的作用。如表 18－1 所示，销售税在联邦层面的重要性有限，仅占总收入的 4%，在地方层面更为重要（占比 14%），但在州层面成为了收入的主要来源（近 50% 的总收入来自消费税）②。收费和特别捐税（special assessment）本质上与销售税有关，后文中会讨论。我们将发现，它们在地方层面具有特别的日益增长的重要性。

联邦税

联邦销售税曾是联邦税收结构中的一个主要组成成分，但是其重要性一直在下降，让位于份额逐步提高的所得税和后来的工薪税。联邦销售税

① 参见第十二章第一节。

② 参见第十八章第一节。

（也称货物税，excise）都是选择性税收，只对特定产品征缴[①]。如表 23－1 所示，税收的大部分来自少数种类的产品，包括汽车燃料、酒和烟草。曾经非常重要的关税，现在在整体税收结构中是一个可以忽略不计的因素。联邦销售税主要在制造商层面征缴，主要的例外情况是电话服务和航空运输（二者实际上在零售环节征缴）。绝大多数联邦销售税（包括对酒、烟草、汽油和轮胎征缴的销售税）都按单位征收，而其他的（包括电话税）则是从价税[②]。

州税

在州层面，销售税和货物税提供了近一半的税收收入，其中一般性销售税是核心项。或多或少都带有普遍性，对零售的征税相当于对消费支出征缴的类似税收。现在除了五个州外，各州都在征缴零售税。税率从 2% 到 7% 不等，税基的宽窄有所差异。此外，各州还大量征收选择性的销售税。如表 23－1 所示，选择性税收的主要对象也是汽油、酒和烟草。这些和其他大多数选择性销售税都从量征缴，但也有使用从价税的。一般性销售税在零售环节征缴，大多数选择性税收也是如此。不过也有在制造环节征缴的。如稍后将指出的，零售环节的征缴（涉及在产品终点的征缴）与制造环节的征缴（涉及在产品起点的征缴）之间的选择，对任一辖区税基大小以及各辖区之间税负分配有重要的影响[③]。

表 23－1　　美国税收系统中的销售税（1983 财政年度）　　单位：十亿美元

	联邦	州	地方	合计
一般性销售税	—	53.6	11.2	64.8
其他，国内				
汽车燃料	5.8	10.8	0.2	16.8
汽车行驶证与驾驶证	—	6.3	0.5	6.8
酒精饮料	5.6	2.7	0.2	8.5

① 术语“货物税”——如美国宪法（第 1 章第 8 节）中所使用的，是为了将这种税款与第 9 节中讨论的“人头税和其他直接税”有所区分。一般性以及选择性销售税在这个意义上都是“货物税”。

② 对于从量与从价税之间的区别，参见第十五章第一节。

③ 参见第二十八章第四节。

续表

	联邦	州	地方	合计
酒类专卖店		2.8	0.5	3.3
烟草产品	4.1	4.0	0.2	8.3
其他	17.3	7.1	1.3	25.7
关税	8.7	—	—	8.7
合计	41.5	87.3	14.1	142.9

资料来源：税收基金会，《关于政府财政的基本资料》，华盛顿特区，1986 年，第 A13 页。

地方税

在 1983 年，销售税和货物税提供了 14% 的地方税收收入。三分之二来自一般性销售税，现在有数以千计的城市征收该税，通常作为州税的附加税，且税率最高超过 4%。在地方层面，选择性销售税重要性较低。

二、销售税中的议题

从前面的讨论可以看到，销售税在税基的确定、覆盖范围和征收环节等方面可以采取不同的形式。

从量税与从价税

有些税按照产品单位征收，有些税按照产品价值征收。大多数对于特定产品征收的货物税或销售税收在从量基础上征收，包括对燃料、烟草和酒征缴的税收。其他对于特定产品的征税（比如对航空机票的征税）则在从价基础上征缴。而一般性销售税采取后一种形式。在两种税基中，从价形式当然更为重要、更有意义。就一般性销售税而言，从价形式还有一个好处：相对价格可以保持不变，因此它对消费者选择的影响较少①。在进行

① 注意，即使大家关注的是如何最大程度地减少超额负担，选择从价基础仍是合适的。参见第十六章第三节。

税负归宿分析时，从量与从价方式之间的差异之前已考察过，这里不再赘述[①]。

一般性销售税的覆盖范围

一般类型的销售税收（区别于对特定产品征缴的税收）可以有不同的覆盖范围。特别地，这种税收是否应该如周转税一样覆盖所有交易，还是应该让税基等于 GNP，抑或只应把消费包含在内？

以全部交易额作为税基的缺点 首先，以全部交易额作为税基的周转税最不可取，可以被排除掉。在这一税收下，一个产品在经历各生产阶段时会被重复征税。当铁矿石从矿区运往钢铁厂时，铁矿石销售会被征税；当钢铁从钢铁厂运往轧钢厂时，钢铁销售会被征税；钢板卖给汽车厂时，钢板会被征税；以此类推，直到对该汽车的零售征收最后一道税收。结果，税基是 GNP 的数倍，可以以很低的税率获得高额的税收收入。在 GNP 有 4 万亿美元的情况下，1% 的周转税可以产生 1 560 亿美元税收，约为所得税收入的一半。这种方式有政治吸引力，过去在财政辩论的许多场合一直有政治家提倡这样做。假如每个产品都经历相同次数的交易，则它们在各阶段交纳的周转税总额占最后销售价值的百分比将是一样的，那么把全部交易额包括在税基中就不会有太大问题。但事实并非如此。因此，周转税对涉及许多生产和分配阶段的产品形成了人为歧视。此外，为了避税，企业将试图与其供应商形成联盟，从而鼓励纵向一体化并减少竞争。由于每个阶段的税进入下一个阶段的税基，各个阶段的税收呈现“金字塔形”，这就产生了进一步的不平等。由于这些原因，周转税被认为是劣等的征税形式，近年在欧洲国家采用增值税来取代周转税，反映了对这一事实迟来的认知。幸运的是，美国从未征收过周转税。

GNP 作为税基对比所得或消费作为税基 在承认应当避免这种重复计算的情况下，还剩下关于税基的选择问题，到底要用国民生产总值（GNP）、国民收入还是消费作为税基呢？大多数一般性销售税都（或者至少旨在）以消费作为税基。

以 GNP 作为税基将会对消费品和资本品征缴销售税。因此，它的税基

① 参见第十二章第一节。

将会等价于对总收入征收的税基（即不考虑折旧的所得税税基）。基于公平和效率的考量，这种税收是不可取的。就公平而言，它违反了所得税的基本宗旨，该宗旨认为所有来源的所得都应被征税，但以净额为基础。就效率而言，它会加剧对储蓄的不公平待遇，即便对净所得的征税也涉及此问题。

如果该税基限于国民收入或 GNP 减去间接税收和折旧，那么这些问题就得以解决。这种税在税基上将会类似于一般性所得税，并且（如稍后将指出的）可以通过收入型的增值税来实现。由于所得税制下个人所得税已采用所得作为税基，那么在销售税上最可能采用的就是以消费为税基。所以，这种税基是最常使用的，必须更细致地加以考虑。

全面税基的消费税对比狭窄税基消费税 所谓的一般性销售税或零售税旨在全面覆盖消费。对于 1987 年的 3 万亿美元消费支出，征收全面覆盖的 10% 的税收就可能产生 3 000 亿美元，相比之下，联邦所得税大约有 4 000 亿美元。所以，上述消费税基提供了巨大的税收收入潜力。然而，因为某些消费项通常被州销售税排除在销售税外，该税的实际税基金额减少了。减少的数额大多数来自住房（租金支付和自有自住者的推算租金）、家庭消费的食品、公用事业以及医疗服务的免除。所以，来自州零售税收的收入通常只包括完全税基金额的一半①。

征缴阶段

我们现在转向税收征缴的阶段。这一决策涉及单阶段税收最佳征缴阶段的选择，还涉及单阶段策略与多阶段策略二者之间的选择。确定征收范围是决定适用何种税收的实质性问题，而选择征缴阶段本质上是在已选税基上征收的行政管理效率问题。

制造对比零售层面 在处理单阶段税收时，我们要弄清该税收应在制造、批发还是零售层面征缴。

如果该税收要成为一般性税收，那么在零售层面征缴就比较好，因为它允许征缴统一的从价税率。在制造层面对各个产品征缴的等税率从价税，

① 1984 年来自零售税赋的州收入（按平均 5% 征缴）有 620 亿美元。在合计消费额为 2.4 万亿美元的情况下，完全征收将会有 1 200 亿美元。另见小查尔斯·E. 麦克罗，《增值税，减少赤字的关键》：华盛顿特区，美国单位研究院，1987 年。

会导致零售层面不同的税率，因为零售与制造商价格之比在各个产品之间不同。考虑这种差异而征缴差别税率，将会是一个困难又笨拙的方法。在零售层面统一税收可能效果更优。

如果该税收要成为选择性税收，我们的问题的答案就不那么明显了。如果该产品的价值在制造阶段就确定了（例如，低价或高价的汽车或电视机），那么应该在制造层面上征缴，因为在零售阶段征收选择性的销售税可能更为困难。在其他情形中（例如，可以制成低价或高价服装的衣料），则难以作出选择。零售时最终产品的性质会影响这一选择。不过，偏向零售的一般推定（适用于一般性税收情况），在选择性情况下会被弱化。

特别是在发展中国家，在制造层面征税有一个挺好的理由：这样会减少缴纳销售税的纳税人数量，从而便于行政管理。此外，与零售企业相反，制造企业往往更大、更持久，经营基础更复杂，有更好的簿记方法。这些特点提高了征税质量。发展中国家用一套在制造层面征缴的税收可能更好，虽然这可能导致隐含零售税率的不同，但征税点的数量更少。

零售环节对比增值环节　进一步的问题在于，该税收是否应该在销售最终环节一次性课征，还是应该在增值的各个环节分段课征。在后一种方法下，产品的价值被划为几部分或几块（即每一阶段增加的价值），在生产过程的各个阶段对其增加值征税。虽然两种方法有技术上的差异，但消费型的增值税税基和零售消费税的一样，只是征收方法不同。所以，必须根据行政管理的便利性在二者之间作出选择。

增值税中使用多阶段策略必须与前述的周转税使用的多个环节策略加以严格区分。由于增值税已经成为欧洲共同市场国家之间税收协调的基本工具（它已经取代了曾广泛使用的周转税），它在美国也获得了越来越多的关注。对于是否应该征收联邦零售税的旧有辩论，已变为是否应该征收增值税。因此，我们需要更仔细地讨论增值税方法。

三、增值税

在经济学家看来，实施得当的增值税等价于一种相应的单阶段税收。与支出税不同，增值税不是一种全新的课税形式，而仅仅是一种以不同形式管理的销售税。不过，增值税已经开始被欧洲国家普遍采用，美国也在提倡使用。因此，需要更细致地讨论增值税。

作为增值额的汇总的最终价值

考虑一个制成品（比如鞋），并追溯其生产的各个阶段。起初，牧场主向制革商出售皮革原料，然后制革商把皮革制品卖给制鞋商，制鞋商把鞋卖给批发商，批发商再卖给零售商，最终卖给顾客。在每个阶段，该产品的价值都在增加，售价也随之升高。价格的每一次增长都反映了该阶段所增加的价值，最终产品的价值或价格等于各个阶段的增量或增加值之和。所以对这些增加的价值征缴的税收，就其税基而言就相当于对该产品最终价值征缴的税。

增值税的类型

增值税可以区分为三个主要类型（税基对应于国民生产总值、国民生产净值和消费额），而在实践中最值得考虑的消费型增值税。

GNP 型增值税 现在假定，给定时期内所生产和出售的所有最终产品和服务（即整个国民生产总值）都要缴纳一般性销售税。该税收将既适用于消费品，又适用于资本品。它将会由卖方在该产品出售给其最终购买方（无论是消费者、增加存货的企业，还是购买资本品的企业）时进行支付。如果 GNP 有 4 万亿美元，一个全覆盖的 5% 税收将会产生 2 000 亿美元税收。通过使用增值税将会获得相同的税收，即对每个卖方的增值部分以 5% 征税，增值部分即总收入减去向生产流程中前一生产者购买中间产品的成本。每一阶段的税基会等于折旧、工资、利息、利润和租金之和。这是税基最全面的增值税形式，可以称为 GNP 型的增值税。如前所述，它相当于一个既适用于消费品，又适用于资本品的销售税，其征税环节（就图 12 - 1 而言）在环节 7 或环节 8（效果相同）[①]。

收入型增值税 如前所述，这一增值税形式也可以用于对生产净值征收销售税。假定征税对象是国民生产净值，即 GNP 减去资本消耗备抵或折

---

① 参见第十二章第一节。

旧。这种税收可以采用多阶段的形式征收，对每个企业的增加值净额征税，增加值净额为总收入减去中间产品的购买额和折旧①。采用征收一般性所得税的方法也可以获得同一结果，因为净产值的税基和所得税的税基是相同的。收入型增值税与消费型增值税的差别就在于，前者允许企业扣除折旧，而后者允许企业扣除总投资（即资本品的购买额）②。

消费型增值税　接下来考虑仅对消费征缴的税收，有三种征收方式，即固定税率消费者支出税（图 12－1 中环节 2)、零售税（图 12－1 中环节 4）或对消费品生产过程中积累的增加值征税。最后一种方式称为消费型增值税。

现在把这种增值税的税基定义为企业的总收入减去其所有中间产品（材料和在产品）购买额及其在厂房和设备上的资本支出额。由于允许每个企业扣除其资本支出，这样就只剩下了消费品支出的价值。因此，这种税等价于对消费品的一般性零售税，两者仅在征收管理程序上有所不同。

举例说明

表 23－2 给出了各个类型增值税的算例。

每个企业的消费型税基（第 10 行中所示）等于总销售额（第 4 行）扣除中间产品和资本品的购买成本（第 6 行与第 9 行)③。每个企业的收入型

---

① 这种税不能对最后一次销售时该产品合计总净值进行征缴，因为这将需要记录生产线上流转各阶段所有生产商发生的折旧成本。因此，如果要对净产值征缴销售税，只有增值税方法是可行的。

② 收入型税赋的税基大于消费型税基，差额为总投资 I_g 与折旧 D 之差，即净投资 I_n。不考虑政府购买、间接营业税赋和净出口，可用以下公式表示这一关系：

$$GNP = I_g + C$$

$$I_g = D + I_n$$

$$NNP = I_n + C$$

$$NY = NNP$$

其中，NNP 为国民生产净值，NY 为国民收入，I_g 为总投资，I_n 为净投资，D 为折旧，C 为消费。

注意，$GNP - D = NNP$ 或 NY，是收入型增值税的税基；$GNP - I_g$（即 $GNP - (I_n + D) = C$），是消费型增值税的税基。

③ 该表显示了根据所谓的扣除方法推导的三个税基。此外，可以使用“加总方法”。对于收入型税基，这仅涉及第 5 行中所含的各个要素支付的加总。GNP 型税基取决于要素支付与折旧的加总（第 5 行和第 7 行）。消费型税基取决于要素支付与折旧（第 5 行和第 7 行）的加总同时扣除资本产品的购买（第 9 行）。因此，加总方法比较适用于收入型增值税，但对于计算消费类型增值税则比较麻烦。

税基（第 11 行中所示）等于销售额（第 4 行）减去中间产品成本与折旧（第 6 行与第 7 行）。最后，GNP 型税基（第 12 行中所示）等于总销售额（第 4 行）减去中间产品的购买成本（第 6 行）。将三个企业的税基加起来，我们得到整个经济体的税基（如最后一列所示）。这三个税基依次等于如国民收入账户中所定义的消费价值、国民收入和 GNP。

表 23－2　　增值税基的举例

	企业			
	A	B	C	经济体
当期收款				
1. 消费品的销售额	—	70	151	221
2. 中间产品的销售额	120	45	—	165
3. 资本品的销售额	—	100	—	100
4. 合计	120	215	151	
当期成本				
5. 工资、利息、利润等	100	80	90	270
6. 中间产品的购买	—	120	45	165
7. 折旧	20	15	16	51
8. 合计	120	215	151	
资本成本				
9. 资本品的购买	—	—	100	100
税基				
10. 消费型税基（第 4 行减第 6 行减第 9 行）	120	95	6	221
11. 收入型税基（第 4 行减第 6 行减第 7 行）	100	80	90	270
12. GNP 型税基	120	95	106	321
国民账户				
13. 消费	—	—	—	221
14. 加上投资	—	—	—	100
15. GNP	—	—	—	321
16. 减去折旧	—	—	—	51
17. 国民生产净值（NNP）或国民收入（NY）	—	—	—	270

征收方法

就消费型增值税而言，我们已经知道，每个企业的税基计算方法就是销售收入减去中间产品和资本品的购买额。基于此，征收该税有两种方法。其一，所谓的账目方法，要求每个企业就其账目确定的税基支付税收。其二，所谓的发票方法，让企业先通过税率和合计销售额来计算其总税收，再用该企业购买中间产品和资本品时的供货方已缴纳的税收抵扣总税收。通过使每个企业的税收抵扣额取决于前面的供货方出具的税收收据，发票方法含有自我执行的成分，因为每个买方将索取这种抵扣税额收据的副本。发票方法在欧洲国家广泛使用，体现了增值税方法的优点，尤其是在税收合规性较差的国家。

结论

我们已经看到，消费型的增值税与相应覆盖范围的零售税具有相同的税基。既然如此，对于两个税收中哪个更好，为什么有激烈的意见分歧呢？

一个分歧与此问题的政治方面有关。增值税的支持者感觉它“看起来”与众不同，所以可以不用沾上零售税的传统骂名，尽管情况未必如此。如果零售商的总税收标示为消费者买价的一个单独部分，那么不管是增值税还是零售税，消费者都会同等地意识到税收的存在。除此政治考虑之外，还有一些执行中重要的技术差异。

在零售税下，纳税人数量少于实行增值税时的纳税人数，所以，只要可以有效地接触到零售商，将会便于行政管理。在美国的环境中，这一方法十分可行；但在其他国家（特别在零售企业较小的发展中国家），可能就不可行。另一方面，与零售税相比（难以追踪从零售商所购买物品的使用情况），在增值税下可以更有效地完成资本品的排除。此外，在发票征收方式下，增值税具有零售税所缺乏的自我执行元素。

这些和其他观点可能被用来支持一个或另一个方法，但最重要的是下述问题：联邦消费税（假如要引入）与州层面现有的消费税将会如何关联。既然州消费税是以零售的形式征收，假如联邦消费税在零售层面征缴，那么两者的融合将会容易得多。在此情形中，州税可以作为联邦税的附加来征收，并可以避免联邦增值税的双重行政管理成本。正如在所得税领域，我们现在推进使用联邦所得税作为州所得税筹集的税基，所以联邦消费税和州消费税融合的消费课税系统将会比一套单独的税收行政管理系统更好。由于把联邦增值税与州层面的零售税相互融合非常困难，所以结论就是：假如要征缴联邦消费税，它也应该采用零售税的形式。

四、税负分配

作为一种对个人征缴的、力求符合纳税人的支付能力的税收，所得税具有较高程度的公平性。而销售税和货物税就无法做到这一点。既然以非个人的方式征缴，这些税种也就没有考虑支付能力的问题。

选择性销售税

在先前对销售税归宿的讨论中，我们有下述结论：各种收入群体的税收负担分配受到使用侧的主导（即由对含税产品的消费支出模式所主导）。因此对生活必需品的税收的归宿往往是累退的，而对奢侈品的税收的归宿往往是累进的。在大量选择性销售税收来自大众消费品（比如烟、酒草、汽油）的情况下，其归宿往往是高度累退的。而且，这种税收在同等收入但偏好不同的消费者之间形成了歧视。因此，就横向和纵向公平二者而言，这类税的公平性都比较差。此外，由于对特定消费物品征收，这种税收的效率成本往往比更一般的销售税更高。

鉴于这些缺点，为何选择性销售税或货物税仍在使用呢？考虑一下被课税的产品种类即可以得到答案。如表 23 - 1 所示，大量的销售税收入来自机动车燃料或其他汽车税收，这种税可以认为是公路使用费的替代，且是（近年来）节能政策的一部分；另一个重要部分来自酒和烟草税收（这是被广泛视为“有害产品”的大众消费物品）。运用选择性消费税还可能旨在最小化无谓损失，但目前在实际政策中还没有考虑到这一点[①]。

---

① 参见第十四章第四节。

一般性销售税

一般性销售税采用对消费品征收零售税的形式，类似于对消费者支出征收一般性统一税率税收。

从横向公平的角度看，如果根据消费额来定义公平标准，那么一般性销售税是公平的；但如果根据收入来定义，那就不公平。相似收入的家庭，由于年龄或其他因素可能有不同的消费率（或储蓄率），各个家庭将支付不同金额的税，因而违背了就所得而言的横向公平。而采用基于消费额衡量税收公平的方法时，税收与消费额之比才是关键。

从纵向公平的角度来看，一般性销售税与消费额成正比，但与收入的关系是累退的，因为随着收入的增加，消费在收入中的占比会下降（储蓄占收入的比例上升）。如表 14－1 第 4 栏所示，销售税因而是税收结构中主要的累退元素[①]。任一给定年度的情况都是如此。因为收入规模提高时，消费占收入的比例会下降。然而，如果从人的生命周期而非年度的角度考虑，该模式的累退性可能就会减弱了。在这种情况中，只有通过留下遗赠物才能逃避销售税。

还要注意的是，将某些大众消费物品排除在税基外——比如住房以及在绝大多数州的家庭消费的食品和公用事业——会影响销售税的累退性质。另外，通过允许消费者一定的抵免来冲减原始税收额，可以照顾低收入者。这种抵免现在有六个州批准，但不是一个很有效的工具。尽管对要缴纳所得税的纳税人（他们可以在所得税中进行抵免）来说是可行的，但对需要直接支付补助的较低收入家庭来说，难以实施。

五、个人支出税

尽管常常将住房和食品排除在税基之外，但无论实施选择性销售税或更一般性的销售税，传统的消费税仍是累退的，而这是因为随着收入的增加，消费支出占收入的百分比往往会下降。因此，在历史发展中，所得税

① 参见第十六章第三节。

常被视为累进课税，而销售税常被视为累退课税。相应地，对所得税的政治支持者往往是累进税的支持者，而对消费税的支持者往往是累进税的反对者。但是，这两种税基之间并不存在这样的逻辑联系。该情形的产生是因为所得税一直在对人课税的框架中发展，而消费税一直采用对销售课税的对物税的方法。使用对个人征收的支出税将会打破这一束缚，并允许对消费的课税建立在个人且累进的基础上。这种税收由美国财政部在第二次世界大战期间提议，但几乎没有得到关注。虽然在斯里兰卡和印度已经试行过，但在现代条件下这种税收的实际经验至今还是空缺。它仍是一个新的、令人激动的设想，近年来在税收学的学生中获得了越来越多的支持①。这里我们将不重新考虑这一基本问题：纳税能力用收入还是消费衡量更好，因为这在前面已经详细考察了。然而，仍需探讨运用支出税时涉及的一些技术问题。

确定应税消费额

当消费被作为纳税能力的衡量指标时，之前所说的所有关于所得税税基定义的内容仍然适用②。所有消费都应纳入该税基，而人们的税收义务应该与其消费付款的特定模式无关。和所得税的方法类似，该纳税人将会确定其当年的消费额，减去任何被允许的个人豁免或抵扣额，得到应税消费额，再运用累进税率明细表计算应纳税额。

该想法看起来简单，但要如何确定应税消费额还有待考察。个人消费金额的加总将不可行。一个可能的办法是从收入入手并扣除储蓄。为了得到消费额，必须把储蓄定义为净储蓄（即储蓄减去已动用的储蓄）或是净值的增加。这将会是一个繁杂的任务。最佳和最可行的程序是根据以下明细表来确定该纳税人的年度消费额：

---

① 与绝大多数新想法一样，个人支出税的背后也有一段长的历史。个人化的支出税由阿尔弗雷德·马歇尔作为一个设想提出，并由欧文·费什极力倡导（《建设性所得课税》，纽约：哈珀，1942 年），他们认为（追溯到约翰·斯图亚特·穆勒）所得税因为歧视储蓄者，所以不公平。在现代形式中，个人支出税的例子已由 N. 卡尔多提出（《支出税》，伦敦：G. 艾伦，1955 年）。卡尔多建议这种税赋作为对不能完美发挥功能的所得税的补充（因为所得税在高收入阶层的累进性是无效的）。

② 参见第十九章第三节。

1. 年初银行余额
2. +收入
3. +净借款（借款减去债务偿还或贷款）
4. -净投资（所购买资产的成本减去来自所出售资产的收入）
5. -年末银行余额
6. =年度期间的消费额。

采用这种方法的消费额，可以通过年度期间的银行余额变动以及收入与非消费支付的流动情况而计算得到。税收申报单将会要求纳税人申报所列项目（正如所得税下所示的所得一样），并且会分解得更为详细。

上文明细表中所使用的收入概念，等于所得税下所定义的所得（经调整排除了资本利得，但包括所有者自用住房的估算租金以及所有收到的遗产与赠与物）。净投资被定义为包括所有资产的净购买额（包括所有者自用住宅，但不包括其他耐用消费品）。虽然住房消费将会通过估算租金所得纳入净所得，但耐用消费品（比如汽车）的购买将会被处理为当期消费（通过允许平均化处理以避免不公平现象）。

在有些方面，支出税所用的上述方法将会比所得税更为简单。如何解决未实现资本利得的难题将会消失。假如出售资产产生收益，此部分收益除非被其他资产的购买或余额的增加所冲减，否则将会进入税基。资本资产价值的未实现变动将是无关紧要的。此外，将不必确定公司利润。股息将会作为收入出现，而未实现资本利得（通过利润留存或其他方式取得）在实现之前将会是与消费无关的，直到利得实现发生才把收益计入消费。类似地，计算折旧的难题将会消失。对通胀的调整将只需要对税率等级进行指数化，因名义价值变动而进行调整的难题将不再产生①。

但是支出税也将会产生新的难题。由于行政管理和其他原因，必须实行来源预扣的方式，但在支出税下的预扣方式将会比所得税下困难得多。由于预扣必定是基于收入的，因此必须采用一个假定的收入与消费比率。此外，在累进税率系统下的预扣将会更加困难，因为恰当的税率将会取决于收入是用于消费支出还是用于再投资（这种判断在资本所得中尤其麻烦）。

---

① 对于支出税实施的讨论（包括过渡问题），参见美国财政部，《基本税收改革蓝图》，1976年，以及约翰·J. 米纳里克（编辑）：《对什么课税：所得还是支出?》，华盛顿特区：布鲁金斯，1979年。对于个人支出税的评价，参见迈克尔·J. 格雷茨，“支出税设计”，于后一期。

然而，这还不是唯一的问题。运用支出税的关键点是，从一开始就应有完整的现金收支余额记录。否则，可以用日后从银行提取这些余额的方法增加免税消费额。为了确保记录借款，必须要求贷款人填写关于所作出贷款的信息情况申报。并且将会对此进行交叉检查。类似地，必须确保所有的资产出售都会如实进行申报。为此，有必要要求纳税人在税收申报表中附上资产负债表，或至少列示所有持有资产的情况。

在处理耐用消费品（比如住房）的征税问题中，将会出现其他问题。这些耐用消费品可以按在使用寿命内的推定消费进行课税，也可以在初始付款时进行课税，允许适当的平均化处理。在划分消费与投资之间的界限时，将会出现新的困难。某些投资（比如购买乡村俱乐部或休闲农场的股份）会带来消费收益，很难归类为消费或者投资。教育上的支出将会产生类似的问题，因为它们既涉及消费方面，又涉及投资方面。为了得到一个有意义的税基（尤其是对于收入较低的纳税人），这将会需要包括推定消费（例如住房以及家庭种植的食品）。实物形式的零星收益在所得税下的计量就足够困难，而这部分零星收益将会在支出税中占更大的比例。最后，应税单位的恰当定义将会是新的问题。除非采用严格的定义，否则高消费纳税人可以委托低消费纳税人（在赠与物等幌子下）为其购买。这将会要求广泛地推行平均化，必须处理新的国际课税方面的问题，并且必须考虑遗赠物的作用问题①。

如果认为困扰所得税已久的税收优惠和漏洞问题在支出税下将不会出现，这就太幼稚了。前述销售税基中的漏洞问题，显然就是证据。因此，要对两个税收作现实的比较，不能将实际而有缺陷的所得税和假设中完美的支出税对比。

除了这些考虑外，在所得税向支出税过渡阶段，还将会出现严重的问题。在过去实行所得税时已经储蓄而现在准备动用储蓄的纳税人，将会受到该变化的伤害，而较早进行消费并将在未来进行储蓄的纳税人则不然。因此，将需要过渡期以避免这种困境。总的来说，很难说支出税的行政管理难度是否将会少于现在所得税遇到的困难。只有实践经验才能对这一问题给出回答。

---

① 参见第二十五章第一节。

遗赠物的处理

如早前讨论税基概念时所指出的，因为收入可能没有用于消费而被留作遗赠物，所以会出现一个特别的问题①。在所得税的净值增加额哲学下，接收的遗赠物将会纳入继承人的税基中——这是从没考察过的净值增加额概念的完美应用。但是如前所述，基于净值增加额的所得概念会歧视未来的消费。而基于消费的税收则把同等的负担置于有同等消费现值的个人（使税负独立于消费时期额的影响）。然而，这留下了如何对待遗赠物的问题。

除非将遗赠物纳入支出税税基，否则选择留下遗赠物的纳税人 X，会通过将所得用于此方面以逃税。如果遗赠物继承人继续储蓄，这部分所得就将永远不会被课税。为了避免这一困难，将遗赠物纳入支出税税基是个好办法。因此，要转变支出税的“公正税基”定义，从仅包括消费变成包括所有的收入使用——无论它们是为了消费，还是为了留下遗赠物。这一支出税税基的观点不同于只应对消费课税的霍布斯规则（将储蓄永久地排除在税基外）。这两个支出税税基的解释在分配意义及其经济效应上有所不同。因此，假如要考虑实行这种税收，这两种税基之间的选择就将是主要的争议点。

评价

实行个人支出税将会大幅提高消费课税的质量，因为它允许依据支付能力调整税负，并将会克服一般性销售税固有的累退性质。但是尽管支出税策略使得基于消费的课税值得推崇，但它仍留下了哪个税基（收入或消费）更合适以及应当如何处理遗赠物的问题。然而，由于税收制度倾向于储蓄，支出税策略会明显优于所得税策略中将储蓄所得逐一排除的作法。

用支出税替代所得税将会简化许多重要问题（尤其在通胀背景中），但它也会产生新的难点（尤其在源泉预扣方面）。此外，现在所得税下所出现

① 参见第十三章第二节。

的税收优惠压力和漏洞，在支出税下也会再次出现。

六、本章小结

销售课税在美国税收结构中的作用总结如下：

1. 三分之二的销售税收入归于州政府，余下的绝大部分归于联邦政府。

2. 约三分之一的销售税收入来自州层面征缴的一般性零售税。其余的来自选择性税收，其中近一半来自烟草、酒和汽油的课税。

征收和管理销售税收有多种方式。下面是不同方法的主要差异：

3. 一般性销售税可以以 GNP 或消费作为税基。

4. 以消费为税基的销售税收可以是全面型税基，或是较窄的税基。

5. 选择性税收可能作为受益税，旨在抑制有害产品的消费，或仅用来对易于管理的交易进行征税。

6. 销售税收可以单阶段或多阶段征缴。

7. 单阶段税收可在制造、批发或零售环节征缴。

8. 多阶段税收可在周转环节或增值环节征缴。前者不可取，后者可以作为一个有用的行政管理方法，其最终结果与零售层面单阶段税收类似。

9. 增值税可采用消费或收入类型。

10. 消费型增值税等价于对消费品征收的零售税。

11. 增值策略既有行政管理优势，也有劣势。

销售税收一般被认为是累退的，因而与累进所得税形成对比：

12. 销售税的累退性质是因为对消费征税，而消费在收入中所占的百分比随收入规模的提高而下降。

13. 通过食品的免税可以减少销售税的累退性，通过允许所得税的抵免则可以对收入规模较低者产生累进性。

增值税仅是一个以多阶段形式进行行政管理的销售税，而个人化且具有累进性的支出税将会是全新的课税形式：

14. 这种税收可能将消费课税从其传统的累退形式转为累进形式。

15. 尽管支出税克服了所得税的一些主要难点，但也将产生新的困难。

推荐阅读

有关销售课税的概述，参见：

Due, John F.: *State and Local Sales Taxation*, Chicago: Public Administration Service, 1971.

有关增值税的讨论，参见：

McLure, C.: *The Value - Added Tax, Key to Deficit Reduction*, Washington, D. C., American Enterprise Institute, 1987.

有关支出税的讨论，参见：

Aaron, H., H. Galper, J. Pechman, (eds.): *Uneasy Compromise, Problems of a Hybrid-Income - Consumption Tax*, Washington, D. C.: Brookings, 1988.

Kaldor, N.: *An Expenditure Tax*, London: G. Allen, 1955.

Minarik, John J. (ed.): *What to Tax: Income or Expenditure?* Washington, D. C.: Brookings, 1979.

U. S. Treasury Department: *Blueprints for Basic Tax Reform*, Washington, D. C.: 1977, chap. 4.

第二十四章
财产和财富税

本章考察了财产和财富课税在税收体系中的作用。尽管财产税是美国税收结构中最古老的税，而且仍是地方的主要课税来源，但其历史一直是争议性的，并于20世纪70年代后期成为了一个主要辩论内容。财产税的设计和归宿已被证明仍是税收分析的另一重要问题。

▶ 本章内容提示

之前讨论了对所得和支出流量的课税，我们现在讨论对存量（即财富）的课税。这类税收可以对财产课征（由所有者支付），因此属于非对人的对物税类型；也可以对个人的综合财产持有量或者资产净值课征，因此具有对人税的特征。在美国，财产税已经几乎完全是以地方财产税的形式存在，大部分对土地和房地产课征（作为对物税课征）。然而，在其他许多国家，对财富课税采用了更一般的财产税形式。

一、财富课税的基本原理

一些支持财富课税的观点是基于受益原则和支付能力原则这两者，但两者都不支持征收现有的财产税，这种税仅对不动产课征。从受益方面考虑，需要对实物资产征收对物税类型的财产税，而从支付能力方面考虑则需要对个人资产净值征收对人税类型的财产税。

从受益方面考虑

从受益方面考虑，对财富课税是因为公共服务会增加不动产的价值，所以所有者应该纳税。一般认为，支持财产税的观点可能源于洛克（Locke）将国家视为财产保护者的理论，该理论产生于 17 世纪末。自然法的理论家认为，国家的基本职能之一是保护财产，因此，财产所有者应该向国家支付费用。无论国家理论这一前提的优点是什么，其逻辑都指向一个综合性的税收——将个人的全部财产（无形资产以及不动产）纳入税基。更好的作法是，将财产净值作为税基，即纳税人的财产减去其债务。并且，就这种方法的精神而言，来自这一税收的收入将仅限于支付提供保护服务时所发生的成本，比如法律执行、立法以及司法行政管理的成本。虽然对可包括的成本范围存在争议，但可以确定的是，并非所有政府职能都由财产税弥补成本。将财产税用于教育上的财政支出（这占据了税收的较大一部分）从这一角度看是不合理的。

将受益规则的应用更具体化，特别针对地方层面，意味着财产所有者应该为那些提高财产价值的特定服务支付费用。例如，建造人行道会提升附近房屋的价值，就像警察在该地区提供保护会提升房屋价值一样。在有些情形下，每一项财产的受益份额可用特定的标准来衡量，诸如临街建筑的长度或房屋的地理位置等等。在其他情形下，受益份额要根据相关财产价值进行近似估价。然而，这种推理并不意味着要对不动产征收一般性财产税。相反，它表明应作特别收费或特别评估课征（以便为特殊服务提供经费）。这种评估课征是使用费或公共定价的特别形式，主要在地方财政中使用，至今在整个税收收入结构中仍是次要的。有时可以在更广泛的范围内使用这种收费。

支持对房地产征收地方财产税的一个更为隐晦的受益论点来自各社区之间不同的服务水平。如果社区 A 中的公共服务水平高于社区 B，这一差异将反映在社区 A 更高的房屋价值中。这一情形的前提条件是只有在社区 A 居住才能享受这一更高服务水平。所以，可以说在社区 A 的房屋所有者会受益，即便这些服务并非直接与住房相关。通过服务收益的资本化，所有权与服务水平之间建立起受益联系。不过，这一联系是脆弱的，且仅适用于社区 A 的服务水平超出社区 B 的情况。该论点没有给按总价值征收的财产税建立起受益—税收之间的关系，而只考虑了差别问题。此外，如果仔细研究的话，该分析就会指向对地租征税，而非对财产总价值征税。原因是，资本将会流动，从而平均化净回报（税后回报），而土地不能在管辖区之间移动。

从纳税支付能力方面考虑

现在从纳税支付能力方面来考虑财富课税的情况。在此先从历史的角度考察财产税的起源。在殖民时期，房地产和个人财产（比如牲口）是“能力”（即支付能力）最方便的衡量指标。当时较大一部分的所得是以实物形式获得的，所以使用现在定义的货币所得这一衡量指标就有误导性。但在现代条件下，所得大部分以货币形式体现，财富比所得更难衡量。在此环境下，仍以纳税支付能力来判断征收财产课税是否合理？

在我们早前对于横向公平的讨论中，得到了两个结论。以所得作为公平的衡量指标，我们有下述结论：只要所得被全面定义以致所有财富增加额都包含在内，则不用补征财富税。但在实践中，不是所有资本所得都包含在所得税税基中，这将导致需要征收财富税。我们还注意到，在消费税体制下，考虑到纳税人可以从财富持有中受益，对某些财富征收一些附加税可能是合理的。然而，如果根据纳税支付能力对财富征税，那么不应该对不动产征收对物税，而应该对资产净值征收对人税①。下文将进一步考察这种税。

社会控制

另一种观点是，财富税可能并不是对所得收益的收费方式，也不出于支付能力方面的考虑，而是作为社会控制的形式。容易看出，财富分配不平等的社会后果不同于消费分配不平等的社会后果，所以社会可能希望分别处理这些后果。为此，对财富而非收入征收累进税收将会是合适的措施。正如在支付能力方法下一样，这要对财富征对人税，并把财富全面包括进去。但现在有看法认为，税基应根据财富总值而非净值进行定义，因为是前者确定了财富所有者的经济控制范围。

土地课税

出于效率和公平这两方面的考虑，人们提倡把土地从一般的应税财产中单列出来。既然土地的回报有经济租金的性质（即无弹性供给的生产要素的回报），因此对土地课税不会产生“超额负担”。事实上，土地课税（特别在发展中国家）可以用来鼓励对土地更充分集约的利用。此外，如亨利·乔治首先提出的，从土地价值增长中得到的利得可以认为是不正义的财富②。

结论

提倡财富课税可以基于各种各样的理由，每种理由都要求课征不同类型的税收。虽然受益观点指向对特定不动产物品的差别化税收或收费，但纳税支付能力观点则指向对财富净值征收综合的个人税。正如现有财产税所反映

① 对于这一观点的发展和净值税的陈述，参见莱斯特·C. 瑟罗，“净值税”，《国家税赋期刊》，1972 年 9 月；以及瑟罗，《税赋对美国经济的影响》，纽约：普雷格，1971 年，第 7 章。

② 亨利·乔治，《进步与贫穷》，纽约：阿普尔顿，1882 年。

的，基于不动产课征的统一财产税的基本原理更难建立。然而，它已被证明是一种便利的地方课税手段，并且在可预见的未来都不可能被放弃。

二、财富的构成和分配

虽然收入分配的数据很充足，但关于财富构成和分配的统计数据很不完善。尽管如此，还是可以对税基的范围和性质有所了解，以评估财富课税的潜力。

财富的存量

表 24－1 中给出了 1985 年美国私人持有财富的构成。私人持有的可再生产财富估计约为 7 万亿美元。当年 GNP 为 4 万亿美元，这种财富持有额约是 GNP 的 1.8 倍。可再生产实物财富的主要类别是住房、商业厂房与设备以及耐用消费品。加入土地，财富总额将升至 10 万亿美元，相当于 GNP 的 2.5 倍。私人部门所持有的金融资产（含公共债务和外部货币）超过 1.8 万亿美元[①]。这样，8.7 万亿美元的总财富等于私人部门的资产净值总和。因为政府拥有的财富被排除在外，所以该数额低于国民财富总额。如下文所示，8.7 万亿美元的总财产是征收财产税时的评估值的数倍。

表 24－1　　私人持有财富的构成，1985 年　　单位：十亿美元

可再生产财富	
1. 居民住宅类建筑物	2 269
2. 商业和工业用建筑物	1 987
3. 设备	1 812
4. 家庭耐用品	1 395
5. 合计	7 463
土地	
6. 农场土地	596

① 排除私人债务，是因为它既作为资产影响债权人的资产负债表，又作为负债影响债务人的资产负债表。存款或内部货币也同样如此，虽是持有人的资产，但被贷款人欠银行的债务抵销了。外部货币（即联邦储备信贷和流通货币）不会被私人债务抵消，因此被包括在内。

续表

7. 非农场土地	2 000
8. 合计	2 596
金融资产（净额）	
9. 私人持有的公共债务	1 417
10. 货币（M3）	437
合计	1 854
11. 所有项目合计	11 913

资料来源：行 1 到行 5：参见美国普查局，《1987 年美国统计摘要》第 446 页。行 6：来源同上，第 626 页。行 7：估计值。行 9：参见《总统经济报告》，华盛顿特区，1987 年，第 343 页。行 10：来源同上，第 319 页。

财富持有的分配

虽然有许多关于收入分配的数据，但是财富分配的相关数据却难以得到。然而，显而易见，财富分配比收入分配更加不平等。我们早前按来源分析所得税税基时发现，资本所得的分配比工资和薪金所得的分配更为不均①。除了低收入阶层以外，资本所得在总所得中的份额会随所得增长而迅速增加。由于资本所得分配代表了赚取所得收入的资本的分配，因此在财富的分配上也可能也有相同的结论。事实上，估计超过 20% 的个人财富由顶端 1% 的财富持有人所持有②。

三、地方财产税的结构和税基

我们现在来进一步考察地方财产税，这是我们税收系统中财富课税的

① 然而，这只是一个大致的趋势，因为它没有考虑非所得收入财富。由于后者（主要以房屋的形式）可能分配得更为均匀，总资本所得（含推算的资本所得）分配的不公平性可能会减弱。“社会保障财富”这一附加因素也需考虑。据估计，若包括这种财富，1% 高收入财富持有人所持有的财富份额将从 26% 降到 19%（参见马丁·费尔德斯坦的“社会保障与财富分配”，《美国统计协会期刊》，1976 年 12 月）。而且出现了关于下述问题的争议：考虑到负财富就是将来的工薪税（缴款）的资本化价值，是否不应把社会保障财富包括在内。

② 参见《美国统计摘要》，1986 年，第 122 页。

主要代表。如前所述，它仍是美国第三重要的税收，并是地方税收的主要税种。

历史

美国的财产税在早期美国历史中就存在。起初，它对诸如土地和牛等特定的财产物品进行评估征收，对各个不同类别课征不同的税率。这种“分类”财产税是各殖民州的主要收入来源。在18世纪和19世纪，财产种类的增加使这种差别化的税率难以维持。因而，财产税发展成了一般性的、执行统一税率的税种。此统一税收适用于不同形式的财产，总财产被视为衡量纳税能力的一般标准。在财产形式日益复杂的情况下，这一税收方法随后被放弃了。特别是无形财产的重要性日益增长，使得对综合性的财产税基运用一般性财产税越来越难。到19世纪末，一般性财产税已被税基窄得多的税收方法所取代。财产税成为对不动产和经营性动产（即设备和存货）征收的选择性税收，并且沿用至今。现在，由个人所持有的有形财产（除了不动产）大多是无税的，而无形财产更是如此。财产税在税收收入总额（含所有层级）中所占的份额从19世纪初的超过50%降至现在的不到15%，这一下降反映的是其他税收日益上升的水平以及联邦部门重要性的增加，并不意味着财产课税水平的下降。

美国的财产税起源于地方税，并一直延续至今。它占地方税收收入的75%，而学区和乡镇的全部收入都来源于财产税①。财产税收入不仅几乎整个归地方政府所有，而且该税还由地方政府课征。因此，各地之间在税率和行政管理程序上都有很大不同。虽然州立法规定了一些指导性的要求，并且某些类型的财产（比如铁路和公用事业）由州来评估征收，但各地的税收仍很不一致。美国的财产税在这一方面与其他国家迥异，比如英国，虽然财产税收入归属于地方政府，但是把它作为一种全国性税统一管理其税率制度。在较大的国家中，只有加拿大是美国类型的分权财产税。

税基的构成

财产税基按被评估征税的财产类型的分布情况如表24－2所示。在

① 参见税赋基金会，《政府财政事实与数据》，1986年，第122页。

1981 年 2.8 万亿美元的总评估价值中，50% 以上是居民建筑物，20% 是商用和工业用建筑物，成片土地和农场占 9%，而个人动产仅占 10%。如前所述，美国财产税大部分是对不动产征收的。

表 24－2 中所示的金额是评估值。由于评估值通常低于市场价值，所以财产税所课征的资产的真正价值会更高。假定平均评估比率是市场价值的 33%，我们可以预估 1981 年财产税所覆盖的财产价值为 8.4 万亿美元。将这一数额与 1985 年的 10 万亿美元潜在财产总额（表 24－1 中项 5 和项 8）进行比较，可以看出实际税基可以进一步提高（比如升高 10%），从而在评估过程中将大量的不动产包含在财产税基中。

名义税率、评估比率和实际税率

美国有 75 000 多个课征财产税的辖区，存在着十分杂乱的各种具体做法和税率。比较各辖区间财产税水平是一个棘手的任务，必须严格区分名义税率和实际税率，后者等于名义税率和评估比率之积①。在各地评估比率相差很大的情况下，按名义税率的辖区排名无法告诉我们其按实际税率排名的情况。在抽样调查的 50 个大城市样本中，每 100 美元评估价值中名义税率从 1 美元到 32 美元不等，而在市场价值中实际税率为 0.60 美元到 5 美元不等。该差异反映出评估比率的差别范围为 4%—100%②。

表 24－2　　按不动产类型划分的各类财产评估价值，1981 年

	价值（十亿美元）	占总数的百分比
不动产		
成片土地和农场	247	8.9%
空地	109	3.9%
非农用住宅		
独家住房	1 328	47.7%

① 我们有

$T = t_n AV$，$AV = rMV$

其中 T 为税赋，t_n 为名义税率，AV 为评估价值，r 为评估比率，MV 为市场价值。

由 $t_e = T/MV$，其中 t_e 是实际税率。所以，我们得到 $t_e = t_n r$。

② 参见《美国统计摘要》，1987 年，第 279 页。

续表

	价值（十亿美元）	占总数的百分比
其他	191	6.9%
商用和工业用建筑物		
商业	354	12.7%
工业	196	7.0%
其他	88	3.2%
个人动产		
所有形式	271	9.7%
合计	2 784	100.0%

资料来源：美国普查局，《1982年政府普查》，第7卷，1985年，第26页。

既然重要的是实际税率，那么财产以完全市场价值还是不完全市场价值进行评估将没什么差异。要取得所要求的一定税收收入，较低的评估比率就意味着名义税率必须相应提高。如果所有财产都实行同一评估比率，那么情况将会如此。实际上，辖区之间的评估比率有所差异，任一辖区内各类型财产之间的评估比率也不同，这就产生了不公平。

辖区间的差别 当评估价值被用作衡量地方财力的一个指标并在各地方辖区之间配置州级援助中予以考虑时，由于没有将评估比率统一而导致评估价值差异的问题格外突出。为避免这一难题，越来越多的州已采取措施来确保统一报表评估工作。由于未将评估职能转移到州层面，各辖区的评估比率难以形成完全的统一。但是即便各地的评估比率被统一，由于各辖区可选择它们的名义税率，各辖区的实际税率仍会有所不同。结果，无论是企业经营还是居民住房的选址决策都可能受到税收差别的影响，这将导致低效的地址选择。在较高财产税率表明较高公共服务水平（而非较高成本）的情况下，这一影响将得到缓和，从而使税收差别被收益差别抵消。然而，情况并非总是如此。产生低效率的问题是财政分权的成本，这只能由平等化实际税率（至少平等化临近辖区，比如一个大市区内的各单元）来消除。然而，这一平等化意味着税制移向更集中化的税收系统，可能导致支出端多样性减少。这一成本反映了财政联邦主义的困境之一，这一问题将稍后讨论①。

① 参见第二十七章第二节。

辖区内的差别　虽然同一名义税率适用于任一辖区中不同类型的财产，但是评估比率可能因财产类型而不同。因此，据估计，1981 年美国住宅类不动产整体的平均评估率为 44%，商业和工业用不动产为 34%，空地为 29%，成片土地为 24%[①]。在有些辖区内，这些差异要大得多。尤其在大城市，商业经营性财产比居民住宅的评估比率更高，多户住宅比单户住宅的评估比率更高。这些差别并非偶然，而是反映了以差别税率课征财产税的意图。在绝大多数州的法规下，这种做法是不允许的，但在六个州（马萨诸塞州最近加入），法规允许对财产分类，不同的评估比率适用于不同类别的财产。明尼苏达州划分了超过 20 个独立类别，而按照惯例也可以仅分为居民住宅类、商业类和工业类财产。

区分各类型财产可以满足合理的政策目标，但实践操作还会导致同一类别中各具体财产之间存在实质而不合理的差别。出于这些原因，完善的财产税管理要求按完全的市场价值进行统一评估。否则，统一的实际税率就不可能实现。如果要特意区分各财产类别（即对财产税分类课征），就应该通过改变名义税率而非评估比率来实现。

以市场价值和以所得作为评估基础的对比

除了需要平等化的评估，还有一个更基本的问题：财产价值应如何衡量？应该按照销售价值还是租金所得价值进行评估？应该用实际价值还是潜在价值？美国的做法是根据销售或市场价值来评估，而英国的传统一直是根据该资产的实际租金所得进行评估。如果有完善的市场，并且财产得到最优利用，这一差异就会消失，因为财产的销售价值等于实际所得的资本化价值，而后者等于其赚取所得收入的潜力。但在现实条件下，这一等式并不成立。

如果财产没有得到充分利用，根据所得进行评估会低估其价值，这一点对于发展中国家特别重要[②]。市场价值和所得价值之间另一差异源于风险差异。年度所得 100 000 美元的财产可能市场价值有 500 000 美元，而有同样所得的另一财产市场价值可能是前者的两倍。所得以不同利率进行资本

① 参见美国普查局，《1982 年政府普查》，第 7 卷，第 29 页。

② 参见第三十四章第三节。

化，或者换言之，总利率是安全投资的市场利率加上不同的风险溢价。在城市贫民区中的财产就是这种情况，其相较于市场价值，这些财产有更高的所得收益。相较于根据所得进行评估，根据市场价值对这种财产进行评估会更好。在两种评估方法存在差异的情况下，市场价值提供了更好的评估基础，因为根据所得作评估还应考虑风险差异。

尽管以销售价值为基础进行评估可能更可取，但是可能没有相似房屋频繁出售来提供现成的评价参照标准。于是必须基于房屋类型和位置假定估值。在有些辖区，已经开发出了成熟复杂的程序来进行估价，这种程序基于包含大量变量的回归方程，将房屋价值和各种特征联系起来。这种程序有一个好处：允许更频繁地调整过去的估值，这个特点在通胀时期尤为重要。讽刺的是，在加利福尼亚州，正是这一高效的现行评估机制导致了纳税人对财产税的抱怨和不满。

税基中的土地部分与改良部分

财产税针对不动产的市场价值进行课征，而没有对税基中的土地和改良部分加以区别。然而从经济学观点来看，这是一个重要的区别。当我们讨论财产税收的归宿时，将考察这种区别。

既然土地供应是给定的，那么对土地租金的课税或对土地价值（反映了土地租金的资本化价值）课税，长期被认为是最不可能抑制改良投资积极性的课税形式。而且，由于人口和收入增长而导致土地价值增加所产生的意外之财，可能被认为是社会所不容许的收益，这也是亨利·乔治的《进步与贫穷》一书的主题，其在19世纪90年代席卷美国，并引发了单一税收运动——要求完全依赖土地税。不幸的是，对单一税收的过分诉求妨碍了以更高税率对地价课税的持续而强有力的论辩。

事实上，实践往往是背道而驰。如后所述，城市财产税由于对改良部分也征税，抑制了纳税人在改良方面的投资，特别是低收入家庭住房的改良。如果把对土地价值较重的税与对改良部分较轻的税相结合，那么会减缓而非加速城市衰老进程①。

---

① 参见迪克·内策尔的“地方财产税”，载于G. E. 彼得森（编辑）的《财产税改革》，城市学院出版社，1973年，第23页和第571页。

“断路器”

对老年人来说，针对居民住房征收的财产税特别难以负担。大量低收入的房主都是老年人，所以该问题确实与这一群体特别相关。因此，税法中已经制定了各种措施来为老年人和低收入家庭提供财产税优惠。这些优惠绝大多数以抵免州所得税的形式提供，一些这样的抵免规定被称为“断路器”，现在实际上已在所有的州得到了应用。各州使用各种方法使抵免限制在低收入家庭内。绝大多数（但并非全部）州将该减免限于老年人享受，并且所有州都通过规定一个假定的财产税来将这种优惠延伸到了老年租户。因为日渐消失的或受到限制的抵免主要针对低收入家庭，又因为州所得税下的豁免相对较高，所以绝大多数申请人没有所得税义务，因而这些抵免必须以现金退回给纳税人。和销售税抵免情况一样，这种抵免规定产生了下述问题：这种退回是否要实际上由低收入纳税人提出申请？

四、财产税的负担分配

财产税的归宿是有争议的。一种观点将其视为在竞争市场中对资本所得的课税；另一种观点则区分税基类型，并更强调市场不完善的后果。

作为资本所得税的财产税

我们先看第一种观点，这种观点近年来越来越为经济学家所接受。

全国性的财产税　首先假设存在对所有资本资产征收的真正的全国性的税种。如我们早前讨论税负归宿中所指出的，对资本资产所征收的税收可以被视为对资本所得的课税。存在完善的资本市场和评估程序时，对资产价值课征5%的税收可以很容易转换成对该资产所得征收的所得税。假设价值1 000美元的资产按10%的市场利率产出100美元的年度收入。对该资产价值征收5%的税，则应纳税额是50美元。以该资产收入的百分比来表达，即为50%。以5%税率对该资产价值的征税（即财产税），就等价于以50%的税率对财产所得的征税（即所得税）。一般而言，完善的资本市场中一项资产的价值满足 $Y=iV$，于是 $V=Y/i$，其中 V 是资产价值，Y 是资产的年度收入，i 是在其他投资上可获得的市场利率[①]。如果要以税率 t_p 的财产税和以税率 t_y 的所得税中得到相同的收入，那么一定有 $t_pY/i=t_yY$ 或 $t_p=it_y$。

在一个资本回报率为 10% 的市场中，按每 100 美元资产价值征收 5 美元税率课征一般财产税，就与对资本所得征收 50% 的一般性所得税相同。情况如此是因为，上述关于对资本所得课征的一般性税收又再次适用。在归宿主要从来源端来确定的情况下，这种税收会降低资本的净回报，并由资本所得的收款人承担税负。除了低收入者外，资本所得占总所得的份额随我们收入规模的提高而上升，所以税负归宿是累进的。长期而言，资本净回报的减少可能抑制资本存量，从而降低未来的劳动生产率，于是导致税收负担分摊。尽管这样可能减轻纳税人的最终税负，但短期效应所决定的税负归宿模式可能占主导地位。如表 14－1 第 14 行所示，产生的税负归宿模式对收入规模较低一端是累退的，对中间阶层是比例性的，对高收入者是累进的[②]。

地方性的财产税 上述结论受到了以下事实的制约：我们的财产税不是按全国统一的税率征收的，而是按各地不同的地方税率课征的。假如所有地方辖区都要以同一税率课征税收，那么效果将会与征收全国性的税类似。但我们发现，各辖区并没这样做。无论是法定税率差异还是评估比率的差异，都导致了实际税率的差异。为理解这种差别是如何影响税负归宿，假定某一辖区将其税率提高至全国平均水平之上，那么将发生什么呢？

从短期来看，投资于高税率辖区的资本是相对稳定的，其所有者必须承担被课征的较高税率。如前述公司税那样，对资本所得征收的部分税收的负担被资本化了，降低了该财产的价值。这同样适用于房屋改良部分和地基。短期来看，对当地财产的所有者征收了更高的税。此外，在增税时持有财产的业主也承担了这种负担，他们不能通过出售已税资产来摆脱该负担。

为例证这一事实，我们再次假设税前资本回报率为 10%，因此每 1 000

---

① 这一资本化公式对永续所得流量成立。有限年金价值由

$$V=Y\frac{1-(1+i)^{-n}}{i}$$

求得，其中 n 是年度支付的年数。

② 参见第十四章第四节。

美元的资产价值每年产出 100 美元回报。现在让一个特定辖区对每 1 000 美元财产价值征收 50 美元的财产税。如前所述，这种税收等价于 50% 税率的所得税。这样，净所得减少到 50 美元，按 10% 资本化，财产价值将降至 500 美元。如果该资产的最初所有者希望出售它，那么他或她必须承担税收损失，因为买方将想要获得 10% 的净回报，这与从别处投资获得的净回报相似。因此，该税收的负担落在初始财产所有者身上，即在税收课征之前该财产的所有者。购买该旧资产的各后续所有者将只以较低的价格购买旧资产，不承受该税收负担。因为该损失已被资本化，由最初所有者承担。

从长期来看，反映土地或地基价值的那部分税收是不变的。土地不可能移动，所以在高税收辖区中土地的原始所有者就将遭受等于其财产税负担的永久损失。在这种情况中，短期调整和长期调整之间没有差异。由于来自土地所有权的所得对高收入人群比低收入人群更为重要，因此税负归宿是累进的。

就资本而言，该情形会有所不同。投资于改良部分的资本不会永远保持不变。更长期而言，这类资本将逃离高税率辖区，移向税率较低的辖区。对旧资产的维修支出将减少，在高税率辖区新的投资将下降。随着较高税率辖区中资本存量下降而低税率辖区的资本存量上升，前者的资本总回报率将提高而后者的回报率将降低。这种转移会持续发生，直到来自高税收辖区中投资的净回报率等于区外的回报率。该流动过程在各个辖区中净回报率相等时将停止。如公司税的情形一样，在一个经济部门中对资本课征的税收，会由全部资本所有者共担。

资本从高税率辖区外流的程度将取决于劳动的向外流动性。如果劳动可以轻易外流，那就必须对其支付在其他地方可得到的报酬，这样资本外流将更大。如果劳动被锁定在高税率辖区，该税收可能导致工资减少，从而保持资本的收益而不逼其外流。由于非熟练劳动力的流动性不如熟练劳动力，所以这种情形会产生累退效应。而高税收辖区中的劳动力注定会受损，低税收辖区中的劳动力（作为调整的结果，低税收辖区有更充足的资本存量）会受益。类似地，高税收辖区中的土地和房屋所有者将从资本外流中受损。如果从特定辖区的角度来看，这些影响可能非常重要，虽然它们可能不会对总体或全国的负担分配产生较大的影响。

区内负担对比区外负担　国家税收和地方税收的不同之处在于，地方辖区将仅关心由其居民承担的负担部分，而不关心由其他人承担的那部分负担。

因此，假设位于辖区A的不动产由辖区B的居民拥有。于是，该不动产的短期税收负担将由辖区外的个人承担，而辖区内居民则可能享受了“搭便车”。但是从长期来看，当资本可以流出时，他们就不可能一直享受这样的便利。现在，当地居民发现其租金增加了，工资下降了，而辖区外的人受益了。资本外流越大，本地所获得的税收收入将越少，高税收辖区居民所遭受的租金上涨和收入下降将越多。当地居民不仅无法将征收的税收负担输出，而且由于当地可用资本减少，他们还遭到了直接经济损失。因此，某特定社区不愿将其税率提升到远高于对手辖区所课征的税率水平是不足为奇的。事实上，一个社区可能愿意降低其税收至低于对手辖区的税收水平来获得净收益。

地方税收政策需要在二者之间做出艰难的选择：（1）通过对“外地人”所拥有的资本的课税，把税收负担转嫁给外部人，从而获得收益；（2）“外来”资本逃离对当地经济造成损失的危险。

受益差别 前面的讨论只考虑了全局中的税收方面，没有考虑税收可能提供的公共服务的益处。不过，在考察提高地方财产税的总体影响时，必须考虑这些因素。

正如提高财产税率可能减少财产价值并引发资本外流一样，提供额外的公共服务也可能提升价值并吸引资本流入。更好的学校或市政服务，可能使该乡镇成为一个更有吸引力的居住或经商地点。公共服务的改良提高了住房和建筑物的需求，使财产价值更高，因而对冲了提高财产税率的影响。所以，支出受益的资本化价值可能不少于税收负担，因此，税收和支出的综合效应可能使住房价值下降、上升或未受影响，而这取决于税收的获取方式和用途。

假如所有财产税都严格按照受益原则课征，那么征税和受益的影响应该会抵消，财产价值将独立于税率。实际上，情况并非如此。财产税被用作地方的一般性收入来源，并非总是紧密根据税收贡献相应地提供支出受益。然而，实证调查显示，财产价值会受到公共支出以及税收差别的影响，由此可见一并考虑这两个方面的重要性①。

① 参见W. 奥兹，“财产税与地方公共支出对财产价值的效应：税收资本化和蒂博特假设的经验研究”，《政治经济学杂志》，第77卷，1969年11－12月。

从所得税方面考虑　既然对财产税的主要抱怨来自房屋所有者，那么我们来比较投资于住房服务的投资者与投资于公司股份的投资者的处境，在这两种情况中既考虑财产税，也考虑个人所得和公司税。虽然投资于住房服务的投资者可能要缴纳更多的财产税，但如果将三种税收相加，那么他的所有税负比投资于公司股份的投资者更少①。这一结果反映出公司所得税下股东所承担的额外负担，以及个人所得税下房屋所有者的优惠待遇。

可供选择的模式

我们现在考察财产税归宿上的另一些观点。为此，我们把财产税分为对土地部分的税收与对改良部分的税收，后者又进一步分为商业用建筑和住宅用建筑两类。

对土地部分征收的那部分税款可以很容易分配给该土地所有者。因为土地在供给中无弹性且无法流动，所以无法逃避该税收。负担分配将往往是累进的。与其他财富相比，关于土地持有分布的数据比较缺乏，我们可以假设其负担分配与资本所得税相似。

对商业用建筑所征收的税收可视为与公司税类似。在这种情况下，考虑到市场的不完善，我们假定部分该税收（比如一半）传导至消费者。因此这一部分的负担分配就是累退的。

还有一部分对住宅用建筑征收的税收。在公众看来，这种税一般被视为对住房服务消费者的征税。随着收入水平的提高，住房支出在收入中所占的比例不断下降，因此该部分税收被认为是累退的。该税收的这一观点（作为对住房支出的税收），如何与早前认为其是对资本所得征收的税收的解释相一致呢？这个难题的关键在于，住房可视为一个投资项目，也可视为（在自有自住的情况下）一个耐用消费品。因此，房屋所有者可能愿意

---

①　考虑投资人 X 在她住宅中投资了 150 000 美元。在平均税率是市场价值的 1.8% 的情况下，她的财产税是 2 700 美元，没有应交的所得税。然后考虑投资人 Y 为了出租而购买一个相似的财产，产生 12 000 美元的租金所得。除了财产税外，Y 就租金所得缴纳 28% 的所得税（即 2 604 美元），这将他的税收负担增加到了 5 304 美元。最后，考虑投资人 Z 将 150 000 美元投资于公司股份中，并假设该公司会购买可产生与 Y 相同租金收入的房产。现在，该税收负担包括了 2 700 美元的财产税和对租金所得缴纳的 33% 的公司税（即 3 069 美元）。另外假设税后利润作为股息分配，则还需缴纳 28% 的个人所得税（即 1 745 美元），这样 Z 总的税收负担增加到了 7 514 美元。三者的税收负担比较显示，房屋所有者 X 相较于投资人 Y 和 Z 更具有优势。

接受比其他投资更低的住房估算租金。该税收的一部分将包含在所有权租金中，从而按照消费额大小进行分配，而非与所有资本所得一起分摊。

这一推理并不适用于出租用的房产，这种情况下所有者只关心投资选择。如果市场是竞争性的，投资于出租房产的资本将获得如其他资本一样的净回报，税收负担分配与资本所得的分配一致。但是如果租赁市场不完善（情况经常如此），结果就可能不同。财产税的征收就可能导致租金上限的提高，或导致之前的垄断定价放开。进而，并非所有财产都以相同的税率课税。有效的财产税率在低收入地区往往特别高，部分原因是中心城市中的财产税率普遍较高，部分原因是低收入地区中的住宅用房产的评估比率比高收入地区更高①。由此产生的额外税收很可能由租客承担。

考虑到刚才所讨论的这些可能性，我们发现，财产税下的负担归宿模式可能包含资本所得、一般性消费和住房支出。如表 14－1 所示，将家庭负担划分为消费和住房支出后，财产税自始至终是累退的，而如果将财产税的一半分配给资本所得、四分之一分配给一般性消费、四分之一分配给住房支出，则会产生大致成比例的模式。

五、对财产税的评价和展望

财产税占地方税收收入的比例在近几十年内有所下降，从 1960 年的 87%降至 20 世纪 80 年代的 75%。然而，财产税仍是地方税收收入的主要来源。不动产易见性和相对不可移动性使其成为地方课税的现成对象，而这类财产从地方公共服务中获得的益处支持了该税收的合理性。不过，财产税受到了越来越多的批评。事实上，它已成为最不受欢迎的税收类型，对它的抱怨已经成为近年来税收抗议的核心。

问题不在于这些年财产税收入上涨速度比其他税收快得多。相反，财产税收入在州和地方税收总额中的比重，同其占地方收入的比重一样，在 20 世纪 70 年代有所下降。事实上，对单户家庭住宅的平均实际税率已从

① 参见乔治·E. 彼得森，《低收入住房市场中的财产税》，第 110 页。彼得森还指出，由于存在较高的风险，市场价值与租金之比在低收入地区较低，所以每一美元租金所缴纳的财产税较低，从而提供了对较高评估比率的抵消。

1971 年的 1.98% 降至 1984 年的 1.23%。在加利福尼亚州（税收抗议的发源地），实际税率从 2.48% 降到了 1.02%①。

财产税不受欢迎的一个主要因素是，在所有主要税收中，财产税是唯一一种每年或每半年直接支付的税种。对纳税人而言，每当要缴纳财产税时，其纳税额将会很大。因此，它与其他主要税收迥异，对于绝大多数纳税人来说，所得税是通过预扣的方式征收，而消费税相当不易察觉，且每次都是小额支付。其次，还有下述事实：纳税人可以将其自己的应税评估价值与其邻居的进行比较，而发现其有所不同，会因评估过程中产生的现实或想象的不公平而被激怒。

在 20 世纪 70 年代末，通胀的影响加剧了这种愤怒。随着价格上涨，房屋价值也在上涨，这迟早会反映在更高的评估价值中。即使税率未改变，以美元计算的税收仍有所上升，纳税人因为感到“相同的旧房子”被课税“更多”而被激怒，同时却忽略了下述事实：该房屋名义价值已经上涨以及以实际值衡量的税收一直没有改变。

但是问题不仅仅是货币错觉。在 70 年代末和 80 年代初这一通胀时期，房屋价值的增速大于房屋所有者平均货币收入的增速。结果，财产税支付与收入之比趋于上升，在某些州中尤为明显。讽刺的是，这些州有良好的税收管理制度，所以能根据上涨的房价立即对评估价值做出调整。此外，相较于收入而言，住房成本的上升还因抵押贷款成本的上升而加剧。靠固定收入的人们感受到的压力最大，特别是无力支付维修其常用住房的老年人。所有这些问题导致了人们对财产税的不满，并在 70 年代末导致了许多州对法定的财产税的限制②。绝大多数情况中，这些限制采取了限制税率的形式，但在有些例子中（比如加利福尼亚州的第 13 号提案），立法还涉及冻结旧财产的评估价值，从而严重损害了税收公平。在讨论州与地方的税收需要时，还将对这个问题及财产税的发展趋势进行更多说明③。

---

① 参见政府间关系咨询委员会，《财政联邦制的重要特征（1985－1986 年）》，1986 年，第 107 页。

② 参见《财政联邦制的显著特征》，1987 年，如前所引，第 116 页。

③ 参见第二十九章第二节。

六、净值税

在讨论财产和财富课税的基本原理时，我们已经区分了受益观点和支付能力观点，前者表明要根据“对物”原则对不动产征收有差别的使用费，后者表明要按照“对人”原则对净财富征税。目前的财产税基本上只单一地对辖区内所有不动产征收对物税，不符合上述的任何一种模式。我们现在简要考虑一种理论上更具吸引力、但使用不太广泛的“姊妹”税种——净值税。

国外经验

大约十七个国家征收了净值税，包括荷兰、西德、斯堪的纳维亚国家以及瑞士。印度和许多拉丁美洲国家也征收了这一税收。虽然在有些国家（包括西德和印度）也对公司征收该税，但是在绝大多数国家该税收只对自然人课征。应税资产的范围常常包括无形资产以及有形资产，在绝大多数情况中，所有债务支出责任都是可扣除的。然而，有些国家不允许扣除与购置应税资产无关的债务。自然人可享受免税优惠，税率要么是比例税率（通常是1%或更低），要么是累进税率（至多达2.5%）。

除了瑞士各州外，净值税在中央一级课征。征收这一税收的国家常常在普通财产税之外征收该税，而净值税收入通常仅是总收入的一小部分（低于5%）。然而，如本章开头所述，净值税是税收结构一个潜在的重要组成部分。一方面，它可以弥补所得税下无法有效覆盖资本所得的缺陷。如我们稍后将看到的，这个问题对发展中国家特别重要，因为在这些国家要对资本所得征税非常困难。另一方面，净值税可以作为对支出税的补充。所以，如果会发生从所得为税基向消费为税基的全面转变，净值税可能成为一个重要的联邦候选税种。不过，根据宪法第十六修正案，是否允许征收联邦财富税还有待考察。

结构和税基

征收净值税带来的一些问题和困难可简要说明如下。

税基　净值税与税收支付能力有关。所以它应该对个人而非公司课征。

正如从合伙企业的观点来看公司利润税一样，公司的净值应估算到所有者个人。如所得税的情况，税基应从总体上确定，以便平等对待净值的所有组成成分。另外，一致性原则应既适用于资产负债表的资产方，也适用于负债方。无形资产和有形资产以及非收益性资产和收益性资产都应该包括在内。类似地，所有债务支出都应是可扣除的。

衡量净值　净值税的管理要求确认应税资产，并要求核查债务。简而言之，它要求纳税申报表要包括年度资产负债表，该表列出了纳税人的资产和负债。

在资产申报方面，税务机关必须确保所有资产在事实上都进行了申报。而且，还有一个资产估值的问题。在评估当期所有资产时的难点，我们已在资本利得税部分进行了讨论。这里仍然必须使用近似值。所以，要征收财产税的资产（特别是进行平均化评估时）可用近似值进行估值，而其他的资产（比如交易的证券）可按市场报价进行估值。对于剩余部分，必须使用大致近似值（比如购置成本减去折旧）。类似的困难也出现在了可扣除债务上。管理真实净值税的困难是相当大的。因此，净值税容易退化为仅对不动产征收的税收。但是，这些困难不是无法克服的。与所得税管理（特别是与支出税的管理）相衔接，可能形成一种有价值的自我控制链条。资产收购必须申报，以尽量减少支出税，而这一申报又将这些资产增加到净值税的税基中。

无形资产的作用

就其本质而言，净值税的税基必须包括无形资产（包括资产和负债）。这将如何影响税基的整体大小及其在财富持有人之间的分配呢？

私人债权　首先考察一个没有公共债务或政府发行货币的环境。所有债务工具都是私人之间的。假设有两个人（A 和 B），其财富状况如表 24－3 所示。

表 24－3　　**A 与 B 的财富状况**　　单位：美元

	A	B	A + B
不动产	100	50	150
债务	10		
债权	—	10	
净值	90	60	150

如该例所示，不动产税和净值税的总税基都是150美元。但它们在其他方面有所不同。如果我们对所有不动产征收10%的税收，那么可以征到15美元，A支付10美元，B支付5美元。如果我们对净值征收相同数额的税收，即包含债权并扣除所欠债务后征税，那么A支付9美元，B支付6美元。乍一看，这表明A更愿意缴纳净值税，B更愿意缴纳财产税。但市场会作相应调整。随着对不动产的税收课征，借款人将不愿意按以前的利率支付利息，因为他们投资不动产获得的净收入减少了。贷款人也只好以较低的利率贷出，所以部分税收负担从A转移到了B。最终，负担分配将与在净值税下的分配相同，即与净值的分配一致。如果适用比例税率，两个税收之间的选择就是无差异的。

但是，如果该税收以累进税率课征，情况就有所不同。从我们的例子可以发现，对不动产征收的累进税的负担分配（其中A的税基是B的两倍），将显然不同于净值税基（其中A的税基只超过了B的50%）征收的累进税。因为"对人税"要求根据支付能力评估，所以净值税是较优的财富课税形式。

对政府的债权 如果我们考虑针对政府的债权，就会引起财富净值的进一步差异（无论这类债权是以公共债务的形式，还是以美联储信贷和财政部担保的货币形式）。这种债权增加了一个私人持有的财富，而并不会减少另一私人的财富。因此这些债权与私人债务不同，它们增加了整体净值税基，所以净值税的税基超过了对不动产征收的财产税税基。假设把上述示例进行如表24-4的扩展。

表24-4　A与B财富状况的扩展　单位：美元

	A	B	A+B
上述净值	90	60	150
对政府的债权	70	20	90
总净值	160	80	240

在此情况中，若按统一税率征收15美元的净值税，将要求税率为6.2%（A支付9.88美元，B支付5.12美元）。如果从对不动产征收的税收中获得同样的税收收入，则要求税率为10%（A支付10美元，B支付5美元）。这样，市场将再次补偿在不动产投资上减少的净回报，但是A在净值

税下的负担将仍高于在不动产征税下的负担[①]。

税率和免税

净值税本质上是一种“对人税”，可以用累进税率课征。在 1985 年私人持有财富约 12 万亿美元（参见表 24 - 1）的情况下，1% 的税率将会产生 1 200 亿美元（约是所得税收入的 35%）。由于财富持有的分配比所得分配更加不公平，从不断上升的等级税率中获得的税收收入将更加可观。但要注意，对财富课征 1% 的税率（在财富持有回报率为 10% 的情况下），相当于对资本所得按 10% 的税率征税。这样，净值税的名义税率水平将会远低于所得税下的名义税率水平。

同所得税的情况一样，征收净值税也可以允许个人豁免，以减轻低收入阶层的负担。

七、资本税

还有一种财富税是以资本税的形式征收的。这种税收按照一次性课征原则征收，许多国家在紧急情况（例如为结束战后通货膨胀作的货币改革等）下使用了这种税收，但在美国财政历史中没有这种税收的记录。如果资本税真正具有一次性税收的性质，人们既无法预期它什么时候开征，也无法预期它以后是否再征收，那么这种税显然不同于财富税的其他形式，因为它对经济行为没有扰动作用。这一特征增加了资本税作为再分配工具的吸引力，但是由于这种税基本上采用一次性征收形式，并且事先无法预知，于是这使其不能成为正常税收结构的一部分。

---

① 如我们稍后将发现的（第三十二章第四节），人们可能认为，既然公共债务必须被偿还，纳税人将资本化其在未来必须承受的那部分增加的税赋义务，这将增加负债，从而在总净值中把公共债务抵消了。但是，即便在净值税基中考虑了这种债务，公共债务也将不会简单地被排除在外，因为持债的分配将会很可能不同于增加的税赋义务的分配。

八、本章小结

财富税在税收结构中的作用可以从受益方面或支付能力方面考量，但不管从哪方面看都无法说明为何要征收目前这种不动产税：

1. 对财富的征税可以采用“对物税”形式，如财产税；也可以采用“对人税”形式，如净值税。根据税收支付能力征税的原则后者占优。

2. 净值税可用作对所得税下资本收入不完美课税的纠正，或是作为对消费税的补充。

3. 地方财产税大体上可体现按照支付能力征税的原则，但可以设计出其他更好地衡量受益情况的指标。

关于美国财富持有的构成和结构，我们发现：

4. 1985 年私人持有财富价值约为 12 万亿美元。

5. 住宅占私人持有的不动产的 20% 左右。

6. 财富的分配比收入分配更不公平。

美国财富税的主要形式是地方财产税。作为地方税收的主要来源，它仍是税收政策关注重点之一：

7. 美国的财产税主要是对不动产征税。

8. 约有一半的财产税收入从住宅类房产上获得。

9. 财产税覆盖了大部分不动产。但是，财产税税基或评估价值通常不到市场价值的一半。

10. 必须区分名义税率和实际税率。

11. 同一个州内不同辖区的实际税率差别很大，部分原因是各辖区评估比率差异很大。

12. 一个州内平等化地评估各地财产价值对于分配州援助非常重要。

13. “断路器”被用于减轻低收入且年长的财产所有者的税收负担。

在考量财产税归宿时，我们发现首先假设对所有不动产征收全国统一的税是有益的：

14. 在竞争性条件下，这一税收相当于对所有资本所得所征的税收。因此，其负担分配除了低收入者外是累进的。

15. 如果资本供给是有弹性的，那么比较长久地运用这种税，就可能意味着其负担要由工薪阶层和资本密集型产品（如住房）的消费者分担。

16. 对住宅类财产所征的那部分财产税可以看作是对住房消费的征税，这表明其负担分配是累退的。

17. 对于自有自用的住宅，财产税的一部分被包含在估算租金中。对于出租用住房，不完美市场可能将部分税收负担转嫁于租客身上。

如果考虑美国财产税中的地方差异，这种模式会更加复杂：

18. 如果一个辖区将其实际税率提高到各辖区平均水平之上，那么从短期看，税率差别导致的负担将落在高税收辖区中的财产所有者身上。

19. 从长远来看，流动性的资本（而非土地）的税收负担会由所有资本共同分摊，包括位于税收辖区之外的资本。此外，在税收辖区内、外的不同工人和消费者群体之间可能会发生双向移动。

20. 就税收管辖区来看，区内承担的那部分负担与区外承担的其他部分负担之间有重要的区别。

21. 当辖区间税收负担差别与公共服务中的收益差别相匹配时，房屋价值将不受影响，资本不会流动。

22. 在本地市场销售产品的企业比在区外销售的企业更容易把税负转嫁给消费者。

财富税也可以采用另一种可供选择的形式，即以“对人税”的形式课征，并仅对净值征税：

23. 这种税收可以对个人总净值征收，并采用与所得税相似的豁免额和累进税率。

24. 净值税与财产税不同，净值税税基包括所有财产（包括无形资产和有形资产），但是负债将会被扣除。

25. 公司产权应当按归并原则处理。

26. 为了有效征管，这一税收将必须是全国性的税种而非地方性的税种。

推荐阅读

Aaron, Henry J.: *Who Pays the Property Tax?* Washington, D.C.: Brookings, 1975.

Advisory Commission on Intergovernmental Relations: *The Property Tax in a Changing En-*

vironment, Washington, D. C. , 1974.

McLure, Charles E. : The ‘New View’ of the Property Tax: A Caveat, *National Tax Journal*, March 1977.

Netzer, Dick: *Economics of the Property Tax*, Washington, D. C. : Brookings, 1966.

Peterson, George E. (ed.): *Property Tax Reform*, Washington, D. C. : John C. Lincoln Instituteand Urban Institute, 1973.

第二十五章 遗产税

尽管遗产税对收入的重要性是次要的，但其作为分配政策工具却是重要的，它不仅适用于财富也适用于财富转让。在实施遗产税和使其发挥效率的过程中，会出现技术难题。

▶ 本章内容提示

我们现在来考察财富的课税——不是在年度基础上课征，而是在遗赠物或赠与物转让的时候课征。遗赠物的课税是非常重要的内容。它可以采取下述形式：在联邦类型的遗产税形式下对遗产进行征税，或在继承税的形式下由州对继承人进行征收。如表 18－1 所示，这些税种是次要的，且对收入的重要性持续下降。即便有实质性扩展，遗产税也不能成为诸如所得税或销售税这样的主要收入来源，原因很简单：其总税基实在太小。但是，无论是从社会哲学的角度看，还是从调节财富分配的政策工具角度看，遗产税是很重要的。因此，它们是税收结构中具有潜在重要性的一个元素。

一、遗产税的基本原理

遗产税可以以多种形式、各种原因课征。我们先不考虑赠与，假设所有转让都在死亡时作出。那么该税可以将遗产作为一个整体进行课征（如联邦遗产税），也可以对特定继承人收到的遗赠物进行课征（如州继承税）。

乍一看，以遗产税形式对赠与人课征，或以继承税形式对继承人课征，似乎没有差异。如前所述，讨论该税收到底对哪一方课征没有意义。但是对于死亡时的财富转让而言，只有当我们对其考虑比例税率时才具有等价性。当我们考虑累进税率时，这两种方法就有差异。征收遗产税情况下的累进税与遗嘱人的遗产规模和财富有关，征收继承税情况下的累进税则与特定继承人收到的份额有关，从而产生了两种税及其目标之间的重要差异。

遗产税的目标与类型

根据社会所希望达到的目标，可以区分为各种不同的情况：

1. 社会可能希望限制一个人处置其死亡时的财产的权利。个人可以在世时使用其财产，但死亡时其财产所有权就会减少或终止。在此情况中，联邦类型的遗产税就是一种适当的方法。如果社会希望允许一定量的遗产免税，那么规定一个免税额是有必要的。如果社会希望将超出某个限额的遗产充公，则高于这一限额的部分可适用 100% 的税率。

2. 社会可能希望对一个人向更远的后代传递财富的权利逐代增加限制，在这种情况下，适用的遗产税率水平可以随财产在通过连续赠与的传递过程中提高，这一方法最初由意大利经济学家尤基诺·瑞格纳诺提出[①]。

3. 社会可能希望限制一个人在没有经过努力的情况下通过遗产方式获取财富的权利。朴素的个人主义可能会被用于解决这一问题——在"起跑线"上处于平等地位而对随后的不平等持开放态度[②]。此时，如州层级上采用的继承税一样，对继承人课征就很适合了。如果社会允许个人通过遗赠而获取财富，但期望在小额和大额财富之间有所区别，则需采用累进税率。考虑到这个目的，将从所有来源中获得的这种财产增益合并起来课税将会是有意义的——把累进制应用于一个人在世期间获得遗赠物的合计增益额，而非将累进制与每个具体的继承相联系。前者就是"财产增益税"。

4. 社会可能希望达到更公平分配财富的总目标。继承制度是形成财富集中的主要因素之一，继承的财富占富有男性财产净值的一半以上，占同等富有女性财产净值的绝大部分[③]。因此，遗产税（尤其是继承税）可以用来缓和财富分配的不平等。

5. 遗产税可以视作对所得税的一个补充，而非是对转让的额外税收。根据所得税制下的所得是财富的增值这一原理，继承收入必须纳入继承人的所得[④]。如果继承收入没有纳入继承人所得，那么继承税（税率与继承人的所得有关）可视作对有缺陷的所得定义的修正。遗产税（税率与遗嘱人的消费有关）的作用也同样成立，在支出税未将遗赠物纳入其税基的情况

---

① 参见尤基诺·瑞格纳诺，《遗产税的意义》，伦敦：道格拉斯出版社，1928 年。

② 参见第六章第二节。

③ 参见约翰·A. 布里汀，《继承与有形财富不公平》，华盛顿特区：布鲁金斯研究院，1978 年。

④ 这需要制定一些无偏见的平均化规定，以免歧视在累进税率表下聚积所得的继承人。更为复杂的问题是，在所得税制下，遗嘱人是否应被允许将税从自己的所得中扣除？如果不应该，是否存在这种所得的双重课税——先是遗产税，再是继承税？依照亨利·西蒙斯的聚积概念，这种"双重课税"并不令人反感。（参见亨利·西蒙斯，《个人所得税》，芝加哥：芝加哥大学出版社，1938 年，第 56 页。）遗赠人根据自己的选择来使用收入，而受赠者会经历一次新的聚积。如果我们注意到遗赠人从该继承人的利得中得到效用（该效用与继承人税收净收益有关），那么遗赠的遗赠物会受到歧视。相较于在死前消费其财产的 B 女士，希望留下遗赠物的 A 先生因此受到了歧视。（参见 G. 布伦南，《死亡与税赋：对正统学说的攻击》，公共金融，第 3 期，1978 年。）因此，征收附加遗产税的理由必须以社会希望限制死亡时的财产权利为基础。

下，可以说是对实际税基定义的修正。

6. 遗产税可视作对接受人在世期间资本所得课税的一个替代项。进而可以认为：遗产税对资本所得高度累进税的替代将减少对储蓄和投资的抑制效应（这些考虑此前已有所说明）①。

因此，在课征遗产税时，选择遗产税还是继承税，将取决于这种课税旨在实现的目标。只有采用比例税率时，选择任一方式都无差异。虽然目标各异，但这些目标不是互相排斥的。同时追求目标 1 和目标 3 时，社会可能希望同时课征遗产税（从而限制遗嘱人的处置权）和继承税（旨在限制继承人接受权和/或旨在弥补遗赠物未纳入应税所得）。应当指出，这些目标间的选择以及适当税收的挑选等问题，应区别于以前已考虑的问题：死亡时的交易（作为一种继承收入还是遗赠）应如何在所得税或支出税下进行处理②。

二、联邦遗产税

现在我们来探讨联邦遗产税及其有关问题。从技术观点来看，这一税收以及与其密切相关的赠与税问题，已成为税法最复杂的部分。遗产税可以同时在联邦和州层面应用，前者以遗产税的形式，后者主要以继承税的形式。

结构

如表 25－1 所示，联邦遗产税适用税率从 18% 到 50% 不等。这些税率适用于全部遗产而不考虑个人免税额。法律允许从税额中抵免 192 800 美元。实际上，这使遗产的免税额高达近 600 000 美元。

---

① 参见第十七章第二节。

② 参见第十九章第三节和第二十三章第五节。

表 25－1　　统一转让税率明细表（1988 年）

应税遗产规模（美元）	区间税率（%）	暂定税款（区间的较低一端，美元）	抵免后税收（美元）	税收占应税遗产的百分比（及较低区间限额，%）
0—10 000	18	—	—	0
10 000—20 000	20	1 800	—	0
100 000—150 000	30	23 800	—	0
500 000—600 000	37	155 800	—	0
1 000 000—1 250 000	43	345 800	192 800	15. 3
2 500 000 及以上	50	1 025 800	933 000	37. 3

如表 25－1 所示，最终的应纳税额比率为：100 万美元水平上 15% 的实际税率，250 万美元水平上 37% 的实际税率。这些税率大大低于 1981 年以前适用的税率，那时税率高达 70%，而抵免限于 50 000 美元。为了进一步减轻纳税人的负担，1981 年的立法将婚姻方面的免税（即对留给配偶的遗产免税）从 50% 扩展到了 100%。

1983 年应税申报的构成如表 25－2 所示。可见有合计 35 000 份申报，平均税率 16%（税款占遗产总额的百分比）。如所得税的情形，绝大多数遗产集中于财产规模较少的一端，但现在税基中的相当大部分出现在高收入阶层。从表中可以看出，同可课税的潜在税基相比，联邦遗产税只涉及了总遗产的一小部分。

表 25－2　　1983 年联邦遗产税应税遗产

应税遗产规模（美元）	申报表数量	遗产总额（十亿美元）	抵免后税收（十亿美元）	税收占遗产总额的百分比（%）
300 000—500 000	17 105	6. 6	0. 6	9. 0
500 000—1 000 000	11 678	8. 0	1. 2	15. 0
1 000 000—2 500 000	4 589	6. 7	1. 3	19. 4
2 500 000—5 000 000	1 223	4. 2	0. 8	19. 0
5 000 000 及以上	552	7. 0	1. 3	18. 6
合计	35 148	32. 7	5. 2	15. 9

资料来源：《收入统计公报》，1984 年秋季，第 4 卷第 2 期。300 000 美元以下的应税遗产不要求申报。

实际税基与潜在税基

鉴于应税遗产数量有35 000份而年度死亡人数约200万，显然遗产税只涉及了遗产中极小的一部分。虽然许多情况下遗产规模很小，以致无须考察把它纳入税基的必要性，但是仍有可观的税基潜在覆盖范围缺口。尽管无法获取精确数据，但以下的计算提供了关于该问题的一个视角。1986年私人持有财富的总量估计为10万亿美元①。假设每年合计财富的3%变为遗产②，我们就得到了一个约3 000亿美元的潜在税基。进一步假定首个50 000美元免税，且有一半的遗产会超出这一金额。这将会得到2 500亿美元（3 000亿美元减500亿美元）作为潜在税基，这一数额是表25－2中所示的遗产总额的七倍。

如果社会希望这么做，就可以通过减少遗赠物免税限额从而大幅度扩展遗产税税基。然而，即便在此方向上做出巨大的努力，也将会难以使遗产税相较于其他税种（如所得税、财产税或销售税）成为一个主要的税收来源，因为死亡不是频繁的事件。在税制结构中，遗产税的主要作用与其说是一种聚财手段还不如说是缓和继承的财富分配的一种工具。1981年大幅度的遗产税削减尽管就收入而言不是很重要，但从社会政治角度看意义重大。

更深入的问题

遗产税的设置引起了大量技术性问题，此处只讨论其中一部分。

资本利得 遗产税涉及的资产按其在所有者死亡时的市场价值进行估值，而非以原始购置的成本计算。在继承人出售这些资产时，为了征收资本利得税再次使用了这一递增的计算标准。因此，只有从死亡时起的增值才会被计入，死亡前的增值则不征税。在1976年的立法下，继承人必须承接遗嘱人原来的税基，从而可在实现资本利得时以该资产的全部增值向继承人征收资本利得税。

婚姻方面的扣除 在所得税情况中已经遇到的关于如何处理家庭单位

---

① 参见第二十四章第三节。

② 参见约翰·C. 布朗的“转让税收入”，《国税杂志》，1969年3月。

的问题，在征收遗产税的情况下又重新出现了。如上所述，1982 年时取消了对婚姻方面的扣除的限制，所以留给在世配偶的所有遗产都可以免税。这和所得税中以家庭为纳税单位的方法是一致的。留给配偶的财产视作家庭的共同财产，即使所有者死亡前财产所有权是分离的。然而，对于子女或其他家庭成员却没有作出这样的规定。留给子女的遗产是征税的，就如留给家庭单位外部继承人的一样。下面将会看到，在州层面继承税下，就不是这种情况，其优惠待遇扩展到了除配偶以外的其他亲属。何种解决方案合适取决于在处理死亡者财产所有权方面，社会如何看待家庭作用。

隔代漏税与信托财产　实施立法意图时还有一个新的问题，即将信托财产作为一种避税工具。信托可以采取多种形式，其最常见的运作形式如下：琼斯先生有 150 万美元的遗产，他希望将这笔财产留给其配偶，并在配偶死后留给她的子女。如果该财产直接转让给他的配偶，根据婚姻方面的扣除规定就没有应付的税收，但是随后如果其配偶拥有的遗产超出了她的免税额度，就必须对超出部分支付税收。为了避免这一税收，琼斯先生将把 60 万美元作为信托财产，其配偶是终身受益人，这一金额等于 1988 年的免税额；并且他将把剩余的 90 万美元直接留给配偶，这一金额由于婚姻方面扣除规定从而享受免税。假定其配偶在世时使用了 20 万美元。在她死亡时，信托财产可以免税地传递给她的子女，此时在其配偶的意愿下，留给其子女的另外 60 万美元可以申报第二次免税。因此只有 10 万美元需要缴纳遗产税。此外，这些子女可以抽出原来的信托财产，以便允许将财产在子女死亡时免税地传递给第三代①。这样，该资金传递了两代都没有缴税。

考虑到这些税收优惠，信托财产对于富有的死者是有利的，并可使他们在生前充分利用这一优势。虽然作为一种分配遗产的方式，信托财产这样的安排并没有错，但是这种协议的税收意义必须中性化。即使由于隔代漏税造成的损失并不很多，但其在公平的意义上却是不幸的。1976 年立法意识到了这一点，将信托财产限制到每个子女 25 万美元。在采取更为严厉

① 允许终身受益人链条长度不是无限制的，比如州法律的应用就有这种限制。根据绝大多数州的法律，在建立信托时活着的最后一个终身受益人在死后 21 年内必须终止信托。这实际上将信托协议限制到了大约一百年。

的纠正措施时，信托财产在被后续受益人接收时将会变成应税的财产[①]。

慈善捐款 慈善捐款在遗产税制下的重要性不比所得税制下的小。一般而言，在遗产税制下没有对慈善捐款的扣除设定限额。靠这类捐款已经成功设立了洛克菲勒、卡内基以及福特基金会。此外，遗产成为私立大学获得资助的主要来源。对于大额遗产而言，由此带来的税收节约可达到该项捐赠的1/2，从而激励遗嘱人以这种方式运用其遗产。

如所得税制下的情况一样，遗产税制下慈善捐款的作用涉及文化、社会和政治因素，这远超出税收政策的范畴，不应在此处展开讨论。在享受税收优惠的政策下，这类组织实施了许多有用的计划，而这些计划无法从公共预算中获取经费，但是捐赠额可在计税时扣除，因而也在很大程度上允许私人控制这类资金用途，而这类资金本质上属于公共资金。因此，法律对使用这种资金设置了某些约束，尤其是用于政治目的时。

此外，有必要确保设立免税的基金会不被用于达到本质上属于私人的目标。基金会可能为保持对特定企业的家族控制而设立。假如必须支付遗产税，该企业将必须出售，其控制权也将会转到公众手中。如果基金会拥有企业，就可以通过对基金会的控制而继续控制该企业。立法曾经尝试解决这一问题，要求在一段时间内逐步分散控制权。立法还施加了某些约束，包括要求填写纳税申请表、支付投资收益4%的税收，并要求处置所有投资收益。

家族企业 联邦遗产税的批评者认为，该税种会威胁家族拥有的企业和农场的建立。其顾虑在于继承人可能在不利的条件下被迫出售资产以支付税收。这一顾虑不太要紧，因为可以通过分期付款或延迟支付等灵活的规定来解决这一问题。然而，支付税款可能要求纳税人清偿资产，但是这不会涉及解散该家族企业的问题。家族企业可以作为一个整体出售，或者将其部分股权向外转移。但是家族控制的程度将受影响，这是在遗产采取家族持有形式情况下课征遗产税不可避免的后果。如果社会希望通过课征遗产税限制对死亡时财产的所有权，那么就必须接受这一后果。

---

① 在英国法律下，信托财产纳入首个终身受益人的遗产中，并且遗产税在一般财产和信托财产间进行分配。这一方法已经遭到了许多反对，但这似乎是最可行的。

三、联邦赠与税

联邦遗产税和赠与税已被合并为了一种转让税，它涵盖了这两种税。财产所有者死亡时，税基被定为遗产加上死亡前的赠与的总和，适用于此合计数的税率如表 25－1 所示。以前缴纳的赠与税，则可从总税额中抵免。所以，192 800 美元的抵免额是一个统一抵免，可用来冲抵在这两者基础上的应纳缴税。

四、州继承税

州层面的遗产税采取了多种形式。它们绝大多数是继承税的形式，对继承人课征。1985 年这种税在 22 个州使用。免税标准和税率表显著不同，这取决于继承人与死者的家庭关系。下面用如表 25－3 所示的明尼苏达州法律规定的模式来阐明这种方法①。

有二十八个州不征收继承税而征收遗产税，税率从 1% 到 21% 不等，免税额大幅低于联邦水平。既然州遗产税可以从联邦遗产税中抵免，那么各州就可以至少获得这一金额的免税收入。相应地，所有州（包括课征继承税的）都有一个最低限额的遗产税来获得这一抵免好处。

表 25－3　　明尼苏达州法律规定的遗产税率及免税额

	税率	免税额（美元）
配偶	5%	全部
子女与父母	5%	50 000
兄弟姐妹	5%—12.5%	1 000
其他	10%—31%	500

如联邦级的情况一样，州对遗产税的依赖也正在下降。有些州（包括加利福尼亚州）近年来已经废除了继承税。由于退休人员是相对流动的，

① 见税收基金会，《政府财政的事实与数据》，1986 年，E 部分，第 47－48 页。

在州层面课征的遗产税受州际税收竞争影响大，从而使这类税在州级别的潜在使用不如联邦水平。

五、本章小结

美国税收系统中遗产税的结构包括联邦层面的遗产税和州层面的继承税。这两种税收都不是税收的主要来源。这一方面反映了死亡是一个非频繁事件这一简单事实，另一方面也表明遗产税只涉及潜在税基中的一小部分。灵活的免税和扣除使联邦遗产税的税基减少到了潜在税基的一小部分；各种避税手段（主要采用信托协议的形式）进一步加剧了税收收入的损失。

但是，尽管遗产税在收入上的重要性有限，却仍是一个重要的社会政策工具。既然通过遗产传递财富是财富持有集中化的主要因素之一，那么遗产税就是改变财富分配的合适工具。而且它们还是表达社会对于死亡时财产权转让态度的有效工具。不同类型的遗产税服务于不同的目标，在它们之间的选择涉及重要的政策问题。

推荐读物

Brittain, John A.: Inheritance *and the Inequality of Wealth*, Washington, D. C.: Brookings, 1978.

Shoup, Carl S.: *Federal Estate and Gift Taxes*, Washington, D. C.: Brookings, 1967.

第二十六章 工薪税

本章应与第十一章第三节和第四节联系起来阅读。

▶ 本章内容提示

接下来讨论工薪税问题。如前所述，工薪税为社会保障系统提供了资金来源。它的作用应与受益支付联系起来考虑，这是早先讨论中采取的方法①。这里，我们将把工薪税仅视为税收系统的一部分，忽略更广泛的背景。在近几十年中，工薪税收入在联邦税收系统中的占比急剧上升，从1950年的9%增加到了1970年的22%，再到1986年的40%②。该税收只适用于个人工作劳动收入，而不适用于资本所得。由于资本所得的份额比重随所得规模的上升而上升，所以工薪税会带来大幅累退的负担分配，即便只是工作收入中首个$40 000（1988年水平）纳入税基也仍然如此③。

一、税率水平和征收管理

如前所述，以社会保障为征收目的的工薪税在7.51%的税率上课征（分别适用于雇主和雇员，所以加总合计15.02%）。另外，通常还对雇主课征5%的税用于筹集失业保险金。就征收管理而言，工薪税从雇主处征收（包括雇主和雇员双方的缴款，后者的缴款在收入中进行扣缴）。由于该税收基于毛所得并且不考虑免税，所以雇员无需填报纳税申报表。当然，个体经营户必须提交申报，因为对于他们的收入，我们可能无法知晓其来源去进行预扣。

作为对物税（对工资所得课征，且很容易进行预扣），从管理的角度来看，工薪税是一种理想的税收。它在使复杂性和合规性成本达到最低限度的同时，带来了大量的税收收入。即使在对个体经营户征收的情况下，合规性也可以信赖，因为为了以后获得由此产生的受益索偿权，缴税对纳税人是有好处的。当缴纳工薪税的收入从多处取得时，也不会出现严重困难。尽管两者都采取预扣，但应税工资的上限仍在综合基础上设定，因为超额扣缴可能出现个人所得税被抵扣。此外，如果一个家庭的多个成员处于就业状态且都缴纳了税收，那么第二个挣薪者可以自己申请索偿，也可以根

① 参见第十一章第三节。
② 参见第十一章第三节。
③ 参见第十四章第四节。

据配偶索偿权申请其应得的受益。

二、工薪税归宿

通过将工薪税分为两部分（一半由雇主支付，一半由雇员支付），国会显然希望这两部分让不同的经济部门承担。但情况是否的确如此取决于市场结构。

竞争性市场

国会通过对雇主和雇员分别课征税收，意图显然是要分散负担；但很容易发现，在给定完美竞争市场的情况下，无论对哪一方征税，负担模式都是相同的。

这一模式如图 26 - 1 所示，*DD* 是劳动需求曲线，*SS* 是其供给曲线。初始均衡点在 *E*，供给是 *OA*、工资率是 *OB*。引入 *CF/OF* 的税率征收雇员工薪税，把雇主面临的供给曲线从 *SS* 升到 *S′S′*（*SS* 与 *S′S′*之间的差额为雇员支付的税）[①]。同时，引入 *FG/OF* 的税率征收雇主工薪税（该税与 *CF/OF* 相等），把工人面临的净需求曲线从 *DD* 降至 *D′D′*。在有两项税收的情况下，均衡移动到 *E′*，总工资率上升到 *OG*，净工资（征收两项税之后）降至 *OC*，劳动供给减少至 *OA′*。合计税收等于 *CGKH*，其中 *CFE′H* 从雇员处征收，*FGKE′*从雇主处征收[②]。假如整体收入以 *CG/OC* 的税率征收雇员工薪税（从而使 *SS* 升到 *S″S″*），或以 *CG/OC* 的税率征收雇主工薪税（从而使 *DD* 降至 *D″D″*），都将会得到完全相同的结果。在所有三种情形中，总价格、净工资和税收收入都保持相同。因此，在竞争性市场的给定条件下，工薪税由雇主缴纳还是由雇员缴纳没有差异。

同时，不会存在劳动者承担整体税负的情况。如前所述，只有在劳动

---

① 注意两项税款有相同的税率并适用相同的税基（等于 *OF*），这对雇主而言是净税收，对雇员而言是毛税收。

② *GKE′F* 从雇主处征收，*CFE′H* 从雇员处征收的这一事实，一定不要和劳动市场需求供给端之间的税负划分（此时可能认为 *BGKL* 由需求方承担、*CBLH* 由供给方承担）混淆。无论整体税收从哪一端征收，这一划分都将是相同的。

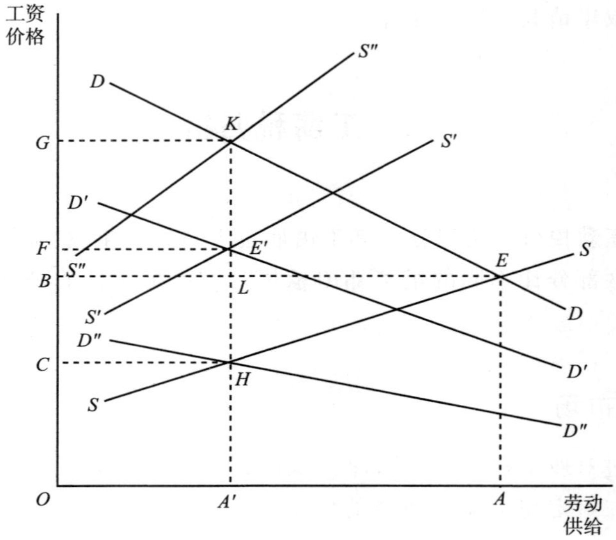

图 26－1　工薪税归宿

供给完全无弹性的条件下才会出现这种情况①。由于很难出现此种情况，所以我们可以预期工作量会减少，这使得税前工资率相应增加。这反过来将反映在由其他生产要素的税负分担上，其边际产品会随劳动时间变少而减少；它还将由劳动密集产品的消费者分担（其相对价格将会上升）。尽管所有这些都将影响最终结果，但作为初步估算，假设该税负落在劳动者身上是有用的。

不完美市场

在竞争模型的逻辑下可知，税收对劳动市场的哪一端课征都无关紧要。这一论证有悖于对工薪税政策的政治辩论中采取的态度。在辩论中，雇主和雇员缴纳税款之间的区别被认为是重要的，主要因为比起雇员缴税，人们觉得雇主缴纳的税更轻。另外，雇主缴税的增加被认为更有可能抬升市场价格，从而引起通胀。

经济学者不应把这些观点视为经济文盲的观点而完全忽略。短期来看，

---

① 参见第十五章第二节。

雇主缴税的变化不会反映在工资率上——这是因为工资合同期限是几年期的，或者因其他原因而调整滞后。这一因素证明了稳定政策是重要的。但在较长时期中市场不完美占主导地位的条件下，竞争性市场的结果无法得到实现。工会可能不愿意因为雇主缴税增加而接受工资削减，而愿意在不要求工资大幅上升的情况下同意雇员缴税的增加。雇主可能发现，其税收的增加是提高受控价格的契机。若存在此情况，雇主的税负很可能转嫁给消费者，或者（在较小程度上）由利润来抵消。如果转嫁给消费者，影响将来自家庭账户的使用端而非来源端。然而，由于一般消费税也倾向于累退，因此其导致的税负分配模式可能与竞争条件下的情况差别不大。

三、与受益的关系

当被视为税收结构的一部分（而非社会保障系统的组成部分）时，工薪税就公平而言排名靠后。它在整体排除资本所得的同时只对工资所得课征额外税收。此外，最高限额使得该税收在某一点下是比例性的，之后是累退性的。从这些方面看，似乎该税收不应该在税收系统中发挥如此重要的作用。但是，为了了解得更加全面，有必要联系其为转移支付融资以及工薪税负担带来的净收益来审视工薪税的作用。这一观点反映了缴税系统的精神，并且（如前所述）这一方法有许多好处。即便（我们已经发现）该系统涉及再分配成分，而且不严格遵循等价交换原则①，我们的观点仍然如此。

推荐阅读

Aaron, Henry: *Economic Effects of Social Security*, Washington, D. C.: Brookings, 1982.

Brittain, John A.: *The Payroll Tax for Social Security*, Washington, D. C.: Brookings, 1972.

也可参阅第十一章的推荐读物。

---

① 参见第十一章第四节。

第六部分　联邦财政体制

第二十七章 多单位财政原理

本章讨论的多单位财政原理，可以视为第四章公共产品讨论的一个延伸。该问题首先在财政功能的空间安排仅由经济效率因素决定这一背景下探讨。基于空间受益限制的特征，这带来了关于配置职能结构的重要发现。

▶ 本章内容提示

一、配置功能的空间维度

　　受益区域

　　最优财政社区

　　模型的拓展

　　用脚投票

二、税制结构设计

三、分配功能的空间方面

四、稳定功能的空间方面

五、本章小结

迄今为止，我们的讨论主要涉及单一政府的财政系统。现在，我们必须考虑这一事实：财政运行通常是由许多政府单位或辖区来进行的。在美国，这一多单位系统包括联邦政府、五十个州政府、哥伦比亚特区和大约80 000个地方辖区。加拿大、澳大利亚和西德是三级体制，而英国、瑞士和荷兰的运行则只有两级——中央和地方。这种在任何一个特定国家都占主导的多单位财政结构，反映了国家的创建、战争和地理等历史力量的作用。通常，现代国家不是由个人自由组合而成，而是由原先存在的有自主权的辖区联合而成。因此，各成员辖区（例如美国的殖民地和后来的州）可能在放弃某些权力的同时仍保留一定的财政特权，由此形成了一种契约，这种契约决定了联邦国家的财政特点。

因此，政治历史在解释任一国家中财政安排的结构时会揭示给我们很多答案，但非全部。也有一些好的经济原因来解释为什么某些财政功能应该在更集权的层面运行，而另一些则必须分权。撇开历史影响，我们还可以考虑，假如财政安排可以只根据经济因素决定，那么什么样的空间财政结构会是最可取的？我们将依次考察财政的三个主要功能——配置、分配和稳定，并把这种高效设定作为我们的基本模型。在下一章中，我们会考察在联邦背景下财政安排的性质如何变化，从而允许我们将当前正在讨论的“新联邦主义”观点作为考察的中心。

一、配置功能的空间维度

为了聚焦公共服务供应中的经济效率，我们假设一群人登上了一个新的行星，考虑应该作出什么样的财政空间安排。我们还假设，每个人将根据财政因素选择地点。因此，问题就是，公共产品与服务的提供应该建立在中央集权制基础上还是建立在分权基础上？如果是后者，在提供这种公共服务时，什么样的财政组织空间安排才是最高效的呢？为承接我们早前对公共产品理论的讨论并引出下文[①]，我们假设所有公共提供的产品和服务均为纯公共产品（即它们符合非竞争消费的特征）。然后我们再讨论，为什

① 参见第四章第二节。

么这种公共产品的高效供应要求一个多单位的政府系统。

受益区域

受益归宿空间有限性是我们在公共产品的讨论中已经提到的关键特征①。有些公共产品，其受益归宿是全国范围的（例如国防、太空探索、癌症研究、最高法院），而另一些则是有地理上的限制的（例如当地的消防车或路灯）。因此，分享该利益的“群体”成员仅限于特定地理区域的居民。

根据适用于公共部门的配置理论，我们已得出这样的结论：应该按照有关受益区域居民的偏好，来提供公共服务并分摊其成本。此外，鉴于需要一个政治程序来确保偏好显示这一事实，特定服务应由这一地区的居民来投票表决并由他们支付费用。换句话说，受益归宿中是国家范围的服务（如国防）应该由国家提供，地方受益的服务（如路灯）应由各地方单位提供，而其他服务（如公路）应在区域基础上提供。因此，考虑到公共产品的空间属性，要优先考虑多重辖区的情况。每个辖区应提供使其境内受益的服务，并且只应使用将这些服务成本内部化的筹资来源。因此，受益归宿的空间有限性质就要求一个财政结构由多个服务单位组成（每个单位管辖不同范围的区域，特定服务的供给则在此区域内确定和筹资）。即使有些服务对应于国家范围、有些对应于州的范围，还有其他一些对应于都市区范围或地方单位，但是至今并没有要求按“较高层级”政府和“较低层级”政府排序。相反，我们面对的是管辖不同区域范围的各个同等重要的单位。

最优财政社区

多单位财政理论必须回答财政社区的最优数目和每个社区内的人数应是多少的问题。为了解决这一复杂的问题，我们先讨论只包含一项公共服务的简单模型，其受益归宿限于一个特定地理范围内的所有人，超越该范围受益就会消失②。为简化起见，我们还假设各消费者均有相同的偏好与收

---

①　参见第四章第三节。

②　还可以假设，受益的强度随着一个人越来越远离服务设施的所在地而逐渐减少（而非假设受益在一个特定地区内统一分布）。例如，电视接收质量就是这种情形。居民将会有一个朝向中心移动的趋势（只有那些不喜欢拥挤的人才会拒绝这样做）。

入，因此他们对公共产品供应的需求程度是一致的。该问题的关键在于，分享该受益的消费者人数越多，每个消费者承担的成本就越少。既然我们假设了一个纯公共产品以使每个人受到的服务质量不受参与者人数影响，因此可知：有效率的解决方案要求所有消费者聚集在同一受益地区中。因为人数众多，所以会由于成本分摊而获得节约，于是导致形成了一个单一受益范围，事实上会形成一个单一的财政供应结构。然而，还有一些因素可能会使财政结构向相反的方向发展，即多单位元财政结构。我们必须考虑到人们可能不喜欢拥挤这一事实。即便是能在针尖上跳舞的天使数量也是有限的。因此，最优社区规模的设计必须在既定公共服务水平下的成本分摊优势和拥挤劣势之间取得一个平衡。为了揭示该问题的本质，我们从两个简单的假设开始：第一，人们在偏好和收入方面相似；第二，公共服务是纯公共产品——仅受制于受益的空间限制①。

最优社区规模 确定最优社区规模的第一步是，在既定的服务水平下进行最优规模选择，如图 27－1 所示。我们假设，政府已提供了一定水平的公共产品——其合计成本（对于整个群体的成本）等于 Z 美元。我们进一步假设，每个成员支付的价格等于他们所获得的边际收益，在给定相同偏好和收入的前提下，这意味着成本在他们之间平均分摊。曲线 AA 表示各种不同社区规模（横轴）下的人均服务成本（纵轴）。这一成本随人数 N 的增加而降低。由于合计成本始终等于 Z，因此曲线 AA 是一个等轴双曲线，而人均成本等于 Z/N。它反映了随着该群体消费者人数的增加，“人均成本下降”的这一趋势②。A_mA_m 曲线（从 AA 曲线中派生出）显示了随群体人数增加而导致的人均服务成本的边际节约（或减少）③。假如要考虑这些的话，最优群体规模将会包含整个社区。只要 A_mA_m 为正（即 AA 向下倾斜），无论该群体有多大，社区规模都将会扩大。

---

① 不喜欢很强技术性的读者可以跳过本部分（基于詹姆斯·M. 布坎南，“俱乐部的经济理论”，《经济学》，1965 年 2 月）。

② 该曲线在形式上类似于常用的单个企业成本曲线图像中的，平均固定成本随产出增加而减少的曲线。

③ 在数学上，（人均服务成本中的边际节约）就等于

$$\frac{d(Z/N)}{dN} = \frac{Z}{N^2}$$

即 AA 曲线斜率的负值。

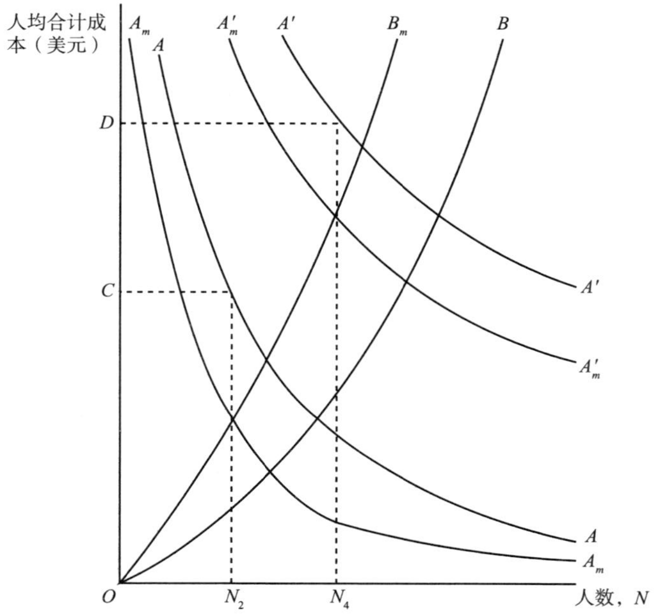

图 27－1　既定服务水平下的最优社区规模选择

注：AA 曲线：人均服务成本或 Z/N；A_mA_m 曲线：人均服务成本中的边际节约；OB 曲线：人均拥挤成本；OB_m 曲线：边际人均拥挤成本。

如果考虑拥挤成本，情况就会发生变化。令 OB 表示不同规模群体的人均拥挤成本或反效用，而 OB_m 表示边际人均拥挤成本。那么，ON_2 将给出该社区的最优规模，这里，OB_m 等于 A_mA_m，这就要求在此情况下成员数为 N_2。只要一个较大群体在成本分摊中取得的额外人均节余额超过人均拥挤成本的增加额，该社区人数就将扩张。超过这一点后，该群体的进一步扩张将会减少总福利，因此不会发生。从而将建立大小 ON_2 的各个政府单位，而每个单位的人均成本被定为 OC。在每个社区中总人口为 P 和给定总服务成本为 Z 的情况下，将有 P/N_2 个辖区，而人均成本为 Z/N_2。

总成本为 Z 的服务水平的解决方案就是这样，但是我们从图 27－1 中容易看到当该服务水平提高的话将会发生的情况。AA 和 A_mA_m 曲线会上移，该群体的最优规模会增加。因此，对于涉及成本为 Z'的一个更高的服务水平，人均服务成本曲线会升至 $A'A'$，边际曲线升至 $A'_mA'_m$，而最优群体规模扩大

至 ON_4，该群体成员扩大为 N_4，此时人均服务成本为 OD①。

最优服务水平 现在我们转向第二步，确定任意给定群体规模的最优服务水平。这如图 27 - 2 所示（其中，横轴表示各种服务水平，竖轴表示人均单位服务成本）。DD 为个人对该服务的需求曲线，由于所有人的偏好和收入水平相同，因此它就代表了该社区所有成员的需求。S_1S_1 是该服务的成本水平，表示给整个社区提供服务的成本。这里可见，服务设施的单位成本随服务水平的提高而上升（S_1S_1 的斜率取决于该设施的性质及其生产函数）。S_2S_2 表示该社区含有 N_2 个成员的情况下的供给曲线，S_4S_4 表示一个 N_4 成员社区的供给曲线，以此类推②。S_2S_2 的垂直水平是 S_1S_1 的一半，S_4S_4 是 S_1S_1 的四分之一，以此类推。给定一个平均划分总成本的税赋结构，则所有人都会面对相同的 SS 曲线。由于该社区每个成员得到相同数量的服务，所以不同规模的社区所购买的服务水平，将由 DD 曲线与从属于特定社区规模的供给曲线的交点来确定。因此，在 N_1 个成员条件下所购买的服务水平，将是 S_1S_1 与 DD 的交点的相应水平（即 OQ_1）；按 N_2 个成员所购买的服务水平将是 OQ_2，一个 N_4 成员社区所需求的水平将为 OQ_4（如图 27 - 2 所示）③。

最优结构 在最后一步中，将前两个因素在图 27 - 3 中组合起来（横轴表示社区规模 N，竖轴表示服务水平 Q）。回到图 27 - 1，我们发现，一个总成本为 Z 的服务水平会要求一个规模为 N_2 的社区，一个更高的服务水平成本 Z′则要求 N_4 的规模，以此类推。这一关系反映在图 27 - 3 的 NN 线中，它表示在每种服务水平下的最优社区规模（在数量的意义上衡量），这对应于图 27 - 1 的各个成本水平（Z、Z'等）。回到图 27 - 2，我们发现，社区规模为 N_1 时要求服务水平 Q_1，规模为 N_2 时要求 Q_2，以此类推。这一关

---

① 应注意这一演示的两个特征：(1) 在达到某一社区规模前，拥挤成本可能都为负——即增加的成员可能被认为是一个好处（例如，从社会接触增多中受益）而非反效用；(2) 由于我们这里正在解决的是一个纯公共产品，所以我们假设 OB 曲线独立于服务水平。如果考虑“拥挤现象”（即服务质量随人数下降），那么 OB 曲线将随服务水平的增加而向右下方旋转。在此情况下，服务水平从 Z 移向 Z′的时候，群体规模的扩大程度将比图 27 - 1 所示的要大。

② 参见本章第一节关于规模经济的部分。

③ 替代性地，另一种方法也可以得到相同的结果，即用代表给群体的服务供给水平，当群体的规模扩大时，将需求水平的系列垂轴增加部分与 S_1S_1 相交，则 Q 上的交叉点就是不同规模社区所需要的服务水平。

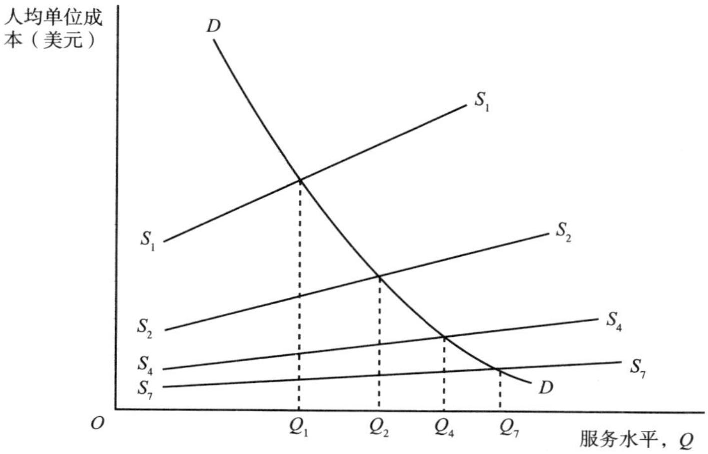

图 27－2　在既定社区规模下的最优服务水平选择

系反映在图 27－3 的 QQ 线上，它表明了各种社区规模下的最优服务水平。整体最优解决方案位于 E（其中，两线相交），而最优服务水平为 Q_7，最优群体规模为 N_7。

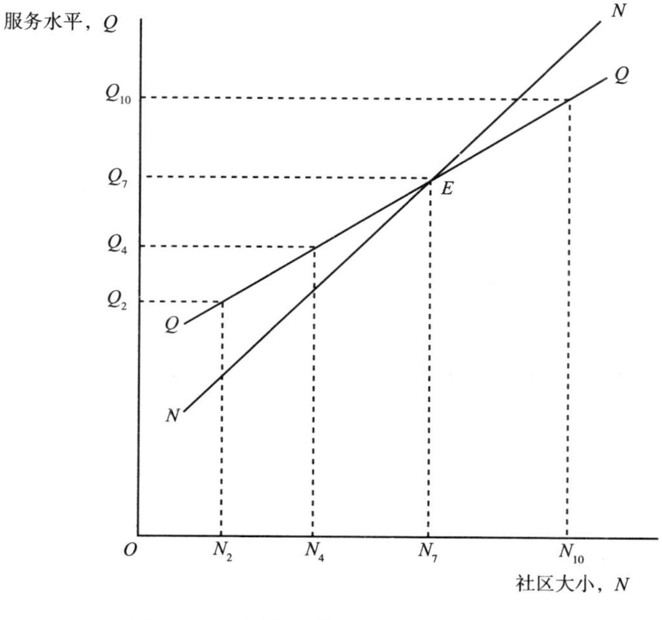

图 27－3　最优规模与服务水平的组合

模型的拓展

由此可知，高效率的财政体制模式设计要求有多个财政单位，这些财政单位在规模和覆盖范围上不同。有些是全国范围的（例如国防的供应），而其他的基本是地方的（例如路灯的供应）。现在必须考虑许多复杂情况。

偏好差异 如果我们假设所有偏好都相同，那么各地方财政单位就是相似的，但实际上偏好是各不相同的。由于人们在其公共服务的偏好方面有所不同，因此高效的解决方案将要求有相似偏好的人们应居住在一起。因此，该系统将包括多个财政单位，就公共部门的规模与构成而言，有些单位是类似的，有些则是不同的。与此同时，分割为各较小的单位将产生成本。当任何一个辖区的人数减少时，一些只有人数较多情况下才有的优势就会失去（就人均成本下降而言）。尽管如此，通过各财政单位之间有差别的多单位系统实现地方产品供应，仍将比一个统一的中央供应模式更高效。

收入差异 各财政单位的结构还由于人们有不同的收入而有所不同。对公共产品的偏好将因收入群体不同而各异。有些服务的需求比其他一些服务更具收入弹性。因此，如果各居民的收入与该社区的平均收入没什么差别，那么他们更有可能对预算表决结果感到满意。因此，有着相等收入的人们将希望生活在同一社区。

但还要注意的是，如果人们的收入越高，那么他们愿意为既定公共产品供应而支付的价格（或税赋）就越高。结果是，如果我的邻居有较高的收入，并愿意承担越大比例的成本，那么我的公共产品成本就越低。这一情形会形成富人进一步聚集的趋势。但它也会导致穷人跟随富人，而富人则会力图通过分区来排斥穷人。

拥挤性产品 至此，我们已经在纯公共产品的意义上（即该产品的消费完全是非竞争性的——虽然这局限于某一个地理范围的居民）讨论了多个辖区的问题。我们现在必须考虑一个重要事实，即地方产品经常甚至通常情况下不属于这一类型。消防站、特定规模的学校、城市路网或污水处理厂都是由自治市政府提供的产品，但它们不满足“非竞争性”消费的精确标准。增加一个额外的消费者（至少是在达到某一点后）将降低由之前一组消费者从既定运营规模中获得的服务质量。换句话说，会产生对之前各用户的拥挤成本①。

回到图 27－1，我们可以用之前描述拥挤成本的方法来描述这一成本。这样，OB_m 曲线现在可以被理解为，随着额外的人数被加到该群体中，其绘制出了由质量恶化所产生的边际成本②。对于任一既定的服务水平，该问题就又是一个在由于人均成本随人数增加而减少的好处和额外的拥挤二者之间平衡的问题。因此，各成员将加到该群体中，直至质量恶化的边际成本等于以税收成本（人均）降低额表示的边际节约为止。

规模经济　在给定服务设施规模的情况下，增加用户人数可能降低每个用户的服务质量（这就是刚刚考察的拥挤问题）。但公共服务的供应也可能受制于技术的规模经济。假设为一个 100 000 人的社区提供既定质量（和拥挤程度）的服务，可能花费 1 000 000 美元；而为一个 200 000 人的社区提供类似的供应，可能花费 1 800 000 美元。可见，较小社区中的人均成本为 100 美元，而较大社区的仅为 90 美元。下水道建设、消防、卫生设施和许多其他服务，均可以依此进行分析——因此在确定最优社区规模时还必须考虑技术的规模经济问题（这不同于把一既定成本在更多的人中分摊）。

受益外溢和裁决　到目前为止，我们一直假设，特定公共服务的受益被限定于供应辖区的规定空间内。实际上，受益可能不会完全在一个空间内分配，由一个特定辖区提供服务而带来的受益可能外溢到另一个辖区。对于该供应辖区，这会形成一个它不会考虑的外部性问题。像所有外部性一样，这会导致低效供应，因此需要加以矫正。这种矫正可以在双边合作协调的基础上进行。例如，毗邻同一湖泊的两个辖区可能同意共同维持水质。外溢也可能涉及许多辖区（例如，特定学区中的教育服务可能通过移民而产生广泛收益）。这样就可能有必要通过旨在影响各特定辖区行动的一个中央补助系统，来内部化这种外部性。这将要求对那些会在该辖区外产生受益的特定支出提供配套的补助（配套率取决于外部的受益份额）③。

---

① 参见第四章第三节。

② 如前所述，服务水平的提高现在不仅会提高图 27－1 中的 *AA* 曲线（人均服务成本），还会向右旋转 *OB* 曲线（拥挤成本）。参见第 524 页脚注③。可以构建一条综合考虑拥挤成本与堵塞成本的复合型的 *OB* 曲线。

③ 参见第二十八章第三节。

用脚投票

前面的讨论表明了高效的解决方案应是什么样的。正如我们早前对公共产品的讨论，定义解决方案只完成了一半工作，另一半工作是要考虑如何达成该解决方案。在第四章和第五章中，我们得出的结论是，需要一个多数人投票过程来实现偏好显示——即使这只能产生一个次优的解决方案。我们现在发现，可能有另一个方法，即“用脚投票”。如果我们规定每个社区都要支付自己的公共服务成本，那么人们将发现，选择满足其特定偏好的这种社区最符合他们的利益[①]。喜欢运动的人们，将希望与愿意为操场捐款的人一起居住；喜欢音乐的人们，会与愿意参与建造音乐厅的人一起居住；以此类推。每个社区都将做它自己的事情，而各偏好也将得以满足[②]。当然，这一机制将仅在财政因素是选择地点的决定性因素时发生作用，但其实还要考虑工作机会和住房，工作机会和住房会使用脚投票的假设变得有点不现实，除非假设人们在市中心工作并可以在各郊区之间选择居住。在居住地点由工作和其他因素来确定的情况下，这种假设很少适用。

二、税制结构设计

如第一节所述，根据受益区域来安排财政结构的逻辑，就是为了使人们能够“购买”并享用符合其偏好的公共服务水平及其组合。因此，该基本体系的一个内在特征，特别是其通过“用脚投票”对偏好显示的作用，要求每个受益区域或辖区的各成员都应该为该辖区提供的服务支付成本。在这一逻辑下，一个全区范围内的服务，就要求一个全区范围内的税收

---

① 有趣的是，我们观察到这是公共产品和私人产品有所差异的另一个方面。就公共产品而言，由于成本共担，因此，与喜好相似的其他人合作符合一个人的利益。对于私人产品则往往有相反的结论——其中，具有不寻常喜好的一个人只有在这种产品的生产成本不断上升的情况下才会从相对较低的价格中受益。

② 个人对居住地的选择将形成最优地方预算模式的这一命题，最初由查尔斯·M. 蒂伯特在“地方政府支出的一种纯理论”中提出（载于《政治经济期刊》，1956 年 10 月）。

（如果需要的话，也可以是全国性的）；对各地方辖区提供的服务的筹资，就要求地方性（有限区域内）的税赋。因此，我们可以从中得出各级财政单位或政府“层级”适合征收哪些税种的结论。

中央辖区或国家辖区可能便于课征税基宽广的所得税，因为所有人（独立于居住地）都会受益，因此应该缴费。选择各地方辖区要使用的税收工具时应符合下述规则：每个辖区应就本辖区的受益付费。因此，辖区 A 应且只应就辖区 B 的各成员享用 A 所提供的服务的程度，向 B 的各成员收费。这种规则又会产生一个问题，因为各个辖区并非孤立存在，而会互相贸易。如果我们假设辖区 A 的整个税收收入结构完全由受益收费构成，那么该规则就会自动实施。例如，辖区 A 对所得征税（包括 B 的成员所赚取的所得），这种税收将仅仅补偿 A 在获得收益过程中 A 区公共服务的投入；而在产品起点环节的征税（包括出口到 B 的产品），将只收取由 A 提供的中间环节公共服务投入的费用。因此，所得和产品二者都由生产发生的辖区进行适当地征税。此外，作为对 A 提供的公共消费品的收费，对该辖区中的各居民（包括来访的 B 区成员）征税也是适当的。

受益原则在辖区间的应用还有进一步的好处，即分权化财政将不会干扰国家范围内的贸易或生产布局。这是因为按受益征税要求在税收负担与受益好处之间形成平衡，从而使财政运转对布局选择的影响得以中性化。如果征税水平因辖区而异，那么服务和受益水平也将不同。因此，受益征税的模型避免了生产布局扭曲的问题（一旦税收在非受益基础上跨辖区来征收，就必然会产生该问题）。

对一般受益税的假设很好地处理了该问题。如果每个人都按照他或她所获得的受益来纳税，那么可知受益规则也跨辖区适用。如果每个辖区根据量能课税原则对其居民征税，只要该负担保留在该辖区内消化不转嫁出去，那么后者仍然成立。然而，这可能被证明是一个不现实的假设，特别是对于小型受益区域，情况更是如此。但是这种假定在国际层面上也适用，这是我们稍后将进一步讨论的一个方面[①]。

---

① 参见第三十三章第一节。

三、分配功能的空间方面

我们现在来看分配功能。和前面一样，我们首先考察这种功能在不受联邦中各成员辖区所可能留存的特权阻碍的设定下分析分配功能的实施情况。经济分析表明，公共产品的供应通过多辖区的系统进行，即全国性产品由中央提供，地方性产品在分权的基础上提供。分配功能是否有一个类似的多单位情况呢？初看起来似乎是可以的。正如配置模型表明要实行分权制，允许有空间受限性的公共产品的供应多样化一样，分权化也可能有助于调节收入上平等或不平等的人的不同偏好①。那些偏向高度再分配的人们，可能偏向定居于 A；而反对它的人们可能定居于 B。那么辖区 A 就可能施加一个累进所得税，并实行转移支付制度，而 B 对公共服务的筹资将会只通过开征受益税甚至人头税进行。

把分配功能与配置功能进行类比还是很吸引人的，但它在一个重要方面是不成立的。只要各辖区之间人口易于流动，就会产生下述人口迁移：反对再分配的高收入的人们将会向 B 移动，而支持再分配的高收入的人们和低收入的人们将会涌向 A。A 区高收入的支持者现在会发现，整个负担都是由他们承担的。此外，可达到的收入均等程度是很低的，因为绝大多数低收入的人们都涌向 A 区。所以再分配过程会失败，除非该计划会覆盖 A 和 B 的每个人，即分配功能在国家或中央层面进行②。

情况至少就是如此，除非诸如工作地点的非财政因素抑制了流动性，或者除非 A 的边境控制禁止了（或区划措施阻止了）低收入人群的内迁和高收入人群的外迁。但是，随着这种限制的引入，我们就违背了单一模式的精神，而走到各主权辖区互不合作的另一个极端。

---

① 参见马克 · V. 鲍利，“作为一个地方公共产品的收入再分配”，《公共经济学期刊》，1973 年 2 月。

② 注意，导致富人逃避穷人和穷人追逐富人的这些因素，是对前面所述的关于公共产品供应内容的一个补充。参见第 54 页。

四、稳定功能的空间方面

还要指出的是，稳定政策的职责不能留给地方或区域财政单位，而必须以中央的形式来执行。各地方财政单位在处理失业或通胀中将是无效率的，因为各市场是相互联系的，因此会导致漏损。在全国单位内的情况显然就是如此，因为其中各亚单位会共享一个开放市场，并且资源和资本可以自由流动。而国际情况也变得越发如此了，因此需要对各宏观政策进行国际协调。

总之，我们发现，经济分析已经指明了许多公共服务需要分权式供应的明确理由，但在分配问题方面和稳定政策的实施方面，则需要国家政策或中央政策。

五、本章小结

在本章中，我们探究了预算政策的配置、分配和稳定功能应如何在各政府单位之间划分。从基础模型中的配置功能着手，我们得出了下述结论：

1. 由于各种公共产品的受益归宿受制于空间限制，所以每个服务都应在受益应计的辖区范围内来决定以及支付费用。

2. 这一受益区域原则导致了最优社区规模的概念。

3. 在纯公共产品的情况下，有尽可能多的居民人数将会更好，因为这样可以降低人均成本。然而，拥挤成本会限制最优社区规模的扩大。

4. 拥堵和规模经济的作用也影响了最优社区规模的确定。

5. 考虑到偏好差异，我们有下述结论：有着类似公共产品偏好的人们将加入同一辖区。

6. 这一机制通过用脚投票成为一个偏好显示的机制。

7. 考虑了收入差异对选址的影响。

8. 受益外溢涉及需要加以矫正的外部性。

9. 地方服务供应中的分权理由与下述命题有联系：受益的成本应该由

获得受益的辖区承担。

10. 第9项要求在国家服务的筹资中使用国家范围的税赋，而针对地方性服务要求通过在受益辖区内征税来为地方服务筹资。

关于分配功能的安排，我们的结论是：

11. 虽然人们关于分配的偏好不同，但分配功能应主要在中央层面履行。

关于稳定功能的实施，我们的结论是：

12. 由于地方层面会产生漏损，所以稳定功能必须由中央履行。

推荐阅读

Buchanan, James M.: "An Economic Theory of Clubs", *Economica*, February 1965.

Elazar, Daniel J.: "Federalism", *International Encyclopedia of Social Sciences*, New York: Macmillan, 1968, vol. 5, p. 360.

Tiebout, CharlesM.: "A Pure Theory of Local Expenditures", *Journal of Political Economy*, October 1956.

第二十八章
联邦财政的原则

本章继续分析财政设计中的一些关键问题，但这一分析是在联邦制背景下进行的，而对美国系统及其变化模式的评论则留在下一章进行。

▶ 本章内容提示

在前一章中，我们得出了一些有关联邦财政区域结构的结论。这些结论的根据是统一民族国家背景下的财政安排逻辑理念，即：中央提供全国性的公共产品，地方提供地方性公共产品。但是，辖区的实际结构并非来源于财政逻辑。如前所述，它由诸多因素（政治的、地理的和经济的）构成，这些因素造就了辖区的政府结构体系，而财政结构必须融入并适应这样的政府结构体系。大多数现代国家通过各单独辖区的组合而形成（以一个联邦的形式组合起来），美国、加拿大和澳大利亚就属于这一模式。但是，由于各联邦的凝聚力可能不同，因此其财政结构也会不同。

一、联邦制的模式

一个极端的观点是：联邦的概念是指一种将以前尽管分散但却通过共同的民族性纽带得以联系的各主权政治单位联合起来的手段。在联邦里，各组成单位虽然继续存在，但它们成为了整个国家的固定部分，他们在加入该联邦时就已放弃了许多主权。该联邦自身直接从其公民那里获得合法的地位，无论这些公民来自于哪个成员辖区，他们都首先要对联邦忠诚。另一极端观点是：联邦主义（亦称邦联）是不同的各民族为了一些特定且有限的目的，诸如对外政策、国防行动或者共同市场的形成等目的而联结的一种纽带。在这一框架中的公民应首先对自己的辖区表示忠诚。如我们将在下文中看到的，这两个极端观点都可以在立宪之前的美国历史中找到，华盛顿政府与各州的权利之争因此一直存在，在 20 世纪 80 年代尤为激烈。

各联邦的财政结构不同，而这并不令人奇怪，因为经济分析不会告诉我们，一个联邦的各成员单位应该对彼此保持什么程度的紧密性。你是否认为阿拉斯加居民对密西西比居民的关切一定要超过对其他地方比如孟加拉国居民的关切，这要取决于你如何领会美利坚联盟的本质。即使承认不同地区居民之间应互相承担责任，这种责任也可能以不同的形式和程度表现出来。选择何种形式和程度的责任又会涉及到对超越经济以外的政体问题的看法。然而，经济分析不仅有助于阐明各种财政活动产生的后果，而且有助于选择可能实现各个联邦目标的财政工具。

二、按政府层级分配的功能

在联邦的背景内，安排财政功能的议题，现在成了按政府层级对其进行分配的议题。

配置

我们还是以公共产品的供应以及各个产品和服务的空间受益归宿为研究起点。就国家产品而言（即全联邦受益的产品），联邦理论显然要求中央供应。按其本质，国家产品使整个国家受益，因此不会出现差别化供应的问题。所有人都必然会享受联邦政府提供的任何东西，因此按成员辖区独立供应将会是低效的。

出于同样的原因，其受益在区域上受限的产品和服务供应，由较低层级辖区提供更为高效。在美国三级政府的情况下，国防费用适合由联邦政府支付，公路费用主要由州层面政府支付，城市道路建设费用由地方层面政府支付。因此，公共产品和服务的供应一般遵循前一章所述的原则。

个人收入的分配

相较于整体上的联邦成员，联邦各成员可能对自己辖区内的成员有更强烈的分配正义感。联邦内的凝聚度越强，从整个联邦角度上看待分配问题的可能性就愈大；而凝聚度越弱，仅从该成员辖区内看待分配问题的可能性就越大。

重申一下，我们多次提及的凝聚度只是一个经济分析指标，而不是某种实质性概念。但如前所述，在允许各辖区间自由流动的情形下，地方分配政策不可能有效①。由于这种流动通常在一个联邦内发生，所以我们进一步得出结论：要使再分配政策在一个联邦内可行，国家凝聚度必须足够强，足以使大家都从联邦或全国的角度来看待“群体”。它意味着，如果旨在调整个人收入分配的政策要有效，就必须主要在中央或国家层面推行。出于

① 参见第二十七章第四节。

同样的原因，分权降低了人们接受再分配政策的能力。因此，这种政策的影响也就成为了集权与分权议题争议中的一个策略性因素。

财政能力的分配

一个联邦中的国家政府或中央政府可能不仅关注跨个人的公平，还关注跨成员辖区的公平。如我们稍后将看到的，美国各个州在人均收入方面差异大，从而在财政能力方面的差别也较大，联邦政府可能会将此视为不幸，因为各州提供公共服务的条件是不同的。虽然偏好的不同会得到尊重（例如有些州的居民可能希望将其资源中的较大部分用于公共服务），然而联邦哲学可能要求公民在相同的条件下也要尊重联邦的考虑。不过，这要通过补贴政策才能实现（恰当的补贴公式取决于“相同条件”如何定义）：

1. “相同条件”的概念可以定义为：同样的税收价格（每一居民的税收金额）应该购买到同样的服务水平——在此情况下，补贴的公式就是以下形式：

$$G_j = t_j B_j\left(\frac{C_j}{C_a} - 1\right) \tag{28-1}$$

其中，G_j是辖区j收到的补贴，B_j为其税基，t_j是j选择征收的税率。括号中的项是配套率（C_j是j辖区提供一项特定服务所支付的成本，C_a是一般辖区如此做的成本）。C_j可能异于C_a，要么因为经要求的资源更贵或不那么贵（例如教师薪资不同），要么因为需要更大（例如学生人数占人口的比例较大）。

2. “相同条件”也可以定义为：同样的税收工作（或税率）产生同样的税收收益。那么补贴公式将变为：

$$G_j = t_j B_j\left(\frac{B_j}{B_a} - 1\right) \tag{28-2}$$

其中，B_j为辖区j中的人均税基，B_a是平均辖区中的人均税基。和第一个公式一样，括号中的项给出了规定的配套率。

3. 最后，可以将两个定义修正并组合在一起，以让相同的税收工作或t_jB_j产出相同的服务水平。那么，补贴公式等于：

$$G_j = t_j B_j\left(\frac{B_j}{B_a} - 1\right) + t_j B_j\left(\frac{B_j}{B_a} - 1\right)\left(\frac{C_j}{C_a} - 1\right) \tag{28-3}$$

其中，第一项条件使得依据一个给定的税率得到的税收均等，第二项条件使得因一定的支出而获得的服务水平均等。配套率现在包括两个部分

（第一个可以代入第二个，成为其中的一部分）[①]。

以上这些公式可以用于所有地方产品的供应，或仅用于一些选定的公共产品的供应。之所以要挑选一些公共产品，是因为从国家的角度来看这些公共产品具有有益商品的性质。例如，支持育儿的项目可能属于这个类型。或者，因为这些公共产品满足的需要是国家政策的一种反映，所以可能选择它们。因此，联邦政府应负担低收入者支持项目，因为全国性移民政策对地方有影响。

所有这些补贴都属于同一大类别，因为在允许地方决策应提供多少公共服务时，一切都会影响地方辖区提供公共服务的条件。按这一目标的性质，所有补贴都会以配套的形式给出，即使补贴公式将随补助政策的特定目标不同而有所差异。

同等水平的供应

国家还必须关注的问题就是要确保所有辖区都能达到规定的绝对供应水平。由较低层级政府提供的某些服务，可能会被较高的层级视为有益商品。因此，州政府可能觉得儿童应该享有一定水平的教育服务，即便教育是地方政府提供，且地方居民可能不愿意为其支付。这方面的政策可以表现为各种形式：

1. 通常这些政策目标是要确保某些最低服务水平。这些公共服务再一次被选中的原因或者是认为这些公共服务是全国性有益商品，或者是因为大多数规则剥夺了个人公民的最低供应。为实现这一目标，可以采用各种政策工具。在较高层级政府有力量干预较低层级财政事务的情况下，它可能要求或强制采取一个最低服务水平；在没有财政激励的情况下，上一级政府也会这么做。美国就是如此，各州可以控制地方政府的运作。或者，该目标可以通过配套性补贴来达成（配套率须设定得足够高以达到理想的公共服务供应水平）。

2. 此外，国家可能采取要求跨成员辖区之间提供同一服务水平的形式

---

① 从这里给出的补助公式的路径可以看出，补贴可能是正的或负的，这取决于特定辖区财政能力与需求之间的平衡。（参见第二十九章第六节）这就是说，补贴是“自筹经费性”的。现实中，补贴通常仅在正的时候做出，并从一般性收入中筹资。关于补贴的进一步讨论，参见第二十九章第五节。

(既不高于也不低于规定的水平)。因此，同一的教育服务水平被认为是合情合理的，以便实现整个联邦所有儿童“起跑线上的机会均等”。当然，这一策略将会在某些领域违背联邦主义的原则，而只能使用适用于集权系统的原则。

最后，各个政策目标可以以许多方式结合在一起。因此，旨在均等化供应条件的补贴可能会遭遇“封顶”，旨在确保特定服务水平的补贴则或多或少需要我们进行选择。

结论

从这一简要分析中可知，联邦内的凝聚度要求人们采用各种形式对成员辖区中地方性公共产品的供应给予关注。这种关注的强度和关注类型虽然取决于该联盟的性质，但经济研究可以指明实现各个目标的合适工具。

三、补贴设计的原则

我们在补助设计中的一个主要议题是，补助是否应要求补助收款人提供配套的条件。另一个议题是，补贴款的使用应由收款人自主决定，还是应由补助人规定。而且，任何一种补贴都可能与收款人的财政能力及（或者）财政需求相关，或可能与之无关。本节的目的是探讨各个补贴工具的分析性内涵。

配套补贴与非配套补贴

我们的目的是研究为什么有些类型的补贴比其他的更有效，即政府以较低的成本实现了希望的政策目标。我们先来看一般性的补助，它们不在各类型的公共服务之间进行区分，但其本身可能是配套或非配套的。

非配套补贴　非配套补贴的情况如图 28 - 1 所示。横轴表示公共产品，纵轴表示私人产品。*AB* 是社区预算线（显示对其可用的私人和公共产品的各个组合）。曲线 i_1i_1、i_2i_2等是无差异曲线，描述社区在这两种产品之间的偏好。初始均衡在 *E*（其中，预算线相切于最高的可能的无差异曲线）。私人产品的消费等于 *OC*，公共产品的消费等于 *OD*。为了获得 *OD* 的公共产品，必须放弃 *CA* 的私人产品，从而税率等于 *CA/OA*（其中，OA 是以私人产品衡量的收入）。

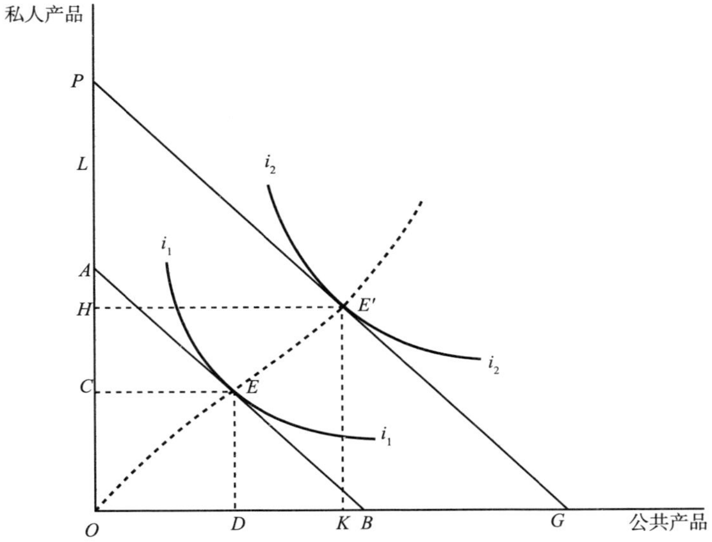

图 28－1　对非配套补贴的反应

现在，给该社区的财政部门一个等于 *AF*（仍以私人产品衡量）的非配套补贴。结果，预算线移向 *FG*，新的均衡在 *E'*。该社区现在获得了 *OH* 的私人产品和 *OK* 的公共产品。私人产品消费增加了 *CH*，公共产品消费增加了 *DK*。该补贴的一部分漏损到了增长的私人产品消费，而非增长的公共产品消费。这一结果是可以预料到的。由于该补贴的使用不以任何方式进行限制，因此它等价于一个一般性收入补贴。因此，只有一个收入效应，一般来说这一效应可以认为是正的，它会增加公共产品和私人产品二者的支出。

但是，既然该补助是给予政府而非消费者，且政府只购买公共产品，那怎么能说它等价于收入的增加呢？答案（当然）是，通过减税可以使该补助的一部分变得对私人消费可用①。考虑图 28－1 中的情况。由于私人产

① 实际上，这段论述暗指，把钱给政府还是直接给消费者没有区别。如果给政府，一部分会通过减税而用于私人产品。如果给消费者，一部分会通过增加税收而用于公共支出。两个情况中的结果一样。但是，在现实的环境中，这两个程序很可能导致不同的结果，即支持减税和不支持增支可能不是对称的程序。参见华莱士·E. 奥提斯，《财政联邦主义》，纽约：哈克特布瑞思，1972 年，第 3 章，附录 A。

品消费从 OC 上升至 OH，应支付的税收金额从 CA 降至 HA。因此，税率从 CA/OA 下降到 HA/OA。减税量等于 HC。在给政府的补贴等于 AF（均以私人产品衡量）的情况下，$LF = HC$ 转为了减税，因而只有 AL 加到了公共产品的支出。

虚曲线 OEE'最终显示了一个收入消费路径，该辖区的均衡位置随补贴的增加而沿其移动，进入私人产品的漏损随该线的斜率而增减。

配套补贴　配套补贴的情况如图 28－2 所示。初始均衡点仍在 E（私人产品消费等于 OC，公共产品消费等于 OD）。引入配套补贴把预算线转为 AM，因为提供给该社区的公共产品净价格相对于私人产品下降了。随着私人产品消费增至 ON，公共产品的消费增至 OP，均衡移向 E'。作为补助者的政府的成本等于 $E'S$，但并非所有的这些费用都花在公共产品上①。相反，有一个等于 CN 的减税（税率从 CA/OA 降至 NA/OA，CN 是漏损到私人消费的部分补贴成本）。

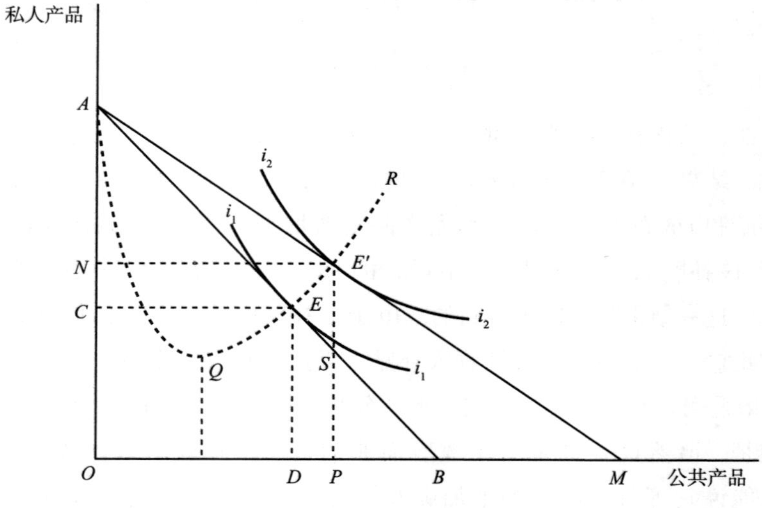

图 28－2　对配套补贴的反应

虽然图 28－2 中 E'的位置显示在此情况下，私人产品和公共产品的消费都增加了，但真实情况不一定如此。与仅存在一个收入效应的非配套补

① 为了找到无漏损情况下可允许的公共产品增加，从 DE 中扣除 SE'，画一条水平线，找到其与 AB 的交点。

贴不同，我们现在还有一个替代效应。由于公共产品的价格相对于私人商品下降了，所以私人产品的消费可能下降。负的替代效应可能超过正的收入效应。在图 28－2 中，虚曲线 *AQR* 显示了 *E* 随公共产品价格下降而沿其移动的路径（从 *A* 向 *R* 的移动由不断增长的配套率所引起）。从 *A* 运动至 *Q* 的过程，表明私人产品的购买数量在下降，*Q* 以后则表明随着对公共产品购买的不断增加私人产品的购买也在增加（公共产品的购买自始至终都在增加）。在 *E* 和 *E′*都位于 *Q* 左侧的情形中，不存在补贴的漏损，但事实上选民通常会通过支持增税来支持政府的工作。

补贴的比较　图 28－3 中比较了这两个类型的补贴。*E* 仍是初始的均衡点，E_m是配套补贴情况下新的均衡点。E_n是使两种补贴获得同一公共产品供应（即 *OP*）的非配套补贴情况下新的均衡点。和前述一样，在配套补贴下政府的成本等于 E_mS，非配套补贴下的等于 E_nS。因此达到 *OP* 社会产品供应的同一目标，就可以在配套补贴的情况下以较低的成本实现（差额为 E_mE_n）[①]。这并不意外，因为配套补贴事实上是仅支持公共产品供应的一个选择性补助，而非配套补贴则是一般性的，因为它可以通过减税的方式来支持额外私人产品的购买。

一般补贴与专项补贴

现在我们来看看专门用于特定公共支出的补贴。如果政府希望增加对一个特定公共产品 X 的支出，那么专门针对使用 X 的一个专项补贴，在确保增加 X 上的支出方面，至少与相同成本的一般补贴一样有效，并且很可能会更高效。

非配套补贴情况的这一原则如图 28－4 所示。现在纵轴表示公共产品 Y，而横轴表示公共产品 X，以 *AB* 表示得到补贴前该社区的机会线，均衡点位于 *E*。现在给一个一般性补贴，预算线移向 *DC*。均衡点移向 *E′*，X 的供应增至 *OG*，对政府的成本为 *BC*[②]。如果政府给了一个等金额但指定用于

---

① E_n必定位于 E_m上方，因为连续的无差异曲线的斜面在沿着一条垂直线上移时而上升，即私人产品对公共产品的边际替代率必定上升。

② 注意，这里成本根据 X 来衡量。替代性地，它也可以根据 Y 来衡量，这时就等于 *AD*。

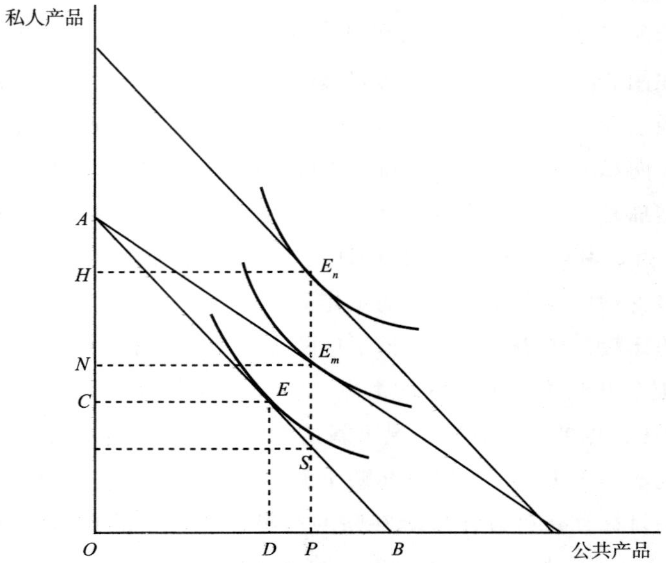

图 28－3 配套补贴与非配套补贴的比较

X 使用的补助，那么新的预算线只有 *RC* 段对收款人可用，但均衡点同样在 E'①。这两个类型的补贴都确保了 X 的供应有相同的增加。如果政府希望将 X 的供应提高到 *OK*，这一结论仍然成立。将 X 提升至 *OK* 现在要求一个一般性补贴，以将预算线移向 *HI*，新的均衡点在 E''，成本等于 *BI*。如果该补助的使用限于 X，则提高的预算线只有 $E''I$ 部分对收款人可用，但均衡点仍在 E''。但是，如果政府希望再进一步，比如把 X 的供应提高到 *ON*，那么情况就会变化。现在，一般性补贴要求将预算线移向 *LM*，均衡点位于 E'''，成本为 *BM*。如果使用专项补贴，则只需将预算线移向 *QP*。在只有 *SP* 段对收款人可用的情况下，将选择点 *S*（补助成本降到 *BP*）②。一旦 X 的供应要超过 *OK*，即收入消费线 *OJ* 与 *AW* 相交，Y 的供应等于在没有补贴情况下假设支出所有资源用于 Y 时的水平，专项补贴就变得较为节约了。

图 28－4 的演示过度简化了问题，因为它只显示了两个公共产品之间的

---

① 指定用于 X 供应且成本为 *BC* 的专项补贴，可以在图中描述为将起点从 *O* 向 *V* 右移（其中 $OV=BC$）。这样，*VR* 就成为新的竖轴，有效机会预算线由 *RC* 给出。

② 虽然 *S* 在把 X 的供应提高到 *ON* 方面和 E''' 做得一样好，但是由于 *S* 位于较低的无差异曲线，因此补贴接收的辖区在 E''' 更好。

选择问题。我们可以想象一个代表私人产品的第三数轴（在此情况下，对一个公共产品的专项补贴就会导致双重漏损问题）。

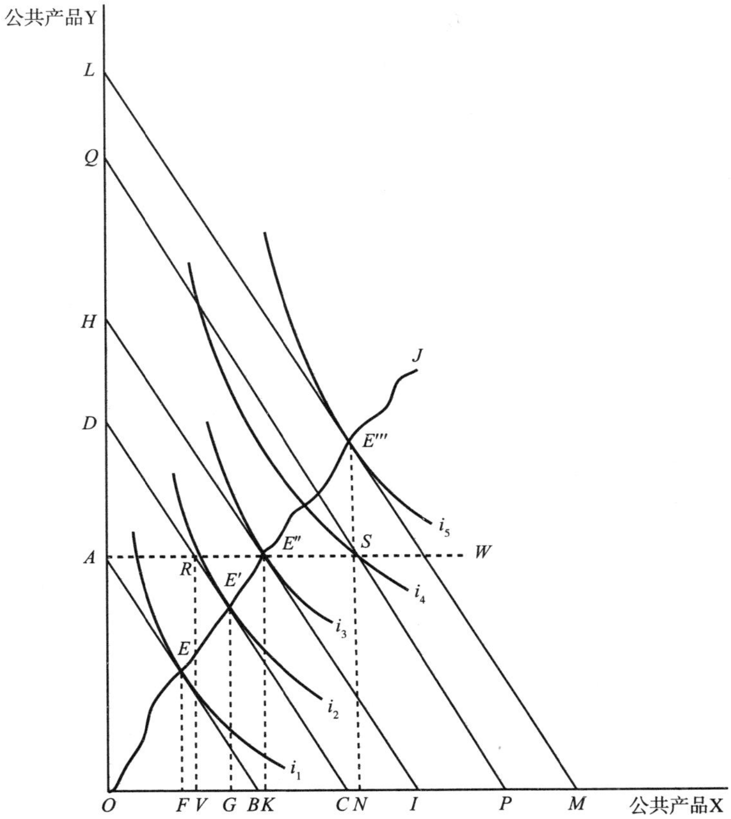

图 28－4　一般补贴与专项补贴的比较

专项补贴更高效这一结论，现在可以与配套补贴更优这一我们早前发现的结论进行组合①。如果通过一个配套且专项的补贴来确保特定公共服务的理想增长，那么预算成本将会最小。

---

① 专项补贴策略更高效这一术语是在下述意义上使用的：允许政府以较低的成本实现将 X 的供应提升至 *ON* 的目标。在通常意义的帕累托最优上使用这一做法，我们注意到，*E'''*因是一个切点而高效（而 *S* 不是）。然而，这一考虑不适用于这一背景，因为政府提高 X 的目的是干预收款人的选择。

评价

根据我们之前关于与财政联邦主义各个目标相关的补贴的讨论，上述分析得出了哪些补贴适用于哪些目标的一些结论。这些结论可总结如表 28 – 1 所示。

表 28 – 1 补贴的适合目标情况

补贴目标	配套	专项	再分配
1. 为使州和地方政府能获得中央税收入	否	否	否
2. 为减少跨州的人均收入不平等	否	否	是
3. 为提高州与地方公共服务的整体水平	是	否	可选择的
4. 为均等化州与地方政府可以提供所有公共服务的条件	是	是	可选择的
5. 为提高特定公共服务的供应水平	是	否	可选择的
6. 为均等化特定公共服务的供应条件	是	是	可选择的
7. 为修正受益溢出现象	是	是	否

目标 1 就是为了使较低层级政府能够使用在中央层面更好管理的收入资源。因此，在许多联邦，经中央筹集的所得税收入，根据征收的来源会部分返还较低层级政府。就其本质而言，“共享税”更是一个税收管理工具，而非补助政策工具。根据目标 2，只有当经中央获取的收入按照需要（通过诸如人均所得的倒数的一些指数来衡量）支付给较低层级政府的时候，它才成为一个补助政策工具。这种补贴既不要求配套条件也不指定用途，并且，如前所述，这种补贴对于中央层面的个人间再分配是次优的。在表 28 – 1 中其他目标都要求配套补贴，因为配套使得可以用较少的成本达成补助目标。但是，如前所述，确定配套率所基于的考虑会有所不同，它取决于该政策指向绝对服务水平，还是指向服务能被提供的条件，抑或是指向溢出调整。

在政策 3 至 6 的背景下，一般性补贴还是专项补贴的议题，最终取决于补贴政策旨在支持一般性还是特定的公共服务。配套与非配套之间的区别是明确的，但是一般性补贴和专项补贴之间的区别仅仅是一个程度问题。美国补贴系统的传统策略基于目标 4 至 7；但如我们将在下文看到的，目前的趋势是朝向非配套、一般性、非再分配的补贴（位于目标 1 和 2 之间的某处）。

漏损　除了上述目标 1 和 2 外，补贴还旨在支持特定的活动，无论它们是不同于私人使用的一般公共服务，还是特定公共服务。在上述两种情况下，资金在原本意图以外的使用都可能被认为是“漏损”，而各种形式补贴的效率可以通过有没有漏损来衡量。因此，与一般性配套补贴相比，一般性非配套补贴更有可能导致税收减少。因此，具有较低漏损的配套补贴，在提高收款人公共服务水平方面就更高效，因为对补贴人来说，花较少的成本就能获得一定的公共服务增长。类似地，如果理想目标是要增加特定公共服务的供应，那么专项补贴往往比一般性补贴更高效，因为漏损（包括流入其他公共服务或减税）会更少。同时，我们也要知道，即使专项且配套的补贴也会存在一定程度的漏损[①]。

注意，此处使用的效率概念，与支持该补助资金的特定使用的政策目标有关。无论是一般性公共服务还是特定公共服务，都涉及补助人对收款人选择自由的干涉。因此，该情形可能与我们之前讨论的有益产品的概念和绝对公平的概念有关（这里转换到了辖区间层面）[②]。如果这种干涉被拒绝，即补贴政策符合补贴政策目标 1，那么上述效率标准就不适用了。这样，无论是在公共或私人使用的一般资金（通过配套补贴获得）上，还是在各公共服务之间的选择（通过专项补贴提供）上，设置的所有限制都是无效的。

粘蝇纸效应　刚刚阐述的这一论证，也解释了所谓粘蝇纸效应的作用，即：补贴（自给到政府时起）往往会与预算使用粘在一起，从而导致一个比直接给个人的情况下更高的服务水平[③]。例如，给予辖区 A 一个 1 000 000 美元的补贴（是无限制的，没有配套要求），并假设（根据图 28－1）这样做会导致 800 000 美元的额外公共支出和 200 000 美元的减税。假如该补助直接发给 A 中的个人纳税人，那么结果可能就是公共服务增加 300 000 美元、减税 700 000 美元。在配套补贴的情况下，就必须比较分析配套率运用

---

① 关于补贴引起的各种反应方面的实证研究，参见政府间关系顾问委员会，《联邦补助：其对州地方支出、就业水平、工资价格的效应》，华盛顿特区：1977 年 2 月。另见 E. 格雷姆里奇，“政府间补助：实证文献的一个评述，” 于 W. 奥提斯（编辑）：《财政联邦主义的政治经济》，马萨诸塞州列克星敦：列克星敦书局，1977 年。

② 参见第四章第五节。

③ 这一分配效果又等同于因预算补助等而产生的减税模式（假设没有粘蝇纸效应）。

于预算的情况下所产生的公共服务水平和配套率运用于个人纳税人的情况下所产生的公共服务水平两者之间的差别。在这两种情况下，从预算增加到减税和服务水平提高等一系列事件产生的结果，可能并不和相应的个人收入增加到减税和公共服务扩张等一系列事件所引发的结果相同。

粘蝇纸效应的实证分析已表明它意义重大（这并不意外）。图 28－1 至图 28－3 中无差异曲线是社区偏好的一个直接反映，不过这一假设是不现实的。真实情况很可能是（预算补助之后）减税的政治压力弱于反对增税的压力（在该补助对个人作出时）。而且，相较于通过增加征税来筹资，在通过非限制性补贴的留存来筹资的时候，对公共服务的选择可能会不同。

结论 我们得出结论：某一特定补贴效果的评估取决于作出补助的前提。如果补助人的意愿要得到尊重，地方居民的偏好也得到接受，那么表面看起来似乎是令人遗憾的漏损，可能会成为对粘蝇纸效应的一种理想的规避。

四、联邦税收

承接上一章，联邦（国家）范围的服务应由联邦政府用联邦范围的税收来筹资，成员辖区的服务应由其区域中的税收来筹资。辖区间的税收设计也应遵循这一受益原则。

税收规则

一般性原则已显而易见，但会出现一些复杂情况，而这些复杂情况在单一制国家中通常是可以避免的。

中央融资的途径 虽然联邦范围的服务是中央筹资的，但该筹资可以通过不同方式完成，这取决于该联邦的性质。现在存在着两种观点：一种是通过中央或国家税收（不同辖区的个人间符合公平原则）的方式来筹资，该策略为大多数民族类型的联邦所采用，例如美国、加拿大或澳大利亚。另一种是评估各成员辖区相应的支付能力，同时留待成员辖区决定如何从其居民手里筹集该资金。这种方式适用于诸如 NATO 或联合国等为特定目的而组成的联邦的财政。

辖区间的税基安排　我们必须更具体地阐明“费用应由该受益应计的地方承担”这一原则。如果受益应计在 A，就应该由 A 的居民支付费用。但是如果 A 的居民拥有 B 的财产，情况应如何呢？辖区 A 的成员就可能感到自己有权分享 B 辖区的税基，因为部分税基是由于 A 辖区居民在 B 辖区拥有的要素所创造的。即使因此而产生的收益并不反映 A 所提供的公共服务投入，A 辖区也应该有权分享。事实上，联邦的成员辖区通常会对其境内“外来人”的个人收益征税，并且相同的论证可以扩展到来自资本投资的收益。不存在一个确定外来人应征税的适当水平的简单依据，但联邦中一个较好的做法是各个辖区在处理重叠的收入来源和居民来源时会达成一个互惠原则。关于这一话题，我们将在讨论国际征税议题的时候再进一步展开①。

效率方面　组成联邦的一个重要目标就是要建立一个共同市场，商品和生产要素可以在其中自由移动。因此，必须特别注意差别征税对联邦范围经济体效率的影响。否则，无效率性可能导致要素和商品的流动，而且公共部门决策可能受到为吸引资源进入辖区而产生的低税收竞争干扰。显而易见，最简单的答案将会是要求坚持受益征税，抑或是要求跨辖区的统一征税；但是，两个措施都会破坏财政分权制所带来的大多数好处。不过，通过协调可以减少低效（稍后在讨论国际征税问题时可以看到）②。

各级政府的税收分配

实际的税制不可能完全符合刚刚讨论的原则，但是可以得出如表 28－2 的关于各级政府之间适当的税收分配的近似结论。

表 28－2　　各级政府之间适当的税收分配

中央层面	中间层面	地方层面
1. 累进所得税	1. 对居民的所得税	1. 不动产税
2. 死亡税	2. 对居民所拥有要素的所得税以及非居民获取的但源于辖区内所得的所得税	2. 工薪税
3. 自然资源税	3. 零售销售税 4. 作为收益费的原产地型产品税	3. 各种受益征收

①②　参见第三十三章第三节。

原则运用者 税基宽广的累进所得税（也叫支出税）在中央层面使用最适宜。既然筹资支持的受益是国家范围的，或者既然要推行国家分配政策，这一征税方法符合对综合税基所得税制下的一切收入（不包括原产地所得）征税的原则。在规范系统中，这种税收会把所有公司来源所得纳入其税基，因此没必要设置一个单独的企业税。对遗赠或赠与所产生的转移所得征收中央税也是出于同样的考虑，特别是因为差别征税会带来可遗赠资本的轻易移动。对自然资源征收国家税的情况，前面已经进行了讨论。

在中间层面，即美国的州或加拿大的省，对居民征收个人所得税仍是适当的，但只需稍微累进即可。对源于辖区内但流向非居民所有者的收入（个人的和公司的）在赋予征税的权利的基础上征税是适宜的。销售税，即终点类型的产品税，在中间层面征税也是适当的，特别是在范围很大的地区适合征这种税，因为它不会发生通过境外购物来避税的现象。起点类型的生产税（包括出口税）仅适合作为影响生产的公共服务的一个受益费。

再看看地方层面，情况是一般对不流动的东西比如土地、增加物及之上的建筑物可以征税。如果对所得征税，工薪就是税基中最容易得到的、最不可能通过外迁而流失的一部分。最后，收费在地方环境中具有特别的重要性。在地方范围内，公共服务的收益对特定的受益群体而言通常是不断增加的。例如，通过对相邻房屋的特别评估征税而对人行道修缮提供财政资金。

共享税收 尽管各种税收在各个政府层级的适用性有所不同，但这并不意味着同一税收不能在各个层级使用。因此，所得税可以而且正在由联邦政府以及大多数州政府共同使用，这就会产生前面已经提到的协调问题，并提出如下问题：仅让联邦征收所得税、各辖区征收额外附加费用的做法会不会更简单。又或者，中央政府可能将部分收入退还给其来源辖区。许多联邦国家都使用“共享税收”的形式，包括加拿大和德意志联邦共和国。

五、本章小结

多单元财政的一般性议题在前一章中已经讨论过，本章在联邦制这一更为具体的背景下进行了重新考察：

1. 联邦制模式的范围，可以从各独立州之间的松散联盟，到行动自由严格受限的单一制国家内各部分的绝对统一。

2. 凝聚程度反过来将影响各级政府财政能力的分配。

3. 相应地，带有全国范围受益的公共服务要由中央政府提供，而带有区域性有限受益的公共服务则要由较低层级的政府提供。

4. 旨在实现个人之间公平分配的政策修正应主要由中央政府进行。

联邦内公平分配的进一步问题与各成员辖区的相对地位有关：

5. 联邦关注的是各成员辖区能够提供公共服务的条件问题。

6. 联邦关注的是各个辖区内居民享有的公共服务的绝对水平问题。

中央政府影响各下级财政绩效的主要工具就是通过补贴制度：

7. 补贴可以采取配套或非配套的形式。

8. 补贴可以是一般用途的补贴，或是专项用途的补贴。

9. 补贴适当形式的选择取决于中央政府的政策目标。

一个联邦中税收体系的设计要考虑以下方面：

10. 税基如何在各成员辖区之间划分必须达成一致意见。

11. 重要的税收可以按层级进行安排，以最小化跨辖区的漏损。

推荐读物

Grewal, Bhajan, Geoffrey Brennan, and Russell L. Matthew: *The Economics of Fiscal Federalism*, Canberra: Australian National University Press, 1980. 这本书含有该领域主要论文的一个选集。

Musgrave, Richard A.: "Approaches to a Fiscal Theory of Political Federalism", with discussion, in National Bureau of Economic Research, *Public Finances, Needs, Sources, and Utilization*, Princeton, N. J.: Princeton, 1981.

Oates, Wallace E.: *Fiscal Federalism*, New York: Harcourt - Brace, 1972. 这本书提供了财政联邦主义原则的一个分析。

第二十九章
美国财政联邦体制的结构

本章在简述了美国财政联邦体制的历史和现状之后，考察了各级政府之间及各州内的财政集权和分权模式，并对财政能力和需求做出了分析；接着聚焦美国补助系统的结构，对美国财政联邦体制的近期趋势做出了评估。

► 本章内容提示

前面我们考察了多级财政和联邦财政的一般性原则后，本章我们转而讲一讲美国财政联邦体制的发展情况以及目前各界对这一体制改革的争论问题。

一、起源

美国是一个由中央（联邦）政府、50 个州和哥伦比亚特区组成的联邦。每个州轮流与各个类型的地方政府（包括市、区、郡、学区和其他特别服务区，共计八万个）分担财政性事务。与大多数其他国家相比，美国的财政结构一直处于相对分权的发展状态。同时，它具有良好的灵活性，从而可以适应不断变化的需求与政见。过去 50 年来政府间转移支付作用的扩大、财政收支责任的重新分配，以及今天人们对这些扩大的政府性转移支付的批判，都印证着这一点。

首先，我们回顾一下美国财政联邦体制的发展历程，这有助于分析其当前地位和未来发展趋势。最初邦联的财政结构旨在保护各州的地位并弱化联邦政府的财政权利，国家支出的资金由各州缴纳。然而，这一结构仅仅是昙花一现，1788 年宪法强化了联邦政府的财政地位，并建立了一个基于关税和消费税可行的联邦财政体系。同时，宪法为分权制度制定了框架，但并未具体明确财政收支责任的划分①，更没有提及关于支出职能的分配。虽然联邦征税权力受限于一致性原则和按比例分配原则，但是这些原则并没有严格的限制，而且最终因《第十六修正案》进一步放宽。各州的征税权也同样受到财政结构的限制，但主要限于禁止征收进出口关税。最后，联邦宪法中只字未提各地方政府的财政作用，而是将其决定权留给各州自行裁决。

因此，财政联邦体制结构正是在这样一个灵活的宪制框架中发展，多年来，各级政府的相对权力也已经发生变化②。19 世纪伊始，杰斐逊派认为中央政府的职能应该被削弱，而联邦主义者的立场认为应该赋予中央政府更大的作用，于是这两者展开了一场激烈的争辩。1830 年，卡龙（Calhoun）和韦伯斯特（Webster）两个鲜明对立的派别发生了大辩论，使得美国传统上

① 参见第三章第二节。

② 有关美国财政联邦制变化过程的详细描述，请参见政府间关系咨询委员会，《当代联邦制的现状：理论冲突与限制崩溃》，华盛顿特区，1981 年。

关于联邦体制的分歧观点成为人们关注的焦点。卡龙认为："美国人民最初的想法就是要组建一个仅仅是狮头羊身的社会。无论是在《独立宣言》之前还是之后，这样的社会从未存在过。"相反，韦伯斯特则认为宪法不是通过各州之间的一纸契约建立的，"而是由全体美国人民努力的结果"。一直以来，人民爱戴的政府必须依赖于独立的国家地位，一个"自由、统一永远不可分割"的国家地位①。

在司法解释的支持下，在联邦成立最初的几十年里，宪法中的国家主义观点一直占据主导地位。在 19 世纪 30 年代至 50 年代，由于再一次盛行的州权利派，联邦才逐渐让位。随着内战和之后第十四修正案的颁布，国家主义的观念又占据了上风。后来多年的双重联邦体制，人们对联邦监管商业权力的解释不断出现随意性，于是最终通过了《第十六修正案》，使财政向集权迈出了关键性的一步，《第十六修正案》赋予了联邦政府征收所得税的权利。然而，直到 20 世纪 30 年代的大萧条时期，才真正出现了从州权利观到联邦负责制的国家主义观点，这一最主要也是最重要的转变。正是那时，社会经济生活许多领域中出现的大量立法，极大地扩展了联邦政府的作用及其职责。而突然爆发的第二次世界大战以及随后出现的福利国家制度，又再一次地加强了联邦政府的作用。到 20 世纪 60 年代后期，约翰逊政府实施的"伟大社会计划"使联邦发挥的作用达到顶峰。

如今，情况似乎又再一次地逆转。人们开始更多地强调州及地方权利，而限制联邦的作用。正如我们已经看到的，这一变动情况夹杂着这样的观点，即人们对整体公共部门的作用、尤其对公共部门的再分配职能（主要由联邦承担的）持更为严厉的批评观点。

二、联邦—州—地方的财政平衡

当我们在考察各级政府层面不断变化的公共支出份额时，它们的发展过程已然隐含其中。

---

① 引自萨缪尔·H. 比尔，"联邦主义：过去的教训、未来的机遇"，于《联邦主义：使体制正常运行》，国家政策中心，20 世纪 80 年代的可选方案，第 6 期，华盛顿特区，1982 年，第 18 页。

总支出　如表 29－1 第 1 行至第 5 行所示，20 世纪早期，地方政府是占总支出最主要的部门。在 20 世纪 30 年代大萧条的十年里，国内新政建设了大批国内项目，使得联邦政府份额在总支出中占主要地位，地方政府的份额急剧下降。20 世纪 50 年代，联邦份额继续增加，同样是以牺牲地方政府财政份额为代价，到了 60 年代和 70 年代则没有进一步的变化。总的说来，1930—1960 年，支出的中央集权化趋势逐渐凸显，之后则趋于平稳。此外，1987 年联邦政府的份额略低于 1980 年，这表明中央集权趋势首次出现了逆转。

表 29－1　　各级政府的支出（占总数的百分比）

	1927	1940	1960	1970	1980	1987
Ⅰ. 补助额计算在补助提供政府的支出中						
合计支出						
1. 联邦	33.0%	53.0%	68.4%	65.0%	69.1%	67.9%
2. 州和地方	67.0%	47.0%	31.6%	35.0%	30.9%	32.1%
3. 州	17.7%	22.5%	14.8%	18.0%	17.9%	18.6%
4. 地方	49.3%	24.5%	16.8%	17.0%	13.0%	13.5%
5. 合计	100.0%	100.0%	100.0%	100.0%	100.0%	100.0%
不含国防的支出						
6. 联邦	24.7%	47.3%	53.2%	54.2%	63.6%	60.5%
7. 州和地方	75.3%	52.7%	46.8%	45.8%	36.4%	39.5%
8. 州	19.8%	25.2%	21.9%	24.3%	21.1%	21.9%
9. 地方	55.4%	27.5%	24.9%	21.5%	15.3%	17.6%
10. 合计	100.0%	100.0%	100.0%	100.0%	100.0%	100.0%
Ⅱ. 补助额计算在补助接受政府的支出之中						
合计支出						
11. 联邦			63.2%	57.3%	59.0%	61.5%
12. 州和地方			36.8%	42.7%	41.0%	38.5%
不含国防的支出						
13. 联邦			30.9%	33.7%	44.0%	46.2%
14. 州和地方			69.1%	66.3%	56.0%	53.8%

资料来源：1902 年、1940 年：美国普查局，《美国的历史与统计》，1980 年版，第 725、728、730 页。1960—1987 年：第 1、2、6、7 行来自：《各年综述现代商业调查》；第 3、4、8、9 行：各州的百分比是通过把政府关系咨询委员会所给出的比率运用于第 2 行而获得的，这些比率来自《财政联邦主义的重大特征》，1987 年版，第 28 页。

民用支出　表 29 – 1 的第 6 行至第 10 行重点关注民用支出的变化（军事费用除外）。由于国防支出是由联邦负责的，所以排除国防支出会减少联邦份额，抬高州与地方政府的财政支出份额。这一支出模式一直持续到 20 世纪 60 年代。20 世纪 70 年代期间，由于约翰逊政府实施的"伟大社会项目"，联邦政府民用支出的份额急剧上升。此外，由于里根政府致力于削减非国防开支，80 年代联邦政府在民用支出的份额明显下降。

补助　表 29 – 1 第 1 行至第 10 行主要是将补助计算在补助提供者份额中。进一步的，在表中 11 – 14 行中，则将补助计算在补助接受者份额中，即从对公共支出而言的各类型补助的变动趋势。由于补助主要是联邦政府提供的，所以联邦份额比较低；且由于补助规模不断增大，将补助计算在补助接受者的份额里，则会降低集权化程度，这一点从只包括民用支出的第 13 行看特别明显。不过总的模式并没有受到太大影响。

购买性支出与转移性支出　表 29 – 1 中给出的数据包括购买公共产品和服务的支出，以及转移性支出。如果只考虑购买性支出（特别是非国防购买），那么联邦份额会变得小得多。所以 1987 年，联邦政府在政府购买中的份额是 41%，而在非国防购买中的份额仅有 13%。如后一比率所示，联邦参与国防以外的公共服务的提供所占份额非常小，这与大多数公共服务仅让有限的一些区域受益一致。

三、州—地方模式

虽然公共争论的重点在于联邦政府和州—地方政府之间的区别，但是广义上的财政联邦体制问题不会就此结束。尽管地方政府严格来说是各州的附属物——州宪法和立法规定州享有这方面的特权，但是州政府与地方政府之间的财政关系，在公共部门的财政规划中十分重要。

地方政府

全国各地的地方政府结构不同，财政分权的程度也不同。表 29 – 2 概述了数量众多的地方辖区及其财政权重。

表 29－2 **地方政府单位**

	数量 （1982 年数据）（Ⅰ）	以十亿美元计的支出 （1986 年数据）（Ⅱ）
郡	3 041	77.0
自治市	19 076	102.2
学区	14 851	116.2
镇	16 734	11.1
特区	28 588	22.1
合计	82 290	328.6

资料来源：对于第Ⅰ栏的数据，请参阅《政府财政的事实与数据》，第 21 版，第 114 页，税收基金会，1986 年。对于第Ⅱ栏，请参阅《财政联邦体制的重要特征》，1987 年版，第 20 页，政府间关系咨询委员会，1987 年。

镇、学区和自治市在数量上基本相等，而特区更多、郡则更少。在不同的州之间，地方政府模式多种多样。郡在南部很重要；学区在南达科他、得克萨斯和内布拉斯加比较多；而镇在东北各州特别重要。各自治市（即城市）在财政重要性上排序远在其他单位之上（之后依次是各学区和各郡）。各特区和各镇虽然数目不少，但就所涉收入或支出金额而言不那么重要。

各地方单位的合计数量已显示出稳定减少的趋势（从 1942 年的 155 000 个，降至 1957 年的 102 000 个、1977 年的 82 000 个），原因主要在于学区数量的减少（这反映了较大学校的规模经济）。与此同时，各特定功能的特区的使用不断增多，比如大运量运输、公园、警察和环保支出。此外，较大的城市获得了独立性；在有些情况中，与其所在州有同等的重要性。

州与地方财政中州的份额

州财政系统的多样性如表 29－3 所示，其中给出了向州与地方支出提供资金方面州所占的份额（不含联邦补助）。如表所示，在总支出中，财权最集中的四分之一的州中，州的份额将近 80%，在集中程度最低的四分之一州中，州的份额在 50% 以下。我们也观察到，集中化程度随职能不同而迥异，福利和公路支出集中程度最高，而教育支出集中程度最低。

表 29 – 3　　1985 年州—地方支出中州本级自有财政资源占比

	所有支出	福利	公路	卫生与医院	基础与中等教育
最高	77%	100%	87%	98%	87%
平均	57%	82%	63%	54%	53%
最低	44%	41%	43%	28%	5%

注：所示的各百分比 = 州对公众的支出 + 州给地方补助的支出 – 联邦对州的转移支付）÷（州对公众的支出 + 地方对公众的支出 . 联邦对州和地方政府的转移支付）。

资料来源：参见《财政联邦体制的重要特征》，1987 年，第 29 页。

税收结构中的差异

如表 29 – 4 所示，各州税收结构在构成上也有明显差别。1985 年州—地方总收入中来自联邦补助的份额差别较大，从 8% 到 25% 不等。来自财产税收的份额最高的州达到 36%（新罕布什尔州），最低的州份额仅有 5%（新墨西哥州）；与此同时，来自所得税上获得的份额，差异也较大，从 23%（马里兰州）到 0%（华盛顿州、内华达州、得克萨斯州及怀俄明州）。一般销售税的份额情况为，部分州为 27%（华盛顿州），部分州则为 0%（新罕布什尔州、蒙大拿州、俄勒冈州）。

表 29 – 4　按百分比计算的州和地方一般性收入的构成情况（1985 年）

	联邦援助	财产税	所得税	一般性销售税
最高的州	24.6%	36.0%	22.9%	27.0%
平均	17.8%	17.4%	11.7%	14.1%
最低的州	7.8%	5.3%		

资料来源：政府间关系顾问委员会，《财政联邦体制的重要特征》，1987 年，第 48 页。

可以预期，财产税份额与集权化程度呈反向关系，而销售税份额与集权化程度呈正向关系。高度分权化的州如新罕布什尔等，往往从财产税上获得大部分收入，而集权化较强的州，如阿拉斯加州、路易斯安那州和特拉华州等，从财产税上获得的收入相对较少。然而，这种格局也不是完全一致的。例如，虽然科罗拉多州与纽约州处于集中化的平均水平之下，但它们的财产税比例也相对较低。而纽约市主要依靠城市销售税与所得税。

四、财政地位的决定因素

财政多样化的另一方面反映在各个辖区财政境况差别上，即它们满足其相应各社区需求的能力。

财政地位的定义

先来解释与财政地位有关的一些概念。一个辖区执行其财政事务的能力（财政地位）取决于它的税基（财政能力），这一税基（财政能力）与提供公共服务（即满足社会公共需要）所需的支出相联系。当相对高财政能力的辖区面临低财政需要的时候，它们的财政地位则相对较强。标准的服务水平可以通过低税负收入与税负基础比率（低税收征收率）来实现；或换句话说，标准水平的税负征收率能产生相对于需求的高服务水平（即高的财政绩效）。更精确地，这些不同概念之间关系可以表示如下：

我们把辖区 j 的财政能力用 C_j表示，于是：

$$C_j = t_s B_j \tag{29-1}$$

其中，B_j为 j 的税基，t_s为标准税率①。因此，C_j表明 j 通过将该税率适用于其税基所将会得到的财政收入。

我们还可以把辖区 j 的财政需要定义为 N_j：

$$N_j = n_s Z_j \tag{29-2}$$

其中，Z_j为人口指标（如学龄儿童人数），而 n_s是表示向提供一个每单位 Z 标准服务水平的费用（如每个儿童的教育经费）②。因此，N_j就表示为得到一个标准水平的绩效或服务所要求在 j 中的支出。

我们现在可以把衡量辖区 j 的财政地位 P_j表示为：

---

① 为了简化起见，我们假设只有一个税率和一个税基。实际上会有不同的税基（比如销售、财产、所得税税基等），这要求使用一个标准税收结构而不是一个单一税率。

② 我们这里的表示也是过于简化，因为它只考虑了一种服务 Z，而没有考虑各种其他服务，这些服务的重要程度视辖区各异。而且，要详细分析，就必须考虑 n 的各种变化，如教师薪资的变化等。

$$P_j = \frac{C_j}{N_j} = \frac{t_s B_j}{n_s Z_j} \tag{29-3}$$

由此可知，财政地位等于财政能力与财政需要之比。将各辖区平均的 P 定为 1，若 $P_j > 1$，则表明财政地位较强，若 $P_j < 1$，则表明财政地位较弱。经恰当定义的 P 值，作为一种指标，必须同补助公式中的分配权数联系起来。进而，我们可以把辖区 j 的税收征收率 E_j 定义为：

$$E_j = \frac{t_j B_j}{t_s B_j} = \frac{t_j}{t_s} \tag{29-4}$$

这表示下面两者的比率：其一，j 辖区以税率 t_j 征收的实际税收收入；其二，以税率 t_s 可以征收的收入。最后，我们把绩效水平 M 定义为：

$$M_j = \frac{n_j Z_j}{n_s Z_j} = \frac{n_j}{n_s} \tag{29-5}$$

这表示下面两者的比率：其一，j 辖区运用支出率 n_j 所得到的实际支出；其二，为满足标准服务需要应用支出率 n_s 所应得到的支出。

假定预算平衡，我们有：

$$t_j B_j = n_j Z_j \tag{29-6}$$

将式（29－6）代入式（29－3），我们得到财政地位的另一种定义：

$$P_j = \frac{n_j / n_s}{t_j / t_s} \tag{29-7}$$

由此可知，财政地位可以定义为如式（29－3）中能力与需要的比率，或者定义为如式（29－7）中绩效水平与税负征收率的比率。当我们在比较州际或州内部各辖区之间的财政地位时，就会出现上述概念和问题，而这些概念和问题构成了财政改革过程中的主要议题之一。它们不仅与联邦政府，而且与州政府都相关。联邦政府必须减少各州之间的过度差异，同样，各州政府则必须解决各地方辖区之间的过度差异，此外，近年来，联邦政府已经开始直接干预各城市的财政地位问题了。

财政能力与课征率的差异

州与州之间的比较，明显表明了财政能力与税收征收率存在显著差异。

财政能力 人均收入与财政能力的关系是最接近的。这一指标可以成为综合衡量纳税能力的一个标准，但它没有考虑到以下情况：所得税在各州税收结构中只起到了较小作用，而在地方税收中则几乎没什么作用。因此，零售额和财产评估价值也许是更可取的指标，或者可以把各个税基与适当的权重相组合来衡量财政能力。后者必须通过使用“标准税收结构”达成。这涉及：（1）确定各州都适用的主要税基的平均税率；（2）运用这一平均税率于某一特定州的税基。这样，财政能力就可以用该税收结构中的人均税额来衡量了。

表 29－5 表明各所选州之间在财政能力和征收率的差异变化。第Ⅰ栏表示按占平均收入百分比计算的人均收入，第Ⅱ栏表示财政能力。在一特定州内，财政能力是通过在一般税制结构中的人均税额来衡量的；该人均税额与假定的平均税基状态下征收的该税制结构的税额有关。州与地方的收入都包括在内。运用人均收入衡量，可以发现存在明显的分异：最高点为平均值的 130%，而最低点则为平均值的 60%。运用标准税收结构下的税入确定的课税能力指数分析，我们发现变动范围甚至更大：南部为 70，而富裕州则为 180 和 200，城市区域的取得能力一般略微低于平均值。正如人们所预料的，工业化较强的州以及城市化的州在收入指数上较高，而自然资源丰富的州（特别是阿拉斯加州），在标准收益指标下则也较高。

表 29－5　　财政能力与征收率

Ⅰ 人均收入		Ⅱ 应税能力指数		Ⅲ 税负征收率指数	
平均	100%		100%		100%
高：					
阿拉斯加	131%	阿拉斯加	250%	纽约	158%
康涅狄格	130%	怀俄明	181%	阿拉斯加	141%
马萨诸塞	118%	内华达	146%	密歇根	129%
纽约	116%	康涅狄格	124%	罗德岛	123%
中：					
佛罗里达	94%	新墨西哥	103%	迈阿密	100%
华盛顿	100%	路易斯安那	102%	俄亥俄	103%
特拉华	103%	纽约	98%	俄勒冈	103%

续表

I 人均收入		II 应税能力指数		III 税负征收率指数	
内华达	104%	伊利诺伊	97%	华盛顿	104%
低：					
密西西比	60%	密西西比	70%	内华达	65%
西弗吉尼亚	74%	阿拉巴马	73%	新罕布什尔	69%
南卡罗来纳	76%	肯塔基	77%	特拉华	77%
犹他	76%	田纳西	81%	田纳西	81%

资料来源：《财政联邦体制的重要特征》，1987 年，第 104、110 页，政府间关系咨询委员会。

征收率 衡量税收征收率有一个最简单的方法，即税收收入与某一比较宽泛的税基指标（如个人收入）的比率。第Ⅲ栏给出了一个更精细的指标，它表示实际税收获得量与标准税负条件下应得量的比率。我们发现，衡量征收率的差异比衡量财政能力的差异更大一些。低收入的各州征收率表现为低于平均水平，而高收入的各州则高于均值。城市化的各州（尤其是纽约），虽然财政能力低于平均，但税收征收比率远高于平均水平①。

财政绩效与财政需求的差异

由于各州之间在财政能力与税收征收率上存在巨大差别，所以，发现州之间在财政绩效水平上也有着同样巨大的差别也就不足为怪了。如表 29－6 所示，人均总支出差异甚大，从均值的 80% 到远远高于均值的 4 倍。就某些支出项目诸如地方教育支出而言，该差别甚至更大。虽然，从对各州之间进行比较看，在人均收入与支出，尤其是教育和福利支出之间，存在着某种正相关，但对这一情况也常有例外。

① 表 29－5 中的指数是如何推算出来的有进一步的解释。要了解这一点，可以参见“美国联邦国内收入报告”《州财政能力测量：可选择的测量方法及其运用》，M－150，1986 年 9 月。

表 29－6　1983 财政年度人均州和地方支出占平均的百分比

按人均收入分组选取的州	教育	公路	公共福利	健康、医院	警察、消防	合计
美国	100%	100%	100%	100%	100%	100%
高：						
阿拉斯加	294%	555%	149%	156%	322%	435%
康涅狄格	96%	83%	111%	71%	110%	100%
新泽西	102%	87%	101%	66%	122%	105%
加利福尼亚	103%	65%	141%	107%	134%	112%
纽约	118%	103%	175%	148%	143%	140%
中：						
科罗拉多	118%	117%	74%	50%	103%	102%
明尼苏达	116%	154%	141%	110%	86%	121%
印第安纳	94%	73%	69%	92%	69%	80%
威斯康辛	117%	127%	139%	109%	109%	113%
低：						
西弗吉尼亚	93%	129%	60%	82%	49%	87%
阿拉巴马	93%	103%	55%	126%	67%	84%
阿肯色	76%	92%	67%	76%	48%	69%
密西西比	79%	124%	68%	132%	53%	78%
选取的城市化州						
纽约	118%	103%	175%	148%	143%	140%
马萨诸塞	87%	74%	145%	104%	122%	106%
宾夕法尼亚	85%	92%	116%	67%	73%	90%
马里兰	109%	126%	92%	99%	110%	111%
新泽西	102%	87%	101%	66%	122%	105%

资料来源：税收基金会，《政府财政的事实与数据》，第 23 版。

对平均支出水平进行比较是有益的，但是该支出水平也反映出实际公共服务水平（相对于平均标准）上存在差异；但它也只能表明，人均需求（即以美元衡量的标准服务水平成本）在每个州内都是相同的。如前文所述，现实情况并非如此。以教育支出为例，对于成本差别、总人口与学龄人口之比的差别和教区附属学校入学人数比例的差别，都应进行修正。就公路而言，由于人口密度与气候上的差异，比较人均支出无法反映公路服务的成本差别。福利支出可以解释为给每个有资格领取款项者的开支。财政能力的衡量可能没太多困难，但衡量总需求水平却是一个更复杂且至今难以解决的事情①。不过，表 29 -6 中，给出的人均数据虽然仅仅是一个粗糙的指数，但也说明了存在大量的地区异质性问题。

五、补助制度

最近几十年，在美国财政体制的发展中，补助制度的发展是最富有动态性的一个因素。

补助制度的发展

20 世纪 60 年代以来补助系统的发展情况及其一些相关特征如表 29 -7 所示。

表 29 -7　　补助制度的发展

	1954	1969	1985
1. 对州和地方政府的联邦援助（十亿美元）	2.9	19.4	107.2
2. 占来自本级州地方一般性收入的百分比	11.4	20.4	21.8
3. 对地方政府的州援助（十亿美元）	5.7	24.8	119.6
4. 占来自本级地方一般性收入的百分比	41.7	54.0	55.3

资料来源：政府间关系顾问委员会，《财政联邦体制的重要特征》，1987 年，第 58、59 页。

补助水平　无论在绝对数字上，还是补助在接受政府收入中所占的百分比，联邦补助都呈大幅增长趋势。不过，“依赖比率”，即补助在接受政府收入中所占的百分比，却一直保持稳定。需要注意的是，因为无法得到分别的数据，表 29 -7 第 1—2 行所示的数据是混合了州与地方层面数据一起计算的。不过，绝大多数补助——约 75%——都给了州政府。其中有一

① 要对财政需求进行综合衡量，就有必要对一系列公共服务水平进行假设，如教育、道路、福利、市政服务等，同时还有必要确定在不同辖区提供这些公共服务所需的成本。而要做到以上两点、就必须“客观地”界定公共服务水平以及考虑成本差异。公共服务水平的界定是一件特别困难的事情。服务水平是用投入（如每个孩子的授课时数）还是用产出（如阅读能力要求）进行衡量呢？农村和城市道路所提供的公专服务之间如何进行有意义的比较？上述问题解决了之后，还有一个问题，由于成本和服务水平之可是相互依存的，那么，该如何计算特定服务的成本？

些转给了地方政府，但其在联邦直接发放的补助中份额是很小的。

我们再来看看州对地方政府的补助。我们发现早些年的发展与联邦补助的模式是类似的，最近对补助的依赖率比较稳定。从表中我们还可以看出，地方政府严重依赖于补助，目前占其总收入（自有收入加补助收入）的 40% 以上。

补助的用途　随着总收入分享计划[①]的终止，所有补助都与某些用途紧紧相联系，特定的补助都或多或少地有所限制。表 29－8 表示联邦和州补助二者用于不同项目的构成情况。联邦补助中最重要的是各种各样的社会项目，包括用于收入保障和卫生方面的联邦份额。州给地方的补助中最重要的是用于公路补助，其次是教育投资、住房和城市建设。如表 29－8 所示，无论是联邦还是州补助，在项目安排上一直保持基本稳定。

表 29－8　补助的用途

	给州和地方政府的联邦援助		给地方政府的州援助	
	1954	1985	1954	1985
教育	16.0%	13.7%	10.6%	10.3%
公路	17.9%	11.6%	51.6%	62.7%
福利	48.5%	40.2%	15.3%	5.0%
住房和城市大道	13.0%	10.1%	17.7%	10.6%
其他	4.6%	24.3%	4.8%	11.4%
合计	100.0%	100.0%	100.0%	100.0%

资料来源：政府间关系顾问委员会，《财政联邦体制的重要特征》，1987 年，第 58、59 页。

补助的类型

如前所述，适当的补助设计取决于补助提供方如何看待补助目标。表 29－9 概括了联邦补助的安排结构。

① 总收入分享计划，1972 年采用。它规定，应按反映财政能力、需求和课征率等因素的公式在各州之间分配非限制性的、非配套性的补助金。这一计划最初被称为是“通向新联邦主义的一条捷径”，后终止于 1985 年。

表 29－9　按类型划分的联邦补助　单位：十亿美元

	1964	1972	1982	1988
1. 一般性用途补助				
2. 总收入分享	—	—	4.6	—
3. 其他	—	0.5	1.9	2.1
4. 合计	—	0.5	6.5	2.1
5. 宽基补助	—	2.8	11.5	12.6
6. 专项补助	10.0	31.0	70.2	104.4
7. 合计	10.0	34.4	88.2	119.0

资料来源：对于1960年，参见表29－8的注释。对于其他年份，参见《美国政府预算的特别分析》，1984和1989财政年度，OMB。

依据美国预算报告，补助分为一般补助、宽基补助和其他补助（即专项补助）。第一类补助差不多都是总收入分享补助，就使用而言几乎不涉及任何限制。最后一类即其他类，包括大量用途严格规定的补助项目，这些项目直到近期才归为专项补助。中间一类为宽基补助，这类补助的用途有一定的限制，但可以用于相当广泛的项目类别。

如表29－9所示，一直到70年代早期，补助制度基本都是专项补助；但在70年代，宽基补助即整笔型补助开始运用得越来越多。这一变化反映了人们对大量特定用途补助的满意度不高，以及为使补助接受政府有更多的自主使用决策权，从而推动决策的分权进程。然而，该趋势实现得比较缓慢；到1989年，近90%的补助资金仍以专项补助的形式发放。

专项补助

专项补助旨在支持一些非常具体的项目计划，大的项目诸如美国医疗补助方案（1989年330亿美元）、抚养儿童家庭计划（109亿美元）等，小的项目如国家艺术人才培养计划（3 400万美元）等。总计加起来有约340个不同的补助项目，但是85%的补助支出集中于前25%的项目上。

类型　专项补助可以是“公式型”的，也可以是“项目型”的补助。公式型补助约占专项补助的70%，凡是够格的领取者都可以自然获得，而各辖区之间的分配额由适用的公式来确定。项目补助根据受让人申请决定的，其分配不是依据公式。由于还有中间类型的补助，所以进行过细的分类并不总是可行的。

不同补助类型的补助，适用的补助公式不同。有些补助是以统一的人均数额在每个州内发放，而其他的补助和金发放时在总数上会设定一个上限。公式中使用的因素通常包括有作为衡量需求的人口和人均收入。但是，在有些情况下会增加更具体的指数。因此，州船运安全项目的分配公式，就是根据注册登记的船只分配三分之一的补助的。在绝大多数情况下，选定的公式可以看作是对以下三大原则之间的一种协调，这三个原则是：（1）每个州都有权享受“公平”的份额；（2）分配应该反映出对特定公共服务的“需求”；（3）应该考虑“财政能力，即使用自有资源满足上述需求的能力。

专项补助另一个重要的特征是配套要求。这既适用于公式型补助，也适用于项目型补助。大约60%的专项补助要求配套，配套率为5%到50%或50%的以上。不过，绝大多数都远远低于50%。整个一项补助的配套率可能自始至终是一样的，也可能根据数量及接受辖区的一些特征如人均收入水平等而有所变化。有些补助有上限，有些则没有。因此，它们在不同程度上反映了人们对前一章中讨论的不同类型问题的关切。

一般性的非配套补助公式可能采取下述的形式：

$$A_i = a_0 + a_1 \frac{P_i}{P_t}$$

其中，A_i 为给第 i 个州的分配额，P_i 是第 i 个州中的“目标”人口群体的规模（如小学生人数或福利接收者人数），P_t 为整个国家的总目标人口。采用恒量 a_0 的目的是考虑日常管理费用，但是衡量的份额并不是很大。因此，补助分配本质上是在人口的基础上的。上述公式虽然用于绝大多数的卫生和福利补助分配上，但根本没有考虑财政能力方面的差异，也根本没有考虑成本差异及其他因素，因而是衡量财政需求的一种很粗糙的方法。在其他情况里，通过把补助与该地区平均支出相关联，对财政需求进行了较多的考虑；但也存在问题，现有支出水平可能会成为对实际需要的一种误导。也许通过这样一种方式可以把财政能力考虑进来，就是，允许补助分配额随人口的变化而变化，并与财政能力成反方向变化。或者，补助分配额也可以与配套率相联系。

捆绑式补助

20世纪70年代和80年代期间形成了一股强大力量，驱使着以往具体的专项补助合并，从而形成整笔型补助。这种补助（也称“宽基补助”）中央控制较少，更易于管理。1971年，尼克松政府首先引入了“特别收入分享”计划，旨在把激增的专项补助合并，形成一小部补助“包”。里根政府使得地方政府对补助的决策权进一步加强，而且它已成为“新联邦主义”的重要原则之一。

尽管一开始议会对专项补助的合并比较迟缓，但现在也有了九个主要的大宗补助，公共服务、社区发展、道路建设等补助是其中最重要的。结果是，补助项目的数量，从1980年的大约480个减少到了1986年的340个。尽管到1982年，宽基补助的份额仍只有总数的12%，但进一步的合并已经提到了议事日程上。如后所述，这一合并还包括配套性条款的取消，因而极大地改变了补助制度的最根本特征①。

六、联邦补助与均等化

我们现在转向财政均等化中联邦补助制度的效率问题。首先，我们聚焦人均收入高的州和低的州之间的财政资源再分配问题。表29－10显示了在高收入州和低收入州之间的补助分配问题。纵向第Ⅰ栏里，是根据人均收入高低的各州排序，1表示人均收入最低，50表示人均收入最高；纵向第Ⅱ栏显示了相应的人均补助。要形成均等化模式，就需要两者具有负相关关系。而在相关系数为0.15的情况下，则表示两者没有这种关系。如果人均补助的数量在人均收入上是累退的，那么也与上述情况一致②。然而，州与州之间缺少一种均衡化模式，并不表示各州里个人与个人之间不存在均等效应。有些高收入州如纽约州等，拥有大量的人口，因此必须实施低收

① 要了解行政部门的补助金计划的详细情况，可参见《特别分析，1988财政年度，美国政府预算》，管理和预算办公室，1987年，p. H. 1。

② 累退公式说明：人均补助金＝339＋0.012人均收入

(2.34) (1.067)

入计划并使用补助支持这类计划。

表 29－10　　联邦补助与均等化，1985 年

州	Ⅰ 人均收入的等级	Ⅱ 人均收入（1982 年美元）	Ⅲ 人均补助额（美元）	Ⅳ 人均联邦所得税（美元）	Ⅴ 人均净补助额（美元）
密西西比	50	9 187	512	239	273
西弗吉尼亚	49	10 193	554	280	274
阿肯色	48	10 467	473	263	210
犹他	47	10 493	485	284	201
南卡罗来纳	46	10 586	391	296	95
阿拉巴马	45	10 673	434	296	138
肯塔基	44	10 824	379	297	182
新墨西哥	43	10 914	579	324	255
蒙大拿	42	10 974	723	315	408
爱达荷	41	11 120	434	273	161
南达科他	40	11 161	645	275	370
田纳西	39	11 243	443	341	102
路易斯安那	38	11 274	453	363	90
北卡罗莱纳	37	11 617	360	338	22
缅因	36	11 887	572	534	38
北达科他	35	12 052	638	334	304
佛蒙特	34	12 117	617	335	282
俄克拉荷马	33	12 232	424	383	41
印第安纳	32	12 446	363	382	－19
乔治亚	31	12 432	447	375	72
爱荷华	30	12 594	406	330	76
俄勒冈	29	12 622	497	340	157
亚利桑那	28	12 795	364	386	－22
威斯康辛	27	13 154	483	354	129
怀俄明	26	13 223	925	422	503
俄亥俄	25	13 226	443	384	49
密苏里	24	13 244	391	401	－10

续表

州	Ⅰ 人均收入的等级	Ⅱ 人均收入（1982年美元）	Ⅲ 人均补助额（美元）	Ⅳ 人均联邦所得税（美元）	Ⅴ 人均净补助额（美元）
内布拉斯加	23	13 281	414	350	64
宾夕法尼亚	22	13 437	480	411	69
德克萨斯	21	13 483	312	493	-181
密歇根	20	13 608	476	421	55
佛罗里达	19	13 742	278	477	-199
堪萨斯	18	13 775	359	414	-55
夏威夷	17	13 814	445	389	56
华盛顿	16	13 867	427	443	-16
罗德岛	15	13 906	585	399	186
明尼苏达	14	14 087	401	387	114
特拉华	13	14 272	496	478	18
内华达	12	14 488	434	512	-78
弗吉尼亚	11	14 542	344	453	-109
伊利诺伊	10	14 738	434	447	-13
科罗拉多	9	14 812	379	466	-87
新罕布什尔	8	14 964	393	506	-113
马里兰	7	15 864	438	565	-127
纽约	6	16 050	696	495	207
加利福尼亚	5	16 065	418	485	-67
马萨诸塞	4	16 380	528	534	-6
新泽西	3	17 211	440	613	-173
康涅狄格	2	18 089	471	678	-207
阿拉斯加	1	18 187	1 243	752	491
平均		13 876	452	435	17

注：总补助为1 020亿美元、所得税收入为3 140亿美元，而用于支持补助的所得税数量达到总所得税收入的32.4%，因此，第Ⅲ栏里的数额等于从各州征收的人均所得税税额的32.4%。

资料来源：第Ⅰ和Ⅲ栏：《美国的数据摘要》。第Ⅱ栏：税负基金会，《关于政府财政的事实与数据》，1987年。

进一步的问题是：从净补助的角度考虑，这种补助模式是否在州与州之间进行了再分配呢？就此，我们假设补助由联邦所得税提供。纵向第Ⅲ栏显示了人均联邦所得税的相关数量关系。在相关系数为 0.91 的情况下，两者存在高度正相关关系①。纵向第Ⅳ栏说明人均净收入等于补助减去已缴纳所得税税额。在人均收入基础上使补助净收入累退，则仍存在负相关性，其相关性系数为 -0.44②。虽然我们发现过去联邦预算在个人之间的再分配效应主要从其支出端产生，但我们现在注意到，州与州的再分配效应将主要从收入端产生。

七、教育补助

补助政策发展中另一个重要的领域——涉及州与地方辖区之间的关系问题——即对学校的补助。中小学教育支出几乎是由地方政府提供的，只有夏威夷是一个明显的例外。然而，中小学教育支出的提供越来越成为州注重的问题。州政府通过补助机制提供了近宗教与资金的 50%；而且超过一半的州，该份额远高于 50%。这反映了财产税的弱点和以及税制的局限性，也反映了地方与地方之间财政能力上存在巨大差异的事实。由于地方财政很大程度上来自财产税，所以同等的税收努力会导致生均支出的巨大差异；也就是说，提供同样的支出水平却需要层次不同的税收努力。而人们总是期望在教育机会上不应该有过分的差距，在提供教育费用的税收努力上也应该避免过分的差距。这样就有必要均等化州补助。

宪法赋予的权利

20 世纪 70 年代早期，州高等法院判定，在同等保护条款下，地方提供教育支出是违宪的，因为它剥夺了低税基地区孩子享受充分教育的权利。这一事件激起了人们对州在教育财政中的作用问题的极大兴趣。美国高等

① 累退公式说明：人均税收 = -215 + 0.05 人均收入
(-5.24) (15.29)

② 累退公式说明：人均净补助金 = 551 - 0.03 人均收入
(3.96) (-3.39)

法院虽然没有认可这一立场，但上述判决反映并强化了目前的趋势，即州应该越来越多地关注教育财政。但是，从教育机会等同原则来看，这一事件对财政的影响究竟如何还有待观察。各法院下判决时犹豫不决；立法部门还在继续寻找答案①。

州补助的类型

为使每个小学生的教育支出均等化，州补助出现了各种不同形式的补贴，有些形式比另一些形式更具有均等化的效应。统一补助，即每个学生的支出固定；这种形式最初被广泛使用。但是由于量少，因此均等化程度一般。后来，出现了所谓的基础补助，这种补助形式很受欢迎，而且至今仍广泛使用。但是，人人都希望获得均等的教育机会，这一愿望又产生了更多的补助形式，包括百分比均等化补助以及现在广为人知的“地区权力均等化补助金”形式。

基础补助 基础补助的目的，是要使税率均等化；这一税率是为了使各地区之间提供最低的教育服务而规定的。所以，第 i 个单位所收到的补助 S_i 就等于：

$$S_i = E^* P_i - t^* B_i$$

其中，E^* 为每个学生最低水平的支出，P_i 为学生人数，B_i 为均等化了的应征财产税税基，t^* 表示该州期望该辖区就教育使用的税率。提供每个学生最低水平教育支出的成本如果大于规定税率所获得的收入，将由州补足差额的部分。如果引入工资率差异、年级构成及确定最低水平服务的提供成本等因素，那么，这些权重的引入将会修正上述公式；还可以引入一个更为复杂的测量财政能力的方法，在财政能力里，应考虑人均收入及财产价值。而且，也应考虑教育以外的公共服务需求。

然而即使有了这些调整，基础补助制度还是受到愈来愈多的批评。其支持水平经常很低，以至于为达到社区必要标准，税收努力依然必要且存在巨大差异。而且，制度没有对各社区提供更高服务水平给出激励措施。

百分比均等化 百分比补助旨在克服均等化补助的不足，并且避免必

---

① 见第三章第二节。

须确定提供基础水平服务的提供成本。在这一策略下，它不设定最低水平；州通过配套补助的方式，参与辖区希望得到的任何水平的教育服务。为了提供均等化服务，配套率会随辖区的学生人均估值的上升而下降。结果，贫困辖区的公共服务自有成本会低于富裕的辖区，从而提高了各贫困辖区的相对公共服务水平。百分比均等化补助形式明显不同于基础补助形式，因为它对那些有心办教育但是财政实力不足的地区提供了特别的支出，从而提高了他们的教育服务水平。

行政区权力均等化　行政区权力均等化在原则上与以上类似，但均等化程度更高。现在的目标是使各地区从给定税率上取得的生均税入均等化，尽管生均税基可能不同。这样，我们就有了一个公式：

$$S_i = t_i(B_a - B_i)$$

其中，S_i 为给辖区 i 的补助，B_a和 B_i 分别为在一般辖区和第 i 个辖区中的每个学生人均均等化价值，t_i 为 i 的税率。经严格适用，如果 B_i 大于 B_a，那么这一公式就会产生负补助（税负）。

我们还可以把该补助表达为：

$$S_i = mt_iB_i$$

其中，m 为补助率，等于 $t_i(B_a - B_i)/t_iB_i$。进一步地，通过设定 $B_i = \alpha B_a$，并把上述两种公式合并在一起，我们就得出：

$$m = \frac{1-\alpha}{\alpha}$$

从而，随着 α 从 0.25 升至 0.5、0.75 和 1.0，m 会从 3 降到 1、0.33 和 0。实践中，该配套率 d 通常不以 m 的全值而以它的一个分数来设额定，因此均等化仅处在一个局部水平。

评价　如补助分析的所有内容一样，合适的补助设计选择取决于政策目标。如果政策目标是要确保所有学生都享受到最低水平的公共教育服务，那么选择基础补助方式就是合适的①。如果意图是要激励各地区增加自有支出，那么配套策略就是可行的，同时由补助接收地区决定意愿的服务水平。如果希望给定的征收率（由地区征税的税率加以衡量），会为所有地区提供

① 在教育财政方面，也许应该对公共利益、家长希望花多少钱用于教育方面的选择自由以及孩子享受充分教育的权利三者进行区别。基金补助法确保孩子享受最低教育水平，因而可以认为它着重于孩子的教育权利；而地区权力均等化是通过配套补助金的方法着重于家长的选择自由权利。

同等水平的服务，而与人均税基无关，那么行政区权力均等化将有助于实现这一意图。

虽然可以建立一些其他标准，但考虑下述这样一个命题是具有特别意义的：学校服务水平是否应该取决于对每个学生的估值水平。这就是加利福尼亚高等法院在审理 Serrano 诉牧师案件时候的思考。在这个案件中，法院裁定，教育支出不应该只是地方财富的一个函数。地区权力均等化的提出者认为这就是他们的建议所产生的结果，然而后来的分析表明情况并非如此①。地区权力均等化只是影响了用自有资源购买教育的成本或税收价格。因此，如果每单位的全部服务成本等于 C，那么以比率 m 的配套就会使它减少为 $(1-m)C$。这样，就使低财产辖区能够更便宜地购买教育服务，并且鼓励它们支出更多。但是，将支出多少取决于教育需求的价格弹性与财富弹性之间的关系。在 m 被限定为 $(1-\alpha)/\alpha$ 的情形下，如果社区 X 中的人均税基是 Y 社区的一半，那么 X 中的净价格就是 Y 的一半。因此，使用了对 m 的限定，只有教育需求的价格弹性与财富弹性正好在绝对值上一致时，权力均等化就会消除估值与学生人均支出之间的相关性。但如果价格弹性比较高，那么配套率安排即使难以使每单位税率产出均等，也是合适的②。

由于生均估值较低的地区并不一定是人均收入较低的地区，所以又会产生一个复杂情况。在情况确实如此的条件下，就会产生这样一个问题：均等化应和基数收入相联系，还是与基数财产相联系？给定将会获得高度均等化（不仅在税收努力上而且在实际的教育水平上）的一个补助系统的立法在管理和政治上都有困难。考虑到存在这样的困难，政府间关系顾问委员会已经建议各州应该承担除联邦提供以外的教育的全部费用。如果大家希望州内部总的教育实现均等化，那么这一方法显然是最佳的。但是，对于那些既要让地方社区有更多的选择权，又要有充分的最低水平教育服务的人来说，这样的做法并不令人满意。

---

① 参见马丁·S. 菲尔德斯坦，“财富中性与公共教育中的地方选择”，《美国经济评论》，1975 年 3 月。

② 资料来源同上，菲尔德斯坦发现价格弹性远高于财富弹性。因此，基于在服务水平与每个学生的估值呈负相关的情况下，基于“同等税收征收率，同等收入”原则的配套做法对贫困辖区的配套水平要求就会太高。

人们会偏向于哪个目标，成了社会和教育理论上的一个重大的议题。然而显然，即使全部由州财政出资的情况下，也仍将有补助设计方面的问题。地方在教育财政支出上将继续保留自主权，在这一点上大家似乎都认同，如果这样，那么仍然有必要确定如何在各社区之间分配州补助资金问题，即如何衡量不同层次的相关需求。

修正案 13 及随后的发展大大限制了财产税收入的潜力；中小学教育依赖于财产税收入，从这方面看才财产收入短缺对教育财政有着特别大的冲击。随着对教育财政对州补助依赖的不断增强，原先由财产税基础差别而造成的教育服务水平差别，将让位于一种更加一致的筹资模式，即一种由愈来愈集权化的州财政提供资金的模式。

八、新联邦主义

“新联邦主义”的思想源于里根政府，它强调分权，包括对州、地方支出的依赖增强，以及增加联邦补助接收方在补助使用上的自主权等等[①]。

我们再来看看，表 29－1 中给出的联邦所占总支出的份额的变化情况。在过去 30 年中，总支出中的联邦份额（包括发给州和地方政府的补助在内）并没有多少变化，但是，把注意力聚焦在全部的支出上会造成误导。如果排除国防支出，那么 1970—1980 年，联邦份额是显著下降的，这反映了约翰逊政府实施社会项目带来的影响；但是在 20 世纪 80 年代，情况发生了变化。如果把利息支付也排除的话，那么这种增长还是比较显著的。因此，80 年代稳定的整体份额中涵盖了国防和利息成本的增长，这些又转而被其他项目中份额下降所抵消了。正如表 29－5 所示，宽基补助也可以提高接收方的自主权，但是提高的幅度并不大。

这些趋势未来是否还将持续，或者是否会终止或倒转，现在还难以预测。这很大程度上将取决于联邦预算会继续受到国防和债务服务负担的程度。一般而言，美国财政联邦体制未来的发展路径，将取决于其政治气候

① 若想回顾一下不断变化的背景情况，请参见参见罗伯特·格利逊，“联邦主义 1986—1987 年：新时代的信号”，以及约翰·沙南，“财政联邦体制的特征”，于《政府间关系展望》，第 14 卷，第 1 期，1988 年冬。

以及对各公共计划所持的态度。不过，对继续向分权化转移可以进行一些推论，也许更值得关注：

1. 联邦参与的减小会削弱整体税基；虽然可以更加集中地运用有限的州、地方财政资源，但是可能无法弥补这一亏损。这样就会带来一个可能结果，就是公共部门的规模会更小。

2. 联邦收入机制主要依靠所得税、各州收入主要依赖销售货物税类。因此，去中心化会使得税负分配的累进度更低，但累退度更高。

3. 分权允许地方偏好的差别化，从而允许公共服务搭配更紧密地适应消费者的需要。在公共服务的收益归宿局限在某一特定地区时，情况更是如此。

4. 分权化的财政体制不那么适合处理收入稳定和福利计划问题，因为一个辖区所提供较高的支持水平，会引导别的地区追求利益的人流入本地区。

5. 对联邦支持非指定用途补助的限制，会妨碍联邦把重点放在一些项目领域上，而这些项目从全国的角度看又是特别关注的。而且还可以被视作全国性的有益产品[①]，如教育卫生方面的一些基础活动。

尽管还可以增加一些其他的观点，但是这些已经足以表明该如何评价财政联邦体制当前的趋势。我们会看到，在与个人领受者有关的而且不是与辖区一般人有关的需求下，让分配性的项目由联邦政府负责是完全有道理的。这就需要联邦承担起收入稳定和福利项目方面的职责。还有，让州担当中小学教育支出的责任，而让地方有很大主动权去进行中小学教育的管理也是完全有道理的。转向联邦补助的设计问题，选择性补助方法（在合理范围内具有选择性）在把重点放在联邦认为重要的项目上，具有一定的优势。配套要求进一步起到了保护联邦预算的作用，而且要求补助接受者自身承担一定的支出责任。此外，给予财政能力与需求之比率较低地区一般性（非指定用途）补助也是合情合理的。一般性补助方法的依据是70年代的收入共享计划，但选择性基础更强一些。

总之显然，必须运用各种补助方法使地区适当程度的自我决策力和潜在的民族内聚力意识相结合；这样，才能满足联邦制度的要求。

---

① 参见第四章第五节。

九、本章小结

美国财政结构分为三个主要层次——联邦、州和地方——州与州之间、州内部、州与地方之间的关系模式种类繁多。

1. 20 世纪初，联邦支出占总支出的份额仅是 1/3，现在是近 70%。与此同时，州份额也从 11% 上升到了 18% 以上，而地方份额则从 52% 降到了约 13%。因此，总的趋势就是财政支出不断集权化。

2. 20 世纪 80 年代，联邦支出所占份额有所下降，特别是扣除了国防和利息支出后则尤为如此。

3. 如果政府间补助归入接收方而不是给予方，那么支出的集权化程度表现为下降。

4. 地方单位的数量一直下降，但仍超过了 82 000 个。

5. 州—地方财政中，州的份额在各州之间的差距比较大。

6. 高度集权化的州，其绝大部分财政收入都是从销售税取得的，一小部分则来源于财产税。

各辖区的财政地位不同，评估其财政地位有助于补助设计：

7. 辖区的财政地位取决于该辖区的财政能力和财政需求。

8. 考察了各州之间财政能力和税收征收率的差别，并发现差异很大。

9. 此外还发现，财政绩效与财政需求方面的差异也很大。

最近几十年里，联邦补助制度的发展在联邦体制中是最富有动态特征的：

10. 联邦补助从 1969 年的 190 亿美元上升到了 1985 年的 1 070 亿美元。

11. 州对地方政府的援助也从 250 亿美元上升到 1 200 亿美元。

12. 地方政府现在总收入中有超过 40% 以上来自于补助，而且绝大部分都是从州政府那里获得的。

13. 联邦补助所覆盖的最大项目是公共服务，包括收入保障和健康卫生等。

14. 州补助的最重要用途是教育支出。

关于联邦补助的结构问题，我们可以得出下列结论：

15. 最近几年，一般补助比重虽然在上升，但选择性（或专项）补助仍占总补助的90%。

16. 医疗卫生计划补助最重要的专项补助。

17. 专项补助从形式上讲是典型的配套性补助，但如果考虑财政能力与需求，则两者存在差异。

18. 近期的趋势是补助简便化，适用于更广泛的项目领域，且以非配套的形式。

19. 总收入分享计划始于1972年，终止于1986年。

对教育财政方面的一些问题进行了考察，包括宪法赋予的权力问题以及补助的形式问题：

20. 人均补助与人均收入之间并没有显著的负相关关系。

21. 如果从净值的角度考虑，补助确实取得了某种程度的均等化。

对教育财政方面的问题进行了考察，包括宪法赋予的权利问题及补助形式问题：

22. 各州最高法院认为，根据某些适当的法律程序条款，教育由地方财政支出承担是违宪的。

23. 考虑了支持教育的各种补助形式。

24. 存在一种趋势，特别在修正案13之后，教育对州财政的依赖愈来愈强。

考察研究联邦财政体制方面的一些最新的趋势：

25. 要减少联邦财政的作用，提高州、地方财政的自我依赖度。

26. 20世纪80年代期间，这一趋势导致了联邦财政份额的明显下降，如果考虑排除国防和利息的支出，情况则更是如此。

27. 现在重点已经开始从专项补助转向整笔补助，但联邦补助中较大份额仍是专项补助的形式。

28. 在评估上述趋势上存在着各种各样的观点；对美国联邦实质的看法不同，观点也就不一样。

推荐读物

Advisory Commission on Intergovernmental Relations, *The Federal Role in the Federal System: The Dynamics of Growth*, 1981.

Advisory Commission on Intergovernmental Relations, *Significant Features of Fiscal Federalism*, 1981 – 82 ed., 1982. 另请参阅 ACIR 的其他出版物，这些出版物为当前本领域的发展提供了宝贵的信息来源。

Break, G. F.: *Intergovernmental Fiscal Relations in the United States*, rev. ed., Washington, D. C.: Brookings, 1980.

Hirsch, W. Z.: *The Economics of State and Local Government*. New York: McGraw – Hill, 1970.

Rubinfeld, D. L.: The Economics of the Local Public Sector, in A. Auerbach and M, Feldstein (eds.), *Handbook of Public Economics*, Amsterdam: North Holland, forthcoming. 这篇文章还包含了有关当地财政经济学的大量文献参考。

Office of State and Local Finance, Department of the Treasury, *Federal State – Local Fiscal Relations*, Report to the President and the Congress, September 1985.

第七部分　财政政策与稳定

第三十章
稳定化政策的原则

本章考察的稳定化政策的原则，来自引言与中间章节的宏观理论模型。熟悉这一材料的学生不妨直接阅读下一章。

▶ 本章内容提示

本章我们转向已经在第一章中论及的预算政策的第三大职能，即预算政策在经济稳定中的作用。财政预算的运行影响着总需求水平，而总需求水平的变化又影响就业和物价水平。因此无可否认，财政预算对经济体宏观运行有着重要影响，并进而成为影响宏观活动的一个重要工具。而且，财政政策还将影响消费和资本形成对总产出的分配，从而影响经济增长率。本章将探讨上述各概念间的内在关联。

一、投资固定情况下的乘数模型

我们首先考察最简单的一种可能情况：在这种情况下，消费是收入的函数，而投资给定在一个固定水平。第二节，投资则要作为该系统中的一个内生要素。

没有预算情况下的收入决定

现在我们考察收入的均衡水平是如何决定的。首先在没有预算的情况下，而后在有预算的情况下进行考察。收入的最简单形式如图 30 - 1 所示，其中，横轴表示收入，纵轴表示支出[①]。CC 为消费函数，表明消费支出是收入水平的增函数。假定投资支出（如 II 所示）恒定，且与收入水平不相关。将 II 和 CC 纵向相加，我们得到总支出线 $C+I$。在任一时期取得的收入等于支出的点，即为均衡收入点。这一等量支出转而又成为下一期的收入。因此，均衡收入可以表示为：总支出线 $C+I$ 与 45°线相交之处，45°沿线均表示支出等于收入。此交点位于 M，均衡所得水平为 OK，而这时候支出等于 OJ，$OK=OJ$。在均衡收入 OK 上，消费等于 KN，而储蓄（即收入减去消费）等于 NM。后者又等于投资 KL。

在均衡点上，支出必然等于收入，从而储蓄（即收入减去消费）必须被投资支出所抵消，或与之相等。如果产出水平（而后转变为收益）超过水平 OK，那么总支出将不足以购买该水平的产出（也就是说，线 $C+I$ 在

---

① 为了简便起见，我们假设一个封闭的经济体，贸易影响可以不予重视。关于开放经济条件下的乘数问题，参见第三十章第三节。

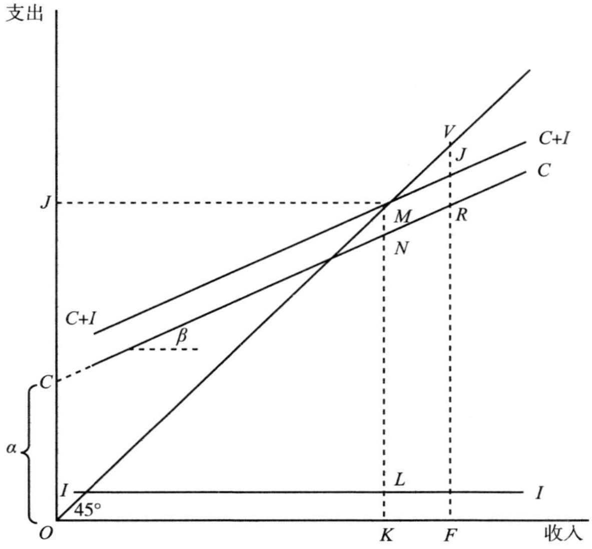

图 30－1　没有政府部门情况下的收入决定

45°线之下），且产出和所得将相应地降至 OK。另一方面，如果产出（或收入）水平低于 OK，那么总支出将超出当前产出水平（也就是说，线 $C+I$ 在 45°线之上），结果是产出与所得水平将增至 OK。

表 30－1　收入决定与财政乘数（在投资固定条件下）

	等式编号
没有政府情况下的系统	
$Y=C+I$	(30－1)
$C=a-cY$	(30－2)
$Y=\frac{1}{1-c}(a+I)$	(30－3)
有政府购买情况下的系统	
$Y=C+I+G$	(30－4)
$C=a+cY$	(30－5)
$Y=\frac{1}{1-c}(a+I+G)$	(30－6)

续表

	等式编号
$\Delta Y=\frac{1}{1-c}\Delta G$	(30－7)
有总额税情况下的系统	
$Y=C+I$	(30－8)
$C=a+c\ (Y-T)$	(30－9)
$Y=\frac{1}{1-c}(a+I-cT)$	(30－10)
$\Delta Y=-\frac{c}{1-c}\Delta T$	(30－11)
有所得税情况下的系统	
$Y=C+I$	(30－12)
$C=a+c\ (1-t)\ Y$	(30－13)
$Y=\frac{1}{1-c(1-t)}(a+I)$	(30－14)
有政府购买和所得税情况下的系统	
$Y=C+I+G$	(30－15)
$C=a+c\ (1-t)\ Y$	(30－16)
$Y=\frac{1}{1-c(1-t)}(a+I+G)$	(30－17)
$\Delta Y=\frac{1}{1-c\ (1-t)}\Delta G$	(30－18)

同样的情况如表 30－1 所示。等式（30－1）显示了总收入等于消费与投资的总和，而等式（30－2）则表示消费函数。常数项 a 是图 30－1 中 CC 线在纵轴上的截距，边际消费倾向 c 给出了其斜率（即 $\tan\beta$）。这一体系可以概括为等式（30－3），其中，均衡收入通过用等式（30－2）代入等式（30－1）来求得。分数 $1/(1-c)$ 是所谓的乘数，常数 a 和 I 之和，即 $(a+I)$ 是被乘数。如果 $c=0.8$，乘数就为 5；而在 a 等于 500 亿美元、I 等于 1 000 亿美元的条件下，收入 Y 将会等于 7 500 亿美元。

回到图 30－1，我们发现，所得到的均衡收入 OK 可能会达到一定程度，结果是，在现行价格下就形成了一个充分就业下的产出。但真实情况未必如此。我们转而可以做一个另外的假设，假设充分就业等于 *OF*。如果人们在这一收入水平上希望进行的储蓄金额 *RV* 超出了计划投资水平 *RJ* 的既定水平，则收入必将下降，直到储蓄降到 *RJ*。这样，收入会又回到其均衡水平 *OK*。这一系统中不存在可以确保实现和维持充分就业收入的自动机制。

有预算情况下的收入决定

我们现在将政府引入这一系统，以考察收入水平如何受各个预算政策的影响。

考虑政府支出　我们先将政府购买 *G* 引入该系统。如图 30－2 所示，这些政府购买将与投资一起加入消费函数，以得出总支出线 $C+I+G$。因此，引入政府支出会使产出从 *OA* 提高到 *OB*。因此，通过提高总支出来实现政府支出的增加，就可以用来提高收入。如果收入低于充分就业所要求的水平，那么就可以增加政府支出来使收入达到该水平。这也如表 30－1 中等式（30－4）至等式（30－7）所示。等式（30－4）与等式（30－5）重新表述了这些基本等式，而等式（30－6）则给出了新的收入水平。政府购买 *G* 成为了乘数的一部分。等式（30－7）是由等式（30－6）减去等式（30－

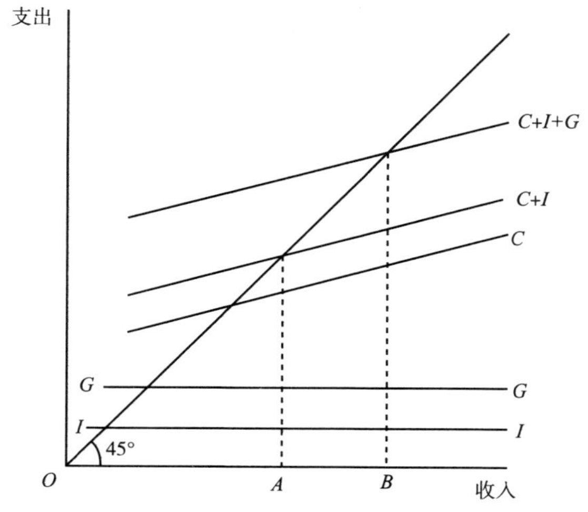

图 30－2　有政府支出情况下的收入决定

3）得出的，它反映了结果上的收入增加。在 c 等于 0.8 的情况下，G 增加 10 亿美元会提高均衡收入至 50 亿美元。乘数越大，这一增幅将越大。在政府购买减少时，情况亦如此，但呈相反方向变化。

考虑总额税　下面考察税收的作用。如图 30－3 所示，首先采用总额税的形式引入征税，即税收总额固定，与收入无关。加入 II 和 CC 线后，我们得出 $C+I$ 与收入水平 OA。现引入税收收入 DE。则消费函数从 CC 降至 $C'C'$，两者间的横向距离就等于 DE①。来自税前收入中的消费将出现下降，其下降程度为两者之间的纵向距离。新的支出线 $C'+I$ 与 45°线的交点下移，收入从 OA 降至 OB。通过向左上方移动 $C'C'$线，就会减少税收，而减少税收将抬高总支出线，并进而提高收入。这样，征税以及支出变动可以用来调整总支出水平，从而相应地调整收入和就业水平。

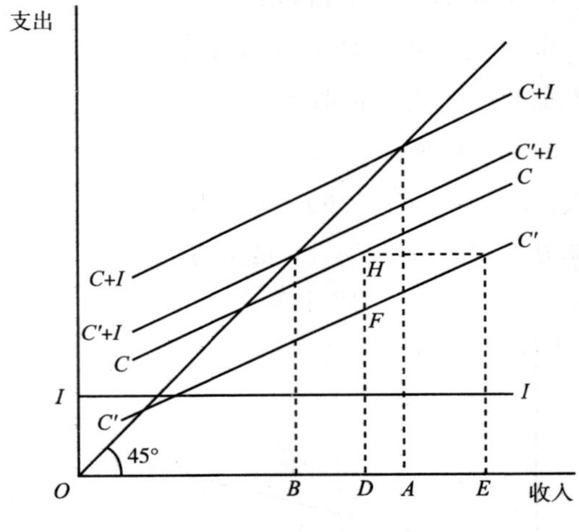

图 30－3　固定税收收入情况下的收入决定

同样，如表 30－1 中的等式（30－8）至等式（30－11）所示。在等式（30－9）中我们把税收引入消费函数，其中边际消费倾向 c 从属于可支配收入，即税后收入。从等式（30－10）中，我们能看到税收如何减小被乘数。等式（30－11）是等式（30－10）的另外一种表达形式，通过差分形式解

① 消费者缴纳税收 DE 后获得收入 OE：这时，其可支配收入等于 OD。因此，消费等于 DF，而不是 DH。消费函数 $C'C'$由 $C'=a+c(Y-T)$ 给出。它表示了消费占税前收入的比例，同时还考虑到了这样一个情况，即可支配收入因为税赋而下降了。

出 ΔT，即我们可以看出税收如何与收入相关联。然而要注意的是，由于减税所得到的每一美元税额上的收入的收益，会低于由于增加政府购买支出所得的收入收益。总额税并不会影响乘数，但会减小被乘数。由于消费的初始变动仅等于 $c\Delta T$，所以减税的部分效应就被中和了——因为减税所反映的是储蓄的增加，而不是消费的增加。对于增税的效应，同样也是如此，增税降低支出水平，而非政府购买的相应减少。

转移支付的作用　转移支付与政府购买 G 的作用截然不同，因此可以视为目前分析意义上的负税收。因此，转移支付 R 可以替代等式（30－11）中的 T，但符号相反，这表明 R 的增加是扩张性的。然而，结果上的收入变动会再次低于 G 的增加。理由仍是：转移支付形成的部分可支配收入增加将反映在储蓄增加之中（而非消费支出增加中）。

所得税制度　现在我们转向考察较为现实的情况，其中税收收入是由征收比例税率形式的所得税得到而非从总额税中获得。引入所得税不像引入总额税那样使消费函数按平行方式移动，而是会使其绕其截距点发生顺时针转动，因为等于 CC 与 $C'C'$ 之间的横向截距的所得税随收入增加而增加。结果是，消费函数的斜率而非其截距减小了。假定现在扩张性政策要求缩减 t①，这如图 30－4 所示。在该图中，CC' 是减税前的消费函数，CC'' 是减税后的消费函数，而收入从 OP 上升至 OF。

这一过程如表 30－1 中的等式（30－12）至等式（30－18）所示。要注意的是，将所得税引入等式（30－13）中的消费函数与将总额税引入等式（30－9），两者的情况是不同的。结果是，引入所得税会降低税前收入与边际消费倾向的比率，从而也会减小乘数②。这一结果在预期之中，因为现在税收收入 T 等于 tY，而且 Y 是一个函数。随着收入上升，税收收入也会上升，这样就降低了可支配收入和 C，从而抑制了增加 G 所产生的总体扩张效应。因此，在设 $C=0.8$，税率 $t=0.3$ 的情况下，会把乘数从 5 减少为

---

①　与等式（30－11）相一致的变化 $\Delta Y=\dfrac{cY_0}{1-c\ (1-t_1)}\Delta t$，这里 Y_0 为初始所得水平，t_1 为新的税率。

②　消费函数中表示的消费与收入之间的关系，与可支配收入有关。在所得税情况下，可支配收入的上升幅度低于税前收入。因此，增量消费与增量税前收入之比就会下降，也就是说，边际消费倾向与税前收入比率下降了。

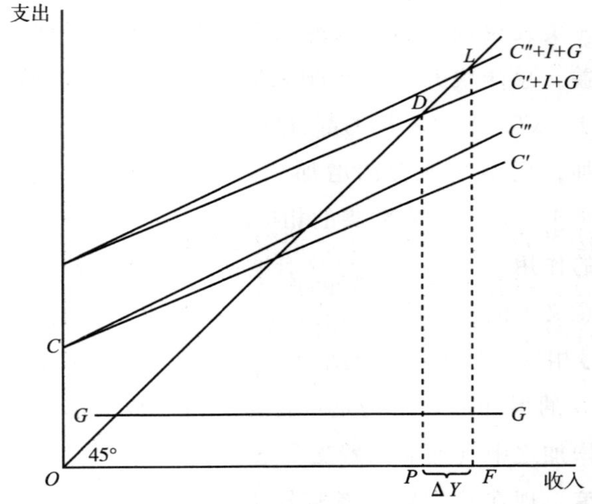

图 30－4 有所得税情况下的减税

2.27。如等式（30－18）所示，G 增加 10 亿美元现在仅使 Y 提高 22.7 亿美元。因此，税收效益的内在反应削弱了支出增加的有效性。

预算平衡下的增加 在考察了扩张性支出增加与抑制性税收增加的情形之后，我们现在来考察平衡预算的变动情况，即 $\Delta G=\Delta T$。在此情况中，所得收益等于 $[1/(1-c)]\Delta G$（增加政府购买的扩张性效应），而所得收益下降等于 $-[c/(1-c)]\Delta T$（ΔT 的抑制性效应）。综合的效应是 $[1/(1-c)]\Delta G-[c/(1-c)]\Delta G=\Delta G$。这样，收入水平的增加恰好等于政府购买的增加，而所谓的平衡预算乘数即等于 1.0。预算水平保持平衡下的增加具有扩张性效应，但仅限于这样一对一的关系。在此情况中，没有乘数的扩大效应[①]。

二、投资可变情况下的乘数模型

下一步对收入决定应该进行更为现实的考察。我们采取的步骤就是，

① 更详细的分析将表明，这一命题只在简化的假设条件下才成立。例如，如果纳税人的边际消费倾向低于其他所得收款人的边际消费倾向，那么平衡预算的乘数将大于 1。

将私人投资 I 作为一个内生变量（即，在该系统内决定，而非从外部给定）。根据标准的凯恩斯模型，收入决定现在涉及三种相互作用关系：消费函数、投资函数和流动性偏好函数。

图解表示法

图解表示法可如图 30－5 所示。消费函数仍与上一节一样，但就目前这一特定图示而言，将其以储蓄函数的形式画出来是方便的，其中 $S=Y-C$。这如该图左下部分中用 SS 表示，在图中，横轴表示储蓄，纵轴表示收入①。

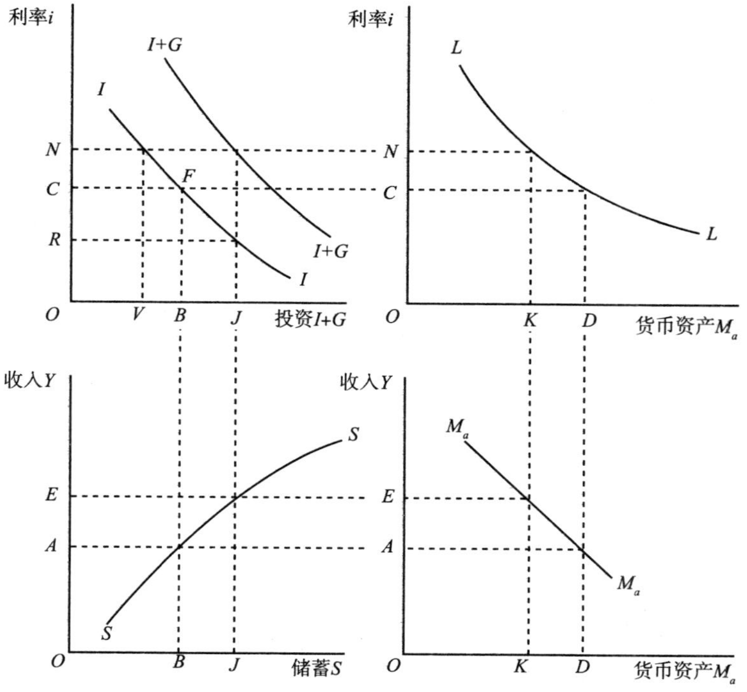

图 30－5　含有投资内生变量情况下的收入决定

收入决定　投资函数 II 表示，投资取决于利润率或利息率。它如左上部分所示，其中利润率 i 由纵轴表示，年度投资支出金额由横轴表示。可以用曲线 II 来反映不同年利率上投资收益，因为可以用来反映边际投资效率。

① 在消费函数表述为 $C=a+cY$ 的情况下，由于 $S=Y-C$，我们就有 $S=(1-c)Y-a$。

该图右上部分中显示了流动性偏好函数 LL，利率 i 由纵轴表示，资产持有的可用货币金额（M_a）由横轴表示。LL 表示人们愿意持有的高出交易需要的货币量，这些货币可以取代注入各种利率水平上的股权和债券的其他资产。投资利率或来自投资的回报率越高，持有货币余额的机会成本就越高，愿意持有货币余额的人就越少。最后，右下部分的曲线 M_aM_a 表示人们在各个收入水平和一给定货币供给 M 上，为达到上述目的需要持有的可用的货币数额。总额 M 可划分为 M_t（即交易所需的货币）和 M_a（即为了保持有价证券的流动能力而以资产的形式持有的货币）。由于交易需要货币 M_t 随货币收入水平而上升，所以留下 M_a 的金额会下降。

假定存在上述关系，那么，收入的均衡水平（这里等于 OA）会使来自收入的储蓄金额 OB，恰好等于在利率 OC 上进行的投资水平。这一利率又会使人们愿意持有一定金额的资产货币 OD，其值正等于在收入水平 OA 时获得的一定货币供给量 M。如前所述，均衡收入 OA 可能低于在现行价格上购买充分就业产出所需的收入①。具体来说，如果这产出量等于 OE，那么就必须采取财政措施来使产出和收入提高 AE 的数量。

我们再次将财政变量引入该系统，来考察如何做到这一点。设政府购买 G 等于 VJ，这样在将其横向并入 II 曲线时，我们就得到 $I+G$，并允许有较高的收入水平。储蓄上升至 OJ，收入上升至 OE，而 M_a 下降至 OK，利率上升至 ON。现在，在回应政府购买中的所得扩张，将低于没有各货币变量的情况。原因是，交易资金增加的需求 M_t（由于一个较高的 Y）会减少 M_a，从而提高了利率 i、抑制了 I。该交易耗损充当了对扩张的一个刹车，因为 VB 的私人投资被“挤出”了。

***IS-LM* 模型** 图 30-5 的表示可以轻易转化为我们熟悉的 $IS-LM$ 模型，其中 IS 上的各点反映了产品市场中的均衡，而 LM 上的各点反映了货币市场中的均衡。如图 30-6 所示，该经济体在 IS 与 LM 曲线相交处 Z 点处于均衡，其中 $Y=OA$，$i=OC$。

图 30-6 中所示的曲线 IS 给出了 i 与 Y 之间的均衡关系，如 $S=I+G$，

① 该系统无法调整去适应充分就业的收入水平，可能的原因有很多种，包括：（1）投资函数缺乏弹性；（2）流动性偏好函数弹性较高；（3）II 和 SS 曲线无法在正利率上相交；（4）成本和价格的刚性下降阻止了价格水平的下降，从而防止了消费函数可能的向上移动，而这一消费函数（假设福利期限添加到该消费函数中）可能并不是因为货币平衡的实际价值的上升而形成。

这些可以从图 30－5 的左边得出。这样，在该图左下部分中的收入 OA 上，储蓄等于 OB。为了保持均衡，就必须要在左上部分中的投资为 OB，从而要求 $i=OC$（不考虑政府因素）。在较高的所得 OE 时，储蓄等于 OJ，从而要求投资为 OJ，而 $i=ON$。这样，我们在图 30－6 中的 IS 函数上得到了点 Z 与 H。类似地，对于既定货币量 $\bar{M}$ 的条件下，所绘制的 LM 曲线，可以从图 30－5 右边得出。该函数给出了 I 与 Y 的均衡值，在此处，使 M_a 的需求与供给恰好相等。所以，它反映了货币市场中的均衡。在所得 OA 时，M_a 等于 OD，i 等于 OC。在较高的收入即 OE 时，M_a 等于 OK，i 等于 ON，从而给出了图 30－6 中 LM 曲线上的点 Z 与 K。与图 30－5 情况一致，收入的均衡水平再次等于 OA，且由 IS 与 LM 曲线的交点 Z 所决定。G 或 c 的增加或者 t 的减少将导致 IS 曲线向右上方移动，从而增加收入。类似地，通过增加 M 可以提高收入，从而使 LM 曲线向右下方移动。同样，在抑制私人投资时，还可以进行反向调整，来降低 Y。

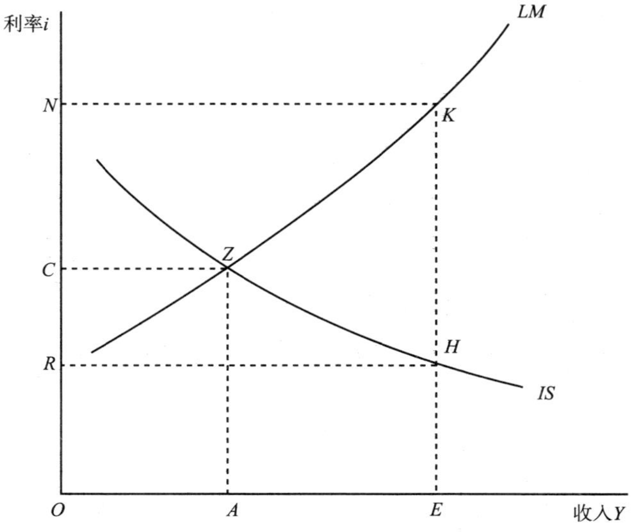

图 30－6　IS－LM 均衡

代数表示法

上述问题可以用代数的形式来表述。我们再次使用线性函数，并扩展表 30－1 中早先的模型，我们现在有：

$$Y = C + I + G \tag{30-19}$$

$$C = a + c(1-t)Y \tag{30-20}$$

$$I = d - ei \tag{30-21}$$

$$M_a = f - hi \tag{30-22}$$

$$M_a = M - M_t \tag{30-23}$$

$$M_t = kY \tag{30-24}$$

等式（30－19）和等式（30－20）是我们在表30－1中所熟悉的。等式（30－21）是投资函数，表示I是利率i的一个函数。等式（30－22）是流动性偏好函数，表示对资产货币的需求M_a是i的一个函数。等式（30－23）表示总的货币供给M划分为交易资金M_t和资产货币M_a，而等式（30－24）把M_t定义为收入的一个分数。综上，等式（30－23）和等式（30－24）给出了图30－5右下部分中所示的M_a和Y之间的关系。给定M、G、t以及参数a、c、d、e、h和k，该体系就决定了Y、C、I、i、M_a和M_t的值。

通过代入，该体系再次可以简化为乘数公式，其中收入可以界定为：

$$Y = \frac{1}{1 - c(1-t) + ek/h}\left(a + d - \frac{ef}{h} + \frac{eM}{h} + G\right) \tag{30-25}$$

于是，政府购买G的变动所引起的收入的变动可以表述为：

$$\Delta Y = \frac{1}{1 - c(1-t) + ek/h}\Delta G \tag{30-26}$$

我们注意到，等式（30－26）中的乘数小于表30－1中的等式（30－18）的乘数。较大的参数k会降低该乘数，因为当收入上升时，k会形成巨大的交易耗损，这会导致M_a减少、利率上升，从而“挤出”私人投资。

有财政部门情况下的货币乘数

考虑了货币的作用后，经修订的体系还提供了一个进一步的稳定化政策工具，即货币供给量的变动（即ΔM）。回到图30－5，我们发现，M的增加将使右下部分中的M_a曲线向右移动。在Y和交易货币需求的任何既定水平上，现在将有更多的货币可用于资产的持有。在收入水平OA上，会有更多的M_a可用，因而利率会根据流动性偏好曲线LL而下降。这又转而会增加投资，从而增加可持续的收入水平（即可以有相应更高的相应储蓄额的收入水平）。

回到等式（30－25），可以得到一个“货币乘数”，表示既定货币供给增加的情况下的收入增长。与等式（30－26）中所给出的支出乘数一起，我们得到：

$$\Delta Y = \frac{e/h}{1 - c(1 - t) + ek/h}\Delta M \qquad (30-27)$$

以及等式（30－26）所给出的是“支出乘数”，因此，货币和财政政策就为控制总需求提供了许多可供选择的办法。

如我们将在下一章中所看到的，货币的作用实际上比这一模型所考虑的要广泛得多。货币供给变动不仅会对利率和投资产生影响，而且也会影响消费支出。此外，只有考虑了价格水平变动和预期之后，才能对货币作用进行充分的评价。

有效性

据图30－5可知，如果右上部分中的 *LL* 曲线无弹性，那么货币政策就高度有效。货币供应的微小增加与 M_a 曲线的略微上移，就会导致利率的急剧下降。此外，如果左上部分中的 *L* 曲线有弹性，那么货币政策将高度有效，因为 i 的小幅变化会导致 *I* 的大幅变动。另一方面，如果 *L* 曲线有弹性而 *I* 函数无弹性，那么货币政策就相对无效。这一假说提出于20世纪30年代大萧条时期，是早期凯恩斯主义经济学的一个基本特征。相较于一个繁荣的经济，这一假说在一个衰退的经济中更可能成立。对于财政政策，则情况恰恰相反。如果交易耗损小、*LL* 曲线有弹性且 *I* 曲线无弹性，则 *G* 的变化最为有效，这种情况下，对私人投资的“挤出”效应就显得没那么重要了。这些考虑再次说明为什么20世纪30年代期间，凯恩斯充分就业的政策理论特别强调财政工具，因为那个年代的特征就是，*I* 函数为非弹性，*LL* 函数为有弹性，而20世纪60和70年代人们则更加强调货币政策。

图30－6中的 *IS*－*LM* 曲线，也是同样的解释。扩张性货币政策导致 *LM* 曲线向右移动；对于任一给定的货币供给增幅，产出利得（沿 *IS* 曲线移动）越大，IS曲线越有弹性。将 *G* 和 *I* 一起加以考虑，可以认为，财政扩张反映在 *IS* 曲线的上移中。现在，*LM* 曲线越有弹性，产出利得也就越大。

最后，该论断可以用等式（30－26）和等式（30－27）来说明，其中，一个高的 e 值与一个低的 h 值（表明 *I* 有弹性和 *L* 曲线无弹性）对货币政策有利，而高的 h 值与低的 e 值表明对财政政策有利。

政策组合与挤出效应

在实践中，财政政策和货币政策往往组合使用的，可以通过财政与货币扩张的不同组合形式来保证总需求达到相同的水平。虽然，从短期上看，可以有很多组合形式，但是从长期看来，具体如何选择组合就非常重要。这里，该选择之所以重要，是因为它影响了 C 与 I 之间对于产出的划分，并进而影响了资本形成与经济增长速率。相较于宽松的货币政策，财政扩张不那么有利于私人投资，且被认为会挤出私人投资。

赤字财政的挤出效应，近年来一直处于讨论的前沿，因此有必要进一步考察。我们已经看到，一种目的在于增加政府购买 G 而保持税收收入 T 恒不变的政策，将使储蓄从私人投资转向购买政府债券，这些债券必定是为弥补财政赤字而发行的。并且，结果上所导致收入 Y 的增加还会引起储蓄 S 提高。因此，在 M 恒定的情况下，净转移额等于 $\Delta G - \Delta S$——就例如在图 30－5 中的 $VJ - BJ = VB$。假如财政扩张得到一个相适应的货币政策的支持，以使 i 保持不上升，从而产生一个保持 I 恒定的政策搭配。如果能这样，上述后果就可以避免。当然，即使发生了挤出效应，也不意味着 Y 没有增长。它只意味着，结果上 C 的增加将部分地被 I 的下降所抵消。

三、开放经济体中的稳定

上文中我们讨论了稳定化政策的各个方面，以及在一个封闭经济体的环境中的财政与货币政策之间的关系。但事实上，绝大多数国家经济体都是通过商品与资本的流动同世界上其他经济体紧密联系。这一联系对实行稳定化政策有着重要启示，因此须加以考察。

乘数漏损

开放经济中，由于贸易“漏损”现象的存在，财政政策的有效性会大大降低。对于诸如加拿大或荷兰等高度开放的国家，以及贸易依赖度较高的发展中国家，这一问题显得特别重要。如近年来的经验教训所启示的，贸易反弹对于诸如美国这样相对封闭的经济体来说，依然重要。

固定汇率　固定汇率体制下，提高收入这种扩张性措施会导致进口增加。这些增加的进口会使购买从国内产品移向国外产品。这样，在收入—支出流中，除国内储蓄所形成的渗漏之外，加上了另一个渗漏量，从而削弱扩张效应。用 E 表示出口、M 表示进口，而 m 表示在进口消费品支出，该进口消费品支出只是消费支出的一个部分，c 依然是边际消费倾向。令消费 C 包括在进口以及国内生产产品与服务上支出，可以重新表述表 30－1 中等式（30－15）至等式（30－18）的基础模式，具体如下：

$$Y = C + I + G + (E - M) \quad (30-28)$$

$$C = a + c(1 - t)Y \quad (30-29)$$

$$M = mC \quad (30-30)$$

$$Y = \frac{1}{1 - c(1 - t)(1 - m)}[a(1 - m) + I + G + E] \quad (30-31)$$

$$\Delta Y = \frac{1}{1 - c(1 - t)(1 - m)}\Delta G \quad (30-32)$$

将等式（30－32）同上文的等式（30－18）加以比较，可以发现，进口渗漏减小了该乘数。因此，对于高度依赖外贸的国家要执行稳定政策会更为困难。此外，国家 A 通过提高进口实行的扩张性政策，也相当于增加其贸易伙伴 B 的出口量。结果，B 国产出的需求会增加，A 国的扩张性政策的作用就传导至 B 国。类似地，A 国的紧缩性行为（通过减少其进口，也会波及 B 国的出口），因此这样的限制措施会对 B 国产生限制效应。这些效应可能不符合 B 国的政策意图，这会导致 B 国采取反向措施，而这又反过来将削弱 A 国政策的国内有效性。由于这一相互作用，所以高度依赖外贸的国家，难以单方面执行有效的稳定政策。

浮动汇率　在固定汇率的条件下，扩张性政策就会导致进口增加并产生国际收支赤字。但如果汇率是浮动的，这种结果就不一定发生。随着美国进口上升，外汇市场中美元供给会增加，而以外币衡量的美元价值会下降。结果，进口产品的价格会相对于国内产品上涨，最终将抑制进口的上升。而且，出口品对于国外购买者而言就更便宜，因而价格也将上涨。具体净效应取决于相关弹性，但汇率调整不是瞬间就能完成的，而财政政策对贸易的反弹仍是一个需要考虑的重要因素。

资本流动与财政—货币政策的组合

现在我们该考察稳定政策对资本流动的效应问题了。国际资本流动会对利率差别作出反应，进而对财政—货币政策的组合也会作出反应。

扩张性财政政策，如果不和扩张性的货币政策相组合，将会抬高利率。控制投资会削弱财政扩张的效果。但是，利率上升将吸引国外资本，因而会降低利率，并减轻对投资的成本压力。在固定汇率体制下，就会出现上述情况。在浮动汇率的情况下，将产生一连串更进一步的后续效应。资本流动的加速将会抬高美元的价值，从而提高进口并减少出口。资本流动增加了贸易渗漏，因而抑制了扩张性财政政策的有效性。

扩张性货币政策反过来将产生一系列反向的反弹。利率下降将减少资本流入，利率下降的速度也会放缓，货币扩张的力量会被削弱。在浮动汇率系统的情况下，资本流动减缓将降低美元的价值，从而加强货币扩张的有效性。因此，稳定政策的国际性反弹，对选择适当的政策搭配有着重要的影响①。

四、通货膨胀

图 30－5 的模型表示了财政货币力量搭配的相互作用，这一模型在 20 世纪 60 年代被广泛接受，并被称作新古典综合体——因为它既含有货币主义，又含有凯恩斯主义传统。一般认为这两个政策都提供了相对有效的工具。通过选择两者之间的适当搭配，短期稳定目标就可能实现与长期经济增长目标的协调。此外，还可以增加预算平衡视角的考量。但之后的 20 世纪 70 年代的滞胀经历和 80 年代中大额预算与贸易赤字的组合，损害了两个政策组合的认可度，也使两大学派失去光彩，宏观经济学便处于反思过程之中。

---

① 也可参见第三十一章第五节。

通货膨胀的类型

到现在为止，我们一直假设价格水平保持稳定，这样预算政策对总需求水平的影响会反映在产出和就业相应的变动中。但是，真实情况可能并非如此。总支出的增长可能开始反映在不断上涨的价格而非不断增加的产出中。随着经济体从一个大量失业和产能低度利用的状态，向着“充分就业”的状态发展。支出水平的进一步提高，往往会更主要地反映在不断上涨的价格中，尤其是如果需求快速增加且超出了该经济体扩大产出的能力限制条件。稳定化政策必须遵循一个审慎路径，以避免通货膨胀同时又可以克服失业。同理，错误的政策可能成为通货膨胀的诱因。另一方面，通胀压力可能来自很多方面，而不是稳定性政策。因此，可以要求稳定政策来控制这种通货膨胀。下面，我们将依次考察这两个方面的问题。

需求拉动型通胀

需求拉动带来的通货膨胀，起源于经济中的预算部门或者私人部门。

预算带来的通胀 首先考虑这样一个情况，预算政策是导致通货膨胀的罪魁祸首。假设一国的经济处于高就业水平，且支出要增加。政府决定吸收增加的产出份额，但又不增加税收。在这种情况下，总需求增加，且产生了通货膨胀。

为了解通货膨胀的过程，我们先回到最简单的收入决定模型，只考虑消费与政府支出，并让消费等于可支配收入①。我们现在从动态的角度重新表述该模型，并将实现支出与获得收入的每一时间段决定下来。首先考虑充分就业均衡的情形，在这一情况下，预算是平衡的。然后假定，政府提高支出以增加其在产出中的份额，且税率保持不变，而额外的支出由赤字弥补。由于事先假定了该经济体处于充分就业，所以整个支出的增长就会反映在价格上涨中。价格上涨反过来又反映在工资上涨中，由此造成的通货膨胀过程如表 30－2 所示。

---

① 参见第三十章第一节，等式（30－11）至等式（30－14）。

表 30－2 **预算引起的通胀**

项目	时间周期							
	Ⅰ	Ⅱ	Ⅲ	Ⅳ	Ⅴ	Ⅵ	Ⅶ	Ⅷ
政策变量								
1. r，百分点	20	20	20	20	20	20	20	20
2. g，百分点	20	20	30	30	30	30	30	30
模型，以美元计								
3. $WA_t = WR_{t-1}$	100	100	100	114.3	130.6	149.3	170.6	195.6
4. $C_t = (1-r)WA_t$	80	80	80	91.4	104.5	119.4	136.5	155.9
5. $G_t = gE_t$	20	20	34.3	39.4	44.8	51.2	58.5	66.8
6. $E_t = C_t + G_t$	100	100	114.3	130.6	149.3	170.6	195.6	222.8
7. $WR_t = E_t$	100	100	114.3	130.6	149.3	170.6	195.6	222.8
8. $\dot{P} = \frac{E_t - E_{t-1}}{E_{t-1}}$	0	0	0.143	0.143	0.143	0.143	0.143	0.143

在表 30－2 第 1 行与第 2 行中给出了两个政策变量，具体包括税率 r 和政府在总支出中的份额 g。第 3 行至第 7 行描述了反应模型。对于最初的两个周期内（第Ⅰ栏和第Ⅱ栏），经济处于均衡状态。如第 3 行所示，时段 t 中可用的工资收入为 WA_t，等于所实现的支出额，因而时段 $t-1$ 中的工资收入即为 WR_{t-1}。周一的工资在当晚支付，并成为周二上午的消费。如第 4 行所示，工资因税率 r 减少，从而消费 C_t 等于 $(1-r)WA_t$。第 5 行表明政府支出水平，定义为占总支出 E_t 的百分比 g 来表示。在第 6 行，我们将两类的支出加总，以得到总支出 E_t。这些支出由工商业获得，并作为所收到的工资（即 WR_t）的形式支付出去（第 7 行）。将第 3 行到第 5 行代入第 6 行，可以得到：

$$WR_t = (1-r)WR_{t-1} + gWR_t$$

从而 $WR_t = WR_{t-1}$ 或 $g = r$。政府从收入流中拿取了它投入的份额；在私人部门消费倾向为 1 的情况下，家庭消费倾向也等于 1。总支出和总收入保持不变。在第 8 行中，我们衡量了通胀率即价格水平中的百分比变化（$\dot{P}$）。在产出恒定的情况下，$\dot{P}$ 等于支出中的百分比变化。在时段Ⅰ和Ⅱ中，E 保持恒定，所得 $\dot{P}=0$。

在时段Ⅲ中，由于 g 提高了 30%，所以干扰产生了。时段Ⅲ的支出超过了时段Ⅱ 14.3%，价格也相应上涨（第 8 行）。C 用美元表示仍保持不变，但用实际价值表示却下降了。因为价格上涨立刻转化为了更高的工资需求，所以 WR 就增加了。时段Ⅳ中的 WA 相应增加（第 3 行），C 也得到了相应的增加。这就抵消了价格的上涨，从而阻止了 C 的实际价值进一步下降。政府为了维持其份额，必须进一步提高 G，从而导致 E 的进一步增加。如数字所示，在以后连续的时间段中，支出、收入与价格都以同样的比率上升①。政府持续不断地征收了比率为 14% 的“通胀税”，该税收抵消了工资的名义上涨，而使实际工资从时段Ⅳ起恒定。为了停止这一通货膨胀过程，政府将会必须将 g 降到其初始的 20% 水平（或将 r 提高到 30%），这样就会把通胀税转移为一个直截了当的税收。如果使用累进所得税，那么这一情况会自动形成，这样无需任何进一步的立法行动，通货膨胀就会自行终止②。

模型的变化　这一特定的结果取决于我们模型说明的方式。不同的说明可能产生不同的结果：

1. 我们可以改变关于基本的滞后结构的各假设。虽然表 30－2 的模型产生了一个恒定的通胀率，但可以作出替代性的且合理性的时滞假设，这些假设会导致出现爆发性的、或升或降的通胀率③。政府支出对价格上涨的回应可能不那么迅速——工资调整可能也如此。工资滞后取决于工会合同的长短。较短的合同可能造成通货膨胀进程的进一步加速，但同样也会使得通货膨胀的下降进程进一步减速。此外，工资率调整与物价上涨的关系可能会呈现出不同的形式。我们的模型假设这种调整是即时的，但它们可

---

① 用表 30－2 的等式（30－3）至等式（30－6）来解 E_t，我们得到：

$E_t = (1-r)E_{t-1} + gE_t$ 或 $E_t = \dfrac{1-r}{1-g}E_{t-1}$，因此 $\dot{P}_t = \dfrac{E_t - E_{t-1}}{E_{t-1}} = \dfrac{g-r}{1-g}$，在 $t=0.2$ 且 $g=0.3$ 的情况下，我们有 $\dot{P}_t = 0.143$。当 g 上升或 r 下降时，$\dot{P}$ 就增加。

② 参见第二十章第六节。

③ 假设消费者支出滞后两个周期，从而 $E_t = (1-r)E_{t-2} + gE_t$；我们就有 $E_t = \dfrac{1-r}{1-g}E_{t-2}$。

在 $g=r$ 的情况下，我们再次有一个恒定水平的 E。但是随着 g 上升到 g'，现在会导致通货膨胀循环，而通胀率在 0 和 $(g'-g)/(1-g')$ 之间波动。关于引起通货膨胀率上升的时滞问题，还可以作出其他一些假设。

能滞后。调整可能也与工资—物价水平的预期有关，而这可能不简单是过去或当前通胀率的一个函数。预期通胀率上升可能加速其上升进程，等等。由于各个变量适用的滞后结构及预期的形成是实践经验的问题，因此关于通货膨胀动态的纯理论化是没用的。

2. 表 30－2 仅显示了许多可能的预算变动之间的一个。这里，我们并不假设政府将提高其份额即 g，而是假设政府抬高了 G 的绝对水平，从 20 美元提高到 40 美元，然后保持在该绝对水平上。在这一情况下，物价上涨将挤出最初的收入，因为 G 在实际价值会从时期Ⅳ开始下降。在 E 达到 200 美元、价格翻番时，通胀率会从其初始水平即 14.3% 开始下降，并跌至 0。在 $C=160$ 美元且 $G=200$ 美元的情况下，两者实际上又回到了其初始水平[①]。

3. 虽然上述分析是基于最小所得来决定模型，这无须多说。为了获得一个更完全的图景，本章早前在等式（30－1）至等式（30－8）中所给出的那种模型，将会必须置于动态的意义中。当支出增长快于税收收入时，赤字会扩大而必须进行筹资。这一筹资可以通过从银行借款，从而货币供给将与该赤字一起增加。事实上，如果通货膨胀过程要持续，那么这种扩张就是必要的。除非货币供给以价格上涨的同样速率上涨，否则真实意义上的货币供给将下降，而这将充当对支出水平的一个刹车。随着完全所得决定系统的考虑，额外的滞后会引入——包括 i 的变动对 M 的变动的回应、I 的变动对 i 的变动的回应、C 的变动对 Y 的变动的回应，以此类推。所有这一切都将影响通货膨胀过程的实际路径，关于该结果的一般化会变得甚至更为困难。

私人部门引发的通胀 上面讲到的需求拉动通胀的情况始于政府开支所引起的支出份额变动。确切地说，同样的发展过程可能在私人部门需求移动的情况下发生，比如投资的增加，或者消费函数的上移。类似于表 30－2 所示的通胀过程在这里也可能发生。政策必须再次在维持或限制通胀所引起

---

① 作为另一种变异形式，我们可以假设政府增加 g 但又规定工资价格保持不变。这样，我们就会在时段Ⅲ中遭遇到一次性的通货膨胀，而此后就不会发生通货膨胀。接着，时段Ⅳ表明，$WA=100$ 美元，$C=80$ 美元，$G=34.3$ 美元，$E=114.3$ 美元，且 $\dot{P}=0$ 美元。然而，价格水平已从 100 美元涨到了 114.3 美元，真实工资已相应下降。如果我们把 G 的绝对增长和固定工资一同考虑，使得结果类似于前一情况，那也会产生同样的结果。

的价格上涨之间进行选择。

成本推动型通胀

前面，我们已经考察了由公共或私人需求而引发干扰的情形。这种需求增长会导致价格上涨，继而是与价格上涨保持一致的成本（工资率）的持续上升。这一情况反映了预算通货膨胀的进程，即 60 年代末越南战争期间由过度依赖赤字财政而引起的预算通胀过程。

我们现在考虑下述情形：初始的干扰是外生成本冲击的形式，如 1974 年与 1980 年由石油价格上涨而产生的成本冲击。如果由需求扩张而得以维持，那么这一初始成本冲击将再次会导致价格上涨，以及随后工资的持续上涨（以便与价格保持一致），这会再次产生一个持续的通货膨胀。

这一进程如表 30－3 所示。时段Ⅰ与Ⅱ仍表示经济处于一个均衡状态。工作收入以工资（第 1 行）形式支付出去，特许权使用费（第 2 行）则支付给油井的所有者。现在假定在时段Ⅲ中，石油的供给者能够把其特许使用费从 20 美元提高至 40 美元[①]。来自时段Ⅱ所得的支出仍为 120 美元，但为了购买总产出（价值为 140 美元），就必须再追加额外 20 美元的支出。

表 30－3　　成本推动通胀

	时期								
	均衡		干扰		对一次性成本推动的调整			对持续上升的成本推动型的调整	
所得（美元）	Ⅰ	Ⅱ	Ⅲ	Ⅳ	Ⅴ	∞	Ⅳ	Ⅴ	∞
1. 工资	100	100	100	116.7	130.7	200	116.7	136.2	*
2. 石油	20	20	40	40	40	40	46.8	59.6	*
3. 合计	120	120	140	156.7	170.7	240	163.5	190.8	*
支出（美元）									
4. 来自以前的工作收入	120	120	120	140	156.7	240	140	163.5	*

① 为了简化起见，我们这里不考虑以下事实：国外的石油价格实际在不断上涨，从而增加了对外贸易的情况更加复杂。

续表

	时期								
	均衡		干扰		对一次性成本推动的调整			对持续上升的成本推动型的调整	
5. 额外的	—	—	20	16.7	14.0	—	23.4	26.3	*
6. 合计	120	120	140	156.7	170.7	240	163.5	190.8	*
价格水平									
7. 价格指数	100	100	116.7	130.6	142.2	200	136.3	159.0	*
8. 通胀指数	—	—	16.7%	11.2%	10.9%	—	16.7%	16.7%	16.7%

*：趋向无穷大。

假定政府为了执行充分就业的政策，提供了这 20 美元（第 5 行）。这样，总支出就升至如第 6 行所示的 140 美元。现在假定充分就业已经开始实现，并反映在了较高的价格中。如第 7 行所示，价格指数升至 140/120 × 100 = 116.7，通胀率（第 8 行）为 16.7%。对于随后的发展过程，必须区分两个模式：

首先假设油价最后一次上调，而后新的水平一直保持在 40 美元。和之前一样，时段Ⅳ中的工资根据时段Ⅲ中的通胀率上涨，并如此持续。通货膨胀会持续存在，但（如第 8 行所示）其比率在不断下降，并最终降为 0。在通货膨胀进程中逐渐损失了特许使用费中的初始利得，直至工资与特许使用费二者最终回到其在实际的水平。因此，通货膨胀是一个不断下降但有限度的过程，但对于该体制，需要时间来克服内在的“顽固性通胀”。这一结果符合前面预算通胀的情况——政府支出会增加是一个固定的量，而非占 GDP 的一个份额。

其次假设，特许使用费的初始增加不在绝对值上保持固定，而随通胀上升。如该表所示，该系统现在会产生一个持续的 16.7% 的通胀率。随着政府会在总支出中的份额增加，这一结果类似于表 30 - 2 中给出的预算通胀情况。通过不同的滞后假设条件，最后的情况将是是多种多样的。不过，上述分析已足以刻画成本推动通胀过程的实质。

工资成本冲击 前面的示例讨论了一个初始成本冲击的情况，这一情况独立于工资行为而发生。工资行为只有为适应这一初始冲击而持续上涨时，才需要考虑工资反应。这种工资反应在我们讨论通胀过程中有着重要的作用，但它不是初始原因。必须考虑另一个情形，其中，初始的成本增加表现为较高工资需求的形式。1971 年情况就是如此，当时工资的循环上涨刺激了通货膨胀；但对于通胀的 20 世纪 70 年代中的较大部分时间，真实情况就不是这样，当时工资调整在通货膨胀之后，而不是导致了通货膨胀。一旦通货膨胀过程开始，就难以区分工资增长的这种双重作用了；然而，当我们分析通货膨胀过程的基本原因时，对其加以区分依然是有必要的。

正如这些示例所显示的，在真实世界处于动态的背景下，执行稳定政策将要比处于相对静态的角度去分析更为困难。税收的增加或支出的减少，仍可能在抑制通货膨胀的过程中发挥作用。然而对于已损失的产出和依据失业率计算出的引致成本，将取决于需要多长时间来克服通货膨胀。也就是说，各政策的最终效应取决于各种各样的反应时滞。一种可能的不利于生产增加的状态就是，某项政策发挥作用的时滞性太长，并且当这一政策发挥作用时它已经不再适用。

财政限制与货币限制

在本章之初，我们考察了财政政策和货币政策如何组合带来扩张性的经济增长；关于这些政策组合的紧缩性措施，也会引致类似问题，即政策间如何配合去促使经济增长。虽然提高税收并削减政府的当期公共服务，主要反映在降低私人消费中，但货币紧缩将主要影响私人投资。再次，两个工具可以交替使用，且都在控制需求中具有显著成效。但在扩张情况下，使用货币措施将更有利于资本形成和增长，而在紧缩情况下，实现这一目标就主要依赖于财政措施了。

五、理性预期

有许多原因解释为什么执行稳定政策是一项困难任务；我们稍后再详加讨论。不过直至近来，关于政策应如何在这些困难条件下执行，宏观分析已经形成了一定的基本共识。尤其是财政政策和货币政策相对有效性之间的争论，已形成如下共识：两个工具都可以达到有效性目标，但必须以合适的比例进行组合。

人们会了解得更加清楚吗?

不久以前，人们基于“理性预期”假设，提出了另一种模型。目的就是要挑战50年代和60年代兴盛的新古典主义、新凯恩斯主义模型，这一新的经济分析方法对稳定政策的实际成果进行了更具怀疑性的评估。

诚然，考虑预期作用已不足为奇，因为预期在解释经济的宏观行为中起关键作用。关于利率变动的预期决定着流动性偏好；关于GNP变动的预期会影响投资行为加速器理论；关于生活成本变动的预期影响着消费者行为、工资需求和通胀的扩大，等等。毫无疑问，过去多年中无论是商业乐观主义者还是悲观主义者都大量运用各种商业预期理论。基于预期视角的研究，我们已司空见惯，但近来的思路在一个新视角中，进一步强调了其作用①。

我们要更仔细地考虑预期是如何形成的。变化的预期不简单反映商业情绪和“动物精神”，也不必基于直线外推法对过去的变化进行分析。人们对预期是早就了解的，预期（和其他经济行为一样）被认为在理性基础上形成的。当然这不一定就意味着完美的先见之明，但它意味着应该考虑所有的可用信息，包括政府决策的变化。这种变化是一条重要的信息，是预期的一个来源。在评估一个政策变动的效应框架下，我们必须考虑其中的预期变化；政策变化会引起预期变化，并进而影响政策自身效果。

显然这些变化都蕴含了理性预期。需要系统性综合分析预期如何形成，且应该考虑政策变动的预期效应。但是“理性预期”模型并未止步于此②。把理性预期的作用和完全浮动价格的假设进行进一步的组合，会产生一个得出各种惊人政策结论的模型。其中有一种观点认为有效的政策是不可能的，而另一种则认为看似重要的各政策之间的差异事实上并不存在。

---

① 参见小罗伯特·E. 卢卡斯，“预期与货币中性”，《经济理论期刊》，第4-5卷，第2期，1972年，第103-124页；以及“原则、抉择和经济顾问的作用”，《理性预期与经济政策》，斯坦利·费雪（编），芝加哥大学出版社和国家经济研究司，1980年，第678-711页。

② 关于这一流派的综述，参见罗伯特·J. 戈登，“通胀与失业理论的最新发展情况”，《货币经济学杂志》，1976年，第2期。

政策无效性法则

如果一个经济体物价以及工资完全浮动，其往往会向充分就业的均衡点移动。失业将处于其“自然”水平——仅由正在寻找工作的人或临时失业的人组成。无需实施政策来维持充分就业。如果政府宣布其将计划以某一速率增加货币供给，那么所有的经济代理人都将预期到物价会以货币增加的速率上涨。物价和工资将一起上升，最终使得经济系统本身不会发生任何变动——这就是前面已指出的充分就业状态上均衡通胀率情况的一个例子。

在这种经济中，所有已预期的变化会立即适应其充分就业均衡，除非发生了一个未预期的或“随机的”冲击，否则该系统不可能偏离该均衡。比如，货币工资由于有些原因应工会需求而被推升。生产者没有预测到这一成本的上升，也没有提高价格。劳动成本就会在真实意义上出现上涨，从而引发失业。扩张性政策是否可以解决这一作用呢？答案是取决于预期的情况。假设所有经济代理人都预期政府会采取扩张性行动——例如，增加货币供给以维持价格上涨。他们就将预期所有价格和工资均会上涨。则劳动力的实际成本将不会发生变化，制度中的变量（包括就业水平）将不受该政策实施的影响。在这种情况下，政策就是无效的。只有当该政策行动不被预期，并且经济行为又难以预见到政策措施的情况下，政策才可能在真实意义上影响经济系统。但是，恰当的政策措施往往是可预见的，而随机的政策则不大可能是正确的政策。因此，可以得出这样一个结论，即某些看似恰当的政策却往往是无效的。

上述推理依赖于以下假设：（1）政策变动是可预测的；（2）这种预测会导致即时调整，在该系统中其发生不存在滞后。如果预测不完美，或者如果这种滞后会发生，那么扩张性行动可能促使需求上涨快于成本，从而增加就业。因此，这一不可能定理依据的是前两个假设在实践中的有效性。由于完美的预期并不存在，而系统中的黏性和刚性问题又确实存在①，所以这一政策无效法其实一定程度上夸大了实际情况的严重性。虽然这一法则有助于界定政策无效性的情况，但是并没有客观地评判政策潜在因素。从

---

① 参见阿瑟·奥肯，《价格与数量：宏观经济分析》，布鲁金斯研究院，1981 年。

现实世界这一背景看，稳定化政策虽然实行起来困难重重，但还是有效的。事实上，预测政策的变动与政策公布的可信度一起，很可能会加速政策效果，并增强政策有效性。

“李嘉图等价”命题

理性预期方法的第二个命题，与税收财政和贷款财政之间的选择有关。在我们早前的讨论中，我们发现这两个政策存在差别。在政府支出水平达到一定增长的基础上，贷款财政比税收财政表现得更有扩张性。第一节初始模型中显然就是这样一种情况，这里，投资水平被认为是保持固定的，不过在后面的模型里，情况仍然如此，这里投资是被决定为一个内生变量。这个模型表明，对投资的挤出效应会降低赤字财政的扩张效应，但赤字财政的效用仍然比税收财政大。

理性预期派就会质疑这一结果。一个理性个体如果遭遇预算赤字增加，这时，他或她会意识到，未来的税收将必须增加以支付额外债务的利息的费用。他或她将计算这一未来税收上升的现值。在适当考虑这一税收趋势之后，他或她将发现其现值等于他或她在税收财政情况下必须支付的份额。在两个情况中，净值等额地降低。因此，税收财政和贷款财政在其经济效应中是等同的——理性消费者在两个情况中都处于同一处境，不管采用那种财政方法，都将以同一方式来反应①。所以，没有必要纠结于这一选择。挤出并不会成为一个问题，选择适当的政策搭配问题也是如此。

这一命题根据著名的古典经济学家大卫·李嘉图的名字来命名，所以被称作“李嘉图等价”；这一命题似乎又再次建立在不现实的假设上②。我们不能够预期消费者会预测当前贷款财政政策的未来后果。贷款人与纳税人将不会是同一批群体，未来的税法及税负分配是不确定的，最初的利息

① 参见罗伯特·J. 巴罗，“政府债券是净值吗?”，《政治经济期刊》，第 82 卷，1974 年 11－12 月。

② 这一标签很可能贴错了地方。李嘉图的结论是：从私人部门提取资源会减少对维持劳动人口可用的资源，其无论在税收财政还是信贷财政下，实际情况都将一样，但是他没有得出结论说消费者会对这两种类型的财政政策下作出同样的反应。事实上，李嘉图的观点是：消费者不会把未来的税收当作是一个现在的负担。参见卡尔·肖普，《李嘉图论税收》，哥伦比亚大学出版社，1960 年，第 149 页。

支付也还是可以通过举新债加以偿还。而且，未来的债务可能被通货膨胀稀释。所有这些因素都使得个人不可能对税收财政和贷款财政作出同样的反应，政策对总需求水平或消费和投资之间的产出分配效应并没有什么差异。一个典型的案例就是，20 世纪 80 年代的大额赤字一直伴随着个人储蓄的历史新低，而不是发生高储蓄率。这就是理性预期假说的看法。

六、本章小结

为了考察财政政策对总需求水平的效应，我们先讨论了大量失业的情形，因为财政总支出的变化更能从真实产出的变化中，而非物价的变化中得到反映。

1. 首先考虑给定投资水平但没有政府的一个体系，在这种体系下，均衡收入决定的标准就是：人们希望的储蓄占收入的比率等于给定的投资水平。

2. 把政府支出和税收引入这一体系，就发展出了各种公式，这表明支出的增长是扩张性的，而税收的增加是限制性的。

3. 税收（特别是所得税）是随所得而比例性变化的收入，它会引发收入的自动变化，这些变化减弱了增加支出的乘数效应和扩张效应。

4. 如果考虑各个纳税人边际消费倾向的差异，那么各个税收变动的扩张效应将有所不同，而这些税收变动又是税种调整的依据。

接着，我们在投资水平在该系统中内生决定的背景中重新考虑了财政政策的作用。

5. 如果利率上升，进而挤出私人投资，那么由于货币交易过程中会出现交易耗损，就会减弱财政乘数效应。

6. 货币供应变动成为又一个稳定政策工具。

7. 货币政策（通过配合财政政策）可以阻止“挤出”效应。

8. 投资弹性、流动性偏好稳定增强了货币政策的有效性；而投资稳定、流动性偏好弹性则又会增强财政政策的有效性。

9. 进口增加会导致渗漏现象，从而减弱乘数效应。

10. 财政扩张的结果各异，这取决于汇率是固定的还是可变的。

11. 考虑了与资本流动有关的其他一些因素。

在物价水平不稳定的假设下，我们接着思考了通货膨胀的问题。

12. 区别了需求拉动型通货膨胀和成本推动型通货膨胀。

13. 过度扩张性的预算政策可能导致需求拉动型通胀，该结果取决于预算行为和体制的时滞结构。

14. 成本推动型通货膨胀也用到了类似的分析方法。

15. 考察了通货膨胀情况下财政、货币政策的配合问题。

理性预期模型是与新古典综合派相对立的一个学派；我们对此也进行了考察。

16. 考察了理性预期假设的关键作用。

17. 考察了政策无效性定理。

18. 考察了“李嘉图等价”命题。

推荐阅读

要详细理解主要的宏观经济理论模型方面的分析，可以参见一些中级课本，如 *R.* 多恩布什（R. Dornbuseh）和 *S.* 费雪（S. Fisher），《宏观经济学》（*Macro Economics*），第 4 版，New York：McGraw - Hill，1987.

第三十一章
财政政策的进一步议题

本章不同于以往研究中对宏观经济条件下公共部门的一般作用，转向研究某些具体问题。这些问题与财政的动态背景联系紧密：包括财政系统的内在灵活性问题以及一般政策效应的时间路径问题。此外，本章还考察了公共部门在资本形成中的作用问题，包括经常预算和资本预算的二元体系的作用问题。

▶ 本章内容提示

一、内在弹性
- 参数变动与内在反应
- 财政杠杆作用变化的衡量
- 主要税收的弹性
- 内在弹性是否可取？

二、财政效应的时间抉择
- 乘数的时间路径
- 加速作用
- 计量经济模型中乘数效应的时间抉择
- 规则政策与相机抉择政策

三、税收变动与支出变动

四、公共部门的资本形成
- 公共储蓄及预算平衡概念
- 资本项目预算与经常预算
- 公共部门和私人部门的投资倾向
- 溢出效应

五、财政政策经验
- 早期
- 20 世纪 70 年代发展情况
- 20 世纪 80 年代发展情况
- 结论

六、本章小结

在前一章中，我们在相对静态的背景中考察了财政政策效应；基于此，我们也将政策变动前经济的均衡状态与变动后的均衡状态进行了比较分析。这一比较有助于发现其中的主要因素，但也把问题过度简单化了。经济变动是一个动态的过程，财政政策的效应亦然。

一、内在弹性

本章考察的第一个问题是内在弹性的作用。考察财政变量的变化时，必须对以下两者作出明确区分：（1）反映在支出项目或税率变动中的G与T的变动，即“财政参数”的变动；（2）内在弹性导致的G和T的变动，即对私人部门变动的自动反应。由私人部门变动所致，比如投资I的变化，所得水平Y的变动情况将取决于G和T的反应。正如我们即将研究的参数变动和内在变动之间的区别，对于解释任何给定时期预算情况的变动都极为重要。

参数变动与内在反应

从支出方面来讨论，扩张性的财政参数变动又称为“相机”变动，可以进一步表示为一个新的项目支出或是扩建一个旧项目。这可能意味着，建设一个新的公共工程项目，或是提高失业保险的补偿金金额。在收入端，财政参数变动可能涉及废除旧税或降低税率。相应地，紧缩性的财政参数变动则可以是中止项目支出或提高税率等。与上述调整不同的是，对于支出端，内在变动主要包括因失业人数增加或农场价格变化导致的补偿金金额变动。

当内在支出发生变动时，在收入端，对相关税基变动带来的税收收入变动就相当重要。因此在既定税率水平上，所得税收入会随个人可支配收入的变化而或增或减，而利润税收入则会随公司利润的变化而上升或下降。

换一种角度来观察，即财政参数变动对收入决定系统而言是“外生的”，这是因为这些参数改变了在决定收入的支出方程中，购买水平G或税率t等财政变量。因此，这些参数是支出或需求总体水平变动的一个初始原因。另一方面，内在弹性变动则是“内生的”。它们虽然不会引起经济变动，但由于它们的存在，系统对于诸如投资等的变动会出现迥然不同的反应。外生因素则会引起系统的一系列反馈。

财政杠杆作用变化的衡量

由于财政参数的变动或者对已有参数变化的反应，可能导致赤字水平变化。为了确定财政政策发展方向，需要将前者与后者进行区分。G 或 t 参数变动的效应是参考给定所得水平下，以其所导致的赤字或盈余的变动程度来衡量的。因此，财政对经济体中其他因素的变动作出的反应就不会影响杠杆作用。此外，该参考性收入水平可以被认为是达到了“充分”或“高度”的就业水平。简言之，杠杆作用的变动可以由充分就业下的盈余或赤字的变动来衡量。

自动变化与相机变化　自动变化与相机变化的区别如图 31－1 所示。考虑政府购买即 G 等于 OM。如 MM′所示，政府购买与 Y（横轴）无关。TT 表示税收收入 T 为收入的函数，这也代表税率是一个比例税率 t。随着 Y 增加，T 也会增加。假定所得的初始水平为 Y_1，从而 G 和 T 都等于 OM，预算也处于平衡状态。现在假设，投资因预期下滑而下降。结果，收入下降至 Y_2。收入下滑，并且导致预算出现赤字 AB。上述情形出现在财政参数 G 和 t 没有任何变化的情况下。它仅仅反映了投资下滑所导致的收入下降。但是由于财政参数没有发生改变，所以可以说财政政策一直是处于被动的状态。但是这并不意味着财政系统没有发挥作用。假如初始水平 T＝OM 来自总额税，那么收入的下降将会使预算处于平衡状态，但收入下降幅度可能会更

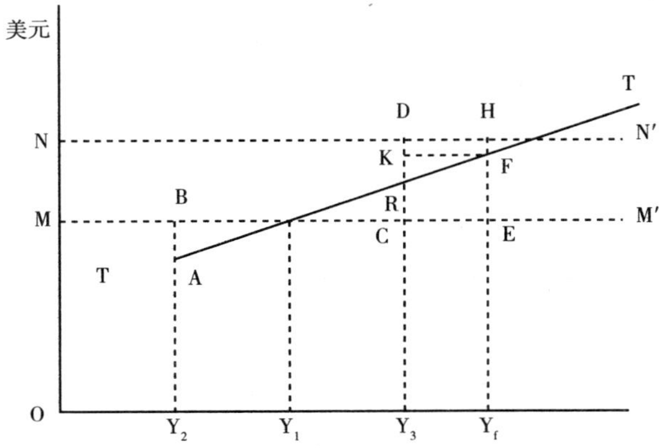

图 31－1　预算的自动变化与相机变化

大。收入的内在下降起到了缓冲作用，具体是通过赤字来减缓收入的下降速度。这在经济进入衰退期，以及预算表现为赤字增加或盈余减少的时期，是一种典型情况。

现在考虑另一种情况。依旧从收入 Y_1、支出 OM、预算为平衡的状态开始，现在假设私人部门不发生变化，但 G 增加到 ON。结果是，收入从 Y_1 增加到 Y_3。T 也随之上升，但增幅小于 G。此时，预算为 RD，处于赤字状态。在 RD = AB 的情况下，我们会得到与前一种情况相同的预算结果，然而两者基本的环境是截然不同的。在第一种情况下，从平衡到赤字的变化是由于衰退而产生的；而在第二种情况下，是由于扩张性财政政策而产生的。若 Y_f 表示收入的充分就业水平，且 G = OM，那么我们考察的最初位置就与充分就业盈余 EF 有关。在第一种情况下，收入从 Y_1 下降到 Y_2，因此并没有改变这一局面，充分就业盈余仍在 EF；但是第二个情况下，收入上升到 Y_3，充分就业盈余转变为 HF 这样一个赤字[①]。

结构性赤字与周期性赤字 根据图 31 - 1，可以区分出两个赤字概念。一个是指假如收入处于充分就业情况下，将会存在大面积赤字，同时会获得相应水平的充分就业收入。另一个是指实际赤字大于充分就业赤字额的部分，反映了当前的经济状况。前者被称作结构性赤字，而后者是周期性赤字。因此，如果 Y_3 是实际收入水平，且 G 等于 ON，那么实际赤字将是 RD，结构性赤字将是 FH = KD，而周期性赤字将为 RK。类似的对比，在把实际盈余和充分就业盈余进行比较时亦使用。

主要税收的弹性

比例税率的相机弹性就是取决于税基对 GNP 变动的反应率。收入的内在弹性等于税基的弹性。对于累进税率的税收而言，还有一个附加因素——平均税率（即收入与税基之比）对税基变化的反应程度。这两个因素（税基的 GNP 弹性和税率的税基弹性）结合起来，导致了不同税种税收收入弹性的实质性差异。

---

① 充分就业盈余或赤字的变动可以作为一个财政杠杆作用变化的衡量标准，但也不是一个完美的衡量方式。其一，这种变化不考虑平衡预算乘数问题。其二，它们不区分真实意义上的变动和仅价格水平上的变动。

如果把内在弹性放在商业周期中考察，那么公司利润税的排名将很高，因为该税种税基的波动比 GNP 变动更为剧烈。另外，个人收入和销售会与 GNP 波动保持一致，甚至以更低的水平波动，因此它们的弹性往往接近或低于 1。由于在估价滞后的情形下，财产税往往弹性很低。值得注意的是，在弹性为正的条件下，内在弹性就存在，并且弹性不一定要大于 1。

从长远来看，比例税率税收往往弹性系数约为 1，因为要素份额和产出部分不会发生大幅变化。然而，个人所得税由于实行特殊的累进税率结构，而具有较高的弹性。由于生产力提高会导致真实收入增加，所以人们会进入更高的税率水平，从而收入会比税基上升得更快。以往在通货膨胀时期，就有类似的内在弹性快速调整状况；但由于 1986 年的税收法案已经使所得税完全指数化了，所以现在的情况有所不同①。

内在弹性是否可取?

内在弹性可能有助于或不利于经济稳定，要视具体情况而定。

短期作用　内在弹性会减缓经济活动的波动幅度，从这一角度看，它是有益的。因此此时对相机措施或财政参数变动的需要相对下降。如果私人部门的支出水平下降且经济开始衰退，那么该下降就会自动地被阻抑。内在弹性在有通胀偏向的经济体中也具有可取性，尽管这一潜在优势已因所得税的指数化而大大降低。同理，如果我们在一个失业的状况前提下，内在弹性就会显得过于保守而不符合需要。自动反应此时干扰充分就业的复苏，从而增加了相机行动的压力。因此，采取必要措施（例如，增加政府支出）就变得更加重要，因为内在弹性削弱了一项变化所产生的杠杆作用②。

长期作用　财政负担与财政红利。现在转向一个增长经济体内在弹性的长期作用问题，可以发现，对相机行动的需要进一步增加而非减少。给

① 参见第二十章第五节。

② 若预期收入变动等于 ΔY，则我们有：$\Delta Y = \frac{1}{1-c}\Delta G = \frac{1}{1-c(1-t)}\Delta G'$ 以及 $\Delta G' = \frac{1-c(1-t)}{1-c}\Delta G$

其中，ΔG 是没有内在弹性情况下 G 的规定的变动，$\Delta G'$ 是在存在内在弹性情况下 G 的规定变动。因此，对于任意税率 t 大于 0，有 $\Delta G' > \Delta G$。

定税率和支出项目不变的消极政策情况下，内在的收入增长会导致充分就业收入水平下盈余的增加，从而出现财政负担。20 世纪 50 年代晚期和 60 年代早期的经济放缓就归因于这一发展模式。放任自由的政策（使支出水平和税率保持不变）实际上随着经济增长就成为了限制性政策。要使政策在增长经济体中是中性的，就需要扩大需求。

因此，可以认为经济增长会产生财政红利，在 60 年代的“新经济学”中，这一概念发挥了关键作用[①]。这一红利可以用来降低税率，也可以用来在无须提高税率的情况下扩大公共服务规模。对于执政当局而言，后者是一个诱人的选择，它无须通过增税就可以满足公共项目支出产生的额外费用，也不会因此引起经济动荡。此外，税收内在收入增长负担的分布，不同于直接进行税收调整。因此，税收收入的内在增长并不是一件十足的幸事。

二、财政效应的时间抉择

上文通过比较收入的初始水平和最终水平，考察了财政变动对收入水平的效应问题。这一“比较静态学”的方法提供了一个分析相关变量的简便方法，但实际的调整过程还需要时间，且政策也需要关注这一调整过程的实际时间长度。如果预期的效果来得太慢，经济形势可能已经同时发生了变化，初始政策就不再适用。此外，财政效应取决于消费者和企业的反馈时滞，引发持续不断的变动，而不是一个新的均衡状态。简而言之，比较静态学的分析有助于阐明某些关系，但它并不提供一个关于实际政策的现实模型。

乘数的时间路径

为了说明调整的时间路径，我们来看表 30－1 中等式（30－4）到等式（30－7）所表示的最简单的乘数模型。在等式（30－7）可见，政府购买的年增张 ΔG 会提高均衡收入，具体为 $[1/(1-c)]\Delta G$。令任一时期的消费为

① 参见瓦尔特·赫勒，《政治经济的新维度》，纽约：诺顿，1967 年。

上一时期所得收入的一个函数①，则可发现在连续时期内如表 31－1 的结果。

在时期 1，由于消费者还没来得及重新消费他们的额外收入所得，因此收入只增加了 ΔG。在时期 2，消费者花费了其额外收入，并在初始增长上增加了 $c\Delta G$。在时期 3，人们在时期 2 中从再次消费中得到的额外收入所得也会用于再次消费，所以再次增加 $c \cdot c\Delta G = c^2\Delta G$，以此类推。需要注意的是，该增量中额外所得中仅有一小部分 c 被重新消费，$(1-c)$ 转化为储蓄，从而变成了从收入流量中的一个“漏损量”，所以该部分会越来越少。最后该增量将趋近于零，总收入会接近于 $[1/(1-c)]\Delta G$（如前所示）。换言之，收入水平在各个时期均会上升，其上升程度将等于一个从过去开始无限延伸的由于消费额外收入所得而带来的收入。但随着时间推移，过去时期额外增长的后续效应会逐渐消失，从而达到并保持在一个更高的均衡收入水平——当然，得到这一结论的前提是，G 保持一定的年增长速度。

表 31－1　乘数模型

时期	超出初始水平的收入增长
1	ΔG
2	$\Delta G + c\Delta G = (1+c)\Delta G$
3	$\Delta G + c\Delta G + c^2\Delta G = (1+c+c^2)\Delta G$
n	$\Delta G + c\Delta G + c^2\Delta G + \cdots + c^{n-1}\Delta G$
	随着 n 的增加，这一公式会接近$\frac{1}{1-c}\Delta G$

政策决策者必须了解这一乘数过程究竟会持续多久，或者在一段时期，例如一个六个月或十二个月的时期内会实现合计收入中的比例是多少，这取决于相关的时滞长度。在简化后的模型中，所考虑的唯一时滞是家庭的收入实现和消费支出间的时滞。在一个更完善的模型中，还会有其他各种时滞，其中包括企业收款与付款间的时滞、提货与存货更新间的时滞等等。例如我们下面会看到的，总的收入增加额度中，绝大部分是在第一年实现

① 收入决定系统现在可以用时间下标改写，从而（在没有税收的情况下）：

$C_t = a + cY_{t-1}$　　$Y_t = a + cY_{t-1} + I_t + G_t$

在均衡中，$Y_t = Y_{t-1}$　　$Y = \frac{1}{1-c}(a + I + G)$

的，因此，时滞的调整速度是非常快的。

加速作用

首先，调整过程的动态性与投资函数有关[①]。虽然在前一部分中，投资表现为利率的一个函数，但经过实证考察发现，许多观察者都将投资描述为所得过去收入变动的一个函数。这就是所谓的加速作用型的投资函数，其中，投资被定义为：

$$I_t = b + \beta(Y_{t-1} - Y_{t-2})$$

其中，下标 t 代表时间。对这一公式的一种解释是将 β 看作一个技术系数。GNP 即 Y 的增加会要求增加的生产产能，而这就需要投资[②]。另一种解释是将 β 作为对预期的反映。投资者认为 GNP 年增长预示了未来市场和盈利前景，因而据此做出反应。将这一加速作用型的投资函数加入表 30－1 的等式（30－4）或等式（30－5）中，我们将会得到一个收入变化的动态系统[③]。从消费函数中可以发现，政府购买会由于乘数效应作用的增加，而导致收入增加，而且这种收入增加会进一步导致受乘数影响的投资再次发生变化，这会引起新的消费和收入的变动等情况。根据边际消费倾向及加速作用系数 β 的数值，将投资与收入变动联系起来，该经济系统将移动至一个新的均衡，这一新均衡将遵循稳定周期模式，或是爆炸式过速膨胀模式。

上述收入决定系统中，时滞结构是至关重要的，并且从理论直觉上，我们也并不知道应该怎样更好。因此一旦考察系统动态性，理论化就更加困难，而必须以实证取而代之。然而实证经验发现，经济体的宏观经济行为往往不是爆炸式过速膨胀的。只要内在稳定器发挥作用，收入变动就会趋于平稳。

---

① 保罗·A. 萨缪尔森在“乘数分析与加速器原理之间的相互作用”首次分析了这种关系，该文发表于《经济学与统计学评论》，1939 年 5 月。

② 扩张需求取决于现有资本存量的大小及其利用程度。因此，衡量能力利用的条件经常加在投资函数中。

③ 现在，收入确定模型是：

$$Y_t = a + cY_{t-1} + b + \beta(Y_{t-1} - Y_{t-2}) + G_t$$

根据 c 和 β 即加速作用系数的大小，该体系在受到 G 的增加的影响时将回到稳定的均衡状态，产生持续的波状变动或是爆炸性的变动。当 $c<1$ 且 β 值较小时，G 的变化会产生一个逐渐减弱的波动，从而产生一个新的均衡水平 Y。这种情况是最符合经济实际行为的真实内涵。

计量经济模型中乘数效应的时间抉择

为了估计乘数效应的实际时间路径，需要借助计量经济模型。可以将政策变量的变动引入该模型，并且在不同时间序列中考察这些变动的效应。一个计量模型的应用案例是，美国商务部季度计量经济模型，如表 31－2 所示。

表 31－2　GNP 乘数的大小与时间路径，经济分析局的季度计量经济模型

按变化排列的季度	乘数大小			
	政府购买（Ⅰ）	个性税收（Ⅱ）	企业利润税（Ⅲ）	非借款人的储备（Ⅳ）
1	1.0	0.3	0.2	0.3
2	1.7	0.6	0.4	0.9
3	2.1	0.8	0.6	1.8
4	2.4	0.9	0.7	2.7
5	2.6	1.1	0.7	3.2
8	3.1	1.4	1.0	4.3
12	3.0	1.7	1.4	5.7
16	2.4	1.5	1.3	5.3
20	2.5	1.7	1.4	5.3

注：栏Ⅰ假设政府采购增加 50 亿美元而不是支付给工人。栏Ⅱ假设所得税收入减少 50 亿美元，而且以后一直保持在这种水平上。栏Ⅲ在公司税上也是作同样的假设。栏Ⅳ假设在非借人的储备上发生 50 亿美元的变动。这些模拟数据根据的是 1971—1975 年各季度的资料。这些乘数系数表明，由于假定的政府购买的增加、税收收入的减少或者是货币供应量的增加所发生的乘数作用，各个季度的名义 GNP 上升了。

资料来源：《现代商业概览》，美国商务部，1977 年 6 月，第 64 页。

表中第Ⅰ列显示了一个以假定年增长率下的政府购买作为乘数，而导致的 GNP 变化，并且此后当年各季度变化水平逐步提高。我们注意到，这一乘数在三个季度内达到峰值的三分之二的程度，并在第二年年底达到峰值。而此后经济波动开始产生，这就反映了模型中复杂的、相互作用的时滞结构。减税的乘数较小，上升速度较慢，相比之下，以货币供应变动为基础的乘数做出的反应需要较长的时滞响应。必须指出，这些特定的乘数与名义 GNP 有关，因此反映了真实产出以及物价的变化，这一问题将在下一章中详细考察。初始失业水平越低，产出水平也就越低，但名义 GNP 变动中的价格成分就会越大。此外，这些特定的乘数值还反映了假定期间（这里为 1971—1975 年）的经济状况。不过绝大多数分析都假设乘数在 2 到 2.5，而其充分效力一般在年末前实现。

规则政策与相机抉择政策

为保证政策有效性，就必须引入时间滞后效应。这不仅仅是因为政策变动的实施是需要时间的，而且政策变动发挥效力也是需要时间的。因此一项政策变动在实施时看起来似乎是合适的，但往往再起真正发挥效力时已经是过时的了。所以，前瞻能力和经济预测能力尤其重要。虽然在这些方面已经取得了一些进展，但是要预测经济事件目前尚处于理论假想阶段。

显而易见，稳定政策是一项艰巨的任务，而且也很难获得一个完美的解决方案。因此，有建议提出可以建立政策规则，并保持政策独立性。特别是在财政政策方面，已有观点认为，应该把预算设定在充分或高度就业水平的平衡状态上，然后在内在变动的范围内放任自由。而相机抉择变动将仅限于货币政策。虽然相对于税率或支出水平的变动，相机抉择变动可以更快实施，但政策行动与政策真正生效时间的间隔甚至可能更长。而且这两种方法对经济增长的长期影响将有所不同。因此，稳定化政策无法脱离财政措施，特别是在经济形势高度动荡时期。

三、税收变动与支出变动

我们在前面对稳定政策过程中财政与货币工具的适度匹配问题进行了多方面考察。现在，我们进一步讨论财政贡献应如何在税收调整与支出调整之间平衡的问题。在第一章中讨论的思路表明，提高或降低征税水平是实施稳定化政策的最适当工具。如前所述，实施财政政策应该是为了满足可能出现冲突的各种政策目标。高效的支出政策或在私人和公共使用之间的资源配置，要建立在产出的充分就业水平基础上，同时，由稳定政策（主要手段是税收和转移支付）来确保这一产出水平。在经济衰退的情况下，这一做法可以避免通过增加支出以创造较高的就业水平，尽管这种措施在充分就业时将会是不可取的。在通胀状况下，它将避免仅仅为了抑制需求而削减项目支出。虽然公共部门主要应该在扩大或限制支出水平时充分发挥作用，但也并不意味着所有的经济调整都应该在该公共支出部门进行。因此这里我们优先考虑税收调整措施。

在原则上，税收工具与稳定化政策、有配置目标的支出工具之间的搭配有诸多优势，但在实践中却必须加以修正。各个行业的周期敏感性各不相同，而各地的失业水平也不尽相同。因为支出政策可以局部聚焦于失业地区，而不是像减税那样可以在全国实行，所以支出政策的使用是可取的。另一原因是就其本质而言，减税可以使那些有工资收入的人群受益，但却不能让可能负税的失业群体受益。至少在没有负所得税或单独转移支付的情况下是这样的。虽然从原则上，税率调整和转移支出调整应优先于政府购买计划变动，但双管齐下的方法也有其道理。

四、公共部门的资本形成

在前一章中，已经考察了财政活动对私人部门的储蓄和投资水平的效应问题。下面要考虑的是公共部门储蓄和投资的作用及其对经济增长的贡献问题。

公共储蓄与预算平衡概念

我们区分了公共储蓄的两个概念。两者中哪一个更恰当取决于预算在其所处的经济体系中的性质。

储蓄与就业水平　在前面关于稳定政策的讨论中，我们把储蓄看作是影响收入和就业实际水平的一个因素。我们讨论了要保持收入处于均衡水平，储蓄就必须等于给定的投资水平。如果投资比人们预期在充分就业情况时的收入低，那么收入将少于维持充分就业和产能利用所需要的水平。在这种情况下，政府储蓄就可以定义为税收收入超出支出的部分。正的政府储蓄或预算盈余反映了从总需求中退出的部分，因此是限制性的；而负的政府储蓄或赤字反映了对总需求的增加，因此是扩张性的。于是，由下式给出的预算差额 B 的情况

$$T - G = B \qquad (31-1)$$

该式度量了被乘数，该数值在给定乘数的条件下，可以粗略地衡量出预算杠杆的作用：即预算对 GNP 水平的效应（如果 B 为负则效应为正，如果 B 为正则效应为负）。

这一概念还可以通过区分消费型税收和储蓄型税收来完善。在最简单的凯恩斯模型中，投资固定不变，储蓄税收不会降低支出水平。因此，等式（31 -1）可以改写为：

$$T_c - G = B \quad (31-2)$$

其中，T_c代表税收额，这一变量也体现了消费的减少。

储蓄与产能产出水平 由于我们考虑的是一个充分就业下自动运行的经济，即私人投资总会按照如前定义的充分就业水平下的储蓄进行调整，所以公共的或私人储蓄的作用有所不同。在这一情况下，因为收入水平总是处于充分就业的状态，所以预算赤字或盈余的水平并不会影响就业水平。但是它确实会影响产出在消费和资本形成之间的划分。

为了集中考虑这一问题，政府储蓄的概念现在重新定义为其对资本形成的贡献，而不是从总需求中退出的部分。这是政府储蓄在给定收入的古典模型中的作用，这与前一段潜在的凯恩斯模型完全相反[①]。虽然在短期，充分就业自动调整这一假设并不现实，但在考虑预算政策对产能产出和增长的较长期效应时，往往会作出这一假设。

在这一体系中，所有私人储蓄都等于投资。因此所有政府收入，无论以税收收入还是借款收入，都必须通过私人支出（消费或投资方面）的减少反映出来。一美元的税收或借款收入就相当于减少一美元的私人支出[②]。因此，政府财政不会影响总需求的水平。但它会影响消费与投资之间的划分。

假设收入中用于支付税收的那一部分本来用作消费支出，而储蓄中用于贷款的部分本来用作私人投资。于是我们可以将预算余额 B 重新解释为衡量预算对储蓄（如果 $T>G$）的贡献额，或者认为衡量预算对储蓄的减少额（如果 $T<G$）。预算盈余在用于收回债务时会增加对私人投资可用的资金，从而增加私人储蓄。在赤字条件下，情况则相反，因为在此情况下，私人储蓄会被转移到公共债务中。

---

① 这里，“古典的”和“凯恩斯的”常用于描述极端状况。介于两者之间的是新古典模型：这一模型要求稳定政策进行干预，但又假定通过改变财政和货币政策的搭配，总需求控制必须符合充分就业和增长目标。

② 该假设为，借款来自公众，以减少对私人投资者可用的可贷资金。如果政府支出通过货币创造来筹资，那么该论证就不成立，而贷款财政就会发生通货膨胀。

这里我们需要再一次认真地考察消费型税收和储蓄型税收之间的区别。预算对储蓄的贡献需按等式（31－2）来定义，而不是等式（31－1）。而且所有借款都会降低储蓄的这一假设太过绝对化。信贷财政可能会取代消费和储蓄。随着债券的发行，利率会上升，储蓄也会增加①。

然而，税收主要来自私人消费、信贷财政的资金主要来源于储蓄，这一假设是一种合理的最优近似法。因此，税收财政（不管公共支出是用于消费物品还是资本项目）就比贷款筹资更利于经济增长。这一结论对于发展政策来说相当重要，不过无论在消费者商品还是投资商品，前提还是总需求足以确保所有资源在生产上得到充分利用。

公共投资额度　预算盈余可视为对储蓄和私人资本形成的增加额，这一视角可以扩展至公共资本形成。如果我们关注的是预算对经济增长的效应，那么最重要的就是对合计（公共的以及私人的）资本形成的贡献。因此，用于为公共资本形成筹资的税收将不是对总资本形成的危害。我们可以将等式（31－2）表述为：

---

① 假设储蓄倾向一致，我们阐述如下：在充分就业收入为 Y_f 时，产出的构成由下述体系给出

$S=a+s(Y_f-T)+bi$

$I=d-ei$

$I+G=S+T$

其中，S = 私人储蓄

T = 税收收入

I = 私人投资

G = 政府购买

i = 利率

私人投资 I 自我调整以适应公共储蓄（或 $T-G$）加上来自充分就业所得 Y_f 中的私人储蓄 S。

在税收财政的情况下，$\Delta G=\Delta T$ 且

$$\frac{dI}{dT}=-\frac{s}{1+b/e}$$

我们发现，税收财政的投资抑制效应与储蓄倾向（s）呈现正相关，因为储蓄倾向 s 较大就意味着来自于储蓄中的税收收入较多。我们还注意到，如果 b 小，那么投资抑制效应就大。b 小就意味着储蓄对利率上升（又由投资下降而引起）的正反应较弱。最后，如果 e 较大，结果投资的下降将会较高，因为 e 大表示 I 对利率上升的负向影响大。

对于贷款财政的情况下，我们有 $\Delta G=\Delta L$，其中，$\Delta L=\Delta G-\Delta T$，而且，

$$\frac{dI}{dL}=\frac{1}{1+b/e}$$

投资抑制效应再一次随 e 直接变化，而与 b 反向变化，但现在 s 没有成为其中的一个因素。因此，税收财政的投资抑制效应等于 s 乘以贷款筹资的投资抑制效应。如果 $b=0$，那么整个贷款筹资就都反映在减少了的私人投资中。

$$T - G_c = B \tag{31-3}$$

其中，G_c代表消费型的政府支出。

资本项目预算与经常预算

公共储蓄的各种概念要求使预算平衡产生了不同的定义。如果预算盈余要从总需求减少的角度上衡量公共储蓄，那么该盈余就应定义为税收收入超过合计支出的那部分；如果是为了记录私人资本形成资源的可获得性，那么该定义有所不同，但结论依然成立。但如果重点在考虑总资本形成，那么该盈余就应定义为：税收收入超过政府对经常性消费支出的部分。在第二种情况中，预算将被划入一个经常预算和资本预算，而经常预算中的盈余记录了政府对储蓄的贡献，而资本预算按定义来说是平衡的。

表 31－3 试图说明 1987 年财政年度预算的情况。在表的第Ⅰ部分中，军事装备和工事的购置可以看作是资本形成。我们首先看总预算，但给在预算中报告的总体支出水平增加了一个折旧金。因此，赤字超过了在现金付款和收款基础上报告的常规赤字。就经常预算而言，只包括了经常支出，但还是考虑了折旧问题（这也是一种经常收费）。将这些经常支出与经常税收收入相抵，我们发现相对于总预算中的 2 540 亿美元，赤字降到了 340 亿美元。正是前一金额才反映了资源从消费转向资本形成的转向。如果赤字反映在降低的私人资本形成中，那么其中的 2 200 亿美元就将因公共资本形成而抵消，从而只留下 340 亿美元的净差额。因此为了判断预算对经济中总资本形成的影响，就必须研究经常预算赤字，因为是经常预算赤字而非总预算赤字起着重要作用。

表 31－3　　1987 年财政年度估计的资本预算　　单位：十亿美元

Ⅰ. 视作投资的军事设施和设备			
总预算			
预算支出	1 016	收款	842
折旧：非国防	20	赤字	254
国防	60		
合计	1 096		1 096

续表

Ⅰ. 视作投资的军事设施和设备			
经常预算			
经常支出	796	收入	842
折旧	80	经常预算赤字	34
合计	876		876
资本预算			
资本支出		资本预算赤字	220
非国防	94		
国防	126		
合计	220		220
Ⅱ. 视作消费的国防投资			
总预算			
预算支出	1 016	收入	842
折旧	80	赤字	254
合计	1 096		1 096
经常预算			
经常支出	922	收入	842
折旧	60	经常预算赤字	140
合计	982		982
资本预算			
资本支出：非国防	94	资本预算赤字	94
合计	94		94

资料来源：对于总支出和总收入，请参阅《1987 财政年度美国政府预算》，第 M－4 页。对于资本支出，参见《1987 年财政年度美国政府预算：特别分析》，第 D－3 页。预算外项目不包括在内。折旧数字系作者估计。

资本预算的形成则相对简单，但也有一些细节问题值得探讨。首先，需要注意的是，折旧可以看作是经常预算中一项成本支出，因此在预算报表中也就引入一个非现金流元素。其次，经常预算中的平衡状态主要取决于资本支出如何定义。公共征收的物质资产（如办公大楼等）应包括在内，这不是因为政府拥有大楼，而是因为大楼属于经济体的资本存量。私人投资补贴如果也加到私人部门的股本上，那么它也可以计算在内。与私人企业的资产负债表不同，公共资本预算的目的不是通过平衡资产与负债（公共债务）来检验政府的财务健全度，而是衡量政府对经济体资本存量的贡献大小。此外，没有充分的理由来说明为什么资本形成只能由砖头和砂浆来界定，人力投资可能对生产力提升也同样重要。因此，如果学生提高了他们的技能（这是资本形成的一种形式），那么要素投入的形式是调整教师工资还是增加课堂空间，是无关紧要的。表 31 – 2 中使用的资本支出定义就采用了这一广义策略。如果仅包括政府所拥有固定资产的购置，那么资本支出将减少一半，经常预算赤字将会上升到近 600 亿美元。还可以认为，对军事资产的付款应算作消费。尽管这一观点存在问题，表的下半部分给出了这一处理方法。在这一解释下，如表中第Ⅱ部分所示，经常赤字增加了，但仍远低于总预算中的赤字。

虽然联邦预算能够采取这一形式，但是实际上并没有这么做。总统预算委员会曾经认为完全有理由取消这一形式的预算[①]。由于我们经济的性质决定了无法由私人部门自动确保充分就业，因此预算政策就对总需求水平有着重大的影响。对税收和贷款支出的影响有所不同，两者之间的选择可以被用作一种稳定政策的工具。由于稳定政策的职责必须由联邦政府承担，所以复式预算法就必须把注意力从更注重总需求效应上移开。这些效应是由通常所示的总预算中的平衡状态来表示的，也就是并不包括折旧。然而，联邦预算对资本形成的贡献，可以用下面的方式来表示得更清楚：明确细分联邦支出经常项目与资本项目，这仅算是目前预算“特别分析”部分的处理方式；在评估当前公共服务成本时考虑贬值问题。另外，州—地方一级运用复式预算方法也有良好的条件，因为在州—地方一级，稳定化政策与之关系并不紧密，而且代际公平的考虑需要实施投资支出型的信贷财政[②]。

公共部门与私人部门的投资倾向

表 31 – 4 比较了公共资源与私人资源使用于投资中的比例情况，给出了

① 参见《总统委员会关于预算概念的报告》，华盛顿，1967 年。

② 参见第三十二章第四节。

公共部门投资倾向与私人部门投资倾向的情况。我们发现，公共部门的份额（包括国防投资）高于私人部门的份额。但是，如果把国防设备视为消费，公共部门的份额就会低于私人部门。从更广义的角度来看，这两个层面的投资份额都将大幅增加。但是考虑到教育和健康支出在公共预算中的重要性，相较于私人部门，公共部门投资份额将获得更多收益。此外分析中还可以进一步考虑税收支出在公共预算中的作用。

表 31－4　1987 年公共与私人部门的投资倾向（包括各级政府） 单位：十亿美元

	公共部门	私人部门
1. 消费	700	2 960
2. 厂房和设备，合计	220	705
3. 国防	126	—
4. 非国防	94	705
5. 合计购买	920	3 665
6. 第 2 项占第 5 项的百分比	23.9	19.2
7. 第 4 项占第 5 项减第 3 项的百分比	11.8	19.2

资料来源：第 1 行，《当前商业调查》；第 3 和 4 行，参见表 31－1。

溢出效应

前文中我们注意到可以通过税收政策来鼓励私人部门中的研究和开发，此外公共投资的作用也非常重要。虽然公共投资在科研领域一直主要集中于军事技术，但也已经对民用方面有巨大的溢出效应。不过，公共支持的民间研究——特别是在健康上——也一直是数量巨大的，此外在寻找替代能源中也可能会增加投入。

从广义上来说，显然，公共资本形成——从道路中的投资到在教育中的人力投资——显然对私人投资回报有着重要的溢出效应。汽车如果没有公路就失去了效用；只有与受教育程度较高的劳动力结合，现代技术才可以推广使用。因此公共预算对经济增长的效应涉及两方面。一方面是征税对私人资本形成的影响问题，另一方面是公共部门资本形成的重大贡献问题，两者同等重要。

五、财政政策经验

让我们通过简要回顾实际的政策经验来结束对财政政策的讨论。

早期

预算是稳定化政策的积极组成部分，50 年来人们一直很关注它。这始于 20 世纪 30 年代的大萧条时期，彼时凯恩斯的《就业、利息和货币通论》表明了其财政扩张的观点。诚然在 30 年代，这一观点只得到很少的应用。罗斯福新政是在平衡预算的纲领上开始的，而 30 年代出现的这种微弱的经济复苏主要是基于私人部门①。然而，第二次世界大战产生的大规模财政扩张阐明了这种政策的潜在力量。在战争过程中，预算从 GNP 的 10% 上升到了 45%，其中一半是财政赤字支持的，同时还有支持性货币政策将利率维持在 3%。实际产出增长了 50%，失业也消失了。虽然价格控制推迟了通胀效应，但由此导致的战后通胀按近来的标准，其变化幅度也并不大。

在 50 年代与 60 年代绝大部分时期，经济持续保持着较高的就业和稳定的物价。只有两年的失业率（1958 年和 1961 年）上升到了 6% 以上，而通胀率（从 1952 年到 1967 年）没有超过 3%。在这一基本上强劲的经济下，货币控制恢复了其作为强力政策工具的地位，联邦预算在 GNP 中的份额比以前更高，因而充当了一个强力的内在稳定器。除了 1958 年的衰退以外，联邦赤字都低于 GNP 的 1%，而且充分就业预算自始至终保持着平衡。随着 50 年代后期政策允许充分就业预算盈余大幅上升，过度的财政限制导致 1958 年的衰退。60 年代早期的支出增长（其后是 1964 年肯尼迪减税）使经济回到了高就业状态，而这样做只带来了温和的通胀压力。因此，似乎财政政策和货币政策协力合作能够取得成功。似乎，稳定政策将会能够引导经济沿着高度就业和无通胀增长的道路走下去②。

这些微调的期望在 60 年代后期破灭了。越南战争以及约翰逊总统的伟

① 参见 E. 凯瑞 · 布朗的“30 年代的财政政策：重新评价”，《美国经济评论》，1956 年 12 月。

② 这一高度乐观主义反映在瓦尔特 · 赫勒，《政治经济的新维度》，纽约：诺顿，1967 年。

大社会项目导致急剧的支出增长，而它们无法得到额外的税收补偿，从而在一个已经达到高度就业水平的经济中又一步实行了财长扩张政策。“需求拉动”通货膨胀启动了，这是未来几年将要让经济螺旋式上升的第一步。财政政策环境已经发生了出乎意料的变化，以往可以通过需求扩张在没有通胀的情况下解决的失业，现在任务已经变成要面对同时出现的失业和通胀这两个共存的问题。

20 世纪 70 年代发展情况

周期性不稳定以及失业和通胀上升趋势损害了 70 年代的经济。财政和货币政策都不能改善这种状况。

这十年可分为三个阶段，即 1970—1973 年的周期、1973—1978 年的周期和 1979 年的衰退。在每个阶段，预算赤字占 GNP 的百分比随失业率而波动，从而导致了财政杠杆作用的反周期性波动。在通货膨胀维持或提高了名义收入水平的情况下，就业下降时，收入也没有下降；但在收入滞后于支出增长的情况下，仍然会发生赤字与 GNP 比率中的内在波动。这些相机政策包括 1971 年、1974 年和 1978 年的历次减税政策。高度就业的赤字与 GNP 比率随实际比率而移动，除 1975 年外，波动较小。总之，财政变量总是以反周期模式中起反应作用，但是这些内在反应不足以维持一个稳定的经济，并且政策的相机调整总是不适时的。货币政策情况也是如此，在货币增长率剧烈波动的情况下较为成功。

更重要的是，稳定化政策无法阻止失业率和通胀率上升的趋势。在这十年中，从一个低谷到另一个低谷，失业率不断上升，就像通胀率连续上升不断达到新高点一样。预算在十年赤字的情况下，预算政策也就成了通胀的替罪羊。然而，预算政策不应受到这种单一的指责。60 年代后期，初始的通胀激增反映出宽松的预算政策实施及其所致需求的拉动，但这并不能解释 70 年代的通胀。在 1974 年和 1978 年的石油价格冲击之后，通胀增长最快，这个阶段也是高度就业赤字与 GNP 比率下降以及财政杠杆作用下降的时期。财政政策晚于通胀，因而政策因素不是导致通胀的原因。

70 年代也不是预算快速增长的一个时期。预算支出占高度就业 GNP 的比率保持在一个水平的趋势，杠杆系数也如此。由于税率档次提升所致的税收收入增加量也大部分被税率的下降所抵消。诚然，赤字的上升涉及财政需要的增加，但它不是货币供应增加的主要原因。其他形式的欠债至今都是信贷市场上更重要的索偿人，特别是按揭和消费者信贷的增长。总之，预算政策的需求拉动力只能是通货膨胀的一小部分原因。

同时，财政和货币政策确实助长了通胀进程。扩张性政策本是为了阻止实际需求及就业水平的进一步下降，但却助长了物价的上升。在这一时期的滞胀背景下，任何选择似乎都存在弊病，而且该过程持续得越长，就越难摆脱这一困境。

预算政策与通货膨胀之间微弱的关系在 1976 年至 1979 年期间变得尤其明显。当时急剧上升的通货膨胀与限制性预算政策间也有所关联，即高度就业赤字和杠杆比率减小。但急剧的扩张性转变发生在 1980 年，并在 1981 年再次发生。在支出增加和收入滞后的驱动下，赤字和杠杆比率急剧上升。失业在通胀率达到峰值的同时仍在继续上升，这再次阐明了一个滞胀经济的悖谬回应。

20 世纪 80 年代发展情况

现在，我们来谈谈里根政府财政政策编制的背景。1981 年 1 月公布的预算咨文中表明，其最初计划是要通过大规模减税的政策与增加国防、减少非国防付款相组合来平衡预算。虽然有相当严厉的货币政策来抑制通货膨胀，但是这些措施还是会刺激经济，从而回填减税造成的大部分收入损失。到 1984 年预算将会平衡，支出与 GNP 的比率将会从 23% 降至 19%。里根政府认为，这一回应将会来自减税的激励上升力量，而不是来自其对总需求的扩张性效应。

从 1983 年到 1988 年，经济的确享受了低失业和高物价稳定的舒适状态。但与 1981 年早期的预测相反，联邦预算继续背负着平均占 GNP 的 4% 左右的大量赤字，还背负着大约相等量级的大量贸易赤字，这两个赤字凑在一起并不是偶然。从大额的预算赤字来看，就需要一个较为紧缩的货币政策来避免过度扩张，并且高利率会吸引外国资本的流入。这有助于为赤字筹资，但也使美元走强。这又转而使进口廉价、出口变得昂贵，所以贸易逆差缺口更大。最后，贸易赤字造成了抑制预算赤字扩张效应的一个漏损。

在扩大贸易赤字时，可用资源水平增加了，经济体便可以享受搭便车的福利。如表 31 - 5 所示，消费占 GNP 的百分比保持不变，而国内总投资份额有所增加。但外国投资者对美国资产购置（反映了进口盈余），也减少了我们对国家财富的需求，这点会在后续进一步考察；于是财政负担就转嫁到后代人身上①。

引发这些事件的财政宽松与货币紧缩的不平衡政策搭配，否认了更多储蓄、投资和更快经济增长的理想结果。一个包含更紧缩的预算和更大幅货币宽松的政策搭配本来将会与这些目标更为兼容。更低的利率本来将会刺激国内投资并减少资本流入，美元本来将会贬值，大量贸易赤字的出现本来将会得以抑制。美国资产向外国投资者的转移本来将会更少。

表 31－5　　1982—1987 年经济发展情况

	1982		1987		变动
	十亿美元	%	十亿美元	%	十亿美元
消费	2 051	65	2 966	66	+915
总国内投资	447	14	716	16	+269
政府购买	642	20	924	21	+282
净出口	26	1	－120	－3	－146
GNP	3 166	100	4 486	100	+1 320

资料来源：《总统经济报告》，1988 年 2 月。

问题在于，一个较紧缩的预算、较宽松的货币搭配为何没有实现，无论是通过削减支出、增加税收，还是两者兼而有之。这一选择高度政治性的本质可以解释为什么采用并保留的一个政策搭配是如此令人不满意的。一方面，增税取消了，依据是这将会阻碍增长、妨碍公共部门规模压缩的供给端增长。另一方面，公共支出项目的削减，特别是民用部门。此外，1986 年税改转移了人们对增税需要的注意力，这提高了主张增税的政治成本。因此，设计高效的稳定化搭配成为了预算和征税规模的政治斗争的受害者。

虽然 20 世纪 80 年代的十年间成功克服了严重的失业和通胀，但也留下了令人失望的经济增长历史。个人储蓄占可支配收入的百分比从 60 年代和 70 年代的 7% 左右下降到了 2%，净国内投资从 GNP 的 8% 跌到了 2%，生

① 参见第三十二章第四节。

产力增长率从3%下降到了1%，所有这些都是发生在一个边际税率不断大幅降低的时期。虽然税收以外的许多其他因素也促成了这些变化，但几乎没有证据表明，在国内供给端，减税对刺激经济增长起到了关键作用。

结论

仅用几页纸就把最近几十年的财政政策史完整描述出来存在很大困难。确实，如果不考察整体经济的动态发展过程和结构，不花相等的时间去考察经济稳定政策的另一个工具——货币政策，那就很难完成这些任务。不过，即使从这一不完善的综述看，财政政策的动态作用和任务也已显而易见。财政政策于20世纪30年代大萧条中横空出世，鼎盛于40年代的战时经济，并在60年代上半期再次呈现出其重要性。从那之后，滞胀问题突起，这在很大程度上使依赖总需求管理的稳定任务变得更为复杂，无论是财政政策还是货币政策理论都很难实施。虽然快速通胀的势头已经减弱，并且也有一定的高就业水平，但持续预算赤字的贸易反馈仍在继续，稳定化政策的错误搭配模式仍有待纠正。

六、本章小结

前一章中讨论较为简单的比较静态学环境下的财政政策，这一章聚焦于财政政策在动态环境中运作的实际情况。作为财政动态学分析的首要方面，财政系统的内在弹性得到了考察：

1. 对涉及财政参数变化的财政变动与反映普遍参数对经济环境变化所致的其他变动进行了区分。

2. 考察了衡量财政杠杆水平变动的各个方法，包括赤字的自动变化——这与充分就业时赤字的相机变动不同。

3. 考察了各个税收在内在反应上的差异。

4. 评估了内在弹性的可取性。

作为财政动态学的第二个方面，财政效应的时机也得到探讨：

5. 乘数的时间路径。

6. 加速作用效应的时间路径。

7. 计量经济模型中乘数效应的时间配合问题。

8. 财政动态学的政策内涵。

9. 税收和支出变动在财政政策中的恰当作用。

关注了公共部门在资本形成中的作用，从而补充了早前对私人部门投资和储蓄的财政效应的讨论：

10. 考察了公共储蓄的性质以及预算平衡的相应概念。

11. 考察了一个经常和资本预算的复式系统。

12. 考察了公共部门和私人部门中的投资倾向。

13. 考察了公共部门投资对私人投资的溢出效应。

14. 再次考察了增长政策配合的重要性。

最后，简要介绍了财政政策经验：

15. 考察了 20 世纪 40 年代和 60 年代十几年间成功宏观政策的优点。

16. 考察了 20 世纪 80 年代持续预算赤字对国内经济和对贸易平衡的影响，并考虑了替代性政策搭配的内涵。

推荐阅读

Blinder, A., and R. Solow: "Analytical Foundations of Fiscal Policy", in A. Blinder et al. (eds.): *The Economics of Public Finance*, Washington, D. C.: Brookings, 1974.

Friedman, M.: "A Monetary and Fiscal Framework for Economic Stability", *in Essays in Positive Economics*, 2nd ed., Chicago: University of Chicago Press, 1959.

Heller, W.: *New Dimensions of Political Economy*, New York: Norton, 1967.

Stein, H.: *The Fiscal Revolution in America*, Chicago: University of Chicago Press, 1969.

Tobin, J.: *The New Economics One Decade Older*, Princeton, N. J.: Princeton University Press, 1974.

(在《总统经济报告》各卷中可以找到财政政策的发展和思考演变过程。对于经济顾问委员会提交的重要报告，可重点参考以下各个报告：1962 年肯尼迪政府的首个报告、1981 年卡特政府的最后一个报告和 1982 年里根政府的首个报告。)

第三十二章
公共债务经济学

本章前几节简述了联邦债务的增长，并考察了其结构。紧接着对公共债务经济学进行了分析，包括财政偿还能力以及负担向后代转移的问题。最后一节探讨了债务管理的问题，特别是债务的到期分布及其对债务服务成本的影响。

▶ 本章内容提示

长期以来，在对具有一定职能目标的财政政策的讨论中，公共债务的增长一直是个热门议题。相关批评不仅指责赤字财政实施过程中的通胀效应，还提出告诫：债务积累会对未来产生不利影响并对后代造成负担。在20世纪80年代公债的增长使所有这些问题变得更加尖锐。

一、联邦债务的增长

如表32－1第1行所示，联邦债务在第二次世界大战期间大幅增加。当时，预算已经占GNP的一半以上，且很大程度上依靠赤字筹资。在50年代和60年代，债务以较为平缓的速度持续增长，同时债务占GNP的比率（见第7行）大幅下降。债务上升和债务占GNP比率下降在很大程度上是由通货膨胀造成的。从1946年到1970年，物价翻了一倍；从1970年到1982年物价又翻了一倍多。随着物价上涨，货币收入水平也会上升，但就货币意义上说，待偿债务的面值是固定的，所以债务占GNP的比率会下降，其实际价值也会下跌。因此，通货膨胀是一个国家拒付债务的一种形式，关于这个话题，我们稍后再进一步讨论。债务占GNP的比率在20世纪80年代开始上升，此时持续的赤字也使公共债务水平翻了近三倍。

表32－1　　1941—1987年联邦债务的增长情况

	1941	1946	1970	1980	1987
债务数据（十亿美元）					
1. 总债务	58	259	370	930	2 309
2. 利息	1	5	14	53	140
3. 私人持有债务	47	208	217	616	1 658
参考数据（十亿美元）					
4. GNP	125	210	993	2 632	4 500
5. 预算支出	21	36	204	541	1 050
6. 货币供应（M2）	73	158	629	1 498	2 900
比率（单位：百分比）					
7. 行1/行4	46.4	123.3	37.3	35.3	51.3

续表

	1941	1946	1970	1980	1987
8. 行2/行1	1.7	1.9	3.8	5.6	6.1
9. 行2/行4	0.8	2.4	1.4	2.0	3.1
10. 行2/行5	4.8	13.9	6.9	9.8	13.3
11. 行1/行6	79.4	163.9	58.8	62.1	79.6
12. 行3/行4	37.6	99.0	21.8	23.4	36.8
13. 行3/（行3+行6）	39.2	56.8	25.7	29.1	36.4

资料来源：《总统经济报告》，1983年1月，以及《联邦储备简报》，1988年1月。

利息支付水平

与GNP有关的债务规模大小是非常重要的，因为它影响着经济以及持有债务的投资者的流动性情况，但与之同等甚至更加重要的是，还债所要求的利息支付水平。如第2行所示，在利率飙升的70年代以及债务大幅膨胀的80年代，利息支付额急剧上升。目前，联邦利息账单已经上升到GNP的3%、联邦预算的13%，前一比率远远高于二战后盛行的水平，而后者则接近于当时的水平。

私人持有的债务

对公共债务的某些方面（特别是利息支付的税收筹资）而言，债务是否由公共或政府机构（如联邦储备银行或社会保障信托基金）持有，这些问题并不太重要。但是就债务作为经济体一部分流动性结构的作用而言，公共持有债务就显得重要了；而只有私人持有公共债务才会产生管理问题。因此，第12行单独给出了私人持有债务占GNP的比率，这一比率低于第7行表示的总体比率，但总的趋势相似。尽管私人投资者持有的债务份额在第二次世界大战之后有所下降，但随后又恢复到了传统水平。最后，第13行显示了私人持有公共债务在总体流动性资产结构中的权重。公共债务占合计流动资产（公共债务和货币供应）的百分比近几十年来几乎没有变动，目前这两个组成部分保持相同速度的增长，并且低于二战后的水平。

二、联邦债务的结构

在讨论公共债务经济学之前，先深入讨论一下债务结构。

债务的构成

联邦债务按照发行类型分类，其构成情况如表 32 - 2 所示。该分类将债务划分为可出售发行和非可出售发行，可流通债券约占总债务的四分之三。可出售发行是可交易的，而且所有买方都可以购买，它们包括国库券、票据和债券。它们之间的主要区别在于期限不同：国库券的发行大多数带有 12 个月的期限，但也可以短至 3 个月；票据有从 1 年到 10 年的期限；而债券则更长。票据和债券带有一个年度息票支付，且在到期日可以按照面值赎回。国库券以折价出售而不支付利息，到期时的自然增值部分代表了投资者的回报。

表 32 - 2　　按公债类型计算的联邦债务总额

（十亿美元，1987 年 6 月 30 日）

可流通债券	1 644	
国库券		391
票据		984
债券		269
非可出售	650	
储蓄债券和票据		95
政府账户系列[1]		422
州和地方政府系列		125
对外发行[2]		5
其他		3
非利息承担	3	
合计	2 297	

[1] 由美国各部门和信托基金持有。

[2] 向外国政府发行的债券。

资料来源：《联邦储备简报》，1988 年 1 月，第 930 页。

不可流通债券只向各个投资者团体发行，而且只能由最初买者持有，主要是由联邦政府的各个信托基金持有，但也会给州和地方以及外国政府发行一些特殊债券。个人以储蓄债券的形式持有不可流通债券，这些债券是作为第二次世界大战中主要的财政来源引入的，但随着新的、更具吸引力的投资渠道不断增多，这些债券的重要性也就大大降低了。

谁持有联邦债务?

按持有者类型划分的债务分布情况是重要的，因为它会影响资本市场的流动性结构及其状态。持有份额的分布如表 32－3 所示。

表 32－3　按持有者公债类型划分的联邦债务总额

（十亿美元，1986 年 12 月 31 日）

国内		
联邦	614	
美国政府各部门和信托基金		403
联邦储备银行		211
私人部门	1 281	
商业银行		232
保险公司		107
其他公司		69
个人		163
其他项*		712
州和地方政府	69	
国外	251	
合计	2 215	

* 包括共同储蓄银行、储蓄贷款协会、公司信托基金等。

资料来源：《财政部简报》，1987 年 12 月，第 A－36 页。

至 1986 年年底，债务的 28% 由政府信托基金和联邦储备银行所持有。政府信托基金中，最重要的是 OASDI 信托基金，在税收的经常收款超过收益支付的年份里，该基金就履行支出责任，以特别发行的形式持有份额。而联邦储备银行持有的份额是可出售类型的，且在公开市场购买的过程中购买的。考虑到联邦储备系统的公共性质，这种持有份额（事实上）是货币基础的一部分，而不属于联邦公共债务的一部分。

联邦持有债务以外的所有债务中，80% 是国内持有的，20% 为国外持有。95% 的国内持有份额由私人投资者持有，州和地方持有 5%。私人持有份额的绝大部分进入了储蓄单位和企业信托基金，这些机构吸收了 50% 以上，其余 18% 由商业银行持有，14% 由个人持有（大多数以储蓄债券的形式），8% 由保险公司持有。

期限结构

只要债券到期时按照票面价值还本付息，债券就可以在某一特定时期内发行。永续债权虽然在英国财政史上使用过，美国财政部还没发行过这一债券形式。如表 32－4 所示，债务到期结构在 20 世纪 50 年代和 60 年代期间大幅缩短了。尽管在 1950 年，25 年以上的长期债务构成了合计的 16%，1 年以下的债务构成了 27%，但 1970 年相应的比率为 5% 和 49%。平均到期年份从 8.2 年降至 3.7 年。因此，20 世纪 50 年代和 60 年代的债务管理大大增加了债务流动性，并且提高了年债务偿还额的数量。这一缩短趋势在 70 年代暂停，而在 80 年代又开始有点倒转过来。但是，大量债务仍然高度集中在短期，10 年以上到期仅占总数的 16%。

表 32－4　　按期限划分的可流通债券构成

	1950		1960		1970		1987	
	十亿美元	百分比	十亿美元	百分比	十亿美元	百分比	十亿美元	百分比
期限：								
0—1	42	27	70	38	122	49	483	33
1—5	51	34	73	40	82	33	527	37
5—10	8	5	20	11	23	9	209	14
10—20	28	18	13	7	9	4	73	5
20 及以上	25	16	8	4	11	5	153	11
合计	154	100	184	100	247	100	1 445	100
平均到期年数	8.2		4.8		3.7		5.9	

注：年末数字。只包括私人持有发行。发行按剩余到期年数进行分类。由于舍去的缘故，各项可能不能相加。

资料来源：《联邦储备简报》，1979 年 3 月，以及《政府经济报告》，1988 年 1 月。

在通胀时期人们对短期债务较信任，所以允许财政部不用以高名义利率借入长期债务。因为财务部希望通胀将会得到控制，并且利率在未来会下降。同时，投资者关于未来的不确定性（通货膨胀可能会更严重），所以不愿意购买长期债券。因此，选择偿还短期到期债券是最优选择，但这样做，债权结构的流动性也就增加了。

其他方面

债务限制 债务的增长取决于基本的税收支出法及由此而产生的盈余或赤字水平。确定了赤字或盈余以及债务水平变动计划后，国会还会设定一个财政部不被允许超过的明晰的债务限额。现实的经济运行情况要求，如果需要政府借款的增长超出该上限的时候，财政部部长必须在国会前出场并恳请抬高上限。绝大多数观点都认为，确定债务上限是一种时代错误，因为国会已经通过其税收和支出立法确定了债务变动。自从 1974 年《国会预算法案》规定了《联合预算决议》以来，债务变动的实际情况尤其如此。

利息上限 第一次世界大战结束时，美国国会颁布了对五年期以上证券利息率上限为 4.25%，但向政府机构发行的债券不包括在内。直到 20 世纪 60 年代后半期，市场中长期收益高于这一水平，在此之前这一上限都基本无效。尽管以低于面值的价格卖出带有 4.25% 息票率的债券可以规避该上限，但财政部并没有这么做，因为这将会冒犯国会的意愿。因此，在 1965 年市场收益升破该上限之后，就没有长期债券可以发行了。在财政部再三请求后，国会才批准有限发行高于上限收益的财政债券。这一限额已由国会多次延展，目前（1988 年）债务限额为 1 500 亿美元。因此，利息上限在限制使用较长期债券上已不再是一个重要因素。

机构债务和政府贷款 除了直接借债外，联邦政府也参与了各个联邦机构的担保和保证事务，这些机构又将该进款贷给私人借款者。到 1987 年 6 月，此类直接贷款和担保达 9 370 亿美元，绝大多数都是联邦住房管理局、GNMA 以及退伍军人管理局的股票发行债券。此外，私人企业的债务经政府的支持也达到了 2 800 亿美元，主要受益人是联邦国民按揭协会和联邦家庭贷款银行委员会[①]。

随着这些机构使用该资金，政府贷款（不同于支出）作为一个额外的预算政策工具开始发挥作用。与债务收回相似，贷款会减少政府的净债务水平。在完善的资本市场中，延期偿还期限为十年的100美元贷款等价于收回了一个相同期限的100美元债务发行（假定使用相同的税收收入来为两个交易筹资）。但在不完善的市场中，这两个交易的结果可能大不相同。政府贷款的收款人本来可能无法在其他地方获得信贷。事实上，政府贷款的一个主要理由是要将资金提供给那些不能另行获得资金、但出于公共政策的原因又应被提供资金的借款人。因此它通常被用作一种资源配置工具而不是稳定化政策。严格地说，政府借贷在发展中国家也就显得特别重要，因为在发展中国家，政府支持性的投资是发展政策的一个重要特征。

三、公共债务与财政偿还能力

在回顾了联邦债务的发展和现状之后，我们现在开始讨论公债对经济的影响。具体问题是，待偿债务如何影响经济运行？也就是过去政策（例如已加到债务中的赤字）如何对未来的经济状况产生影响？因此，必须将待偿债务的经济效应与涉及债务创造的赤字财政的当前效应区分开来。难道持续的债务积累不会导致财政崩溃吗？

以新还旧与债务偿还

随着债务数量越来越多，将来有可能偿还这些债务吗？这一骇人问题的提出并不恰当：家庭债务迟早偿还，因为家庭的行为是有限的。而公共债务不需要偿还，因为预算和经济是持续的。当一个特定的债务发行到期时，它就可以偿还；但必要的资金是通过发行新的债券来获取的，这就是所谓的“以新还旧”。由于债务很大部分是短期的，所以现在每年退还数量约为2.5万亿美元，对到期的债务进行偿付，然后发放新债券加以替代，一

---

① 参见《财政部简报》，1988年6月，第54页。

周即可完成。虽然以新还旧涉及高度复杂的程序，其要求精确估计市场所需要的收益，但近些年来开发的技术已经大大简化了该程序。发行的新证券现在通过拍卖系统卖出，在收到来自各交易方的封闭投标后，在先到先得基础上进行成交。目前短期债务折价卖出而非附息卖出，促进了这一发展。在加速以新还旧过程中，纽约联邦储备银行由于与货币市场最为密切而与财政部密切合作，并且充当了财政部的代理人。

简言之，如何归还到期债务是一个管理问题，而我们能否“偿还”债务则是一个误导的问题。该问题其实是：利息服务将如何影响经济以及待偿债务如何进入到经济的流动性结构之中。

利息支付的税收负担

应偿债务必须同时支付利息。征税会对经济产生负担，但是这一负担不会形成，因为还债资金也还是来自于经济。假设我们目前持有国内债务，那么我们就“欠了自己的债”，而为支付利息的征税仅仅是将资金从一个口袋转移到另一个口袋。但尽管如此，就像其他税收一样，为这一转移筹资而课征的税收会带来超额损失，而这会对经济产生负担①。随着为支付债务利息而征收的税收收入占 GNP 的比率的提高，这类影响会愈来愈大。可以想象，这类比率将变得巨大，以致产生一个严重的负担和抑制的问题，而这是在“自己欠自己债务”的命题中被忽视的一个因素。战争期间的债务积累可能非常大，以致战后的财政崩溃和战后时期的债务拒付。这些事件在两次世界大战后的欧洲国家都曾发生过。

幸运的是，这种灾难在和平时期不大可能发生。诚然，在 GNP 不变情况下持续扩张的债务规模将会造成债务与 GNP 比率过大。但 GNP 也在增长，可以看出：在 GNP 增长率不变情况下，保持赤字与 GNP 比率不变，将

① 注意，即使利息支付纳入了应税所得之中，这一问题也可能会产生。为支持利息支出的税率 t 是通过 $t = idY/(Y + idY) = id/(1 + id)$ 给出的（其中，i 为利率，d 为债务与国民所得 Y 的比率）。在 i 等于5%、d 等于40%的情况下，则 t 等于2%。如果 d 上升到100%，则 t 就会增加到5%；如果 d 升为500%，则 t 升为20%。假设支持其他服务所要求的 t 的水平是30%。相应 t 相应的合计水平就将会分别是32%、35%和50%。因此，征税支持利息支付的需求就可能会逐渐吸收经济体很大部分的应税能力，从而可能取代其他支出。

使债务与 GNP 比率和利息与 GNP 比率两者都保持不变①。展望未来十年，我们可以假设 GNP 年增长率为 5%（3% 是通胀，2% 为真实增长）。另外，年度赤字为 GNP 的 4%。在这些较为悲观的假设下，债务与 GNP 的比率将会从 1987 年的 51% 上升到 1997 年的 64%，而利息支付与 GNP 比率将会从 4.1 上升到 5.1。50 年后，相应的水平分别为 81% 和 6.5%。即使是在高赤字假设下，未来的债务增长似乎也不容易出现爆炸性的规模②。高赤字持续不断的内生危险，相较于对债务量级的效应，更多的是其对财政货币搭配的影响，以及由此对经济体储蓄率和经济增长率的影响。

通过通货膨胀的方式拒绝清偿债务?

由于待偿债务的票面价值从金额的角度说是固定的，所以通货膨胀从真实的角度会降低实际价值。因此，1970 年待偿债务的面值为 3 700 亿美元。但从 1970 年到 1982 年，物价上涨了 150%，或者，年复合增长率为 8%。因此，从 1970 年这笔债务的实际价值来看，这一债务的价值就降到了 1 480 亿美元，也就是只有债务的 40%。这是否意味着通货膨胀导致了政府隐形拒绝清偿 60% 的债务呢?

答案取决于债券发行的条件。考虑一个投资者在 1970 年购买了一个三年期政府债券，当时的收益为 7%。所以，一个在 1982 年以 100 美元可赎回且每年支付 7 美元的债券能以 100 美元卖出。假设真实的资本回报率为 3%，这表明我们的投资者会预期通胀率为 4%。在这一通胀率下，7% 的名义收益将会带来 3% 的真实回报。但结果却是三年内的通胀率为 8%。假如投资者提前知道这一情况，那么将会要求一个 11% 的收益，也就是说，按面值卖出的债券将会必须带来每年 11 美元的息票款。这一高于预期的通胀率使我们投资者获得 -1% 的真实回报率（7% 减去 8%）。该投资者的这

---

① 具体而言，债务与 GNP 的比率趋近 α/r（其中 α 是 GNP 的增长率，r 是赤字与 GNP 的比率）。在 $\alpha=7\%$、$r=5\%$ 的情况下，债务与 GNP 的比率会趋近 1.4。利息账单与 GNP 的比率趋近 $\frac{i}{r/\alpha+i}$。

在 i（利息账单与债务的比率）$=10\%$、r 和 α 不变的情况下，利息账单与 GNP 的比率趋近 6.7%。在 $i=7\%$ 的情况下，该限额就降到了 4.8%。参见伊弗瑟・D. 多玛，“债务负担与国民所得”，《美国经济评论》，1944 年 12 月。

② 此后，比率分别趋近 83.8% 和 6.7% 这两个限额。

一损失会反映在纳税人的收入中，纳税人会受益于以贬值后的美元服务的债务（利息和到期时的本金）。到1982年，收益已升至13%，追上了上升的通胀预期。自那以后，收益又降到了8%左右，同时通胀率下降到4%以下。

因此，是否以通货膨胀的方式拒绝清偿债务，取决于该债务发行时通胀预期有多好，以及这一预期如何反映在了更高的名义利率上。而这又取决于债务的偿还期。如果债务以短期债权的形式持有（比如三个月的票据），那么收益将与货币市场中的当前利率相联系，从而往往将反映通胀率。如果债务是长期的，那么情况就不一样了。在长期债务的情况下，会产生无法预见的高通货膨胀率，而这些在债务发行确定期限时难以考虑到。由于债务绝大部分是短期债券，所以以通货膨胀的方式拒绝清偿债务就不再是一个重要问题了。

四、债务筹资会给后代造成负担吗？

我们理所应当认为不必担心财政破产，这其实是不符合实际的。难道债务筹资就不会给后代带来不公平的负担吗？这种负担转移是如何产生的？它对财政公平会产生什么影响？

减少资本形成的负担转移

如果资源得到充分利用，那么公共服务的增加会将资源从私人部门转移向公共部门，从而留给私人产品的生产就少了。从这一资源释放的意义上看，该负担必定由当代人承担。但如果从当前消费的角度来看待负担转移，情况就不一定如此了。

负担转移的首要机制就是减少资本形成。为了解这一机制是如何运作的，我们再次回顾一下“古典”体系理论，其中，投资会自动适应充分就业收入水平下的储蓄水平。从这一体系角度考虑，任何从私人到公共用途的资源转移都会使私人部门资源减少。从这一狭窄的意义上讲，当今公共支出的负担必定由当今一代人承担。但是，从私人部门提取的资源可能来自消费或是来自资本形成这两种情况。在第一种情况下，现在一代的福利（按其消费来衡量）降低了，而未来一代的收入不受影响；在第二种情况下，现在一代的消费福利不受影响，而未来一代将拥有较少的资本存量，从而享有较低的收入。从这个意义上说，未来一代有了负担。如果我们进一步假设，税收收入来源于消费，而信贷财政资金来源于储蓄（在古典系统的假设下来源于投资），那么信贷财政就会给后代造成负担。

公共服务应在受益基础上得以筹资，根据这一原则，需要财政支持的支出的性质就变得至关重要了。在资本支出的情况下，公共支出的收益将延展到未来，因此就代际公平而言，要求负担转移是必要的。如前所述，这就是将预算划分为经常和资本预算的基础，前者是税收支持的，后者是信贷财政支持的①。

这一论证有某些限定条件：

（1）从税收类型角度来看，税收收入可能部分落到储蓄上。类似地，信贷资金可能部分落到消费上。不是所有的转移收入都一定提高消费。因此，赤字只是大致近似于从私人资本形成中提取资源。

（2）前面考察过的理性预期策略质疑这一观点，即个人对税收和信贷资金的表现会产生不同影响。作为理性的代理人，现在一代人在给政府贷款时，需要预期未来的税收，包括由其后代支付的，一定可以还此利息。因此，信贷资金会使第一代人处于与税收收入相同的境地。但是，当贷款人得到政府债券作为补偿的时候，难道纳税人的净值不会减少吗？答案是不会的，或者说理性预期学派是这么认为的。因为未来税收支出责任假设取消了这一收入的可能性。因此，无论采用哪种财政，公共支出都会减少私人部门的净值。按照这一“李嘉图等价”的观点，信贷财政可以确保负担转移，而税收财政则不能，这是毋庸置疑的；但是，如前所述，这一假设几乎并不符合实际②。

（3）我们的推理基于一个正常的古典体系的假设，其中，总需求水平不受税收财政和信贷财政之间选择的影响。一旦放弃这一前提，可能必须确定税收和信贷财政之间的选择以及财政货币政策的搭配，以便提供适当

---

① 参见第三十一章第四节。

② 参见第三十章第五节。

的总需求水平，而不是为了基于对代际公平的考虑。这一考虑在联邦层面尤为重要，因为稳定化政策是其职责；但这一假设对于州—地方层面可能就不太重要了，如前所述，在州—地方层面运用资本预算是比较合适的。

世代交叠的财政负担转移

如果不存在代际交叠的情况，私人资本的减少是让国内借款的负担可以转移给未来一代的唯一做法。但如果两代人在时间上重叠，那么这就不是必要的条件了。假设第一代生活在第 1 年到第 50 年，而第二代生活在第 25 年到第 75 年。同时假设所有的税收都来自消费。现在，可以要求第一代（在第 1 年）支付 20 万美元的税收来支持一个有 50 年寿命的政府大楼的成本。这么做的成本是减少其自身相同金额的消费。但是，接着在第 25 年到第 50 年，可能要从第二代收取 10 万美元的税收从而还款给第一代人，这涉及私人消费从第二代向第一代的移动了。通过这一方式，第一代虽然最初承担了整个负担，但也可以将部分负担转移给第二代。为了使第一代人放心，可能用债券的形式给予第一代一个偿还的承诺，随后将从对第二代征收的税收中来偿还。即使没有对私人部门资本形成的效应，这种世代交叠的负担转移也可能会起作用。

与这一情况相反，第一代人承担整个负担而不要求第二代今后偿还，第一代相当于送了一个礼物给第二代。这一机制在这样的情况下才适用，即实行了老年人退休金制度，最初的老年人无需纳税就可以受益。

对外债务的负担转移

在考察了内债的作用之后，我们现在转向考察向国外举借债务的作用问题。通过对外借款的负担转移机制在几个方面的不同。第一个不同点是，第一代无需削减开支。私人部门的支出可以保持不变，因为公共支出所需的额外资源会通过进口盈余从国外获得的[①]。信贷财政给第二代造成了负担，不过，它没有减少第二代在国内的资本禀赋，而是让其承担偿还外债

① 资本流入会使美元的价格上升，从而使进口品更便宜，并且抬高了出口品的成本。

的责任。现在所纳税收必须用来支付给外国人而非国内债务持有人的利息。第二代不再欠自己的债务了。如果存在国内信贷财政而导致资本形成下降，则第二代人就会遭受资本收益损失的痛苦；而现在，外债负担取代了第二代人原本要遭受到的这一痛苦。

现在，我们比较一下三个财政资金来源——（1）征税；（2）内债；（3）对外借款。假设（1）的负担立足于消费、（2）负担立足于资本形成，则（1）将使现在一代承受负担，而（2）和（3）让将使未来一代承受负担。尽管（2）和（3）在这方面是相似的，但它们之间的选择可能并非没有差别。答案取决于在国内或者国外的借款成本。如果成本相同（如果国内资本回报与国外利率相同），则第二代人的负担在两种情况下相同。但如果国内报酬率较高，则可能更倾向于向外国借款。

对外国资源的依赖并不一定要在国外直接销售债券，可以采取间接的形式。如果债务在国内销售，而且利率的提高会引发资本流入并再次出现进口盈余，也会出现类似的结果。如引导第一代人消费，这一代人就会再次避开该负担，而第二代则要支付利息，但第二代人必须与其外国所有人一起分享部分国民收入。这基本上就是20世纪80年代的情况，其在出现的时候是良性的，但随后必将付出代价。

州和地方政府的借款

在州和地方政府这两级，代际公平的问题最为尖锐。因为这两级政府负责大部分的公共投资支出并为之筹集资金。

假设一个乡镇将要建造一个学校大楼，大楼寿命30年以上。建造大楼的相关支出会要求该乡镇合计支出巨额的、一次性的增加。假如用税收筹资，那么将会需要大幅度地或者临时地提高税率。提高税率本身是不可取的，因为纳税人乐于生活在一个或多或少稳定的税率下。此外，更重要的是，把整个负担都放在这一特定年度纳税的人们身上是不公平的。由于大楼的使用将延续30年以上，因此只有将负担分摊到将受益于该服务的连续几代居民中才是公平的。在代际之间分配税负时，应使用收益征税原则。

贯彻受益征税原则，初始成本会通过借款得以覆盖，这通常在外市场借债。在随后的几年里，未来享有这些利益的几代居民，每年都会按照其当前的受益份额被征税。在该过程中，债务会在该设施结束服务前得以偿还。由于每一代人都为自己的利益份额买单，故代际公平这一模式可以实行①。这样，通过举债和分摊资产整个使用期内的债务负担而为教学大楼筹集了资金。这一做法形成了一个公平债务负担的模式，不仅在各年龄群体之间公平了债务负担，而且还在随着辖区人口因迁入迁出变化而变化的各居民群体之间实现了公平。

开发筹资中的负担转移

前面的讨论不适用于开发筹资和经济增长中的问题。虽然负担转移机制可用于分摊公共投资的成本，但它不能用于分摊（广义的）开发项目的成本，因为这类项目的目标就是要求增加资本形成总额（公共或私人）。但是如果公共资本形成是依靠信贷财政的，就会导致私人资本形成率的偏移性下降，那么在实现这一目标中就不会有收入。因此，不幸的是，通过国内借债以筹集资金的负担转移机制，在原本会是最合适的情况中并不适用。但就对外借款而言，情况就不一样，其作用将在“发展财政”这一章中进一步考察。

五、期限搭配和利息成本

如前所述，债务管理涉及每年需执行的大量的偿还业务操作。从事这些业务如对新增合计债务进行筹资一样，需要决定发行什么类型债务。这里的主要问题就是债务期限的选择问题。传统上认为，公共债务应该得到良好的“资助”，即是长期性的债券。因此，19 世纪的英国债务主要是以联合公债或永久性债券的形式，这些证券没有固定的到期日，但政府可以自由选择是否按市场价格赎回。这一规定将会保护政府，以免债权人在不合时宜的时候要求偿还债务。关于国债与各国政府在债务市场上的地位问题，现代观点是完全不同的。债务管理应遵循到期债务必须始终保证得到偿还的假设。尽管总债务可能会有增减浮动（这主要取决于稳定化政策是需要

① 参见第三十二章第三节。

赤字还是盈余），但也不期望过去累计的债务可以全部清偿。当特定发行债务到期时，它们将由另一批新发行的债务来加以偿还。未清偿的平均债务越短，退还操作的年度数量就将越大；但这些无需特别加以考察，也不是决定期限结构的决定性因素。

在这种情况下，财政应进行期限选择的基本标准是什么呢？一个可能的答案是，它应该选择债务的期限结构来使利息成本最低。由于借款成本往往随债务到期的情况而有所不同，因此，应选择那些投资者愿意以最低成本吸收的债务。政府应该从成本最低的供应商处购买铅笔，这是一个经济原则，同样表明政府应该向成本最低的贷款人借款。进一步思考，这确实是一个过于简单的原则，但让我们接下去先看看它意味着什么。

利率的期限结构

回顾20世纪期间的利率的发展历程，我们会发现短期利率常常接近或高于长期利率。这一模式在20世纪30年代的大萧条期间则相反，当时利率的总体水平急剧下降，短期利率降到了长期利率下面。战争时期，政府运用联邦储备政策维持这一低水平的利率，以实现低成本为战争债务筹资的目的。这需要商业银行吸收大量的债务份额，并要求相应增加货币供应。这一政策适合战争时期，一直到了50年代早期。财政部支持这一政策，这一政策受到了联邦储备系统的攻击。该政策被证实与货币限制的使用不兼容，因为联邦储备必须在需要防止债券价格下跌、收益上升时立即准备在公开市场上购买债券。这一限制被证明是站不住脚的，1951年财政部与联邦储备的“协议”使美联储可以自由增加利率水平。相应地，联邦储备政策也采用了“仅限于国库券”的政策，在该政策下，联邦储蓄局的所有公开市场操作将会以财政部国库券进行。在经过一段时间过渡之后，证券市场恢复了先前的较高利率模式，这时短期和长期利率水平更为接近，有时短期利率会高于长期利率。

图32-1表示了1960年以来短期和长期利率的发展。可以看出，总利率水平一直在上升，在1976年到1981年最为急剧。此后，利率呈下降趋势。短期和长期利率几次都出现了相互交叉，但长期债券的收益正常情况

下仍高于短期发行的收益。据说，收益率的“期限结构”是上升的[①]。

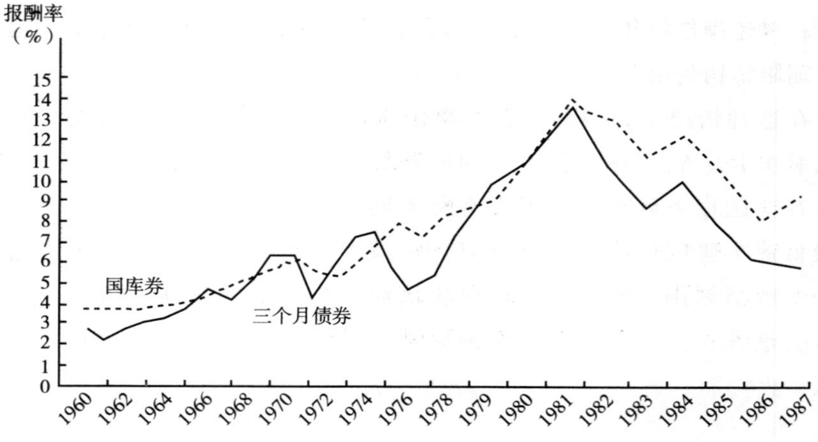

图 32－1　1960—1987 年短期和长期利率变化情况

资料来源：《总统经济报告》和《联邦储备简报》。

期限结构理论　经济学家试图在利率预期的基础上解释利率的期限结构问题[②]。在预期利率没有变化的情形中，该论证认为短期和长期利率没有理由不同。收益曲线是水平的。但假设现在出现了利率上升的预期。结果，贷款人或债务的需求者将长期犹豫不决，因为他们期望稍后获得更有利的条件。因此，对债务的需求将从长期市场转向短期市场。另外，借款人（或债务供给者）希望在成本上升之前借款。因此，债务供给将从短期市场转向长期市场。结果，在短期，债券需求大于供给，短期债务价格上涨，收益下降。同时，相较于供给，长期债券需求下降。结果，长期债券价格下跌，收益上升。因此，收益曲线开始向上倾斜。如果预期利率会下降，则会出现相反的结果。根据这一理论，长期利率开始反映未来短期利率的预期水平。

通货膨胀效应　那么，通货膨胀如何影响利率结构呢？通货膨胀对一

---

①　债券的收益是指赎回支付加上票息支付的现值等于购买价格时的内部贴现率。如果财政部按面值（即其赎回价值）发行一个债券，那么收益就等于息票利率。

②　关于这一理论的综述，参见 W. L. 史密斯，“美国债务管理”，研究论文 19，《就业、增长及价格水平研究》，经济联合委员会，美国国会，1960 年 6 月 28 日。对于原始陈述，参见 J. R. 希克斯，《价值与资本》，第二版，英国牛津：克拉伦登，1946 年，第 11 章。

般利率水平的影响是显而易见的。通胀确实会推高利率，因为贷款人希望保护自己，避免其债权的真实价值随价格上涨，而受到损失。因此，如果实际利率或在没有通胀情况下的回报为3%，而预期的通胀率为6%，那么名义利率将趋向于3%+6%，即9%。额外的6%是维持债券购买力所需的，而只有3%是真实意义上的净收入。这一通胀调整是20世纪80年代早期一般利率水平急剧上升的原因。

通货膨胀与利率期限结构之间的关系并不明显。只要通胀率保持不变（比如4%），在投资者预期通胀率会保持下去的情况下，“通胀附加费”也将保持在4%，从而不会影响期限结构。只有预期通胀率发生变化，期限结构才会受到影响。因此，预期通胀变缓会导致未来名义利率的下降，从而导致长期利率相较于短期利率下降；对于通胀率预期上升，情况则相反。

经常有人提议，通过发行长期债券，其赎回价值将会与价格水平指数化联系，这可以保护财政部和纳税人二者免遭不可预见的通胀率变化的影响。或者，也可以给债券一个固定的票面价值，但年度息票支付应随通胀率变动。然而，尽管这些方法貌似应对通胀问题都非常合理，但财政部迄今尚未发行此类证券。

期限结构和债务管理

现在我们重新考虑利率期限结构对债务管理的影响。而且我们还要考察：如果我们出售那些按当前收益衡量计算的到期日成本最低的债券，利息成本是否可以最小化？答案显然是否定的。假设财政部能以5%利率借款1年，以7%借款20年。这不能说采取一年期发行可取，因为到年底如果利率水平上升了，那么7%利息率借款的机会可能就没有了。或者假设，财政部可以5%借款20年，以7%借款1年。前一种选择并不一定更合理，因为可能还没到20年利率就下降了。最重要的是财政部预期利率向什么方向变动。如果债务管理者希望利率上升，那么适当的选择就是要长期借款；如果他们预期利率下降，则选择短期借款。一旦作出选择就无法摆脱，这一点很重要。即使利率可能下降，利息成本也必须在整个周期内严格执行合同规定；即使利率可能上升，低利率也会继续遵照执行①。因此，债务管理是一门艺术，要求对未来相当长时期内的市场前景有精准的评估。债务管理者寄希望于高通胀率将会结束，所以他们可能会倾向于在通胀期间发行短期债券。

但即使考虑了期望的利率变动，最低利息成本准则也不能提供足够的指导，还必须考虑持有长期和短期债务投资者的行为差异。毕竟，中央政府具有货币创造的权力，因而可以调节市场中的利率水平。中央政府总是可以用货币取代公共债务，无论是通过印刷机滥发钞票，还是更谨慎地向中央银行借款。用货币取代债务显然将会是处理该问题最廉价的方式，因为它不涉及任何利息成本。然而，它不会是一个圆满的解决方案，因为债务货币化将会导致流动性大幅增加，从而导致总需求水平过高以及通货膨胀现象。

从这个角度来看，不发行货币而发行债务的目的（或说用新债务代替待偿的待到期债务，而非使其货币化）是购买非流动性。必须使投资者相信持有债务胜过持有货币，而要这样做的方法就是要给予收益。这就出现了一个问题：一美元的短期债务是否如一美元的长期债务一样有助于减少流动性。如果长期债务使持有人的流动性降低，那么即使利息成本较高，财政也值得去发行这一类债务。因此，利息成本最小化的原则必须改述为：以最低廉的条件购买流动资产，而这些条件又与稳定化政策的目的相一致。

在延长需要偿还的债务时往往是具有限制性的，而缩短债务期限往往

① 假设财政部在一个 20 年期债券（如果按面值卖出）给定 6.5% 息票率的市场中借款 1 000 美元。在这种债券卖出后，假设 1 年后，19 年期债券的市场收益下降到 5.5%。结果，旧债券的价格将升至 1 117 美元，即 19 年到期的 1 000 美元现值加上 19 个经 5.5% 折现后的年度 65 美元的息票额。因此，假如财政部想要收回旧债券，即它将会以市场价格回购该债券并以 5.5% 重新发行新的 19 年期债券，那么它将会不得不筹集 1 171 美元而不是 1 000 美元来偿还借贷。这将会使其境况保持不变，因为两个现金流的现值——即 19 年后的 1 000 美元加上 19 个 65 美元的年度支付，或 19 年后的 1 117 美元加上 19 个经 5.5% 折现的 61.40 美元的年度息票金额——是相同的，且都等于 1 117 美元。类似的推理也适用于利率上升、债券价格下降的情形。在这里，用新债券取代旧债券不会有任何损失。即使前者可以以更低的价格收回，后者的息票率也必须相应更高。

是扩张性的[①]。延长偿还期会抬高对应于短期利息率的长期利率水平。过去，投资者愿意持有较多的长期债务和较少的短期债务。为此，投资者将要求长期债务提供更优惠的条件，而愿意接受不那么有利的短期债务条件。由于资本支出常常以长期融资为基础，所以长期利率上升对私人投资的限制影响将超过短期利率下降的扩张性效应[②]。短期债务更接近于货币，因此延长该债务具有限制性。

债务偿还（或债务替换）时应该进行这样的思考：在选择债务类型或增加债务以解决赤字的时候，或在选择因盈余可以用来减少债务而即将收回的债务类型的时候，也应该进行同样的考虑[③]。无论是哪种情况，债务管理都可以用来支持当前稳定政策的扩张性或限制性效应。结果，短期政策目标可能是确定债务管理政策的决定性因素，而不是利率变化的长期预期及其对利息成本的影响。

---

① 联邦储备公开市场操作中也会出现类似的问题。然而，这种操作只涉及债务和货币之间的互换，而不涉及各债务类型之间的互换。少量的储备贷出特征增加了债券和货币之间交换的可能性，这时，在准备金率为20%的情况下，用100美元债务替换100美元货币可能会迫使货币供应减少500美元。这一乘数效应在不同类型债务交换时不会产生。然而，即使在这种情况下，银行也可能会被诱导更充分地利用超额准备金。或者，如果短期债券替代长期债券可以促进储备资金的流动性的话，银行也会扩大使用折扣，从而使“二级准备金”的持有量增加。

② 考虑这样一种情况：在货币、短期债务、长期债务和真实投资或权益之间选择的一个投资者，他将在这些资产中权衡这些投资组合，以决定按照既定收益的最佳投资组合。对于整个市场而言，对各种资产的需求和供给将产生不同的收益结构。如果用长期债券代替短期债券，那么市场持有的长期债券更多、短期债券更少。那些选择较多长期债务的投资者必须放弃一些其他资产，而那些减少持有短期债务的人们必须购置其他资产。情况很有可能是，前一种投资者希望放弃权益持有份额，而后者将希望转向货币。原因在于，长期债券由于流动性不那么高，所以是更相近的权益替代品，而短期债务则是更相近的货币替代品。因此，获得股票基金的成本将上升，投资将下降。如果债务被缩短，情况则相反。

③ 很容易发现，缩短既定债务期限具有扩张效应，而对短期债务的实际延长时间要比对长期债务的实际延长时间更具限制作用（或者说扩张性较弱）。但很难从债券本身角度评价一种特定债券的实际延长时间所产生的效应。

考虑实际延长长期债券的时间。结果是，投资者必须持有的债权和证券的总量会增加。由于他们的偏好要求债权组合必须平衡，所以他们并不希望让长期债券承担所有的增量，而是尝试用其他资产替代。这将增加长期债券的收益率，从而有可能产生抑制效应。然而，不仅长期债务的增加将导致对短期债务和货币的需求增加，而且还会产生一些用股票替代的愿望。就这发生的情况而言，获取股票基金的成本降低，投资会增加。延长长期债券的扩张效应虽然比实际延长短期债券的扩张效应低或者说限制性更强，但就其本身来看，增加较长债务的效应可能会朝着任一方向发展。参见詹姆斯·托宾，“论债券管理的原则”，收入货币信贷委员会编撰的《财政与债务管理政策》，普林提斯—赫尔出版社，1963年。

除短期调整以外，还有一个问题：即对大部门未清偿债务而言，什么构成了一个“健康”的债务期限搭配。如前所述，长期债务的债务清偿量较少，但这不是一个决定性的因素。既定债务规模，如果是短期债务，将使经济处于更具流动性的状态，从而往往可能会增加其波动性。结果，稳定政策的任务将会变得更为困难。另一方面，债务时间太长可能会导致金融结构僵化，无法提供必要的流动性。无论是哪种情况，大部门都取决于货币存量的大小。与较多货币存量相结合的较长期债务对私人部门流动性的影响，类似于期限较短的债务与较小的货币供给相结合所产生的影响。在缺乏较好推理的情况下，就会有下述观点：与几乎完全短期或几乎完全长期的债务结构相比，长达 15 年的“良好平衡”的结构会更好。

六、州和地方债务的市场

州和地方政府的债务管理问题与联邦层面的完全不同，它们更像是试图在市场中获得资金的私人投资者。无论是从需求端还是供给端来看，该差异都是存在的。在需求端，州和地方政府借款主要发生在要为大量资本支出筹资的时候。由于第四节中提及的那些理由，举债而不是征税以筹集资本支出资金是谨慎的选择。因此，州和地方政府借款的理由完全不同于联邦政府，稳定政策是联邦借款的主要决定因素。在资金市场的供给端，一个州或地方政府与联邦政府不同，它们无法控制它必须拘役借款的货币市场的形势。它能做的最多就是随行就市，尽可能寻求更优惠的条件来获得资金；举债的成本差异颇大，取决于管辖区的财政状况及其“信誉率”。

目前，州和地方债务超过了 5 000 亿美元，在过去十年中，平均每年增加约 150 亿美元。它的增长率相对于联邦债务及 GNP 的增长率略低。该债务大部分是长期的，而且形式多样，其中包括一般支出责任债券和特别收入债券在内的各种形式。后者由特定机构或公共单位发行，例如州、市或其他细分单位运营的水或电力公司，这些单位的利润可以确保用于偿债付息。各个借债辖区对可用资金付出的成本构成了州和地方政府提供公共服务（如公路和教学大楼）上的一个重要因素。无论是从全国的角度，还是州和地方的角度来看，这种公共支出都是重要的，因此州和地方借款成为财政联邦制中的一个补充性的问题了。

免税与直接利息补贴

如前所述，联邦政府通过在联邦所得税下从应税所得中扣除州和地方政府的利息[①]，为他们借款提供了一般性支持。在其他情况相同的情况下，一个边际税率为28%的投资者将愿意用收益4%的市政债券替代收益5.6%的公司债券。这一税收优势将资金转移到了免税市场，从而降低了州和地方政府借债成本。如前所述，1986年边际税率削减改革大大减少了这一优势。

但这一特定的援助形式也受到了批评。首先，它干扰了所得税结构的公平性。获得免税利息的高收入收款人，相对于从其他来源相等收入的收款人支付更少的税收。此外，免税的价值会随税率档次不同而上升，从而干扰了纵向公平。单从这些方面看，最好提供给人们与税收优惠无关的援助，这是人们所希望的。此外，对于利息节约而言，免税会让州、地方的收益变小，比对于联邦政府来说相同成本的直接补助所带来的收益少。

除去如何最好地支付利息，还有一个更深入的问题：是否要求在州和地方层面支付利息上的一般性援助。在用于资本支出的州和地方借款的情况下，这种支持等价于一个对资本支出的对称性补助。从这个角度来看，问题就是：无论对于溢出效应还是有益商品，作为一个组别的资本支出是否应优于经常支出，因此值得特别补贴？答案似乎是否定的。除了政治和宪法史规定条文方面的问题（早期观点是州地方机构发行的债券应免税）以外，对利息支出的一般援助的前提条件似乎有待商榷。

选择性对州和地方借款的支持（类似于类别性补助的情况）可能更为合理。在这方面，政府正考虑建立一个金融中介银行机构，其本身将会在市场上借款，然后再贷款给市政当局。这种银行在克服信用评级系统所带来的武断性元素中有重要作用，而且它将会通过分散风险来降低较小市政当局的借款成本。另一方面，它也可能将政治性偏见的元素引入到可用资金中。在其他方面，建立这种银行机构有助于稳定借款成本的周期性波动问题，并有助于调整货币政策变化对资本市场这一特定领域严重不均衡的影响。

---

① 参见第十九章第四节。

工业收入债券

最后，应该注意过去几十年中工业收入债券的增长。此种债券由州和地方辖区发行，获得的收入用于建设可以租赁给私人企业的工业设施。近些年来，这种做法已经推广到发放抵押基金上了。通过联邦免税法的规定来降低资金筹集成本，就演变为应该用什么基本的手段来发展私人企业这样的政策。从某市政当局的角度来看，这是一个吸引企业到其地区的工具。但这种政策从全国的角度来看是不合理的，因此已经采取了各种各样的限制。根据1986年税改规定，符合利息削减的这种债券，不允许把25%以上的收入用于贸易或业务上，但州或地方政府除外。

七、本章小结

长期以来，联邦债务的增长及其对经济的影响一直是个备受争议的热门话题，尤其是在当前联邦赤字上升的背景下。

1. 公债中大约80%是联邦债券，20%是州和地方债券。

2. 联邦债务的增长应结合GNP状况进行考察。在第二次世界大战结束时，GNP与联邦债务的比率达128%，随后在1980年下降到35%，并在1988年前又达到50%以上。

3. 利息支付与GNP的比率从1946年的2.4%下降到了1970年的1.4%，然后到1980年上升到2%，在1988年前超过3%。

4. 超过70%的联邦债务是可兑换债务。

5. 商业银行、保险公司和储蓄机构是联邦债务的最大持有者。

6. 三分之一的待偿债务到期期限不到一年，只有16%的债务超过10年。

7. 联邦债务的业务包括大多数以按揭信贷形式对外的借出。

在研究了联邦债务的增长和结构之后，我们转向未偿还债务对经济的影响。

8. 担心未偿还债务无法按期偿还是毫无根据的。按照公共债务的性质，到期公债是以新债换旧债，而不是偿还。

9. 然而，利息支付与GNP的比率的上升问题产生了负担，因为需要征税才能支付利息，但征税会带来重负损失。

10. 然而，即使在悲观假设下，未来这一比率的未来增长将是温和的，而且现在也不是爆炸性的增长。

11. 预算中利息支付率的上升往往会挤出其他公共项目。

12. 通货膨胀可能充当了一个隐形形式的拒绝偿还债务形式，但从大量联邦债务都是十分短期的这一事实来看，这不是一个主要因素。

我们接下来注意到联邦债务作用是经济体流动性结构的一部分。

13. 公共债务是金融机构，特别是商业银行、保险公司和货币市场基金的重要宣传工具。

14. 该债权高度短期的性质使得公债的流动性增加，成为了一个较相近的货币替代品。

仔细考虑了债务筹资是否会给后代带来负担的问题。

15. 就代际的公平而言，对后代的负担转移对于公共资本支出的筹资是合适的。

16. 考虑了负担转移的各个机制，包括：（1）资本形成减弱问题；（2）带有世代交叠的转移问题；（3）国外债务转移问题。

17. 依赖外部资源不一定涉及债务的外国吸收，而可以采取资本流入以及相关联的进口盈余的形式。

考察了利率期限结构及最优到期搭配标准。

18. 长期利率高于还是低于短期利率取决于利率是预期上升还是下降。

19. 选择到期结构可以视为以最低成本购买流动性的一个方式。

最后，简单考察了州和地方债务市场。

20. 州和地方债务的市场具有很强的层次，其收益取决于辖区的信用评级。

21. 从联邦所得税中扣除对这种债务的利息支付额，就可以降低州、地方政府的借债成本，尽管这样做效率不高。

22. 州和地方借款不断地以工业收入债券的形式借债，这一做法具有争议；因为这些收入债券主要是在税收减免的保护伞下为私人企业筹集资金使用的。

推荐阅读

Barro, Robert J.: "Are Government Bonds Net Wealth?" *Journal of Political Economy*, December 1974.

Ferguson, J. M. (ed.): *Public Debt and Future Generations*, Chapel Hill: University of North Carolina Press, 1964. 本书包含关于代际公平问题的文章选集。

Tobin, J.: "An Essay on Principles of Debt Management", in Commission on Money and Credit (ed.): *Fiscal and Debt Management Policies*, Englewood Cliffs, N. J.: Prentice Hall, 1963.

第八部分　国际问题

第三十三章
财政的国际协调

财政问题最有趣的地方在于其和国际环境的相互作用。许多传统上只在国家财政范围内处理的问题，在国际贸易、资本流动、国际组织如联合国以及贫穷与富裕国家之间关系的应用中正变得越来越重要。本章对这些新的领域进行了简要概述。

▶ 本章内容提示

随着世界经济相互依赖度增加，财政问题的国际方面也逐渐成为人们关注的对象。欧洲经济体组成共同市场、跨国公司地位日益提升、联合国和北约（NATO）等组织联合进行的融资活动，以及对国际收入分布不均的关注，均显示了国际财政协调的重要性。大体来说，这些问题类似于我们之前在联邦国家范围内对各成员辖区之间关系的讨论中遇见的问题[①]，但实际上，这两大问题之间还是有所区别的，主要体现在：现在讨论的问题涉及范围较广，而且国际合作和协调的难度较大。由于前文已考察过稳定政策之间的协调问题，此处不再赘述[②]。

一、税收协调简介

税收协调是国际财政协调中讨论最多的部分，并且已经有各种手段解决这一问题。每个国家必须决定如何选择对其居民的境外收入和境内外国人的本国收入进行征税。同样，它还必须决定要如何将产品税和销售税运用于进出口。这些决策往往与其他国家相联系，而国际税收协定就是协调上述问题的一个手段。

随着税收政策范围从国内扩展到国际，对传统话题，例如人与人之间的个体公平需求，以及对资源配置效率的影响，必须重新加以考虑，同时还产生了一些诸如国际公平的新问题。

个体间公平

如果一个人从不同国家获得了收入，那么他或她就必须向多个国家税收当局纳税。例如，美国居民 A 先生一年中的部分时间在英国，并向英国支付其在英国的工作收入税。或者，他可能在英国投资并获得了分红，这些收入也要缴纳英国税。同时，他还在美国获得收入，并向美国纳税；而另一居民 B 女士获取了同样多的收入，但这些收入全部来自美国。横向公平是否要求 A 先生支付与 B 女士相同的总额税负（国内加国外）呢？或者，

① 参见第二十八章第一节。

② 参见第三十章第三节。

美国是否应该简单地将 A 先生支付给其他国家的税负从其收入中扣除，并仅从美国税收的角度来均等税收负担呢？在第一个情况中，公平问题必须从国际的角度加以阐述；在第二个情况中，阐述公平问题则必须从国家的角度出发。

国家间公平

在解决税收馅饼如何在各国财政之间划分问题时，出现了一个更深入、更明确的公平问题。这一问题虽然表现方式不同，但它的出现与所得税和产品税有关。

在所得税及利润税方面，一般认为，收入发生国（也称为“来源国”）有权利对该收入征税，但问题是：税率多少？英国如果对美国资本在英国的投资收益征税就会减少美国的净收入。在这一方面，它不同于美国财政部对这些资本课征的附加税负。后者对美国不会造成损失，而只是在美国居民和美国财政部之间的一个收入转移。因此，美国遭受的国家损失仅取决于用过对美国资本征税的税率。国家间公平存在一个合理的观点是：应允许来源国向外国投资者的收入征税的税率和外国向其居民从海外收取收入的征税税率相同。这就是所谓的互惠原则。

在产品税方面，由于价格变动可能会给外国人造成负担，所以公平问题与价格变动的可能性有关。例如，如果 A 国对出口商品征税，则出口商品的成本增加。如果该国控制了该出口市场，那么出口商品价格将上涨，外国消费者就必须支付更多。这样，一部分税收负担会转嫁到国外。同理，如果对进口商品征税，那么外国供给商可能发现，他们必须以较低的纯价格出售产品。于是，一部分税收负担又转嫁了出去。如果一国必须缴纳自己的税收的标准得到认可，那么，上述负担转嫁可以认为是与国家间公平原则相悖的。

效率

差别性的利润税税率，或如前所述的差别性的财政纯利润，或差别性的税负，都将影响经济活动的地点选择，而且会将资源从其最高效配置效率中抽离出来。例如，如果投资者 C 先生发现其在意大利投资的税负低于美国的，那么他就会把自己更多的资本投放到意大利，如果没有税收差异的话，这种事就不会发生。那么问题来了，应如何协调国际投资所得的税收问题，才能防止对全球的资本配置效率的干扰呢？国际税收中性原则并非是唯一可能的标准。贯彻“国家效率”原则（不久就会提到）也应成为国际税收的目标，在这种情况下，就需要进行另一种财政安排了。

产品税的差别税率也会导致低效率，但表现形式不同。如果在生产者阶段征收产品税（而不是零售阶段），那么这种税收就会影响到在各个国家生产某一特定产品的相对成本。结果是，决定生产地点的因素就不是由高效贸易所要求的比较优势（或相对资源成本）决定了，而是差别税负成本。

二、所得税和利润税的协调

有了上述一般性原则，我们现在可以考虑如何把这些原则运用于一些主要税种的协调了。首先从所得税和利润税开始。

劳动所得课税

美国（像大多数其他国家一样）保留了自己对其居民所有收入（无论哪里）征税的权利。D 女士一年中的 6 个月在英国工作，然后返回美国。她将支付对其在英国工作收入的英国税负。在确定她的美国税额时，她必须将把其英国的工作收入计算在内，但她可以将在英国的已纳税额和美国应纳税款相抵。这样，她的最终赋税就如同她所有收入都是在美国工作所得的一样。只要她在同一笔收入（英国获得的）上向英国缴纳的税额没有超过美国对这笔收入的应征税额，就必须至少要履行这一程序。如果超过了，也不会退任何税款，她的合计税负会高于其在美国取得的这笔收入的美国税负。然而，已经是外国居民（即在国外居住满 11 个月）的一个美国公民可以从其海外赚得的收入中扣除 90 000 美元，而不用征美国税。

因此，总的原则是，允许来源国对收入征税，而后由原居住国给予抵免。

这一做法与下述国家间公平的概念是一致的，即来源国不应对外国人的收入实行歧视，但可以将其自己的税率对其征税；由原居住国给予抵免。尽管这会对原居住国的财政造成收入损失，但这一做法与国际上对个人间公平的看法是一致的①。

战后欧洲劳动流动性增加，于是，如何对待享有社会保障的流动工人就成为一个重要问题。一般的政策是要无差别地延展社会保障福利，包括对其仍保留在本国的家庭成员提供家庭津贴。因此，各国之间社会保障收益上的差异就成为了吸引劳动到高收益国家的一个重要因素，结果是实际工资差别进一步扩大。

资本所得课税

该问题中最重要和最复杂的部分就是外国投资所得的课税问题，包括由自然人和法人获得的外国投资所得的税收待遇问题，而法人外国投资所得是其重要的方面。

目前美国的做法 目前适用于美国的外国投资所得处理中的主要规则如下：

1. 居住在美国并从国外收到投资所得的私人投资者会支付由此产生的个人所得税。一般说来，所得来源国政府通常会征收一个（比如说）15%的“扣缴税”，这一税以后可以和美国税相抵免。反之，美国也可以征收一个类似的“扣缴税”。而扣缴税率水平一般会在国际税收协定中达成一致。

2. 在海外拥有分公司的美国公司将发现，分公司的利润受制于在其所在国的企业税。美国税法规定，母公司及其分公司的利润应被视为一个单位对待。外国征税之前的国外分公司的利润包括在母公司的应税利润中，然后外国税收再从美国税收中予以抵免。一般来说，外国对汇回的利润不征预提税。只要外国利润税不高于美国的税负，那么不管利润是来自国内还是外国分公司，对该美国公司来说都无关紧要。

3. 从重要性上看，这两个情况都不能与外国注册子公司的情况相比。尽管所有权归美国的母公司所有，但该外国子公司在国外注册成立，在法律上是一个单独的法人实体。其利润应缴纳外国公司所得税，而美国的税负则会“递延”，直至子公司的利润通过作为股息支付给母公司汇回国内时

① 请注意，美国居民，无论其收入在国内还是国外获得，都将在相同档次的税率纳税。不过，适用于英国税收将仅与源自英国的收入有关。有些人可能认为，英国有权利以适用于外国人的总收入的税率征税。

才可对其进行征税。此时，这种利润才会缴纳美国的公司税。据以征收外国利润税的利润总额应计算在美国的应税利润额中，然后，再以外国税额和美国的应纳税额抵免①。由于外国税负（利润税加上扣缴税）高于美国税负，所以汇回的外国收入会支付一个额外的税负。同时，留存在国外的利润只受制于外国利润税负，税收的高低取决于公司所在国，可能高于或低于美国税负。

评估

在评估这些安排时，我们考虑了以下优点：（1）外国税负抵免的好处；（2）递延征税规定的好处。

外国税负的抵免和扣除 将外国公司税从美国公司税中的抵免会产生税收中性。只要外国税负（即公司税加上扣缴税）不高于美国税负，结果就至少如此。由于无论资本在国内还是国外美国税率都适用，所以税负对投资选择的影响会被中性化。因此，在全球基础上资本资源的高效配置不会受到干扰。

这是一个重要的优势，但它不是看待问题的唯一方式。尽管抵免是一个有效解决全球资本资源的方法，但从国家的角度来看并未如此。假设，在美国和英国两地的投资都会产生10%的税前收益。进一步假设，两国的公司税税率都是34%，这样留给投资者的净回报为6.6%。然而，从国内角度看，美国的投资回报为10%，其中6.6%给了投资者，3.4%给了美国财政部。后一份额是对投资者的损失，而不是对整个国家的损失。然而，美国在英国投资的回报仅为6.6%，而进入英国国库的3.4%的份额对美国这个国家就是损失。我们认为，就国内效率而言，资本输出水平必须低于国际效率认可的水平。而这一点又要求资本输出水平必须低于世界效率标准。

投资者将一致进行对外投资，直到国外投资净收益与国内投资相同。在该抵免策略下，将出现以下情况：

---

① 假设100万美元的外国工作收入必须缴纳一个35%的外国公司税，即5万美元税款，留下65万美元。这些工作收入要被汇回本国。汇回的时候，适用一个15%的额外的外国税负（扣缴税），即97 500美元，这样净利润减至552 500美元。在计算美国税负时，28%的税率适用于100万美元，这样毛税负为28万美元。35万美元的外国税负加上97 500美元需要抵免，并且全部抹掉了美国税负。该投资者的合计税负等于35万美元加上97 500美元即447 500美元，即税率为44.75%。

$(1 - t_{us}) r_{us} = (1 - t_{us}) r_f$

其中，t_{us}和t_f是美国税率和外国税率，r_{us}和r_f分别是美国和外国的回报率。这样，外国投资就会一直进行，直到：

$r_{us} = r_f$

这样，世界效率的要求也得到满足。但如果假设外国税负从美国的应税收入中扣除而不是从美国税负中抵免，在使来自国内外投资的净回报相等时，投资者就会进行国外投资至：

$(1 - t_{us}) r_{us} = (1 - t_{us})(1 - t_f) r_f$

即 $r_{us} = (1 - t_f) r_f$ 的水平。这样，扣除法就满足了国内效率要求。

两个方法中哪个更好，答案显而易见。从美国投资者的角度来看，由于外国投资的税后所得更多，因此抵免方式更为有利。在美国工作收入者等其他人看来，扣除法可能更好。在更多资本留在国内的情况下，本地劳动将更有生产力，工资将更高。因此，就美国的国外投资而言，美国在国外的投资者和外国工人存在着一种共同利益（两者均受益）；美国工人和境外资本的外国所有者也存在着一种共同的利益关系（两者均亏损）。

递延　递延规定基于下述虚构假设即外国子公司是一个真正单独的实体。因此，它似乎与抵免规定相矛盾，因为抵免规定的潜在依据是子公司的税收实质就是母公司的税收。诚然，如果外国税负不低于美国的税负，那么递延对母公司没有什么影响。在欧洲国家的投资往往就是这样，但对税率更低的发展中国家的投资则不然。至少在 1981 年公司税降低之前，情况就是如此。所以，低税（所谓的税负天堂）国家就给予公司优惠，以促使其不把子公司的利润汇回国内，引导其利润投资于本国内。20 世纪六七十年代，各国采取了各种措施来限制这种避税行为，但它至今仍是一个问题。

深入探讨美国政策问题

与美国对外国投资所得征税的两个问题需要进行深一步的考察。一个问题是由国内国际销售公司（简称 DISC）规定提出的。这一规定制定于 1971 年，该规定旨在将税负递延的优势扩大到从事出口活动的柜内公司的经营所得。有人认为，如果没有这种扩张，国内出口企业相比于外国分公司会更不利。对这一规定一直是有争议的，不仅是因为很难把递延税负的优势限制在出口品的生产商，而且相对来说对外国分公司递延的限制可能是恢复平衡更好的方式。此外，有人认为，该规定与禁止出口补贴的 GATT 规则相冲突。

另一个有争议的问题起源于美国石油公司对外国政府的特许权使用费。这种使用费在被伪装成利润税的情况下，可以从美国税负中抵免。由于这种费用往往反映在价格中，因此将它们处理为间接税负似乎比较合适。如果这样，这些特许权使用费就已被视作一种所得扣除，而不是一种税负抵免。

利润税基的国际分配

我们认为，一个国家应有权利对来源于其境内的利润征税；但在存在跨国公司的条件下，运用这一原则应首先确定在不同的国家获得的利润份额，这是必要的。确定利润份额并不是一件简单的事。假设一个美国公司在加拿大运营了一个子公司，根据国家间公平规则，加拿大有权对这一子公司的利润征税。但是，这些利润应如何以一种有效方式从美国母公司的利润中分开呢？如果母公司和子公司之间存在内部贸易问题，那么利润可以很容易从一个国家移到另一个国家，如果这样，则这些利润纳的税就比较低了。如果还涉及不同国家的多层子公司时，那么困难就更多了。

各国已经努力制定了一些防止利润转移的规则，比如，应在“独立距离”（arm’s - length）基础上确定价格，即确定的价格应等于该交易在独立公司之间进行交易的价格。鉴于在对相互关联的企业分别进行利润核算这一固有的难题，有人认为可以采用另一个完全不同的方法，即在不同国家之间分配跨国公司的利润税基时，不应以子公司所在地来划分，而是以整个企业集团所获得的利润。这种国别利润来源可以用一个公式来近似地求得，这个公式的税基包含增值额和销售额。虽然这一办法很吸引人，但这一方法需要一个国际税务管理机构来执行，因此它仍然只能停留在理论层面而已①。

① 参见 P. B. 马斯格雷夫“税基划分与跨国公司”，《财政》，第 4 集第 27 卷，1972 年。也可参见州际间公司税分配产生的类似问题，第二十二章第五节。

三、产品税的协调

对产品税进行协调必须考虑多种因素，包括效率、国际收支状况和财政收入等。

效率方面

在所得税的情况下，我们主要关心税对资本流动的影响，而现在我们把注意力转到产品税负对产品流动的影响问题上。该假设存在浮动汇率的条件下，我们来讨论这一问题。

如果每个贸易国都专业化生产其具有比较优势的产品，那么所有贸易国都将受益。这就是国际贸易可以自由流动的前提条件。假设 A 国在生产产品 X 方面具有比较优势，而 B 国在生产 Y 方面具有比较优势。因此 A 国将出口 X 产品、进口 Y 产品，而 B 国进口 X 产品而出口 Y 产品。然而，随着生产成本的增加，A 国会自己生产一部分 Y 产品，B 国也会自己生产一部分 X 产品。A、B 两国的情况都会比进行贸易之前好得多。通过出口 X 产品和进口 Y 产品，A 国获得的实际收入比它在国内生产全部 Y 产品要高得多。B 国也是一样。

现在考察一下这个场景如何受到各个税负的影响。为此，我们首先区分消费税和产品税。消费税即“终点税”，是产品最终被消费时征收的税，产品税即“产地税”，是产品被生产出来时被征收的税。在决定各种税负是否会干扰生产地点的选择时，一个关键问题是该税负是否会影响国内生产商品和进口商品的相对价格。如果会，那么消费者将用一个商品代替另一个，生产地点就会不同于中性税收下的情形。

终点税　除非国内生产商品和进口商品之间有明显的歧视，即除非该税负是进出口关税，否则终点税负是不会干扰生产地点的。

假设 A 国对所有 X 和 Y 产品，包括国内生产商品和进口商品，都征收一个一般性税负，如零售销售税。由于 A 国的消费者会发现进口商品和国产商品的相对价格没有变化，所以这种税收对贸易并没有影响[①]。接下来，我们再假设该税负仅适用于 Y 产品，无论是进口还是国产。结果是消费者将增加其对 X 产品的消费，减少对 Y 产品的消费。这一调整可能会影响贸易水平，但在新水平上两个产品的生产地点，仍然根据比较优势而确定[②]。

如果 A 国只对进口的 Y 产品征税，即征收关税，情况就会大不相同。此时，税负将作为国内生产商品和进口商品相对价格之间的一个楔子发挥作用，导致 A 国消费者用国产的 Y 产品代替进口商品。随着进口数量的下降，用 B 国货币表示的 A 国货币价格将会上升。因此，A 国的 X 产品出口也将下降，直到在一个较低贸易水平上建立一个新的均衡，这时，在 A 国和 B 国之间进行 X、Y 产品的生产时，其分工的效率就不如以前高。

这种税负即关税阻碍了高效的贸易，近几十年来，人们做了大量努力来减少贸易壁垒，尽管当前的趋势可能又会有所逆转。

产地税 现在转向产地税的问题，我们发现，虽然无意歧视外国产品，但扭曲现象还是出现了。

首先，我们假设 B 国对 X 和 Y 两种产品都征收了一个一般性产品税，比如说 10% 的制造货物税。结果，B 国物价会根据该税负的出现而上升。B 国的消费者发现国内生产商品的价格相对于进口商品上涨了，就会购买更多进口产品。A 国的消费者则会处于相反的位置。于是，B 国的出口商就会把该税负加入产品成本，这样 A 国的消费者会发现进口产品的价格上涨，并减少进口产品的购买。在灵活汇率制下，对 A 国货币需求的增加与对 B 国货币需求的减少，将导致 A 国货币价格的上升高于 B 国货币的价格。这将压制 B 国消费者愿意进口更多产品、A 国消费者愿意进口更少产品的欲望。进出口产品的相对价格会保持不变，贸易实际上不受影响[③]。

如果 B 国仅向一种产品，比如出口品 Y 征收生产税，那么情况就不同了。A 国的消费者会再次发现 Y 产品的成本增加了，并将用国内生产的 Y

---

① 如果一般性销售税加到了价格里，同时使得 A 的要素成本不变，则无需多说。但是，如果价格保持不变而要素成本下降，那么就要进行汇率调整，以增加用 B 的货币表示的 A 的货币价格，但实际上，贸易未受到影响。

② 这里我们并没有研究在 X 和 Y 之间消费选择的扭曲而产生的无效率问题，本处只研究对生产地点的影响问题。

③ 准确地说，如果政府支出和在没有税负情况下私人支出的情况类似，那么贸易将保持不变；但即使需求模式发生变化并影响贸易，新的贸易模式也会继续有效地对新的需求结构产生反响。

产品进行替代。由于 A 国进口较少的 Y 产品，所以以 B 国货币表示的 A 国货币价格会上涨。B 国消费者会发现进口成本增加，于是对 B 国的进口减少。这样，在较低贸易水平上又建立了一个新的均衡，而生产地点的安排上已经发生了变化。A 国现在比以前生产更多的 Y 产品，B 国生产更多的 X 产品。据此可知，在 B 国对 Y 征收选择性产品税会产生一种扭曲效应，该扭曲效应类似于在 A 国对 Y 征收进口关税后所产生的效应。

假如 B 国允许出口的 Y 产品退税，那么这一扭曲效应就可以避免。B 国的退税行动应该是可以防止 A 国进口品 Y 的价格上涨，所以国产 Y 产品也就难以代替进口 Y 产品。通过退税制度，B 国对 Y 的税负将会从产地税转变为终点税。相当于是 B 国对 Y 的一个零售销售税。如前所述，只要零售销售税同时覆盖了进口产品和国内产品，就不会扭曲生产地点的决定。

如果 B 国对产品 X 征税的，情况也类似。B 国的消费者将用进口 X 进行替代，并作出相应调整。最后，真实的贸易水平会有所增加，但生产地点会再次被扭曲。同以前相比，A 国生产比以前更多的 X 产品，B 国生产更多的 Y 产品。在这一情况中的扭曲可以通过让 B 对 X 产品征收补偿性的进口关税而得以避免。税收形式也可以再次转变为一个终点税（对 B 国正在消费的所有 X 产品征税），同时也不会对生产地点产生扭曲性的效应。

国际收支方面

在固定汇率制的条件下，也会产生类似的对生产地选择的效应问题。然而，目前不存在一种可以调整汇率的均衡机制，而另一个国际收支效应问题却已产生。课征某些税负使得进口品增加、出口品减少，从而恶化贸易收支平衡，引发国际收支赤字①。终点税仍然是中性的，但产地税却使国家的支付平衡状况恶化了，尽管关税可以改善支付平衡状况。这时，实行

① 固定汇率和灵活汇率之间还有两个差异需要注意：

1. 在灵活汇率的情形下，一般性起点税对贸易没有影响，但在固定汇率的情况下确实是重要的。如果 B 国征收一般性起点税，则 B 国在 A 国的产品的成本将上升，B 国的出口将减少。与此同时，国内产品的价格相比进口商品价格将会上涨，B 国就会增加进口。因此，B 国会有支付平衡赤字，该结果与货币升值的结果相同。2. 随着 B 国征收一般性起点税，对支付平衡的效应就会因为增加出口退税和补偿性进口关税而被中和掉了。然而，这种情况是基于 B 国价格会随着税收上涨这一假设。如果（只是设想而实际不可能）要素价格下降而商品价格保持不变，那么就无需退税和关税了。GATT 规则是基于物价上涨的前提基础之上的。

出口退税和补偿性进口关税，不仅能预防生产低效，还能使产地税的支付平衡效应中性化。在五六十年代时期，各国制定了很多当今使用的国际惯例，比如《关税和贸易总协定》（简称 GATT）和共同市场政策。而且当时的背景是固定汇率制。因此，效率和支付平衡问题都是人们考虑的因素，支付平衡问题尤其得到重视。自此，汇率制度逐渐自由化，支付平衡效应的影响也逐渐降低。

关贸总协定（GATT）规则

为了实现上述目标，GATT 规定，一个国家可以对出口的产品实行出口产品税退税，因为产品税是进入生产成本的，同时还可以对进口产品征收一个补偿性进口关税[①]。工薪税和公司税不能被抵免，因为公司税被认为要由利润覆盖，而不是成本的一部分。

美国的实践符合 GATT 规则，在生产环节征收的货物税在出口时得到了补偿。但由于美国产品税主要是在零售层面征收，所以退税数额是有限的。虽然进口产品和国产产品都要缴纳零售税，但出口产品却不用缴纳。在欧洲国家，产品税通常在早期的一个或多个环节征收（如增值税），所以出口退税数量就较大。美国出口商抱怨指出，欧洲国家的出口商因为可以抵免更多税而获得了一个竞争优势。有人因此也提出主张，认为美国也应实行增值税。但该主张忽略了一个事实，就是更高的产品税也会增加成本，因而需要更多退税收益来进行补偿。如果没有，欧洲生产商将会处于竞争劣势。

共同市场政策

共同市场的目标超越了 GATT 的目标。虽然出口退税和征收补偿性进口关税这些方法可以缓和产地税对贸易和支付平衡的影响，但仍然有必要建立“财政边界”以确定何时退税或征收关税。然而，人们希望随着共同体内部关税的取消，财政边界也可以被拆除。为了既能保持税收中性又能使这一希望得以实现，各国已经决定在所有成员国内统一增值税税率。现在这一目标尚未实现，但这一目标会使出口税和补偿性进口关税失去了存在

---

① 参见 GATT，《关税和贸易总协定》，第二部分，第三条和第十六条。

的必要性，因为所有产品都必须支付相同的税负，而与市场内的产品原产地无关。取消进口关税只能在增值税税率完全一致的条件下才能实现。尽管如此各国还是愿意继续确定自己的零售税税率①。有些观察家认为，税率协调就是欧洲模式向美国模式的过渡，要求税率一致是过渡到美国模式的理想的一步。而其他的观察家则认为每个国家都应该保留一定程度的自由度，而这些自由度和共同利益的实现目标又是相一致的②。

税收分配与税负输出

在结束产品税协调问题的讨论之前，我们必须再次探讨一下国家之间的公平问题。合理的规则似乎是，允许一个国家对本国的消费者征税，而不是对其他国家的消费者征税。这一方法使终点税（同时适用于进口和出口产品）变得公平，但无法使产地税变得公平。如果产地税是对出口产品征收的话，那么在没有退税的情况下，可能把部分负担转嫁到外国消费者身上；或者，在没有补偿性进口关税的情况下，如果该税负是对进口替代品征收，那么外国出口商就可能受益。这两个结果都与自我筹资的规则背道而驰。因此，退税和补偿性进口税的方法同国家之间公平原则是相符合的。

只有当政府提供可以降低出口成本的中间商品时，会出现例外情况，即适合向外国消费者征收重点税③。

四、支出协调

在讨论财政协调问题时，我们一直把重点放在税收协调方面，但支出协调也应进行研究。支出协调问题从政府购买和转移支付两方面发挥作用。

各国像各市政当局一样有共同的关注点，如福利或成本外溢问题，这

---

① 参见《财政金融委员会关于共同市场税收协调的报告》。该报告当初是在 F. 纽马克指导下写成，后重印于《共同市场的税收协调》，商业清算所，1963 年。

② 对于各个方法的讨论，参见 D. 道瑟的“税收协调的经济分析”，选自 C. S. 肖普（编）的《共同市场中的财政协调》第 1 卷，哥伦比亚大学出版社，1967 年，第一章。

③ 参见第十章第二节。

些问题使得国家之间必须联手从事一些合作项目。比如要求美国和加拿大之间进行合作的圣·劳伦斯航道、涉及二十个国家之间联合国防行动的NATO（北大西洋公约组织）、减少莱茵河一类的国际水道的污染、世界卫生组织进行的疟疾预防项目、欧洲的共同市场以及联合国的运作，都是重要的案例。

在所有这些情形中都会出现成本分摊的问题。在参加国数量少的情况下，成本分摊可以根据每个参与国希望获得的好处来进行协商。对于一些特殊案例，如防御，已有建议：合作对较小的参与国更有好处，因为即使是大的参与国略微加强国防，也会大大提高对小的参与国的保护程度①。在参与国数量多的情况下，成本分摊问题就类似于个别国家之间的预算确定问题。这样，就必须使用某种税收或征收公式进行计算，并且可以考虑和国内环境相似的支付能力。如果要使用一个比例评课征率，那么就可能要求每个国家支付和它 GNP 或国民收入相同的比重份额。如果要用累进率，就会出现下述问题：税率区间应该与各个国家的 GNP 相关（各国本身被认为是缴纳人），还是应该与各个国家的居民人均所得相关（个别居民被视为基本单位）。这一问题与在立法机关中分配成员投票权的问题是一样的（例如，投票票数分配应遵循参议院原则还是众议院原则）。

这两类考虑在确定联合国预算缴款中都有所涉及。虽然成本份额每年都会进行投票决定，并且可以经常修订，其程序基本如下②：总成本根据各成员国的缴款基础或 GNP 进行划分。这就变成了一个与 GNP 相关的比例税，与人均收入无关。当然，这一原则随后受到规定的进一步限定，如保护低收入国家的“零豁免”、最低缴款数、任一国家缴纳份额的限制等，其中美国缴纳的份额最高（目前为 25%）③。

其他国际组织遵循着不同的费用分摊模式。国际货币基金组织（简称IMF）的缴款不是以年度为基础进行的，而是通过购买的初始资本存量进行

---

① 参见 M. 奥尔森和 R. 哲克赫瑟的“联盟的经济理论”，《经济学与统计学评论》，1966 年 8 月；以及 A. 皮考克，“联盟内部防御提供的公共筹资问题”，《纪念安东尼奥·维托·马尔科的论文集》，意大利，卡库奇·艾迪拖出版社，1972 年。

② 参见约翰·平克斯，《经济援助和国际成本分摊》，约翰·霍普金斯出版社，1965 年；以及詹姆斯·E. 普莱斯，“国际组织的税收负担”，《财政》，第 4 集，1967 年。

③ 对于进一步的讨论，参见《联合国年鉴》。

的。该配额分配的基础是“受益”，即与根据 IMF 信贷需要而确定的提款权有关。在分配国际复兴和开发银行的资本存量认购时，也遵循了一个类似的程序。需要注意的是，所有这些缴款涉及的金额都相对较小，因此任一国家的本金都并不是非常重要。对 NATO 的缴款确实涉及大量的金额，但它不是固定模式确定的，本质上是经过谈判决定的。如果从其与国民收入的水平关系进行评估，那么美国在 NATO 成本中所占份额最大，可能超过了其应该缴纳的部分。

五、稳定政策的协调

在一个国际关系日益密切的世界里，任一国家的经济命运与其他国家的变动息息相关，每个国家都不能独善其身。稳定化政策协调需要国际合作，尤其是在像共同市场那样紧密结合的经济体中，对像美国这样贸易参与度较低的国家也一样。因为国际联系不仅涉及贸易，还涉及资本流动，所以就特别需要协调。

贸易效应

在我们早前对稳定化政策的讨论中，已经指出了国际相互依赖性的重大问题，这里只需小结一下就可以[①]。我们首先考虑一下固定汇率的情况，随着 A 国的收入和就业下降，A 的进口会下降，从而将该问题转给出口下降的 B 国。随着 A 国采取扩张性政策，A 国的收入上升，其进口也会增加。进口漏损降低了乘数的作用，由此影响到 A 国政策的有效性，但也会使 B 国逐渐复苏，出口也有所增加。因此，政策效应从一个国家传递到了另一个国家，这就要求政策协调要适应两国的需求。当我们转向灵活汇率时，A 国扩张政策的效应将受到抑制。随着 A 国进口的增加，其货币价值将下降。因此，进口成本上升，从而抑制了 A 国的贸易赤字以及 B 国的出口。因此，灵活的汇率往往会降低国家间的依赖性。

在通货膨胀的情况下上述也成立。当固定汇率情况时，A 国的通胀政策

---

① 对于进一步的讨论，参见《联合国年鉴》。

将对 A 国的贸易平衡产生不利影响，从而将需求压力传递给 B 国。在灵活汇率系统下，这一传递会受到 A 国货币价值贬值的抑制。并且，灵活的汇率会减少贸易反馈。然而，这是在一种比较简单的情况下。因为汇率不会立即调整，而且汇率的自主变化可能会成为干扰因素。对汇率控制本身就成了一个需要进一步协调的政策工具。

资本流动

无论通过财政还是货币手段，扩张性或限制性政策的贸易效应往往是相似的。不过，一旦考虑到对资本流动的影响，稳定化政策的搭配会变得非常重要。资本流动会对各个国家获得的回报率做出反映。宽松财政、紧缩货币的搭配将使利率升高，从而对金融资本流入更具吸引力，而紧缩财政、宽松货币的搭配就没那么大的吸引力。回到之前的情况，80 年代的美国政策就是典型，通过加强东道国汇率而流入的资本会增加进口，同时减少出口，从而暂时提高了可用资源的水平。

在考虑稳定化政策对经济增长的效应时，资本流入的作用会变得更为重要。很大程度上取决于进口盈余最终将采取什么形式。如果与实际投资增长相匹配，那么东道国的资本存量将会增加，这会反映在其劳动力生产力的提高上。然而，这种资本流入也会带来外国拥有的本国资本存量。未来的资本收入将转移到国外，从而限制了东道国自己的生产力利得和其他国内要素利得。

六、本章小结

在本章中，我们讨论了不同财政体系共存条件下所产生的相互作用问题，这些不同的财政体系通过资本和贸易的国际流动而相互联系着。

这一事实引发了征税的公平和效率两方面的问题：

1. 就纳税人之间的公平而言，横向和纵向公平的考虑可以延伸到包括任何人向任何辖区缴纳的一切税种，这些税种与仅出于主体税种忠诚而向纳税人自己所在辖区缴纳的税种有所区别。

2. 而且，又出现了另一公平问题，即国际交易产生的税基应如何在参与国之间划分，即国家之间的公平问题。

3. 就效率效应而言，需要对从全球资源使用角度考察的效率，以及从国家角度考察的效率，两者之间的界限进行定义。

在处理收入和利润税的问题时，我们注意到了许多技术难题。

4. 美国居民在国外赚取的劳动收入包括在美国所得税规定的征收范围当中，但他或她可以用国外税负缴纳进行抵免。这一规定既适用于工资所得，也适用于投资所得。

5. 美国公司的国外分公司已在国外纳税，但它的收入将纳入美国国内母公司的收入用以计算缴纳美国的公司税，但同时，分公司的外国利润税部分可以在美国税收中抵免。

6. 美国直接境外投资中的绝大部分是通过美国公司的子公司进行的。子公司的税收待遇不同于分部的税收待遇，因为就美国税负而言，子公司的所得只有汇回时才纳入母公司的所得。

7. 外国税负是否可以和美国税负中抵免还是从应税所得中抵扣，这是一个重要的政策议题。前者符合世界效率原则，后者符合国内效率原则。

8. 第二个重要的问题是，对子公司征收的美国税负是否应该递延直至资金汇回国内后再进行，该问题还涉及通过避税港来躲避税负的难题。

9. 另一个重要政策议题涉及国际业务产生的利润应如何在各参与国税务机关之间划分。在这方面可以运用所谓的公平交易规则。

在处理产品税的协调时，我们主要关注的是对产品流动的潜在扭曲效应。

10. 终点税负，例如零售销售税，不会干扰商品流动。只有在限制进口商品即征收关税时，才会妨碍商品流动。

11. 产地税，即在生产国征收的产品税，确实会干扰贸易的高效流动，因为它们影响了生产的相对成本，从而干扰了基于比较优势产生的贸易流动。

12. 然而，这种效应在产品税出口退税时可以得到缓解。GATT 规则规定了可以这样退税的税种。

13. 欧洲共同市场政策旨在采用统一的增值税，从而在不需要出口退税的情况下实现高效。

在我们将注意力主要集中于收入端的国际协调时，也出现了要求支出协调的情况。

14. 各国，像各州或各市政当局一样，可以采用共同提供公共服务的方式。这就产生了成本应如何分摊的问题。

协调的最后一个重要方面是各稳定化政策的协调问题。

15. 贸易效应会干扰独立实施的稳定政策的有效性。

16. 资本流动的反应取决于稳定化措施的搭配。

17. 无论从哪一方面说，政策协调都是必要的。

推荐阅读

Cnossen, Sijhren (ed.): *Tax Coordination in the European Community*, Antwerp, Kluwer, 1987.

Dosser, Douglas: "Customs Unions, Tax Unions and Development Unions", in R. M. Bird and J. C. Head (eds.): *Modern Fiscal Issues*. Toronto: University of Toronto Press, 1972.

Musgrave. P. B.: *United States Taxation of Foreign Investment Income: Issues and Arguments*. Cambridge, Mass.: Harvard Law School, International Tax Program, 1969.

Musgrave, R. A.: *Fiscal Systems*. New Haven. Conn.: Yale, 1969.

第三十四章
发展财政

前面各章讨论的许多在发达国家财政中的问题，也适用于发展中国家财政。然而，发展财政还有一些额外问题，前面考察过的一些问题如第十九章至第二十六章讨论的税制结构设计问题，在这里也会有所不同。为此，这一结论性章节回顾了发展财政的主要问题。

▶ 本章内容提示

正如我们在整本书中不断提到的，公共财政在美国这样的高收入国家的经济中发挥着重要作用。对发展中国家来说，财政的作用就更大了。低收入国家存在着一些阻碍经济发展的困难，这就要求公共部门解决这些问题；但这些国家的体制和社会环境会使预算政策复杂化，导致预算任务难以顺利完成。因此，发展财政的问题值得单独考察。

一、发展的构成要素

低收入国家的经济发展相对发达国家来说对经济的持续增长要求更高，并且还有更多其他要求[①]。经济的发展，不仅需要资本形成（包括实物资本和人力资本）和技术进步，还需要社会和制度环境发生相应的变化，因为这些社会和制度环境因素往往与低水平发展互为因果。在所有这些发展的构成要素中，公共部门都起到了重要的作用。

公共部门规模和人均收入

如我们早前在讨论高收入国家的公共部门发展时所指出的，公共部门所占份额往往随人均收入的增加而增加[②]。图 34－1 给出了一个类似的情况，图中包括低收入国家和高收入国家。由于缺乏完整的数据，图中只包含了国家中央政府的支出情况。整体来看，由于此处采用了半对数形式坐标，可以发现了一个正相关关系，特别是在把低收入国家组与高收入国家组进行对比时，情况更是如此。同时还发现，在低收入国家间不存在明显的相关性。

资本形成

经济发展的一个基本要求，就是相较于人口增长率，有更充足的资本形成率。这种资本形成可以广义地定义为包括所有促进生产率的支出，它

---

① 对于发展战略的广义讨论，见阿诺德·C. 哈伯格，“欠发达国家经济发展的基础”，《美国经济评论》，1959 年 5 月；以及哈里斯·B. 切纳瑞，“增长与结构调整”，《金融与发展》，国际货币基金组织和世界银行，1971 年 11 月 3 日。

② 另见第十七章。

可以表现为公共部门或私人部门中投资的形式。特别是在经济发展的早期阶段，公共部门的投资非常重要，因为它的投资是以基础设施（电力、通讯、港口设施等）的形式出现的，这些设施为随后的生产投资奠定了框架基础，无论这些生产投资是公共的（在社会主义经济体中）还是私人的（在市场经济的情况下），均是如此。此外，资本形成不仅包括物质资产的投资，还包括以教育和培训形式在人力资源中的投资。诚然，当人们生产力受到营养不良和疾病的不利影响时，增加食品消费和卫生健康设施，会表现出人力资本上的投资。因此，以提高生产率为目的的资源配置可能会涉及方方面面，由此形成现实中组合式的资本形成，而这一组合是在支出和资源规划的过程中确定的。此外，优先投资事项也随着时间不断变化，由此带来了最优投资组合的变化。

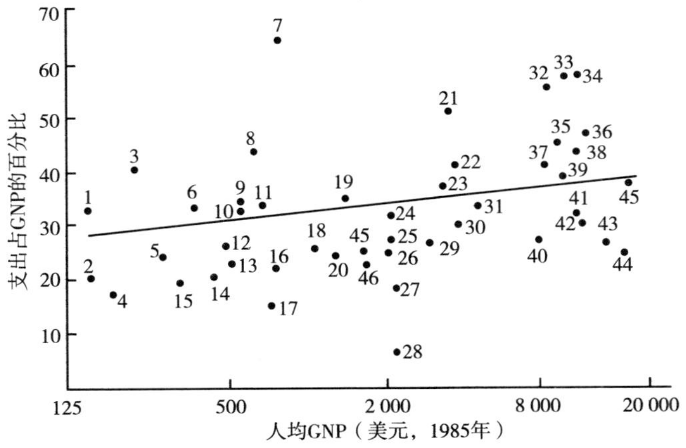

图 34－1　人均 GNP 和中央政府在 GNP 中的份额

注：图中数字对应的国家如下：1. 马里；2. 尼泊尔；3. 多哥；4. 缅甸；5. 坦桑尼亚；6. 斯里兰卡；7. 尼加拉瓜；8. 埃及；9. 摩洛哥；10. 也门；11. 津巴布韦；12. 利比里亚；13. 印度尼西亚；14. 莱索托；15. 巴基斯坦；16. 泰国；17. 多米尼加共和国；18. 土耳其；19. 智利；20. 哥斯达黎加；21. 希腊；22. 加蓬；23. 马耳他；24. 巴拿马；25. 墨西哥；26. 阿根廷；27. 韩国；28. 南斯拉夫；29. 委内瑞拉；30. 塞浦路斯；31. 巴巴多斯；32. 意大利；33. 比利时；34. 荷兰；35. 法国；36. 瑞典；37. 大不列颠；38. 丹麦；39. 澳大利亚；40. 新加坡；41. 爱尔兰；42. 西德；43. 加拿大；44. 美国；45. 挪威。

资料来源：IMF 政府财政统计以及世界银行，《1988 年世界发展报告：发展中国家公共财政》，华盛顿特区，1988 年。

撇开投资规划问题先不谈，让我们把重点放在如何获取额外投资资源这一问题上。除非未利用的资源可以投入利用，或者额外的资源可以从国外获得，否则就必定会减少现有消费来释放用于投资的必要资源。就某种程度上来说，调动未使用资源是可能的。例如，有观点认为，许多低收入经济体拥有大量未被充分利用的劳动力，这些劳动力可以从事一些简单的公共资本建设工作，比如排水、灌溉、道路和筑坝。政府只作为这种进一步的资源利用的组织者。然而这一资本形成的来源有其固有的局限性，且将未充分利用的劳动力投入工作这件事情本身，就可能要求某些支持性投资。

另一个可能的方式是，以官方贷款和补助或私人投资的形式从国外获取所需的投资资源。然而无论哪种资源形式，都不可能完成全部任务；并且在任何情况下，如果没有东道国“自身”的支持性努力，这些方法都将无法付诸实践。来自国外的私人投资者，和国内的私人投资者一样，要求必要的基础设施投资；官方援助很可能是以明确的发展计划作为条件的，这些计划会包括对国内投资增长提供大幅度的财税支持等。

不可避免的是，还有一个亟待解决的重要问题，即将必要资源从当前消费使用中转移到发展经济上。在公有企业主导、中央控制的经济体中，这一转移可以通过维持生产要素回报低于边际产品收益来进行；但在分权经济体中，这种资本形成的内部来源必定来自公共或私人储蓄。在一定程度上，如果条件合适，储蓄率提升是可以在私人部门自发产生的。这里，政府可以帮助确保实现合理的货币稳定，从而使储蓄行为不会因持续的通货膨胀而受影响；此外，政府可以促进或建立适当的金融机构来吸引家庭储蓄，并引导其用于生产。后者对于较小储户来说尤为重要，他们的个人储蓄除了进行高风险货币贷款或收藏黄金等贵重物品之外几乎没有其他用途。征税在提供储蓄激励和/或抑制奢侈品消费中具有重要作用，这一点我们以后会看到。企业储蓄还可以通过营业收入征税机制给予激励，企业所得税也可以起到激励收入储蓄和再投资的作用。

自愿性的私人储蓄尽管有用且重要，但不能期望它具有足够体量，特别是在发展的早期阶段。一个有利于私人储蓄的经济环境需要一定的时间形成，同时，欠发达国家必须将政府预算作为最好的发展资金来源。这里，我们再次从古典的意义上将政府储蓄定义为：收入总和减去政府消费支出[①]。这一公共部门的储蓄可以通过增加税收总收入和/或减少经常性支出得以提高。税收收入必须被视为一个宝贵的稀缺资源，而且许多开发计划受制于政治压力来推进，但同时又往往由于政府的粗放型支出政策而失败。

由经常支出盈余而引发的政府储蓄可以用于为公共部门或私人部门筹资。在私人部门资本形成的情况中，政府储蓄可以作为债务、或权益资本通过政府借贷机构或开发银行导入私人投资渠道。

技术、企业与效率

技术改良包括制造和农业的技术改良，是发展过程中的另一个重要元素。过去十年中，许多发展中国家的农业生产力大幅提高，证明了改良技术在该领域中的应用将带来收益。国外私人投资的一个好处就在于它带来的改良技术，当然，这些技术适应欠发达国家（LDC）的自身条件和资源禀赋也很重要。税收规定的设计应旨在促进和鼓励经改良技术的使用。

繁荣的私人部门和公共部门要实现共同发展，需要有工商企业单位。如果这些企业，政府单位就必须填补这一空缺。与技术的情况一样，税制设计应旨在鼓励或至少不阻碍从事生产性投资的积极性。

毫无疑问，资源使用中效率的议题在资源稀缺的欠发达国家至关重要，并且在公共部门的重要性不亚于私人部门。效率因素涉及政府支出的适度性评价问题，以及制定能够规避不经济的瓶颈发展计划问题。此外，应避免税收和关税模式中可能产生的扭曲问题，这些扭曲问题会转而导致私人部门的生产效率不足。

社会因素和政治因素

有一些与经济发展相关联的棘手问题，包括：发展要推进就必须规范整个社会态度和各种社会团体。同时，还需要相当程度的政治稳定，这样才能让个人创造性得以发挥、开发计划得以实施，促进必要的经济转型得以实现。因此重要的是，要让发展的成果广泛共享，并解决许多欠发达国

---

① 政府储蓄的这一概念必须与总预算中的盈余区分开来，后者是总收入减去总支出；这对于总需求管理是有意义的。参见第三十一章第四节。

家普遍存在的收入极端不平等问题。虽然某些类型的再分配（如土地改革）可以在不损害产出水平的情况下进行，而且这些分配形式确实有益于产出，但在要求更公平的收入分配政策与增加储蓄和投资的目标之间可能会产生冲突。虽然公共储蓄可以通过提高征税水平来增加，但也需要在私人投资激励和再分配性税收政策中进行权衡。

外汇

对外贸易在许多欠发达经济体中起着重要的作用。在国内市场有限的情况下，参与对外贸易会将有利于专业化、规模经济和比较优势的发挥。此外，外汇收入可以购买某些发展需要而其必要技术在国内没有的产品（如机械和设备）。出口对发展的另一贡献是提供了一个扩张性的市场，围绕这个市场可以进行“挂钩”投资，从而建立一个“出口导向型”发展网络。

因此，公共政策不仅必须关注消费和投资之间的资源配置，还要关注国内产品和贸易产品之间的资源配置，以及既是进口竞争商品又是出口商品的那些贸易产品之间的资源配置。这里在发展规划中，税制结构又将在一般性资源配置过程中发挥作用。

平衡与瓶颈

随着经济发展的持续，各种增长瓶颈或对增长率的限制可能突然出现。例如，有观点提出，在发展初期，国内储蓄率是主导性限制因素。随着储蓄率增长（例如来自于外国资本流入的援助）及其伴随着的经济增长，经济体吸收能力就成为了制约性因素，吸收能力包括一些可以提高投资生产率的支持性要素。最后，经济发展过程由于超过了通过出口赚取外汇以满足进口的能力，进而开始损害国际收支平衡。由于这些瓶颈问题，一些有利于发展的资源可能会出现浪费。所以，一项好的经济发展计划，应致力于通过平衡发展政策来保持经济发展的平稳进行。尤其是可以运用税收政策来鼓励资本流入，以及影响进出口水平。

财政制度的作用

所以显而易见，财政制度在经济发展过程中发挥着多重作用：

1. 税收水平影响了公共储蓄水平以及对资本形成所必需的资源量。

2. 税收水平和结构都会影响私人储蓄的水平。

3. 需要有公共投资来解决基础设施类型的投资资金问题。

4. 可以设计一个税收激励的惩罚系统来影响资源利用的效率。

5. 税收负担的分配（与支出收益的分配一起）在促进经济发展成果的公平分配中发挥着巨大作用。

6. 来自国外的投资的实际税负可能影响资本流入量和工作收入再投资率。

7. 相较于国内产品的税制模式，对进出口产品的税制模式将影响对外贸易平衡。

公共部门规模和经济增长

从本章的讨论中可以明显看出，公共部门的运作对经济增长的影响有很多方式，可能是有益的，可能是有害的。图 34－2 给出了一个对该问题的总的看法，图将公共部门在 GNP 中的份额与经济增长率联系了起来。图中含有 30 个发展中国家的样本，时间跨度为 1972—1983 年这十年，可以看到两者几乎或根本没有相关性。这也许是可以预期到的，因为这些取决于公共支出的内容，而且其中还有许多与预算无关的因素也发挥着作用。但值得注意的是，我们不能直接从图中做出任何明确快速的判断。

二、财政政策、稳定与增长

财政政策在确保欠发达国家经济稳定和增长中有着重要的作用。我们首先考虑一些关于这方面的宏观问题。

财政收入要求

首先，从充分就业经济的角度来看财政收入问题，同时集中考察财政政策提高国内储蓄率的作用问题。为实现某一目标增长率，我们首先需要对税收收入做出一个近似估计，还应避开各种不同的税收收入来源的差异问题。假设目标是取得 2% 的年度人均收入增长率。在假定 2% 的年度人口

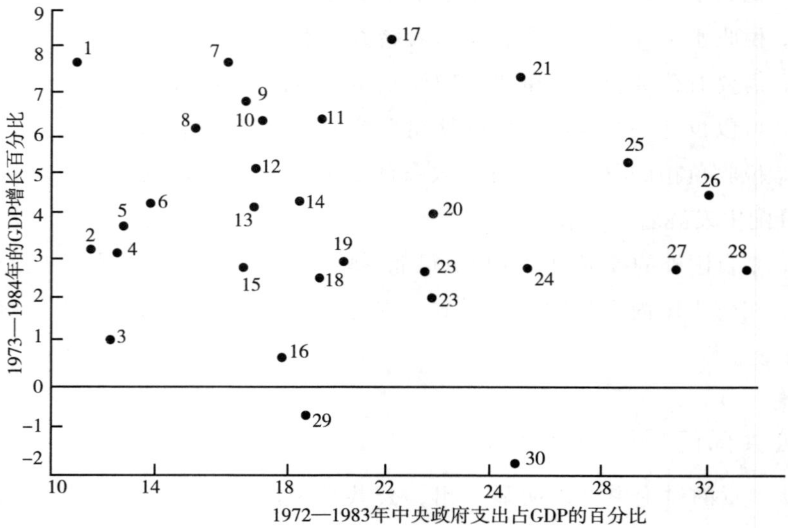

图 34－2　发展中国家的政府份额与经济增长

注：数字对应的国家如下：1. 巴拉圭；2. 危地马拉；3. 玻利维亚；4. 尼泊尔；5. 哥伦比亚；6. 南斯拉夫；7. 韩国；8. 缅甸；9. 泰国；10. 巴基斯坦；11. 印度尼西亚；12. 墨西哥；13. 多米尼加共和国；14. 巴西；15. 海地；16. 阿根廷；17. 新加坡；18. 塞内加尔；19. 哥斯达黎加；20. 土耳其；21. 马来西亚；22. 扎伊尔；23. 尼加拉瓜；24. 坦桑尼亚；25. 突尼斯；26. 摩洛哥；27. 智利；28. 希腊。

资料来源：IMF 政府财政统计以及世界银行，《1988 年世界发展报告；发展中国家的公共财政》，华盛顿特区：1988 年。

增长率的情况下，国民收入就必须以每年略高于 4% 的速度增长。这一目标增长率要求一定程度的资本形成率，即投资支出占国民收入的百分比。这一比率 z 可以通过使用资本产出比率来粗略估计，并定义如下：

$$z = \frac{\Delta K}{\Delta Y} = \frac{I}{\Delta Y}$$

其中，K = 资本存量，I = 年投资水平，Y = 国民收入①。

如果 g 是理想的增长率，则：

① 实际上，这一类型的宏观计划是在一个分解的基础上进行，这里使用经济体不同部门的资本产出递增比率的加权平均数。

$$g = \frac{\Delta Y}{Y}$$

所需的投资率 I/Y 可以通过代换公式得到，为：

$$\frac{I}{Y} = \frac{\Delta K}{\Delta Y} \cdot \frac{\Delta Y}{Y} = zg$$

这样，如果 $z=3$，$g=4\%$，则 $I/Y=12\%$。这一投资比率要求有一定的储蓄率与之相匹配，以确保经济平衡。因此，该经济体如果想要以预期的4%速度增长，国民收入中必须有12%的储蓄率。因此，我们一定有：

$$S_p + S_g = 0.12Y \qquad (34-1)$$

其中，S_p 是私人储蓄，S_g 是政府储蓄。私人储蓄水平由下式给出：

$$S_p = s(Y - T)$$

或者：

$$S_p = s(1 - t)Y \qquad (34-2)$$

其中，s = 可支配收入中的储蓄倾向，T = 税收收入，t = 税率。

政府储蓄水平等于：

$$S_g = tY - aY \qquad (34-3)$$

其中，a 是政府经常支出占国民收入的分数①。将方程（34－2）和方程（34－3）代入方程（34－1），我们得到：

$$t = \frac{0.12 - s + a}{1 - s} \qquad (34-4)$$

我们使 s 为3%，a 为10%，得到 $t=19.6\%$。也就是说，需要19.6%的税率来获得4%的增长率②。在政府经常性支出等于国民收入的10%的情况下，占国民收入9.6%的政府储蓄要么可以用于为公共投资筹资，要么以贷款形式为额外的私人投资筹资。政府在决定出财政收入需要的近似估值后，政府就必须判断这一目标值是否可行，以及是否在任何现行税负改革计划下得以实现。是否作出这一决定取决于制度结构，税务管理机构的能力，以及政府展开必要的税收评估的意愿。但应注意两点：第一，要提高即使一个百分点的财政收入与国民收入的比率，也需要很多努力。第二，

① 这样定义的政府储蓄等于经常预算中的盈余。参见第三十一章第四节。

② 由于要求的储蓄率等于 zg，所以等式（34－4）可以改写为：$t = \frac{zg - s + a}{1 - s}$。

可以想见，一个发展计划如果过于异想天开，要求超出税制所能提供的合理税收能力，那么结果可能会比没有该发展计划更糟糕。因为这种计划不仅会产生因其无法实现而导致的浪费，而且还会带来通货膨胀的危险，更不用说整个社会中人们因为期望落空而反应剧烈了。

税收、储蓄和收入分配

在上一节里，我们做了一个简单的假设，即在提高国内储蓄水平方面，所有的税收收入的作用是相等的。现在我们必须对此加以修正。事实上，发展中国家税收政策的核心问题是：如何在完善收入分配过程中普遍存在的不平等问题的同时，取得必要的财政收入，且不过度干涉私人储蓄和投资①。

表 34－1 以更具体的形式呈现了这一问题。收入、消费和储蓄的分配如表所示，它说明了一个典型的欠发达国家，如一个低收入拉美国家的情况。我们发现，收入排名前 10% 的人群，拥有约占 45% 的社会财富，而收入排名靠后的 75% 的人仅获得了 35%。相应的消费份额估计为 41% 和 37%，而储蓄份额为 100% 和 0%。因此，欠发达国家的不平等程度远远高于美国等发达国家。美国相应的收入份额为 30% 和 47%。

除了收入分配高度不公平之外，还有两个突出的特点。首先，总收入中有相当大一部分份额进入了“奢侈品”消费。我们将奢侈品消费定义为超过

表 34－1　　欠发达国家的分配模式

按收入分级	占合计数的百分比份额		
	收入（Ⅰ）	消费（Ⅱ）	储蓄（Ⅲ）
最高 1%	20	18	50
之后 9%	25	23	50
之后 15%	20	22	0
最低 75%	35	37	0
合计	100	100	100

注：第Ⅰ列中的数据反映了拉丁美洲国家收入分配方面的一般性估计情况。第Ⅱ和第Ⅲ列是作者的最乐观猜测数据，目的主要反应一般性情况。

① 参见理查德·M. 伯德，“收入再分配、经济增长和税收政策”，《会议录》，国家税收协会，1969 年。

平均人均消费的那部分消费且总消费占总收入的95%，则奢侈品消费占收入的36%左右[①]。这就意味着，奢侈品消费提供了额外征税的巨大潜在来源。其次，这种私人储蓄主要源于较高的收入区间人群，包括公司储蓄中所拥有的权益股权。这就意味着，如果征收高度累进的所得税而且实行较高的利润税会严重削减私人部门储蓄，从而阻碍发展[②]。综合以上两个特点，我们注意到，发展财政的关键似乎在于累进性消费征税[③]。

理想情况下，这一税负将会以个人消费税的形式征收，但即使欠发达国家可以征收，也是凤毛麟角。正如我们之前所指出的，对高收入有效地课征消费税要求有详细的收支账目表和所得记录，这一要求即使在发达国家也很难达到[④]。因此，可实行的政策是采取一种较为不完善的做法，即对高收入家庭支出中权重较高的类别，征收较高税率的消费税。还可以加上一个对住房消费的累进财产税。这样就能从奢侈性消费中征得财政收入，从而在刺激储蓄的同时减少消费的不平等。

为避免夸大这一方法的优点，还有两个缺点需要注意。一方面，这种税收仍会对工作积极性产生有害影响。与累进收入征税相比，这种效应在对消费征税情况下可能更小一些，但并没有消除。另一方面，累进消费税可以减少消费的不平等，但不能减少收入和财富的不平等。由于收入和财富的分配可以确保人民群众广泛享有发展利得，所以累进消费税不能完全取代累进收入和财富征税。这就要求各税种之间有一个平衡，对于这种平衡关系的考虑要优于对所得税征税的过度依赖。

对外借款

在讨论公共债务时，我们曾考察过信贷财政在经济发展中的作用问题，

---

① 从表34－1可以计算出，前25%的人口参与了63%的消费。因此，他们的奢侈品消费（定义为超过平均人均消费的消费）占总消费的63%－25%即总消费的38%。由于总消费占合计收入的95%，所以这一“超额”等于总收入的0.95×38，即总收入的36%。

② 为了强调作为储蓄来源的工业部门的利润的重要性，参见W. A. 刘易斯，《经济增长理论》，欧文出版社，第5章。

③ 参见N. 卡尔德，“个人税制中的支出税”，于R. M. 伯德以及·奥德曼（编辑）：《发展中国家税制读物》，第2版，哈佛法学院，国际税收项目，1967年，第253－273页。

④ 参见第二十三章第九节。欠发达国家存在一个特有的问题，即通过向国外转移资金来避税。因此，为填补这一漏洞，需要严格地控制外汇。

但在现在的背景下，应再次讨论该问题[①]。之前我们的结论是：发展需要资本形成，而资本形成要求储蓄。通过借款形成的公共投资，如果只是把单纯把资金从私人投资转移过来，则这种公共投资不会增加资本形成。这一认识也再次强调了我们在之前章节提到的模型，即以确定法定税率为基础的模型。

但是如果借款来自国外，情况就不同了。在这种情况下，国家可以获得额外的资源，因为借款会带来进口增加。这一借款不仅为投资提供了额外的资源，而且允许在较低税率和较高的经常性消费率条件下，为既定增长率的实现提供资金支持。虽然与税收融资相比，外债财政给后代的净利得相对较低，但是他们放弃这部分消费（用于外债付息）的负担远远低于税收融资对当代人的负担。原因是，其他生产要素（如劳动）分享了资本形成率提高带来的生产利得。由于这一生产率增长，将来的消费削减是在远比现在高的收入水平上进行的，而且由于消费的边际效用随消费水平的提高而下降，所以从结果上看，由外债而产生的负担就不会那么严重。

由此可知，正是国内诸多因素带来的收入利得，使对外借款成为发展政策的一个重要工具。资本输入还有一些其他的作用，如提供外汇、引进先进技术和管理方法带来的额外好处[②]。同时对外借款也有其风险，当偿还的外债超出一国支付平衡约束所能承受的范围时，风险则更大。如今许多欠发达国家发现自己身陷危机，就是这一风险的最好证明。

总需求、通货膨胀和就业

在上述讨论中，我们是在充分就业经济的假设上进行的。在这一假设中，合意的总需求水平是由当前价格计算的产出水平所给出的。在这一情况下，财政和货币政策的基本规则是，要让总支出随着充分就业产出而增长。我们现在考虑对这一结论进行修正的两种方式。

通货膨胀作为储蓄来源　经常有观点认为，一定程度的通货膨胀将促进发展，因为它能促进消费者储蓄。如果信贷扩张促进了资本形成（公共

① 参见第三十二章第五节。

② 如生活中所有美好事物的情况一样，外国资本进入也有缺点。外国资本输入可能带来外国控制，并阻碍国内管理人才的发展。有关这些方面的重点分析，参见 A. O. 赫切曼，“如何在拉丁美洲撤资及其原因”，于 A. O. 赫切曼（编辑）：《对希望的偏爱》，耶鲁大学出版社，1971 年，第 225 – 253 页。

或私人的)，那么上涨的价格会减少消费者的真实收入，从而降低实际意义上的消费。这样，通货膨胀可能会把剔除价格因素的实际资源转移给资本形成。

通货膨胀确实有这样的效果，但尚不足以让人们将其作为一个政策方向。首先，通胀性的信贷创造可能被用来支持消费（特别是公共消费）而非资本形成。其次，“通胀税”是所有税负中最不公平的。此外，通胀过程很容易形成惯性，导致扭曲投资决策。可能最糟糕的是，通胀预期会导致私人储蓄倾向降低。因此，通货膨胀不应成为发展政策的一个合法方法。

不充分就业和失业　除了避免通货膨胀外，是否可能还需要对总需求的管理来确保人力资源的充分利用呢？换言之，问题的关键在于欠发达国家能否像发达国家经常做的那样，通过增加总需求来改善失业问题呢？失业问题在农村向城市迁移的移民中尤为明显。

根据广泛考察，在欠发达国家中，存在着大量的农业剩余劳动力，除了在收获季节外，都只能算部分就业。难道就不能通过在更高支出水平的基础上增加需求，将这种劳动投入工业就业吗？答案取决于这种劳动在农业以外可以获得的工资。如果劳动生产率低，那么他们所得的收益就不足以抵消劳动从农业转移出来所导致的生活成本的提高。因此，该问题可能是一个生产率低的问题，而不是失业的问题；如果是这样的话，那么恢复的办法就在于资本形成和提高生产率上，而不是提高支出水平。

城市大量失业也反过来可能是移民带来的结果，这些移民被工业和城市部门看似很高的工资所吸引；但是，最低工资法或工会要求员工工资得到最低限度的保证，这种工资机制不利于城市吸收大量的流入劳动力。如下文所述，应完善能压制市场上劳动力过高价格的税收规定，而用增加总需求的方法来解决问题仍然是不合适的措施。

另外，这些困难不排除确实存在凯恩斯失业，这种失业可以通过更加扩张性的需求政策来解决。有观察指出，在拉丁美洲国家，现有的资本存量经常是没有得到充分利用的，因此增加就业应该是可能的。扩张性的财政政策，与必要的支持性资源相结合，可能有助于实现就业的增加。

三、税收结构政策

现在转向更具体的税收政策问题，首先考虑税收课征率问题。

税收能力和税收努力

根据早前章节的解释，虽然知道为达到给定增长目标值所要求的总体税收收入水平很重要，但达到该征税水平的可行性也是在设定该目标值时必须考察的一个重要因素。税收政策必须与发展政策的其他措施一起考虑，但也不能将其视为该政策体系中的一个“独立变量”，而这个政策体系将对所提出的要求给出自动反应。

那么可以如何判断一个国家课征率，以及可以如何衡量其税收绩效呢？如前所述，发达国家的公共部门大小不仅随人均收入而增加，而且人均收入一直伴随着公共部门在 GNP 中份额的增加而上升的①。上文的图 34－1 比较了在同一时间点有着不同人均收入水平的国家份额，该图提供了另一种方法，使我们可以考察人均收入水平在解释公共部门规模不断增大的作用②。我们注意到，低收入国家一组所占份额非常低，但没有观察到组内明显的

---

① 参见第三十四章第一节。

② 对于早期研究，参见 R. J. 切里亚、H. J. 巴斯以及 M. R. 凯利，“1969－71 发展中国家的税负比率和税负工作”，《IMF 工作人员论文集》，国际货币基金组织，1975 年。

税收收入记作 T，单位资本收入记作 GNP_{pc}，累退方程就为（基于 53 个国家）：

$$T/GNP = 14.64 + 0.006\ GNP_{pc}$$

(11.3) (8.6)

其中，括号内的数字是截距和回归系数与其相应标准差的比率，R^2 为 0.59。

如果剔除社会保障税负，那么方程变为（基于63 个国家）：

$$T/GNP = 14.11 + 0.004\ GNP_{pc}$$

(15.2) (6.7)

而 R^2 为 0.41。因此，单位资本收入在两个情况中都有高度的解释价值及适应性。然而，如果将发展中国家和发达国家单独分组，模型会变差。剔除社会保障，47 个发展中国家的方程是：

$$T/GNP = 13.69 + 0.004\ GNP_{pc}$$

(10.5) (1.3)

而 R^2 分别为 0.040 和 0.024。（来源参见前文脚注。）

关系。如果考虑到税收收入与 GNP 的比率，情形也差不多一样。再次，欠发达国家的这一比率通常很低，从 8% 到 18% 不等。在拉美国家中，通常该比率约为 14%，有些国家低至 8%。在有相似人均收入的非洲和亚洲国家中，这一比率往往更高一些（虽然高得不多）。这与发达国家 40% 以上的比率形成了对比。

为什么发展中国家的税收努力较低呢？较低的比率是否意味着税收工作确实不够努力呢？答案取决于税收努力的含义。国际贷款机构往往希望受援国能有足够的税收努力。因此贷款机构会要求人均收入较高的国家有较高的财政收入比率，以证明自己具有同样的税收努力。

在把资源转移到公共使用方面，低收入国家的能力较差①。在人均收入水平非常低的时候，所有的私人收入都需要来满足食物和居所等生活必需品。除非资金的公共使用是为了提供同等的必需品（例如最低水平的健康卫生项目），否则资金的转移会造成个人当前无法承受的沉重负担。在收入分配高度不均导致大量奢侈品消费的情况下，这一结论会有所变化。如前所述，作为潜在的征税来源，这一因素经常是相当重要的。

除了收入水平和分布之外，征税的可实施性也与国家的经济结构有关。因此，在小机构就业的所得税管理就要困难得多。只有当会计手段达到最低水平标准时，利润税才可行，如果企业小而不稳定，就很难做到这一点。如果零售机构小而且不稳定，那么产品税就无法在零售层面征收。在食品自给自足、农业部门大量非货币化、土地调查不充足而无法提供准确估值的情况下，土地税的有效征税难以实现。另一方面，在进出口产品来往于大型港口的高度开放经济下，征税就简化了，税务部门可以很容易地确认并征税。

最后，征税的可行性取决于社会如何看待税收遵循的必要性，取决于法院愿意执行税法的程度，还取决于税收管理部门的有效性和税务官员的诚实性。可以采用税负包干这种系统，即给筹措人员在完成征税任务后，可以从中抽取一定比例作为激励。税负包干可能是一个有益的短期工具，但这些不是能够建立一个持久而公平的税制结构的方法。

由于这些及其他原因，一个国家税收努力的评估必须考虑该国使用的

---

① 参见第八章第四节。其中讨论了税收管理手段与经济结构之间的关系。

税收征管体系。然后，通过将特定国家的收入与 GNP 的实际比率，与通常情况下适用的一个平均比率相比较，可以衡量税收努力。利用来自一组欠发达国家的截面数据，我们可以估算出这样一个方程：

$$T/Y = a + \alpha Y_{p+} \frac{\beta X}{Y} + \frac{\gamma E}{Y} + \frac{\delta A}{Y}$$

其中，T = 财政收入；

Y = GNP；

Y_p = 人均 GNP；

X = 出口；

E = 采掘业产出；

A = 农业产出。

根据这一估算公式，我们将特定国家的 Y_p、X/Y、E/Y 和 A/Y 的值代入，以计算其假定的税收努力或 T/Y 比率。根据预测，α、β 和 γ 三个系数应为正，而 δ 应为负。估计结果发现得到的 R^2 值均大于 0.50，但由于各个变量高度相关，因此它们之间的影响程度不容易分离识别出来①。用推断的 T/Y 比率除以实际的 T/Y 比率，我们就得到了一个指数，可以用其来比较这一国家的税收努力与其他国家的税收努力。尽管必须审慎地运用这类比较结果，但它们提供了一个评价与比较税收努力的框架。

尽管各国家背景不同，但一般我们预期，欠发达国家取得的税收与 GNP 比率至少为 18%。如果其中一半花在经常性服务上，并且增加了 3% 的私人部门储蓄率，那么总体储蓄率将会达到 12%。这一数值已被 W. A. 刘易斯假定为理想最低水平②。

税制结构发展

不同税种在设计和管理上存在不同问题，这些问题主要随其适用的经济结构，以及关于征税的公共态度环境而有所不同。而且就经济发展的不同阶段而言，这些问题也会有所不同，并且还可以观察到与人均收入有关

---

① 参见阿兰 · A. 泰特、威福雷德 · L. M. 格莱尔茨以及伯雷 · J. 伊钦格林，“1972—1976 年对部分发展中国家税制的国际比较”，《国际货币基金组织工作人员论文集》，1977 年。

② 参见刘易斯，《经济增长理论》，同上。

的一般税收结构特征。

表 34 – 2 给出了在各个人均收入水平上样本国家的税制结构比较。我们注意到了对外部贸易的税负（主要是进口关税）和国内生产和销售的税负对低收入国家的重要性，还注意到所得税占总份额低。随着人均收入的增加，所得税的重要性相对于进口关税和对国内销售和生产的税负的重要性也会增加。工薪税的相对重要性也会随人均收入的增加而增加。

表 34 – 2　税制结构和人均收入水平（1983 年，作为合计数的百分比）

	低收入	中等收入	工业
个人收入税	9.6	6.7	26.2
企业收入税	8.4	13.5	7.1
财产税	2.5	2.6	1.8
工薪税	2.2	10.1	29.6
销售税、流转税、增值税	18.8	10.5	16.6
货物税	13.1	13.3	11.1
进口税负	32.6	16.2	2.7
出口税负	3.8	1.4	0.2
合计	100.0	100.0	100.0

注：样本国家的未加权平均比率。

数据来源：国际货币基金组织，政府财政统计以及世界银行，《1988 年世界发展报告》。

除了该表主要条目下的份额变化外，各个税负的本质也会有所变化。所以被低收入国家归类为所得税的税负，经常是人头税负，与发达国家个性化的个人所得税几乎没有不同之处。类似地，所谓的营业收入税通常更接近于销售税，而不是发达国家所使用的利润税，等等[①]。

个人所得税

现在我们转向对特定税种的讨论，首先从个人所得税开始。由于各种原因，我们不会也不能期望个人所得税在欠发达国家（LDC）的税收结构中占据中心地位，而这一税种在发达国家中一般是占据中心位置的。然而，

① 对于欠发达国家（LDC）各个税收的进一步讨论，参见，R. M. 伯德以及 O. 奥德曼（编辑）：《关于发展中国家税制的选读》，第 3 版，哈佛法学院，国际税收项目，1975 年。

个人所得税还是应该尽早建立并随着发展进程加以强化。个人所得税对GNP的增长是有弹性的，因此是发展财政一个有潜力的财政收入来源。个人所得税在拉美国家对财政收入的贡献通常在20%左右，其作用是重要的。在欠发达国家中，向工资、收入征税的可能性受到政府、外国公司和极有限的地方大企业的限制，但即使是这样，也可以征收这些税种。一般来说，小型机构和大型个体经营群组的雇员，特别是在农业领域，通常不在个人所得税的征税范围内。在某种程度上，这反映了相对于平均收入设定的较高的免征额，但另一方面也是征税无效执行和管理的结果。

资本收入征税的困难甚至更大。比如，在美国所遵循的自我评估原则是行不通的。官方评估经常会引起争议，且不是以客观为基础的，并且还有大量应征税收一直延迟到收入年以后才缴纳。使用税负代扣代缴、代收代缴有助于加快税收的筹集，有益无害，但它的适用性往往仅局限于易于执行的工资和薪金收入类型。资本收入拖延支付税款也是有相当多的好处，特别是在以下情况下，即延迟支付所产生的罚金的利息相对不足，实际税收债务因通胀被侵蚀。

虽然没有可靠的估计资料，但很可能实际应税收入不足严格执行线的一半。目前没有可以克服这些困难的良方妙药。但是以下这些方法都会有所帮助：来源扣缴、按纳税人编号的安排（尤其对高收入纳税户）、高收入的所得申报进行计算机化和集中处理、要求公司和银行提交利息回报和股息支付信息、减少评估滞后，以及延期支付高处罚等。然而，这些方法还是不够的，除非法院支持严格执行税法，但在发展中国家的文化和政治背景下经常难以满足这一基本要求。

此外，收入税管理机构会受到通货膨胀问题的困扰。发展中国家不少都会遭遇每年两位数甚至三位数的通胀。例如，智利和巴西多年来就是如此。为了适应这一点，随着价格上行，收入税管理机构规定了每年的自动免税水平上涨幅度以及税率档次的提升，以保持边际税率和真实收入之间的关系不变。结果是，通胀对所得税公平的效应被中性化了，但未经调整的累进所得税对通胀的抑制作用被削弱了。

资本利得，特别是与土地和建筑物有关的问题，很大程度上就如亨利·乔治在美国直至19世纪结束所观察的那样，在快速城市化、土地价值上升的发展中国家相当重要。为应对这一问题，对房地产，即建筑物和土地，征收的资本利得税作为一个单独的税负进行管理。如下文所述，这种税负不仅具有公平性而且富有很强的经济性，尤其是在该税仅适用于来自土地的利得时（这不同于来自改良的利得）情况更是如此。

营业所得税

无论是征收单独公司的利润税下，还是适用于个人所得税下的合伙和自营收入，最困难的问题都出现在营业收入的有效征税中。在营业会计水平尚未发展到足以合理准确衡量利润的情况下，就必须采用其他方法。因此，许多国家使用了确定利润的一个推断策略，这种方法对销售规定一个假定的边际利润额，不同行业的边际规定额各不相同。这一方法在亚洲国家得到了广泛使用，实际上将利润税转变为了一种销售税。之所以会产生这样的转变，是因为纳税额是边际销售额和假定的边际额（而不是实际边际额）之间的一个函数。

在剩下的其他情形中，利润的推断指标是以诸如城市街区的建筑面积和位置来加以确定的，这也是欧洲国家的传统税负中的一个做法，尤其是在职业收入征税的时候。在农业方面，土地面积或牧群数可以用作推断基础。同时，可以使用“大棒和胡萝卜”的技巧，以通过所谓的蓝色申报来奖励有良心的纳税人，而通过惩罚税率来惩罚拖拉的纳税人。需要进一步指出的是，改进的过程必须是渐进的，不能过多超前于会计方法的进步。欠发达国家的税负改革者经常忽略改进推断征税技术的重要性，而喜欢专注于公司征税的技术改进，实际上虽然这点在发达国家中是重要的，但在欠发达国家里，它仅适用于一小部分工商部门。

此外，商业组织的法律形式也经常不同。例如，在拉丁美洲国家，通行的是欧洲大陆法系而非传统英美法系；而在亚洲国家，可能使用一个截然不同的财产法系统；考虑到它们的传统和发展现状，适合美国等国的做法可能不适用于欠发达国家①。

---

① 对于营业税改革议案的讨论，参见 R. 斯里特，“营业税制结构的改革”，于 R. A. 马斯格雷夫、M. 吉里斯（编辑）：《哥伦比亚的财政改革》，哈佛法学院，国际税收项目，1971 年，第 463－530 页。

土地税负

由于在绝大多数欠发达国家中农业部门规模相当大，因此土地征税问题仍然十分重要。一个基本问题是，该税负应该对土地价值、对实际收入，还是对该土地在充分利用下可能产出的潜在收入进行征税。在完全竞争中，既然土地价值将会等于其收入的资本化价值，并且实际收入也会等于其潜在收入，那么这三个税基将会是可互换的。但实际上，情况并非如此。一般土地的利用度较低，人们会出于投机的目的或社会习俗而拥有土地。市场交易不旺，当前的销售价值也不易于达到。因此这三个税基会产生不同的结果。此外，所得税很少有效地运用于农业部门，因此土地财政收入经常会充当一个个人收入和土地税的组合，不仅包括土地租金，还包括在税基中的劳动和土地（重大的）附着物的收入。

关于对仅来自土地的收入征税（不包括劳动和资本改良的回报）的问题，一个强有力的论证就是应将税基定义为潜在而非实际的收入[①]。如表 34－3 所示，假设一块土地，有各种利用水平且没有税负的情况下，其产生的收入如表中第 1 行所示。第 2 行给出了实际和潜在产出之间的差异，并且这反映了土地低效利用对所有者的成本。在对实际收入征收 10% 的税之后，第 5 行所示的低度利用的成本降低。因此可知，这样做实际上鼓励了低度利用。如果该税负对潜在而非实际收入征收，则可以避免这一效应，并将低度利用的成本保持在其税前水平（结果如第 8 行所示）。原因是该税负与实际收入无关，所以边际税率现在为零。在第 9 行中，我们进一步假设对潜在收入的征收 10% 的税负（第 6 行）的同时，加上了一个对低度利用的惩罚收费。为了便于说明，罚款率未随低度利用水平而加快上升。因此，如果实际收入低于潜在收入的首个 25% 差额就必须征税 25% 。而第二个 25% （即潜在收入 25% 到 50% 之间的差额）会支付 50% 的税率，50% 到 75% 之间的差额支付 75% 的税率，75% 到 100% 之间的差额对应 100% 税率。如第 11 行所示，低度利用的成本现在大幅增至高于税前的水平，低利用水平的净收入

---

① 参见 J. 希克斯和 U. 希克斯，“土地无增值税制”，于伯德和奥尔德曼，同上，第 431－442 页；以及 R. 伯德，《发展中国家农业土地征税》，马萨诸塞州剑桥：哈佛法学院，国际税收项目，1973 年。

变为负。对额外收入的边际税率变为负，对不足收入征税实际上是对废弃土地行为的一种征税。

表 34－3　在各个利用水平的土地净收入及各类型的土地税

	利用百分比				
	100	90	50	20	0
无税负					
1. 收入	100	90	50	20	0
2. 对所有者的低度利用成本	0	10	50	80	100
10% 对实际收入的税负					
3. 税负	10	9	5	2	0
4. 净收入	90	81	45	18	0
5. 对所有者的低度利用成本	0	9	45	72	90
6. 税负	10	10	10	10	10
7. 净收入	90	80	40	10	－10
8. 对所有者的低度利用成本	0	10	50	80	100
10% 对潜在收入的税负加上对低度利用的惩罚税					
9. 税负	10	12.5	28.75	42.50	72.50
10. 净收入	90	77.5	21.75	－22.50	－72.50
11. 对所有者的低度利用成本	0	12.5	68.28	112.50	162.50

无论采取哪一策略，都必须进行充分可行的土地调查，并不断更新调查数据，这些都是高效的土地征税系统的基本要求。这种调查经常难以做到，因此只能采用随意的评估方法。

财富和财产税

除土地收入外，城市房地产的征税也是税负基础的一个重要部分，特别是随着城市化的推进对城市房地产的征税就更为重要。如前所述，住宅性房产的累进征税是一个好办法，税务部门可以将多居民住宅都归到一个税基上征税，这样就可以对住房以外的奢侈品消费征税系统进行补充。

除此之外，净值类型的财富征税是欠发达国家税收结构中的一个常见部分。虽然这种税负最终可能被证实只是不动产征税系统的一部分，因为无形资产很大程度上会逃避该税基，但它们在所得税适用于（即使没有实际执行）资本收入的时候，也是对所得税一个有用的补充。不动产资本是有形的，并且一旦课征财富税，其税收收入就可以由追溯其所有者而得到。

商品税负和关税

商品征税的设计涉及三个主要问题：（1）应该对什么产品征税，税率多少；（2）这种税负应该在哪些阶段征收；（3）国内产品的征税应该与进口关税有什么关系。

如前所述，对于保护储蓄和改变高度不公平分配的双重目标，对奢侈品消费征税是最佳的解决办法。鉴于在欠发达国家实施个人类型的支出税几乎是不可行的，因此要求对奢侈品消费征税。如果这一观点正确，基本要求就不是一个全面的、统一税率的销售税，而是一个有不同税率的销售征税系统[①]。因此，根据产品之间的差别实施累进消费征税，就取决于是否存在收入弹性差别极大的产品，这似乎是发展中国家要解决的一个前提条件。

商品税负在哪一个或多个阶段征收，必须根据税务管理的可行性来决定，故取决于特定经济体的结构。增值税是多阶段征收的税种，无法仅在销售阶段征收。此外，使用发票征税办法有助于纳税人更好遵循税法[②]。另一方面，在增值额策略下，以差别税率对最终产品的征税往往更加困难。在构成了税基重要部分的产品都来自大型制造企业的情况下，最简单和最直接的策略是征收制造商货物税。不管怎么说，在任何情况下，都不需要过分地依赖某一个策略。根据特定情况下最合宜的情况，可以将各方法混合使用[③]。

此外，仍有需要用进口关税来协调国内货物税。欠发达国家希望对奢侈品消费增加较重的负担，经常对奢侈产品设置较高的进口关税。同时，却常常无法做到进口关税和国内奢侈品消费税相一致。因此，奢侈品关税往往为国内替代品提供了保护。这显然是糟糕的政策，如果要用保护性关税来促进

---

① 应当指出的是，区别不在于出于营养原因或道德标准而被归类为基础品（如面包）和非必要品（如黄油）的商品类型之间，而仅在于高收入和低收入预算中权重更大的各商品之间。

② 参见第二十三章第三节。

③ J. 多尔，《发展中国家的间接征税》，巴尔的摩：约翰霍普金斯，1970 年；以及 M. 吉利斯“间接税改革的目标和手段”，R. A. 马斯格雷夫和 M. 吉利斯（编辑）：《哥伦比亚的财政改革》，马萨诸塞州剑桥：哈佛法学院，国际税收项目，1971 年 9 月，第 559－573 页。

国内新兴产业发展，那么就必须根据产业的潜在发展能力来确定被保护的对象，而不应是对奢侈品征税的一个副作用。最好的方法是使用大部分统一的关税税率，同时将进口奢侈品纳入国内货物税系统的税基之中。

关税政策受批评的另一个的问题是，对供国内使用的资本物品免征关税这一做法①。由于各个原因，在资本成本相对于劳动成本更容易被低估的情形中，这一做法加剧了价格扭曲，这一问题将稍后讨论。

四、税收激励

我们已经看到，经济增长和减少不平等的双重目标可以通过累进消费税负实现；但我们也看到，实现公平还要求这一策略与累进所得税下的资本收入征税组合。由于累进所得税同税收激励存在潜在矛盾，所以毫不意外，对能将有害的投资影响降到最低限度的各种办法，必须予以充分的重视。这是一个政策判断的问题，而不仅仅是只对税收政策的考虑，它还应考察改革政策在公平分配和增长收益这两方面抉择上的能力。但是，牺牲最低限度公平成本以促进经济增长，这会影响税收政策的任务。如果投资无益于经济发展而享受减免税，那么这不仅会导致税收收入损失，而且还由于减少了对高收入税负而恶化收入分配状况。

根据这些理由判断，对投资进行的税收激励一直是具有破坏性和不公平的，以至于大部分建议都认为要拒绝所有的激励手段。但是，尽管经验证明相当糟糕，但完全拒绝也不合理。无论税收转嫁看法如何，政治压力也会使税收激励普遍存在；税收激励是不可避免的，但也应尽可能设计得更为高效。此外，如果以最好的方式进行，一些对增长的让步也是可以尝试的。

国内激励

在解决税收激励问题时，我们发现，将国内激励类型区别于涉及外国资本的激励问题是有益的。国内激励可能涉及一般性投资，或者可能限于

---

① 排除国内使用资本商品要区别于排除那些对又进入出口产品的原材料或中间产品的排除。（这是一项不可反对的政策）。

在选定产业或地区中的投资。激励还可能用于刺激出口并加强国际支付平衡。

一般性激励 一般性投资激励可以采用对投资进行税收减免或加速折旧等；类似于发达国家使用的激励形式[①]。此外，欠发达国家经常会提供免税期，期间来自新企业的利润在比如5至7年的初始期内是免税的。这一方法将激励与初始的高盈利能力联系了起来，可能与稳定而更长期的投资政策背道而驰。就现有公司的新投资而言，区分资本存量中新收入和旧收入是困难的。不过，这一问题通过投资抵扣或投资补助的策略能够得以避免。此外，政府对税收补贴做出长期承诺也是一项糟糕的政策，尤其是在未来这种减免的必要性会不断下降的情况下，更是如此。

无论何种情况，除非对提高储蓄水平给予同等重视，否则一般性投资激励在提高总体投资水平中不会有效。可以通过鼓励利润留存，以及通过在个人所得税方法下为储蓄提供税收抵免来实现。当然，问题是要达到原本不会达到的储蓄水平，并避免纳税人账户其他方面入不敷出所带来的抵消效应。因此，会出现许多与前面在储蓄激励中提到的一样的难题[②]。

产业发展激励 尽管一般投资激励的有效性存在争议，但人们有更多的理由相信，限于特定部门或产业的激励可以有效地将资本转到这类产业。这里的最大问题在于，如何挑选可以给予优惠待遇的产业。

可以想见，应该选择的产业是那些在发展中起战略作用的产业，以及那些没有特殊优惠就无法发展的产业。毫无疑问，在发展过程中存在着在私人投资决策中无法考虑的外部经济；不完美的资本市场在没有外来经济干预的情况下往往导致投资使用不当。因此，必须对这类投资错误加以纠正，但是以往在这方面的经历并不理想。经常的情况是，符合条件的产业相当多，以至于无法进行选择。在其他情况下，选择则反映了政治集团的压力；或是为维持了国有企业的市场地位，比如钢铁厂，而这些本来就不应建设。虽然选择性使用激励在原则上是好的，但有效运用的实例却很难找到。

地区激励 选择性激励的另一个形式表现在区域政策中。如我们早前

---

① 对于发展中国家税收激励的讨论，参见乔治·E. 仁特，“发展中国家的税收激励”，于伯德和奥德曼，同上。

② 参见第三十四章第二节。

所认为的，无论是对劳动力还是资本来说，在地区财政决策上都可以使之达到中性化①。然而，发展中国家的情况和这一规则相背离。劳动是不可能流动的，或维持特定区域的一定的劳动力水平更受欢迎，这是因为过度的乡城迁移并不被鼓励，或者因为基于非经济原因，国家政策要求区域发展速度均等化。因此应当对这些区域的发展给予特别激励。

问题是，在目标区域中，这种激励是通过补贴投资还是通过补贴就业来给出。答案取决于政策目标，即重点是在于增加该区域的生产或增加值，还是为了增加工薪和提高该区域人口的生活水平。如果是后者，那么工资补贴可能更为有效，特别是如果有大量失业或不充分就业的农业劳动储备，在劳动成本降低时，这些劳动力将成为产业工人②。近期关于开发巴西东北的区域税收减免计划实施了一个实验性的、也许是有史以来最雄心勃勃的地区性税收减免计划，结果表明在目标地区内靠资本激励达到较高的就业水平是很难的③。

资本激励与就业激励

资本补贴与工资补贴的议题，是区域以外的问题。尽管激励政策一般是为了提高资本的盈利能力，但最近的讨论表明还可以提高劳动力就业水平。这一策略反映了对新兴发展模式的不满，该模式在没有提高相应产业部门就业的情况下增加了资本使用。这一模式源自高度资本密集形式的投资和劳动节约技术的使用，它不利于基础广泛的发展目标的实现，这一目标就是：绝大多数人都应获得好处。

价格扭曲会促进高度资本密集型投资。这一扭曲过高定价劳动成本，过低定价资本成本。前者往往源于最低工资立法和超额工会需求；后者则反映了优惠汇率、关税豁免和无效的利润税。为了重新达到平衡，可以要

---

① 参见第二十七章第三节。

② 参见查尔斯·E. 麦克路尔，“哥伦比亚区域税收激励政策的设计”，于马斯格雷夫和吉利斯，同上，第 545 – 556 页。另见 R. M. 伯德，“区域开发的税收补助政策”，《国家税务报》，1966 年 6 月。

③ 对于早期的乐观评价，参见赫希曼，《对希望的偏爱》，同上，第 124 – 158 页。对于不那么鼓舞人心的第二个看法，参见大卫·E. 古德曼，“巴西东北的工业发展：第 34/18 条税收抵免计划的一个暂时性评估”，于 R. 罗伊特，《60 年代的巴西》，范德比尔特大学出版社，1972 年。

么直接给予工资补贴，要么间接地通过类似于投资抵免的“工资账单抵免”来给予。又或者，可以根据更加劳动密集型设备实行利润税减免。实现提高落后地区收入水平目标时，还可以把这类措施和地区性激励结合起来。在处理因农村人口过度涌入城市地区而造成的失业时，这些措施也适用[①]。吸引更多劳动密集使用资本的另一个建议是：提供税收激励以降低夜班工作的劳动力成本[②]。

外资激励

如前所述，外国资本在发展政策中有着重要作用，税收激励可能有助于将这些资本引向对整个国家最需要的地方。

从国家的角度看，对外国资本的税收激励的作用不同于对国内资本的激励。后者仅涉及国库（减少收入）和投资者（得到收益）之间的转移，但给予外国投资者的税收减免则减少了整个国家在外国资本所获得的利润中的份额。因此，如果税收激励要取得平衡，这一损失就必须通过来自外国资本额外流入的利得来补偿。激励的设计需要引导外国资本的使用是利于本国的。从外国资本中取得的利得在于该外国资本可影响的国内生产要素产生的收入不断增加。如果外国资本用自己的资源而且还仅使用自己的场地生产，那么，对东道国而言是没有多少好处的[③]。因此，税收激励应与外国资本引致的国内增加值相联系。此外，税收激励应该旨在鼓励再投资和持续经营，同时抑制快耗型的投资[④]。

无论情况可能如何，如果要想提供有效激励，那么欠发达国家需要投资者母国进行合作。如果资本所有国在给出国外税收抵免的同时，以其自己的税率对外国所得征税，那么欠发达国家的低税只会让自己的收入转移到他国财政去罢了，而不会给将利润汇回本国的投资者留下任何好处。然

---

① 参见 A. 哈伯特，“关于衡量劳动的社会机会成本”，《国际劳动评论》，1971 年 6 月。

② 参见 D. M. 西德罗斯基，“拉丁美洲产业充分增长的财政政策”，于《拉丁美洲经济发展》，盖恩斯维尔：佛罗里达大学出版社，1975 年。

③ 例如，“避税港”类型的投资会产生很多办公大楼，但没有给当地带来就业，对东道国不会带来什么好处。

④ 参见 J. 赫勒和 K. M. 考夫曼，《欠发达国家的税收激励》，马萨诸塞州剑桥：哈佛法学院，国际税收项目，1963 年。

而，税收递延会变得非常重要。它不仅会吸引资本到提供税收激励的欠发达国家，而且会发挥持续的激励作用来将工作收入再投资于欠发达国家。因此，我们有理由维持对欠发达国家中投资的递延，同时终结对发达国家中投资的递延。

还有一种方法可以对打算汇回资本的外国投资者实行有效激励，即所谓的税负饶让安排制度。根据这一规定，资本所有国在资本汇回时必须基于纳税人抵免待遇，抵免额等于欠发达国家税法规定的所有税制，即使按照欠发达国家的激励政策纳税人少缴税或没有缴税，也应给予全额抵免。然而，这一策略缺乏对再投资的激励，同时因为政治压力会要求将激励推广到所有国内投资，所以总的来水它会削弱对利润的征税。

最后一点涉及欠发达国家之间对外国资本的竞争。一国以高于别国的代价提供税收激励，实际上欠发达国家作为一个整体来说，会蒙受损失。欠发达国家之间应该进行某种程度的合作，以避免自相残杀的税收竞争。避免这种竞争是欠发达国家各群体在进行共同市场安排时的一个重要任务之一，安第斯一带的国家就是这样计划的。

出口激励

对出口的税收激励是帮助外国市场开发和加强支付平衡的一个常用工具。为了使其行之有效，这种激励不应如一般的做法一样，与合计国外销售或由此带来的利润相关，而是应与国内增加值相关。因为只有外国销售的国内增值可以增加了一个国家的外汇收入，而不是进口材料或中间商品的再出口。

五、支出政策

与税收政策相比，支出政策在经济发展中的作用没有得到那么广泛的探讨，而且也更难以获得可以进行比较的资料。然而，在将非洲、拉美和亚洲国家的模式与欧洲国家相比较时，我们得到了一些关于人均收入作用的情况。低收入国家会将较高份额的支出用于教育和卫生服务，较低份额用于转移。较高份额的支出用于教育，这在一定程度上反映了这些国家教育服务的成本较高。高收入国家较高份额的转移则反映了更为发达的社会保障体系。

我们已经讨论过公共投资在经济发展中的战略作用。公共投资之所以会有这样的作用，一部分是因为私人资本市场的不发达，另一部分也是因为当地的企业家人才稀缺。同时，它也基于这样一个事实，即在发展最初阶段所需的投资类型，经常需要非常巨大的支出，如在交通系统发展过程中和在开放该国不发达部分中所涉及的投资。此外，对外部效应较强的基础设施的投资也只能由公共部门负责。

因此，公共投资的开发在欠发达国家的开发规划中发挥着主要的功能，这不足为奇。鉴于此，使用成本收益分析是很重要的。发展中国家无法承受稀缺资源的浪费带来的损失，而高效的项目评价又很具有难度。一方面，成本收益分析在发展中国家比发达国家使用效果更快，因为公共投资通常旨在提供中间产品，其价值可以根据它对私人提供商品价格的影响来衡量①。因此，投资或灌溉工程的回报可以根据商品到达市场时对成本的下降程度来估值。而在公共支出用于提供以消费形式出现的最终产品的情况下，使用这一方法是不适宜的。但在其他方面，项目评价的任务更加困难了。

一方面，可用的直接收益常常伴随着较难评估的间接或外部收益。另一方面，成本确定更加困难。由于市场价格无法反映所涉及的真正社会成本，因此必须适当使用影子价格。如果低估了资本价值而高估了劳动价值，那么市场价格的使用就会导致前述的向过度资本密集技术的扭曲。在动态发展的环境中，困难则更大，在这种动态发展情况下，一个项目的引进往往可能使得原来使用的相对价格被另一套完全不同的价格所取代，而新的价格往往适用于项目服务时期。这一可能性又一次指向了长期规划的重要性，也表明在整体发展规划的背景下对个别工程评估的重要性。

另一个重要的因素是确定合适的贴现率。在私人资本市场发展不完全的情况下，“社会利率”的使用或多或少是不可避免的。考虑到外部收益可能存在，社会利率应设置在低于市场普遍利率水平上，同时它也表明了存在着较高的资本形成率和较长期项目的选择问题。另一个事实是，在低收

---

① 参见第九章第四节。

入水平上放弃当前消费的成本很高，虽然在将来，当延期消费所获得的收益得到实现，收入提高则消费的边际效用将会下降。个人在做出储蓄决策中往往会忽略这一事实，但政府应对此加以考虑。但如确定贴现率的其他问题一样，人们可以使用粗略的策略。在一般的发展环境中，政府会面临一个现实需求，即决定政治上可接受的覆盖未来5至10年期限的最低消费路径，由此可以推得其中的贴现率。

如前所述，在发展环境中应给予人力资本以特别的重视。教育项目不仅在增长性政策方面是重要的，而且就其增长利得如何在各收入群体之间以及各个经济部门之间分配的影响而言，也是重要的。研究已经显示，发展中国家教育投资的回报率非常高，这说明这一形式的资本形成特别重要。但是对教育进行投资必须以满足一国对特殊劳动技能的需要为目的，注意这一点是非常重要的。

六、国际援助和再分配

我们已经从人道主义或者说政治角度考察了国内收入分配状况，但这些考察决不能仅限于一国范围之内。国际分配的各个方面有可能会成为未来几十年世界政治中一个重要的因素。但是尽管如此，国际层面上的分配议题甚至比其国内相似的议题更难处理。由于没有“中央政府”来处理，政策必须通过国家间的转移来实施，所以不平等现象更严重，组织问题也更复杂。这类转移支付措施可以采取提供发展援助的形式，以提高低收入国家的增长率，这正是过去几十年援助方法的主要形式。或许，这些方法及时对现有世界收入水平进行了再分配，这本质上类似于一国国内收入分配领域所实施的负所得税。虽然目前无法预判，但这些措施有朝一日将成为公共财政国际系统中的一个核心问题。

转移支付问题的重要性

在处理国际基础的分配问题时，我们可能要关注国家之间平均收入的差异问题；或者，在不考虑国界的情况下，要关注全球范围的个人间收入分配不平等的问题。从某种程度上说，这两个问题是重叠的，因为大多数穷人实际上是低人均收入国家的居民；但如果它们不重叠，基本问题就是个人之间的再分配问题。假如低收入国家的再分配是靠一小部分高收入居民做出贡献度的话，那么将会一无所获。该问题非常类似于早前在财政联邦制背景下考察各辖区之间均等化问题时所要解决的问题①。

在世界范围的人与人之间收入分配的不公平程度令人震惊②。国内平均收入不平等和各国平均收入的不平等是联系在一起的。假设任一国家中的个人收入等于该国的平均收入，可以估计：世界人口中最低收入的40%会占到世界收入的约3%，而最高的20%会占到60%。如果考虑各国的内部分配，则该比率是2%和70%。这一不平等程度远远大于各国国内的普遍情况，尤其是大于高收入国家的情况。收入较低的50%的世界人口，包括大部分的亚洲、非洲和中东，以及南美洲的一部分，人均GNP仅有约600美元或更少，相比之下，前25%人均GNP为17 000美元（1987年水平）。虽然进行这一类宽泛的比较存在各种各样的难度，但不平等程度确实令人吃惊。此外有理由预期，发达国家的人均收入相比低收入国家会以更快的速度增长，结果必然是该情况会随时间的推移恶化，而非如国内分配正发生的趋势那样得到改善。

假如总世界收入可以重新分配以实现完全的均等化，那么世界人均GNP有望超过4 000美元。虽然这种收入与先进国家的普遍标准相比还是低的，但它对于世界绝大部分国家来说已经是一个巨大的改善。但显然，给定总收入不变，这种均等化是不可能实现的。为了获取大规模的均等化而要求高收入国家提供的贡献率实在是太高了，而且这样做还会形成相当大的抑制效应。

即使是一般性的再分配目标，也会涉及大量的转移问题。为了表明该问题的重要性，我们可以估计：为了使低收入国家人均GNP基数提高到400美元和800美元，将会必须在较高收入国家相应征收2%和7%的税率（适用于GNP基础的比率）来为该项转移支付筹资。在比例税下，美国的缴税可能占合计数的约三分之一，在累进税率下甚至更高。如果使用累进税率，

---

① 参见第二十八章第二节。

② S. 安迪克和A. T. 皮考克，“1949年和1957年的收入国际再分配”，《皇家统计协会杂志》，系列A，第124卷，1961年。

美国的缴费可能会超过40%[①]。因此，即使是一个一般性的再分配目标——最低公平程度仍大大低于发展中国家国内政策所容忍的水平——也会要求大幅度地提高高收入国家的缴税率。

发展援助

如前所述，分配政策一定不能仅仅视为一个对馅饼重新分配的问题，还必须研究影响馅饼大小效应的问题，特别是经济增长率问题。如果这一观点对国内再分配的情况成立的话，那么在分配调整规模大得多的国际层面也是成立的。假如发达国家提供的援助过快，从而影响到本国经济，那么结果将会一无所获。

事实上，显然只有通过提高低收入国家工人的生产力，才能让世界贫困人口情况大幅改善。通过重新引导高收入国家向低收入国家的资本流动，将有助于实现这一公平目标。随着资本的重新引导，世界产出将增加，因为资本在资本劳动比还很低的国家更为高效。高收入国家中资本的供给者也将受益，因为在低收入国家的投资中会获得更大的回报。然而，这又将会有一个从（用较少资本运行的）高收入国家的劳动向低收入国家劳动的收入再分配，这些低收入国家的生产力将会由于资本劳动比的上升而提高。因此，改善的世界收入分配可能是以发达国家的不平等加剧（尽管在小得多的范围内）为代价的。还有一个问题，随着资本的流动，外国的先进管理方法会被引入，这样可以引进知识技能，但也可能阻碍国内创业的发展，并增加环境的政治依赖性。

通过将发达国家的市场更广泛地开放给欠发达国家，可以提供经济发展的第二个重要贡献。这可能涉及优惠待遇扩大及逐步放宽（而不是加强）贸易限制。在这一情况下，发达国家的劳动力可能再次遭受损失，因为劳动力的移动能力不如资本因素。然而，作为消费者的劳动力可以从低廉的进口物价中享受好处。

无论情况如何，诸如此类的政策都寄希望于发展中国家在成功后能够继续独立增长，从而避免产生福利综合征，这一综合征无论是在国际还是国内环境下都是令人头疼的事情。

---

① 基于理查德·A. 马斯格雷夫和彼特·杰瑞特，“国际再分配”，《基克罗斯》，1979年夏。

七、本章小结

欠发达国家的财政政策在一些重要方面与高度发达国家有所不同。这一差异源自欠发达国家经济和社会条件是不同的。

1. 考察了人均收入与公共部门规模之间的关系。

2. 造成财政政策不同的主要因素是资本形成属于基本需要，但形成投资所需要的储蓄水平在现有人均收入较低的情况下难以实现。

3. 促进技术进步、鼓励企业发展、形成更有利于资源配置的制度环境，这三个因素也很重要。

4. 社会和政治因素，以及低下的行政管理能力，使实现上述目标变得困难。

5. 对外贸易是最重要的，因为只有具备足够的外汇，才能保障购买必要的先进进口设备。

6. 经济体内的部门分割也带来了掣肘，并干扰平衡增长。

在形成财政政策时会出现且必须考虑的困难，主要包括：

7. 给定增长目标，需要满足一定的资本形成率。储蓄率（公共的和私人的）因此也必须与这一资本形成率匹配。

8. 考察公共部门对总储蓄的贡献时，主要借助经常预算盈余这一指标。其中，盈余必须等于目标总储蓄超过可用的私人储蓄的部分。从这一指标中，还可以推断出目标征税率。

9. 确保充足储蓄的税制结构，必须与税收公平的要求相协调。

10. 对个人储蓄和公司投资进行严格征税可能会适得其反，因为会阻碍增长；但会使潜在税基变宽，这是由于鼓励了较高收入家庭消费。

11. 对发展的极大关注，使得适用于欠发达国家的上述财政政策原则更像是第十七章提出的那些规则，而非第三十章和第三十一章。然而，偶尔也会出现需求不足伴随着劳动力就业不足和通货膨胀的情况。

12. 截面样本数据显示，公共部门规模与经济增长率之间不存在简单相关性。

回到税收政策的问题，我们对税收能力的一般性问题、税收结构的构成以及特定税种税负的设计进行了探讨。

13. 欠发达国家税收与 GNP 的比率远低于发达国家。这一事实反映了较低的税收能力和税收努力。

14. 在人均收入水平较低时，税柄十分匮乏。税收结构往往以生产税和销售税为主，特别是海关关税，而利润和收入税占比低。

15. 由于高度自我雇佣、企业规模过小以及会计实践不足等问题，收入税和利润税的有效管理变得比较困难。此外，纳税人的遵循度和执法度在大规模避税的情况下往往较低，尤其是资本收入。只能依赖假定税收征税。

16. 因较大的农业部门规模，农业征税在大多数欠发达国家十分重要。然而，土地和农业收入的有效征税是不受欢迎的，也难以实施。

17. 针对资本收入征税的低效，财富和财产税可能是有益的补充。

18. 因为企业规模小，所以在零售层面实施一般性销售税是困难的。一般来说，在制造商层面征税较为可行，还可以结合对部分产品使用增值额征税。

19. 区别于统一税率的消费税，在国产和进口商品同等待遇的情况下，对奢侈品采取更高的税率征税从而更加面向公平的使用消费税。

20. 欠发达国家为了促进投资往往大量运用税收激励政策。这些措施很可能效果不佳，而且会造成税负不公平。

21. 对外国资本的税收激励应以最大化国内增加值为目标。

22. 激励结构的设计应考虑对就业和投资的影响。

最后，对于支出政策的作用，我们注意到以下几点：

23. 公共投资和公共借贷在发展中具有战略作用。

24. 公共资本形成的概念中应包括了为提高生产率的人力资本投资。

25. 对外借款扩大了当前可用资源的供给，从而在兼顾发展的同时，减轻了当代人的负担。

推荐读物

对于近期发展中国家财政政策的研究请见世界银行：*World Development Report*, 1988; *Public Finances in Developing Countries*, Washington, D. C., 1988. 此外还有：

Bird, R. M.: *Taxing Agricultural Land in Developing Countries*, Cambridge, Mass.: Harvard Law School, International Tax Program, 1973.

Bird, R. M. , and O. Oldman (eds.): *Readings on Taxation in Developing Countries*, 3d ed. , Cambridge, Mass. : Harvard Law School, International Tax Program, 1975.

Chenery, Hollis B. , et al. : *Redistribution with Growth*, Washington. D. C. : World Bank and Oxford University Press, 1974.

Hinrichs, H. : *A General Theory of Tax Structure Change during Economic Development*, Cambridge, Mass. : Harvard Law School, International Tax Program, 1966.

Musgrave, R. A. , and M, Gillis (eds.): *Fiscal Reform for Colombia*, final report and staff papers of the Colombian Commission on Tax Reform, Cambridge, Mass. : Harvard Law School, International Tax Program, September 1971.

Musgrave, R. A. , and M, Gillis (eds.): *Fiscal Systems*, part 2, New Haven, Conn. : Yale, 1969.

作者介绍

理查德·A. 马斯格雷夫（1910—2007），美籍经济学家，哈佛大学H. H. 伯班克（H. H. Burbank）教授、荣誉教授，加州大学圣克鲁兹分校兼职经济学教授。1933 年毕业于海德堡大学，后来到美国并于 1937 年获得哈佛大学博士学位。1940 年代他曾任职于美国联邦储备委员会，在 1964 年回到哈佛大学任教前，还先后在密歇根大学、约翰·霍普金斯大学任教。马斯格雷夫教授在公共财政与财政政策领域发表大量专著和论文。作为美国经济学会杰出会员、国际财政协会荣誉主席，他还同时当选美国国家科学院院士，并获得佛兰克·A. 塞德曼（Frank A. Seidman）政治经济学杰出奖、并被授予荣誉博士学位。

佩吉·B. 马斯格雷夫（1924—），美籍经济学家，加州大学圣克鲁兹分校经济学教授。她在剑桥大学获得学士学位，在美利坚大学获得硕士学位，在约翰·霍普金斯大学获得财政学（国际方向）博士学位。马斯格雷夫教授曾在哈佛大学法学院开展国际税收计划工作，并担任世界银行、美国财政部、参议院外交关系委员会、联合国等机构的顾问。她从不同国际视角进行财政研究，发表了大量专著和论文。她的教学兴趣包括财政学、成本收益分析、法与经济学、女性经济学等。马斯格雷夫博士主要从事国际税收协调领域的研究与写作。

作者介绍

Richard A. Musgrave, Peggy B. Musgrave
Public Finance in Theory and Practice (Fifth Edition)
ISBN 0 - 07 - 1 00227 - 8

北京市版权局著作权合同登记号：01 - 2019 - 4622

图书在版编目（CIP）数据

财政：理论与实践／（美）理查德·A. 马斯格雷夫，（美）佩吉·B. 马斯格雷夫著；苟燕楠译．-- 北京：中国财政经济出版社，2022. 12

书名原文：Public Finance in Theory and Practice

ISBN 978 - 7 - 5223 - 1650 - 5

Ⅰ. ①财…　Ⅱ. ①理…　②佩…　③苟…　Ⅲ. ①财政－经济理论－研究－西方国家　Ⅳ. ①F810

中国版本图书馆 CIP 数据核字（2022）第 169546 号

著作权合同登记号：图字 01 - 2019 - 4622

责任编辑：闫　娟　李肇晗　　　责任印制：刘春年

封面设计：汪　超　　　　　　　责任校对：胡永立

财政：理论与实践

CAIZHENG：LILUN YU SHIJIAN

中国财政经济出版社 出版

URL：http：//www. cfeph. cn

E - mail：cfeph@ cfeph. cn

社址：北京市海淀区阜成路甲 28 号　邮政编码：100142

营销中心电话：010 - 88191522

天猫网店：中国财政经济出版社旗舰店

网址：https：//zgczjjcbs. tmall. com

北京时捷印刷有限公司印刷　各地新华书店经销

成品尺寸：165mm × 240mm　16 开　46. 5 印张　720 000 字

2022 年 12 月第 1 版　2022 年 12 月北京第 1 次印刷

定价：138. 00 元

ISBN 978 - 7 - 5223 - 1650 - 5

（图书出现印装问题，本社负责调换，电话：010 - 88190548）

本社质量投诉电话：010 - 88190744

打击盗版举报热线：010 - 88191661　QQ：2242791300